世界传世藏书

【图文珍藏版】

世界名人百传

王书利⊙主编

线装书局

目　录

世界女杰

一代文豪

世界名人百传

世界女杰

王书利⊙主编

导　读

　　古人云:"人过留名,雁过留声!"在历史的长河中,总有一些人像河底的鹅卵石一样,深深地嵌在历史的河床内,可以说《世界女杰》就是这样一群人吧! 她们穿过世界历史洪流,至今楚楚动人。试想,一个女人,在历史人物中能够占有一席之地,那是多么的不容易啊! 她们能化为传奇,流传千古,不仅仅在于才情之间。

　　本卷《世界女杰》甄选出十几位曾名噪一时甚至影响或改变了历史进程的女性,她们以自己的欢欣、自己的痛苦、自己的血与泪和奋斗的汗水,在历史舞台上深深地刻下了自己的烙印,在滚滚红尘中写下了巾帼英雄的篇章。那些细致婉转之处,为世人所品评的,是恒久发光的美好极致,也是本书所精选的要点。全书文字隽美,情节起伏,泛着历史的光晕,回味深远,意蕴悠长,在讲述传奇故事的同时,又给我们留下的广阔的思考空间;在尊重历史的基础上,以历史的眼光,独特新颖的视角,讲述这些世界传奇女性在历史中广为流传的故事,娓娓道述了她们的一生传奇。

美国历史上首位女国务卿

——奥尔布赖特

人物档案

简　　历：原名玛丽·亚娜·科尔贝洛娃，出生于捷克的布拉格，捷克犹太裔。1948年移居美国。1955年进入韦尔斯列女子学院。1969年获哥伦比亚大学政法学博士学位，1992年克林顿当选总统，任美国驻联合国大使；1997年1月至2001年1月任美国第64任国务卿，是美国历史上第一位女性国务卿；曾任乔治敦大学埃德蒙·A·沃尔什外交服务学院教授。2022年3月23日奥尔布赖特因为癌症去世，终年84岁。美国总统拜登下令，白宫和其他联邦政府大楼等场地降半旗，直至3月27日。

生卒年月：1937年5月15日~2022年3月23日。

安葬之地：华盛顿。

性格特征：办事果断、聪慧、强悍，盛气凌人，有时也随和友善，以爱穿红裙、坦率坚决的个人形象和性格特点著称。

历史功过：1978年协助卡特签订《戴维营协议》。1991年海地危地，她主张出兵6000对海地动武，这是联合国第一次对一个主权国家实施武力。一手扶持安南任联合国秘书长。力主轰炸南联盟，推动北约东扩，奥尔布赖特一生贴满"战争"标签。

名家评点：美国总统拜登称赞奥尔布赖特是"一股力量"，"她的双手改变了历史的浪潮"。

追根溯源

捷克的波希米亚是古代国王们居住的地方，那是个美丽富庶的地区。1879年6月7日，玛德琳·奥尔布赖特的祖父阿诺斯特·考贝尔出生在该地区一个叫库奇切的小村庄里，村子里的村民世代以农业为生。阿诺斯特娶奥尔加·普泰科娃为妻。婚后，他们生了3个孩子：大女儿玛吉塔，二儿子杰恩，小儿子约瑟夫。约瑟夫就是后来玛德琳的父亲,出生于 1909 年 9 月 20 日,出生证明上写着"犹太人,合法出生"。他是个左撇子,人很聪明。

老考贝尔是个成功的商人。火柴厂是当地的主要工业,他给当地一家火柴厂供应所需木材。他与火柴厂合作,火柴远销布拉格,收益颇丰。考贝尔一家工作勤奋,在当地颇有声望。他们的家庭生活中没有很强的宗教色彩;他们和镇上其他人一样欢度圣诞节,和工人们一起唱圣诞颂歌。人们对考贝尔是犹太人这一点好像一无所知,也感觉不到他身上有一丝一毫的犹太味。当地的人们是不太喜欢犹太人的。

第一次世界大战奥匈帝国战败。1918 年 10 月 28 日,捷克斯洛伐克共和国从奥匈分离出来,人们对建设一个独立的民主国家充满梦想。当时,约瑟夫 9 岁,目睹民主共和国的诞生,他受到极大的影响,立志要为捷克斯洛伐克的民族兴盛而奋斗。

阿诺斯特·考贝尔坚持让自己的孩子们接受良好的教育。1919 年五年级时,约瑟夫被列为品学兼优的学生。他不仅功课好,而且为人诚实。约瑟夫 12 岁时开始在附近的城镇上中学,他学习认真,并积极参加学校的各种活动,还是校剧团的成员。年纪很轻时,他就渴望成为一个外交官、新闻记者或政治家。

在中学里,约瑟夫爱上了同校女生安娜·斯皮格洛娃。她也出身于犹太人家庭,父亲开了一家综合商店,父母给她取了一个捷克昵称:安杜拉。安杜拉美丽又大方,充满活力又不落俗套,非常爱笑,性格直爽,想说就说。一次,约瑟夫称安杜拉是"捷克斯洛伐克东部最健谈的女人",她给了他一耳光。安杜拉是个聪明姑娘,十几岁时,父母送她去瑞士日内瓦学商业秘书,想把她培养成一位有教养的新娘,找一个有远大前途的丈夫。后来她做了约瑟夫的妻子——玛德琳的母亲。

约瑟夫中学毕业后,去巴黎学习一年,在巴黎大学文理学院学法语和文理科课程。1929 年,他回到布拉格,开始接受特别训练,为日后成为外交官打下基础。他在著名的查尔斯大学学国际法和经济学。假期里,他请私人教师教他德语和法语,因为他知道外语是一位外交官不可缺少的工具,1933 年 5 月,他获博士学位。1934 年 11 月 22 日,约瑟夫 25 岁时成为捷克斯洛伐克外交部工作人员。

约瑟夫·考贝尔英俊潇洒,身高 5 英尺 9 英寸,浓密的棕色卷发,四方脸,下巴微凹。他衣着考究,一派绅士风度。1935 年 4 月 20 日,他和中学时的恋人安杜拉结婚,婚礼在布拉格举行。在结婚证明书上有一栏需填写各自父母的宗教信仰,他俩都填"无宗教信仰"。约瑟夫称他的新娘为曼杜拉,意为我的安杜拉,安杜拉终身都用曼杜拉这个爱称。

他们的婚姻是理想而美满的。新婚夫妇住在布拉格新艺术派公寓。那里,他们有许多朋友。约瑟夫是外交部的一名外交官,他工作很忙。曼杜拉是一位悠闲的家庭主妇,她做一些家务或到市里咖啡厅等游乐场所打发时间。约瑟夫比曼杜拉更聪明,但他特别欣赏妻子对人的一种直觉。她不仅富有同情心,而且足智多谋,约瑟夫有时依赖妻子出谋划策。

1937 年元月,约瑟夫被派往捷克斯洛伐克驻贝尔格莱德大使馆任新闻官。这一职位不是十分重要,但对年轻而有抱负的约瑟夫·考贝尔来说,接触使馆的内部事务是一个很好的锻炼机会。曼杜拉也去了贝尔格莱德,当时她已怀孕6个月。他们一起在那里学习塞尔维亚语。在分娩前,曼杜拉回到了布拉格,因为她的家人可以帮助照顾新生的孩子。

1937年5月15日,星期六,一个温暖的日子,天空中不时飘着细雨。远处,透过城市的喧嚣,传来一阵阵圣·瓦克拉夫教堂钟楼响亮、优美的报时钟声。玛丽亚·简·考贝洛娃降生在布拉格的一家医院。

战火难民

小玛丽亚的降临使家人兴奋万分,她给所有的亲人带来了幸福。考贝尔夫妇在女儿出生证明上的宗教信仰一栏填了一个"无"。小玛丽亚的名字是以曼杜拉姐姐的名字命名的。她的祖母奥尔加叫她迈德拉,后来很快就叫成玛德琳卡。尽管这个小女孩长大以后,全世界的人都知道她的名字:玛德琳·考贝尔·奥尔布赖特,但她童年的名字叫玛德琳卡。

玛德琳卡是个健康的女孩。她是考贝尔夫妇未来的幸福、希望和梦想的化身。来看望的人都是经过挑选的,不能让其待得太久,以免使骄傲的母亲劳累。祖母奥尔加带着约瑟夫的姐姐玛吉塔的女儿达格玛前来探望,达格玛只有9岁。在婴儿摇篮里,一个小婴儿紧紧包在一床柔软的白色毯子里,只有小脸和小手露在外面。"她像个小玩具娃娃。"小表姐说。达格玛想抱小玛德琳卡,但未被允许,这使她很失望。

几个月后,曼杜拉带着小玛德琳卡回到了贝尔格莱德与约瑟夫团聚。有了前程似锦的职业,家中又添一个小宝贝,约瑟夫和妻子更觉未来一片光明。他们年轻,生活美满,幸福无比。

约瑟夫·考贝尔被公认为是有抱负,恪尽职守的年轻外交官。作为新闻外交人员,他的工作是在贝尔格莱德组织有关捷克斯洛伐克历史和文化方面的研究,负责安排捷克斯洛伐克的电影上映;还负责协调塞尔维亚和巴尔干民主反对党领导人的秘密会议。最令他愉快的是战前贝尔格莱德的社交晚会。在各国大使馆的聚会上,国际外交使团颇有影响力的要人们相互交流信息,边喝鸡尾酒边聊天。考贝尔夫妇是出入外交晚会的常客。约瑟夫喜好交际,爱和女人们调笑,反应机敏,他在贝尔格莱德有很多朋友,特别是艺术家。由于是新闻外交官,他周围总是围着新闻记者。他与一位叫德拉·里布尼卡的女士处得不错,她丈夫是塞尔维亚《政坛报》主编。她说约瑟夫像一块磁铁,但并不是那种向女人献殷勤的男人。"他魅力十足,所有的女人都喜欢他,但他不是唐璜,绝对不是。"里布尼卡说。

然而,政治风云变幻莫测,一股冰冷的潜流从考贝尔夫妇的生活中流过,冷却了他们温暖的家。他们暗暗祈祷,希望灾难不要发生。前方的路充满荆棘,世界将变得暗无天日。约瑟夫·考贝尔的世界不再是昼夜更替,没有了温暖的太阳,也没了多情的月亮,唯有满目灰色的军服和肆虐无情的战火。

约瑟夫·考贝尔是犹太人,这在外交界并不是秘密。战前,出身犹太家庭很正常,没有人认为这有什么特别。但是,纳粹德国的阴影笼罩着捷克斯洛伐克。希特勒着手实施征服欧洲的计划,他认为只有通过战争才能争得日耳曼民族的生存空间。而且,希特勒仇视犹太人。约瑟夫·考贝尔跟所有欧洲犹太人一样,将成为希特勒的猎杀物。作为外交官,他的命运也与自己的祖国联结在一起。

捷克斯洛伐克是从奥匈帝国的废墟上建立起来的。新诞生的共和国是个多民族的国家,人民都沿袭不同的历史传统。人口最多的少数民族是日耳曼民族,约三百万,占捷克斯洛伐克总人口的近1/4,他们大都住在苏台德地区。希特勒正是利用了居住在苏台德区的日耳曼人,把他们作为德国干涉捷内部事务的借口。为了掩盖其"用武力粉碎捷克"的目的,希特勒制造了苏台德事件,捏造捷克压制与虐待日耳曼民族的事实,企图肢解捷克斯洛伐克。捷克人民群情激昂,人们高喊:"给我们武器!"捷克贝奈斯总统宣布实行军事动员,体格健壮的男人们都穿上了军装。约瑟夫·考贝尔也成了捷克斯洛伐克军队的一名预备役军官,他把曼杜拉和玛德琳卡留在贝尔格莱德,自己回国到军队报到。但是,在慕尼黑,英法把捷克斯洛伐克出卖了,贝奈斯被迫宣布接受"慕尼黑协定",停止抵抗。

慕尼黑协定敲响了捷克斯洛伐克的丧钟。英法两大国最后都设法逃避了应承担的义务。捷克斯洛伐克四分五裂,成为英法绥靖政策的牺牲品,变成纳粹德国的吞噬物。

1938年10月5日,贝奈斯辞去捷总统职务,捷克政府为纳粹德国的傀儡所控制。1938年11月,对约瑟夫·考贝尔常与南斯拉夫反对派往来而不悦的南斯拉夫首相,要求布拉格当局召回约瑟夫。布拉格的法西斯报纸也攻击约瑟夫是"贝奈斯的人"。不久,纳粹的傀儡政权让纳粹的同伙取代了约瑟夫等人在外交部的职位。贝奈斯流亡巴黎,他的支持者们列出一份48位身处险境的前政府人员名单,其目的是组成一个成员核心,成立临时政府。名单全部送给友好的政府机构,请求他们给名单上的人发签证。在这一名单上,约瑟夫·考贝尔被列为"部长级参赞"。约瑟夫刚回到布拉格就得知他处境危险。因为两条罪状:第一,他是犹太人;第二,他是贝奈斯的被保护人。如果想挽救自己和家人的生命,就必须设法让全家离开捷克。他想利用在南斯拉夫的关系,从一家南斯拉夫报社得到一份常驻伦敦的记者工作,这样全家就可以逃离,他也可以靠近贝奈斯和筹划中的流亡政府中的政治人物。

德国占领了整个捷克斯洛伐克,约瑟夫·考贝尔一家不可能马上离开。布拉格一片混乱,通讯中断,银行关闭,许多朋友被捕,约瑟夫本人也在被追捕之列。逃跑危险重重,又很难弄到签证,去西方的大门已经关闭。为了安全起见,约瑟夫想先去贝尔格莱德,那里有他的朋友,他不会孤立无援。他清楚,如不尽快逃出去,他将永远也出不去了——这种情况发生在了许多犹太人身上,情况十分危急。

约瑟夫和曼杜拉把蹒跚学步的玛德琳卡送到距布拉格40英里她外祖母那里。他们搬出了公寓,天天在布拉格的大街小巷转来转去,希望在拿到签证前不被发现。靠着所有可行与不可行的计划,靠着朋友们的帮助,靠着运气乃至贿赂,最后计划终于成功。1939 年 3 月 25 日,约瑟夫·考贝尔一家拿到了伪造的签证。签证是用捷语写的,允许他们离开捷克斯洛伐克。当晚 8 点,他们带着玛德琳卡,告别父母,登上了去贝尔格莱德的火车。那是怎样的一种告别啊! 生离死别,柔肠寸断,苦不堪言。悲惨的告别在当时的整个欧洲不断地重演。

考贝尔一家到了贝尔格莱德,因需住处,他们去找老朋友里布尼卡一家请求帮助。但当时南斯拉夫政府已站到德国人一边,老朋友的来往也很谨慎,里布尼卡家为考贝尔家的到来担惊受怕,可朋友的忙还是要帮。逃亡的计划在绝对秘密的情况下商讨,德拉·里布尼卡只知道丈夫帮了他们,但不知道做了些什么,也不知道考贝尔一家的逃跑路线。由于计划周密,考贝尔一家安全离开贝尔格莱德,去了希腊,再转道去英国。1939年 5 月,他们到达英国。玛德琳卡两岁就做了小难民。

考贝尔一家没有很多时间来恢复他们往常的生活,也没有时间使自己适应英国的文化。他们和许多避难者一样,生活整个变了样。约瑟夫的哥哥杰恩·考贝尔已先于他们到了伦敦。1939 年 9 月,德国侵略波兰,英国和法国被拖入了战争。德国经常空袭伦敦,玛德琳卡,一个快活的、胖胖的、很早就会说话的小女孩,才两岁时就接受了战火的洗礼。

颠沛流离的生活,使约瑟夫·考贝尔一家饱尝艰辛。刚到伦敦的几个月里,他们非常压抑,住进了一个又小、又阴森可怖的公寓。他们觉得高兴的是,还能付得起不贵的房租。曼杜拉不会讲英语,每天都在寻找一个能让玛德琳卡高兴的公园。约瑟夫很快便和外交部的同事们联系上了。他们在外交部长杰恩·马萨里克租的寓所里建立了临时办公室。曼杜拉为此极为高兴,丈夫有机会离开那令人悲哀的环境,重新开始他的职业生涯,融入他心爱的工作。

没多久,他们又搬进了王子门 25 号的一幢红砖 8 层高的公寓楼,距海德公园很近。在新居里,小玛德琳卡有自己的卧室。一家人靠从捷克带出来的钱生活,他们还得到了英国政府专为捷克避难者设立的信托金。约瑟夫非常溺爱自己的女儿。由于没有小伙伴,约瑟夫常带玛德琳卡去办公室,把她介绍给同事们。同事们很喜欢她,说她天真可爱,天资聪明,将来一定是个实干家,一定能成就一番事业。长时间与成人待在一起,玛德琳卡活像个小大人。

一天,约瑟夫·考贝尔带小女儿去观看检阅,一队捷克斯洛伐克士兵排成方队,准备上前线和英国皇家空军一起参加对德作战。一个士兵抱起玛德琳卡,当地一家报纸的摄影记者拍下了这一镜头。这张照片后来登在报纸上,并附有解说词:“父亲告别女儿。”考贝尔为此大为光火,可玛德琳卡却问:“那位父亲是谁?”

考贝尔一家虽生活在英国,但他们大部分时间还是和捷克人一起。他们没能融入英国社会,而只做了旁观者。

1939 年 3 月,德军开进布拉格时,贝奈斯致电英、法、苏、美领导人,抗议德国违背慕尼黑协定。1940 年 7 月,贝奈斯在伦敦成立了捷克斯洛伐克临时政府。约瑟夫·考贝尔参与组建了捷流亡政府的情报部。1940 年,他被指派为广播处的负责人,负责临时政府在英国广播公司播放节目。英国广播公司允许捷流亡政府主办独立的新闻节目,使用他们的波段把有关战争的振奋人心的消息,传达给国内的人民。该节目在与国内联系方面起了非常重要的作用。当3岁的玛德琳卡从广播中听到父亲的声音,她问:"爸爸怎么进到广播里去了?"

约瑟夫·考贝尔的工作处境很不好,但他工作却干得很出色。他是个有才能的外交家,和蔼可亲,反应机敏,但必要时,也很会挖苦人。他对同事一贯公正,那些被拒绝上广播者定会被告知原因。他工作很投入,很勤奋,又有才干,能把不同阵营不同政治观点的人聚到一起。在政治上,他始终追随贝奈斯的民主阵线。很多人认定他是捷克外交官中最有才华的,定能飞黄腾达。

约瑟夫·考贝尔没有任何宗教倾向,他一直试图隐瞒他的犹太血统。只要有人开始谈论有关犹太人的话题,他就像紧闭的百叶窗,一言不发,或者就把话题岔开。成千上万的犹太人在欧洲的悲惨遭遇,考贝尔仿佛无动于衷。他害怕涉及任何犹太人的话题。他是个有抱负的人,想成就一番事业,他想避开自己犹太人身世是由于它所带给他的记忆。有些人想忘却这些记忆,而他想忘却所有的记忆。他尽量疏远其他犹太人。他并不否认自己是犹太人,只是对此问题不感兴趣。他是个世俗的、无宗教信仰的犹太人,从不参与任何与犹太人有关的活动。但是,一个无法回避的事实是,他的父母都是百分之百的犹太人。

当约瑟夫举家逃跑时,他的父母留在了捷克斯洛伐克,并落入了纳粹手中。他们被闷罐车送往集中营。他的姐姐玛吉塔及姐夫由于没有丝毫的外交关系而搞不到签证,也留在了捷克。但为了他们的两个女儿能活下去,他们预订了专门为孩子们发的一辆专列车票。列车是一位英国证券经纪人为组织捷克犹太人的孩子们避难而赞助的。因妹妹摔断了胳膊,达格玛独自登上了去伦敦的火车,凄然离开父母,去投靠她的亲戚考贝尔一家。达格玛被送到一所有名的私立女子学校读书,考贝尔全家有时去学校看望她,她也常常去照看她的小表妹玛德琳卡。

1940年,欧洲大陆战争形势严峻。6月17日,法国沦陷,英国迅速做出反应,抵抗德国的入侵。从8月15日开始,纳粹的飞机一次又一次地飞临英国上空,对其进行攻击。夏季结束时,令人恐怖的夜间空袭开始了,伦敦遭到重创。每当晚上空袭开始时,考贝尔一家常带着被褥,退入公寓大楼下的地下室。如果空袭不太严重,孩子们可以舒服地睡一会儿。达格玛常把玛德琳卡抱在腿上,仿佛保护神一般。

约瑟夫·考贝尔与同事们在那种富有冒险和戏剧性的环境里,讨论他们的广播节目,对工作倾注了他们全部的激情。公寓里的邻居中有知识分子,也有政治上老练的外交家和军官,他们常长时间躲在地下室里。玛德琳卡当时是个不到4岁的姑娘,长得像个可爱的活宝,是防空洞里所有人的乐趣。当轰炸结束时,人们爬到公寓顶上,看见到处在燃烧的房屋,然后又回到防空洞。实际上,人们差不多天天晚上都在防空洞里睡觉。红十字会曾拍过有关防空洞的生活片段,小玛德琳卡在片中扮演一位小女孩,片酬是一只长耳朵、粉红色、毛茸茸的玩具兔子。

强烈的紧张感压迫着人们,他们对危险的迹象随时保持着高度的警觉,也想尽量保持正常的生活方式,但怎能做得到呢?人们能在第二天早上相见,彼此都会很高兴。早上,曼杜拉经常拉着小玛德琳卡的手,步行去买东西或是上公园,在人们眼里,那也是一幕极为动人的画面。玛德琳卡多像和平天使,蹦跳着向他们走来。

德国的空袭从1940年秋持续到冬天。冬季恶劣的气候条件限制了德国的飞机轰炸。但第二年2月底,当天气好转时,德国人对伦敦等城市的疯狂空袭就如暴风雨一般。由于德军对伦敦的轰炸不断升级,伦敦已不适宜居住。为了安全起见,约瑟夫·考贝尔把家搬到了乡下,住在他哥哥杰恩家里,距伦敦有20英里。农舍的环境优雅,有花木藤草装点,一个很大的英式花园通向水渠。附近有一片树林,考贝尔一家常去散步。在这里,约瑟夫·考贝尔一家处于寄人篱下、低人一等的地位。考贝尔兄弟一同乘火车去伦敦上班,但弟兄俩相处并不很融洽。周末,考贝尔家就成了捷克朋友们的避难所。从饱受战争创伤的城市来到这里,人们得到暂时的喘息,大家都感受到一种特有的温馨。小玛德琳卡好像是天堂里的天使一样快乐,她到花园里去捉美丽的蝴蝶,到树林里去听小鸟唱歌,还跟鸟儿学唱。

在伯克汉姆斯特德小镇,考贝尔一家改信了罗马天主教。1941年5月31日,镇上圣心教堂一个秘密的仪式上,约瑟夫、曼杜拉、玛德琳卡和约瑟夫的哥哥杰恩接受了洗礼。当时玛德琳卡刚好4岁。一位天主教方济会的捷克斯洛伐克神父专程从伦敦赶来主持洗礼仪式。小玛德琳卡站在教堂后面靠近门口的凳子上,头向前伸,神父在她的头上洒了三勺圣水,然后举起双手进行祈祷,神父给玛德琳卡施了洗礼。犹太人改信天主教一事并不多见。约瑟夫·考贝尔改变宗教信仰一事,马萨里克外长却感到吃惊,骂他是个懦夫。马萨里克同情犹太人的遭遇,痛恨纳粹对犹太人的迫害。约瑟夫·考贝尔改信天主教两年后对一位朋友说,他和曼杜拉改变宗教信仰,是想使生活更平静,是为了孩子。那时,捷克人绝大多数是罗马天主教徒。

1942年10月7日,玛德琳卡的妹妹凯茜出生,家里人都叫她"凯卡"。家中添一个婴儿,曼杜拉比以往更加忙碌,玛德琳卡有时也帮着照看妹妹。

玛德琳卡6岁开始在因戈玛学校开始上一年级。学校的座右铭是"公平诚实"。姑娘们夏季的校服是一套浅棕色带白条的棉布童装,一件棕色运动上衣和一顶巴拿马帽子。由于是战时,每个孩子都携带一个装有防毒面具的小铁箱。当空袭警报拉响时,孩子们都在体育馆等着被送到地下室。回家时,玛德琳卡会经常在人行道上看见灼热的弹片。曼杜拉非常喜欢接女儿回家,看到可爱的女儿,仿佛看见太阳从云雾中跳出。

后来,约瑟夫·考贝尔一家从哥哥杰恩那里搬了出来,在伦敦以南28英里一个叫沃尔顿的小镇租了一栋房子,与一个叫古尔德斯达克的犹太人一家共用,他们处得很不错。

玛德琳卡经常骑着小童车陪父亲去车站,父亲送她到学校,放学后,她就自己骑车回家。下午,她在房子对面的草坪上打曲棍球,有时翻过篱笆去邻居家喝茶。她家后院养了些鸡来补充战时的食品供应。一天,妈妈让她给鸡喂水,玛德琳卡往牛奶瓶里倒了半瓶水,把瓶放在外面。"你想鸡怎么能喝到水呢?"曼杜拉问她。"它们有长脖子啊!"她争辩。玛德琳卡还常自己玩神父的游戏。她有个祭坛，一些蜡烛，一个小银杯，她用银杯扑灭蜡烛上的火焰。

约瑟夫·考贝尔是镇上的空袭民防队长。由于灯火管制，有一晚他撞在砖柱上，撞碎了眼镜，眼睛也被割伤。每当晚上，人们还得进防空洞。1944 年 6 月 12 日，德国人开始发射 V—1 火箭攻击伦敦及其他地区，这种炸弹杀伤力极强。考贝尔与古尔德斯达克买了一张装有厚钢板的桌子，放在餐厅里。这张桌子大小和一张单人床差不多，两家人吃饭时，空袭开始，他们就迅速往桌子底下钻，两对父母和 3 个孩子爬进去，挤成一团，没事了又爬出来。战争制造了多少闹剧。

在漫长的 6 年战争岁月里，考贝尔一家与成千上万的人们一起，与炸弹的危险做斗争。小玛德琳卡也经受了战争的锤炼，她刚毅的性格是战争练就的。

亲人遇害

德国入侵给捷克斯洛伐克人民造成巨大的损失。捷克人在物资和经济方面付出了高昂的代价，他们不得不为纳粹的工厂做工，还有一些人被运到德国。捷克的社会精英受尽了迫害，政治人物和知识分子成为盖世太保捕杀的对象，因为他们常常成为反抗运动的组织者。犹太人更是遭到惨无人道的屠杀。战后，捷克斯洛伐克的犹太人所剩无几。

纳粹占领布拉格之后，犹太人的日常生活被完全打乱，社会和娱乐活动被禁绝，财产被登记。纳粹规定：出入公共场合的犹太人必须佩戴印有大卫星的黄布条，上面印着"犹大"二字。犹太人无法取存款，犹太人的商店、工厂、公司被抢走，孩子们被赶出学校，各类专业人员被迫停业。所有的东西都被抢走。后来，犹太人甚至被禁止出现在任何公共场合，禁止外出，禁止从一个城市到另一个城市，禁止从一个村子到另一个村子。家人和亲朋好友不能相会。犹太人已经和正常社会彻底隔绝。

1941 年 9 月 27 日，德国党卫军头目莱因哈德·海德里希成为纳粹在捷克的摄政者，这是犹太人不祥的预兆。他开始大肆搜捕，把犹太人移送到东边波兰的奥斯威辛等集中营。作为希特勒大规模屠杀犹太人计划的一部分，海德里希命令剩下的犹太人住在布拉格北 40 英里的要塞小镇特雷津。1941 年 11 月 24 日，那里也建起了犹太人的集中营，德语叫塞雷谢恩斯达德，它简直是个活地狱。

1942 年 7 月 30 日，玛德琳卡的祖父母被送到塞雷谢恩斯达德集中营。不久，祖父阿诺斯特就死去了。1944 年 10 月 23 日，祖母奥尔加又被转送到奥斯威辛集中营，死于毒气室。1942 年 10 月，玛德琳卡的表姐米莲娜和她的父母也一起被送到塞雷谢恩斯达德集中营，也都死在集中营里。另外，玛德琳卡的外婆也在波兰的一个集中营死去。

亲人们的惨死，小玛德琳也许一无所知。她的父亲，约瑟夫·考贝尔作为流亡政府内主管新闻的一名局长，应该知道内幕，因为，英国广播公司捷克台播出了谴责大规模屠杀犹太人的严正声明。

二战结束，约瑟夫·考贝尔作为流亡政府成员，先家人一步乘飞机回国。曼杜拉带着孩子们随后飞回布拉格。17岁的表姐达格玛怀着悲喜交加的心情返回祖国，走下飞机时，她四处寻找亲人的身影，没有任何家人和别的亲戚，只有约瑟夫舅父，她意识到发生了什么。她的全家被害，留下她孤苦一人。约瑟夫·考贝尔被指定为达格玛的监护人，她父母双亡，无依无靠，就和考贝尔家住在一起。在听到很多亲人被杀的消息时，每个人都受到了巨大的精神创伤，但在家里，很少有人谈论此事。约瑟夫从未和达格玛谈论过有关她父母的事，但却告诉过她一定要接受现实。考贝尔一家给了达格玛感情上的支持。

大使千金

考贝尔一家在赫拉德昌民广场附近的一个山顶小公园租了一套5个房间的大公寓。公寓在一栋17世纪时专为贵族建的大房子的2楼上，颇有点富丽堂皇。

时年35岁的约瑟夫·考贝尔和很多同事一样，想尽快适应捷克的新社会。战后的政治气候远不是战前考贝尔所熟悉的那样。1943年12月，贝奈斯与苏联签订了友好条约，捷克政府把捷克共产党组合进它的政治体制中。1945年春，贝奈斯返回捷克，捷克政府几乎完全按慕尼黑事件前的体制重组，共产党加盟临时联合政府，并拥有极大势力。约瑟夫·考贝尔担任了捷克外交部的办公厅主任。1945年9月底，他被任命为捷克斯洛伐克驻南斯拉夫公使。1946年公使馆升级为大使馆，考贝尔被任命为捷驻南第一任大使。

1945年9月28日，考贝尔带全家飞往贝尔格莱德赴任，他们家在捷克大使馆内有一套宽敞的住宅，十分豪华。

玛德琳卡的教育成了令人关注的问题，考贝尔夫妇不愿让女儿和南斯拉夫的孩子们同坐在公立学校教室里读书，他们带了一位捷克家庭教师，每天在家里指导她学习。玛德琳卡感到孤独，她几乎没什么在一起玩的伙伴，没事时就和家庭教师一起散步。暑假给玛德琳卡带来些许欣慰，他们一家常去亚德里亚海一个旅游胜地度假一星期，然后去布莱德再呆数日。布莱德城内有个大湖，玛德琳卡喜欢在里边游泳。

10岁时，玛德琳卡在学习方面超过了与她同龄的孩子。她被送到瑞士日内瓦湖边的一个小城——谢克斯布莱斯的波列普琳娜学校。玛德琳卡大发脾气，她不想到瑞士，但她却不能不去。因患皮疹，她晚了两个星期到校。她不会说法语，也不认识任何人，像来到一个陌生的孤岛。

学校给她取了一个新名字——玛德琳，她的世界连同她的名字都变了。开始时，她痛恨这一切。圣诞节，她没有回家，父母觉得她应该留在学校。那个假期无聊极了，大部分姑娘们都回家了，玛德琳被送到附近的德语学校，她不会德语，不喜欢那儿的环境，她觉得很难过。那年冬天,妈妈在贝尔格莱德又给她生了一个弟弟,名叫杰恩·约瑟夫。弟弟像王子一样出现在家里,玛德琳觉得自己非常可怜。

考贝尔的 1946 年夏天是在法国度过的,作为驻南斯拉夫大使,他是捷克参加巴黎和会的代表团成员。他想带玛德琳一起乘飞机去巴黎,但玛德琳拒绝了,她对战后从伦敦飞往布拉格颠簸的航程记忆犹新。考贝尔在巴黎和会期间担任巴尔干国家和芬兰经济委员会主席,他曾在法律学校学过国际经济专业。1 年后,他获得捷克斯洛伐克政府奖励的"一级军事勋章"。

在捷克斯洛伐克,共产党的势力正在扩大,并控制了许多重要部门。苏联插手捷内政。1948 年 1 月,约瑟夫·考贝尔回布拉格看望贝奈斯总统,想试探一下当时的政治气候,总统对捷国内形势充满信心。1948 年春,捷克政府让约瑟夫·考贝尔代表捷克参加联合国印—巴问题委员会,考贝尔被任命为主席。

1948 年 2 月 25 日,共产党在布拉格接管了政府。5 月初,捷国民议会通过一个新宪法,规定共产党政权高于一切,贝奈斯拒绝在文件上签字,于 6 月辞去总统职务,由共产党人哥特瓦尔德接替,很多捷克斯洛伐克官员提出辞职以示抗议。约瑟夫·考贝尔作为贝奈斯的亲信,和捷克共产党政府隔阂越来越深,他深知前程未卜,但并没有立即与共产党政府一刀两断。他作为捷克官方代表,此时仍在巴黎联合国印—巴问题委员会工作。他把这一工作看成是逃跑的唯一机会。像很多捷克斯洛伐克外交官一样,他面临着一个痛苦的决定:或者是回祖国,或者是放弃一切,一无所有。

再度流亡

约瑟夫·考贝尔 1948 年春便计划逃走。他 5 月办好了去美国的签证,给在贝尔格莱德的妻子打电话,由于怕被窃听,用密语告诉她:"你们去度假,要带上需要的东西。"妻子心知肚明,着手准备逃走。初夏一个炎热的日子,曼杜拉带着小女儿凯茜和儿子杰恩,在贝尔格莱德登上火车,开始了漫长的旅行。到了瑞士,他们下车去看望寄宿在学校里的玛德琳。在洛桑逛街时,玛德琳教妹妹凯茜如何吃泡泡糖。在洛桑做短暂停留后,曼杜拉和两个年幼的孩子继续再乘火车去伦敦。到了伦敦,他们暂住在老朋友古尔德斯达克家。古尔德斯达克知道如果考贝尔再回捷克将处于极度危险的境地,他没有问他们一家的计划,但十分确定他们将去美国,因为联合国总部在美国纽约。

伦敦又一次为考贝尔家提供了避难所。曼杜拉把家安在了伯爵公寓大楼一楼的一套公寓里,她忙于照看两个孩子,凯茜只有 6 岁,杰恩 1 岁半。约瑟夫·考贝尔秘密却有效地为坐船去美国做好安排。不久,玛德琳也从日内瓦飞到伦敦与全家团聚。那年秋天,玛德琳又在伦敦一家法语中学注册入学,校内的课程均用法语讲授。在经历了一场逃出贝尔格莱德的情绪波动后,曼杜拉觉得身边的孩子们越发难以相处,一家人不再像前一阵子那样充满欢乐。

1948 年 11 月 5 日晚，曼杜拉和她的 3 个儿女，在英国南安普敦登上了亚美利加号轮船前往美国，还带了一位 20 岁的南斯拉夫姑娘范茜·梅森格尔做女仆。因为是外交官的家人，他们坐了头等舱，航途中，由于轮船颠簸，曼杜拉和女仆都一直呕吐，玛德琳就得照看弟妹了。漫长的旅途真是难熬。

当家人乘船去美国时，约瑟夫自己仍留在巴黎联合国印—巴委员会。他与曾在伦敦流亡政府广播局共事的共产党人，后来成为他的上司的副外长克莱门提斯见了两次面，他们间的谈话使两位朋友产生了对立情绪。克莱门提斯询问了考贝尔对捷克共产党政府的态度和他未来的计划，考贝尔说不喜欢共产党及其政权，并计划要去纽约与家人团聚。1948 年 12 月 12 日，考贝尔被捷克政府免去在联合国委员会的职务，公民身份被剥夺，所有国内财产被没收。5 天后，他在南安普敦登上英国邮轮玛丽女王号去美国。在联合国机构接到考贝尔被免职的通知前，他早已到达美国。

在对祖国的热爱和对家人的关怀之间，考贝尔选择了后者，对家人的爱和责任占了上风。他决定找一条通往安全世界的道路，以免家人遭殃，以便孩子们有更大的发展。考贝尔不愧为一个精明的外交官，他的实用本能和技巧令人佩服。他和家人得以安全脱身，而留下来的许多持不同政见者都遭到了不同程度的迫害。

约瑟夫于 1948 年 12 月 22 日来到美国与家人团聚，合家欢喜。不太会英语的曼杜拉正努力适应新生活。圣诞节到了，他们隆重地庆祝了全家的团圆。

考贝尔一家在纽约市郊安顿下来，租了一处花园小屋。他们不再似以前那样荣华富贵了，而是流落他乡的流亡者。女仆范茜不久离去，曼杜拉只好自己操持家务。但由于没做过饭，她不知道怎样挑选锅碗瓢盆，也不懂怎样买食品。他们从 1949 年开始了一种全新的生活。玛德琳和凯茜进了离家约 1 英里的阿伦德尔小学。家里没有电视，玛德琳就只好到邻居家去看节目。

11 岁的玛德琳已长成了一位标致的姑娘，稍胖的身材，淡黄的卷发，灿烂的笑容，活泼又可爱。跟父亲一样，她已能说数种语言，最流利的是捷克语、法语和英国口音的英语。按年龄，玛德琳该上六年级了，但校方认为她是外国人，不熟悉美国的生活方式，只该上五年级。但测试后发现，她的成绩足以上七年级，考虑各种因素后，校方让她插入六年级。最初玛德琳没注意到自己的发音与众不同，有一天唱圣诞歌曲《我们相聚在一起》时，她听到一个不和谐的声音竟是自己的，她决心改掉英语中的英国口音。善于模仿善于学习的玛德琳处处留心美国口音。玛德琳不仅口音与他人不同，穿着打扮也不同，外套不是太宽就是太窄，裙子不是太长就是太短，从来就没有合身的时候。她从不参加同学聚会，上学家里没车接送，她与别人大不一样，父母对她很严格，她不能像其他孩子一样随心所欲。

玛德琳渴望新的环境接纳她。多年来，她一直与众不同——一个饱经战火，在异地他乡过流浪生活的女孩，原是一个享有特权的外交官的女儿，眼下却是身处美国的小小流亡者。她的童年是在"我是外国人"的感觉中度过的。

约瑟夫·考贝尔虽已被捷政府解职，但他仍继续在联合国工作到 1949 年 2 月。他从联合国发布的公开信中获悉他被停职后，立即采取行动，以确保他及亲人能在美国呆下去。1949 年 2 月 12 日，他给美国驻联合国代表写信，请求在美国政治避难，1949 年 3 月初，杜鲁门政府批准了考贝尔的政治避难请求，这位前外交官舒了一口气。考贝尔得到美国人士的帮助，在丹佛大学得到住校教授一职，教授国际关系，并着手修改充实他的《南斯拉夫外交经历》一书。

虽在 8 年前就已皈依了天主教，约瑟夫和曼杜拉清楚地意识到有必要更进一步融入美国主流社会。许多欧洲犹太移民发现，生活在美国的犹太人受到盎格鲁·撒克逊新教主流文化的压制，新教文化带有浓厚的反犹主义色彩，非犹太人更容易被社会所接纳，更易获得圆美国梦的机会。这种情形使一些欧洲来的犹太人感到愤怒，而更多的则选择放弃犹太习俗以融入新环境。

在美国半年后，玛德琳从六年级毕业，学校为毕业生举行了毕业典礼。毕业典礼后，考贝尔一家又一次打点行装，再度搬迁，目的地是美国的西部。

中学时代

考贝尔家决定定居于美国西部城市丹佛。怀着美好的憧憬，他们用微薄的积蓄买了一辆福特轿车，于 1949 年 6 月离开纽约上路。刚到丹佛时，他们又搬迁了几次，6 个月后，终于在丹佛南区安顿下来。他们住在丹佛大学简陋的校舍内，曼杜拉称他们的住处为"糟透了的破房子"。考贝尔夫妇的卧室及小书房设在地下室，玛德琳在楼上有自己的屋子，凯茜和杰恩合用一间。约瑟夫决心不让寒碜的条件影响心境，经常邀学校的同事与家人共进晚餐。曼杜拉给客人看手相取乐。

玛德琳上了莫雷初级中学，她很喜爱这所学校。热爱学习，善交朋友，她很快就融入她所处的环境，变成了一个地道的美国少女。她对弟妹很负责任，清早送他们步行上学，然后自己再坐巴士去学校。周末，她带他们去看电影。

约瑟夫在丹佛大学教国际关系和苏联东欧政治，他很快就赢得了学生们的爱戴。曼杜拉外出工作，先在丹佛公立中学做秘书，后在一家投资公司干活。尽管回到家已疲惫不堪，她还得做饭，玛德琳和父亲负责洗涮。每周五下午，他们一边欣赏莫扎特的曲子，一边打扫卫生，约瑟夫和玛德琳干粗活，凯茜擦从捷克带来的珍贵玻璃器皿。玛德琳经常跟母亲发火，她讨厌打扫卫生。

作为父亲，约瑟夫非常严厉，他不许孩子们有粗鲁无礼行为，规定晚上早睡，要求穿着得体，自己作为表率，衣着穿戴一丝不苟。晚餐很正规，得准时就餐。不准用电话跟朋友聊天。考贝尔是个严厉的欧洲式的家长，孩子们从不敢违抗，做错了事就得挨罚。

此时的玛德琳对罗马天主教很虔诚，定期参加教义问答，做忏悔，领圣餐。她喜欢上教堂，经常拽着别人跟她一起去。那时的教堂用拉丁文做礼拜，祈祷书有一半是英文，一半是拉丁文，早慧的玛德琳更喜欢拉丁文。

在丹佛安定下来后，每逢周末，考贝尔全家就驱车到山里去野餐，曼杜拉准备的食物是土豆色拉，大块肉汉堡。他们拾蘑菇煮食，玛德琳开玩笑说有朝一日大家会食物中毒。约瑟夫还坚持全家一同去散步，他称之为"家庭团结"，他们感到自己是异国人，一家人总是形影不离。夜晚，约瑟夫辅导孩子们做历史功课，鼓励他们好好学习，争取好的成绩。

3个孩子中，玛德琳功课最好，评分大多是A。她参加过一次洛杉矶地区联合国知识竞赛，按字母次序背出联合国成员名称，获第一名。

玛德琳该上高中了。父母想让她在私立学校就读，以便接受比公立学校更好的教育。女儿很不愿意，她跟父母发生争执，然而决定权终归在父亲手里。玛德琳上了肯特女子中学，该校是最有名气的私立中学，位于市郊，距丹佛市中区5英里。玛德琳所在的班上有16名女生。

玛德琳很长时间才适应肯特学校，刚进肯特时她一点也不快乐，第一眼看到就憎恨它。她是全校唯一的天主教徒，其他人都信奉新教，每个人都知道她靠奖学金上学，她家没有别人有钱。好在女生全穿校服，她不必为衣物发愁。她始终觉得自己不应该是那个圈子里的人，总显得格格不入。因此，她小心翼翼，谨慎行事，表现老成，人缘极好，是每个人的朋友。她给人性格沉静内向的感觉。春天放假，别人参加花样翻新的旅游，她只待在家里；夏天，同学游山玩水，她还是待在家里。肯特学校的女生每周五轮流做东吃便餐，但却从不光临玛德琳家，她像个局外人。她努力不受这种情形干扰，形成了极强的独立意识，决心走自己的路，也从不怀有丝毫的妒忌。

玛德琳学习很用功，她知道自己该做什么。她是那种不服输的女孩，要用自己的勤奋使自己在学习上比别人强。班上的女孩个个聪明伶俐，玛德琳不是最聪明的，却是最全面的，她成绩非常优异。玛德琳有一种坚忍不拔、敢作敢为的性格，这在运动场上完全表现出来。她是位曲棍球手，在赛场上猛打猛冲，锐不可当。她虽不是球星，但能力强，意志坚定，打球就要拼命赢。

玛德琳有时也很逗的。她开过一个有水平的玩笑，她说："我是捷克人，要嫁捷克汉，会生下一群捷克仔。"但她不贫嘴，也不粗俗。她不仅能领略事情严肃的一面，也能领会轻松的一面。

玛德琳精力充沛，广泛参与社会事务。她为学校附属教会委员会服务，还加入唱诗班。升入高年级后，她还担任了学生会主席。她总是抽时间参加政治研讨和辩论，跟父亲一样，她是民主党的拥护者。而她的同学及家庭基本上是共和党的拥护者。肯特学校简直就是共和党的天下，上肯特学校的都是有钱人家的子女，理所当然是共和党的拥护者。

玛德琳具有自由政治倾向。她敬慕父亲的才华，受其民主观念的熏陶，餐桌旁接受的已变得根深蒂固的思想观念，在与同学们的谈话或辩论里自然流露出来。她总是陷入重围，但也会与全校的共和党拥护者背水一战。

玛德琳性格倔强，但中学时代没有经历过叛逆阶段。她与父母为上私立学校争执服输后，从未与父母发生什么大的冲突，有的也顶多是因回家太晚跟父母顶几句而已。高中最后一年,她曾试过抽烟,但终因不喜欢而没学会。肯特学校虽不再如以前那样令她憎恶,但也并未成为她生活的中心,她认为那段日子不可思议。

考贝尔家的孩子们都对历史及国际关系感兴趣,这是他们的生长环境造成的。餐桌边三句话不离外交政策和历史人物事件,他们耳濡目染,饱受熏陶。约瑟夫有时邀请大学里的教授到家,一边喝鸡尾酒,一边谈论政治和历史,这对孩子们的影响也不小。

在丹佛大学,考贝尔成了知名的教授。人们对考贝尔具有学者和教师双重才能赞叹不已,这在学术界是令人称羡的结合。他写了三大部学术专著,同时又是超一流的教师。他开拓学生的想象力,激发他们的好奇心和求知欲。学生觉得他才华横溢。但考贝尔最专心的学生,最忠实的崇拜者是大女儿玛德琳。她认真聆听父亲的高谈阔论,细心揣摩他的每一句话。约瑟夫在孩子们的心目中简直是英雄。

曼杜拉活泼,热情,是位爱护孩子的好母亲。她对家庭无限忠诚,无私奉献,她具有应付和解决几乎任何问题的能力,这些对玛德琳及弟妹产生了很大影响。

考贝尔夫妇对孩子们呵护备至。上十年级时,有个男生邀玛德琳参加中学生舞会,约瑟夫不让女儿坐那男生的车,把玛德琳气得要死。后来,父女俩达成协议:玛德琳可以跟那男生同坐一车,但父亲开车跟踪他们。玛德琳为此极为恼火,但她还是明智地避免跟父亲争吵,他那坚定的目光容不得她有任何的争辩。

走进大学

1955 年秋,高才生玛德琳同时向 5 所大学发出入学申请,它们是:斯坦福大学、宾夕法尼亚大学、芒特·霍尔约克大学、丹佛大学以及韦尔斯利女子学院。她需保证能得到奖学金,而且,父亲要她上奖学金额度最高的学校。

一周时间里,她同时被 5 所大学录取。斯坦福大学的接纳信最先交到她手上,可是信件对奖学金一事却只字未提,玛德琳为此很失望。韦尔斯利女子学院为她提供了最高金额的奖学金,韦尔斯利学院丹佛俱乐部还替她支付到校路费。她选择了韦尔斯利,但却恋恋难忘声名卓著的斯坦福大学。

玛德琳于 1955 年 9 月 19 日到达韦尔斯利女子学院。该校毗邻沃班湖,是美国最美丽的校园之一。玛德琳住进一幢新生宿舍楼,被称作"家宅"。她的室友是玛丽·简·邓福德,一位文静、金发碧眼的高个儿女孩。

从到校的第一天起,玛德琳的认真劲和上进心就给老师同学留下了深刻的印象。她具有讲数种语言的能力,然而学法语时却遇到了麻烦。她法语讲得极漂亮,但语法知识却太差,第一次作业老师给她评了个 D,外加评语:"你的语法一团糟。"玛德琳的室友擅长语法而口语却不行。两位姑娘互相取长补短,玛丽修改玛德琳的作业,玛德琳纠正玛丽的口音。玛德琳来韦尔斯利不是为了参加社交聚会的,她不想虚度时光,她父母对她寄予了极大的希望,她努力学习,力求上进,以便不辜负父母的期望。

玛德琳是全校仅有的 5 名外籍学生之一,5 人中只有她操一口纯正流利的美式英语。她似乎谙熟交融之道,待人接物挥洒自如。朋友们喜欢她,拿她的外国人身份逗弄她,她们带她到波士顿的法林地下商场选购新衣,还给她取了一个她自己讨厌但却流传至今的绰号——玛迪。在美国生活多年后,玛德琳早变成了地道的美国人,在美国化的历程中,她的性格及爱好渐趋成型。从玛德琳当时的照片看,她一副齐耳卷曲的短发,脖子上戴着一串珍珠项链,青春又美丽,一个地道的美国少女。

大多数韦尔斯利女生喜爱这所学校,并为能跻身这样的名校而倍觉自豪。韦尔斯利学院的校训是:"不需别人照顾,但要照顾别人。"学院期望年轻的韦尔斯利毕业生要做到处世不惊,充满自信,口才出众。要学生"走出韦尔斯利,让世界有所不同"。学院当时还有一项内容是拍"姿势照",数所名校都对学生有此要求。大家排好队,一个挨一个拍裸体照,照片用来研究个人姿势,矫正同学的动作。来韦尔斯利的学生,部分是为了获得良好的教育,而主要原因则是结识附近的名牌大学里最有资质和前途的年轻男士。学校的出版物也替学生家长着想,为女生们能遇上理想的男士出谋划策。

玛德琳对上大学的感受比多数女生强烈得多。她在饱受战争创伤的欧洲度过童年,在奋力跻身美国主流社会的努力中送走少年时代。她眼里的韦尔斯利学院是汇聚知识和交际乐趣的一片绿洲。她总觉一切都那么美好,像在做甜美的梦。

玛德琳在校内的朝圣者洗涤公司打工挣零花钱,每周把洗好的亚麻制品送回寝室,她还需要打开一包包脏床单、脏枕套数件数核实编号。当她写信告诉父母时,他们惊呆了,并回信说:"我们家也许不宽裕,但没有必要让你给别人洗洗涮涮。"

玛德琳对国际事务和政治有浓厚兴趣。她担任《韦尔斯利新闻报》的撰稿人,渴望成为一名新闻记者。上二年级时,她当了校报的通讯员,写过一篇论述美国学生学外语的重要性的文章,刊在头版。1958 年玛德琳担任新闻版副主编时,写了一篇有关约翰·F.肯尼迪连任参议员组织竞选活动的报道,她已掌握新闻报道的写作模式。玛德琳是一位热衷于美国政治的学生。她仿佛是父亲的翻版,与其父有着共同的兴趣,不同的只是侧重的国家不一样。

玛德琳不仅学习认真,热心政治,而且也懂得如何开心。她有时也和同学打桥牌。冬天,她们在雪地上滑"托盘",脚踏从食堂"解放"出来的托盘,呼啸而过。玛德琳有一位在普林斯顿大学就读、名叫埃尔斯顿·梅休的男友,他是她在丹佛认识的比她高一届的男生。她喜欢炫耀一件"战利品"——他的黑黄两色的普林斯顿大学的围巾。

女儿在韦尔斯利就读期间,考贝尔夫妇全身心投入到丹佛大学的工作中。约瑟夫·考贝尔是不可多得的教授,正忙于筹建一所国际关系研究院。1957 年 3 月 25 日,在移居美国 8 年多后,约瑟夫和曼杜拉·考贝尔在丹佛地方法院举行的仪式上,成为美国公民。1957 年 8 月 14 日,玛德琳获准加入美国国籍。

美好姻缘

二年级暑假在《丹佛邮报》见习期间,玛德琳遇上了乔·奥尔布赖特,一位标致帅气的年轻人,一个报业帝国的继承人。玛德琳当时在《丹佛邮报》资料室汇订剪报,答复订户提问。乔来查资料,他左手无名指上戴着年级戒指,玛德琳还以为他结婚成家了。有一回,他主动跟她攀谈:"你上学吗?""我在马萨诸塞的韦尔斯利女子学院读书。"乔听后笑了,他说:"我上马萨诸塞州的威廉斯学院。"

起初,玛德琳对乔的背景一无所知。他们约会时,母亲坚持玛德琳和乔各自出钱,分担约会的费用。乔就住在考贝尔家附近,曼杜拉喜欢这个年轻人,经常请他到家吃饭。

玛德琳仍继续跟埃尔斯顿·梅休约会,乔到家里来会让她很尴尬。但乔给她与家人的印象很不错。他们家墙上有许多油画,乔对油画的评论,让约瑟夫刮目相看。乔还跟约瑟夫谈及哈里·杜鲁门,他发表了自己持批评态度的看法,起初约瑟夫很反感,但最后认为他很有才智。

乔·奥尔布赖特是个严谨的年轻人,他童年虽不像玛德琳四处漂泊,但也受过挫折。乔的生父杰伊·弗雷德·里夫,是芝加哥一家有影响的法律事务所的投资人,母亲约瑟芬是《纽约每日新闻》出版商的女儿。乔7岁时,父母离异,这给他心灵造成不小创伤。两年后,母亲再嫁画家伊万·勒·洛雷因·奥尔布赖特。乔和妹妹随母亲到了奥尔布赖特家,乔的名字改为约瑟夫·奥尔布赖特("乔"是"约瑟夫"的昵称)。

乔的姨妈艾丽西亚·帕特森是家族的贵妇人,没有生育,她是个善于交际,喜爱冒险的女人,她和丈夫古根海姆共同拥有、共同经营《每日新闻》,这是长岛的一份内容活泼、前途看好的报纸。她把乔当儿子一样对待。

暑假乔到《丹佛邮报》做实习记者,与玛德琳相遇并爱上了她。1958年他的毕业论文是有关外祖父约瑟夫·梅迪尔·帕特森的生平,这是一篇极优秀的作品。然而,乔的母亲对儿子题写的论文献词恼怒万分,献词是:"献给玛德琳……"

玛德琳和乔对政治和新闻有着共同的偏好,可谓志趣相投。这使得两位青年人相遇后,很快就走到了一起,并真诚地相爱。乔被玛德琳聪颖、美丽可爱的魅力所吸引,他决心娶玛德琳为妻。

又一个暑期结束,返回学校的玛德琳让朋友们大吃一惊。她被"带上了别针",这是订婚的前奏,由男生把自己带有金链的大学生联谊会徽章送给已确定关系的女友别在胸前。玛德琳进教堂时,身穿一件红色的毛线衫,乔送的那枚徽章在她的胸前格外显眼。乔向她求过婚,但她决定先走"带别针"这一步。

玛德琳准备去见乔的家人。为了让她有思想准备,乔告诉了她自己的特别背景。她来到芝加哥时髦的东湖湖滨见了她未来的婆婆及别的人。1958年12月29日,乔和玛德琳订婚的消息刊登在《纽约时报》上,附带登了一张玛德琳的照片,玛德琳齐耳入时的短发，宽宽的颧骨，甜甜的笑容，分外地青春动人。

玛德琳向家人宣布自己已恋爱并打算结婚，而且为了恋人要放弃天主教改信新教圣公会。父母对女儿的选择倍感欣喜，他们非常喜欢乔。

乔比玛德琳早一年毕业，住在芝加哥，他们一月见一次面。玛德琳在大学四年级忙于筹划婚礼及撰写毕业论文。她的论文以犀利的笔触详尽叙述了捷克左翼社会民主党人兹丹尼克·费尔林格的一生，其人出于对苏联的敬仰和忠诚，背叛了自己的祖国。论文的题目是：《兹丹尼克·费尔林格在捷克斯洛伐克共产化历程中的作用》，并以此论文献给父母及未婚夫乔。

这篇论文是严谨研究的成果。玛德琳花了大量时间阅读用英文和捷文记载的文献资料，还跟父亲探讨他曾经历过的那时的政治气候。她生动描绘了一幅民主在捷克斯洛伐克消亡的画卷。但她未涉及希特勒屠杀犹太人的话题，这仿佛是个禁区，一种潜意识使她避免探讨这一主题所涉及的人与事。1959 年 6 月 8 日，玛德琳获得毕业证书。

韦尔斯利毕业证书和一只结婚钻戒使玛德琳的生活放射出美好的光彩。她是个好女儿，没有辜负父母付出的牺牲和对她的期望。她的前程似锦，她对未来幸福的生活充满憧憬。玛德琳毕业 3 天后就嫁给了她的意中人乔。婚礼是在韦尔斯利村的圣·安德鲁新教圣公会教堂举行的。玛德琳一身洁白漂亮的婚纱，纤腰紧束，脖子上戴一串雪白的珍珠项链，手捧一束玲兰玫瑰，容光焕发。

对于玛德琳来说，筹划婚礼相当困难。乔的家庭不仅极为富有，社会地位也高高在上。而玛德琳家经济状况困窘。按传统，考贝尔应负担婚礼费用，没有钱就难以操办与乔家庭相称的体面婚礼。玛德琳自己操办了婚礼，她把在读书时打工挣的钱拿出来为乔买了一块手表作为结婚礼物，另外还支付了大部分婚礼费用。由男方负责的婚礼晚宴极其精美，奥尔布赖特家把人们请到波士顿最高档的饭店——约瑟夫餐厅参加宴会。

婚礼后，新婚夫妇在加勒比海度蜜月。在 1 周时间里，他们从一个岛屿飞到另一个岛屿，欣赏一望无垠的白色沙滩，品尝新婚的甜蜜。

奥尔布赖特家族，是令人生畏的富有的名门望族。玛德琳发现自己踏入的这个阶层很看重社会地位。要适应新家庭对新嫁的玛德琳来说绝非易事，相处中不可避免要出现不和谐。婆婆约瑟芬·奥尔布赖特饮酒无度，有时相当苛刻，对玛德琳的态度不很好。

蜜月后不久，乔报名参加了预备役部队，在密苏里的一个要塞开始 6 个月的军旅生活。此间，玛德琳搬回丹佛住在娘家。玛德琳想找临时工干，费尽周折，最后在一个汽车订票处找到了。6 周后，她到密苏里州跟乔团聚，夫妻俩租了一套公寓。玛德琳在当地的几所学校当秘书，不久找到一份记者差事，为密苏里州罗拉的《罗拉每日新闻》做事，周薪 35 美元，她非常喜欢这工作。

乔服役期满，夫妇俩回到芝加哥。乔在《太阳报》重操旧业。玛德琳想在芝加哥的某家报纸做记者，乔的同事们却不以为然，其中一位建议她别这样干，要待在家里做个好太太。玛德琳没有抱怨。乔的同事们的话在那个时代具有代表性，男人占据大多数工作岗位，妻子应本分地、快乐地追随丈夫，不能妨碍丈夫的前程。

玛德琳在《大不列颠百科全书》编辑部谋到一份工作，任研究员，这一职位从来就由女性担任，工作内容是找到购买者可能提出的问题的答案。

乔在《太阳报》干得特别出色。艾丽西亚姨妈向他施压，把他招到自己的麾下，为总部设在长岛的《每日新闻》效力。乔和玛德琳在临近的加登市租下一套公寓。乔在报社不同科室巡回供职，人们一致认为他是个正派人，一个勤奋的职员。尽管他特别富有，又有显赫的家庭背景，同事们觉得他很好处，都喜欢他。乔在很短的时间内就得到提拔，担任了编辑部的改写员，修改即将付印的文章。

玛德琳怀孕了，腰身变得越来越粗，她开始步行减肥，通常走上 5 英里，然后停下来喝杯咖啡，再调头走回家。玛德琳一直想学俄语，学俄语要求会认西里尔字母，这使得本来就拗口的俄语更加难学。有一天，在去附近城镇看医生的路上，她无意中看到霍夫斯特拉大学开设俄语班的广告。俄语班每天开设 8 节课，共 8 周，6 月开学。然而小宝贝将在 8 月的第一周降生。玛德琳即使学也没法坚持到底。她非常惋惜不能利用这次机会。

医生检查出玛德琳怀有双胞胎。1961 年 6 月 17 日，玛德琳产下一对双胞胎女婴。婴儿早产 6 周，两个体重都只有 3 磅多，而且肺部萎缩。医生告诉奥尔布赖特夫妇，如果48 小时内婴孩的肺仍不能充气的话，就活不下来，即使能活下来，他们也必须住在医院直至体重达 5 磅，因为体质弱容易感染，就是母亲也不许接触婴儿。24 岁刚做母亲的玛德琳吓坏了，但无能为力，只能透过玻璃门看她的女儿。年轻的母亲从此充满了牵挂和母爱。双胞胎女儿一个取名叫安妮，一个叫艾丽丝。

由于自己没有可干的事，也为了分散注意力，玛德琳·奥尔布赖特报名参加了她先考虑过的俄语班，这让她有事可做了。恰逢考贝尔外出讲学顺路看望他们，玛德琳用俄语向他问候，这使父亲感到惊喜，也有几分骄傲。

尽管玛德琳重新回到学校，但她注定将来要从政。她的世界跟大多数家庭主妇没什么两样，整天围着婴儿转，围着丈夫以及他的职业转。可是，她却在不停地思考自己该干些什么。《大不列颠百科全书》为她提供了一份不太受约束的工作，在报刊专栏内搜寻稀奇古怪的资料，但这工作由韦尔斯利学院的高材生来做，未免有点屈才。奥尔布赖特一边读书看报，看连续剧，喂小宝宝，涮瓶子，一边心里在想：我得做点正经事。她常打网球，他们家后院有个网球场。她不时设晚宴，客人一般是丈夫《每日新闻》报社的同事。但有个问题一直搅得她心绪不宁：我的生活该怎么过？她有当教师的想法，想在长岛的大学谋一份教职。

几个月后，乔被调到华盛顿，专门报道国务院的情况。乔接受了做一名报刊出版人的训练。但新闻报道才是他真正的强项。与写作相比，他更善于挖掘新闻素材，并最终选择了令人上瘾但日常事务杂乱的新闻报道。

玛德琳和乔·奥尔布赖特搬到了华盛顿，住在第 34 大街一座小房子里，与加德纳家做邻居。理查德·加德纳 32 岁，但当时已担任国务院助理国务卿，职责范围涉及联合国事务，职位引人瞩目。一切似乎令人难以置信，在华盛顿做记者的感觉好极了，生活很精彩，他们是新闻机构的生命线，比编辑和出版人更讨人喜欢，他们的权力很大。

丈夫做了报道国务院情况的记者,玛德琳的社交圈子也开始扩大。邻居丹尼尔·加德纳出生在意大利,和玛德琳·奥尔布赖特一样,也曾煞费苦心成为地道的美国人。两位女士性情相投,并成了亲密的朋友。加德纳家和奥尔布赖特家的葡萄牙女仆是姐妹俩,家里有佣人是富有与社会地位的象征,女主人很少做家务。这是一种舒适的生活,一种当时典型的美国首都上流社会的生活。两家经常聚在一起吃晚餐,谈话一般围绕时事进行。玛德琳关注海外的风吹草动,而乔出于记者本能会从加德纳先生口中打探独家新闻。

1961 年 1 月,约翰·F.肯尼迪从艾森豪威尔手中接过权柄,成为美国有史以来最年轻的总统。这个时期的人们对日益强大的苏联充满恐惧和疑虑,有关核战争可能性的讨论经常占据报刊的大幅标题。新闻本身也够刺激,战争与和平,核毁灭等重大问题使美国这个对二战及朝鲜战争仍记忆犹新的国家忧心忡忡。这是一段让华盛顿新闻界产生飘然感觉的时期。"柏林危机"和美国卷入越南战争,使美苏关系极度紧张。

在华盛顿,当天的头条新闻便是人们谈论的话题。玛德琳与乔时常出入权势集团的圈子,他们的话题就更是如此。创造历史的人物就住在他们隔壁。他们去相同的教堂做礼拜,孩子上同一所学校,互相在家设宴款待对方。美国人多数对苏联知道得很少,会俄语的更是寥寥无几。玛德琳·奥尔布赖特的经历及她父亲对她的影响,使她对苏联有一种深切的理解,因而,她的高谈阔论总会使人折服。

攻读研究生

1962 年秋,玛德琳·奥尔布赖特作出一个不同寻常的决定,到华盛顿的霍普金斯大学的国际关系高级研究院攻读研究生,专业是侧重国际关系的政治学科。作为年轻的母亲,家里有女仆照料孩子,因而玛德琳参加了全部课程的学习,她选俄语作为外语。美国和变化中的世界是必修课,选修课有:苏联国家发展史、比较法律体制、东欧各国及中国大陆研究。

那一年,玛德琳可谓步履维艰。朋友们多次问她攻读学位是否合适。家中双胞胎女儿只有 1 岁,丈夫乔做记者也劳神费心,人们期望女人顺从丈夫,有性感有魅力,而不是要女人满腹经纶。许多同龄人,不论男女,对她的行为持不赞成和批评态度。但玛德琳执意攻读学位。她的学习动机是过上一种有趣的生活,干一些有益的事,而不是成天待在家里。对国际事务及政治的兴趣,以及当一名教授的想法给她以动力。玛德琳觉得自己是独立的女性,跟丈夫是伙伴关系而不是从属的关系,她要做一个完整的人,从某种程度上说,她是一个女权主义者。

1963 年 7 月 2 日,乔的姨妈患腹部溃疡,死于术后并发症。她丈夫主持《每日新闻》商务版,需要一个有编辑经验的人协助,便任命乔担任出版人助理。显然,乔是明确无疑的继承人。乔和玛德琳搬到了纽约。刚刚在外面的世界迈出尝试性的第一步的玛德琳,中断了研究生学业以追随丈夫,她像她的母亲一样,无怨无悔地随丈夫迁徙。

玛德琳·奥尔布赖特一家在一座漂亮的白色的房子里住下来,房子坐落于布鲁克维尔雷姆森路边,有4个卧室,后院有个游泳池。这是一个富人住宅区,是理想的住所。玛德琳和乔喜爱他们的新家。孩子们由保姆照料,他们自己侍弄庭院。

1963年9月,玛德琳在哥伦比亚大学文理科研究院注册继续攻读学位。她每学期学习数门课程,每周驱车23英里到纽约市上两三次课。撰写论文期间,她经常早晨4点半起床,趁孩子们熟睡时赶写文章。她精力高度集中,既要照料家庭,又要学习外语。要成为外交事务专家需要付出难以想象的精力。

学习之余,玛德琳照料孩子,打网球,举办家庭聚餐,哈里·古根海姆姨父是常客,玛德琳喜欢烹饪。她从不乱花钱,常跟人去平价商店买东西,依赖奖学金的经历和心理,使她很是节俭。但奥尔布赖特夫妇对朋友慷慨大方。多年来,数以难计的朋友曾在他们家寄宿。玛德琳和乔不仅热情接待朋友及家人,还常带他们一同出去度假。

1966年,玛德琳又怀孕了,凸起的大肚子让医生认为又是双胞胎。玛德琳跟朋友开玩笑说,她好像"诺亚方舟",成双成对地生孩子。她怀孕6个月时,医生给她做了X光检查,发现怀的不是双胞胎。而是发育不良的孩子,原因是她患羊膜积水。双胞胎女儿在此期间又得麻疹,玛德琳心神不定,忧心忡忡。她向医生询问了堕胎的情况,但医生告诉她为时已晚。堕胎会危及她本人的生命。玛德琳只能苦等婴儿降生,束手无策,这是她一生中最难熬的时光。玛德琳终于分娩了,孩子是个死胎,奥尔布赖特夫妇异常悲伤。但玛德琳同时也如释重负。

乔担任出版人助理深感力不从心。姨父开始寻求有知名度的强力人物经营《每日新闻》,他选中了比尔·莫耶斯,此人曾任林登·约翰逊总统的新闻秘书。对乔·奥尔布赖特而言,这不啻是一个沉重的打击。他在大众面前蒙受了耻辱,因而极度伤心失望。朋友们对乔也深表同情,玛德琳更是为丈夫的失意难过。

生活的其他方面也不尽人意。玛德琳仍艰难地适应着奥尔布赖特家族的生活方式。他们家反犹太主义及孤立主义的观念可追溯到其祖父从英国移民美国的19世纪,他们家跟玛德琳父亲坚持的政治主张和社会价值观相去甚远。玛德琳的公婆伊万和约瑟芬·奥尔布赖特比一些亲戚要宽容一点,但和睦融洽地相处仍很困难。为了消除儿子与贫困的小难民联姻的看法,老奥尔布赖特夫妇大肆渲染玛德琳的欧洲外交官的家庭背景。

玛德琳和乔感情深厚,他们夫妻关系是稳定的,玛德琳和那个时代的许多女性一样,将追求个人理想的愿望深埋心底,他们夫妻从未发生大的冲突。他们是互谅互让的一对儿。玛德琳经常忠告婚姻出现裂痕的朋友夫妻团结的重要。她和乔就是这样的,他们和睦相处,互相理解,在抚养孩子等许多问题上意见都是一致的。

1967年5月5日,玛德琳生下三女儿凯蒂,她的双胞胎女儿安妮和艾丽丝已能在兰花盛开的美景中嬉戏。她已是3个孩子的妈妈了。

1967年夏,玛德琳和乔决定去东欧旅行,她迫切地想回到故乡布拉格去看一看。与他们同行去东欧的有玛德琳研究生班上的同学斯蒂文·戈尔德及他的妻子马西娅·伯瑞克。斯蒂文和玛德琳一样来自东欧。他们沿途经罗马尼亚、保加利亚、匈牙利、南斯拉夫等国,最后到达捷克斯洛伐克。20 世纪 60 年代中期的东欧各国谈不上是旅游胜地。三流的旅馆很少装有空调设备,房间里苍蝇飞舞,让人心烦。他们开玩笑说像是在"猪圈"中旅行。途中一些美妙的时刻也让他们开怀不已。但是,旅行中也有令人伤感的时候,在贝尔格莱德,他们绕着玛德琳曾和父母一起生活过的捷克大使馆观看,玛德琳想去地下室找一些当年举家逃难时的遗留物做纪念,但这些东西已永远地遗失了。

到了布拉格,他们参观了考贝尔一家战后从英国回归时居住过的公寓。当年小玛德琳的卧室里,现在挤着一家人,这情景让玛德琳感到一阵阵的悲凉。他们在布拉格期间,当地的局势极度紧张,整个东欧周期性地发生排斥犹太人及犹太组织的浪潮。1967 年,以色列和邻国爆发"六日战争",排犹运动进一步在东欧高涨。玛德琳的身世早已在捷克当局的掌握之中,她受到了监视。有一个下午,她冒险去看望一个犹太人,一个犹太家庭唯一的幸存者,这家人在 1938 年纳粹侵入捷克时掩护考贝尔一家逃出了魔掌。玛德琳看望的人叫彼得·诺瓦克,出身于一个有名望的犹太家庭,是个神童大提琴手,十几岁时曾在欧洲各地巡回演奏大提琴。二战中,他在纳粹集中营饱受摧残,他的手腕被割开,腕神经被切断,全部亲人被杀。后来,他又受到捷克当局的迫害,而且患胃癌濒于死亡。玛德琳看望彼得后,回到旅馆颓然倒下,失声痛哭。恩人的遭遇使她肝胆俱裂。她朝思暮想的故乡,竟深藏这么多悲伤的故事!

哥伦比亚大学政治学专业有两位巨擘,一位是马歇尔·舒尔曼,另一位是兹比克祖·布热津斯基。玛德琳·奥尔布赖特发现布热津斯基对她具有特别的吸引力,因为他们同是东欧人,都有强烈的反共意识,她佩服他敏锐的才智及率直的品性,他总是迫使学生们更加努力。奥尔布赖特夫人已磨炼出一种不可思议的、坚韧不拔的本领,成为布热津斯基最得意的门生。他看重她的组织才能及接物待人的落落大方。他们对自己的专业领域东欧和苏联有透彻的研究,坚持美国应对苏联采取强硬路线,认为加快军备竞赛将使美国领先于苏联而处于优势地位。1962 年古巴导弹危机中,布热津斯基致电总统顾问,催促采取行动,建议尽快利用苏联犹豫不决的机会轰炸设在古巴的苏联导弹基地。

奥尔布赖特是研究生中少数女生中的一个,她知道要获得重视,就必须比男生付出更大的努力。1965 年,她选修了布热津斯基讲授的《共产主义比较》。她还拜读了他的每一部作品。

20 世纪 60 年代末是美国的政治生活充满对抗的时期,学潮席卷了校园。奥尔布赖特对示威活动漠不关心,甚至有几分厌恶。她在此期间写了一篇论文,对铁托和胡志明进行对比,指出共产主义体系的差异。1968 年春,她被授予政治学专业的硕士学位。

拿到硕士学位后,奥尔布赖特继续攻读博士学位。读研究生对她身心都是一种挑战。她是 3 个孩子的母亲,丈夫的工作要求每隔几年就需举家全迁。她三次中断学业,但最终获得博士学位,论文选题是研究 1968 年在捷克发生的"布拉格之春"事件中新闻媒体所起的作用。想到上一年夏天去布拉格时,由于心事沉重而未顾及当时高涨的持不同政见者发起的运动,她非常后悔。

在哥伦比亚大学求学期间，奥尔布赖特结识了几位访美的捷克斯洛伐克持不同政见者，其中一位是布拉格驻纽约记者基里·迪恩斯特皮尔。他愿意帮助她完成博士论文，他是个反社会主义者，奥尔布赖特一直与他保持联系。1989 年 11 月，"丝绒革命"推翻了捷克共产党政权，瓦茨拉夫·哈维尔出任捷克总统，任命迪恩斯特皮尔为外交部长。后来，奥尔布赖特通过这位外交部长结识哈维尔总统。

玛德琳·奥尔布赖特始终热心政治。她是参议员罗伯特·F.肯尼迪的崇拜者。1964年，肯尼迪竞选参议员到《每日新闻》报社寻求支持，奥尔布赖特结识了他，觉得他富于献身精神，而且精明强干，是个极具魅力的人。他参加 1968 年的总统竞选，以挑战约翰逊总统推行的越战政策。肯尼迪简直成了奥尔布赖特心目中的政治英雄。那一年，肯尼迪在举足轻重的加利福尼亚选区民主党初选中获胜。但悲剧发生了，肯尼迪在发表胜利演说时头部中弹。他死亡的消息传出，奥尔布赖特万念俱灰。

1968 年，奥尔布赖特一家搬到了华盛顿，纽约长岛的房子租给别人。在华盛顿，他们买下了一栋别致的 3 层红砖房。凭着乔·奥尔布赖特家族的关系，他们很快打入了首都灯红酒绿的社交圈。他们在新居举行了反就职典礼晚会，理查德·尼克松入主白宫，使他们支持的民主党成为在野党。

奥尔布赖特夫妇将女儿送进首都最知名的私立学校比维尔小学。像当时许多妇女一样，玛德琳·奥尔布赖特在空余时间积极参与社区事务。她参加了比维尔小学的理事会，并成为理事会的第一位女主席。人们评价她是委员会中最出色的主席。她博于学识，敏于理财，精于政治。她还发动了一场改变比维尔小学教学结构的运动，想以此扩大学校规模，并以吉恩·皮亚盖特的理论为基础设计课程，但计划没有成功。奥尔布赖特在学校从事的其他活动都卓有成效。

1968 年夏，哈里·古根海姆健康状况越来越差，又患了前列腺癌，古根海姆与比尔·莫耶斯间的关系濒于破裂。随着健康状况的恶化，他变得越来越令人难以捉摸，且越发偏执。他决定将《每日新闻》转让给拥有《洛杉矶时报》的时代镜报公司。雇员们都寄希望于持有《每日新闻》股份总额 49% 的奥尔布赖特家族收购该报。乔的母亲约瑟芬·奥尔布赖特从意大利旅行回来给姐夫打了好几次电话，都没能说服他改变主意。当古根海姆与《洛杉矶时报》出版人奥蒂斯·钱德勒达成协议后，乔要求钱德勒让他经营该报，但遭到拒绝。奥尔布赖特家就把他们的股份以 3750 万美元转让给时代镜报公司。1971 年3 月，乔·奥尔布赖特宣布辞职。

初试锋芒

由于奥尔布赖特夫妇的社交圈里腰缠万贯的朋友比比皆是，加上她在比维尔小学表现出来的资金筹措能力，马斯基的顾问麦克弗森邀请玛德琳·奥尔布赖特帮助筹划为马斯基筹措资金举行的晚宴，马斯基是缅因州参议员，是 1972 年民主党总统候选人提名的热门人物。尽管 4 年前马斯基被尼克松击败，但他仍以头脑清醒，稳健可靠的政治家形象出现在政坛，并获强势竞选者的声誉。玛德琳·奥尔布赖特成为马斯基竞选总部的成员。但有人认为她当时只是个"实习生"，是个志愿者。

马斯基在初选中败北并退出竞选后，他请求玛德琳继续在他的参议员工作班子里效劳。但她的孩子尚小，而且正忙于写博士论文，因而签约做了一名兼职志愿者。1975 年，马斯基着手竞选第 3 任参议员的准备工作。他遇到了强大的潜在对手威廉·科恩。他选中了在筹措政治活动经费中表现非凡的玛德琳，他欣赏她有条不紊的工作作风和简明扼要地阐释问题的能力。1975 年，奥尔布赖特接替别人担任马斯基的外交及国防事务助理。她的专长是外交事务，但她实际上起到了多面手的作用。她还关注诸如邮政、健康、老龄、福利、社会保障及政治事务等国内问题。有奥尔布赖特效劳，马斯基参议员花在外交政策方面的时间减少了。奥尔布赖特忙得不可开交。在处理各种国内政策问题时，她还负责办公室的立法事务，负责审批马斯基写给其他国会议员的信件，监督核查涉及所有问题的来往信件及议会采取的一般性行动。

马斯基是个抱有陈旧观念的人，不习惯跟职业女性打交道。奥尔布赖特为此感到很烦恼，但她从不流露，也不抱怨。当她的许多朋友为妇女运动而大声疾呼时，她更倾向于融入这个由男人主宰的工作世界，对男同事的玩笑也开怀大笑，没有咄咄逼人的气势使他们感到不安。奥尔布赖特混迹于男人之中如鱼得水。在男人主宰的世界里，女性需要的是参与而不是抗议。当时的女权主义者都是走上街头争取平等，而不主张女性融入男人的世界，与男人打成一片。奥尔布赖特则是凭实力打入男人主宰的天地而争得一席之地。

奥尔布赖特作为马斯基参议员的助手，是当时美国为数不多的在高级职位上的女性之一。马斯基是个正直的人，尊重他的助手，但他也有名副其实的"最难伺候的参议员"的名声。他头脑敏锐清醒，但脾气暴躁，从不遮掩。马斯基要求工作人员简明扼要地组织材料，他以审问的方式考验下属，对他们盘问不休，大嚷大叫，为工作几乎把每个人都整哭过。奥尔布赖特很能在办公室控制自己的感情。马斯基有时冷酷无情，他跟助手奥尔布赖特发生的摩擦有时近乎一场战争，争吵没完没了。奥尔布赖特会嚷道："你以为我是谁？是一管任你挤了又挤的牙膏吗？"偶尔，在侮辱性的攻击、斥责令任何人都无法忍受时，奥尔布赖特也会噙着泪退缩到办公室的洗手间。但马斯基欣赏奥尔布赖特的工作方式和能力，总的来说他们之间相处较为融洽。

是什么使奥尔布赖特与众不同呢？她披戴着怎样的感情或智力的盔甲而使她得以在对抗时不仅坚守阵地，而且越战越勇呢？在那种环境中坚持主见反映出奥尔布赖特相当稳定的心理素质及相当聪明的手段。她的思维过程和方式对马斯基的独立思想具有吸引力，她总是从实际的角度考虑问题，总是主动钻研复杂的问题以便给老板提供必要的资料，有时候，她也会求助于同事中的专家。她最擅长的是处理外交事务，并利用自己的专长为马斯基出谋划策。奥尔布赖特跟这么一个苛刻的人物和睦相处并深受其影响。

尽管引发了许多争论，但妇女解放运动仍产生了广泛影响。由于个人的不懈努力，加上妇女解放运动的影响，奥尔布赖特开始在华盛顿放射出耀眼的光芒。

就在此时，奥尔布赖特的父亲约瑟夫·考贝尔1977年6月因患胰腺癌在丹佛逝世。她最敬爱的人，她心目中的英雄，她家的保护神，她终身的良师从此谢世，她肝肠寸断。

民主党出乎意料的政治命运，很快把奥尔布赖特带到华盛顿的宾夕法尼亚大街600号的白宫。民主党人吉米·卡特在1976年总统选举中以微弱多数获胜。如果说卡特竞选时迎合了选民的心愿的话，那么，入主白宫后，他在国会压根就没有几个知音。卡特没能和国会两党建立起友好、富有成效的关系，这对他的内外政策的实施和制定都不利。奥尔布赖特是位有国会工作经历的民主党人，曾做过参议员马斯基的助手，恰是卡特急需用来跟国会沟通的人选。总统卡特任命奥尔布赖特读研究生时的老师布热津斯基为国家安全事务助理，统率国家安全委员会。布热津斯基对国会的了解仅限于书本知识，他需要了解国会运作的人的支持。1978年3月，布热津斯基邀请奥尔布赖特担任国家安全委员会的国会联络员。奥尔布赖特紧紧抓住这个机遇，白宫的大门为她打开，她很愿意涉足这个男人的天地。能跻身白宫让她兴奋不已。

奥尔布赖特在马斯基的工作人员中以勤奋著称，她已相当了解国会审议国内立法事项的内情，知道在议员们眼里，外交政策问题是可以讨价还价的商品，他们乐意拿选民不感兴趣的国外事务做交易，换取对涉及国内事务议案的支持。在白宫工作也并非像传闻那样多姿多彩。奥尔布赖特在白宫西侧地下室分到一间鸽笼似的办公室，还得与人合用。但白宫是寸土寸金之地，对能置身这个场所，她深感满意，她看重接近总统的重要性。但初来乍到的她显得很拘谨，有时甚至很笨拙。她在发言时犹犹豫豫，没有接到明确的邀请，即使期望她到场，她对参加会议也踌躇不决，而且经常迟到。

在同事们眼里，奥尔布赖特是个不招摇自己社会地位，不吹嘘自己社交生活的人，尽管她很有钱。这种品质在华盛顿政治圈里实属罕见。

奥尔布赖特负责协调与国会关系的决定最初在白宫并不受欢迎。她觉察到了这种敌意，但她没有理会有的同事的态度，很快与白宫其他工作人员建立起牢固的工作关系，并表明她将发挥国会联络员的作用。她很快投入到美国向中东出售武器引发的争论中。这一问题将对卡特在动荡的中东地区寻求和平起到举足轻重的作用。奥尔布赖特与同事们并肩工作，预测投票，留神政坛上的风吹草动，搜寻政府可以用作跟有的议员讨价还价的筹码。他们为政府资料汇编搜集信息，为国会工作人员组织召开简况介绍会，参与制定立法战略。结果，政府策略奏效，政府武器出售一揽子建议得到多数议员支持。1978年9月，《戴维营协议》签订，这是卡特任内为数不多的亮点之一。奥尔布赖特在其中起到了关键作用。国会如果不批准武器出售计划，就不可能举行戴维营会谈。

构筑关系网对奥尔布赖特而言并不陌生，她作为国会联络员的职责便是协调机构内部的立法活动，把各部门负责国家安全立法的人员聚到一起制定立法战略。奥尔布赖特负责就关键问题在国会的进展情况，为布热津斯基提供参考建议。为让安全委员会了解最新情况，她邀请他们参加国会议员及助手联合举行的非正式会议。每周六上午，她撰写报告，讨论1周来相关的立法活动，并散发给委员会其他成员。在立法报告中，奥尔布赖特就国会讨论的各种问题及立法项目向布热津斯基作简要汇报，提出可行战略，以促使国会批准政府对外交政策的立法提案。几个月后，奥尔布赖特已能自如地给有时傲慢无礼的布热津斯基出谋划策对付他人，而且越来越顺手。

奥尔布赖特是联系卡特白宫与国会的重要环节，她努力结交被自由民主党人忽略的保守共和党人。她明白卡特不仅需要重视共和党人，而且还需要讨好他们。政府与国会常出现分歧，但由于她了解国会议员的想法，因而能弥补这些分歧。她是向行政部门传达国会意图的理想使节。她最出色的能力之一是促使人们对问题达成一致的看法，非常善于在不同的人们之间找到共同点，把看法相去甚远的人们拉拢到一起，找出一些共同的立场。

由于布热津斯基未能跟国会议员保持经常性会面，损害了总统与国会的关系。奥尔布赖特想方设法促使老板与国会的沟通，与参、众两院议员建立起更富有建设性的关系。

伊朗人质事件给卡特政府造成最严重的信任危机。国务卿万斯辞职，暴露出卡特的外交政策支离破碎。卡特任命埃德蒙·马斯基取代万斯。布热津斯基和马斯基很快视彼此为对手。奥尔布赖特夹在两位良师益友间左右为难，她摆脱困境的方法不是与两人都保持距离或者在两者间做出选择，而是运用在国会工作期间练就的外交手腕，把与国务院及国家安全委员会之间的来往公开化，并在此间起到桥梁作用。

1980年，卡特在总统竞选中败北，奥尔布赖特也随之离开白宫。她的经历让她认识到挑选那些白宫有把握解决、无须总统操劳又能增添总统政绩的问题很重要；还有，必须确定应优先考虑的外交政策问题。这些教训对她日后做国务卿大有裨益。她还认识到有时有必要迁就国会议员们的自负。此外，奥尔布赖特的工作经历让她对父亲的一番话体会更深。考贝尔强调领袖人物的言行必须强而有力，他曾批评捷克斯洛伐克总统贝奈斯软弱。而奥尔布赖特在卡特总统身上也找到了同样的缺陷。

日复一日，年复一年，正如当年在丹佛家里餐桌边受父亲熏陶而关注于东欧政治一样，奥尔布赖特在华盛顿的政治文化氛围中耳濡目染，积累经验。然而，美国的外交政策领域仍旧是男人的领域。男性垄断外交部门，这对奥尔布赖特每前进一步都构成障碍。她不停地冲击"玻璃房顶"。奥尔布赖特非常敏锐，天资极高，博学多识，工作卖力，但她的工作性质只是执行，离决策相去甚远。被排斥在圈外的感觉影响了奥尔布赖特发挥自己的才干。如能了解更多的信息，她会把工作干得更出色。性别歧视让奥尔布赖特烦恼，但她从不流露出来。

婚变袭来

一些朋友私下担心，奥尔布赖特在白宫工作过于卖力，没有足够的时间跟丈夫待在一起，会造成感情裂缝。但玛德琳却似乎从来没有意识到这样的危险。1980年，一位朋友不经意瞅到乔的身边有一位"显然不是他妹妹"的女人，她没给奥尔布赖特提及此事。

从表面上看,朋友们的担心仿佛是多余的,奥尔布赖特夫妇总是亲密无间。

但1982年1月13日,乔突然告诉玛德琳他想离婚,因为他已爱上了别人。"我们的婚姻已经死亡。"他说。晴朗的天空突起乌云,奥尔布赖特被这突如其来的打击打懵了,她被深深的悲凉吞噬了。她永远也忘不了这个日子,这个让她个人生活遭灭顶之灾的日子!她所深爱的人无情地将她推下感情的悬崖,把她的一份真爱摔得支离破碎。

她想哭,也想怒吼,她想找朋友倾诉……为了成为奥尔布赖特家族的成员,她奋斗了几十年,最后却被彻底地拒于门外。她所深爱的人抛弃了她,她像穿破的鞋一样被人不经意地蹬掉。她愤怒,但更多的只是伤心。

乔·奥尔布赖特1980年遇上了一名叫马西娅·孔斯德尔的年轻女记者,比他小10岁,他对她产生了爱慕之心并赢得了她的爱。乔决定跟玛德琳离婚,以便与马西娅结合。

玛德琳面对婚姻危机,变得心神狂乱,陷入难以名状的悲哀之中,颇让朋友们担心。当男人离开女人,或女人离开男人时,被遗弃的一方的自尊会遭到重创。自尊心极强的玛德琳更受不了这种打击,她被摧毁了。一段时间里,她变得消瘦,憔悴不堪,她身穿白色服装,衬着一张苍白的脸。

1983年1月31日,玛德琳和乔·奥尔布赖特正式离异。玛德琳的伤心和愤怒溢于言表,她的哀诉没完没了。人们理解她对乔的怨恨。她对与乔分离毫无思想准备,她深受精神创伤,而且她多年苦心经营的社会关系也将毁掉。她四处向朋友倾诉心中的怨恨,说乔妒忌她的成功,不能面对一个有实力的女性。最后,她自我解脱说,分手也好,不然她不会有多大作为。她就是没有问过自己是不是对乔的感情生活和他们间的关系关心不够。

玛德琳为婚变而心力交瘁。她去希腊莱斯汉斯岛与朋友多德森相聚。两人一起游泳,一起晒太阳,一同探讨人生。坚强的玛德琳告诉朋友,这将是她人生的一个转折点。返回华盛顿后,她开始考虑未来。财产的分割使玛德琳腰缠万贯,成为百万富婆,她还得到了华盛顿乔治敦优雅的三层红砖房以及弗吉尼亚的周末农庄,3个女儿的抚养权也归了她。

离异给她以极大震撼,她开始重新审视自己。但同时,婚变也给她增添了力量。她坚强地挺过来,并勇敢地往前走。

走出低谷

45岁时的奥尔布赖特经受了婚姻解体的打击,那可是个最易受伤害的年龄段。作为单身母亲,她需要照顾她的3个女儿。小女儿凯蒂才15岁,有时她深夜迟迟不归使母亲吓得丢魂失魄,急得在住宅附近盲目乱转。

共和党人罗纳德·里根入主白宫,民主党被放逐在外,奥尔布赖特接受了乔治敦大学外交服务院的一个教职。这所学院的位置离她家只有三个街区,可以步行回家吃饭。

奥尔布赖特在行政管理方面的资历给人印象极深，但却毫无教学经验，而且除博士论文以外，她几乎没写过什么学术性的东西，只写过几篇文章，没有专门论著。但奥尔布赖特在竞争中获得了这个教职，这是个跨学科的教职，很看重实际经验。

像 30 多年前她父亲一样。她已重新开始，她的生活正发生一次新的、从未预演过的转变。从一开始，奥尔布赖特在教室里就挥洒自如，就像父亲在丹佛大学的感觉一样。1982 年 9 月，她开始教授现代外国行政管理课程，她把这门课讲活了，学生们很喜欢她。后来，奥尔布赖特从本科生教学中分出来为研究生开设外国政策制定、美苏关系及当代国际关系等课程。奥尔布赖特成为乔治敦大学最受欢迎的教师之一，她连续 3 年被选为杰出教师。她还担任学院的妇女外交事务项目的指导，组织各类研讨班，邀请学生们到她家参加非正式的晚餐讨论课。对朋友总是十分慷慨的奥尔布赖特，对学生们也同样豪爽。

奥尔布赖特私下里开始同男人约会。对离婚者来说，这是一种尴尬的局面，哪怕是在最温馨的时刻也是如此。1982 年 7 月，她去位于杜邦中心的巴瑞·卡特尔家参加鸡尾酒会。外表英俊、脑瓜灵活的巴瑞是乔治敦学院的教授，他比奥尔布赖特小 4 岁，是单身汉。他曾在尼克松政府的国家安全委员会工作过，还担任过其他政府的高层工作。他在外交政策、国家安全、贸易等方面有广泛的背景。不久，他邀请玛德琳到一家餐馆共进晚餐。她喜欢与卡特尔相伴，后来大部分时间都和他在一起，一般都是在乔治敦的家中。

大学成为奥尔布赖特生活的轴心。她帮助学校启动了乔治敦领袖人物研讨会，以此填补因亨利·基辛格不再主持的哈佛领导人夏季研讨班而造成的空缺。哈佛大学国际研讨会曾将世界各地负责外交事务的中层官员、外交官、记者召集到一起。这是让美国政界和国际接触，从而有希望成为世界领袖的一种颇具想象力和创新力的做法。乔治敦大学的研讨会取得了巨大的成功，演讲者包括乔治敦大学的精英，以及被校方拉拢的华盛顿新闻人物。从一开始，奥尔布赖特就是颇具名声的参与者，并成为委员会的成员。从 1984 年到 1993 年，她在演讲者名单上年年榜上有名。研讨会使奥尔布赖特把教书的乐趣同建立关系网的机会结合到一起，而这一网络对她未来岁月起到了十分重要的作用。

奥尔布赖特还参加了乔治敦大学的另一项目，这是公共广播公司主办的每周 30 分钟名为"美国利益"的外交事务"脱口秀"节目，由政策专家们就不同的外交政策问题进行辩论。这使得奥尔布赖特得以在美国政治中变得日益重要，并在媒体中频频露面。1985 年该节目被"重大决策"节目系列取代。奥尔布赖特经常参加该节目，并树立了自己的自由派形象。20 世纪 80 年代末，最突出的外交政策问题是关于戈尔巴乔夫在苏联进行的改革。奥尔布赖特虽对自己专业领域十分了解，却并非一个卓有成就的评论家。然而，她那种朴实无华的演讲风格渐趋完善，并成为后来她外交生涯中最大的财富。

奥尔布赖特在"重大决策"节目中表现有很大进步，她的话题涉及毒品战、中美洲、中东、中欧、日本在内的诸多问题。这对她极具个性的演讲风格是很好的演练。她的自信逐渐增长。同时，奥尔布赖特开始为美国之音作每周评论，这是另一个为她提高评论技巧并倾听自己的意见观点而提供机会的媒体渠道。

然而,奥尔布赖特在乔治敦大学也受到了冷遇。她从未被邀在行政管理系参与投票,这件事激怒了她,但却从未流露。乔治敦大学高层对她不够好,他们对她任职的时间要求比同样职位上的男性更为苛刻。校方按传统方式规定奥尔布赖特去留的时候到了。按规定,她可以得到终身职位,但还得等 7 年,否则就干脆走人。她很清楚,除非发表一些实质性的学术著作,否则,她得不到终身职位。奥尔布赖特进行了一番思考,为什么要终身职位呢? 钱不是问题,总会有一些自己感兴趣的事可以去做。于是,她决定离去。

奥尔布赖特从不让逆境耗尽自己蕴藏的能量和热情,相反,她会把目光投向新的挑战,无论这种挑战是要征服神秘的领域,克服已知的障碍,或者同一个意想不到的人交友。

20 世纪 80 年代早期是奥尔布赖特的个人调整时期,她将自己的精力都投到了新的事业上去。当她为当一名教师和塑造一个电视形象而苦练技术时,她是在发展自己的事业。孩子们几乎都大了,反思和调整生活重心实属必要。过去,乔和孩子们是她生活的重心,现在,玛德琳自己就是重心。

1984 年 7 月,民主党在旧金山召开提名大会,吉哈尔丁·费拉罗接受本党提名,成为第一位女副总统候选人。奥尔布赖特被任命为费拉罗竞选班子的外交政策顾问。作为副总统候选人,外交政策是一个需要慎重对待的领域,她需要对提问做出敏捷而自信的答复,就要求应有一个机智的教练,奥尔布赖特很对她的胃口。一开始,费拉罗和奥尔布赖特就彼此喜欢对方,她们年龄相近,俩人都是做母亲的人,而且两人都同样雄心勃勃。卡特尔和奥尔布赖特在一起工作,共同辅助这位候选人。

但是,费拉罗因为是女性,常受到新闻媒体刁难性的提问,由于在辩论会上表现也不够好,她在竞选中一直处于守势,结果竞选以失败告终。但这成为一个分水岭,它刺激政界妇女开始向权力阶梯顶端攀登。奥尔布赖特是为费拉罗做政策顾问而闯进公共生活领域的,她首次尝到了成为全国关注中心的醉人滋味。

1985 年 9 月,费拉罗出访苏联,奥尔布赖特作为助手陪同,并在正式会议上做她的翻译,她们的友谊进一步加深。几年来,费拉罗、奥尔布赖特、米考尔斯基、肯尼利这些女名人,组成了一个可以被称为女校友会的网络系统。这是一个亲密的妇女团体,她们有共同的生活情趣和政治抱负,她们成为密不可分的朋友。她们都来自移民家庭,都在天主教堂长大,年龄大致相同,有着共同的价值观念和信念,在生活中有大致相同的经历,从同样的角度看问题。

在里根执政的 8 年里,奥尔布赖特已把自己锻炼成为民主党政治圈里的一个行家里手。她经常在乔治敦自己的家中举办系列工作晚餐,在野的民主党人都到她那儿去议论时事。她的自信与日俱增。她去民主党全国妇女俱乐部发言,镇定自若,滔滔不绝,表现出吼狮般的性格。她也开始对自己的演讲才能充满自信。

奥尔布赖特在家中毫无头绪的表现却让朋友们吃惊。她边走边脱衣服,东西扔到哪儿就是哪儿,管家会赶过来收拾。但管家不敢动奥尔布赖特办公室的任何东西,因而办公室简直是乱七八糟。她的朋友给她的办公室拍了一张照片,送给她做礼物,并为此提出忠告。奥尔布赖特知道某人提意见是出于好意时,她总会听的。她请来建筑师,把办公室从起居室旁边搬到了3楼。如果她需要修正一些做得不好的事,她以改变方向的办法进行,或者从头开始。

奥尔布赖特是在1988年迈克尔·杜卡斯基的总统竞选中崭露才华的。她是总统候选人杜卡斯基的主要外交政策顾问。杜卡斯基对外交政策的熟练程度只能说是刚刚过关。他对世界缺乏综合的了解。当了解到发展中国家正面临基本的经济问题时,他却不能给美国的外交政策提出相应的战略计划。奥尔布赖特深厚的外交政策专业知识和经验、保守的国际观点、东欧背景以及她对建立一个强大美国的信念,都给杜卡斯基带来声誉,她有应付马斯基和布热津斯基自大狂的多年经验,这使得她也能够对付杜卡斯基的凌人气势。

奥尔布赖特是外交政策系列的高级成员,但她从不以权势欺人,而是与手下齐心协力为候选人工作。她使杜卡斯基在国家核军事力量上采取较微妙的姿态,支持从南韩的撤军计划,并扭转了他对许多新的战略武器系统所持的反对意见,因为她认为美国强大并积极参与国际事务是件好事。

奥尔布赖特给杜卡斯基辅导,带其他外交政策专家来见他,让他开阔视野。她的关系网越来越大,从她的那些在政治活动与研究院之间跳进跳出的朋友中,她发展出一个队伍,他们都是光顾她家庭沙龙的常客。

杜卡斯基在竞选中大部分时间都落后于布什,但在6月的民意测验中,他曾一度领先于布什17个百分点。杜卡斯基的一些外围顾问由于不乐意跟一个负责外交事务的女人打交道,也不愿把她放在眼里,就试图绕过奥尔布赖特呈报意见书。人们很嫉妒她,意识到她可能在未来的政府中发挥关键作用,这是他们不能容忍的。这里面有政治斗争的因素,也因为性别差异。

由于总统候选人杜卡斯基固执己见,拒绝竞选班子内部的许多政策建议,工作人员常常被弄得一筹莫展,只好找到圈外人比尔·克林顿来做杜卡斯基的辩论顾问。这是奥尔布赖特第一次遇上比尔·克林顿。克林顿是个更为机敏的政治家,他敏感地注意杜卡斯基置若罔闻的问题。

迈克尔·杜卡斯基在竞选中被布什打败,又使民主党在政治荒野中再流浪4年。奥尔布赖特的政治命运也系在民主党的马车上。奥尔布赖特还没有完全从离婚的刺痛中解脱出,她依然品味着被遗弃的伤害。她的私生活也很失意。1985年元月,巴瑞·卡特尔宣称要离开她,这使她万分震惊,她又一次体验了被抛弃的感觉。1989年10月,她母亲曼杜拉逝世,她陷入深深的悲哀之中。奥尔布赖特,一个坚强的女人,一个野心勃勃的女人,在感情和政治的熔炉中,在一次次深切的痛苦打击中,练就出超凡的性格和能力。她必将脱颖而出。

1989年,她被推举为一个叫国家政策中心的小智囊团的主席。对她来说,这一过程并不是自然降临的,像她一生所有的东西一样,她都必须争取。政策中心成为奥尔布赖特公共外交技能的实地训练场,一个发表其外交政策和政治观点的场所,是她的政治大舞台。她想真正树立自己中心超党派领袖的形象。

任女大使

在杜卡斯基竞选活动中与比尔·克林顿相识之后,奥尔布赖特与克林顿的关系不断发展。1989 年,克林顿想进入外交关系委员会,奥尔布赖特推荐了他。该委员会让克林顿进入美国外交政策部门的精英层,当然,他不会忘记是谁帮了忙。

1992 年 11 月,克林顿当选美国总统。奥尔布赖特对能否得到一个要职并没有把握,因为在竞选中,她并没起多大的作用,她只是个圈外人物,加上有些男人千方百计排挤她。他们为什么要拒奥尔布赖特这个外交政策新星于千里之外呢?奥尔布赖特从事民主党竞选活动 20 多年,她建立了一个复杂而又庞大的朋友、顾问联络网,她的表现出众,成绩斐然。如果让奥尔布赖特介入,国务卿的职位可以说非她莫属了。这是许多男人们所不能接受的。

其实,克林顿非常喜欢奥尔布赖特,博得克林顿赏识的是奥尔布赖特的秘密武器——强悍。克林顿本人娶了一个强悍的女人为妻,他与希拉里的结合是公认的强有力的政治联合。克林顿曾道出了与像奥尔布赖特这样强悍的女人一起工作感到舒心的真言。然而,克林顿的白宫里,男人们仍起主导作用。在高层的一些妇女受到的只是被恩赐的待遇,事业发展远不如她们的男同事,为此,她们深感失望。

选举结束后,克林顿要求奥尔布赖特负责国家安全委员会的转换交接工作,说明他是很敬重她的。但是她并未在新政府要职人员名单中居于榜首之列。新总统起初任命罗纳德·布朗为美国驻联合国大使,可布朗不想担任此职。克林顿又考虑过另两位人选,都是男性。总统周围,包括他的妻子在内的许多人,都认为内阁里应有妇女。最后,克林顿选择了当时是对外政策小组成员之一的奥尔布赖特任美国驻联合国大使。此职是美国政府内阁成员之一。

1992 年 12 月,克林顿在小石城向媒体介绍自己的内阁成员时,奥尔布赖特向大家介绍了自己是个捷克移民,还讲到她的父亲,并称能在联合国代表美国她是多么的自豪。她的话使在场的许多人流下了眼泪,其中包括她的女儿们和新当选的总统。她庄严地用圆体字在黄色法律文书上签了字。

几天后,奥尔布赖特在乔治敦家中的圣诞晚会变成了她的任职庆祝会。一位年轻的参议员助理告诉她,在任命听证会上,她将面临许多困难,她为此深感不安。而詹姆斯·鲁宾将她拉到一边宽慰她说。预计参议院会全票通过她的任命,并主动提出帮她为听证会做准备。奥尔布赖特顺利地通过了听证会,鲁宾的预测是正确的,她被参议院全票通过。为此,她邀请鲁宾做她的顾问和新闻发言人。1993 年 2 月 3 日,奥尔布赖特作为美国常驻联合国代表宣誓就职。

奥尔布赖特去纽约联合国总部与其他常任理事国代表首次会晤,由卡尔·因德弗斯陪同。到了拉瓜迪亚机场,奥尔布赖特才意识到她的生活发生了多大的变化。实际上,她已跨越了主要的分界线。在华盛顿任职多年,她一直精心辅佐他人,让他们去闯一番事业,现在,她终于成为华盛顿的圈内人,总统的内阁成员之一。此外,她还有一个引人注目的头衔——大使。一辆闪闪发光、装备齐全的防弹加长黑色轿车正在机场恭候。

奥尔布赖特的办公室虽在纽约,但她不愿意放弃华盛顿这个根据地,打算尽可能多地待在华盛顿。克林顿除了授予她内阁头衔外,还任命给她几个顾问头衔。在一些关键性、涉及国家安全的问题上,还得由她向总统提出最终意见和建议。以往的美国驻联合国代表,很少参与美国外交政策的制定,都没能得到克林顿给予奥尔布赖特这么大的权力。当然,和前任一样,她也得听从国务卿,接受其指示和命令,但是作为主要的首脑之一,她在起草这些指示和命令时是有发言权的。

高级首脑会议的成员有国务卿、国防部长、国家安全事务助理、参谋长联席会议主席、中央情报局长、联合国大使。奥尔布赖特参加会议经常是观点明确,态度坚决,但也不愿和同事们进行无休止的争论。

奥尔布赖特为了在她不在的时候仍能保持在华盛顿的影响,她选择了精干的工作人员留在首都。鲁宾等成为她的耳目,他们关注她的利益,围着她的计划转,确保她在政治上和社交上始终在白宫内,并强有力地保护她的声望。舒卡斯像一头母狮,鲁宾像头公牛,乔治则是一名侍从官。他们的共同之处就是都是单身,都是工作狂。很快就像一家人,非血缘的4人联合。

奥尔布赖特一开始就非常喜欢联合国大使这一职位,她搬进了沃尔多夫塔每月27000美元的大使套房。奥尔布赖特每天只睡4至5个小时,有时早上4点半就起床,那拼劲就像当年攻读研究生时。她读《纽约时报》《华盛顿邮报》《华尔街金融时报》,晚上11点才休息。上床后,她有时打电话跟朋友聊天,开玩笑说:"我睡在布什的床上。"布什总统也曾任过美国驻联合国大使。

冷战时期,联合国因美苏之间的激烈争夺而几乎丧失功能。奥尔布赖特主张联合国应发挥积极作用,并称之为"强力多国主义"。但联合国的行动在索马里和波斯尼亚惨遭失败后,这个词使她成为"笑柄"。奥尔布赖特是她任职期间安理会中唯一的女性,她常开玩笑说,关于这段经历,她将写一本名为"十四套西服和一条裙子"的书。

奥尔布赖特的安理会同事都是些难以对付的专业人员:他们对新任的美国代表十分好奇,不知她是否好相处。奥尔布赖特的工作风格逐渐显现出来,同事们非常喜欢她的好胜性格和自贬式的幽默,也欣赏她在需要解决问题时的主动交谈方式。她算得上一个交际花。她性子有时很急,而且易怒,但很快就过去了,这种性格容易给人们留下深刻的印象。她善于雾中看花,但更喜欢单刀直入,击中要害。她讲话的语言从不会产生歧义和误解。联合国秘书长安南对她的评价很高,他欣赏她不转弯抹角的直率。她立场鲜明,也有达成共识的能力。有时,她完全是在使用一种感情敲诈。

许多外交官通常只坚持自己的观点,而不管别人的意见,而奥尔布赖特则不同。一次,俄罗斯代表尤里·沃罗特索夫与奥尔布赖特谈到制裁的问题,沃罗特索夫表示通过限制贸易和旅行来惩罚国家的做法效果不大,结果是惩罚了手无寸铁的老百姓,而不是该国的领导人。奥尔布赖特不同意,她坚持认为制裁是有效的,如果民众不满现状,他们应学着将领袖赶下台。沃罗特索夫说,民主制社会里这种方法是奏效的,但独裁政权呢?奥尔布赖特不再争辩。

奥尔布赖特喜欢有益的辩论,但在安理会的许多会上,她不喜欢积极参与辩论,以至于她到任几个月后,理事国的代表仍对她不太了解。有一次,沃罗特索夫在做一个他认为很重要的报告,他吃惊地发现她拿下了同声翻译耳机。报告结束后,他有些恼怒地问道:"你对我的讲话不感兴趣?!"她的回答却让他大吃一惊:"我在听!"她用纯正的俄语回答道。他竟不知道她有不低的俄语水平。

在美国驻联合国使馆内,奥尔布赖特是绝对的老板。她经常邀她的工作人员周六或周日到她的寓所召开战略研讨会。她很喜欢事先计划。实际上,每周同别人吃饭都有其外交目的。奥尔布赖特常同其他国家的常驻代表共进午餐,当发现参加联合国大会的代表中只有7名是女性时,她便组织一月一次的妇女聚会,每人轮流做东。7位代表开玩笑说,她们是西方"七国集团",有计划、有规则的妇女聚会使一些男性大使非常恼怒。

奥尔布赖特与克林顿的其他高级外交政策顾问有所不同,在分析美国的形势时,她比克里斯托夫善辩。在设计和规划美国军队时,她非常自如。美国是否应动用武力解决波斯尼亚种族冲突,成为媒体的焦点,这是美国政府遇到的最棘手的外交问题。在高级首脑会议上,有人坚决反对动武,认为美国只能在确信通过武力可达到目标的情况下,方可实施军事干涉。而奥尔布赖特却坚决主张对波斯尼亚实施武装弹压。1993年8月3日,奥尔布赖特递交给克林顿一份措辞强硬的备忘录,她分析了美国在波斯尼亚的利害关系,坚持认为武力是取胜的唯一途径,还强调用宏观的政治观点来看待这个问题。克林顿非常欣赏奥尔布赖特的这份备忘录。

克林顿总统想在外交方面做些尝试,奥尔布赖特的观点被彻底理解并采纳。1995年9月,以美国为首的北约对波斯尼亚塞族军事目标进行了3周的空袭。轰炸把波斯尼亚塞族人推到了俄亥俄州代顿的谈判桌前。奥尔布赖特为此赢得了声誉。

奥尔布赖特喜欢把大部分时间花在华盛顿,这使联合国的同僚们很失望。更让他们恼火的是开会她总是迟到,已结束的讨论还得重新开始。有人质问她,她就不高兴,并说有位是美国总统内阁成员的美国大使对他们有好处。她的飞扬跋扈可见一斑。

奥尔布赖特在联合国还被人称为"坏脾气女王"。有一次,她把安理会的会议时间拖到下午4点达成协议为止。还有一次她称伊拉克副总理的讲话是在联合国听到的最可笑的发言。她还曾告诉法国的国防部长劳达德留意自己的工作。伊拉克人称她是女巫,一位反制裁的格鲁吉亚妇女给她寄了一把扫帚,她还把它当作奖品陈列在办公室。伊拉克新闻界称她是条蛇,她便佩带一个蛇形胸针在安理会出入。

1994年1月,奥尔布赖特陪同克林顿一同访问布拉格。一下飞机,国务卿克里斯托夫就打破常规的外交礼节,要求她将克林顿总统引荐给她的朋友、捷克总统哈维尔。

奥尔布赖特经常出访，在她任大使期间的前两年，她访问了埃塞俄比亚、索马里、苏丹、莫桑比克、克罗地亚、塞尔维亚、摩尔瓦多、格鲁吉亚、亚美尼亚和阿塞拜疆等，主要了解那里的维和情况。

美国参谋长联席会议主席经常邀请奥尔布赖特参观美国的海外维和部队。作为联合国大使的奥尔布赖特深知，要实现她在白宫所倡导的干预，是非常需要武装支持的。她喜欢戴蓝白相间的联合国头盔，喜欢和士兵聊天，喜欢出访而使她成为焦点人物。当美军部署部队时，她亲自飞临摩加迪沙，身穿防弹衣，坐在装甲车里穿越城镇。在柬埔寨，她乘坐摇晃的俄国直升飞机沿越南边境视察日本的维和部队。她还头戴钢盔，身穿防弹衣视察萨拉热窝。1996年3月，她去位于斯洛文尼亚已遭破坏的城市乌克圭，塞族示威者们辱骂她是"母猪，母狗"，人群中还有人向她的车队扔石块。

在联合国，她有爱说俏皮话的名声。1996年2月，当奥尔布赖特读到古巴飞行员讲话的译文——夸口要拿掉美国人的"睾丸"时，奥尔布赖特说："太不像话了，老实说，这不是睾丸，是软蛋！"一句机智的俏皮话，产生了轰动效应，同时还有潜在的男人气概。克林顿非常喜欢这句话。奥尔布赖特在希腊与朋友多德森在餐馆吃饭时，附近的一群商人来到她面前说："大使夫人，为你的直率和敢说'睾丸'干杯。"

人们佩服奥尔布赖特处理和完成棘手工作的能力。1991年，海地军队以不正当手段将民选总统阿里蒂德赶下了台，引起难民危机，联合国干涉没有奏效。在以贸易制裁一个军事管制的穷国效果甚微的情况下，奥尔布赖特在安理会主张出兵6000对海地动武，由美国提供大部分兵力。她准备好了全部数据，说服其他代表。联合国第一次为重建民主制度，对一个主权国家实施武力。

奥尔布赖特与基辛格有惊人的相似之处。她有欧洲背景，比多数美国政府官员了解外国历史、传统、文化和思想。她认为南斯拉夫民族的一大特点就是倔强。她父亲在贝尔格莱德供职时，她在那里生活过，她知道同米洛舍维奇打交道是多么困难。奥尔布赖特的观察和判断能力很强，她有广博的理论知识，了解斯拉夫人的思路。奥尔布赖特对外交政策的精通，给沃罗特索夫等人留下深刻的印象。1994年在安理会开会时，沃罗特索夫告诉她说，她将是美国下一位国务卿。

奥尔布赖特由于缺乏对问题细节的关注，使联合国的同事失望。专业外交家总以透彻理解问题的细节而自豪，而奥尔布赖特则喜欢从宏观上来陈述和分析形势，然后用简短而有力的幽默语言来定义和概括，这种做法让他们难以容忍。

奥尔布赖特和联合国秘书长加利关于联合国在国际上的作用和组织内部的管理有根本的分歧。在加利5年任期的最后1年，奥尔布赖特便打算不让这位有主见、不听话的埃及人再继续留任。1995年10月，奥尔布赖特发动了一场运动，意在不让加利连任联合国秘书长。她采用强硬手段逼加利离位，并暗中支持科菲·安南。在联合国，奥尔布赖特像这样来对待秘书长，使许多外交官都感到震惊，并认为这是她和加利间的个人恩怨所致。1995年11月，安理会对加利是否连任进行投票，结果是14∶1，奥尔布赖特是唯一反对加利连任的代表。由于常任理事国拥有否决权，奥尔布赖特的反对票使加利连任失败。克林顿政府竭力推选安南任下届秘书长,奥尔布赖特使出浑身解数使安南获得通过。那些预言奥尔布赖特正在把美国外交引向惨败的外交官们重新估价了她的作用。她一箭双雕,既把绊脚石加利赶下台,又一手扶持心腹安南上了台,都是她一手操纵。

奥尔布赖特在联合国任职几年中完全变了。以往那位友好、随和的女人开始变得专横,目中无人,甚至是顺我者昌,逆我者亡。但她也是个双面人,有时发号施令、盛气凌人,有时也和过去一样随和、友善。在华盛顿的她和在纽约是焦点中心的她判若两人。这位曾经腼腆、羞怯的助手已变成了一位武断而自负的高官。她不仅执行而且还制定政策。

奥尔布赖特深知,要获取更高的职位,她必须花时间和那些能够影响决策的人打交道。1995年9月,联合国在中国召开第四届妇女大会,奥尔布赖特率美国代表团参加。她邀请第一夫人希拉里作为名誉主席一同前往,与希拉里出尽了风头。她们结伴而行,互相交流观点和看法,审慎地交谈,彼此增进了解。

奥尔布赖特知道自己什么时候该在什么地方。1995年,联合国在哥本哈根举行社会福利政策的各国高级首脑会议,她对该会议的议题一点不感兴趣,但当得知副总统戈尔将参加会议,她也就飞往哥本哈根去捧场。

1996年7月,奥尔布赖特陪同希拉里一起访问东欧,表示对那里刚刚兴起的民主制度的支持。她把希拉里介绍给捷克总统哈维尔。3人像好朋友一样在布拉格度过了一段快乐时光。

女国务卿

总统大选临近,奥尔布赖特与朋友谈及她的前程,她有成为下任国务卿的想法。但是,她也知道此职不会轻易到手,"那些男家伙们不会让这事实现的。"她说。1996年11月,克林顿再次当选总统,奥尔布赖特被列入了接替克里斯托夫的几个候选人名单之中,人们都认为,奥尔布赖特与第一夫人的关系起了极大的作用,她与希拉里的关系超过克林顿对她的赏识。她与希拉里几乎无所不谈,她们谈一些国际问题,奥尔布赖特给希拉里提建议,还送给她备忘录和材料。她们还谈及母校韦尔斯利女子学院的一些事情,由此关系套得更近。她们成为志同道合的好朋友。

奥尔布赖特是那种与总统或副总统一起工作,并能让他们感到舒心的女人,他们相信她的判断力,喜欢她的表达方式。克林顿与戈尔都与她密切地合作过。另外,克林顿生性爱耍花样,做一些具有象征意义的事情,性别问题也不例外。当然,克林顿选择奥尔布赖特当国务卿,不简单地因为她是一名妇女,但她的性别会对他大有好处。他知道在竞选中妇女的选票起了多大的作用。他很希望挑选一位女性,但她的工作方法和态度要强硬,奥尔布赖特是合适的人选。1993年5月,克林顿在寄给奥尔布赖特做生日礼物的合影照片上曾写道:"在外交方面,你是杰弗逊当之无愧的接班人。"

与奥尔布赖特竞争国务卿的大部分人员,都被新闻界描述为与美国实力派人物有牢固关系。在商谈人选时,政府里的好几位官员都认为提名奥尔布赖特是个大错,她论才智还不能胜任国务卿这一职位。也有人认为她虽很机敏,但对她把握美国外交政策的大局和国防上层建筑的能力表示怀疑。她的偏爱强硬和专横的作风也被认为是简单和鲁莽,这是女人为让人相信她们不会被人轻易摆布而刻意强调的性格。但克林顿却有不同的看法,奥尔布赖特知道私下里如何与人沟通,她与上司克里斯托夫的协调配合给他留下了深刻的印象。他觉得她是位不错的伙伴,一位可结伴而出、性格乐观、友善的朋友,一个不装腔作势并敢于开男人玩笑的女人。

克林顿很欣赏奥尔布赖特解释她以外交政策为依据做出的决定,并列出决定可能的政治影响。她善解人意,才能非凡,在复杂的情况下能协调好各方面的关系。奥尔布赖特阻止加利连任,为她在白宫和国会赢得信任。克林顿还注意到在促使美国对波斯尼亚武装干涉上,她的预示也领先于别的官员。奥尔布赖特给他的关于加强对波斯尼亚进行武装干涉的备忘录,是他读过的条理清晰,最具说服力的备忘录。她还赢得了美国干涉海地的联合国授权,而当时国防部官员认为这是不可能的。

奥尔布赖特与竞争对手们比起来,对政治斗争和钩心斗角的权术要老练得多,她总是小心从事。她知道在国务卿候选人中,她很有优势,但这不能说胜券在握。她深知不能为这个职位游说,这会给总统施加压力,也会在白宫引起反感,起反作用。

克林顿为国务卿人选问题也苦恼不安,他决心要避免在人们间产生积怨,正是那种积怨分裂了前几任总统的阵营。克林顿想在第二个任期内,营造一种以他为主要政策谋划人,其他人来执行政策的氛围,使外交政策方面更显活力。总统对国务卿一职细斟慢酌,使奥尔布赖特感到不安。她深知白宫和外交政策机构有不少人反对她,许多人就是不相信一位女人能担此重任,特别是一个以专横为荣的女人。还有人认为,内阁会议上奥尔布赖特的平平表现就证明她不能被任用此职。

但是,奥尔布赖特的那些有权势的朋友们却为她行动起来了。温迪·谢尔曼指挥整个行动计划。女议员们的电话,妇女组织的电话响彻白宫,应接不暇。她们给总统和副总统打电话,还在白宫餐厅做第一夫人的工作。克林顿虽然对游说极为反感,但还是跟着感觉走,最后选定了奥尔布赖特,并把决定告诉了夫人希拉里。

1996 年 12 月 3 日黄昏,克林顿新任的办公厅主任给美国驻联合国大使馆打电话,通知奥尔布赖特次日上午 9 点在家接总统的电话。奥尔布赖特掩饰不住自己的喜悦,于当晚 9 点乘飞机飞回华盛顿。第二天早上 9 点 45 分,克林顿打电话到她家中,告诉了任命她为下任国务卿的决定。

1996 年 12 月 4 日,在白宫庄严典雅的椭圆办公室里,充满激情的克林顿宣布他选定奥尔布赖特为国务卿。奥尔布赖特激动万分,用俏皮话对上届国务卿克里斯托夫说:"我希望我这嘎嗒嘎嗒的高跟鞋能合你的拍。"国际外交圈对此反应是温和的。奥尔布赖特在联合国与上百名外交官一起工作过,在国际访问中又结识了许多外国领导人。在华盛顿的高级使节她几乎全都认识,他们纷纷向她表示祝贺。

奥尔布赖特顺利地通过了任命听证会，参议院的投票结果是 99∶0 全票通过。1997年1月23日，在副总统戈尔的主持下，她宣誓就职。第二天，在她的第一次工作介绍会上，奥尔布赖特概括了她最主要的工作重点：控制大面积杀伤性武器的扩散；保持中东和平进程和加强波斯尼亚和平；进一步密切关注拉美、南亚和非洲动态；与国际恐怖主义、毒品走私和跨国犯罪做斗争；为人权、民主发展和健康环境而努力工作。她还做了一个题为"如何划分不同国家：奥尔布赖特看世界"的演讲。她指出：国际社会可分为四大阵营，第一大阵营是了解国际外交准则和法则的国家，第二大阵营是那些愿成为国际制度一部分的民主国家，第三大阵营包括那些扰乱国际制度，自视很重要却又缺乏责任感的国家，第四大阵营是那些失败的国家。介绍会开得非常成功。

当天晚上，奥尔布赖特出现在电视节目中，谈论美国对外政策问题。"人们总认为外交政策就是枪"，她说，"实际上，外交政策问题是普通老百姓关心的问题"。

奥尔布赖特成为引人注目的名人，是美国政府官职最高的妇女，她实现了人们认为几乎是不可能的梦想。她变成媒体的焦点人物。她拒绝所有的采访，但却同意了《华盛顿邮报》记者道布斯的电话采访，他想写一篇报道她身世的文章。

道布斯到捷克调查了奥尔布赖特的身世，并采访了她的表姐达格玛。于是，奥尔布赖特是犹太人，她的祖父母及另外一些亲人在二战中死于集中营大屠杀等鲜为人知的事实水落石出。在2月3日美联社记者施威德的采访中，奥尔布赖特还坚持说不知道自己的家史，她说她刚刚获悉她父母都是犹太人，她的祖父母死于大屠杀。1997年2月4日，《华盛顿邮报》发表了道布斯写的长达一版的文章，题目是：奥尔布赖特家庭悲剧终于大白于天下。文章写得非常精彩，但也迅速发展成让她难以面对的新闻追踪。

雪片一样的新闻报道向奥尔布赖特提出许多使她难堪的问题：作为一名热心的东欧研究者，怎么能这么长时间对自己的家庭背景一无所知？人们指责她要么在撒谎，要么就是无知得让人可怜。作为新上任的国务卿，她的信誉受到了威胁。人们表示对奥尔布赖特不了解自己家史不理解，那些曾和考贝尔家一起度过战争岁月并活下来的朋友，还有表姐达格玛，都未曾想到她会对自己的犹太血统一无所知。奥尔布赖特坚持说她父母从来没有向她谈及家族是犹太血统的事，她不知道家族中有人被纳粹杀害。她说，道布斯的发现使她感到震惊。

美国的犹太人特别气愤。他们坚持认为奥尔布赖特理所当然知道她的犹太血统，她在否认他们所称颂的祖先和传统，这对他们是一种侮辱。如果他们能够承受反犹太主义负担和枷锁，那么，她也应该能够承受。有人指责她否认家史是为了选择一种轻松的生活。

对奥尔布赖特来说，当选国务卿不仅代表她职业生涯的辉煌，更是她人生的胜利。家庭背景消息的公布及由此而引起的关注和好奇，使大功告成的她陷入困境。很多人不相信她，而她在就任国务卿的第一天就向全美国宣告她对人权等问题要讲"实话"。

奥尔布赖特决定让弟弟约翰和妹妹凯茜出马寻找家庭背景的事实。她很关注犹太出身这件事，跟15年前她对待自己失败的婚姻一样。这两件事都非常残酷地揭开了她神秘的面纱,使她的感情原原本本地袒露出来,变得异常脆弱,在晚宴上与朋友聊天,她总是对此事说个不停。

1997年夏,捷克总统打算授予奥尔布赖特捷克最高荣誉奖——白狮勋章。奥尔布赖特在7月初马德里北约高峰会结束的当天飞往布拉格,她邀请达格玛表姐参加了颁奖仪式。这次访问捷克使她有机会瞻仰平卡斯犹太人教堂,因为墙上刻着死于大屠杀中她祖父母的名字。

奥尔布赖特的犹太血统毋庸置疑,它是事实,痛苦的、众所周知的事实。

奥尔布赖特当上国务卿后,新的工作使她充满自豪和兴奋。她上台后的第一项任务就是物色自己的工作班子。邀请上届的助理国务卿斯特诺布·塔尔伯特继续留任,又吸纳新成员斯亚特·艾森斯坦和汤姆·皮克林担任重要的职务,他们是两位经验丰富的公务员。她任命了自己的亲信杰米·鲁宾为新闻发言人,让他担任每日发布新闻的重任。温迪·谢尔曼任奥尔布赖特的顾问,处理国务卿特别关心的、敏感的、实质性的问题。奥尔布赖特的知己好友伊莱恩·舒卡斯被提升为国务院办公厅主任。奥尔布赖特参照参议员办公室安排自己的工作人员,并组织起一个美国现代历史上最精明强干的行政班子。这都归功于她的坚强的个性。

玛德琳·奥尔布赖特的名字在美国已家喻户晓。美国国家公共广播公司的"汽车谈"节目把明亮的车灯比喻成国务卿。她是克林顿政府中的一颗明星。除了基辛格博士,她具备担任国务卿这一职位的外交政策方面的知识和经验,比任何美国国务卿都多。绝大多数国务卿,即使是那些有丰富外交政策背景的人,都是律师出身,而奥尔布赖特却是在外交政策的熏陶下成长起来的,她早已把许多基本的要素都编写在自己的"软盘"里。奥尔布赖特的哲学是抓住要点,这是外交成功的关键。

对奥尔布赖特来说,工作便是娱乐。作为学者,她涉猎面广,并能从简报中广泛地汲取信息。像克林顿一样,她也喜爱通过闲谈解决问题。她的方式是苏格拉底式的,在翻阅了所有文件后,她常召集助手们进行讨论。当她说,"现在我想问个非常愚蠢的问题"时,助手们总是身子前倾,屏住呼吸,认真听她讲话。奥尔布赖特的问题一点也不愚蠢,而总是根本的问题,总能切中要害。

奥尔布赖特想方设法接近共和党人,努力培养两党在对外政策上的配合,而这是大多数民主党人所不为的。她做了国务卿后的第一次旅程不是去欧洲或亚洲,而是到得克萨斯拜访前总统布什和前国务卿贝克,赞扬他们在中东和谈中取得的成就。奥尔布赖特还花相当精力笼络参议员赫尔姆斯,他是参议院的外委会主席,也是克林顿主动外交的最坦率的批评者。她出席赫尔姆斯妻子的生日晚宴,并送给参议员一件蓝色的T恤衫,上面印着"国务院某人爱我"的字样。她到赫尔姆斯的母校讲演,并与他携手并肩而行。

奥尔布赖特在任职的第一年就到了许多国家,结识各国的领导人。1997年2月,她刚任国务卿,就进行了广泛的访问,11天去了9个国家。戴着她的宽边牛仔帽,她来到了中国与中国领导人探讨人权问题,到俄罗斯商讨有关北约东扩的问题。华盛顿的反应是:奥尔布赖特作为国务卿的第一次访问非常成功。她对外交政策了解甚深,访问卓有成效。

1997 年 5 月,奥尔布赖特向前南斯拉夫领导人表示,他们应对波斯尼亚的暴乱负责。她指责克罗地亚总统没有遵守代顿和平协议,并责问为何没能阻止对返乡的塞族难民的袭击,并用了外交界极少听到的"厌恶"这个词。她与米洛舍维奇会面时,历数塞尔维亚违背了一系列和平条款而不容对方解释。

奥尔布赖特设法培养与俄罗斯外长普里马科夫的关系,他是个主持过克格勃情报局工作的很难对付的人。普里马科夫看重奥尔布赖特及她坚韧的性格,称她为铁女人。他们俩的关系发展到直呼其名的程度。奥尔布赖特与英国外交大臣罗宾·库克也保持着亲密的关系,库克连与妻子分居的事也毫无顾忌地向她吐露。

在国内,奥尔布赖特履行了使外交政策与美国人民息息相关的诺言。上任后,她在国内进行了 10 多次旅行,努力说服选民相信,外交政策不仅与遥远的国家爆发的危机有关,与他们的工作也同样有关。她到美国中部地区向人们解释政府威胁向伊拉克动武的原因,人们对她报以冷淡的反应,并提出许多尖锐的问题,表示对美国动机的怀疑。但是,奥尔布赖特精于与传媒打交道,不仅学会了说什么,而且知道何时、何地、如何说。她知道窍门就是用选民理解的语言进行有效交流。1997 年 4 月,在美国参议院对化学武器条约进行投票前,奥尔布赖特接受了全美国十几家地方电视台的个人采访,她用简明的语言说服选民。结果参议院以 74∶26 票通过该条约。

奥尔布赖特任职的第一年,中东、波斯尼亚的局势恶化。在中东,随以色列右翼政府在大选中获胜,以色列与巴勒斯坦间的一切和平努力归于失败。奥尔布赖特告诫双方通过谈判达成协议,她用了外交家不常使用的生硬言词对内塔尼亚胡说:"以色列拖欠巴勒斯坦政府数百万美元税款的决定,怎么可能是项安全措施呢?我无法理解。"

1997 年 11 月对奥尔布赖特外交手腕及耐力都是严峻的考验,伊拉克与美国对峙,驱逐了联合国武器核查人员中的美国人。为了迫使伊总统萨达姆让步,奥尔布赖特飞往中东寻求阿拉伯世界的支持。美国联合英国对伊拉克实施了空中打击。

克林顿注意到奥尔布赖特的自信与日俱增,并对她大加赞扬。奥尔布赖特成为克林顿政府中最有人缘的内阁成员,她靠自己的努力形成了一定的势力。

奥尔布赖特办事高效,精力充沛,不知疲倦,工作对她来说是一种乐趣,实现艰巨的目标的过程同样也是一种乐趣。她凭自己的一腔热忱去工作,去为自己的理想奋斗。她不仅能解释在欧洲相互裁军以保持力量平衡的重要性,而且能准确说出"战斧四号"携带的巡航导弹数目。更重要的是,她流露出对真实世界的理解。1997 年 12 月到非洲的旅程中,她因掩盖与她会晤的领导人的非民主做法而受到指责,但绝大多数美国人记忆犹新的是那张她把濒死婴儿放入摇篮的照片,一位国务卿能以这种姿势出现在公众面前,是非同寻常的。

奥尔布赖特把妇女问题提到了国际日程上来,她要求世界各地的美国外交官,注意妇女权益在美国外交政策中具有优先地位。她在美国国务院举行的世界妇女日仪式上说:"提高妇女地位不仅是道义上的责任,也被积极融入美国的外交政策中。"但具有讽刺意义的是,美国国务院中许多职业女性却感到失望,她没有把她自己的话付诸实践,未把更多的妇女提拔到外交机构的高级职务上去,她们甚至觉得她虚伪。她总是寓言般地向妇女许诺,但却未在她自己的工作人员配备上体现出来。她可能是被老朋友的关系网左右。一些外交政策机构的成员开始怀疑奥尔布赖特是否用人恰当,她过分依赖舒卡斯和谢尔曼,她们的对手称她们为"小女人"。

奥尔布赖特非常自信,她对公众的演说颇具说服力,能非常自信地控制国际媒体的注意力。她有时也非常傲慢。1997年6月,在布拉格捷克总统府,她和捷克总统哈维尔共同出席了电视直播的记者招待会,她想方设法羞辱紧张的翻译人员,有意公开卖弄她的捷语比她的官方翻译说得更好。

奥尔布赖特在外交事务方面的知识渊博,她对全球的各种问题能准确把握。克林顿第二届政府比上届政府更出色的原因之一,就是因为她在外交事务上避免了上届政府所犯过的错误。奥尔布赖特任职1年,各方面对她便大加赞扬。但是后来也有许多人指责克林顿政府的外交班子用歇斯底里取代了政策。

从1997年开始,南斯拉夫联盟共和国科索沃地区发生了塞族与阿族的民族冲突,1998年局势继续恶化,并爆发了流血事件,引发"科索沃危机"。3月8日,奥尔布赖特在罗马和意大利外长迪尼发出共同呼吁:"必须对科索沃发生的危机找到政治解决办法。"她认为科索沃问题具有爆炸性,可能引起巴尔干乃至东欧地区动荡,极力主张利用外部力量进行干预。美国把矛头指向南联盟政府,认为南联盟当局使用武力,对阿族人过于强硬恶化了局势,美国国务院正式收回向南联盟所做出的缓解对其制裁的承诺,美南关系恶化。奥尔布赖特习惯于用强硬手段干预国际事务,她主张以强力遏制南联盟。1999年3月,以美国为首的北约对南联盟实施空中打击,把南联盟当作美国新式武器的实验场。奥尔布赖特把铁女人的形象表现得淋漓尽致。

耀眼明星

奥尔布赖特是幸运的,她达到了美国历史上任何女性从未达到的权力顶峰。根据美国法律,国务卿是位于总统之下的第4位最有权力的人物。她是一颗耀眼的明星。

奥尔布赖特的归宿将是什么呢?她的任职即将届满,她所享有的权利及地位使她不可能悄然引退,去欣赏古玩或带孩子玩耍。新闻媒体把一条新闻炒得沸沸扬扬:说奥尔布赖特将回到捷克角逐下届总统。确实,她是个地道的捷克人,她的声望和地位使她完全可以参选捷克总统;而她也早就是捷克总统哈维尔相中的总统人选,哈维尔曾多次提及让她回国竞选总统一职。一时间,奥尔布赖特将出任捷克总统的消息传遍了全美国和全世界。各种询问电话和记者穷追不舍,这让美国国务院和奥尔布赖特本人十分为难。2000年3月1日,奥尔布赖特打破沉默,公开表示不参加捷克总统竞选,她只想为美国服务。此话是真是假,未可知也。

　　奥尔布赖特是当然的领导人,但美国只允许在本国出生的公民才能参加总统和副总统竞选,她不可能成为美国总统候选人。

　　奥尔布赖特是个女强人,她的未来仍握在她自己的手里。2020 年 11 月 25 日,前国务卿奥尔布赖特被美国总统特朗普从美国国防政策委员会撤职,美国国防政策委员会是一个由前国家高级安全官员组成的外部顾问小组,他们基于美国国防部长和国防部副部长的具体任务,就国防政策事项提供独立的建议和意见。2022 年 3 月 23 日,奥尔布赖特因为癌症去世,终年 84 岁。美国总统拜登下令,白宫和其他联邦政府大楼等场地降半旗,直至 3 月 27 日。拜登在华盛顿国家大教堂举行的葬礼上发表重要讲话,称赞奥尔布赖特"扭转了历史潮流","蔑视传统,一次又一次地打破障碍"。数百名华盛顿政治和外交精英出席仪式。

美国政坛黑珍珠

——赖斯

人物档案

简　历：美国政治家，曾任美国总统国家安全事务助理和美国国务卿，是美国历史上第一位非洲裔女性国务卿，也是世界历史上第一位据此权力的非裔女性，被称为"黑珍珠"。全名康多莉扎·赖斯，其中康多莉扎源于意大利的音乐术语，意思是"甜蜜的"，朋友们都昵称她为"康迪"。出生于阿拉巴马州伯明翰。19岁获得政治学学士学位。1981年取得博士学位，成为斯坦福最年轻的助理教授。1988年进入布什政府安全事务委员会，2000年布什当选总统，担任了国家安全事务助理，2005年当选为国务卿。2009年辞任国务卿。2014年4月27日，湖南涉外经济学院在北京丽思卡尔顿酒店聘请她担任学院荣誉教授。

生卒年月：1954年11月14日~

性格特征：她绝顶聪明，不屈不挠，强硬但不发火，微笑但不认错，性格上温和，但观点上坚定。

历史功过：她是俄罗斯武器控制问题的专家。有着强硬对外政策。她主张"教训法国，忽略德国，宽恕俄罗斯"的政策。2004年~2005年连续两年登顶《福布斯》年度全球最具影响力女性100强榜首，2006年屈居次席，2007年位居第4位，2008年降至第7位。

名家评点：有小布什总统"政治夫人"之称，被称为"万王之王"的卡扎菲折服与她的美貌，用她的照片做成了一本相册，并命名为"我亲爱的"。更让人惊讶的是，曾有人透露美国总统小布什也给妻子坦白过自己对赖斯有仰慕之情。她至今一直未婚，曾被评世界最有权势女人。

立志高远

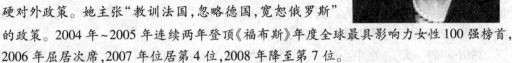

1954年11月14日，康多莉扎·赖斯出生在美国种族隔离制度盛行的阿拉巴马州伯

明翰,小名康迪(Condi)。赖斯父母分别来自赖斯家族和雷家族,其祖先都是奴隶的后代。赖斯的父亲在取得神学硕士学位后,接管了由其父亲创立的教堂,后来他担任了丹佛大学副校长,也是伯明翰历史上首家黑人大学校长。她的母亲安杰丽娜则是一名音乐和科学教师。到赖斯出生时,这个黑人家族已有了比较高的社会地位。赖斯家相信一条严酷的真理:只有当孩子们做得比白人孩子高出两倍,他们才能平等;高出 3 倍,才能超越对方!

赖斯是在一个追求上进、事业有成的黑人中产阶级城区里长大的。她的父母致力于教育,追求成功,对音乐充满热爱,均为教育家。他们用音乐术语 con-dolcezza 给她取名为康多莉扎,意为"甜美的"(这是个意大利的音乐术语),是希望小赖斯长大后能够成为一名杰出的钢琴演奏家。

赖斯是父母唯一的孩子,是当地的一个"女神童"。年仅 3 岁的她跟着当小学音乐教师的母亲学弹钢琴,4 岁时就开了第一个独奏音乐会。在童年时光里,她还学习芭蕾、花样滑冰、法语和西班牙语,看橄榄球比赛。父母时常在她床边的桌子上不停更换书籍,一直以优秀的标准要求她,赋予她"加倍出色"的能力,使得她能在种族隔离的南方与白人平分秋色。她的学习也很出色,连跳了两级。

但这位"女神童"在学业上并非一帆风顺,而是经历过多次挫折。1969 年,她随父亲迁居丹佛后,第一次在学习上遇到了困难。学校的顾问对赖斯的父母说,赖斯"不是一块上大学的料",赖斯听说后惊呆了,但她还是以"加倍地好"为目标继续努力。

父母还通过让赖斯参加各种公共活动来扩大她的眼界,使她获得不同的社交和受教育经验。父母要求她在每一所学校都尽力而为,超出人们的期望,交出优秀作业,永远争取名列前茅。

除了这些专业技艺的培养和学习上的要求,赖斯从父母那里得到的最重要的精神食粮,就是不向现实困难低头的勇气和坚定果敢的意志。尽管他们生活在充满种族歧视的地区,但是父母却尽量不让孩子因为肤色而受到伤害。当孩子偶然听到种族主义言论时,父母就会告诉康迪不必为此担忧:"这不是你的错。"在伤害不可避免时,他们又勇敢挺身而出,坚决捍卫自身的尊严和权力。

1961 年的一天,在市中心的一家百货商场,安杰丽娜母女看中了一款裙子。于是,安杰丽娜进去要求售货员拿下来让康迪试穿。但是,那位女售货员却理直气壮地把康迪拦在了试衣室门口,声称:"这个商店的试衣室都是给白人提供的,黑人不得入内"。那个售货员要把小赖斯带到了据说是"专为黑人而设的"储物仓库,让她在里面试衣服。

安杰丽娜当即拒绝了售货员并叫来了值班经理,直截了当地声明:"要么让我们去那个'白人专用'的试衣室换衣服,要么我们就走人!"

在妈妈的据理力争之下,康迪最后走进了"白人专用"的试衣室!

许多年过去了,这件事深深地印在赖斯的脑海里,让她永生难忘。赖斯懂得:父母不仅给了她生命,而且还在那个最困难的、备受歧视的时代给她弱小的心灵以莫大的保护,父母的确是她心目中的英雄。

那时候,对很多伯明翰的黑人孩子来说,还有一项痛苦的回忆,就是不能到本地的儿童游乐园去玩。这座只让白人享用的游乐园每年只有一天向黑人开放。平日里,那里的摩天轮、棉花糖般的小亭子、碰碰车等等一切好玩的东西都永远提醒着人们:这是一座充满种族歧视的城市。安杰丽娜和约翰想方设法让这种游乐园的遗憾从康迪的脑海中消失。父亲利用自己到哥伦比亚大学进修的机会,带康迪到纽约布鲁克林的科尼岛去玩,他使因去不成伯明翰儿童游乐园而失望的孩子相信,那儿没什么了不起的。他对康迪说:"只要你好好努力,我们还可以到迪斯尼乐园去玩!"

父母不断用事实向康迪解释,在伯明翰以外还有更多的机会,只要她愿意,只要她勤奋学习、力争上游,就会得到回报。他们努力让赖斯能够摆脱任何枷锁的束缚,不管是精神上的还是身体上的束缚,

赖斯回忆道,"伯明翰光怪陆离,种族隔离无以复加,但黑人社区建立了自己的世界。我学钢琴,上过芭蕾舞课,学过法语,还上过礼仪课。"她说:"父母非常有远见。我小时候他们就把白人孩子所能得到的都给了我。"

1965年,11岁的赖斯跟随父母来到了首都华盛顿。他们在宾夕法尼亚大道上散步,最后在白宫大门前停下来,因为肤色,他们不能进去参观。他们在那座举世瞩目的建筑物前徘徊很久,父亲鼓励她长大后要当美国总统。最后,赖斯转过身平静地告诉父亲:"我现在因为肤色而被禁止进入,但总有一天,我会在那间屋子里工作的。"

在赖斯的印象中,父母从来没有被面临的种族歧视打倒过,她说:"我父母总是很清楚地让我知道,受到歧视并不是我的错,是那些歧视我们的人心理有问题。"

谈起父母对自己的帮助,赖斯充满感激:"我的父母非常有战略眼光。我充分完善了自身,将白人世界所推崇的事情做得非常好,因此种族歧视者不能拿我怎样。我可以用白人社会的方式来对付他们。"

良好的家庭教育,让赖斯很小的时候就显得比同龄的孩子成熟稳重,同时也塑造了她从不在困难面前低头的顽强个性,在学习、生活和工作的道路上从不怨天尤人,而是坚定地迎接挑战,尽快找出解决问题的方法。

决心从政

1969年,赖斯的父亲到丹佛大学任教,全家也随之搬迁到丹佛。康迪进入圣玛丽学校读书,这是一家不实行种族隔离的私立天主教学校,与她以前在亚拉巴马州所上的任何一所学校都不一样。康迪的优秀在白人学生中同样突出,她的成熟在女生中也十分独特。她当时的数学老师回忆说:"我知道她的兴趣主要在语言方面,如英语、社会研究、历史等等,并且在这些方面很有天赋。她非常非常沉静。那时她就很漂亮,有魅力,向上有一种难以压倒的气质,这在十六七岁的女孩身上是少见的。在我们的每一次接触中,她都显得很有淑女风度。在她的内心深处,她知道自己想要什么,并愿为此做出牺牲。我

想在她心中,那些并不是牺牲,而是为了实现目标必须做的事情。"

在丹佛期间,康迪开始学习网球和花样滑冰,玩得都很出色。为了不占用学习时间去练习滑冰,她每天早上4:30就起床,到溜冰场练习步法,旋转、侧滑、前冲、穿越、踮脚、组合动作和双人滑冰。在练滑冰的同时,钢琴仍然在康迪的生活中处于主导地位。她每天都练琴到很晚,而且经常到丹佛大学的琴房去练习。

高中最后一年开始时,她已完成了毕业所需的全部课程。父母认为她不应浪费时间,而应提前去丹佛大学攻读学位。但放弃高中不符合康迪的想法,她希望与班上同学一起毕业。赖斯说,"这是我第一次不顾一切地与父母争执。我当时的感觉是,从社会交往的角度出发,我应该读完高中。"于是赖斯一家这样达成妥协:康迪用业余时间开始读大学课程,同时在圣玛丽学校读完高中。这样,康迪的日程就变得十分残酷了:天亮之前她去参加花样滑冰课程;然后到大学里上两堂课,接着,整个下午在圣玛丽学校上课。

但是,那时的中学课程对康迪来说已经很轻松了,同时上中学和大学对她并不是一种困难,康迪轻松地完成了在圣玛丽学校的学业,并且在美国青少年钢琴大赛中获得了第一名,这使她有资格与丹佛管弦乐队共同表演莫扎特的D小调钢琴协奏曲。

赖斯16岁进入丹佛大学音乐学院学习钢琴,梦想成为职业钢琴家,少年时代,这种愿望就像激光聚集的中心,让康迪的一切事情都围绕着它而进行。但在大学二年级和三年级期间,她精心构造的计划被打碎了。

那年夏天,康迪参加了著名的阿斯本音乐节,在这里她遇到了有生以来最残酷的竞争。"我碰到了11岁的孩子,他们只看一眼就能演奏我要练一年才能弹好的曲子,"赖斯后来回忆说,"那时我就想,我可能还能在酒吧或诺德斯特姆百货商场弹琴,但不可能有在卡内基大厅演奏的那一天了。"

既然不能成为一名著名演奏者,不能在世界著名的舞台上与管弦乐队一起演奏莫扎特和贝多芬的曲子,康迪毅然决定放弃自己的音乐计划,重新选择自己的人生目标。

于是,有一天,赖斯鼓起了她17年生命中所有的勇气向她的父母解释说:"对不起,我改变主意了,我不再想成为一个钢琴家。"父母们虽然非常失望,但他们还是表示接受女儿的决定。

放弃钢琴后如何再次选定专业方向,这个问题困惑了赖斯。但开学后的某一天,一场主题为"斯大林时代与政治"的讲座彻底改变了这一局面。

主讲人是约瑟夫·科贝尔,著名的苏联和东欧问题专家,美国前国务卿玛德琳·奥尔布赖特的父亲。通过这场讲座,赖斯突然发现"苏联政治居然那么有意思"。这场讲座唤起赖斯除了音乐以外,其他事物难以激发的热情。"我当时幸福的感觉就像堕入爱河一般。我就知道我跟定它了。我不光很想知道苏联的政治,更渴望知道苏联的所有!"

同时,科贝尔博士也被赖斯的聪明和激情所感染,鼓励她到自己创立的国际关系学院读书。这位学识渊博的知名国际事务专家提出的真知灼见,为赖斯打开了音乐之外的另一扇门,让她发现了自己人生中另一个的更大更重要的舞台——国际政治与外交。

任职教授

苏联研究对于一直以钢琴为中心的赖斯来说是一个全新的领域,但是它的挑战性和神秘性也正是赖斯所要寻找的。严格的学术训练和外语能力的要求,让"半路出家"的赖斯为此需要付出比其他学生更多的热情和努力。她确实这么做了,从此沉浸于"苏联政治和苏联的一切"。她大量阅读了关于二战和有关军事冲突的书籍。她还读了很多俄罗斯小说家的作品,如陀思妥耶夫斯基和索尔仁尼琴。除了历史书和小说之外,康迪开始学习俄语,帮助自己洞悉俄罗斯的文学和文化。她拼命为了解苏联这一课题而努力,并把广泛阅读视作一种历险、一个令人喜爱的艰苦劳动。

也许是命运注定赖斯的一生要与政治结缘,与政治相伴。她19岁获得政治学学士学位,又顺利地进入了研究生的课程学习。她选择了拥有全国最好国际政治系的学校之一——印第安纳州的圣母大学继续深造。该校国际研究系有一个全国闻名的苏联研究中心,该中心是由一个来自欧洲的避难者斯蒂芬·D·克尔台兹创办的,他像丹佛大学的科贝尔一样,被聘来帮助美国提高俄罗斯和苏联历史研究水平。

赖斯在圣母大学的新导师是乔治·布林克利。布林克利细致地帮助赖斯制定了一个学习计划,以充分展现她的专长,引起她的兴趣。他回忆说,在开始,赖斯和其他学生一样,对俄罗斯研究没有太多了解。然而,由于康迪先前对于苏联这一课题进行过大量阅读,让她很快脱颖而出。布林克利发现,她学习领会快,并且有很高的天赋。"我们关于苏联和东欧的研究生课程有很多必修课,但是她非常聪明,因此她比大多数学生显得更有准备。"

随着课程的进展,布林克利慢慢地对她有了进一步的了解,开始理解赖斯父母在培养她非凡的自信心和学术研究能力中发挥的重要作用。"她是一个很自觉的学生,"他说,"当她还是个很小的孩子的时候,她就产生了自我价值意识。这种意识来自某种经历。她父亲给她灌输了这种观点,不管童年时代生活状况如何,有些重要的东西,比如教育,能够使她实现愿望,并且不管涉足什么领域都取得成功。"

布林克利还评价了赖斯学习俄语的方法。"在进入圣母大学之前她就学习了一些俄语。"他说,"但是我的感觉是,她领会能力非常快并且具有天分。在一些对我来说非常难的地方,她能够十分从容地领会。"

赖斯对俄罗斯和俄语的热爱,在这时候也已经是"不能自拔"。她自己也无法解释为何对世界上的那块土地有如此深的迷恋。布林克利除了给她安排了一些普通的研究生课程,另外通过指导阅读让她进行大量独立研究工作,为她提供了挑战的机会。布林克利说,"我看到她是一个高度自觉的学生,并进行了大量的阅读。如果她自学,会有许多获益机会。而且她也愿意那么做。"所以,康迪在独立研究方面比别的学生做得多得多。她可以直接与布林克利教授合作,先是确定一个课题,然后开出一个读书单进行广泛阅读，布林克利教授再给她上相关的辅导课。这种学习方法使她不仅获得了高度集中、高度独立的学习经历，还获得了这位苏联问题专家的一对一指导。

博士学习期间，康迪重返丹佛，跟随科贝尔。科贝尔评价赖斯在国际关系研究院中是出类拔萃的，因为她拥有从事苏联研究全部的优点——学习优秀、自我驱动力强、有俄语背景。在这期间，赖斯不仅继续学习俄语，而且还开始学习捷克语。

1981年，27岁的赖斯取得博士学位后，来到斯坦福大学，成为校园里最为年轻的女助理教授，专攻苏联的军事事务课程。

课堂上，这位助理教授看上去就像22岁的学生一样年轻，但她提出的忠告却实实在在表明她的丰富阅历。她鼓励学生在研究冷战问题时不要感到无所作为，因为解决任何问题做出的贡献，不管多小，都是有价值的。"你在面对庞大、艰巨、十分吓人的问题时，所要做的就是做出贡献。如果你只是为了要解决问题，而不是为解决问题做点贡献，恐怕你最终会在庞大的任务面前瘫痪，什么也做不成。"并且，她还提醒学生好好珍惜时间，"人们说我们的时间正在消逝。我们所能做的就是希望我们能有时间，并能持续工作，确保很好地利用时间。"

在各路名家学者云集的斯坦福校园里，赖斯是个受欢迎的老师。她讲授的课程通常被学生超员预定，主持的讲座经常是座无虚席。她还获得了斯坦福大学里两项最高的教师荣誉，堪称斯坦福校园中最被推崇的知名人物！

在忙着教书授课的同时，才气逼人的赖斯还在斯坦福著名的胡佛研究所作国际问题研究工作；同时，积极在一些重要杂志和文集中发表文章。她有关苏联及其军队的学术论著，使其在80年代中期获得了五角大楼分给的一份工作——在著名的防务和对外事务问题专家、时任参谋长联席议会主席的威廉·克罗上将手下，参与核武器战略计划的研究。

1986年时，30岁刚出头的她已经是学术界公认的一名苏联研究专家，学识渊博，谙熟俄语，分析冷静。她在斯坦福期间写了3本书，第一本是《不确定的联盟：苏联与捷克斯洛伐克军队》；第二本是《戈尔巴乔夫时代》，是有关俄罗斯和苏联历史的论文集，与亚历山大·达林合编，1986年由斯坦福大学出版社出版；第三本书与菲利普·泽利克合著，题为《德国统一与欧洲变迁：对政治手腕的研究》。她把自己在老布什政府工作时的经历写了进去，还引用了大量政府机密文件。此书于1995年由哈佛大学出版社出版，获得评论界好评。

1987年，赖斯成为一名杰出的教授，当时她年仅33岁。那时候，不只是学生被她的杰出演讲才能、过人的分析能力所打动，连教授专家们也都对赖斯杰出的国际政治分析能力产生敬意。曾和赖斯共事过的布兰克说："赖斯是一个受过良好教育的教师，她在教授别人的过程中从不会表现得骄傲自大。我认为，乔治·布什应该会对她解释世界的方法感到满意。"

步入政坛

赖斯对布什家庭政治圈的闯入,起源于她从政路上的"伯乐"——两届美国国家安全事务助理布伦特·斯考克罗夫特。

1987年,身为斯坦福大学国际关系教授的赖斯,33岁时就已经以苏联研究专家身份著称于学术界,并同时吸引着政治家们的视线。在斯坦福大学一次国际关系研讨会后的晚宴上,赖斯以其简短而有特色的致辞、尖锐而又深刻的提问,引起了曾任福特总统国家安全事务助理的斯考克罗夫特的注意。从她的讲话中,斯考克罗夫特发现:赖斯对苏联的看法与他的政治现实主义不谋而合。"她知道美国能在哪些方面与苏联合作,在哪些方面则不能够合作"。

1988年总统大选之后,斯考克罗夫特成为老布什总统的国家安全事务助理,开始着手挑选将与他在白宫共事的人。他想到的第一批人中就有赖斯。由于斯考克罗夫特的提名,赖斯进入了布什政府安全事务委员会,负责处理俄罗斯事务。赖斯的华盛顿政治生涯由此正式拉开序幕。

在国家安全委员会工作的2年期间,赖斯的政治才能赢得了老布什总统的器重,很快就成为乔治·布什总统及其夫人芭芭拉亲密的私人朋友。她还常到老布什家中做客,老布什把她当作女儿一样看待。

老布什对赖斯外交风格和学识欣赏有加。他在2000年给记者的一封信里写道:"康迪很出色,但她与外国领导人会见时从不炫耀这一点……她的气质是:与他人打交道的能力令人惊讶,她可以提出自己有力的观点,同时不与持异议者发生不快……她具备一种令大人物折服的风度和举止。"

在老布什总统任期内,苏联解体,东欧发生剧变,柏林墙倒塌。赖斯为此在幕后出过不少力。老布什曾说:"我对苏联事务的所有知识都是她传授给我的。"老布什卸任后,赖斯离开华盛顿重返斯坦福。在这期间,她于1993年被任命为斯坦福大学教务长,地位仅次于大学校长,而当时的她只有38岁!

赖斯由此创造了斯坦福102年历史上的两个新纪录——她是斯坦福有史以来最年轻的教务长,也是第一位黑人教务长。

1995年,小布什当选为得克萨斯州州长。老布什感到赖斯可能对儿子的前途有帮助,于是便安排赖斯与小布什见面。同为体育迷的小布什与赖斯一见如故,聊了很多关于棒球的轶事。此后,他们互相赢得了对方的尊重和友谊。小布什曾这样评价赖斯:"美国将会发现她是一个聪明人,我相信她的判断力。"

1998年,小布什开始筹备总统竞选班子。面对布什家族的盛情邀请,赖斯依然再次辞去斯坦福的教职,开始担当小布什外交上的"家庭教师"。作为总统候选人的外交政策智囊,她的主要任务是加强候选人对全球事务的把握,向世界证明候选人能胜任总统职位。赖斯能担任如此重要的职位,小布什对她的学识和能力的赏识毋庸置疑。

同时,小布什也喜欢她的"教学"方式,似乎只有她能以小布什偏好的简洁明了的方式来解释复杂的国际问题。小布什形容她是这样一种人:"她可以用我理解的方式解释外交政策问题。"此前多年的执教生涯,让赖斯懂得如何迅速抓住复杂问题的要害并让学生知晓要害所在。这种"简洁明了",也正是赖斯在华盛顿获得尊敬的最重要的素质之一。"她有简洁明了的非凡能力,"一名欧洲驻美外交官在《时尚》杂志的一篇人物特写里这样描述她。"她阐述一系列复杂问题的能力相当强,"与赖斯一起在老布什政府共事的菲利普·泽利克也持相同观点。他说,"赖斯吸引布什的重要方面之一,是她可以非常实际地切中问题要害,在外交政策领域工作的人往往不擅长于此。"

除此之外,赖斯带着从经验中积累的自信来处理工作。她有在老布什政府工作的经验,有在斯坦福大学的教学经历,这都使她获得一种从容不迫的感觉。她始终保持头脑清晰,条理清晰地为小布什深入讲授国防、武器扩散、欧洲和其他问题。

赖斯与小布什之间的默契使得"课程"进展很顺利,他们在处理问题时也时有相同的方式。自从竞选开始,赖斯就和总统候选人关系密切,经常向他进言。

当时还是州长的小布什毫不掩饰自己对赖斯的赏识:"我喜欢和她在一起。她很有趣。我喜欢轻松的人,不喜欢那些认为自己很重要、难于相处的人。而且,她很聪明!"

进入白宫

2000年,小布什成功当选总统,这让赖斯的努力也获得了回报:她水到渠成地担任了国家安全事务助理。在美国,从来没有一个黑人妇女能掌控如此大的权力。2001年,47岁的赖斯入主白宫,并成为美国历史上第一位黑人国家安全事务助理时,《纽约时报》周刊声称:赖斯的青云直上,能让一代在"呆在监狱会比在某个公司的董事会中任职更有前途"这种信仰下成长的美国年轻黑人明白,"黑色力量"意味着什么。

在赖斯担当安全助理的4年期间,在国家安全问题上,小布什对赖斯相当倚重,无论是处理"9·11"危机、打击"基地"组织、还是美国先后对阿富汗和伊拉克用兵,赖斯都是关键的决策者。当初,美国不顾国际社会的反对,执意发动伊拉克战争,导致美国与欧俄之间出现龃龉。布什对此一筹莫展。赖斯给他支了三招:教训法国,忽略德国,宽恕俄罗斯。后来,布什采纳这一"妙计",在一定程度上分化了法德俄之间的一致立场。

赖斯一方面有着强硬对外政策和现实主义理论,一方面有着独特的个性。她经常笑容满面,很少高声说话,但骨子里充满了坚定的决心和力量。一次,前国务卿基辛格没有预约就突然来到总统的椭圆形办公室,想向总统进谏,没想到被赖斯挡了驾。她说:"今后一切涉及美国外交的事都得经过我,任何人都不得例外。"基辛格气得吹胡子瞪眼却又无可奈何。赖斯因此得了一个响亮的外号——"好斗的公主"。

白宫对外事务委员会普遍流传着这样的看法:总统会听取切尼的意见,对鲍威尔的

提议也给予重视,但总是在和赖斯商量后,做出最后决定。无疑她日益成为小布什内阁中的核心人物。

与此同时,大家也从不忘记形容她也是小布什亲密的红颜知己,从白宫到国外出访,从德州的牧场到戴维营,人们总能在总统身边看见赖斯的身影。"她和总统在一起的时间,仅次于第一夫人劳拉。"茱丽亚·瑞得在美国《时尚》杂志中写道,"和赖斯在一起时,总统的语言和举止是那么的放松。"

像布什圈内的政界人士一样,赖斯是一个性格坚强的人,善于在男人主宰的世界里保持自己的性格。面对美国历史上在外交和国防领域经验最丰富的副总统切尼,面对观点鲜明对立的鹰派代表拉姆斯菲尔德和鸽派的鲍威尔,赖斯始终尽量站在中立的立场,协调和综合各方观点。在外交班子讨论会上,她通常不轻易发表个人倾向的意见,但是谁也不能否认她在国家事务上的影响力。"她有着安静的性格",斯考克罗夫特说,但是有谁"认为他们可以随意驱使她,就会发现只能这样做一次"。

平日里,赖斯是一个令人愉快的人,她富有魅力,平易近人,一旦情况需要,她能像钉子一样强硬。中央情报局前局长罗伯特·盖茨回忆起一段有意思的故事。当时赖斯在白宫工作,是一名负责国家安全的主任。财政部的一名官员试图贬低她的权威,"她面带笑容地将他教训了一番。"盖茨说,"他一下就老实了。"

赖斯的其他同事认为,坚定的性格再加上智慧,是保证她登上权利顶峰的有力武器。她在圣母大学的教授乔治·布林克利,用这番话对她进行了很好的总结:"她不仅仅是一个抱负非凡和智力超群的人,而且有着推动她进步的出色性格。"

手握重权

2004 年 8 月,《福布斯》杂志首度推出"全球最有权力女性排行榜",赖斯名列榜首,摘取了"世界上最富有权力的女人"的桂冠!

一直以来,在有关赖斯的报道中,美国媒体不约而同不遗余力地选取"卓越""极富才华""无与伦比的智慧""超级智囊"等等赞美之词来形容这位政治女明星。

2005 年 1 月 26 日,美国参议院以 86 票赞成,13 票反对的表决结果,正是通过连任总统小布什对康多莉扎·赖斯的提名,从此,赖斯正式接替鲍威尔出任美国国务卿。她是继马德琳·奥尔布赖特之后美国历史上第二位女国务卿,也是世界历史上第一位握此权力的非裔女性。

上任伊始,赖斯相当一部分时间都在不同时区间穿梭,走起路来也一阵风似的,这和她在日出之前散步的风格一脉相承。赖斯上任后的最初 3 个月中,出访时间加起来长达一个月,总旅程超过 11.7 万公里,差不多相当于环绕地球 3 圈。赖斯的首次出访就覆盖了欧洲和中东的 10 多个国家和地区,让人们见识了这个工作中无比敬业的黑人女性的杰出才能。

2005 年以来,在世界外交舞台上,不论是冲突不断的巴以地区、重建中的阿富汗,还是战火纷飞的伊拉克,都能看到赖斯匆忙的身影。

对于赖斯的任命,各国也都给予了不同的反应,有正面的,也有负面的。

正面的意见表示:没有人怀疑这个女人渊博的学识和超人的智商。她给予了她的岗位前所未有的学术和政治经验。她有魅力,有教养,能倾听,能理顺关系并且谈判有耐心。她也果断,有针对性,严肃而有雄心。她对欧洲了解很多,尤其是德国和俄罗斯。她懂得大西洋彼岸的关系并采取相应的政策把美国带回到联合国和多边政治中去。她足够聪明,深谙美国对欧洲的政策,支持近东和中东的和平。

反面意见却是:作为小布什的"顾问",她对注定要失败的伊拉克战争负有责任。她作为超级大国的安全顾问鼓吹先发制人,至今还没有任何明确的标识表明她当初的态度(谁不支持我们就是在反对我们)发生了改变。针对欧洲那些反对伊拉克战争的国家的口号("惩办法国,无视德国,原谅俄罗斯")虽然没有摆在桌面上,有什么理由认为赖斯的看法会突然发生改变呢?

当然还有其他的一些说法。作为美国外交的主角,赖斯正在接受严峻的考验。她会给美国外交一次机会并且改变口号吗?她会与欧洲和全世界走和解路线吗?如果她这样做的话,这将是外交杰作。跨大西洋关系正常化,结束在伊拉克的失败,让两河流域真正自由地选择和平道路,重新启动以色列和巴勒斯坦的和平路线图计划。无论如何,她将会作为美国第一任黑人女国务卿写入美国历史。

与传统的"灰姑娘"故事不同的是,赖斯的成功不是来自"白马王子"的爱情。事实上,她至今还是一个待字闺中的单身女人,她的成功完全是靠她的奋斗。虽然至今还没找到感情归宿,赖斯并没有放弃对婚姻的向往。她说:"没有结婚是因为没有机会,我不是独身主义者。"她还表示:"我确信,如果上帝安排我和某人结婚,就一定会把那个人带到我面前。"

赖斯在斯坦福大学任教时也曾有过一段罗曼史。当时赖斯是政治学教授,而男友华盛顿是体育事务专员。两人认真地交往了一段时间后最终还是分手,恋情虽然结束,但友谊长存。

不少人认为,过于成功的事业已经成了赖斯组建家庭的阻力。就像《莫斯科新闻》在赖斯刚出道时评价的那样,"男人们都不免奇怪:她应该忙于做饭和使她的爱慕者发疯,但她却能迅速地从口中蹦出导弹和坦克的数目以及多次首脑会谈的日期"。赖斯对事业的进取心让不少男士望而却步,但她自己并不认为事业影响了她的个人生活。还有人认为,赖斯身边的男人都太优秀,令其他男士颇感自卑。在这些年的从政生涯中,赖斯的知己都是美国政界的巨头,如布什、斯考克罗夫特、舒尔茨等。她说:"我不成家是因为我从来没有碰到过任何想与之共同生活的人。我认为,我在生活中保持了平衡。我不是一个工作狂,我也有休闲时光。"

2005年初,由于赖斯的民意支持率颇高,共和党内部和白宫均有意让赖斯参加2008年的总统大选,但赖斯在接受美国国家广播公司/NBC时也表明了自己拒绝参选的决心。"我不知道有多少说'No'的方式,我不是一个想当总统的人,我对成为一些事情的候选人毫无兴趣。"

赖斯说："我从来没想过竞选任何职位……我只想做一名非常出色的国务卿。"

赖斯，展现了一个优秀女性所拥有的一切：聪慧、优雅、干练、才华横溢，从而无可厚非地成为当今世界年轻性生的杰出榜样。

2008年11月5日，美国国务卿赖斯祝贺奥巴马当选新一任美国总统。赖斯评价奥巴马当选总统是美国在努力消除种族歧视道路上"非凡的一步"。

赖斯当天上午在美国国务院对媒体记者说，作为一名非洲裔美国人，我尤其感到骄傲。赖斯说，经过漫长的旅途，克服了历史的伤痛，美国人朝着社会中不再有种族歧视的隔阂努力。尽管这个工作并没有完成，但昨晚显然是历史进步中非凡的一步。赖斯保证说，美国国务院将努力工作确保向奥巴马政府平稳过渡。赖斯在谈话中称奥巴马是一位富有灵感的领袖，她同时称赞麦凯恩是一位高尚、伟大的爱国者。赖斯表示，美国将会继续创造惊奇，因为美国人在没有创造完美的联邦政体之前是不会满足的。因为那种完美的政体是永远不会出现在眼前，所以我们必须继续为之努力和尝试！

2009年1月20日，赖斯卸任国务卿。

几天后，作为美国前国务卿，赖斯已与好莱坞的威廉·莫里斯经纪公司签约，由该公司为其安排演讲、出书以及在电视上露面。此次签约使赖斯成为布什政府成员中首批走向商界的要人之一。根据合约，威廉·莫里斯经纪公司将为她安排出书、演讲、进行慈善活动以及进军媒体和体育产业。

实际上，赖斯即将出版两本书，一本有关其外交生涯；另一本有关她的父母。赖斯称她的父母为"教育的福音传道者"，因为他们坚持让女儿接受最好的教育。

威廉·莫里斯经纪公司的运营总监韦恩·卡巴克说，该公司之所以对赖斯有兴趣，是因为她不但拥有"令人惊叹的履历"和弹奏钢琴等才能，还是美国国家橄榄球联赛的忠实球迷。他认为，作为斯坦福前教务长，赖斯可以在电视上宣传与古典音乐、资助贫困学生有关的活动，并帮助美国儿童变成"世界公民"，但她将不会变成一个政治分析家。

同时，赖斯披露，她正在寻找爱人。赖斯在卸任后突然有大量时间可以自由支配，她计划将更多的时间花在找对象上。

与许多身处高位的妇女一样，赖斯发现她不得不在个人生活和布什总统左右手的重任之间做出取舍。她不得不为工作而放弃个人生活，但她现在做好了将时间和精力集中在个人生活方面的准备。54岁的赖斯在任国务卿的4年期间曾访问了84个国家，访问的旅程超过了100万公里，她从未有时间去专注发展感情。不过，在她卸任并且重返斯坦福大学教书后，这一切都将发生变化。

赖斯在参加美国早间电视谈话节目时称："人们说，你工作得如此努力，你把那么多的时间和精力用在发展自己的事业，你真的在简化自己的个人生活，但事实的真相是，我从未遇到一位我想嫁的人。这并不意味着我将来遇不到那样的人，只是说到目前为止我还没有遇到那样的人。"曾在20世纪70年代短期订婚的赖斯披露个人生活的一些细节，这可能是为了吸引未来的男性伴侣。

以香港为家的政治明星

——范徐丽泰

人物档案

简　　历：本名徐丽泰，籍贯浙江省宁波市镇海区，香港建制派政治人物，香港特区首任立法会主席。出生在上海。4岁全家迁到香港，1964年考入香港大学，1974年到香港理工学院发展，1983年以教育界委员议员身份进入立法局，1997年当选为临时立法会主席，同年7月1日宣誓就职；2008年3月在第十一届全国人民代表大会第一次会议当选为常务委员会成员。她当选后向全国人大常委会请假，继续担任立法会主席，至同年9月正式卸任。1998年获香港特区政府金紫荆星章，2007年获香港特区政府大紫荆勋章；2011年5月，前港区人大代表吴康民提出的"铁三角论"，建议由范徐丽泰出任下届行政长官，唐英年继续担任政务司司长，行会召集人梁振英出任财政司司长，同年11月13日，范徐丽泰宣布将不参选行政长官选举。

生卒年月：1945年9月20日～

性格特征：平和温婉，干练洒脱，聪慧、沉静、公正。

历史功过：不畏英美的阻挠，坚决遣返越南船民。为了维护香港的利益，不畏惧港督彭定康的强权，坚决辞职。公正无私，忠于职守，赢得了其他议员的尊重。

名家评点：被称为"香港第一个女议长"，获得"是非官学太平绅士"，被评为"香港No.1好老婆""女强人"，被称为"政坛黄飞鸿"。

快速转型

　　1945年9月20日，范徐丽泰出生在上海一个富裕家庭里。20世纪40年代，好莱坞女明星丽泰·海华丝风靡一时，父亲徐大统和家人商量，以丽泰为名。长大后，范徐丽泰发现自己相貌和个性与这位性感女星相去甚远，"我更喜欢清秀的奥黛丽·赫本，夏萍也不错"。

4 岁时,范徐丽泰举家南迁香港。父亲与友人一起开办了一家银行。母亲是典型的上海女人。

快节奏的生活,使她在具有海派女人的平和温婉之余,更多了几分职业女性的干练和洒脱。这一点,与她童年时代的反叛性格不无关系。

刚到香港时,由于年龄小还不能上学,父亲徐大统就给她聘请了一位家庭教师做辅导。老师名叫许佩,是香港优秀的音乐老师,在教她中文、英文和数学的同时,还开了钢琴课。但范徐丽泰却自称"五音不全",对凡是涉及音乐方面的事都"毫无兴趣"。所以,在其他课程都学得很好的情况下,直到今天她也很少在公众面前唱歌。

童年时,家住在山上,每天下了公交车后需要经过高高的台阶路上山回家。但小范徐丽泰却不爱走台阶,而是经常独辟蹊径挑更难爬的或没人走的路,以至于回到家经常在衣服或脸上留下"痕迹"。虽然父亲屡次劝阻,但她还是照爬不误。这种颇有些男孩子性格的举动,不能不说为日后她很好地在政治舞台上摸爬滚打起到了磨炼的作用。

而小时候,范徐丽泰可没想过要从政,她的愿望是要当一名大货车司机,可以一边开车一边听音乐。浪漫是浪漫了点,但一个女孩要当大货车司机,恐怕现在都很罕见。

20 世纪五六十年代,香港还没有现在这么开放,范徐丽泰的父亲也是相对传统的人,所以当在圣士提反女子中学读书的女儿要参加篮球比赛时,父亲明确表示了反对。反对的原因很简单,就是他不能接受一个女孩子穿着短裤打比赛。说来奇怪,在一个传统的家庭出生长大的范徐丽泰却偏偏就不爱梳妆打扮,而酷爱爬山、打篮球这样的运动。最后,父亲做了妥协,因为是他当初答应女儿参加校篮球队,范徐丽泰使出的"杀手锏"是父亲曾经的教诲—信守诺言。

范徐丽泰小时候很喜欢读书,选择的书目也和其他女孩子有所不同,她偏爱的是武侠、侦探等方面的书,当然偶尔也读些爱情类的。其中,对金庸写的书都非常喜爱。当时,她不会想到这位她崇拜的作家,在若干年后会成为自己参加直选的提名人之一。

圣士提反女子中学是一所基督教学校,在其附属小学毕业后,范徐丽泰在这里度过了中学时光,直到 1964 年考入香港大学。上香港大学时,男同学笑话范徐丽泰不会打羽毛球。徐丽泰就发狠一定要拿羽毛球单打冠军。这样倔强和叛逆的个性,范徐丽泰到了30 岁后才发现一些负面效果。"过去我想,如果我多花一点时间努力,就可以做得更好。如果事情像打羽毛球那么简单,当然可以做得更好,你自己努力,去捉摸,当然可以做得更好。"

因害怕人体解剖,范徐丽泰没有听从母亲的话报考医学院,而是学了化学和物理。这自然和政治相隔千里。拿到香港大学理学学士学位后,在攻读硕士学位时,她选择的是社会科学。1973 年,范徐丽泰从香港大学取得社会科学硕士学位后,翌年到香港理工学院发展,并在这一年嫁给了同学的哥哥范尚德。她的婚姻的开端,和她的穿衣打扮一样,肇始于童年惯性,母亲反对,于是,她结婚了。

在香港理工学院,她曾任学生辅导处主任、处长和香港多种工艺学院副院长等职。有关这段经历,很少有见诸媒体的详细报道,但几乎人人都知道她从政前的另一个身份:

"资深教育家"。

就是这么一个从未想过从政、也不热衷政治的人,却在人生旅途步入第38个春秋之后开始了"快速转型"。其改变幅度之大、速度之快令熟悉她的朋友都备感惊讶。

"他们认为这条路完全不适合我。"回想起当年的选择,范徐丽泰对大学同学的观点记忆犹新。在同学的印象中,她快人快语,与政治人物通常"说一套做一套"的"标准形象"完全不符。

"30岁以前的我是一个不太快乐的女孩,对自己要求高,对别人经常板起面孔,恶性循环之下,变得很孤独;30岁之后,经过种种工作上的磨炼,开始学懂了:无论遇到什么事,只要能笑笑口对着别人,问题就容易解决。50岁以后,我更加清楚,快乐是要自己找寻,别人并没有义务让你快乐。"

30岁,成为范太人生的转折点。她开始笑对人生。

进入政坛

"偶然发生的事,往往影响人的一生。"这是范徐丽泰在自己的"随笔"中写下的一句话。后来她得以走上政治舞台,过程的确充满了偶然。

是一个看似偶然的机会,改变了她的人生轨迹。

1983年正值香港立法局换届,到外地休假的范徐丽泰返回香港,意外地收到了当时港督尤德的约见通知。

"香港能干的人很多,为什么要找我?"面对担任立法局议员的邀请,范徐丽泰满脸的茫然。

"你别问这些,只是请你考虑是否愿意为港人服务。"因尤德出差在外地,负责临时约见范徐丽泰的署理港督夏鼎基把问题抛给了她。

关键时刻,丈夫范尚德的一番话给了范徐丽泰以信心,并对她以后的从政经历一直发挥着重要影响。每逢有记者采访,范徐丽泰都会一次次提起范尚德的鼓励——"我们在香港成家,我们的事业也在香港;香港给了我们很多的益处,所以应给予回报。既然你有这个机会,去做一些公共的服务,我首先支持你!""就这样,一个从来没想过参政,也不了解何为政治的平凡女性'范太',偶然地步入了政坛,在不经意之中选择了下半生的从政之路。"

多年以后,范徐丽泰在随笔中这样写道。

以教育界议员的身份进入立法局后,对"老本行"的关注成为范徐丽泰工作的头等大事。直爽的性格,使范徐丽泰在赢得港人尊敬的同时,也不可避免地与当时的港府发生摩擦。为了提高小学教育经费,她甚至还曾与港督尤德对簿公堂。当时范徐丽泰提出提高小学教育经费的建议,而港督认为不能单独开小灶,理由是"中学和小学同样重要。"

"当我说使用右手拿筷子的时候,绝不是说左手可有可无。我要强调的是,当务之急、重中之重是改善小学教育的条件和素质。"范徐丽泰对此做出的回应,充分展示了她敏捷的思维和出色辩论的才华,而这也正是一名成功的女政治家不可缺少的素质。几个回合的唇枪舌剑,最后港督终于认输。从当年起,港府拨给小学的教育经费增加了7个百分点!

20世纪80年代中期,香港社会出现动荡,起因是英国坚持在1997年后继续管制香港,所以中英关于解决香港问题的第二阶段谈判毫无进展,导致1983年9月24日出现了市民抢购狂潮,被媒体称为"黑色星期六"。

时值财政司彭励治任内,香港年年财政赤字,经济面临严峻考验。为了开发新税源,彭决定征收海外存款的利息税。范徐丽泰认为此举有违香港税制"盈利来自本港才课税"的原则,在"1984年税务(修订)条例草案"表决中投了弃权票。

孰料不久以后,彭励治又抛出了税务修订第2号草案。当时进行上诉的纳税人很多,应收未收的税款数目也越来越大。彭以"为防止纳税人滥用上诉程序,拖延时间"为借口,认为政府须先收税款。而范徐丽泰则觉得这种做法对上诉的纳税人"不公道",因此立即发言表示反对。

"自己认为对的事,只要不偏私,不为个人喜恶,经过客观分析,如果依然觉得是对的,就应该坚持立场,无须顾虑得失成败。"范徐丽泰的这种行事风格,在刚开始担任议员时就表现了出来。

虽然当时未能左右大局,但两年后,政府最终还是删除了这一规定。这种"初生牛犊不怕虎"的劲头和"讲真话、做实事"的风格,一直带到她后来当选全国人大代表时。

2003年,范徐丽泰和其他港澳代表一道,公开批评内地干部"官风"不正,还与其他两位香港代表"联手"列举内地一些干部的"毛病":暴发户心态、唯利是图、带头破坏市场制度、搞形象工程等等。她认为要求干部依法办事需先"放弃人治",而这"要经过长期的培训和教育"等等。

声名鹊起

真正令范徐丽泰声名鹊起的事件,是在解决有关越南难民、船民问题时她的挺身而出。

从1975年起,越战结束后,大量越南难民、船民纷纷出逃,难民们的目的地是美国,但却先涌向东南亚国家和香港等第三地做中转。而美国根本没打算接收全部难民,所以他们大量滞留香港,给香港社会带来了沉重的负担。截至1985年5月,已经有14500名越南难民在港定居,成为困扰社会和发展的一大难题。

为了解决滞留难民问题,很多议员提出遣返的动议,但遭到英美等国的强烈反对。这些国家自己不接收迫切想逃往他们那里的难民,却对香港有关难民的管理方式和即将采取的遣返计划说三道四。当时英国还是香港的宗主国,但在这个问题上,英政府根本无视港人的利益,而是站在盟友美国一边。

"我年轻气盛,觉得太不公平了,决定不平则鸣。"当时在立法局中担任保安小组召集人的范徐丽泰挺身而出,带领代表团亲自前往美英等国去理论。1988年9月,在赴美国参加有关越南难民的研讨会前,她对香港《东方日报》表达了"明知山有虎,偏向虎山行"的心声,决心要为香港讨个说法!

会上,她直指美英采用双重标准:对自己国家百般保护拒绝难民入境,却让香港无限制收留难民;对逃到香港的中国大陆难民即抓即解,越南难民却被以所谓"政治难民"身份进行保护。"这是欺骗香港的行为!"

"会后,我感到有一点点自豪。一个香港的女人,来到一个陌生的地方,接受一批并不友善的人的质询,我凭理据、说事实,没有退缩,也没让对方得到半点便宜,也算是有交代了,没有失香港人的面子。"范徐丽泰在随笔中这样描述自己当时的心情。

虽然难度很大,但从那时起,范徐丽泰不放弃任何一个场合,据理力争,讲述香港的实际困难。经过几年的各种大小辩论、四处奔走,1991年,难民遣返计划终于被国际社会所认同,越南难民、船民开始被分批遣返。

这些为港人争利益的行侠仗义之举,使范徐丽泰获得了"政坛黄飞鸿"的雅号。但从小就节省饭钱买武侠小说看的范徐丽泰,私下里表示,她最喜欢的还是《笑傲江湖》里的令狐冲,理由是"喜欢他的真实"。

对抗港督

英国在香港的最后一任港督是彭定康,他曾与当时的英国首相梅杰、外交大臣赫德被并称为"三驾马车",这三个人也是1990年11月英内阁的"倒撒(撒切尔夫人)"事件中的主角。梅杰出任首相后,彭定康担任了保守党主席。然而不幸的是,这位主席却在1992年7月的英国国内选举中遭遇"滑铁卢",不得已,被委派至香港出任末代港督。

彭定康到香港赴任前,范徐丽泰曾在英国与之会面过一次,当时的范徐丽泰已经在港英政府一身担二任(立法局议员和行政局议员)3年半了。她原本以为彭定康是想了解一下香港的社会、经济发展状况,但对方对这些却闭口不谈,而是一味大讲"如何对付中国"的话题,这让范徐丽泰隐隐感到了不快。

当时香港回归祖国已经是大势所趋,所以被港人称为"肥彭"的彭定康到任后,如何平稳过渡才是各方关注的焦点。但当彭将前任总督卫奕信时期几乎所有的计划都弃之一边,尤其是已在立法局达成一致的政制发展方案也都一笔勾销时,范徐丽泰渐渐"心中有数"了。

在统治香港一百多年的历史中,港英政府一直都是由英方独断专权,临到即将将香港交还中国之前,彭定康显然想复制当年在印度撒走前的一套,以所谓"政改"留下一个烂摊子，以利于日后继续插手香港事务。

道不同不相为谋。1992年10月7日，刚刚送子女到加拿大求学返回香港的范徐丽泰，因"个人感到疲倦，对一些政治秀、政治上的虚伪也未能接受"，将早已拟好的"辞职书"交到了彭定康手中。

当天下午，彭定康在立法局发表施政报告，抛出了所谓"政改方案"，从此被指为"千古罪人"。

从港英政府辞职后，范徐丽泰还多次和港督彭定康过招。其中，关于"破窗"的故事最为人们津津乐道——

那是1994年的春天，彭定康在立法局煽动自己抛出的政改方案时说："不能因为人家以后要打烂我这个窗，而现在我自己连窗都不装了。"范徐丽泰听到这个说法后，也用窗打了一个比喻："政改方案好比做窗，彭定康这个承建商将窗装上后便对香港人——这间屋的住户说，这个窗多好多靓。但是，却不告诉住户这个窗违反了3年半之后的建筑条例。而3年半后（指九七回归）的建筑条例生效，业主为了守法，必须将这个窗拆掉，再按照法定的规划装上新窗。可见，彭定康这个承建商是有心违法，3年半之后，彭先生钱也收了，人也走了，要付出代价的是业主！我们香港人能接受彭定康这个承建商留下的'窗'吗？"

这次针锋相对的表态在香港流传甚广，也让人们看到了范徐丽泰爱国爱港的激情。

重出江湖

"辞职后觉得好轻松"的日子仅仅过了半年多，范徐丽泰再次迎来了"必须站出来"的机会。

1993年，由于英方强行推出"三违反"的政改方案，破坏了原有"直通车"的安排，中国政府决定"另起炉灶"，成立香港特别行政区筹备委员会预备工作委员会，并向范徐丽泰发出了邀请。为了维护香港的平稳过渡，范徐丽泰决定"重出江湖"。

1996年3月，香港特别行政区筹备委员会决定成立香港各界庆祝香港回归祖国活动委员会，范徐丽泰是"庆委会"负责人。为了把庆祝活动搞好，她费尽了心思。没有经费，就到处募集筹款，后来还将两位闻名中外的音乐家谭盾和马友友请到了庆祝活动现场。

1997年1月25日，范徐丽泰又被选为临时立法会主席。

"当时的临时立法会主席，大家都知道不好做。在当时香港和西方的传媒中，我是一个非常不受欢迎的人物，甚至是令他们讨厌的人物。但对这些压力我事先都考虑过，我自觉承受得来。"在5年后一次接受香港记者采访时，范徐丽泰谈起当临时立法会主席时如是说。

当时的临时立法会不被港英当局承认，组织活动受到百般阻挠，甚至连在香港租会场都很困难。不得已，每周的开会地点选择了深圳。范徐丽泰和议员们每周六到深圳开会,下午或晚上返回,这种状况一直持续到 1997 年 6 月 30 日。

1997 年 7 月 1 日,香港女人范太带领一群香港立法委员上台宣誓。

短发、金边眼镜、黑色套装、琥珀色围巾、黑高跟鞋,把 53 岁的女人凸显得沉稳而自信。一路上,她默默提醒自己,挺起腰板,一个一个字念清楚;最后,她缓慢举右手,在董建华面前宣誓道:"我,范徐丽泰就任香港特别行政区临时立法委主席。"

范徐丽泰的努力,香港各界有目共睹,香港人也将他们的信任给了这位面目慈爱的官员。香港特区政府成立以来,范徐丽泰连续担任立法会主席,这使得很多人猜测她是否有什么"背景"。

"我连续当选立法会主席,有人就有了误解,以为是大家都想选我。"范徐丽泰在一次和东南大学学生座谈时提起了这个话题,"其实从成立香港临时立法会开始,一直有一个民主派的人在跟我竞争。"

竞争对手从临时立法会选举开始,与范徐丽泰一直角逐到 1998 年和 2000 年两届立法会主席选举,不过分别落败。

范徐丽泰读大学时因不满同学对她羽毛球技术不精的揶揄,苦练一年终于取得学校羽毛球女单冠军,那时她被称为冠军"黑马"。现在连续当选立法会主席并始终工作出色,又使她赢得了"女强人"的称号。对后者,范徐丽泰坦言:"不喜欢。"

"强人就强人,为什么要加上一个'女'字?"以女性身份参与社会工作,往往被误解为"赚钱买花戴",欠缺远大的抱负和志向。范徐丽泰显然不认同这样的观点,"面对种种不解和疑惑,女性需要对自身树立信心,需要比男性付出更多的努力,需要主动争取机会。"

香港地域小,自然资源匮乏,生活节奏快,人才济济,"你只有比别人更努力,要不然(机会)轮不到你。"

三任主席

2000 年,范徐丽泰再度循选举委员会连任议员并续任主席。2004 年 10 月 6 日,香港第三届立法会举行成立以后的首次会议,会议的一项重要议程就是选举立法会主席。在 60 名议员参与的投票中,范徐丽泰梅开三度,以 34 票绝对优势成功当选,自香港回归祖国以来连续担任此职。在当选后的发言中,范徐丽泰和前两任就职时一样,表示自己"将一如既往,以无畏、无偏、无私的精神,主持会议并执行议事规则"。虽然他讲话时的神态似乎都和前两次没有任何分别,但这一次的当选,却是她勇于向自己挑战的结果,其心中的韵味自然是和过去有所不同。此前两个半月前的 7 月 21 日,香港特区政府第二届立法会完成了历史使命,范徐丽泰也就此结束了自临时立法会成立到第一、二届立法会为止连续 7 年半的主席任期。此前 3 天,由查良镛(金庸)、荣智健等香港众多知名人士提名,范徐丽泰正式对外宣布,将参加 9 月 12 日举行的香港第三届立法会港岛区地区直选。

根据基本法和附件的规定,按照实际情况和循序渐进原则,香港特区立法会的60名议员最终将全部由普选产生。而2004年第三届立法会选举的地区直选议席,要从上一届的24席增加到30席,和功能团体选出的议员数目一样多。

早在两年前,范徐丽泰就曾公开表示,若健康情况许可,会参加2004年的直选。而这意味着从原来由800名代表组成的选举委员会进入立法会的她,需要直接面对所在选区选民的直接评判。

"参加直选,是我心愿。香港岛的选民,请你为我决定,是否继续在立法会服务!"这是范徐丽泰在个人选举网站首页上的话。卸下立法会主席的头衔,她再次昂然向立法会直选迈进了!

虽然对直选毫无经验,但能有机会参加立法会直选,的确是范徐丽泰一直以来的心愿。她表示会以边学边做的态度参与,不计较成败。"参加直选的候选人一般很有实力,我未必一定选得到。不过,我一向认为,做人要输得起,输就输了,无所谓。"在选前回答记者提问时,范徐丽泰曾如此笑着作答。

因她除了曾在新界沙田住过3年外,其余时间都在港岛区居住,所以,尽管港岛区是选情最激烈的选区,她仍决定在一个自己熟悉的选区参选。"没有做过的事情,难度越高的事情,越想尝试。"面对新的挑战,范徐丽泰透出一股豪气。

但直选毕竟是相对残酷的竞争。从7月18日范徐丽泰宣布正式参选开始,她所在的港岛区6个直选议席竞争异常激烈。由于无党无派的身份,与民建联、民主党等拥有党派背景的候选人相比,范徐丽泰看上去似乎有点行单势孤,但她多年来为香港兢兢业业的付出毕竟人们有目共睹。而且,家庭的力量在她的竞选中也起到了相当关键的作用。

当时尚健在的范徐丽泰的丈夫范尚德,身患肝硬化已十多年,在选举开始不久前查出腹内及颈部淋巴核生了不明硬块。范太太一度想退隐江湖,多点时间陪伴丈夫。但范尚德却积极鼓励妻子参选。他反倒安慰范徐丽泰,"你又不是医生,整天留在我身边有什么用?"他坚持要"还太太一个心愿"。选举当前,范尚德还一马当先担任助选团团长,统筹一切竞选事务,帮太太派发宣传单。身为儿科医生的女儿和做会计师的儿子,也一改平时低调的作风,抛头露面出现在公众场合为妈妈打气。全家总动员,为她打气助威。拥有这样的亲人,难怪范徐丽泰将家庭比喻生命的根,将政坛的得失看作点缀的花朵。

"我的策略是以诚待人。"面对实力强大的民建联主席马力、民主党主席杨森和"四十五条"关注组成员余若薇等人的凌厉攻势,范徐丽泰稳扎稳打,不仅全家上阵,各个小组助选团成员也是分头行动,她自己更是多次上街拉票。在8月初一次街头亲近选民时,导致香港天桥地区大塞车,其在港人心中强劲的个人魅力一览无遗。在她专门印制的名片上,写满了她的3个地区办事处联系办法,其中"立根社区,携手共进"8个字尤其醒目。

9月12日晚,立法会直选投票结束。翌日中午,在全部6个选区中,港岛区投票结果最后一个揭晓,范徐丽泰以65661票成功当选第3届立法会议员。一个月后,她再次蝉联香港立法会主席! 这已是她第3次担任香港立法会主席!

以一个无党无派的女性身份,闯荡香港政坛20余载并广受拥戴,这在范徐丽泰小时候也许就可以看出端倪。

铁面无私

根据《基本法》规定，香港特别行政区享有立法权，而立法会就是特区的立法机关，主要职能除了制定法律外，还包括审核及通过财政预算、税收和公共开支，以及监察政府工作、获授权同意终审法院法官和高等法院首席法官的任免，并有权弹劾行政长官。

身居这样一个"位高权重"部门的主席，范徐丽泰深知包容的重要性。第二届立法会每周三召开例行大会，从下午2点半开始，经常开到晚上10点甚至12点。坐在主席位置上的范徐丽泰，面对时时出现的不同意见之间激烈的辩论，总是面带笑容，忠于职守。其不偏不倚的态度，赢得了其他议员的尊重。

"一国两制""港人治港"是全新的事业，因而第一届立法会做的都是开创性和基础性工作。由于基本法和香港的其他法律分属不同的法系（前者属于大陆法系，后者属普通法系），所以，按照基本法裁决时，对基本法一些用词的准确理解和把握提出了更高的要求。

"在标准出来后反而容易了，按规矩办事嘛。"范徐丽泰认为后来的人大释法，更有利于立法会对基本法的把握。

第2届立法会经历了更多的风风雨雨，观点的碰撞，不同政见的争端，作为立法会主席，范徐丽泰表示，主席不同于议员，不能把自己的观点立场带到主席位子上去。

"说得好听一些，我是'铁面无私'，说得难听些是'六亲不认'。"范徐丽泰这样自嘲她自己的"照规矩办"4字底线。

2004年11月，刚当选第3届立法会议员的梁国雄（绰号"长毛"）在立法会议事厅开会时，在未经主席同意的情况下，屡次打断香港政制事务局局长林瑞麟的发言，当范徐丽泰对其做出提醒和劝诫后，却指范徐丽泰"不公道而浪费时间"，并称范徐丽泰"执行议事规则时没有标准，对他有偏见"。范徐丽泰在暂停会议期间，邀请梁国雄到办公室解释她的判决，但对方仍不知悔改。而此前"长毛"已屡次挑战立法会议事规则底线，范徐丽泰按议事规则的规定，将梁国雄逐离了议事厅。

当年那个第一次以议员身份登台发言时声音颤抖到听不见的"新兵"，经过20余载岁月的磨砺，已经对驾驭各种复杂的局面游刃有余。

香港回归以来，范徐丽泰认为"一国两制"已得到落实，"这是不容置疑的。"但"可以进步的地方还很多"，有待社会各界的共同努力，把香港建设得更美好。

"中国人要有中国心，不能忘记'一国两制'的'一国'是中国，不能忘记自己是中国人！"她说。

谈到自己，范徐丽泰在一次与上海大学生座谈时表示，"不能把'伟大'和我联系在一起，我只是一个很平常的住在香港的中国老百姓。我够不上政治家，只是一个参与政治的人物,我最认同'公仆'这一称谓。"

不再参加 2008 年立法委主席选举,当选为全国人大常务委员会委员

2007 年 7 月 17 日,在连任 3 届主席之后,范徐丽泰宣布不再参加 2008 年的香港立法委主席选举。

理由有三:"一、提早一年宣布,可以让有意角逐者做好准备;二、长江后浪推前浪,应让位给新人;三、香港回归十年,已平稳过渡,将在适当时候退下。"

这天,距离范徐丽泰就任立法委主席一职有 11 年;这天,在立法委这栋年代久远的英式建筑内,她工作了 25 年。25 年时间,历练了范徐丽泰,作为一名女人的整个政治人生。

1983 年,一个电话让她意外地步入立法委;2008 年,她选择离开,则出于一个理性的决定。

2008 年 7 月 13 日,已担任香港立法会主席一职 10 多年的范徐丽泰,她在告别议案中主动提及对下任主席的期望。

范徐丽泰先是笑称,担任立法会主席已 11 年,最近发现自己有"打瞌睡"的习惯,认为是时候退位让贤。她寄语,新一届立法会主席,不要怕被人控告,面对批评亦可一笑置之:"因为如果全体立法会议员被告,立法会主席要代表应讯。"

范徐丽泰最后引用一段出自潘源良《离别的时候》的文字,诉说个人离别的心情,虽有千言万语,但亦不必说,只要握手互道珍重,期望来日有缘再见:"我的朋友,到了离别的时候,虽然千言万语,但是……甚么都不用说,让我们握握手,互道珍重!虽然依依不舍,但是……你我都还有路要走,让我们挥挥手,说声再见!珍重再见!来日有缘再见!"

就在范徐丽泰宣布正式休会,所有议员实时站立拍掌以示感谢,也标志着范徐丽泰即将担任全国人大常委会委员一职。

香港回归后,范徐丽泰首次参选全国人大代表,并于 1997 年 12 月 8 日成功当选为第 9 届全国人大香港区代表。其后分别于 2002 年 12 月 3 日获连任第 10 届全国人民代表大会香港区代表,2008 年 1 月 25 日再获连任第 11 届全国人民代表大会香港区代表。

2008 年 3 月 15 日,范徐丽泰在第 11 届全国人民代表大会第一次会议上当选为常务委员会委员。由于全国人大常委会拥有对《基本法》的解释权,为避免与立法会主席的职务发生角色冲突,她当选后向人大常委会请假,继续担任立法会主席,直至 2008 年 7 月第 3 届立法会会期结束为止。

顾家女人

在香港,少有人怀疑范徐丽泰的平民性。原因或许很简单:25 年前,范徐丽泰就任第一天,旧式的衣服遭到媒体嘲笑;25 年过去了,她还是那身不时髦的打扮。她没有变,媒体的态度却变了。

有一个很早的故事:1983年9月的一个下午,正在大学上班的范徐丽泰又被突如其来的电话打扰。她被告知2个小时后去立法委宣誓就职。

从九龙到中环,来不及回家换衣服,新议员匆匆上场了。短袖衬衣、大花裙子、凉鞋一双,事隔20多年,范徐丽泰还清晰记得当日的装束。她走上宣誓台,下面的人都直直地看着她。

第二天,报纸出来,她看到自己的照片,才知道被批评了。38岁的她,因不注意服装,成为第一次上报的话题。随后,她的打扮被称为"香港江青"。

范徐丽泰说:"我曾经想过,是不是要改变一下?"但是,她还是没有改变。"如果需要穿套装的场合,我就穿套装,可是那些套装是要符合我自己的爱好,而不是什么高贵名贵啊这一类。我觉得自己只不过是做一份工作嘛,还是要有真实的我。"

第一次曝光经历给范太的政治生涯上了形象的一课。作为公众人物,她随时成为被议论的焦点。裙子事件,让她明白自己要做什么样子的人;"不会为了工作改变自我",即便这是份政治工作。

无论在香港还是在内地,范徐丽泰的名字都可谓家喻户晓。很多人喜欢以"铁娘子"形容她,并把她与希拉里、撒切尔夫人相提并论。

工作之余,范徐丽泰还喜欢开车。"我以前常常自己开车从香港到深圳。"即使到国外旅游,下飞机后她也喜欢租辆车,载着家人四处游览。"自己开车有很高的灵活度,我喜欢这种自由自在的感觉。"

范徐丽泰是非常"顾家"的传统中国女人,谈起家庭时常常感到"心中有愧"。范徐丽泰曾表示过,如果家庭需要,自己可以立即放弃事业。

工作的繁忙,使范徐丽泰没有太多心力照料家庭。尤其是一儿一女都很小的时候,她陪伴在孩子身边的时间很少。他们多数时候只能在电视新闻中看到妈妈忙碌的身影,"我们在电视里看到你的时候多,在家里看到你的时候少。"

其实,在范徐丽泰心目中,"家才是自己的王国,一个人最重要的,是有一个和谐的家庭!"她轻轻扶了一下眼镜,"无论你遇上挫折还是处境顺利,无论你做过什么事情,家都不会改变对你的看法。"

1994年,范徐丽泰在加拿大读书的女儿患了急性肾炎,需要换肾。范徐丽泰了解到,社会上可供移植的肾很少,而母亲的肾移植给女儿的成功率很高。她当即决定,将自己的肾脏捐献给女儿。

"我想任何一个妈妈都会这样做的。我并没有什么不同之处。"说起这个传扬一时的美谈,范徐丽泰认为把肾移植给女儿是自己的幸运,"在女儿需要的时候,我的肾刚好符合她的要求。结果让我做了人生中最难得、最幸福的一件事,这是上天赐给我的福分。"她告诉记者,自己和女儿同月同日生,一切巧合似乎都是命中注定。

病好后,范家在香港文华酒店大摆宴席,庆祝女儿毕业和母女生日。这是范家第一次,也是唯一的一次公开请客。

能够安心为香港服务,范徐丽泰坦言,最感谢的是丈夫和婆婆。

"若说我今天成功，我认为70%功劳是归于我丈夫，他是个一等一的好人，从来不给我半点难看的面色。"

2006年底，在香港电台市民选举中，范徐丽泰被评为香港"No.1好老婆"；范徐丽泰分外惊讶，因为她结婚30来年，炒一份叉烧炒蛋都不及格，为什么是她？然而范太处理家庭危机的风格，犹如其政治生涯，赢得了人心。

而此时，这名好老婆已失去了先生范尚德两年了。2001年，范尚德患肝癌。范徐丽泰随行看病，查出乳腺癌，全家再次陷入危机中。做完手术，范徐丽泰依然正常上班，因为后面一切有丈夫支持。

2004年，在范太成功连任立法委主席时，丈夫病逝。丈夫去世后，她从300多平方米的房子搬走；不久，又因照顾婆婆身体，再度搬家。除了每天在床头丈夫的照片前上香、念《心经》，外界所看到的范徐丽泰的生活没有大改变。一年365天，她几乎有300多场活动要参加。工作，似乎永远不会随着病情和死亡有所停止。范式微笑，依然挂在她的脸上。

丈夫去世1年后的一天，范徐丽泰发现自己"有点不正常"了。她回到家，发现家里桌上放满了各种各样的收据、账单，"我才发现有好多个月自己什么都没有整理，什么都没有做。"而在有范尚德的日子里，一切井然有序。

平日里，除了得到当时健在的丈夫的支持外，范徐丽泰还直言自己"有一个好婆婆"，"她帮我把家管得很好，让我不用操心，可以忙自己的事情。"范徐丽泰的婆婆跟她们一家住在一起，将家里的一切事情都打点得很妥当，两个孩子也是婆婆一手带大的。范徐丽泰说，在家里，很多情况下她的婆婆更像一个母亲，而她像是孩子们的朋友。

2007年，范徐丽泰前额的头发越来越稀少了，女儿主动把自己的长发剪下9英寸，给母亲做假发。说到这，范太表现出和年纪不相符的羞涩，"我只要她6英寸，她却给了我9英寸。每次看到她的短发，我都有一些不好意思。"

她说自己有一个梦想，退休后，能到处旅游，把过去的时光补回来。

美国历史上最有实权的第一夫人

——希拉里

人物档案

简　　历:美国律师,美国民主党籍政治家,第67任美国国务卿,纽约州前联邦参议员,前美国第一夫人。1973年毕业于耶鲁法学院。1974年到阿肯色大学任教,1975年10月11日与克林顿结婚,1993年克林顿当选总统,她就成了第一夫人;2005年当选纽约州参议员;2009年1月21日成为美国历史上的第3位女国务卿,成为2011年和2013年美国最受欢迎的政治人物;2016年7月28日希拉里正式获得美国民主党总统候选人提名,成为美国总统选举历史上首位获得主要政党提名的女性;在同年年底的美国总统大选中,虽然她领先对手美国共和党总统候选人唐纳德·特朗普近三百万张民选得票,但最终在选举人团制度票数败给对手,与"美国首位女总统"失之交臂。2011年希拉里成为乔治城大学妇女、和平与安全研究院创始名誉主席。2020年1月受邀担任英国贝尔法斯特女王大学名誉校长。

生卒年月:1947年10月26日~

性格特征:性格强势,咄咄逼人,善于言辞,进攻性和表现欲强。

历史功过:曾在阿肯色州制定了该州第一个学龄前儿童的家庭教育规划。第一夫人期间,替妇女穷苦人民说话,提倡全国性的卫生保健、学校进步,扩大学龄儿童教育计划。美国大选历史上首位获得主要政党提名的女性,同时获得民主党总统候选人提名。

名家评点:美国《名利场》杂志盛赞希拉里是"从总统候选人到游荡在外的民间英雄";《纽约时报》称她是"拥有熟悉面孔的全新的民间英雄","在那场旷日持久的战争中被击倒后,她以令人意想不到的速度重归平静";《时代》周刊将希拉里列为2016年度第二人物,评语为"普选的赢家,留下复杂的遗产",同时将希拉里比作"美国的摩西"。

学生时代

1947 年 10 月 26 日,希拉里出生在一个中产阶级家庭。在她出生前两年,第二次世界大战刚刚结束。战后的繁荣如期而至,中产阶级兴起,只要你足够努力并承担责任,谁都可以得到工作机会。

希拉里的母亲全名多萝西·豪厄尔·罗德姆,一名家庭主妇;父亲叫休·E·罗德姆,小生意人。希拉里是他们的第一个孩子。此后他们又生了两个男孩。希拉里的母亲童年时孤单寂寞,父母对她很冷淡。才三四岁时,她就得学会自己照顾自己。后来,父母离婚,她跟奶奶住,她没钱买衣服,只有一件衬衫,搭配唯一的一条裙子,天冷时就穿上仅有的毛衣。她后来到了芝加哥,找了一份文书的工作,每周干 5 天半活,赚取微薄的 13 美元周薪。

希拉里的父亲和其他美国男人一样,为国效力后返乡担起养家糊口之责。那是一个乐观主义的时代,虽然美国和苏联、东欧展开冷战,但那一代人不觉得有什么危险,依旧充满希望。经济的繁荣和乐观情绪的泛滥,使得婴儿潮出现,希拉里就在这种气氛下出生。

童年的苦难经历和战争让希拉里的父母变得坚强,他们相信辛勤工作,不问回报;相信自力更生而非自我放纵。毫无疑问的是,这些观念也在日后深深地影响了希拉里。

在希拉里小的时候,母亲就鼓励她要有自己的梦想并不懈努力。一年暑假,母亲帮希拉里在一个大纸箱里堆砌出一个梦幻王国。她们用镜子当湖泊,用枝条当树木,希拉里还编了一个童话故事让洋娃娃们演出。母亲重视教育,希望孩子们多读书以增长知识,她每周都带希拉里上图书馆。母亲也痛恨那些因为自己的种族优越而自以为是的人,她让希拉里和弟弟们懂得人人都是平等的。

希拉里的父亲是一个对孩子管教很严格的人。战后,他开了间印染厂,雇了些日工,等希拉里和弟弟足够大时,他们就在父亲的要求下,开始为印染厂干些力所能及的活。在父亲看来,劳动是一个孩子成长的必要过程。

因为经历过大萧条的考验,希拉里的父亲无法忍受挥霍浪费。希拉里曾在她的回忆录中提到,小时候,碰到特殊的开支,比如说买参加高中毕业舞会的服装,她必须和父亲商议数周。1960 年前后,全家才开始去麦当劳,在此之前,希拉里根本不知道快餐是什么。如果家中的哪个孩子刷完牙忘了旋紧牙膏盖子,即使是下雪天,父亲会把盖子丢到窗外,叫他们到外面找! 他希望借此提醒孩子们不要浪费。

小时候的希拉里曾有段时期比较软弱。4 岁的时候,母亲发现希拉里不爱出去玩,有时还哭着回家,说街对面的小女孩苏西老是推撞她。母亲担心这么下去的话,希拉里会懦弱成性,于是,当有一次她又跑回家,被母亲拦住。

"回去!"母亲说,"若苏西打你,我允许你回击,你必须学会保护自己,我们家容不下懦夫。"希拉里回去了,几分钟后,她昂头挺胸地回家。"男孩子们愿意和我玩了,"希拉里说,"而且苏西愿意和我做朋友!"

在小学时,她被认为是个假小子,常站出来帮女同学出气。因为由此确立的名声,希拉里被选为纠察队的队长之一。希拉里从小对政治感兴趣,刚刚 9 岁,她就试图弄清艾森豪威尔是否是个比杜鲁门更好的总统;14 岁时,她对为什么只有男孩子才能当宇航员提出了质疑。

希拉里喜欢和朋友切磋辩论技巧。她经常和朋友就世界和平、棒球比赛或任何主题展开论辩。四年级起就与希拉里同班的里基茨说希拉里对任何事情都有鲜明的看法,"她是个了不起的辩论家,有时她只是因为辩论的乐趣而持相反的观点。"在放学回家的路上,她们一起谈论政治,讨论当时发生的所有事件。她曾是班委会、学生会、文化标准委员会的成员,担任过低年级学生会副主席、班报记者、体操队长,获过科学奖,参加各种演讲和辩论会。

上中学的时候,在学校里有各种各样的团体,它们相互敌视、泾渭分明。中学三年级时,暗藏的紧张终于爆发,不同的团体放学后在停车场厮斗。学校迅速介入,并成立一个叫作"文化价值委员会"的学生团体,由各个群体选派学生代表组成。校长邀希拉里加入委员会,这让她有机会和不同观点的人打交道。委员会提出一些互相包容、缓解紧张的具体建议。希拉里后来说,这是她第一次通过有组织的努力,宣扬多元主义、互相尊重和理解等美国价值。

但希拉里的中学岁月并非一帆风顺。1963 年 11 月 22 日,正在上几何课的希拉里听到了肯尼迪被暗杀的消息,这件事情让她很悲伤,"当时我为国家感到难过,希望多少能帮点忙,尽管我不知道从何帮起。"她说。

高中快结束的时候,希拉里开始考虑上哪所大学,两位老师建议她申请史密斯或韦尔斯利,这两所学院都属于"七姐妹"女子院校。希拉里和父母商量,父母都说尊重希拉里的选择。结果,希拉里同时被两校录取。

根据两校提供的照片,她决定选择更美丽的韦尔斯利学院。

学生主席

1965 年 9 月 12 日,希拉里迈进了韦尔斯利学院。

学院热烈欢迎她们,并对自己的声望满怀信心,确信学院有能力把这些来自中上层家庭的精英女子,培养成令人印象深刻的妇女领袖。从韦尔斯利学院开始,希拉里开始走向更大的成熟。进韦尔斯利的第一天,校方说她们大家是"凤毛麟角"。希拉里在这里开始明白,自己不必因为身为女性就屈居第二位。

不过,刚刚入学的新生希拉里并不觉得愉快,这个身材苗条、体格健壮而又敢于标新立异的女孩子觉得孤单和不知所措。新同学中很多人非常优秀,而希拉里看起来则糟糕得多:数学与地质学让希拉里叫苦连天;法文课上,教授则客气地跟她说:"小姐,你的天分在别的地方。"开学一个月的时候,她甚至想过退学,但母亲阻止了她。这是个关键性的决定。

希拉里决定恢复自信,而她确实很快就做到了!

完全的女子学院让希拉里可以专心于取得好的学习成绩和培养课外领导能力。

希拉里的一位同班同学回忆说:"她不是在化妆打扮和穿着上花费很多时间的女子。"希拉里的同学罗杰斯对希拉里的最初回忆,便是他们在她的寝室里谈论政治,罗杰斯说:"她是个对政治学废寝忘食的学生,她是那么认真,那么有兴趣,对世界上正在发生的事情那么了解。"

女孩们开始对韦尔斯利古板的规定感到无法忍受,她们在此时已是学生自治会主席的希拉里的带领下向校方施压,要求取消那些严加管束的规定,最后校方终于同意取消。希拉里也积极向校方呼吁,传达她们对于限制招收黑人学生的不满。此后,韦尔斯利努力招收少数民族的教职员和学生,并在 20 世纪 70 年代见到成效。

这段经历让希拉里颇为自豪,多年后仍津津乐道。

希拉里在大学一年级当选韦尔斯利"青年共和党"主席,不过,此时她对于共和党和共和党的政策越来越无法认同,"尤其是它对民权与越战的态度。"她后来回忆说。希拉里从高中时开始读《纽约时报》,阅读鹰派、鸽派和其他派别的文章,这促使她拓宽对世界的理解。不久,希拉里就发现,自己的政治观已经不再与共和党相同,她随后辞去了学校青年共和党主席一职。

到大学三年级时,希拉里已不再是当年支持共和党的女孩,而是支持反战的明尼苏达州民主党联邦参议员尤金·麦卡锡。

20 世纪 60 年代末的美国社会,处于急剧动荡的历史时期。1968 年 4 月,美国著名黑人领袖马丁·路德·金遭暗杀;林登·约翰逊总统不顾国内急剧的通货膨胀和经济危机的急速到来的事实,继续加深在越南的军事卷入。就在金遇刺两个月后,联邦参议员罗伯特·肯尼迪 6 月 5 日也遭枪杀身亡。这加深了希拉里对层出不穷的国内事件的绝望,因为"在国家如此需要强有力而又不失风范的领导人之际,我们竟然失去了罗伯特·肯尼迪。"

希拉里和朋友们经常讨论和争论越战问题。她们无休止地讨论如果自己是男生该怎么办。后来希拉里回忆说,有关越战的争论,表明的不只是她们对战争的态度,而且涉及对这个国家的责任与爱。"对许多有思想、有见地的年轻人来说,问题不如想象的简单,爱国之情也可以用各种不同的方式来表达。"

这期间,希拉里还在华盛顿进行了为期 9 周的暑期实习。学生被安排到国家各机构及国会的办公室里,亲眼看看政府如何运作。这次实习深深地影响了希拉里,多年后,当她作为女主人进驻白宫时,还深情地回忆自己当实习生时的场景。

希拉里的毕业论文,是关于社团活动项目和与贫穷斗争的地区社团组织。她的指导老师谢克特的评语是这样的:"这是一篇属于自由主义的、进步的论文,但绝不是激进的论文。她是进步的,但又是持批判态度的、务实的。她今后整个职业生涯所遵循的道路正是如此。"

希拉里在韦尔斯利学院的最后一次荣誉,是在毕业典礼的那一天,她作为学院有史以来第一个学生代表致辞。

灰褐色头发、不施脂粉、戴着一副大大的眼镜、目光凌厉、叫人生畏的希拉里,在离校的最后一刻,又一次成功地开启了韦尔斯利的新传统!

就读法学

1969年秋,耶鲁大学法学院共录取235名学生,希拉里是其中27名女生之一。在这之前,她还接到了哈佛法学院的录取通知。不过,她不喜欢那里对女性的轻视,而最终选择了耶鲁。

希拉里的聪慧、美丽、热情,使她像在韦尔斯利一样赢得了众多的关注与支持。其中之一,就是她后来的丈夫,也是后来的美国总统的比尔·克林顿。

早在她读中学的时候,和年轻的希拉里经常联系的琼斯牧师就看出了希拉里吸引男孩子的独特魅力。"男孩们喜欢她,不是因为她卖弄风情。她不是绝代佳人,但却十分漂亮。她吸引周围小伙子的是她的人品,她乐意同他们交谈,平等相待。"

在韦尔斯利学院时希拉里学习非常用功,约会对象靠朋友介绍或在联谊舞会上认识,多半是与她同龄的哈佛学生或其他常春藤名校学生。这期间,希拉里曾认真交往且带回家给父母认识的男友共有两位,后来希拉里回忆说,父亲对待他们的态度与其说是礼貌性寒暄,不如说是下马威。两位男友虽然都过了父亲那一关,但最后仍然分手。

克林顿第一次注意希拉里,是在上政治和公民自由课的时候。穿着法兰绒裙子、戴着副厚眼镜的希拉里吸引了克林顿的目光。此时的比尔·克林顿也很难令人忽视。那年,他从牛津大学学成归来,刚进耶鲁法学院,体型高大,长相还算英俊。

希拉里后来回忆说,自己第一次注意克林顿是在法学院的学生休息室,当时,克林顿对着一群听得出神的同学讲演,当希拉里经过时,听到他说:"不只那样,我们家乡种了全世界最大的西瓜!"希拉里问朋友:"他是谁啊?"

"哦,他是比尔·克林顿。"朋友说,"从阿肯色州来。"

此后有一段时间两人没再见面,直到1971年春天最后一次上课,两人才有机会再度交谈。

上完课后,希拉里要去注册办公室确定下学期的课,克林顿说他也正要去。注册办公室的学生很多,等到两人排到队伍前头时,那位管注册的人说:"比尔,你在这儿干什么? 你不已经注册过了吗?"把戏被揭穿了,于是,克林顿干脆要希拉里陪他走一走,到耶鲁美术画廊去看展览。

"花园里有一个巨大而美丽的女子坐像,希拉里坐在女子的腿上,而我就坐在她的旁边,我们就这样聊着。不久之后,我就俯下身去,把我的头放在了她的肩膀上。这是我们的第一次约会。"克林顿回忆说。

随后的一个周末,希拉里去了佛蒙特,去看望一个一直在跟她约会的男友,因为这是很早以前就约定了的,克林顿对此焦急万分。紧接着,希拉里病了,克林顿于是给她带去一些鸡汤和橘子汁。小礼物产生了巨大的作用,因为"从那时开始,我们就分不开了。"

后来有人问起希拉里:是克林顿的什么吸引了你? 她回答说:"是他不害怕我。"这无疑是个十分有趣但又真实准确的答案,它至少说出了两人之间的"势均力敌"。

希拉里带克林顿去见她的父母,克林顿教养好,又肯主动帮忙洗碗,深得希拉里母亲赏识;同时在玩扑克牌、看电视转播的球赛中,和她的父亲也慢慢熟悉起来。希拉里周围朋友都喜欢克林顿,希拉里一个儿时玩伴的母亲对她说:"我不管你用什么办法,绝对要留住他,我见过这么多人,他是唯一能让你笑的!"

1973 年春,希拉里从耶鲁法学院毕业。克林顿带她首次去欧洲旅行,重温当年他这位罗德学者在英国的游历之处。随后,希拉里在众议院司法委员会当律师,参与了"水门事件"的调查和尼克松弹劾调查小组工作。这个新毕业的年轻女人工作出色,颇得新闻界喜爱。

1974 年冬,希拉里到阿肯色大学任教。此时,克林顿已经在这所大学任教 1 年多,两个年轻人终于生活在一个城市。阿肯色大学所在的费耶特维尔城的人民很喜欢这个新来的年轻女教师,希拉里对《阿肯色新闻报》说:"我喜爱费耶特维尔,也喜爱阿肯色。我不知为什么,但我确实感到温暖如家。"

这个"温暖如家"的地方,1 年后终于成了她的婆家。

1975 年 10 月 11 日,星期六,离希拉里的 28 岁生日还差 15 天的时候,希拉里·罗德姆与比尔·克林顿举行了婚礼。婚礼仪式是小规模的,出席的也多是双方的直系亲属以及密友。

两个都很强悍的人彼此征服了对方,他们随后要做的就是"征服"美国人民,虽然他们当时并没这个打算。

总统夫人

1976 年,比尔·克林顿第一次当选全州性的公职,他轻松击败两名民主党对手,被选为阿肯色州最年轻的司法部长,时年 30 岁。

丈夫新的工作要求希拉里迁居小石城。虽然当时任何一家大的法律事务所都没有一名女律师,希拉里仍被享有盛名的罗斯法律事务所聘用了,成为该州参加主要法律工作的首批妇女之一。

克林顿的事业也蒸蒸日上。1979 年 1 月 10 日,32 岁的他宣誓就任阿肯色州州长,成为美国历史上最年轻的州长之一。宣誓仪式在阿肯色州议会大厦众议院会议厅举行。

宣誓仪式上的希拉里手握《圣经》，戴着大眼镜，自豪地微笑着。此时，这位年轻的州长夫人既要努力与律师事务所的同事共事，又要尽到州第一夫人的职责。一切都是全新的开端，但希拉里应付自如。

1980年对希拉里来说，是一个悲喜交加的年份。这一年的2月，女儿切尔西降临人世；同样是这一年，克林顿竞选州长连任。但这是一次非常棘手的竞选，克林顿最后竞选失败。克林顿为此伤心欲绝，连任失败的这段日子，在希拉里后来的回忆中就像冬天一样寒冷。不过，克林顿没有一蹶不振，两年后，就在切尔西两岁生日那天，克林顿宣布将再次参加州长竞选，而希拉里也正式改名为希拉里·罗德姆·克林顿。

这次克林顿成功了，他再次来到他曾分别发表过一次就职演说和一次告别演说的州议会大厅，发表他第二次担任州长的就职演说。比尔·克林顿任命希拉里领导新成立的阿肯色州教育标准委员会，这项任命及时得到通过，没有引起反对。希拉里·克林顿在教育标准委员会进行了大刀阔斧的改革，使得阿肯色州制定了该州第一个学龄前儿童的家庭教育规划。

1987年1月13日，比尔·克林顿就任阿肯色州第四届4年期州长(1987~1990)。

这一年，罗纳德·里根总统的第二届任期将满，一些民主党巨头纷纷鼓动克林顿投入1988年总统大选，但是最终克林顿拒绝了。他对记者说，他和希拉里经过了细致的分析和认真的讨论，"我们的女儿才7岁。竞选总统使得希拉里和我两人都将不得不长时间离开她。这对她、对我们都没有好处。"

不过5年后，他改变了主意。1991年10月3日，阿肯色州老议会大厦，周围地区被一支由举着横幅标语、旗帜和摄像机的人们组成的大军围得水泄不通。大约有4500人的人群参加了比尔·克林顿宣布竞选总统的仪式。克林顿的演说词的开头是这样的："感谢今天诸位的光临，感谢你们的友谊和支持，给了我担任11年州长的机会。我要特别感谢希拉里和切尔西，在我们的生涯中迈出了如此重要的一步……我所做的一切都是为了她们的幸福。"演说完毕，比尔转过身，紧紧拥抱着自己的妻子和女儿。

克林顿的竞选机器迅速开动。这台机器是由众多的政治、经济、外交等各方面的专家或精英人物组成的，其中当然不能缺少他的夫人希拉里·克林顿。

希拉里再次改变了自己，她发誓，如果克林顿当选总统，她将辞去律师之职，全力持家。她甚至应战现任总统老布什的夫人，准备在一次做糕点的比赛中获胜。在纽约麦迪逊广场花园内，人们还来不及转身，一个由克林顿夫人设计配制的巧克力小点心便送到面前，显得她非常熟谙烹调和善理家务。

选举结果是出人意料的，阿肯色州的毛头小子打败了伊拉克战争英雄，1992年11月3日，克林顿当选美国第49届第42任总统！

希拉里就要搬家了，新家在华盛顿，名字叫白宫。

1993年1月20日，美国华盛顿，就职仪式于11:30分开始。所有的主要领导人都按照礼宾顺序，在国会护卫队的陪同下来到主席台上。老布什走在克林顿的前面，海军陆战队的乐队为他们两人奏起了《领袖万岁》的曲子。随后，克林顿与首席法官及老布什总统握了握手,接着拥抱了一下希拉里和切尔西,告诉她们,他爱她们。然后,参议员温德尔·福特请他"作为美国总统"走上演讲台。

从这一刻起,州长夫人希拉里变成了美国第一夫人希拉里。

饶恕丈夫

第一夫人希拉里很快喜欢上了白宫的生活,不过,他们全家随意的生活状态以及24小时可以工作的习惯,还是让白宫的工作人员吃惊,就像希拉里夫妇还不太习惯白宫的礼节一样。

希拉里在入主白宫前就做好了迎接各种批评的准备,她翻阅了好几位前第一夫人的传记,她阅读美国200多年的历史,目的是希望寻找一位自己可以效仿的楷模。此后的几年中,希拉里也把自己做到了楷模的地位。

她是克林顿身边举足轻重的顾问,她同丈夫和他的其他3位最亲密的顾问坐在一起,讨论决定内阁成员人选。她直截了当地参与一切。她主张政府用人要兼容并蓄和多样化。她提倡全国性的卫生保健、学校进步,甚至主张改进住房制度。她替妇女、穷苦人民和少数民族说话。她是儿童的辩护人,提倡进一步搞好儿童保育工作和产前护理工作,扩大学龄前儿童教育计划。

比尔·克林顿曾对《纽约日报》的记者说:"她在这些决定上向我提出建议,就像在以往的20年中,她对我做出的所有其他决定都提出过建议一样。"

1996年11月,克林顿再次当选总统,此时的希拉里变得更强有力、独立自主和自信。无论在私人生活还是在公共事务中,她都是丈夫的平等伙伴。

然而,可惜的是,上帝并没有让这个强悍的女人总是一帆风顺,就在克林顿第二个任期的时候,一个女人闯进了她的世界,她叫莫妮卡·莱温斯基。

1998年1月23日(星期三),克林顿一大早便把希拉里叫醒,然后对她说:"今天报上登了一些你该知道的事。"克林顿说他必须坦承与莱温斯基有过不正当关系,但不过是逢场作戏,还说他之所以先前不向希拉里说实话,是不愿让希拉里受到伤害。

希拉里早就预料到会有这么一个痛苦的时刻,但她还是禁不住愤怒了。她无论如何也想不明白,为什么克林顿一再因为私生活问题而遭到共和党的攻击,他本应该吸取教训,但却屡教不改,这一次无疑将会给他的政治生涯抹上永难洗去的污点。

事实上,希拉里早已习惯了克林顿的风流成性,为了自我安慰,她总是把对克林顿的任何指控,都看成是政敌们制造出来的邪恶丑闻。关于克林顿的丑事实在不一而足,从被指控为贩毒到与小石城一个妓女生下一个小孩等等。因此,在遭遇到"莱温斯基"事件之初,她是镇定自若的,她以为实习生插曲终究只会是小道新闻史上的一个注脚,但她错了,克林顿欺骗了她。

克林顿的背叛导致希拉里的私人情感与政治理念激烈交锋。

　　她在回忆录中说,如果仅作为他的妻子,"我真恨不得拧断他的脖子。""但他不只是我的丈夫,他同时也是美国的总统。无论如何,他领导美国与国际社会的风范依然让我衷心敬佩。我也认为,不管他做了什么,都不应蒙受政敌的百般凌辱。"她对克林顿痛心而失望,但历经长时间独处反思后,她承认自己依然爱他。她回忆说"我必须抚平百感交集的心绪,专注于亟待处理的切身要务,且要以不同的角度来考虑事情,做出不落窠臼的判断,履行对自己及国家的义务。"

　　比尔能否保住其总统职权?美国宪法可否维系于不坠?这一切殊难逆料。但希拉里知道,这段时间她的一切言行,都将影响克林顿及国家的未来。她还没有决定是否为自己的婚姻而战,但已下决心为总统而战!

　　希拉里振作精神重拾起生活。她和克林顿定期参与婚姻问题咨询会,以权衡应否挽救他们的婚姻。希拉里相信克林顿是个好人,更是个伟大的总统。同时,最关键的是,针对克林顿的政治斗争已势如燎原烈火,"我必须站在比尔这一边!"

　　此时的希拉里决定饶恕克林顿,拯救他的政治生命。她选择了维持,选择了与比尔站在一起迎受记者和公众的质问,这自然是旁观者心头的一个难解的谜,一种不易被理解的妥协行为。但在她的心中,依然是因为爱,因为还活在心中的爱。

　　夫妇俩在白宫的国家祈祷早餐会上与宗教界领袖面谈,克林顿满怀诚心地告白自己的罪过,同时祈求美国人民宽恕。他也表明不会辞职下台:"只要我真诚且持续不断地忏悔,国家、我个人以及我的家庭,就能得享善果。"美国民众也对克林顿的致歉声明做出了正面的回应,在此次危机期间,美国人民对于总统的施政满意度一直稳定没有下降。

　　9月9日,独立检察官斯塔尔的副手们开了两部面包车前往国会山,提交11万余言的"斯塔尔报告",还附上36箱的辅助说明文件。希拉里的回忆录中说"斯塔尔的盛大其事着实骇人听闻,报告恣意贬低总统、使宪法蒙羞,国会还擅自将其对外公布。""这无疑是美国历史上屈辱的时刻!"

　　一些法律专家认为,由共和党人控制的国会利用白宫绯闻案一再向克林顿发难,主要是想羞辱总统,抓住他的"把柄",以制约其处理内政外交的权力。

　　最终,比尔·克林顿逃过了他生命中的又一次劫难。1999年2月,参议院否决了总统弹劾案,并否决了独立检察官斯塔尔对克林顿的指控。

　　克林顿胜利了,希拉里也胜利了。

　　这个受到伤害的女人因为自己的坚毅、宽容和镇定,赢得了人民的尊重。关于希拉里的民意调查支持度攀升至历史新高,将近百分之七十!"这证明美国人民基本上是公正且富同情心的。"希拉里说。

　　2001年1月20日,两任期满的克林顿卸任。希拉里向自己住了8年的白宫和自己第一夫人的头衔说再见。

　　不过,希拉里没有告别政坛,此时的她已经有了一个新头衔,只是这次,她的身份和克林顿无关。

一步之遥

早在 1999 年,希拉里就决定参选纽约州的联邦参议员,尽管面临种种困难,比如她是位女性,不是纽约当地人,而且当地的共和党人早就对她恨之入骨,会趁竞选的机会尽全力把她丑化等等,但是她仍然决定试一试!

为了这次选举,希拉里跑遍了纽约州的 62 个县。有 1 年多的时间,她都搭乘一部被媒体戏称为"希拉里快车"的汽车在纽约州各地奔波,她的竞选成为媒体最感兴趣的热点新闻,媒体对她的竞选活动的报道甚至超过某些总统候选人。最后的结果是,她以 55%:43% 的成绩大胜共和党候选人拉齐奥,成为美国历史上第一位赢得公职的第一夫人。

2001 年 1 月 3 日,此时还是第一夫人的希拉里宣誓就任纽约州参议员,成为美国国会参议院 13 位女性议员之一。之前过去的一切都结束了,希拉里清醒地意识到,自己虽然曾有"第一夫人"的名声,但缺乏从政的实际经验,必须广泛联络和多求教,这样才能立住阵脚。

希拉里迅速地由一名高高在上的第一夫人,转变为一名勤奋、谦虚的参议员。她的角色转换十分成功,不少参议员评价她没有一点前第一夫人的架子,称赞她非常勤奋、极具智慧、平易近人,和众、参议员关系十分融洽。她很快建立了自己的朋友圈子,并在参议院中崭露出锋芒。

"9·11"事件发生后,她更是每周工作超过 70 小时。希拉里为纽约州申请了 215 亿美元的灾难补助金;她还说服了 EPA(环保协会)对零基地空气质量进行调查;她甚至还会见了戏剧工作者,提出吸引观众重回百老汇的计划。她说:"现在对我而言,最重要的是能使纽约从'9·11'中苏醒。那是我的首要工作。"

2002 年 9 月和 2003 年 9 月,希拉里多次出席"9·11"事件的纪念活动,悼念那些惨案中的死难者。此时的纽约已经在"9·11"惨案后苏醒,其中有希拉里不容抹杀的功劳!

2003 年 6 月 9 日,希拉里的回忆录《亲历历史》(Living History)在美国国内上市,当天就卖出去 20 万本。在曼哈顿举行亲自签名售书时,数千人蜂拥而上。最后走出簇拥的人群时,兴奋的希拉里只说了一句话:"我的手都要签断了!"《今日美国》报认为,此书可望成为当年"出版界和政坛的头号大事之一"。

中文版权的争夺大战更是在中国闹得沸沸扬扬,最终被译林出版社以 2 万美元购得。中国读者很喜欢她的自传,这本书自在中国出版以来,已至少印刷了 4 版,发行了 20 多万册。

不过,人们更感兴趣的不是她的回忆录,而是她的未来。

早在 2003 年 6 月,希拉里在她的全国大城市巡回新书《亲历历史》签名活动中,就受到支持者夹道欢迎,很多人希望她能够参加竞选,成为美国第一位女总统。希拉里在 2004 年 7 月 9 日表示,她仍然对竞选总统不感兴趣,但将不排除 2008 年参选的可能。她还表示,她与大家一样很想在自己的有生之年看到美国出现一位女总统。

自从克林顿离开政治舞台后,希拉里就成了民主党最耀眼的明星!

2004 年 4 月 19 日,美国《时代》周刊推出"当今世界最有影响力 100 人"名单,克林顿和希拉里均为"民主党银河里最耀眼的明星",双双入选"思想家"行列。"克林顿夫人"的印象似乎在慢慢淡化,她作为一个独立的政治家的身份,开始为越来越多的人所接受。

更对她有利的是,民主党总统候选人克里在 2004 年的总统大选中败给了小布什,这无疑更加突出了希拉里在民主党中的位置。

这个拥有政治洞察力、高智商、野心和公众影响力的前第一夫人、现参议员,是否会再创造一个新的纪录,成为美国历史上第一位女总统呢?

2006 年 12 月底,有好事媒体评选各国名流趣闻,希拉里当选"最严厉的老婆"。希拉里为了不影响自己的政治前途,甚至对老公克林顿的讲话内容也要审查一番。是年阿联酋公司计划收购美国几大港口管理权事件在美国政坛掀起不小波澜,希拉里对收购事宜表示强烈反对,但克林顿却对此大表支持,而且还积极为阿联酋公司支着! 此事被媒体得知后,觉得大失颜面的希拉里甚为恼怒,干脆对丈夫来了个讲话审查,以后夫妇两人在外讲话观点不一致时,以希拉里的话为准! 可怜克林顿的日常活动也要被妻子的手下人检查。

2007 年 1 月,希拉里正式宣布参加总统选举。她的参选标志着 2008 年总统选战正式拉开序幕。美国国内至少有 17000 个以她为主题的网站,好评铺天盖地,恶评汹涌如潮,绝无中间路线。希拉里若能实现夫妻先后任总统的"美国梦",显然比布什父子总统还要过瘾。几年来,希拉里一直就是媒体关注的焦点,关于她的报道总能吸引无数眼球。爱她的人爱得要死,恨她的人恨得要命。不管怎样,全世界都感觉到——这个女人不平凡。

美国 2008 年总统选举重要竞选人、民主党参议员希拉里·克林顿不愧"筹款机器"的称号,她在 2007 年获得的助选资金总额超过 1 亿美元。但这一成绩并不能让希拉里沾沾自喜。因为,希拉里与民主党内劲敌贝拉克·奥巴马在筹款进度上不相上下。

但希拉里最终败给了黑人奥巴马。

民主党初选投票程序在 2008 年 6 月 3 日结束,奥巴马当天晚间公开宣布自己获得足够党代表票,将成为民主党参选总统提名人。但希拉里当晚拒绝承认失败。

民主党内大老经过 3 天的磋商与安排,希拉里与奥巴马两人 6 日在参议员范士丹家中私下会谈。随后晚间各大媒体引用希拉里阵营消息人士表示,希拉里会在 7 日的造势活动中承认败选。

6 月 7 日,希拉里在华盛顿国家建筑博物馆宣布退出参选,黯然挥别她的支持者。希拉里在演讲中声情并茂地回顾了自己的参政历程,阐述了她作为一个女性,用自己的行动争取美国社会赋予女性与男性同等的政治权利和参政机会,她承认自己竞选活动的失败,并号召所有的支持者转而支持稳获民主党 2008 年总统大选提名人的奥巴马。希拉里号召支持者,用全部能量、所有激情和坚韧,尽一切努力支持奥巴马成为新一届美国总统。希拉里说，人生是如此短暂，生命是如此珍贵，我希望用自己的参选让全国女性获得和男性一样的尊重，一样的参政和把握国家的机会。尽管败选，但她自己依然坚信，未来美国的历史上，选民必将会成功将女性送上白宫的总统宝座。

民主党的初选事实证明没有失败者，在棋逢对手的对决中，可以说她不但赢得了支持者的拥护，更赢得了对手的尊敬！让我们拭目以待看看最强的奥希配的美国会是什么样。我们有理由相信，一个具有无穷魅力的女性会赢得美国人的赞誉，同时也期望中美关系能更上一层楼！

2008 年 12 月 1 日，纽约州联邦参议员、美国前第一夫人希拉里被当选总统奥巴马正式提名为下届国务卿。

2009 年 1 月 21 日，希拉里在美国首都华盛顿宣誓就任美国国务卿。美国参议院当天以 94 票对 2 票的绝对优势，批准奥巴马总统关于希拉里担任国务卿的提名。美国新政府当务之急必须在伊拉克和阿富汗两个战场、中东暴力冲突和伊朗核计划等敏感问题上开展工作。

当今世界唯一的超级大国美国国务卿希拉里的新故事正在展开……

创造好莱坞"神话"的性感女神

——玛丽莲·梦露

人物档案

简　历:原名诺玛·琼,出生在加利福尼亚州洛杉矶市,美国女演员、模特、制片人。小时饱尝了人们的歧视和污侮,18岁时开始在杂志封面上频频亮相,然后进入好莱坞拍戏;1948年出演了电影处女作《斯库达,嚯! 斯库达,嗨!》;1950年出演了剧情片《彗星美人》;1952年主演了爱情歌舞片《绅士爱美人》;1953年11月5日主演的爱情喜剧片《愿嫁金龟婿》上映;1954年9月1日开始拍摄爱情喜剧片《七年之痒》,并凭借该片获得了第9届英国电影和电视艺术学院奖电影奖-最佳外国女演员提名;1956年3月3日领衔主演的爱情喜剧片《巴士站》开拍,凭借该片获得了第14届美国电影电视金球奖电影类-音乐喜剧类最佳女主角提名;1957年6月13日主演的爱情喜剧片《游龙戏凤》首映,由此获得了第11届英国电影和电视艺术学院奖电影奖-最佳外国女演员提名;1958年8月4日主演的爱情喜剧片《热情似火》开拍,并凭借该片获得了第17届美国电影电视金球奖电影类-音乐喜剧类最佳女主角奖;1961年1月31日主演的西部爱情电影《乱点鸳鸯谱》首映;1962年4月23日主演的喜剧短片《濒于崩溃》开拍;1962年8月5日玛丽莲·梦露在洛杉矶布莱登木寓所的卧室内被发现去世,终年36岁。1999年被美国电影学会评选为"百年来最伟大的女演员"第6名。

生卒年月:1926年6月1日~1962年8月5日。

安葬之地:皮尔斯兄弟西林村纪念陵园。

性格特征:温柔美丽,脆弱而且有些神经质,情绪不稳定。

历史功过:通过努力不断地学习,使自己的演技不断提高,给观众带去了精彩的影片。从身世凄凉的贫穷少女,成为一位好莱坞巨星,被喻为"好莱坞制造的神话"。

名家评点:凤凰网娱乐评价说:"在一组照片中,玛丽莲·梦露展示出了完全不同于以往的各种风情,将自己清纯、随性的一面淋漓尽致地展现了出来。麻花辫、牛仔裤、亚麻裙,各种风格的造型将生活中梦露随意可爱的一面完美的呈现出来。"

行李儿童

1926 年 6 月 1 日,在洛杉矶总医院的公共产房里,格拉迪丝·帕尔生下一个长着一对蓝色大眼睛的女婴。格拉迪丝为漂亮的女儿起名为诺玛·琼,她就是日后的好莱坞巨星玛丽莲·梦露。格拉迪丝此时尚未正式结婚,因此小梦露其实是个私生子。

在梦露的童年时代,母亲格拉迪丝一直住在精神病医院,因此梦露从一出生,就过着寄人篱下的生活。她像被托运的"行李"一样,被"从这一家拎到那一家",领养她的人家不断变换着,有的人家甚至只领养她三四个星期。她在 9 岁时,被送到孤儿院当洗碗工,11 岁时与母亲的一位朋友住在一起。

小梦露在辗转途中,饱尝了人们的歧视和污侮,甚至有一次被奸侮。但坎坷的生活并没有泯灭小梦露对于生活的热情和渴望,相反,她对每一户领养她的人家都心存感激。1942 年,小梦露刚满 16 岁就从中学退学,与 21 岁的飞机装配工吉姆·多尔蒂结婚。但这段婚姻也是不幸的,两年后,两人分道扬镳。小梦露开始了她不平凡的人生。

白痴美人

1.封面女郎

1944 年底,第二次世界大战已接近尾声,梦露在一家无线电厂当工人。一个为军队服务的电影制片厂的战地摄影记者戴维·康纳弗,奉命为《扬基》杂志到她工作的那个工厂来拍摄几张能鼓舞士气的漂亮女郎的照片。当康纳弗看到年仅 18 岁的梦露时,不觉眼前一亮,觉得她与众不同。于是康纳弗在装配线上给她照了几张照片后,又请她换上红毛衣照了几张,并坦率地告诉她不宜在工厂工作,她应是属于杂志封面的。

她很快获得了成功。不久,诸如《吹牛先生》和《贵族》等杂志封面上陆续出现了她身穿游泳衣、短裤和三角背心的照片。

梦露在杂志封面上的频频亮相,引起了好莱坞的注意。在 1946 年 8 月,梦露与 20 世纪福克斯电影公司签订了为期一年的合同,并正式改名为玛丽莲·梦露。

2."白痴美人"

玛丽莲·梦露开始在摄影棚里学习演技并接受训练,拍了无数张照片。尽管她十分认真,对此倾注了全部热情,但她的表演仍不见起色。大半年过去了,梦露作为影片公司的合同演员,还没有演过一个角色。1947年2月,梦露初上银屏。当她接到片约时,她还以为是主角,实际上却是连片头字幕表上都排不上的小配角。在这部名为《斯库达,呼!斯库达,嘿!》的影片中,她扮演一位农妇,她的台词只有一句:

"哈罗,莱德!"

接着,她又在《爱的欢乐》里饰演了一个总共只说8个词儿的小角色,又在《危险的年纪》中出演了一个只有几个镜头的小角色,此后便是漫长的等待。

三部影片公映后,观众赞赏梦露富有女性的魅力,尤其"富于性感",但否定她的表演,认为她毫无表演才能。影片公司看中的就是梦露的女性魅力,有意将她塑造成"性感象征",让她出演漂亮、但头脑简单的金发女郎。梦露不满足于这类形象,她向公司申请改变形象,尝试其他类型的人物,但公司却置之不理,因为让梦露出演那类形象正是公司赖以赚钱的资本。

3.演员的梦想

玛丽莲·梦露后来曾经说过:"我当时幻想当一名好演员,但是我有自知之明,明白自己不过是个三流角色,缺乏天赋,就好像我在外面穿得华丽,而里面却是一件蹩脚廉价的衣服。但是,我的上帝啊!我多么想学习,想改变,想提高!我什么也不需要,我既不要男人,也不要钱,不要爱情,我只求我有演戏的能力。"

为了提高自己的演技,梦露抓紧时间读书,尤其是关于电影艺术的书籍,甚至攻读了西方电影演员很少接触的斯坦尼斯拉夫斯基的《演员自我修养》一书。此外,她还悄悄去南加利福尼亚大学电影系听课。她认真听讲,尽力记笔记,因而功课相当不错。

1948年3月,梦露拜哥伦比亚制片厂的头等戏剧指导娜塔莎·莱特丝为师,接受正规的戏剧表演训练。

在梦露16年的从艺生涯中,她不断地向当时非常著名的影星拜师学艺,如康斯坦斯·科利尔、斯特拉斯伯格、克拉克·盖博等人。不断地学习奠定了玛丽莲·梦露成为世界著名影星的基础。

4.好莱坞巨星

1949年元旦,玛丽莲·梦露在一次晚宴上结识了好莱坞的大股东约翰尼·海德。海德当时已53岁,患有严重的心脏病,但他却深爱着梦露。在他的鼎力相助下,梦露终于走上了成功的道路。

1950年6月,海德向青年导演约翰·休斯敦推荐梦露出演《柏油丛林》。这是一部标准的警匪片,梦露扮演一个老年罪犯的妻子,表现得有声有色。《纽约时报》和《纽约先驱论坛报》以及《时代》杂志都盛赞她的"无懈可击的表演"。梦露从此受到电影界的瞩目。

1953年,导演亨利·哈撒韦首次启用从未饰演过主角的玛丽莲·梦露,担纲主演他的新片《尼亚加拉》。在这部影片中,梦露扮演漂亮、性感的女一号罗斯,并在片中唱了一首名为《吻》的插曲。她的出色表演获得了影评家的一致赞誉,成为她电影生涯的新起点——她由三流演员一跃而成为一流明星。

1953 年 4 月，玛丽莲·梦露同珍妮·拉瑟尔共同主演了福克斯影片公司的音乐舞蹈巨片——《金发女郎，君子好逑》。该片是 50 年代好莱坞音乐舞蹈片的佳作，是一部喜剧巨片。梦露和拉瑟尔配合默契，相得益彰；无论是她们的双人舞，还是单人表演，都极其精彩，受到各界的好评。梦露在影片中向人们展示了她能歌善舞、善于驾驭歌舞片中妙龄女郎的才能。

1956 年，梦露出演《公共汽车站》。在片中，梦露的演技发挥得淋漓尽致，将歌女谢丽这一角色的情感渐变过程，诠释得有声有色、令人信服。正是由于这部影片，梦露才被知识阶层和电影行家欣赏和赞同，她开始被认为是"一位真正的表演明星"。

当风华正茂的玛丽莲·梦露正处于艺术生涯的高峰、并欲再攀新的高峰——成为出色的演技派明星——而大加努力的时候，她却猝然离世！

情感生活

玛丽莲·梦露作为好莱坞的"性感巨星"，其生活受到了广泛的关注。从她 16 岁嫁给多尔蒂算起，她一共经历了三次婚姻。在此期间，她还拥有众多的"情人"，其中包括导演、演员、商人甚至总统。

1.与棒球明星的短暂婚姻

在美国，棒球是传统的体育项目，而棒球明星更为广大棒球爱好者所崇拜。50 年代初期，美国棒球界有位传奇英雄，他便是祖籍意大利的乔·迪马吉奥。

玛丽莲·梦露对棒球一窍不通，但她却为芝加哥棒球队拍过广告照片。照片上的她英姿飒爽、神情专注，那丰满的体态、漂亮的容颜和挥棒的姿势，深深地吸引了乔·迪马吉奥。1952 年 2 月，离婚不久的迪马吉奥开始悄悄约会梦露，后来又邀请她观看自己的告别纪念赛。赛场上，迪马吉奥的勃勃英姿和精彩球艺，深深地吸引了梦露。

1954 年 1 月 14 日，梦露与迪马吉奥在旧金山宣布结婚。婚后的玛丽莲像只勤劳的蜜蜂，热衷于家务。尽管她的名气随着影片《尼亚加拉》的上映越来越大，但她仿佛更乐于做一个称职的妻子。

《尼亚加拉》一炮走红，梦露也身价倍增，演出活动和商业宣传也越来越多。梦露为了票房穿得也是越来越暴露。比如梦露为影片《七年的渴望》的宣传活动，飞抵曼哈顿，做了该片中著名的"在地铁口乘凉"这场戏的公开表演。当时到现场观看的人很多，当迪马吉奥看到妻子的裙子高高扬起，三角裤一览无遗地形象时，他的脸上是"死一般的表情"。

迪马吉奥无法忍受妻子暴露的着装，他们为此而争吵。终于，愤怒的迪马吉奥将妻子狠狠地揍了一顿。两周以后，梦露将一份离婚意向书交给迪马吉奥。9 个月的短暂婚姻宣告结束。

2.与著名剧作家阿瑟·米勒的婚姻

阿瑟·米勒是 50 年代美国好莱坞著名的剧作家,著有《推销员之死》《桥头远眺》等剧本。

梦露与米勒相识于 1950 年,那时她还是一个三流演员,米勒曾给过她艺术上的指导。1956 年,刚刚离婚的梦露与年届 40、正处于婚姻危机的米勒再度重逢。这次重逢激起了梦露内心深处的爱慕之情,她不顾一切地扑到米勒的身旁。而梦露那种独特的女人味,则使米勒难以抗拒。他们相爱了。梦露的脸上又重新绽放出笑容。

1956 年 6 月 29 日,米勒与梦露在康涅狄格州举行了婚礼。

梦露很认真地对待这次婚姻,她似乎做一个贤妻良母了。她为米勒准备了一个安静的书房,每天给他准备早饭,照料他的两个孩子。舒适的家庭生活使米勒感到非常幸福。

而米勒对于妻子,不仅在生活上爱护备至,对妻子的演艺事业更是鼎力相助:他经常陪着梦露出席各种首映式或大型舞会;对妻子的着装,也从不刻意限制;他还经常给梦露以演技上的指导。

1958 年初,米勒夫妇来到长岛的阿曼甘塞特,租用海滩边的一间小屋居住。在这里,米勒开始为梦露"度身裁衣",创作电影剧本《不合时宜的人》。与此同时,梦露应邀参加了《热情似火》一片的演出。但是她此时已有了身孕,米勒认为只要小心,不会有什么大问题。

紧张的拍摄,令梦露苦不堪言,加之早孕的各种反应,使梦露在片场总显得力不从心,情绪十分紧张。终于,她腹中的胎儿流产了,极度的沮丧、烦躁和疲惫,使梦露开始不分昼夜地服用安眠药,身体状况极为糟糕,幸亏有米勒的精心照顾,她才得以恢复。

《热情似火》拍完不久,梦露第二次怀孕。然而仅隔 3 个月,腹中的胎儿再度流产,梦露的情绪跌入低谷,开始接受精神治疗。

1960 年 7 月,《不合时宜的人》开拍。此片的大部分内容选自米勒离婚的经过以及与梦露再婚后的生活。这令梦露大为不悦,并为米勒将自己写成"第三者"而愤慨。拍摄在极为艰苦的条件下进行,梦露由于过量服用安眠药,精神状态陷入不可遏制的恶性循环之中。

1960 年 11 月,《不合时宜的人》拍摄结束,玛丽莲·梦露与阿瑟·米勒的婚姻也宣告解体。这对于梦露来说是致命的打击,她的精神顿时处于崩溃的边缘。

3.与肯尼迪兄弟的致命恋情

在玛丽莲·梦露的一生中,始终是绯闻不断。她的名字与众多的男性联系在一起:哈里·科恩、约翰尼·海德、伊莱亚·卡赞、克拉克·盖博、哈尔·谢弗、约翰·肯尼迪、罗伯特·肯尼迪,等等。这些人或在艺术上对她有所帮助,或在金钱上对她有过资助,而她与肯尼迪兄弟的恋情,不仅没有使她获得任何好处,反而导致了她的毁灭。

1953 年春,总统办公室秘书劳福特结识了玛丽莲·梦露。之后不久,他便决定把她介绍给喜欢追逐漂亮姑娘的约翰·肯尼迪。1954 年夏,劳福特邀请肯尼迪参加一个招待会。在招待会上,肯尼迪的双眼始终紧紧盯着梦露。梦露的丈夫迪马吉奥发现了这一点,几次要带她回家,但梦露装出一副全然不知的样子。1955 年初,当法院还未就梦露与迪马吉奥的离婚案做出判决时,梦露就已开始与肯尼迪幽会,此时的肯尼迪还没有人主白宫。

约翰·肯尼迪当选总统后,梦露便成为肯尼迪家宵夜上的常客。他们还经常在宾·克罗斯比棕榈滩的别墅里,度过愉快的周末。

随着与肯尼迪的关系日趋密切,梦露开始相信肯尼迪第一届任期期满后,他就会抛弃杰奎琳而同自己结婚。梦露曾问密友卡门:"你想我会成为第一夫人吗?"卡门对此无言以对。

1962 年 6 月,在度过同肯尼迪惬意交往的最初时光后,梦露愈感到受人玩弄,她最终明白,同其他许多女孩一样,自己只不过是肯尼迪的"玩物"。在后来的一系列交往中,劳福特和肯尼迪更加肆无忌惮。起初,只有经过精心筛选的人才能同总统共进晚餐。后来晚餐的格调变了,他们越来越"放肆无礼,无所顾忌",有时甚至邀请高级应召女郎一起进餐。

约翰·肯尼迪的种种手段,使梦露时而多情,时而恼怒。每当感到肯尼迪试图要疏远自己时,梦露就陷于失望之中。她往白宫打电话找肯尼迪,给他写去一封封"哀婉动人"的信件,均如石沉大海。最后梦露没有办法,威胁肯尼迪要向社会公开二人的关系,肯尼迪只好把梦露"让"给自己在司法部当部长的弟弟——罗伯特·肯尼迪。

很快,梦露与罗伯特又相爱了,甚至到了谈婚论嫁的地步。美国联邦调查局用磁带录下了两人之间发生的一切,黑帮也做了同样的工作,但罗伯特对此毫不理会。直到梦露怀孕了,他才感觉到问题的严重性。梦露此时虽未断绝与其他男人的来往,但她能肯定孩子不是总统的,就是罗伯特的。她给司法部打电话并将这件事告诉了罗伯特·肯尼迪。罗伯特不但没有表示出一点高兴之意,反而表现得很冷淡,并令接线员换掉了电话号码,这样梦露就再也联系不上他了。梦露再次感到受了愚弄,因此,她每天晚上要服用大量的安眠药使自己入睡;每天早上则要喝大量的香槟酒使自己振作。最令人焦虑不安的威胁是梦露向罗伯特发出了最后通牒:如果罗伯特不向她当面解释断绝关系的原因,她就举行记者招待会披露他们之间的关系。

8 月 4 日,星期五,晚上劳福特带梦露去他家附近的一家餐馆与新闻专员帕特·康共进晚餐。这天晚上,梦露喝得酩酊大醉,回到家中又吃了许多安眠药。8 月 5 日凌晨,玛丽莲·梦露猝死在家中。

猝死之谜

香消玉殒,英年早逝,好莱坞红星玛丽莲·梦露之死是轰动世界的一大疑案。这个疑案至今都没能破解,也许永远都无法破解。

　　毋庸置疑,在梦露死后,便有人立即巧施手段以严守梦露之死的核心秘密。首先,令人诧异的是,警察是在梦露死后数小时才接到报案的;其次,梦露的女仆默里和医生的关于梦露死因的证词,显而易见是经过精心设计的,然而却又漏洞百出,其中的破绽有待探究。最后,梦露死后的第二天早晨,联邦调查局就派人搜走了窃听梦露电话的录音带。此外还有一点,就是劳福特为保护肯尼迪兄弟做了他力所能及的一切事情,他并为此求助于侦探奥斯塔。

　　1972年,在梦露逝世10年之后,有人发现梦露的尸体解剖报告漏洞百出。梦露的最后一位情人——斯莱茨提供梦露并非自杀而是谋杀的新证据,而后又有两位证人提供了同样的证词。22年后,劳福特对《洛杉矶时报》发表讲话说:"别指望我把梦露与肯尼迪的关系说出来,即使那些猜想属实。我就是这样一个人,别忘了我有7个子女,我永远不会让我的子女们陷入困境。"

　　正值盛年的玛丽莲·梦露猝然离世,使人扼腕长叹。其死因,无论是自杀抑或谋杀,都导致了她生命悲剧性的终止。这幕悲剧所诠释的女主人公的故事,留给人们的是深深的思考。

最具传奇色彩的电影巨星

——凯瑟琳·赫本

人物档案

简　历:美国著名电影演员和表演艺术家。1932年7月来到好莱坞,逐渐驰骋影坛。获得过四次奥斯卡金奖,共拍片50部。出生于美国康涅狄格州哈特福德市,赫本的演艺生涯开始于纽约的百老汇,1934年凭借出演的第三部影片《清晨的荣誉》获第6届奥斯卡最佳女主角奖,第四部影片《小妇人》又让她获得了同年奥斯卡最佳改编剧本奖和威尼斯电影节最佳女主角奖;1936年凭借《寂寞芳心》第二次获得了奥斯卡提名;从1942年《当代女性》到1967年《猜猜谁来吃晚餐》,26年间凯瑟琳·赫本和斯宾塞·屈赛一共合演了九部影片;1967年凭借《猜猜谁来吃晚餐》获第40届奥斯卡最佳女主角奖;1968年凭借《冬狮》获第41届奥斯卡最佳女主角奖;1982年凭借《金色池塘》获第54届奥斯卡最佳女主角奖;1984年77岁的她出版了第一本书《非洲皇后号的摄制过程》;1991年她又出版了第二本书《我一生的故事》。2003年6月29日凯瑟琳·赫本在康涅狄格州的家中去世。1999年被美国电影学会评为"百年来最伟大的女演员"第1名。

生卒年月:1907年5月12日~2003年6月29日。

安葬之地:美国康涅狄格州哈特福德县雪松山公墓中的赫本家族墓地。

性格特征:从小就性格直爽,思想开放而且行为不拘泥于传统;个性倔强,有惊人的自制力,富有同情心。

历史功过:在她60年的演艺生涯中,凯瑟琳·赫本共获得了12项奥斯卡奖提名,四获奥斯卡最佳女主角奖。

名家评点:1905电影网评价说:"凯瑟琳·赫本在银幕上的表演游刃有余、收放自如。无论是戏谑机智还是古怪疯狂的喜剧,亦或是深沉内敛的爱情戏,被誉为美国银幕第一人自然是当之无愧。"

心中梦想

凯瑟琳·赫本生于 1907 年 5 月 12 日,祖籍康涅狄格州哈特福德市。和她的一个哥哥两个弟弟两个妹妹从小就过着言论自由的生活。从他们会说话的时候起,父母就鼓励他们在一切可以想象得到的问题上表达他们的观点。除思想自由外,父母还给他们以行动自由。

凯瑟琳从小就知道她的父母在社会上受到了批判,这使她不得不跟这个世界对着干。当然,也正是这种生活使她成为一位明星。

13 岁时,凯瑟琳在芬威克为那伐鹤印第安儿童演出了《马利的魔鬼》。在西区中学,她朗诵的《金星的毁灭》很有名。16 岁时,她进了妈妈的母校布仁马尔女子学院,为了能参加学院剧团里的演出,她努力奋斗,以提高分数。

她存《布莱兹的真面目》及《摇篮曲》中担任了角色,表演生硬、造作。在 1928 年布仁马尔的五月狂欢节上,她饰演了约翰·利利的《月亮上的女人》中的潘多拉一角,引起了轰动。所有的家长及学生们都对凯瑟琳报以雷鸣股的掌声。从此之后,她开始了演艺生涯。

到 18 岁,凯瑟琳完全形成了自己的特性——满头红发、一双蓝灰色的眼睛;身材苗条、高贵。她自己意识不到她身上那女性诱惑力有多强烈。她的嗓音很高、很响亮,讲起话来喜欢重复。她走路时仍旧跨着大步子。她固执的举止冷却了很多青年人的欲望。在女子学院毕业那年的最后一次舞会上,没有男同学敢邀她跳舞。

诺普让凯瑟琳在《女沙皇》一剧中饰演玛丽·博兰的侍女。凯瑟琳的下一个角色是戏剧协会演出的《乡间一月》中的女仆。导演罗本·马摩里安永远记得凯瑟琳给他留下的印象:"我自己准备了演出本,主演也选好了,但是我还需要一个戏很重的年轻姑娘。因此,为了物色演员,我开始会见一些不相识的人。一天,我正在戏剧协会的办公室里工作,凯瑟琳走了进来。她在发抖。我让她安定下来,并让座给她。我对她说,这儿有一场戏,你拿着到隔壁读一下,然后再回来。她回来后,给我读了台词。她确实没有经验。我对她说,如果有机会的话,如果我需要一个小角色的话,我会给你打电话的。大约在一段时间之后,在剧中需要扮演只有两句台词的女仆,我们就把这个孩子找了来。尽管凯瑟琳当时扮演的是女仆,可很明显,她是注定会成为明星的。凯瑟琳后来被演出经理人哈里·摩西看中,摩西给了她《勇士的丈夫》中亚孙皇后安蒂欧普这个角色。凯瑟琳和《勇士的丈夫》获得了很大的成功。"

生命坐标

1932 年 7 月,凯瑟琳把红发很随便地盘成了一个髻,穿着不合身的深灰色服装,一顶扁平的帽子不经意地扣在头上,提着沉重的行李和劳拉·哈丁开始了奔赴好莱坞的重要旅程。她们在纽约的哈芒站登上火车。火车来到了帕萨迪纳,未来的影星们通常都在这里结束他们西行的旅程。这时,凯瑟琳的两只眼睛不争气地出现了问题。她靠着劳拉的胳膊走下月台。利兰·海沃德和迈伦·塞尔兹尼克到车站来接她们,凯瑟琳看到他们俩一脸失望的神情。她听到塞尔兹尼克对他的伙伴悄声说了一些侮辱她们的话。为了回敬这粗暴的侮辱,凯瑟琳拿出了她最骄横、傲慢的劲头。

影片中男主角的扮演者约翰·马里尔走了进来。凯瑟琳喜出望外地看着他。凯瑟琳和巴里摩尔拍完第一组镜头之后,凯瑟琳说:"他太老了,演得太过了。"凯瑟琳在拍片时感到很吃力,因为影片不能连贯地拍摄。顾柯经常当着大家的面纠正凯瑟琳的表演。然而,批评没使凯瑟琳软弱;相反,她仔细地倾听顾柯所讲的一切。顾柯说:"她从一开始就完全是一个像样的演员。这位怪人自有丰韵,自有风格。凯瑟琳的表演是真实的。"顾柯告诉凯瑟琳,导演既是导演又是观众,导演必须懂得怎样喝彩、怎样抨击。

凯瑟琳在排练时是相当不错的,但在摄影机向她推进时,她才真正地活了起来。她的表演很有创造性。她有纯洁、精力旺盛的女士美,你会用双臂去拥抱她。

驰骋影坛

在影片《离婚案件》开始的几场戏里,凯瑟琳明显地露出紧张的痕迹:讲话的声音不自然,似乎与其他演员没有多少交流;直到影片的后半部,在她要向病中的父亲表示女儿的深情时,凯瑟琳的表演真是精彩极了。而且她那恬静的外表尤为稚气,表现出了一种带着粗野味道的爱,将温柔的性情和泼辣的举止结合在一起了。因此深为观众所喜爱。

凯瑟琳拍完了那两场戏。雷电华制片厂准备录用她,合同规定:如果她为别的厂拍片,必须首先征得雷电华公司的同意。凯瑟琳通读了新合同,并将多项要求都写在了书面上,其中包括休假,拍片的道具须经她同意后才能使用等。

雷电华公司同意了凯瑟琳的所有要求。可到签字时,合同却没做任何修改。

凯瑟琳很是气愤,扔下制片厂的事,和丈夫从纽约乘船去了欧洲。他们到维也纳时接到雷电华公司的电报:凯瑟琳必须立即拍另一部影片——《三个幼稚的小客人》。

1932 年秋末,凯瑟琳怀着复杂的心情返回好莱坞。她此次回去,是因为已经对拍影片产生了强烈的兴趣。

轰动影坛

《小妇人》的成功,使24岁的凯瑟琳陶醉了。她决定立即返回舞台。她认为影坛上的巨大成功远不能与百老汇一出轰动的戏剧相媲美。最高的荣誉,是在演出经理人杰德·哈里斯的麾下演出。

《离婚案件》获得极大成功之后,凯瑟琳接到哈里斯拍给她的几封急电,要她演出话剧《绿湾之树》,英国演员劳伦斯·奥立弗将在剧中饰男主角。凯瑟琳对哈里斯组织排演的话剧佩服得五体投地,决定出演这部话剧。

在40年代时,凯瑟琳已业绩斐然,获得了路易斯·B·梅耶完全的信任,而且与米高梅影业公司签有长期合同。当她应邀拍摄《小姑居处》时,结识了对她一生影响甚大的情人斯宾塞·屈塞。

他俩性情不同,却一见如故。凯瑟琳脾气急躁、才华横溢;屈赛脾气温和、动作缓慢。凯瑟琳的表演风格体现在她那令人眼花缭乱的、兴奋的动作中;屈赛的表演则非常内在、含蓄,感情深蕴、半隐半现。他们是一对最卓越的搭档。

《小姑居处》获奥斯卡最佳故事片奖,凯瑟琳得到最佳女演员奖的提名。纽约《世界电讯报》报道:"凯瑟琳饰演的女主角是这样的幽默、机智、有感染力,她在该片中的表演胜过了在《费城故事》中的表演……"

数年之后,凯瑟琳说:"我和斯宾塞在拍片时就有这个感觉……就像每个人首先关心的是他的性生活。你不能否认你所爱的人在享受云雨之乐时那种腾云驾雾、通体酥麻的愉快。而年龄并不能增长你在性生活方面的智慧,你现在与40年前刚听说这方面的事情时一样糊涂。你也无法在白纸上用黑字把它写下来;其神奇不可言状……"

创造巅峰

斯坦利·克雷默一心想要凯瑟琳和斯宾塞再合演一部影片,他认为好莱坞再也不能没有这两位最可敬的影星了。

斯宾塞因为健康原因可能会失去生命,凯瑟琳有失去斯宾塞的危险,克雷默有失去其银行存款,毁掉他的事业的危险。因此凯瑟琳、斯宾塞、克雷默三人全力以赴,以极高的责任感投入影片的摄制工作。

克雷默一投入拍摄便意识到他必须细心观察斯宾塞,以便让他振作起精神来。凯瑟琳的很多戏不得不采取空出屈赛的位置的办法拍摄,然后再补拍这个镜头。凯瑟琳则不然。在导演的身旁,她无拘无束,无时不富有创造性;她考虑起问题来很像一个导演。

《谁来赴晚餐》是凯瑟琳一生中最伟大的成功之作。这部影片的总收入达数百万美金之多。尽管剧本过分注重感情色彩，评论家以及同行们对两个中心人物的表演仍交口称赞。

斯宾塞健康恶化。凯瑟琳在影片拍摄的全部过程中，都带有明显痛苦的表情。她那忧心如焚的样子，使某些镜头失去了协调感。在所有其他镜头里，她以惊人的毅力，为她自由的立场激烈地争辩着；斯宾塞以顽固不化的保守主义者的形象出现，但是后来也理解了女儿的要求。凯瑟琳和斯宾塞两位演员的表演感人至深；他们刻画出了立刻就要受到死亡威胁的爱情，确立了该片在电影史上的独特地位。

之后凯瑟琳·赫本又主演了三部影片、一部电视剧和一出话剧。由于她成功地饰演了《金色池塘》中的埃赛尔·塞耶，第四次荣膺奥斯卡金像奖。赫本依旧我行我素、冒言无忌。对生活中的困难，她斗志不懈；对待他人，她乐于相助。很多美国妇女视她为楷模，她几乎年年被评选为最受敬重的人。

进入古稀之年后，凯瑟琳每日都要散步、骑车、游泳，打一场激烈的网球。她每晚仍然早睡，上床后仍要捧读一本书；她黎明即起，每天仍洗冷水澡。

1982 年底，赫本因为汽车事故住了 8 个月的医院。当时，医生要把脚锯掉，她坚决不干，最后她胜利了。当时美国《妇女家庭杂志》报道：经过两次大手术之后，赫本正在康复。她的脚腕仍有些肿，但可以沾地走路了。赫本说："我虽然不是个有耐心的人，可对这类事情还是蛮耐心的。"

赫本是生活的强者，她不怕变老，也不怕死。依旧助人为乐，甚至女佣人的丈夫住了院，她也帮着去照料。赫本晚年的生活也是丰富的。她在上个世纪 30 年代学会了绘画，晚年又学起了雕刻。

2003 年 6 月 29 日，凯瑟琳·赫本在美国康涅狄格州的家中辞世，享年 96 岁。

好莱坞常青树

——伊丽莎白·泰勒

人物档案

简　历：美国女演员，是一个非常活跃且富有创造力的人，被称为"埃及艳后"。出生于英国伦敦，1942 年年仅 9 岁的伊丽莎白主演了个人的第一部电影《每分钟出生一个孩子》；1943 年与米高梅电影公司签约；1944 年 12 岁的她主演了家庭电影《玉女神驹》；1951 年主演爱情电影《郎心如铁》；1957 年主演爱情电影《雨树县》，她凭借该片提名第 30 届奥斯卡金像奖最佳女主角；1958 年主演剧情电影《热铁皮屋顶上的猫》，她凭借该片提名第 31 届奥斯卡金像奖最佳女主角；1960 年凭借恐怖电影《夏日痴魂》提名第 32 届奥斯卡金像奖最佳女主角；

1967 年凭借剧情电影《灵欲春宵》获得第 20 届英国电影学院奖最佳英国女演员，第 39 届奥斯卡金像奖最佳女主角；1972 年主演剧情电影《爱情你我他》，她凭借该片获得第 16 届意大利大卫奖最佳外国女演员；1980 年由其出演的悬疑惊悚电影《破镜谋杀案》上映；1985 年获得第 42 届美国电影电视金球奖终身成就奖—塞西尔·B·戴米尔奖；1993 年获得第 65 届奥斯卡金像奖吉恩.赫肖尔特人道主义奖；1999 年获得第 52 届英国电影学院奖终身成就奖；2002 年获得约翰·F·肯尼迪中心荣誉奖；2003 年伊丽莎白·泰勒正式宣布退出影坛；2005 年获得第 14 届英国电影与电视艺术学院大不列颠奖。2011 年 3 月 23 日凌晨 1 时 28 分，伊丽莎白·泰勒因充血性心力衰竭去世，享年 79 岁。

生卒年月：1932 年 2 月 27 日~2011 年 3 月 23 日。

安葬之地：维斯特伍德村庄公墓。

性格特征：特立独行的好莱坞美人，善良、有爱心，孤独、缺爱。

历史功过：曾两次获奥斯卡金杯奖，给大家带来了许多优秀影片。从 1985 年开始，致力于防治艾滋病事业，积极筹集基金，反对战争。

名家评点: 安迪·沃霍尔、乔治·史蒂文斯综合评价说:"伊丽莎白·泰勒拥有一切:魅力、金钱、美貌和智慧。她可能比那些缺乏勇气的人更知道该怎样生活。"

把握命运

伊丽莎白·泰勒生于 1932 年 2 月 27 日,在她年幼时,因为战争的威胁一家人从英国搬到美国的洛杉矶定居。当泰勒还是少女时,几百万美国公众通过银幕或者通过报纸和杂志就了解到泰勒这个名字,当泰勒还是一个孩子时,她就坚信着一点:只有我自己才是自己命运的主人。

泰勒能走上银幕,完全出自一个偶然的机会。当时,泰勒的父亲和电影制作公司的导演萨姆·马克斯一起巡夜。马克斯的公司现在急需一名英阳小女孩在《拉西回家》这部电影中扮演角色。泰勒的父亲立刻把此事对她母亲说了,母亲对萨姆·马克斯说,他们有一个非常可爱的小女孩,曾为宇宙图片公司拍过电影。接着,小泰勒就被录用了。

在泰勒一生之中,罗第·麦克道尔曾鼓励过她,美本身就是一种天才的艺术形式,很多漂亮的姑娘都不知道怎样使用自己杰出的相貌,结果被自己的美丽压抑得郁郁不乐;而另外一些人对相貌之美却运用自如,得心应手。

在泰勒年轻的时候,根本没有把相貌当成一生中的一切。她从来没有把自己当成很美的仙女,更没有以此为荣。在泰勒童年时,家里的一些客人对她的形象赞叹不已,母亲便会说:"伊丽莎白只是有一双特别明亮的大眼睛,非常可爱的大眼睛,但眼睛只是心灵的窗口,永远也不要忘记真正的美是来自内心世界的。"

回想童年的历程,泰勒仍然记得在电影《倾国之色》的演员招聘中,她是完全靠自己的毅力获得角色的。除了个头大小,其他各方面都适合。所以在泰勒的潜意识中,自己就是女主角维尔特的化身。但导演却说她身材不高、不壮。她并不泄气,开始了为期 3 个月的增高增重计划。奇迹最后终于出现了:训练结束后,泰勒几乎增高了 3 厘米。泰勒一直坚信自己能得到这个角色,结果如愿以偿。泰勒对所追求的东西,有坚定的信念和决心。这种执着的精神是与生俱来的。

泰勒逐渐从一个小童星变成一个女明星。看着泰勒很细的腰身,一位电影制片人说:"她太有诱惑力了!我也许会为此而坐牢。"

爱的幸福

有人很担心泰勒的童年会被成年人的世界所污染,规定她不能随便出入女明星的活动圈子。他们这样认为:一个儿童的思想观念和个性易受不良影响。

尽管泰勒从内心渴望长大成人,但她一直把自己当成一个孩子,这种心理持续到年满 16 岁。人生的转折是在泰勒和汉斯曼一起拍电影、一块合作时发生的。泰勒在和汉斯曼的接触中，越来越意识到自己身体的变化。汉斯曼总是坚持认为不要把泰勒当孩子看，并鼓励泰勒在这方面挖掘自身形象的潜力。在《倾国之色》的拍摄中，很多人就想在泰勒形象上大做文章，他们想把她的头发染成一种明亮的色彩。当这个要求被拒绝时，他们又想给她戴假睫毛。泰勒刚刚开始试着涂口红，他们又想给她画成一个嘉宝式的嘴角。汉斯曼给泰勒出了很多主意，使她很容易就拒绝这帮人的要求和建议。《倾国之色》拍摄成功，泰勒成为举足轻重的明星。

当泰勒和汉斯曼的合作告一段落以后，她对怎样在摄影机前淋漓尽致地发挥、运用自己的形象充满信心。泰勒刚刚扮演完《这些妇人们》里的艾米，便来到英国伦敦，参加《阴谋者》的拍摄。那时泰勒才刚满 17 岁，和好莱坞红星 36 岁的罗伯特·泰勒搭档。

拍摄《阴谋者》时泰勒要和一位可以做她父亲的男主角一起拍非常细腻的感情戏，每天下午拍摄前，泰勒必须有 3 小时用来复习功课。每当泰勒开始学习，罗伯特便来到他的工作室，用打字机给妻子写信。他这种两耳不闻窗外事的态度，给泰勒留下了深刻的印象。

公映后的《阴谋者》并没有取得成功。尽管两个人倾注了大量心血，批评家们给这部电影打了一个残酷的零分。

米高梅电影制作中心又让泰勒在《阳光下的工地》中扮演女主角，和蒙哥马利·克利夫一起领衔主演。

在拍摄过程中，俩人建立了亲密的关系。尽管在银幕上，故事情节使他俩成为理想的一对，但事实上，她从一开始就感到他是一个非常矛盾的人，他常常被这种冲突所撕裂。《阳光下的工地》的确是一部最成功的电影，这是泰勒青年时代唯一一部引以为自豪的电影。

接着，泰勒又在《新婚的父亲》中扮演女儿，新搭档是斯宾塞·特雷西。刚拍完《新婚的父亲》，泰勒自己便真的成为新娘子。1950 年 5 月 6 日，泰勒第一次结婚，这是好莱坞年轻漂亮的公主和英俊的白马王子的结合。但不到一年俩人就离婚了。

当泰勒遇到尼克·希尔顿时，顿时陷入爱的泥潭不能自拔，很快结婚。让人想象不到的是，当他们的蜜月刚刚结束时，婚姻关系便结束了。泰勒实在不愿意让外界知道自己的第二次婚姻又遇到失败，因此，一直保持沉默。但在圣诞节前后，她和他彻底分手离婚，而这一切对泰勒来说无疑是一场梦。婚姻的裂变对泰勒是一记沉重的打击，她用了很长时间才解脱出来。之后，就把全部精力都投入到工作中，想以此建立自己的信心。凭着工作热情和坚强毅力，泰勒仍能在遭受打击后保持活泼、浪漫和乐观的态度。

摆脱了婚变的打击和折磨后，泰勒认识了迈克尔·威尔丁。1952 年 2 月，泰勒和迈克尔·威尔丁结婚。这是泰勒的第三次婚姻，当时她比丈夫年轻 20 岁，他们的婚姻充满着情意绵绵的气氛。

这次婚姻是泰勒一生中最难忘的一段时间。当她正在拍摄《应有尽有的女孩》时，突然发现自己怀孕了。麻烦事也随之而来，如果公司发现泰勒的身体状况不适合拍戏而中止合同的话,泰勒的经济状况将会恶化。可喜的是,能在乔治·斯蒂文森导演的《巨人》之中扮演角色,泰勒感到非常荣幸。她是和最杰出的明星洛克·汉德森搭档配对演出。

洛克和泰勒立即投入到拍摄过程中。八九月的得克萨斯酷热难当。为了消除白天的疲劳,晚上泰勒通常和洛克一起去酒吧喝酒,听着音乐。在那些夜里,泰勒和洛克几乎喝遍了所有的好酒,从巧克力马丁酒到苦艾酒。喝下这么多酒,而他们却毫无醉意,这不能不说是一个奇迹。

可是家庭里的一切却不十分圆满。迈克尔·威尔丁来到好莱坞时,他失去了他在英国时所享受的一种显赫的明星地位。最后,他们之间的一切关系都告结束了。尽管如此,泰勒依然还爱着他。

爱的结晶

泰勒根本没想到迈克·托德将会在她以后的生活中扮演极重要的角色。迈克·托德当时正在拍摄《八十天环游世界》,托德的助手邀请泰勒和威尔丁一块度周末。参加这次航行的有很多人,当轮船停靠在岸边时,威尔丁跳下船去酒吧了。整个下午,她一直和朋友在一起聊天,她注意到托德一直在旁边观察着她。

下午晚些时候,大家都来到甲板上,喝香槟酒,看美丽的日落景色。当托德给泰勒倒酒时,注视着她说:"亲爱的,你让人有一种潜在的咄咄逼人的感觉。"没有人曾这样责备过泰勒,她一时不知怎么回答。

两星期以后,泰勒夫妇应邀出席了迈克·托德举行的一次宴会。当时泰勒知道自己的婚姻快要结束了。对于泰勒和托德之间的微妙关系,威尔丁比他俩更强烈地意识到了。最后,威尔丁告诉泰勒,他们最好办理离婚手续。

托德打电话给泰勒,约泰勒见面。泰勒同意第二天在他的办公室和他见面。他告诉泰勒他要和她结婚,他并没有征求泰勒的同意。当泰勒离开他的办公室时终于意识到,她不久将成为迈克·托德夫人。

1957年2月2日,泰勒和迈克·托德结婚,他虽然比她大25岁,却显得很青春。在他们短短18个月的婚姻生活中,他使每一天都成为泰勒一生中最难忘、最激动的回忆。同时,泰勒相信自己只适合那些有些狂劲的男人,而托德正是她所需要的那种男人。迈克是电影制造商,并不是一个演员,但却对泰勒的演出事业倾注了全部的注意力。

迈克有一个摄影师所具有的杰出天分,另外还兼有一颗伟大的心。他一直想给电影事业带来新的风格和新的手法,一直希望自己能拍摄出最伟大的电影和美国最卖座的影片。所以当他唯一的电影《八十天环游世界》公开上映时,获得了极大的成功。

泰勒精神上得到了极大的满足,身体状况却继续恶化着。手术后泰勒怀孕的消息被医生给证实了。很多医生都劝泰勒堕胎。她的脊椎将用钢架代替,如果胎儿的压力过大,将会给她造成永久性的脊椎弯曲。最后泰勒告诉他们说:"随你们的便。"

怀孕对泰勒本来就虚弱的身体是一个致命的打击。她的心跳加速，不得不戴上氧气罩，和腹中的孩子同时都依靠氧气罩。后来医生们建议给泰勒做一次特别的手术，以便取出来成熟的胎儿，放在一个特制的设备里自己生存。泰勒提出手术时不要给她注射过多的药剂，以防影响孩子的神经系统。她宁愿自己痛得休克，也要把孩子生下来，不留下任何后遗症。

后来却意外地出现了难产。经过一段艰难的时间以后，泰勒的女儿丽莎终于降临到这个大千世界。直到今天，泰勒还记得当时的艰难情景。

随着时间的流逝，泰勒已经 50 多岁了。根据以往的经验可以说：只要正视现实，相信自己的选择，才不会被这种失落感所击败。

泰勒正是本着这种信念度过自己漫长的一生的。1987 年 2 月，为了庆祝泰勒的 55 岁生日，贝尔、塞奇和伯顿·巴查内奇在贝费利山为她举办了一次盛大的生日庆祝晚会。这是泰勒一辈子最幸福的一天。

为了这次盛会，著名服装设计师罗兰·米勒亲自为泰勒设计了一套服装，那是一件低领口白色丝质长裙，腰身只有 22 吋。这在一年前简直是不可思议的，泰勒看着镜子里的形象，一种幸福感和自豪感油然而生。

从泰勒第一天跨进好莱坞的大门时算起，已有 40 多年的从影生涯。这次生日盛会邀请的主要是好莱坞四五十年代的老演员，他们在一起总要回忆起过去的时光。现在的米高梅已经衰落了，好莱坞的精神却被新一代青年明星继承下来。

晚会引人注目的礼物是钻石，一串钻石项链挂在泰勒的脖子上，另一块巨大的钻石镶在她的戒指上。晚会结束时，每一位到会的女士都得到一枚命名为泰勒—伯顿的纪念性钻石。

泰勒非常珍惜自己这种难得的独立精神，她的形象又重新给她带来自信和欢乐，她减肥的成功来自她内在精神上的协调。

现在泰勒过着一种平静的生活，小心翼翼地不惊动报界，业余写一些回忆录。同时，泰勒很想为那些和她有同样经历的人服务。2011 年 2 月 11 日凌晨 1 点 28 分，她因为心脏充血性心力衰竭并发症导致的腹痛、内出血，住进了洛杉矶一家医院；3 月 23 日病逝，享年 79 岁。之后，被安葬在维斯特伍德村庄公墓，与父母相邻而息。在这个陵园中，还安息着娜塔莉·伍德、杜鲁门·卡波特、费拉·福赛特、迪恩·马丁和沃尔特·马修等。

欧美流行天后

——麦当娜

人物档案

简　历:全名麦当娜·路易丝·西科尼（Madonna Louise Ciccone）,1958 年 8 月 16 日出生于美国密歇根州底特律,意大利裔美国女歌手、词曲作者、演员。1982 年签约华纳唱片公司,以《一起上》一曲成名。1983 年,发行首张个人专辑《Madonna》,从而正式出道;1984 年,发行第二张个人专辑《Like a Virgin》,并举办"宛如处女"巡回演唱会;1986 年发行第三张个人专辑《True Blue》,并凭借 2 千 5 百万的唱片销量,成为 1980 年代单张唱片销量最高的女歌手;1987 年凭借专辑《True Blue》获得日本金唱片奖西洋部门的"年度最佳国际艺人"奖[5]。1991 年 1 月,凭借单曲《Vogue》获得全美音乐奖"最佳舞蹈歌曲"奖;1997 年凭借人物传记片《贝隆夫人》,获得第 54 届金球奖"最佳音乐剧女演员"奖;1999 年 2 月凭借专辑《Ray of Light》以及同名单曲,获得第 41 届格莱美奖"最佳流行声乐专辑""最佳舞曲录制"以及"最佳短篇音乐视频"奖项。2003 年 9 月出版首部童话故事书《英国玫瑰》;2007 年 11 月凭借专辑《Confessions on a Dance Floor》,获得第 49 届格莱美奖"最佳电子舞曲专辑"奖项;2008 年 3 月入选美国"摇滚名人堂";2012 年 1 月凭借献唱单曲《Masterpiece》获得第 69 届金球奖"最佳电影原创歌曲"奖项;2013 年 11 月,麦当娜·西科尼入选《福布斯》杂志"全球最吸金音乐人"榜,以 1.25 亿美元资产位列第一名;2016 年 12 月麦当娜·西科尼被《公告牌》杂志评为年度女性人物;2018 年,麦当娜执导电影《飞行记》,这是她第三次担任长片导演;2019 年 6 月 14 日,第十四张录音室专辑《Madame X》发行,并于发行首周拿下公告牌两百强专辑榜冠军。出道 30 多年来,一直在不断地改变自己。

生卒年月:1958 年 8 月 16 日~

性格特征:性格直爽,敢爱敢恨,个性鲜明,造反与叛逆,感性而浪漫

历史功过：流行乐超级巨星，80 年代的时尚女王，娱乐界商业经纪人。男女平等主义者，女人意志的代表人，传统伦理道德的反叛者，流行世界的叛逆女王。通过音乐和角色来敦促人们保持自我，积极看待生活和爱自己。

名家评点：搜狐音乐评论说："从 1997 年开始，麦当娜·西科尼就成为时代音乐的'弄潮儿'，她的歌曲造就了时代的一个个经典，也引领了全世界的流行指标，她创造的不单是音乐的流行，更是时尚衣着的风向标。麦当娜·西科尼并不靠年轻取胜，无论她是 50 岁还是 60 岁。"

恋爱情史

1958 年 8 月 16 日，麦当娜出生于美国密歇根州底特律市的一个天主教人家庭，取名叫麦当娜·路易斯·西科尼，家里人都叫她"小诺妮"。父亲是克莱斯勒汽车公司的工程师。

在麦当娜 5 岁时，母亲因病去世了。这对幼小的诺妮是个很大的打击。而且母亲一走，小诺妮连同兄弟和妹妹都被轮番送到亲戚家寄养，最可怕的是，父亲娶了家中的女管家为妻。作为家中的长女，麦当娜显得格外地独立、坚强和早熟。孩童时的麦当娜也找到了快乐，那就是沉浸在歌唱之中，她的一切烦恼似乎都没有了。

20 世纪 60 年代中期，西科尼一家搬到了密执安的罗切斯特。1970 年，麦当娜升入了罗切斯特·亚当斯高级中学。麦当娜也在这里找到了她的"爱情"。

上六年级时，麦当娜看上了一个很帅的爱好体育的男生格林·麦格雷尔。

为了赢得格林·麦格雷尔的好感，麦当娜在他每次比赛时，都大喊大叫，十分引人注意。不久，麦当娜就给麦格雷尔写了一张约会的纸条，要他放学后到某个公园见面。麦格雷尔当晚应约前往。从此，麦当娜和麦格雷尔进入了热恋。然而，麦格雷尔的父亲不久就知道了儿子和麦当娜的越轨行为。麦格雷尔的父母在当地是较有名望的人，他们担心儿子会做出难以想象的事来，于是举家搬迁。麦格雷尔的离去，使麦当娜受到沉重打击。

在麦克法林和洛里·萨金特的帮助下，麦当娜很快就投入到新的追逐中去。一年一度的圣安德鲁业余歌手演唱会开始了，麦当娜穿了一身浅色的比基尼装，身上又涂上一层闪闪发光的绿色颜料，她一出现在舞台上就使人们惊赞不已。

后来麦当娜回忆说："我很小时候就懂得这样一个道理：作为一个女人，施展出女性特有的魅力，可以得到很多东西。我为了得到自己想要的东西，也尽可能地这样做……"

一生的转折

1972年，麦当娜在罗切斯特芭蕾舞学校开始了她一生的转折。

麦当娜的舞蹈老师克里斯长弗·费林42岁，比麦当娜大了28岁。麦当娜在学舞蹈时，十分刻苦。上完芭蕾舞课后只有麦当娜继续留在练功厅里苦练着。费林赞叹地对麦当娜说："你真是太美了。"费林的话触发了麦当娜生命的激情，使她以后获得了巨大的成功。很快，麦当娜就和费林悄悄地热恋起来。

费林预测麦当娜完全有可能成为一个明星，所以他大力培养。也正是他让麦当娜离开大学去纽约闯荡，开辟远大的前程。

费林不仅是麦当娜最好的情人，同时也是麦当娜最好的老师和朋友。1978年7月，麦当娜启程去纽约。她非常清楚，纽约是一个令无数人向往和憧憬的地方。后来，麦当娜感慨地说："我是平生第一次乘飞机，第一次坐出租车，一切的一切都是第一次，我来到这里衣袋里只有35美元。我的目的就是要征服这座城市。"

麦当娜又开始探寻新的人生道路，为走向成功进行着坚持不懈的努力。麦当娜提出要加入吉尔罗伊兄弟俩的乐队。麦当娜不仅给乐队带来了财富，而且比吉尔罗伊两兄弟更会做生意。为了乐队，麦当娜整天都在奔忙着，很快就结识了一大批音乐制作人、俱乐部老板、代理人、经理等。麦当娜不费吹灰之力，就谈成了几笔大买卖，把吉尔罗伊兄弟都震住了。麦当娜并不满足这么一点小生意，还想做一番大动作。麦当娜加入了乐队后，他们给乐队取名为"早餐俱乐部"，推出了几场爵士音乐会，反应都不错。掌声和鲜花都冲着麦当娜抛来，麦当娜占尽了风光。

面对麦当娜的行为，吉尔罗伊兄弟俩告诉麦当娜，要她在演出时收敛一些。但是，麦当娜却不愿听吉尔罗伊兄弟们的话。吉尔罗伊被逼无奈，只好找了一个理由，和麦当娜分手了。离开吉尔罗伊后，麦当娜又开始另谋生路。

1980年初，麦当娜组建了自己的乐队——"艾咪"乐队。麦当娜邀请到了麦克·莫纳汗来做她乐队中的鼓手，又请到了加里·伯克做她乐队里的低音吉他手。麦当娜想将乐队命名为"百万富翁乐队"，后来改名为"艾咪"。在寻找演出机会的过程中，麦当娜又一次显示了她那天生的商人独特的机智。她在和一家夜总会谈论报酬的时候，对方坚持只能付以前乐队报酬的四分之三，而且时间不能减少。这家夜总会的老板也想和麦当娜签约合作，但是作为一个精明的商人，他不想屈就麦当娜，而是想让她自己谈出条件。麦当娜心目中最要紧的，就是谈妥这笔交易，不能让自己和伙伴们没事干。麦当娜从夜总会老板眼中看出了赞许，她提出了自己的建议："我要求的报酬得和以前乐队一样多，但可以再多干一小时。"因为麦当娜十分清楚，自己的乐队目前还没什么活可干，重要的是他们先得有吃饭的收入来源。

那个老板当场签约，规定每晚付25美元给"艾咪"乐队。1980年春天，麦当娜率领自己的第一支乐队——"艾咪"乐队开始演出了。不久,麦当娜又将乐队改名为"麦当娜乐队"。并且自己身兼数职,唱歌、跳舞,有时还要充当鼓手。

超级巨星

无论是成功或是失败,麦当娜都有男人伴随着。然后,又一个个被她甩掉了。

他们都曾经是麦当娜的恩人,是他们在麦当娜处于困难之时帮助了她。麦当娜为了向新的高峰挺进,必须和更厉害的人结盟。麦当娜深知这一道理,因此也毫不隐讳这一点:"我是踩着男人去攀上事业顶峰的。"麦当娜之所以能够成功,一方面得益于她的艺术天赋,另一方面是她的个人奋斗。

在金碧辉煌的大厅里,麦当娜的歌声有一种穿透人心的力量,她的舞蹈狂野大胆,表现生命的本色和冲动,把观众撩拨得神魂颠倒,气喘吁吁。人们从来没有见过这么新鲜的歌舞,更没有受过如此强烈的冲击。整个大厅成了一个激情的海洋。麦当娜的名声大振,舆论界把她称为"摇滚明星",而这正是麦当娜梦寐以求的。

她的唱片也十分畅销,人们争相购买,成为上至政界要人,下至平民百姓的一大热门话题。华纳公司由此发现了麦当娜的巨大潜力,于是这家拥有亿万资产的公司决定投资培养和包装麦当娜。董事会准备出资 1500 美元为麦当娜拍一部录像片。这笔钱对麦当娜而言,也是一个不小的数目。为了取得成功,华纳兄弟唱片公司让艾德·斯坦伯格来负责为麦当娜出口录像片。在录像带的带动下,歌曲《一块上》攀上排行榜第一名,并位居流行音乐排行榜第一百名。1983 年春天,麦当娜成了一名日益走红的歌星,她没有就此止步,而是立即又开始了新一轮的攻势——成为电影明星。麦当娜早在中学时代就拍过《祭》等片。

1983 年 9 月,彼得斯又准备拍摄一部名为《追梦》的影片。影片的男女主人公都找到了扮演者,只空着一个夜总会女歌手的小角色。彼得斯决定邀请她来扮演。麦当娜高兴地接受了。她不在乎角色的大小,只要能够上银幕就行。她说:"导演和制片不想找一个外行来演,也不想让一个不会唱歌的女演员来演。我一读到剧本,就感到我一定能胜任这个角色。我想我当然是最合适的。"她在影片里把人物演得活灵活现。唱歌本来就是她的老本行,所以她演起来得心应手,十分顺利。麦当娜从不肯放过抛头露面的机会,因为此时她虽然在流行歌坛已经红起来了,但还想让自己更红火,成为超级巨星。麦当娜从威尼斯返回纽约不久,就听说奥赖恩电影公司在筹拍一部《誓死找回苏珊》的影片,并决心将它拍摄成一部上乘之作,要选择一个有号召力的明星来演主角。

麦当娜毫不犹豫地把一曲《得心应手》提供给了导演塞德曼。她不仅把歌曲编进了影片,还让音乐电视台同时播出,使麦当娜锦上添花。《誓死找回苏珊》1985 年 4 月在全国各地上演,迅速成了本季度最赚钱的影片。麦当娜在拍摄电影期间录制的几张唱片集,都获得了极大的成功。麦当娜在拍完电影《追梦》后,刚回到纽约,就开始为自己第二张唱片集《像个处女》做准备。1984 年春天，麦当娜又专程奔赴威尼斯，拍摄《像个处女》的录像片。并对《像个处女》寄寓了很高的期望。录音师奈尔·罗杰斯没有辜负麦当娜的重托，当《像个处女》录完播出以后，人们听起来"真的是要激动得窒息而死"。1985 年 4 月，麦当娜的全国巡回演出开始了。从西雅图到圣·弗兰西斯科，从圣·弗兰西斯科再到底特律，再到纽约，总共席卷了 28 个大城市，麦当娜自然是大获成功。麦当娜在全国巡回演出时，特意去底特律演了一场。看到麦当娜今天的成功，费林百感交集。

26 岁的麦当娜已经是一个全国闻名的摇滚歌星和电影明星了。

再创佳绩

1992 年，麦当娜和时代—华纳公司签订了一项合约，包括麦当娜的录音、音乐图书出版、影视和销售公司——麦沃瑞克。同年 10 月，麦沃瑞克公司发行了音乐录影带《色情》和同名歌曲专辑。为了保持与《色情》主题一致，她的公司的第一个出版行动就是《性》，里面的图片展示了赤裸裸的性历险过程，而这些只有麦当娜自己才能扮演。1992 年底，麦当娜又开始了新片《身体的证据》的拍摄。1993 年 9 月至 12 月，麦当娜进行了她的第四轮巡回演出，取名为"脱衣秀（脱衣舞表演）之旅"。"脱衣秀之旅"巡演于 9 月 25 日在伦敦的温布利体育场拉开帷幕。随后麦当娜从英国辗转法国、以色列、土耳其、加拿大、美国、澳大利亚、波多黎各、阿根廷、巴西、墨西哥等国。在麦当娜与其他明星之间，有一个鲜明的对比。麦当娜认为自己是年轻的追星族的一个模范，她认真看待这种责任，通过音乐和角色来敦促人们保持自我、积极看待生活和爱自己。同时，麦当娜身上体现出来另一个方面，就是她极力渲染女人味儿，就是女人的形象也变得像男人一样粗糙厚重。1994 年，麦当娜为影片《荣耀之光》演唱歌曲《我记得》，再次创下佳绩。另外，麦当娜还出版了新的专辑《枕边故事》。1995 年，麦当娜出版新歌加精选集《回忆》，选入的是清一色的慢歌，受到各种口味歌迷的普遍欢迎。1996 年，麦当娜主演反映前阿根廷总统庇隆的夫人伊维塔生平的影片《庇隆夫人》。这部影片上映后极为走红，获得很高的票房收入。《庇隆夫人》是麦当娜转型期间的一个巨大成功，她在片中的造型得到了人们的认可。而且，她为演唱那些抒情、浪漫的歌曲而专门学唱歌剧所下的功夫也没有白费。

麦当娜的女儿如期顺利降生了，初为人母，麦当娜感到前所未有的幸福和充实，使得她更多了几分温柔和稳重，显得更加和蔼可亲，充满成熟女人味道。1998 年初，麦当娜推出了她的新专辑《光束》。这张专辑是 1997 年麦当娜在加州大学城的录音棚中录制的 13 首歌，大多数歌曲都是与著名制作人共同制作。对于这张使麦当娜改头换面的新专辑，真是众说纷纭，莫衷一是。

那个"坏女孩"开始以"大地母亲"的形象展现于世人面前。

世纪时尚女皇

——可可·香奈尔

人物档案

简　历：法国时装设计师，香奈儿品牌的创始人。出生于法国的索米尔，从一个贫穷的孤女，奋斗成为著名的服装王国的开创者。6岁时母亲离世，父亲更丢下她和4个兄弟姐妹，由她的姨妈抚养成人。1914年Coco开设了两家时装店，影响后世深远的时装品牌Chanel宣告正式诞生。1954年Coco重返法国，以她一贯的简洁自然的女装风格，迅速再俘虏一众巴黎仕女。1983年香奈儿逝世后的第十二年，香奈儿集团由Karl Lagerfeld接班出任时尚总监，但至今每一季新品仍以香奈儿精神为设计理念。

生卒年月：1883年8月19日~1971年1月10日。

安葬之地：瑞士洛桑。

性格特征：性格自由、开朗，标新立异，崇尚自由，女人味十足。

历史功过：现代主义的见解，男装化的风格，简单设计之中见昂贵，成为20世纪时尚界重要人物之一。她倡导女权，既赋予女性行动的自由，又不失温柔优雅。品牌经典的2.55手袋就起源于香奈儿决心用细链条来解放女性拿包的双手。她对高级定制女装的影响令她被时代杂志评为20世纪影响最大的100人之一。

名家评点：传记作家丽莎·钱妮评价说："香奈儿不是天使，但也不是间谍。我很了解他所使用的那些文件。世上有很多设计师，其中不乏比她富有者，但没有一个像她那样，改变了自己的时代。她经常被贬损为一个设计裙子、珠宝与手袋的名人，有着不雅的私生活——她被描述成那种典型名人，但这解释不了为何她是了不起的，也妨碍我们从'人'的角度去了解她。对于一个在现代世界形成中扮演了重要角色的女人，这有失公允。"

成长经历

"我从不为处境而烦忧,我就乐意驱散它们。"

——童年的阴影伴随着香奈尔一生,她时刻都在驱散这种恐惧。并且最终战胜穷困、恐惧取得辉煌的成绩。

1883 年 8 月 19 日,香奈尔出生于法国罗亚尔河畔的索米尔小镇,原名盖布莉埃·香奈尔,她的父亲是一名兜售杂货的小贩,长年在各地贩卖物品,母亲则是一名村妇。香奈尔出世的时候,父母尚未正式结婚,一年之后,他们才正式举行了婚礼,香奈尔对自己是个私生女这件事始终耿耿于怀。

由于父亲长年在各地奔跑,家里的重担都落在了母亲一个人的肩上。香奈尔 12 岁的时候,母亲去世了。这时候的香奈尔还未成年,父亲又不见人影,她只好住进孤儿院。在那里,香奈尔度过了五年的黯淡时光。17 岁的时候,她来到另一个小镇,进入了修道院,学习一些社交礼仪、家政管理方面的知识。

在任何时候,一个没有好家境的女孩子要想在社会上生存,是非常艰难的。孤儿院的生活使香奈尔明白,一手过硬的技术对于她来说是多么的重要,她必须有一样扎实的技术来养活自己。在修道院里,香奈尔学到了一手扎实的缝纫技术。18 岁的时候,她离开了修道院,几经周折,尝试各种不同的工作,甚至有一小段歌唱生涯,据说她的名字可可·香奈尔也是在那时候取的。后来在修道院院长的推荐下,她来到镇上一家服饰店做助理缝纫师。周围的成年妇女穿的工作服使香奈尔相信,妇女需要的不是烦琐的装扮,而是适合她们生活方式的宽松舒适的衣衫。

这时候,她开始尝试着自己设计衣服,黑色的帽子、白色的短衫、领口雅致的黑领结、简单素洁的短上衣。在她工作的小镇,有许多驻兵,她与那些驻兵尤其是骑兵结下了很深的友谊,并且学会了骑马,那些朝气蓬勃的骑兵制服给她留下了深刻的印象。

初露锋芒

华丽的反面不是贫穷,而是庸俗。

——香奈尔简洁的设计在任何场合优雅适宜,这是她设计的理念。

命运转机

25 岁的时候,香奈尔遇到了生命中的第一位情人:巴桑。巴桑是一位贵族的后裔,风度翩翩的他令芳华正茂的香奈尔倾倒不已。然而,由于各种客观的原因,他们无法结合在一起。但巴桑带领香奈尔进入了上流社会,聪明的她很快就周旋于王孙贵族之间,这使她的命运发生了转机。

经过巴桑的介绍，香奈尔邂逅了她一生的挚爱——卡佩尔。卡佩尔出身卑微，是一个情妇的儿子。凭借自己的奋斗，他在商场上大展宏图，并且在第一次世界大战后当上《凡尔赛条约》的政治秘书，成为一介名流。然而，像香奈尔一样，对于自己卑微的出身，他耿耿于怀，发誓要娶一位名门闺秀。虽然对香奈尔一片真心，但最终还是舍弃了她，远赴伦敦与一名爵士千金成婚，此举给了香奈尔重重的一击。

1910年，为了弥补对香奈尔在感情上的愧疚，卡佩尔给困境中的香奈尔提供了一笔经济上的援助。香奈尔用这笔钱在巴黎坎朋街21号开了她的第一家帽子店。帽子店开始了香奈尔不平凡的一生，她在自传中写道："因为卡佩尔带我去赛马场，我注意到当时的帽子都比头小，戴上后还要别上帽针才能固定，并不实用。所以决定设计没有太多繁缛装饰的帽子。"香奈尔的帽子简洁、大方，尤其是硬草帽和圆顶狭边的钟形帽，受到了许多妇女的欢迎。

1912年，《时装》杂志以完整篇幅刊载香奈尔的帽子，并由明星示范，使这位名不见经传的年轻姑娘在巴黎初露锋芒。同年，香奈尔趁热打铁，在法国上流社会的度假胜地——诺曼底海边小城开了自己的第一家服装店。因为当时她租巴黎坎朋街那家店面的时候，合约上明令禁止她从事服装设计，原因是她的邻居是一位服装设计师。

这时候，一战的阴影已经在世界各国蔓延开来。但是，法国上流社会的妇女们依然以高规格的服饰来炫耀丈夫的地位，她们穿着波烈式的羽饰、长裙出席各种各样的晚宴。香奈尔凭着天生的敏感，推出了第一种女装款式：针织羊毛运动装，这是一款妇女户外活动的休闲装。她的服装理念与早年卑微的生活有着莫大的关联，孤儿院穷苦的生活深深地印在她的脑海当中，也渗入了她的设计风格：朴素端庄、简明大方。香奈尔认为："女人为造成她们举止不便的服饰所束缚，从而被迫依赖于仆人和男人。"因此她设计了各式运动衫、开领衬衫、短裙等式样简洁的服饰。

针织羊毛运动装是源于板球运动装，造型简朴素雅，与当时服装界盛行的华丽服饰形成了鲜明的对比。因此，香奈尔推出这款服饰的时候，颇受非议。不过香奈尔并没有在意这些，她经常穿着这样的羊毛衫，配上简单的短裙，骑马散步。

声名鹊起

1918年，第一次世界大战已经进入白热化的阶段，无数父亲、兄弟、儿子都遇难了，留下妇女在苦苦求生。香奈尔的亲密爱人卡佩尔在这一年因为车祸遇难，这使她更加深刻地体会到那些丧失亲人的妇女们的痛苦。在无数女性沉浸在悲痛中的时候，香奈尔依然坚强地站立了起来，更加雄心勃勃地发展自己的事业。

香奈尔的服装有着强烈的个性，在她看来，女人不再是男人的"花瓶"，同样是担任社会重任的公民。她说："要把妇女从头到脚摆脱矫饰。"她要创造一个年轻的形象，一战的爆发给她提供了这个机遇。

战争使得整个法国社会发生了巨大的变化，男士都上战场了，女性责无旁贷地负担起持家的工作,那种宽大拖沓的时髦服装,已经不适宜更多的社会活动,只会对人们的行动造成阻碍。在那之后,职业妇女渐渐兴起,因此需要较为实用的服装,香奈尔的服装正好符合这个趋势,她的事业也蓬勃发展。

1924 年,香奈尔推出了著名的黑色小礼服,掀起了世界服饰的革命。从这种简单、直线条、颜色不鲜艳的服装中,可以了解到香奈尔的设计风格。她强调的是舒适性、方便性和实用性,加上她的个性和感性,因此她的服装是年轻自然的,直线条剪裁简单优雅,并不一味强调曲线,纤细且实用。香奈尔有时也喜欢男性打扮,据说,一个寒冷的天气,香奈尔借了情人的套衫,束起腰,卷起袖,形象非但不滑稽,而且潇洒迷人。随后她在自己的设计上融入男装的风格,设计出了更加新颖的女装,这种偶然的装束竟成为时髦一时的香奈尔装,被人竞相模仿。

香奈尔用水手装和水手裤来替代女式长裙,用质地薄软的内衣面料创出浪漫的渔夫式套装。香奈尔具有爆炸性的创造力,随便一件衣服在她的手上都可以成为一时的风气。

战争为诺曼底带来无数富豪,也使香奈尔的时装店扩展成为大公司。香奈尔一头闯进了法国时装界这个高傲无情的领地,她的时装和她本人一样迷住了那个时代。

享誉全球

1918 年年底,第一次世界大战结束,香奈尔已经是著名的时装设计师了。她手头的订单尽是西方上层社会有名气的女人,如伊丽莎白·泰勒、英格丽·褒曼等著名的演员。巴黎人喜欢这个苗条的女时装设计师,她是那么的生气勃勃,嗓音温柔。她的服装和她的为人一样,坦率、自由,裙子为齐膝短裙,上衣为宽松直线形外套,舒适自然,不再刻意强调胸部和臀部的曲线。她设计的毛呢料长外套,去除花哨的装饰,简朴得像男装一样。

香奈尔主张造型简洁、朴实、舒适自如、素雅的服装,她喜欢黑白两色。她的两件套装样式被视为经久不衰的时代风格。1920 年,一张巴黎报纸评论说:"这是位令人惊愕的天才,她的服装富有女性美的艺术,是匠心独运的充分展示。"

香奈尔改变了时装的概念,使服装艺术真正迈入了 20 世纪。她自己说:"我使时装的观念前进了四分之一世纪,我凭什么呢?因为我懂得如何解释自己的时代。"

随着战后重建工作的蓬勃兴起,香奈尔认为手工定做服装已经不适合大众需要,她决定投入成衣市场。事实证明她是对的,这让香奈尔企业稳固发展,茁壮成长,最终成为国际上数一数二的服饰大企业。

1920—1924 年,香奈尔享誉全球,已经成为当时时装界的"女王",她的公司是巴黎最重要的服装公司,她的设计沙龙在巴黎坎朋街 31 号开业。香奈尔在服装界的地位相当于画坛中的毕加索。香奈尔时装俨然是 20 世纪 20 年代的主流,她宛如新时代的化身:经济上独立,恋爱自由,生活全凭自己的喜好方式。评论家甚至说:"女性已完全消失了,剩下的全是香奈尔创造出来的男性。"

事业顶峰

"100岁,长生不长。"

——87岁的时候,香奈尔以自己的出生日期19号为新款的香水命名,当记者问到她多大岁数时,她如是回答。

香奈尔5号研制

事实并非评论家所言,香奈尔的服饰将女性魅力掩藏起来,赋予了男性化。事实上,香奈尔是一位极其爱美的女士,她曾说:"我不能理解女人为何不能只是为了表现礼貌,出门前都好好打扮一下,每一天谁知道会不会是命中注定的大日子?"她的设计将女性从繁缛的服饰中解脱出来,体现一种自然简洁的美。

1920年,香奈尔开始提倡整体形象,她认为女人的美应该是从头到脚的,甚至还包含配件,如化妆品、香水。香奈尔觉得,一个女人不该只有玫瑰和铃兰的味道,一个衣着优雅的女人同时也应该是个气息迷人的女人,香水会增添女性无穷的魅力。

香奈尔对女性的体味深恶痛绝,她喜欢香水,喜欢女人散发出的香味,而且她非常认同诗人瓦莱里的话:"不洒香水的女人不会有未来。"

像所有的著名设计师一样,香奈尔也体会到时装与香水的共通之处,两者结合必然有利可图。当时著名的时装公司,如伍尔德时装屋有他自己的"夜里"香水;波赫推出的是"我心已狂"香水;李龙有一种以自己名字命名的"全然李龙"香水。只是,所有的香水都是以自然花香为主,没有人想到花香以外的香味。

香奈尔的朋友当中有一位叫作柯莱特,是一位作家,长香奈尔10岁,两人都属于麻雀变凤凰的类型,地位平等,有着共同的工作态度。通过他,香奈尔认识了恩尼斯·鲍,后者在格拉斯有一间实验室。

当香奈尔开口要恩尼斯替她开发合成香水时,恩尼斯还心存疑虑。不久之后,他发现香奈尔意志坚定,敢于创新,而且决心要独树一帜。香奈尔对恩尼斯说:"我不要有一丝玫瑰或铃兰的味道,我要人工合成的味道。在女人身上闻到自然花香反倒不自然,这是一种矛盾,也许自然的香味该以人工合成。"

香奈尔在格拉斯的实验室中呆了数天,凭着她灵敏的嗅觉辨别茉莉、保加利亚玫瑰、麝香以及木兰的香味。

最后,恩尼斯将样品删减至七八种,由香奈尔细细品味,逐一比较,经过一番斟酌,她挑选出了五种样品。"这就是我要的,一种截然不同于以往的香水,一种女人的香水,一种气味香浓、令人难忘的香水。"

香奈尔5号出炉

香奈尔香水出炉了,她邀请恩尼斯以及几位朋友到高级餐厅吃饭,在桌上放了一个喷雾器。每当有高雅的女士经过桌旁,她就会喷一下香水。"效果太神奇了,只要有女人经过我们的桌旁,她就会停下来闻闻看。当然,我们装成一副视若无睹的模样。"香奈尔回忆的时候,依然兴奋不已地说。

香奈尔从格拉斯带回了许多小瓶装的样品,慷慨赠予来店里购物的顾客,又让店员将香水喷在试衣间里面。事隔不久,就有回头客寻问哪里可以买到这样的香水。"就是我前几天给你的那个小瓶啊!"香奈尔装出一副思索的样子说,想半天然后说,"亲爱的,我可不卖香水,这些香水是我在格拉斯偶然的机会中买到的,连香水制造师的名字我都记不得了。我当时是想将它当作小礼物分送给朋友的。"

当香水慢慢消失了,店员又会重新洒上香水,然后接二连三地有顾客前来寻问香水的来源。"你认为我应该将这种香水拿来自己卖吗?"她问客人,"你真的喜欢我的香水?"香奈尔一边紧锣密鼓地展开自己的促销活动,一边不断发电报给恩尼斯,要他火速增产。

等到恩尼斯回信说他已经开始生产,香奈尔改口对客人说:"也许你说得没错。"或者说:"好,我接受你的建议,我会多拿些你喜欢的那种香水来卖。"

几周之后。第一批香奈尔香水出现在几家指定的店内。在前期的宣传攻势下,香奈尔5号一炮打响。"我真没想到会那么轰动。"香奈尔的一位朋友回忆道:"好像是中了彩票一样。"

当著名的好莱坞影星玛丽莲·梦露用性感而充满磁性的声音对全世界说"夜里,我只'穿'香奈尔5号"时,全世界都为之疯狂了。

五号香水使香奈尔名声大振,这是全世界最为闻名的香水。香奈尔5号以它清爽淡雅的芳香,结合全新现代特色的包装设计,精致地诠释了女性独特的妩媚、婉约、热烈而浪漫的情怀。香奈尔5号的瓶子设计是一贯的长方体,简洁、干净,像是早期的药水瓶,属于立体主义,简洁高雅明亮,很符合香奈尔的风格,因此这种设计又称为香奈尔风。

优雅谢幕

时尚开始成为一个笑话,设计师们似乎已经忘记是女人们穿着裙子。大部分女人穿衣服要么为了讨好男人,要么为了引起羡慕。但是她们必须要动起来,进入车子里而不要将衣服的合缝处撕开。服装必须有一个自然的形状。

——香奈尔一向认为,服装要能随着身体活动才行。尽管女人的身材各不相同,但裁剪合适的服装人人合穿。

击败对手

香奈尔5号香水让香奈尔名声大振,也加速了时尚大师保罗·波烈的失败。其实,在波烈全盛时期,香奈尔已经开始向他宣战。在一次歌剧演出会上,她看到妇女们都穿着波烈设计得十分绚丽的东方礼服,便愤愤地声称:"这将不能继续下去,我将会使她们全都穿上黑色。"那个时候,她已经视保罗·波烈为自己强劲的对手。

在香奈尔的服饰刚推出来的时候,屡遭批评,波烈曾经撰文讥讽她创造了一种"高级的穷相"。他说:"从前女人富有立体感,像是船首,非常华美。而现在,她们像是营养不良的电报打字员"。

巴黎的男人也抱怨:"20世纪的女装可以说丧失了一切"。当时的波烈占据着服装市场的主导地位,他不允许任何不同于他的革新。他继续用高级丝绸和天鹅绒,以更加奢侈的主题顽强应战。

然而他失败了,1906年以后,他的服饰明显地开始不适应潮流。他不得不承认:"我们应提防一个'男孩'头脑的混乱,那是从她不可思议的帽子里带来一切该死的变化,对服装、发型、珠宝和运动衫。"然而,到了20年代,这个"高级穷相"的可可·香奈尔,却比被誉为"社会之狮"的波烈更胜一筹。

高级穷相

如果说香奈尔的时装被讥讽为"高级穷相"的话,那恰恰证明,她是第一个真正理解20世纪变化的人。第一次世界大战改变了世界,也带来了一个新纪元。战后,资本主义经济的复苏与文化的繁荣,把20年代推向一个刺激而狂乱的年代。

所有的一切都在发生着翻天覆地的变化,各种新的艺术逐渐取代了传统的行为,如明星取代了贵妇的社会地位,她们更能引领时尚潮流。1911年,舞蹈家爱莲·嘉斯尔从纽约巡回演出来到巴黎,她的青春简朴的打扮,成为当时青春派时装流行的契机。

香奈尔天才的秘诀就在于她把握住这个时代的脉搏,"某一个世界即将消逝的同时,另一个世界也正在诞生,我就在那个新的世界。机会已经来临了,而我也掌握住了,我和这个新世纪同时诞生"。她骄傲地称:"我是第一个生活在这个世纪里的人。"

香奈尔的"高级的穷相"或曰"豪华的贫穷"改变了当时浓烈的色彩和繁缛的服饰,这恰是20年代的典型风格。20年代末,巴黎时装界涌起了不少后起之秀,如爱德华·莫利内克斯和让·帕杜。后者设计的低腰款式总体上来说源于香奈儿的创造,所以他们基本上无法与香奈尔匹敌,香奈尔已经有了广泛的市场空间,而且她本人就是最好的模特,自己的衣着就保证了她的作品稳操胜券。

然而,随着狂嚣的20年代的结束,到30年代,社会开始步入一个迷惘的历史时期,人们对黑色的狂迷开始消失,富丽奢华又成为追求的目标。年轻的女设计师夏帕瑞丽明显对香奈尔构成了威胁,她所带来的巴洛克风和艳丽色彩,夺走了不少顾客。

四十多岁的香奈尔并没有却步,她用高雅的白色系列,同夏帕瑞丽的设计对抗。

1931 年,香奈尔应邀赴美国好莱坞设计服装,在《永驻今宵》等电影里,她的设计大获成功。尽管美国明星目空一切,香奈尔设计的套装却成了美国职业女性的标准服饰,至今都成为女性独立、自尊、自强的象征。

到 1938 年,香奈尔的盛名达到顶点。然而,这也预示着衰退的到来。20 世纪 30 年代中后期,世界经济政治格局不断变化,法国的政局在这中间也动荡不安。失业问题和大萧条带来的影响继续存在,法西斯恐惧主义在巴黎的上空也笼罩了一层阴郁的气息。

流行趋势的瞬息万变,时装界的变幻莫测,竞争者的虎视眈眈,再加上时局的动荡,这一切让年过半百的香奈尔备感不安。1939 年 9 月,二次大战爆发,香奈尔举行了最后一次时装发布会,宣布时局已不适合追求时尚。后来关闭了她的时装店,隐居在她的寓所。

战后归来

1945 年,二战结束,许多城市一片废墟,曾经极端显赫的欧洲陷入贫苦之中。在战争中屡屡遭挫,使得欧洲的时尚地位,尤其是巴黎在时尚界的引领作用开始受到质疑。二战的最大债主——美国开始成为价格昂贵、风格独特的时尚服装最重要的买主。

1947 年,克里斯汀·迪奥创造了自己传奇般的"新款":紧身内衣,宽大的裙摆长及脚踝,这是将传统的风格进行了一番改造。香奈尔备感沮丧,她怎么也没有想到,时尚正在向她之前的服装概念倒退。在她看来,流行的新款荒唐至极。最重要的是,香奈尔觉得,让妇女们重新回到紧身胸衣的束缚中去是一种倒退,根本不合时宜。

然而,大多数人非常喜欢新款的服装,这是对多年来的制服和简单朴素格调的一种自然反弹。人们对 20 年代香奈尔的风格嗤之以鼻,曾经被认为是时髦和前卫,而如今却被认为丑陋不堪。这是前所未有的,历史上从来没有哪个流行过的时尚受到过如此严厉的指责。

香奈尔是富裕的,但她的心情却苦闷到极点。她怀念工作,怀念曾经的光荣,她接受不了时装界的这种倒退行为,她决定东山再起。1954 年 2 月 5 日,已经 70 岁的香奈尔举行了"公开的归来"时装发布会。在那之前,她悄悄地离开巴黎,在瑞士默默无闻地度过了八年自我放逐的生活。

重振雄风

人们无法理解已经古稀之年的她为什么还要重开时装商场,她说是为了给妇女们穿着舒适、合身的服装的自由。她的时装重新受到了人们的欢迎,但是香奈尔本人却受到了时装界的挖苦和讽刺。他们认为年纪大了,就该在家颐养天年。年迈的老人不应该再出来,应该活在人们的历史回忆当中,保持自己美好的形象。媒体批评年老的香奈尔"土里土气",认为她的复出必将是一次惨败。

香奈尔十分坚强,她头脑冷静,对待媒体的攻击不予答复,埋头着手下一次的时装发布会。在忙碌的工作中,香奈尔重新找到了曾经的感觉,找到了安慰。她像年轻时候那样孜孜不倦地工作，并将其含蓄随意的风格融入 50 年代的时尚格调之中。

事实也证明那些华丽的服饰必将成为历史，二战后出生的年轻人并不喜欢那些紧身衣服，她们喜欢香奈尔服装的随意简练。经过改进的香奈尔款式穿着方便，大方优雅，很快受到了美国白领女性的欢迎。

美国的《生活》杂志这样评价她："71 岁的香奈尔创造的不仅是一种时尚，而是一种革命。"的确，她每次创造的时装，都不仅仅是简单的样式的改变，而是对人们生活重大变化的回应。从 20 年代到 50 年代，她不停地创造奇迹，改变了整个时尚世界。

铿锵玫瑰

"我爱过的男人，永远会记得我。"

——香奈尔的神话，也体现在她的爱情上。她的朋友罗莎琳后来回忆说："可可称不上绝色，但认识她的男士无不为她痴迷。"

情感生活

虽然童年很不幸，但成年的香奈尔却是一位亭亭玉立的美人，乌黑的头发，小巧的身材，楚楚动人的眼睛，小而翘的鼻子和一张任性的嘴巴。她的美丽，俏皮和孤高自赏、自由自在的个性，勾画出一幅新女性的肖像。香奈尔衣着平常，极少装饰，通常只是藏青色上装和白色衬衣。20 世纪初，姑娘们都将自己装扮得花枝招展，相比之下，香奈尔更显得别具一格，不同凡响，处处渗出新时代女性的巾帼豪气。

香奈尔的事业取得了非凡的成就，但感情生活却远没有她的事业成功。香奈尔情感丰富，聪明、机智，个性独立，这样的性格并不容易被男性接受。1919 年她一生的挚爱卡佩尔死于车祸之后，围绕这位奇特聪颖女子周围的，总是显赫的人物：流亡法国的俄国沙皇亚历山大二世的长子狄米提·帕夫洛维奇，公爵的爱情，使她的设计陶醉在斯拉夫的情调里。

后来她同英国首富威斯敏斯特公爵保持了六年的情人关系，这期间是她设计生涯的鼎盛时期。30 年代后期，年已五旬的香奈尔，容貌和事业都达到完美的境地，各种各样的邀请纷至沓来，香奈尔出席各种社交场合，都被视作一种恩赐。许多著名艺术家都成为她的挚友，在毕加索、斯特拉文斯基、海明威、雷诺阿、莫朗、达里、高德温等等人的世界里，她扮演着新世界的缪斯，一个漂亮、风流的女名人，其事业、魅力和逸闻都是记者穷追不舍的内容。

法国作家萨西这样描写她："当她一出现，所有人都被她的娇小身影而吸引，她很苗条，浓密的乌发，眉毛靠得很近，小巧的鼻子和深色的眼睛，她几乎总是穿着同样的打扮，非常简朴和不同凡响的黑色。她总是把手插在口袋里开始谈话，她讲话快而断断续续；她给人的印象是既不胡思乱想，也不轻易被偶发的思绪干扰而放弃自己目标的人……"

独立个性

人们常常对她有那么多的机会却不出嫁发出疑问，对此她总是耸耸肩，俏皮地回答："大概因为我没有找到一个能和'可可·香奈尔'媲美的漂亮名字。"

然而，人们认为，她的独立、自尊和警惕，是早年生活遭遇的结果，她永远没有从童年的坎坷和不安全中恢复过来。她18岁时，姐姐自杀；以后她的情人卡佩尔死于车祸，两次经历了感情上的打击。所以，她一生中总是像猎物那样的充满恐惧。她承认，一生中遇到三个不同类型的男人，能给予她最大的安全感，卡佩尔、威斯敏斯特公爵、伊利伯，但她没有同他们任何一个结婚。

在自传中，香奈尔写道："按中国人的方式推算，我出生那年恰好是虎年，因此我的命中注定独立，无法与个性比我强的男人相处。"这些话并不足以解释她力量的神秘性。莫朗说她具有"革命所需要的那种强烈的报复念头"。香奈尔憎恶把女人当作物品，她反对男人主宰一切，包括时装世界。

勤奋工作

她说："上帝知道我渴望爱情。但若要我在心爱的男人和我的服装之间做出选择，我仍会选择服装。"倔强的香奈尔从来没有想过放弃自己的事业，香奈尔为众多男人所倾倒，可她却只与她的事业联姻，她这样坦白："工作令我着迷，虽然我不知道香奈尔的生活里没有男人会是什么样子。"

她是个工作狂，她把自己所有的精力、时间都献给了自己的事业。香奈尔通过自己的服装理念倡导了一种妇女新的生活方式——简单、自然、舒服。她说："当我想到工作，我想到的是我要装扮的妇女们，而不是时装店，一旦我能够帮助解放妇女，我会坚持下去的。"

香奈尔不仅凭借智慧和灵感，更多的是依靠锲而不舍的实干。香奈尔一旦工作起来，便要求完美无瑕。她说："当你开始工作，就必须继续下去，如果你不用心去做，你将一事无成。"她常常为周末中断工作而生气，她说过："我的生活是一个长久的战斗。"一旦投入战斗当中，她就全神贯注，忘记了一切。

生命终结

香奈尔不仅具有现代女性的美丽、诙谐、乐观、引起争论的气质，而且她勇于面对现实，有坚强的独立性，正像她说的："诚如拿破仑所言，他的字典中没有'困难'两字，我的字典中也找不到'不成功'三个字。"一个新时代女性的形象：自由、骄傲、藐视传统，她既是建立时装王国的女强人，同时又是娇弱多情的女性，这就是她与众不同的天赋，就如同她神奇多彩的一生一样。

她用自己的事迹证明：妇女们可以干成任何事情，一个女人可以自食其力，选择自己所爱的人，过自己想要的生活。从一个贫穷落魄的孤女，奋斗成为一个著名的服装王国的开创者,她在一个由男性一统天下的社会里,潜心经营,最终获得了胜利。她是战后所有女性的抱负和渴望凝聚而成的一个成功的神话。她改变了我们对于服装的认识,对于女性的认识,对于人生的认识。

她是时装设计师中为数不多,能走完艺术生命全程并获得永久性成功的天才,她比其他设计家的艺术生命更长,国际时装界推崇她为世界三大服装设计师之一。她是一个传奇,她不会作画或素描,但她看衣服一眼就知道好坏,看出哪里还需要改进,哪里还需要加工,她的天才在于她的双手和眼睛。

有人说,任何一个小裁缝都不难仿制一套香奈尔时装,言下之意就是香奈尔服装简单。实际上,她的服装不仅外形简洁,舒适自由,而且她对剪裁的精确和细节的精微,都是刻意求工的。香奈尔反对肤浅的装饰性,追求内在个性的自由、开放。不管她的设计理念源于何处,但通过精确的构思,创造成崭新的服装,这无疑是一个伟大的创造。

1971年1月10日,香奈尔独自为即将到来的时装发布会工作到很晚,凌晨时她服用安眠药睡了,从此再也没有醒来。她穿着喜欢的套装,戴着项链,带着她的机智和俏皮,安然长逝了,结束了她传奇的一生,终年88岁。

雅诗兰黛的创始人

——艾丝蒂·门泽尔

人物档案

简　历："雅诗兰黛"化妆品王国的创始人，被誉为"化妆品女王"。艾丝蒂·门泽尔的前半生大都是一个谜，1907 年 7 月 1 日出生于一个匈牙利犹太移民家庭，父亲经营五金店。她是家里的第九个孩子，因一直拥有富贵梦，她生来就厌恶自己的犹太移民身份，一直拼命想成为百分之百的美国人。1946 年凭借着想为每个女性带来美丽的渴望与丈夫共同创立了雅诗兰黛品牌，主要面向大众人群消费者。美国化妆品的半壁江山都归于其下，为了表示对她的尊敬，美国人将她的传奇一生拍成了电影。2004 年 4 月 24 日，因心肺骤停，

在寓所中逝世。1998 年《时代》杂志评出的 20 世纪 20 位最有影响力的商界精英中，她是唯一的女性。2018 年 12 月，世界品牌实验室编制的《2018 世界品牌 500 强》揭晓，雅诗·兰黛排名第 227；2022 年 12 月 15 日，雅诗兰黛中国创新研发中心在上海正式揭幕，研发中心凝聚科研力量，融合本土创意灵感，依托对中国和亚洲消费者的深刻洞察，将开启高端美妆领域创新"加速度"；2023 年 6 月，以 17737（百万美元）营收，入选 2023 年《财富》美国 500 强排行榜，排名第 230 位。

生卒年月：1907 年 7 月 1 日~2004 年 4 月 24 日。

安葬之地：美国纽约曼哈顿。

性格特征：聪慧独立，勤奋乐观，高贵亮丽的外表，古典精致的五官，极具创意的生意头脑，卓越的领导才能及果断利落的处事作风。

历史功过：开创了洗送赠品，洗发试用产品的先河，占据了美国知名化妆品品牌的半壁江山。历经半个多世纪它以领先科技和卓越功效在全球赢得广泛美誉。如今雅诗兰黛的护肤彩妆及香水产品系列已在全球 130 多个国家销售，坚持为每个女性带来美丽的

初衷致力于科研的突破和创新保持与顾客良好的交流这些优秀传统延续并成为未来发展的宝贵基础。经过勤奋努力的推销，创下了世人瞩目的帝国。

名家评点：艾丝蒂·门泽尔和许多商业领袖一样，做过亏心事。她当年起家靠的就是舅舅的六合一冷霜。即使以后，她靠自己研究的青春露征服了世界，但她还是感慨地告诉别人说："想不到我的一生居然建立在一瓶雪花膏上面。"有医学院皮肤科博士评价她舅舅的冷霜说："这的确是一种有功效的产品，安全，值得信赖。"

小家碧玉

"我的未来从此写在一瓶护肤膏上。"

——任何成就一番事业的人都少不了一样东西，那就是热情。成就事业的人对某方面的东西向来都有着与众不同的热情，并且能够长期地坚持下去。

1907年7月1日艾丝蒂·门泽尔出生在美国纽约皇后区一个匈牙利犹太移民家庭，皇后区居民大多是低收入阶层，艾丝蒂的家庭是一个普通的工人家庭。父亲依靠经营一家小五金店来养活一家十来口人，从小艾丝蒂对美有一种特殊的兴趣和敏锐。她是家里的第九个孩子，家人喜欢唤她小名艾丝蒂，后来就沿用下来。她最早对化妆品的接触得益于皮肤科专家的叔叔。6岁那年，艾丝蒂的叔叔给她带来了神奇护肤膏，艾丝蒂从此把唯一的梦想与它联系在一起，她表示："我的未来从此写在一瓶护肤膏上。"

艾丝蒂的叔叔化学知识非常渊博，平日里喜欢在家里调制一些化学试剂。20世纪30年代，他在自家房子后面一间小屋里搭建了简陋的临时实验室，自己调制脸霜，他总是在一个煤气炉前不停地忙来忙去，将架上的瓶子换去换来，在他的手中奇妙地出现一种成分与另一种成分混合的东西，艾丝蒂越看越着迷。当叔叔耐心地将各种成分混合起来，一种非常细腻爽滑、洁如白雪的东西便产生了，让人爱不释手。这时她不禁惊呼起来："啊！叔叔，您真了不起！"叔叔对她微笑着说："这是雪花膏，可以赚大钱哟！"

叔叔发现艾丝蒂对化妆品有特别的兴趣和想象力，还有灵敏的嗅觉和灵巧的双手，她的天赋不应该被埋没。从此，叔叔在配制化妆品的过程中，总是和颜悦色，不厌其烦地向她详细讲解其原理与作用。

"这种雪花膏既可以保护皮肤，又能洁净皮肤，其中含有一种油脂，能清除皮肤上容易堵塞毛孔的过剩油脂与污垢。"叔叔说。

艾丝蒂决心要像叔叔那样，也配制一些化妆品。她开始在叔叔身边忙开了，既当学生，也当助手，学会了一些基本的化妆品制作方法，经常得到叔叔的夸奖，叔叔称她有一个"神鼻子"，会辨别各种香味。一次叔叔配制出一种特别的雪花膏，对她说："这种产品不仅香，滋润皮肤，还能消除脸上的红斑立竿见影"。

艾丝蒂将这种雪花膏带到学校，让班上一位脸上长有红斑的女同学擦了一些。过了几天，果然好了很多。她和全班的同学都惊奇不已。许多女同学都向她要这种神奇的东西，她送掉了几加仑的雪花膏，并将它取名为"超级全能雪花膏"。

长大一点以后，艾丝蒂就帮忙叔叔销售雪花膏。她把产品带到美容院，给那些闲坐着等头发吹干的女人们做免费演示，其中许多人后来成了她的顾客。曼哈顿第五大道集中了各种奢华品牌专营店，艾丝蒂有时候就在那里拦住过路的女性，请她们试用自己的产品。后来，她又按照配方自己动手调制，制作出产品，然后卖给纽约曼哈顿美容沙龙里的那些女顾客。

琴瑟和鸣

"我们的工作就是让所有的女性展现最完美的一面。"

——女性的爱美是毋庸置疑的，但是怎样才能展示出一个女性的美好一面，却需要众多的技巧。艾丝蒂通过她的努力做到了，她清楚地明白，如何让女性知道自己是美丽的。

创业之初

1930 年，艾丝蒂和一名经营服装的商人约瑟夫·劳德结婚，三年后有了一个儿子，里昂纳多。1939 年，劳德和约瑟夫离婚，独自一人前往佛罗里达。很多年后，她回忆起这一段经历时说："我在很年轻的时候嫁给了约瑟夫，你们一定以为我错过了生命中的某些东西，但我后来发现其实我拥有的是世界上最可爱的丈夫。"

1942 年，艾丝蒂印证了她后来的这段话，她和约瑟夫复婚，有了第二个儿子罗纳德，并和丈夫一起经营他们的事业。他们效仿叔叔，自己开了一个美容院，一边为人美容，一边配制一些简单的化妆品进行出售。工作之余，她潜心研究叔叔交给她的秘方，尝试新的化妆品配制方法。艾丝蒂后来回忆说："我不断在自己身上试验产品，在所有的部位进行试验。我的房间从来没有安静过，厨房里更是如此。在那里，我除了要给家人做饭外，其余所有剩余时间都来制作护肤品，我感到这是一种其乐无穷的工作。"他们在一个从餐馆改装成的工厂里自己研制配方，生产出护肤品，并把它们装进漂亮的瓶子里出售。

一天，一位烫着卷发、美丽动人的女士来到艾丝蒂的美容厅。她衣装雅致，颇有品位，引起了对美有着特殊爱好的艾丝蒂的注意。艾丝蒂称赞她衣服漂亮，并询问衣服购自何处。谁知这位女士眼也不抬，冷冷地说："告诉你又有何用？难道你穿得起这样的衣服吗？"

艾丝蒂满脸通红，默默地走开了。正是这位女士，改变了艾丝蒂一生的事业。艾丝蒂决心要开创化妆品事业，1946 年，艾丝蒂和丈夫约瑟夫·劳德在纽约用 5 万美元创办了自己的公司——艾丝蒂·劳德公司，也就是后来中文译名的"雅诗兰黛"公司。经过一次次试验，对产品百余次的推敲，终于在皮肤科专家叔叔的帮助下，他们配制出了清洁油、润肤露、泥浆面膜和全效润肤精华素四款产品。

派送赠品

公司起步的时候,艾丝蒂没有足够的资金来支付广告公司费用,产品也没有打入大型商场,艾丝蒂公司的产品几乎无人问津。艾丝蒂很着急,尽管她聘用了容貌美丽又口齿伶俐的小姐来担任售货员,但每天依旧卖不了几瓶化妆品。

一天,从商店回来,艾丝蒂来到一家杂货店买东西。她是这家店的老顾客,和店主非常熟悉。刚走进门,老板娘就热情地招呼她:"劳德,我家保姆刚从俄罗斯带来了一些俄式烤肠,味道非常不错,送给你几根尝尝。"她边说边从冰箱拿出烤肠,让劳德带回家去品尝。

晚餐时,艾丝蒂边吃烤肠边想着化妆品的事情,"妈妈,这种肠的味道真是很特别,哪里买的?"女儿的话打断了艾丝蒂的思索。"味道是不错,以前怎么没吃过?"丈夫也说道。望着女儿和丈夫,劳德忽然想到了一种促销方法。

凭着一个女人的直觉,她相信:在适当的时候,把试制的化妆品样品作为礼物送人,其推销效果会更好。这也是她著名的推销策略之一:随卖附赠试用品。她用源源不断的赠品代替宣传。她坚信:"当你设法把产品塞到顾客手中,只要产品质量好,它自然会替自己宣传。"

第二天,劳德在自己的柜台前写上了"免费试用"的大幅招牌,这在当时是从没有的一种促销方法。既然是免费试用的,自然有好多女士乐意到雅诗兰黛柜台前看看。同时,劳德还组织一些店员拿着化妆品去一些美发店、公共场所进行赠送。很多女性使用雅诗兰黛化妆品后,感觉效果真的不错,她们不知不觉间喜爱上这种能带给她们美丽的产品。随后,她们又会将其介绍给她们的亲人和朋友,这样雅诗兰黛的影响面越来越大。事实证明这种销售方式非常有效,雅诗兰黛公司在开业不到半年时间便达到了可观的营业额。

即便是在化妆品已完全被消费者认可和进入销售的全盛时期,艾丝蒂也依然坚持向众多消费者提供免费试用品,许多女性对这种特有的销售方式非常喜欢,因为通过试用,她们能够找到哪种产品最适合自己的皮肤。她相信,通过这种方式可以告诉她的顾客,她的产品是最好的,而使用它们的人也是最棒的。

当艾丝蒂得知纽约最豪华的第五街萨克斯百货公司的助理采购员姆斯小姐由于汽车事故而使脸上留下难看的疤痕时,艾丝蒂主动把自己生产的雪花膏给她送去。几个星期后,这位小姐脸上的疤痕基本消失了。没几天,萨克斯公司的化妆品采购员主动找上门来,向艾丝蒂订购了一笔货。艾丝蒂回忆说:"当时我高兴地大声高呼:机会终于来了。"

后来,在一次舞会上,艾丝蒂认识了当时纽约美容业的名家海达娜·鲁宾斯坦夫人。在仔细端详了这位夫人之后,艾丝蒂很有礼貌也很直率地对她说:"很荣幸能认识你。你长得很漂亮,也很可爱,但是如果你的脖子上再擦上一点雅诗兰黛粉饼,那就更美了!"说完,艾丝蒂随即赠送了一盒雅诗兰黛化妆品给海达娜·鲁宾斯坦夫人。已故好莱坞明星、摩纳哥王妃格蕾丝·凯利是艾丝蒂的好朋友,她曾回忆说:"我和她并不太熟,但她老是送这些东西来。"

就这样,或赠送,或邮寄,或在慈善活动时免费派发,或随购买的商品一起赠予顾客,艾丝蒂赢得了成千上万的顾客。她的坚持推销终于有了回报。1948 年,她说服了一个采购商下了相当分量的订货单。她和丈夫两人在餐馆改装成的作坊里亲手调制订单上的所有脸霜,并装在漂亮的罐子里,产品出货后在两天内出售一空。

雅诗兰黛在艾丝蒂的推销下产生了巨大的经济效益,但她并没有满足。她迫切需要以优秀的口才宣传她的产品,为产品增加光彩。一次,她对顾客由衷地说,"世界上最美的脸,是谁? 不是别人,而是你!"这凝聚了整个公司精神的美妙语言,打动了她的顾客,更打动了她自己。她决定把展示艾丝蒂公司精神和个性的口才凝固下来,于是,艾丝蒂·劳德化妆品公司形成了这样的广告语:"世界上最美丽的脸是谁? 伊丽莎白·泰勒吗?不是。克里斯蒂·布林克利吗? 不是! 布鲁克·布尔茨吗? 也不是。那么是谁呢?是你。"

公司起步

雅诗兰黛的产品使美容专栏作家、经销商及消费者都赞不绝口。就这样,艾丝蒂迈出了成功的第一步。接下来,艾丝蒂就要为产品的销售找路子了,她开始为产品销售终日奔波。

一次,一名女顾客付完美容费后,向她建议道:"希望你的化妆品能在萨克斯百货公司买到! 那里可以记账。""我正在努力!"艾丝蒂在回答时,心里涌起了浪花。萨克斯百货公司位于繁华的纽约第五大街,如果她的商品能在那里出售,不仅方便顾客,更会提高产品的身价,何愁不能发家致富?

为了在纽约第五大道的 Saks 开第一个专柜,她每天都去该店要求见总经理,但是都被婉言谢绝。然而她没有灰心,相信自己总有一天会获得成功。

后来,姆斯小姐亲自带来一个带着面纱的女人,并向艾丝蒂介绍:"这是公司总经理的女儿,脸上长满红斑,特别来向您求助。"艾丝蒂非常仔细地观察,用灵巧的双手对她进行美容,最后擦上一种特别的化妆品。几次下来,总经理女儿的脸变得白白净净,柔嫩无比,总经理一家人非常高兴。艾丝蒂终于被允许在该百货商场内设立了化妆品专柜。

雅诗兰黛作为高档美容护肤品品牌的知名度从此直线上升。由于对自己产品的品质及效用深信不疑,艾丝蒂经常亲自带着产品到处推销。无论是发型屋还是百货公司柜台,她都热心地拉着顾客试用其产品。因为她认为,只要产品能接触到顾客便已成功了一半。除此之外,艾丝蒂开创了向顾客派发试用产品的先河,结果产品的销售出奇的理想,而这种市场策略也为其他公司纷纷效仿。

凭着敏锐的市场触觉及创意十足的商业头脑,雅诗兰黛公司在 20 世纪 50 年代营业额已达到每年 80 万美元,这在当时是一个十分惊人的数字。公司业绩十分理想而且不断稳步上扬,但艾丝蒂却从不放松对产品及服务素质的要求。她十分注重员工的服务态度,深信亲切热情的态度是成功销售的关键。所以,当约瑟夫在当地经营时,艾丝蒂则常常亲自飞到各地的化妆品专柜或专卖店巡视业务,培训员工,更亲自教授员工销售技巧,她常对员工亲切地说:"让我教你怎样向客人介绍产品吧!"她认真和务实的处事作风正好贯彻执行了她"大胆想象,切实执行"的座右铭。

公司腾飞

"每个女人都可以美丽。"

——信念看似不可捉摸,飘忽不定,但她带给一个人的却是无往不胜的决心和勇气。只要有了它,梦想的翅膀终会飞上云霄。

青春之露

20世纪50年代以前,香水是极其奢侈的用品。当时美国的社会风尚是:妇女很少到化妆品柜台上购买自己需要的香水等化妆品。大家都保持着传统的方式,美国男人为了向女人献殷勤,主动买香水送给她们,女人习惯等着接受赠送品,如果哪个女人自己到商店买香水是没有脸面的。

50年代,雅诗兰黛结合当时的文化,为香水带来了戏剧性的影响。1953年,雅诗兰黛推出"青春之露",这是一种香氛沐浴油,它飘逸着花果清香,洋溢着青春气息,可以当香水使用。让人感到轻松、随意。

艾丝蒂将这款香水隆重登场地摆上专柜,专柜四周持续地散发出一种芬芳浓郁的田园般诱人的香气,沁人心脾,使人们流连忘返。原来她早已将"青春之露"揭盖,让自然香味四溢。不断有顾客前来询问,艾丝蒂不厌其烦地向顾客介绍该产品的用法与好处,让她们动手打开观察、试用。传统的香水销售总是密封式的,更不允许试用,艾丝蒂的新营销方式惹得女士们兴趣盎然,问价声此起彼伏。"不卖,赠送给你们!"艾丝蒂非常大方地说。爱美的女士们带走了她的礼品,也带走了艾丝蒂·劳德公司的名称和她的经销地址。

艾丝蒂把这一产品作为女性的日常用品打向市场,并向人们传递这样一种理念:它不必到节日时才购买,更不是珍贵的礼物,就如同时装一样可以时时更换。就这样,青春之露打破了只有在隆重场合才使用香水的惯例,改变了人们对香水的认识,使香水能够为越来越多的人所拥有。青春之露上市后大获成功,打破了法国香水一直雄霸世界的局面,使得高档香水不再是少数贵妇才能使用的奢侈品,而雅诗兰黛也获得了创新和优质的美誉。

从此以后,雅诗兰黛的香水一直颇受时尚界推崇。比如它的beautiful香水,其广告一直以新娘为主角。据说,beautiful香水的创作灵感源自艾丝蒂此生最美好的回忆,以及令人感动的誓言:"我不希望beautiful闻起来像是玫瑰花、栀子花或是任何一种单独的花香，我要令 beautiful 成为世上最奇妙、最丰富、最和谐的千百种花香调集于一身的香氛。"艾丝蒂说。

当时，艾丝蒂也成了世界上少数的调香师之一，60 年代青年反叛思潮兴起，摒弃传统称为时尚，年轻人视香水为时装。香水也开始追求前卫风格，出现了异彩纷呈的流派。

70 年代，女权运动高涨，女士们开始脱下裙装，换上长裤，涂起男用淡香水。富于清凉柑橘味儿的 EauSauvage 最受时髦女性的青睐。迎合社会思想，迪奥公司的 Diorelle 和香奈儿公司的 Cristalle 相继问世，带给妇女新感觉。表现妇女高雅风格，别致不凡的 Chloe、Oscar、Noire 也颇受欢迎。这个时代，香水中的杰作当为伊夫·圣罗兰的"鸦片"，散发出诱人的东方之香，其名称惊世骇俗。1978 年雅诗兰黛推出了白麻，里面加入了茉莉、玫瑰、铃兰和柑橘等香料，成为高贵而爽朗的香水，让人发现到香水也可以是日常用品，并非特别场合才可以使用。

海外市场

艾丝蒂是靠贷款来扩大自己的事业，负债经营让她不敢有一丝松懈。创业初期，她花了 5 万美元进行赠送，这是相当冒险的行为。然而，她成功了，并引发了行业的效仿，形成化妆品行业的惯例之一。

为了进一步拓展市场，她总在尝试一种新的联营体系。她不辞劳苦地到全国各地进行考察，确定产品销售代理人或自己开设分店，并坚持只在第一流的商店出售的原则。在所有的经营商店中，她都要亲自挑选和培训女售货员，要求她们都成为产品的"活广告"，并有严格的纪律和规范，如借助演示来宣传产品的性能和优点等。她通常会在新开业的商店里，亲自上阵进行一周的示范。

为了达到收支平衡，她对每一分钱都非常节省，进自助餐厅、乘坐公共汽车等等，尽量节省每一分钱并将它用在公司的投资上。艾丝蒂多次受到打击，但她总能灵巧应付，化险为夷。20 世纪 90 年代，雅诗兰黛雇员近 1 万人，年营业额超过 10 亿美元，艾丝蒂终于成为"美国化妆品大王"。

20 世纪 60 年代，雅诗兰黛开始大举拓展海外市场，先后进入英国、法国、德国、加拿大、澳大利亚，包括亚洲的日本。

一天，她带着自己的产品来到巴黎拉德脱埃公司的门口，此时正是下班时间，购买物品的人群川流不息。她看准时机，将 10 多瓶香水全部打碎在公司的地上，顿时，芬芳馥郁的香味四处弥漫。人群如潮水般地涌来，七嘴八舌："奇香无比""灵魂开窍""妙不可言"……记者纷纷报道这一盛况，称"一种神奇的香水征服了巴黎"。从此，艾丝蒂的香水在巴黎名声大振，许多百货公司也纷纷邀请她加盟。

公司还不断扩充自己的产品线，1964 年推出男用香水和美容护肤产品。1968 年，为了解决女性皮肤干燥、过敏的美容难题，雅诗兰黛公司建立实验室，研制生产经过抗过敏试验、不含香精的美容护肤产品，最终开发出经过医学过敏性测试的化妆品品牌，即众所周知的 Clinique——倩碧。1990 年，为了适应全球环保潮流，成立了 Origin 有限公司，该公司研制的产品,强调纯天然的植物配方,不经动物实验,所有包装皆可循环使用。在这里,美被赋予了更自然、健康的含义。

事实上,无论是东方的窈窕淑女,还是西方的金发碧眼,不同时代的审美标准都有一个相同的标准:"清水出芙蓉,天然去雕饰"。

新世纪初人们明确认识到,清洁才是获得美丽肌肤的第一步,也是最重要的一步。不合适的洁肤品反而会对肌肤造成伤害,有些洁肤品总让人觉得不干净,有些虽然洗去了污垢,却也带走了保护肌肤的脂质屏障,干性肌肤因此变得干燥不适,油性肌肤更容易出现油污。为了解决这一问题,雅诗兰黛研制推出了一系列全新的洁肤品,给各类皮肤恰到好处的洁净对待,全新的柔软洁面乳有清爽的牛奶香,洁净的同时也提供适当的滋润;平衡油脂保湿洁面凝胶,给油性肌肤清新舒爽的感受;细致的丰盈水化清洁乳,能明快地除去彩妆及油污,给肌肤一次次彻底舒适的洗礼,这些,都来自美和健康的传播者——雅诗兰黛。

高端路线

雅诗兰黛公司的总部坐落在纽约曼哈顿第五大道上的通用汽车大厦的40层,这里就是雅诗兰黛缔造流行秘密的蓝色帝国。蓝色代表着冷静沉稳。大海般的蓝色不仅在整个公司内部不断闪现,更是雅诗兰黛商品包装的专用色调。1962年,雅诗兰黛曾用这个色彩来装饰意大利著名的LaScala歌剧院,将产品在意大利首次推广,那情景仿佛是一次华丽的盛宴,雅诗兰黛夫人同她的蓝色一起,款待了整个意大利,也征服了整个意大利。

在寸土寸金的曼哈顿,办公室的豪华程度往往不是以室内装修材料的质地来衡量,而是以其所处的高度和窗外景观而论。艾丝蒂的办公室两面有窗,向南看,中央公园郁郁葱葱;向西看,曼哈顿城中林立的高楼尽收眼底。室内摆满艾丝蒂与美国多位前任总统、欧洲国家的王室成员和各界名流的合影。艾丝蒂总是坐在这间明亮的办公室里,细细闻着各种香水的味道。

许多去过雅诗兰黛总部的人都赞叹,这里可以说是每个女性梦想上班的地方,因为这里的办公室既是工作的地方,又是家庭成员聚集的地方,艾丝蒂将工作和家庭天衣无缝地结合在一起。曾经有人由衷地夸奖说,艾丝蒂的管理方式非常有创造力,她处理事情就如同和风细雨,让人很舒服,她的会议厅像个聚餐厅,每件东西都很完美、精致。人们在她的办公室里工作,就如同在自己家里做家务一样,总是能心情愉悦。

雅诗兰黛的专柜大多设在高档百货店内,如伦敦的哈罗德、巴黎的老佛爷等。越是时尚昂贵的地方,就越合艾丝蒂的心意。雅诗兰黛最为经典和大牌的护肤保养品该属ANR系列,内含果酸。自推出20多年来,一直保持经典的琥珀色玻璃瓶包装,创下全球每十秒销售出一瓶的佳绩。该产品的那句广告语"如果你16年前已经用上了ANR系列,那么16年后的今天,你的皮肤依然和16前一样细腻娇嫩"深入人心。

1995年雅诗兰黛公司在纽约证券交易所挂牌上市。如今,雅诗兰黛产品已经在全球

130 个国家和地区广为销售，2004 财年公司的净销售收入为 57.9 亿美元，是名副其实的化妆品帝国。雅诗兰黛、倩碧、波比·布朗、阿拉米斯、马克等品牌都归雅诗兰黛旗下，占据了美国知名化妆品品牌的半壁江山。在美国，雅诗兰黛已经是时尚完美的典型代表，这一品牌在全球高端化妆品领域的地位牢不可撼。

个人魅力

"我生命中工作的每一天无不是在推销中度过。如果我相信什么东西，我就把它推销出去，而且推销得很卖力。"

——没有辛勤的播种，哪来成功的收获。世界上没有一个人的成功不出自勤奋。勤奋是成就事业的最基本准则。

善于推销

雅诗兰黛如今已是全球著名的美容用品品牌，从 1946 年面世至今，其系列产品遍布世界 100 多个国家。如此出色的业绩，艾丝蒂立下了汗马功劳，她仅仅凭着一个梦想，就白手起家建立起了雅诗兰黛化妆品王国。艾丝蒂作为公认的化妆品行业里最富传奇的女人，谈起她成功的原因，或者可以用她最著名的那句话来解释："我生命中工作的每一天无不是在推销中度过。如果我相信什么东西，我就把它推销出去，而且推销得很卖力。"

艾丝蒂随时做好准备，知道去把握每一个机会。她不仅对时尚趋势有着敏锐的洞察力，而且在生意场上也是营销高手。她在化妆品推销上有两大创举：一是免费派发小包试用装，因为她相信"好产品会为自己说话"；另一个是购买产品的时候，顾客可以获得同一品牌的赠品。这些创举在今天，已经成为化妆品营销的经典手段。

在艾蒂丝的办公楼里到处都是亲和微笑的员工与淡淡的香气，记载着光辉历史的走廊中的一面墙柜，展示着从签着雅诗兰黛夫妇名字的第一张生意单，到最近一次商业盛事的照片，它们告诉人们，这是一个典型的美丽故事，简短、成功、灿烂、传奇。

每个女人都可以美丽

1946 年，艾丝蒂在创办公司时，就怀有一种不可动摇的信念，那就是："每个女人都可以美丽"。到 2004 年她去世的时候，这一简单理念几乎改变了化妆品世界的面貌。

具有商业头脑的艾丝蒂同时还是一位堪称完美的女人，她的优雅、精致、聪慧体现在很多方面。自从进入化妆品领域以来，艾丝蒂总是关注着她身边的世界，特别是妇女们的变化。她喜欢思索美容问题，常常想着如何才能给女士们一个感到美丽的机会。就像劳德 1967 年出席全美 100 位最有成就的女性颁奖晚会时说的："作为自己的服务宗旨，我们的工作就是让所有的女性展现最完美的一面。"

就像"雅诗兰黛"的品牌定位,艾丝蒂致力于追求一种奢华、高雅的"上流阶层"生活。她的房产分布在美国纽约曼哈顿最繁华时髦的街区、棕榈滩的海边、伦敦的富人区和法国南部别墅带。另外,从她的交际圈也可以看出她在化妆品行业里的地位显赫,温莎公爵夫人、摩纳哥公主以及众多的社会名流都曾是劳德家中的座上宾,当时驻美国的法国领事这样评价她:"艾丝蒂身上具备我们法国人最钦佩美国人的东西——智慧和精神。"

勤奋

在美国,作为时尚完美生活的典型代表,雅诗兰黛公司一直深受喜爱和关注,艾丝蒂女士赤手空拳打造出一个顶尖的化妆品帝国。这一过程,她经历过许多艰辛,正如她的儿子对母亲最经典的一个评价"Ambition(雄心)"。艾丝蒂在雅诗兰黛公司的发展过程中始终充满雄心和热情,从来不愿意落于人后,而且总是勇于创新,不断奋斗。即使在事业经营了40年之后,艾丝蒂仍然坚持走访雅诗兰黛公司每一个新开的柜台或者商店,哪怕这些地方远在俄罗斯或者其他东欧国家。

作为一个赫赫有名的商界奇才,艾丝蒂·劳德总结出了大量行之有效的品牌营销"高招",她的销售方式相当令人称道。如今,雅诗兰黛公司已经拥有了极其出色的销售策略和销售队伍,公司不仅同时经营着众多的不同品牌,而且每一个品牌都有自己独特的形象,销售人员、产品包装以及柜台陈设等方面也都各具特色。更具体一点,各个品牌销售培训手册的内容也不尽相同,其中的对话和推销技巧都是根据品牌特点度身定制的。丰富优秀的产品加上个性化的营销,促进了雅诗兰黛公司的不断发展壮大。

1994年臀部受伤后,艾丝蒂就隐身于社交界。1995年,艾丝蒂退休了,但她还是没有停止在化妆品王国跋涉、奋斗的脚步,她经常为公司新产品的推出活动四处奔波。每到周六,她还要去孙子的曼哈顿店,亲自教导孙子如何进行销售,直到后来身体情况不允许才停止。

家族管理

20世纪90年代,艾丝蒂就已经拥有了16亿美元的资产,与其他公司不同的是,她的公司的股票全部是她的家族所拥有,财富全是家族私有财富。艾丝蒂的成功是依靠她的创新能力和勤奋的努力,她对产品的色调、香味,甚至广告与营销都牢牢把关。她自称有一种第六感觉,善于抓住市场,推出新的营销体系、合理的价格策略等等,这使她在男性垄断的行业中脱颖而出,并获得各种荣誉和桂冠。

基业长青,常常仅是一个美好的祝愿。家族企业的长青,更是罕见,在中国有一句谚语:"富不过三代",这句话其实在全球也是通用的。这并非仅是对于豪门的偏见,实际上,在全球1000强企业中,仅有79家是家族企业,由家族继承人掌控;另外,仅有20%的家族企业可以跨越60年后依然生存。

雅诗兰黛要打破这一"魔咒",劳德家族不相信这一盛衰规律。1946年以艾丝蒂·

劳德名字命名的"雅诗兰黛"的大权至今还一直牢牢掌控在劳德家族手中,保持着浓厚的家族色彩,其最高管理层中有 4 人是家族成员,他们分别担当着董事会主席、碧倩试验室总裁、首席运营官、公司高级副总裁的要职。

1982 年,艾丝蒂之子里昂纳多·劳德接手公司的执行总裁职务,并使"雅诗兰黛"进入到 21 世纪依然历久弥新。2005 年,雅诗兰黛集团净销售额突破 63.4 亿美元,净盈利为 4.06 亿美元。

2004 年 4 月 24 日晚,艾丝蒂·劳德女士因心肺骤停,在其纽约曼哈顿的寓所逝世。就像她创业的坚持一样,她的坚持运用在保守年龄秘密上也很成功。在她去世时,外界推测她的终年岁数颇费了点劲。据其传记作者李·伊斯雷尔的说法,她的生日是 1907 年 7 月 1 日,据此推算其终年为 97 岁。这番周折全因艾丝蒂终生对自己的真实年龄讳莫如深。引领无数女性追求美丽、追求完美生活的优秀"化妆品女王"已经远离人世,但她打造的顶尖美容产品以及那些商界传奇将永远留在人们心中!

"芭比娃娃"之母

——露丝·汉德勒

人物档案

简　历：世界玩具市场上畅销最久的玩具——"芭比娃娃"的创立者，后创建了美泰玩具公司，是美国最成功的女性企业家之一。1916年露丝·汉德勒出生在美国科罗拉多州首府丹佛市，于1959年与具有创造性的艺术家和设计天才的埃利奥特结合后，开始进军玩具界。从女儿玩的游戏中获得灵感，创造了标志性的芭比娃娃（该娃娃以她的女儿芭芭拉的名字命名）而受到市场热捧。半个世纪一直畅销不衰，已经销往世界上150多个国家，总销售额超过10亿美元。2002年4月28日，芭比娃娃创立者露丝·汉德勒因病逝世，享年85岁。

生卒年月：1916年11月4日~2002年4月28日。

安葬之地：美国洛杉矶。

性格特征：性格开朗随和，充满好奇心，富有想象力，勇敢机敏，善与人交往。

历史功过：第一个事先在电视上对公司的产品打广告，从此改变了玩具制造商、零售商与消费者之间的动态关系，创造了全球孩子们最喜爱的玩具，其设计打开了人们惯有的视野。是20世纪生活的代表。

名家评点：百度网评价说："这就是一个普通的玩具，但又如此真实，一方面，她美得不可思议，是'千面女郎'，另一方面，却又离我们如此之近，因为她和任何一个小女孩一样，有自己的喜好。反对声音还是会响起，但作为一个市场形象，'芭比'是如此的成功。根据美泰公司的统计，一个11岁的美国小女孩可能拥有过10个芭比娃娃，同龄的法国小女孩则拥有5个。除了小孩子，更有数百万的成年女性购买芭比，'对她们而言，无论年纪，她不只是个娃娃，'露丝这样说，'她已经成为她们的一部分。'而芭比的收藏者更是不分男女：一个在 1959 年标价 3 美元的芭比娃娃，如果保存完好，现在可能会值 5000 美元。1964 年被全美会计师协会评选为年度商界杰出女性。"

贫困稚子

"作为最小的孩子，我在成长过程中从不缺乏宠爱。正是因为在这么多的爱中长大，才会有孩子的童心，设计出可爱的'芭比'。"

——爱是这个世界上赋予人类创造纯真的最大力量。

贫穷并没有影响露丝

1916 年 11 月 4 日，露丝·汉德勒出生在美国科罗拉多州首府丹佛市，原名露丝·莫史可，是家里 10 个孩子中的最后一个。她的父母原是波兰人，为了逃兵役，像无数个到美国寻梦的移民一样，他们乘坐又热又脏的蒸汽船，来到了大洋彼岸。

露丝出生的时候，她的母亲已经是 40 岁的高龄产妇，她的大姐已经是 20 岁的大姑娘。露丝的父亲是一位铁匠，靠一点微薄的收入维持生计，生活的困苦并没有给这个大家庭带来太多的伤害，父亲和母亲对孩子们从不发脾气。

露丝出生时，母亲体弱多病，又得了胆囊炎。那时候，露丝的大姐已经出嫁，新婚宴尔的大姐莎娜便将还是婴儿的露丝接回了自己家中，承担起了母亲的任务。露丝后来基本跟着姐姐一起长大，父母对她而言，或许更像祖父母。

露丝非常幸运，身为家中最小的女儿，不仅享受了父母无微不至的爱，9 个姐姐也都对她怜爱有加，这对她一直保持着可贵的童心有着莫大的关系。尤其是养育她长大的大姐，不仅给了她无微不至的关心和爱，还给她树立了一个劳动妇女的好榜样。莎娜和丈夫开了一个带冷饮柜的药店，莎娜是这门生意的核心力量，负责销售和财务管理。10 岁的露丝每天放学后都到店里来帮忙，充当收银员、侍者，同时兼卖冷饮。露丝充满深情地回忆道："我大姐是生意上的领导者，她使我相信我也可以做到和她一样好。"

小露丝非常喜欢工作："我就是愿意工作，胜过跟别的小朋友玩。我从来没有像大多数孩子那样在孩提时代去建立一种牢固的友谊。"工作是出于对姐姐的敬爱或者是模仿，不过这不重要。不管什么原因，露丝小小年纪就能够亲切自如地同顾客打交道，而这正是把生意做成功的先决条件。另外，更重要的一点是，她学会同男人打交道，可以自如地跟他们进行交流。

大学认识埃利奥特·汉德勒

后来，露丝进入了大学，她个子不高，却充满了好奇心。19 岁那年，她上大学二年级，出于对电影的好奇，她只身来到了好莱坞。来到这个充满诱惑的地方，并不是像别的女孩一样，为了当一名电影明星，她中学时代的男朋友埃利奥特·汉德勒跟随她来到美国西部,后来,她在大名鼎鼎的派拉蒙影业公司摄影片场找到了一份秘书的工作,艾略特则在洛杉矶的艺术中心学院学习工业设计。

1938年他们结婚了,并选择在洛杉矶定居。埃利奥特制做了一些简单的家庭用品装饰他们的公寓,露丝·汉德勒劝他多做一些拿出去卖。慢慢地,埃利奥特放弃了当一名职业艺术家的理想,开始做一些手工礼品饰品,如书架、蜡烛架、挂盘等,工作间就在一家中国人开的洗衣店的楼上。埃利奥特设计制作产品,露丝负责销售,他们的生意最初就是这样自然平和地进行,两个人既是生活上的伴侣,又是生意上的合作伙伴。他们的结合堪称完美,埃利奥特是一个有创造性的艺术家和设计天才,他生性害羞,宁愿待在工作室过艺术家的生活。勇敢又精力充沛的露丝负责市场营销策略。

1942年,踌躇满志的汉德勒夫妇买了一些工作室设备,在一间车库里创办了他们的工作室,刚开始制作的主要是一些塑料碗、镜子、木制画框和时钟等,露丝·汉德勒向当地商店推销他们的产品。

1944年时,埃利奥特开始制作一些玩具,他试着用制作画框剩下的废料制作小型的家具,发现销路不错,于是公司又多了一项业务,为儿童游乐室设计、制造家具,包括一条安放洋娃娃的玩具木屋家具系列,最初是把它放在一家女装连锁店展卖的。但露丝马上就意识到玩具小屋不应放在服饰店里,而是应该放在玩具店里出售。几年后,公司开始赚钱,主业也转向了生产玩具。

1945年,汉德勒夫妇与他们的朋友,另一位工业设计家哈洛德·曼特森开办了一家公司,合作制造画架,并利用剩余的木材和塑料片来制造儿童游乐室的家具。不久之后,公司开始赢利,他们开始专门从事玩具制作,并把公司命名为美泰,取自曼特森和埃利奥特的名字。

1955年,公司第一个率先在电视上打广告,这源于露丝·汉德勒营销才华的一次灵感闪现,它从此改变了玩具制造商、零售商和消费者之间的动态关系。

进军玩具界

在第二次世界大战以前,美国的玩具行业还是一种简单直接的产业,生产的大部分都是单一的产品。当时较有名的玩具有1902年开发的泰德熊、吉尔伯特公司分别于1913年制作的装配工系列和30年代中期第一次展出的美国特快火车、1915年艺术家约翰·古埃勒创作设计的蓬头的安和安迪洋娃娃、1916年约翰·劳埃德·赖特发明的林肯圆木、1931年唐纳德·邓肯在洛杉矶某街角发现的溜溜球(yoyo)、1933年引进的莱昂内尔火车,另外就是很多制造商都竞相生产的婴孩洋娃娃。

二战后引进的新的单一产品中受宠的玩具有1945年的机灵鬼、1958年的乐高、弹性橡皮泥和笨蛋先生。

后来,玩具模型出现了,用来生产玩具的基本材料以及在生产过程采用了模型浇铸,塑料材料的可逆性和新的生产流程使手工玩具成了明日黄花,玩具产业发生了革命性的变化,玩具市场从此改变了由小公司生产单一产品的局面,变成了由玩具大企业占主导统治地位。成功的诀窍是用印模冲压出一个又一个的形状,比如乐高公司制造的色彩斑斓绚丽的塑料积木就是一个绝好的例证。

40年代末,也就是二战结束的最初几年,露丝很快掌握了当时玩具生意的制胜法宝。她和埃利奥特意识到大量的退伍军人返乡必然会带来结婚浪潮。这就意味着当时还未由大企业主宰控制的玩具行业能给企业家带来赚钱的机会,只要他们能开发出独特的产品打入市场。

埃利奥特在这方面堪称有创造力的艺术天才,他似乎总是玩具设计的先锋。1947年,就在电视主持人阿瑟·戈弗雷弹奏了尤克里里琴之后,美泰公司立刻抓住这个机会推出了玩具乐器——简易尤克里里琴。几年后,公司又推出了玩具小钢琴,一样有黑键白键和真正的音阶。埃利奥特能做出什么,露丝就能卖出什么。他们配合得天衣无缝。截至1952年,包括这两种玩具乐器和其他玩具在内,美泰公司生产的系列音乐玩具销售额已达200万美元。

汉德勒夫妇意识到玩具市场每年都需要新的东西来吸引消费者,引起消费者的兴趣和关注,因而再次开发了一系列音乐玩具产品,如流动炊事车、能演奏摇篮曲的有围栏的童床以及儿童玩偶盒,这种盒子一打开就有一个有趣的玩偶跳起并演奏乐曲。

50年代,汉德勒一家发展得非常顺利,销售量不断增加,赢利很高。美泰已成为世界排名第三的玩具公司。他们全家搬到了洛杉矶西部。住在一所漂亮的房子里,还请了仆佣住在家里做家务。

芭比出生

"大多数人都喜欢的东西一定是美的东西。只要循着这个'美'前进,你就一定会受到世人的赞扬。"

——美的界定源于大众的审视,敏锐地发现"美",你就选对了前进的方向。

不甘家居生活

1944年露丝开始乘火车遍游全国,然后向玩具零售的麦加城、坐落在纽约下第五大街的著名的玩具大楼朝圣。

虽然这次旅程并没有带来历史性的或革命性的影响,但它却是一次大胆的、有开拓意义的举动。在露丝的内心深处,她用一种只有她自己能听见的声音呐喊着:"我正在打破陈规,我将有自己的事业了!"

1944年的美国,还没有其他妇女能设想其生活的角色是做一名高级管理人员,打理一项欣欣向荣的生意。但露丝不一样,即使已是两个孩子的母亲(当年她又生了一个儿子),她也从不认为女人的位置是在家里。她后来叙述说:"待在家里我有点恍惚迷失,做事无效率可言。有人推荐等孩子们都长大了再回去工作,但那样的前景让我灰心沮丧。

要是那时候我丧失了我的才智、雄心壮志、说服能力,那该如何是好?"

露丝可以算是美国第一批典型的"女超人"之一,跟同时代的女性相比,她显得非常与众不同,同时扮演着母亲、妻子和职业妇女的角色,像一只陀螺似的每天转个不停。孩子和事业好似两根敏感的心弦,弹拨不当就可能伤害她和儿女的关系。

灵感乍现

1950年,当时露丝的女儿芭芭拉9岁,身为母亲和玩具商,露丝越来越注重孩子的想法。有一天,她突然看见女儿芭芭拉正在和一个小男孩玩剪纸娃娃,这些剪纸娃娃不是当时常见的那种婴儿宝宝,而是一个个少年,有各自的职业和身份,女儿非常沉迷。露丝吃惊地发现,孩子更喜欢平面的纸娃娃,而不愿意玩形态逼真的胖嘟嘟的婴儿玩偶。女儿热衷于想象这些男男女女纸娃娃的生活和职业,她幻想这些纸做的精灵将来会变成空中小姐、秘书、女大学生。女儿玩耍时体现出了一种行为上的好奇心,露丝的灵感被激发出来了:"我意识到如果我们能把这种成人模样的纸玩偶做成立体三维的,我们就能满足孩子们玩耍时的一些基本需要。"

当时,露丝把这个想法在公司里提了出来,遭到了美泰公司所有男性设计人员的强烈反对。那时还是艾森豪威尔当政的年代,有谁会在意一个女人的想法?他们坚持认为,美国的小女孩只想模仿她们的妈妈,只喜欢跟婴儿洋娃娃玩耍。露丝很失望,就连平时热心鼓励支持她的埃利奥特也一心扑在发明一种能说话的叫"快嘴凯茜"的玩偶。

初见"莉莉"

虽然没有人支持,不过倔强的露丝还相信自己的灵感。她苦苦思索着:到底要给自己的娃娃做成什么样子呢?正好这时,她需要到欧洲出差。在瑞士卢塞恩市的一家小店里,露丝·汉德勒发现了一排德国制造名叫"莉莉"的洋娃娃,高18~30厘米,非常漂亮,是用硬塑料制成的。"莉莉"长着成人的外表,长长的头发扎成马尾拖至脑后,自然飘逸,身穿华丽的衣裙或者装备齐全的各种滑雪服,身材美丽,无可挑剔,各种体征应有尽有,充满动感。

莉莉首制于1955年,是以欧洲著名的连环漫画人物为蓝本制作的。这是一个成人的模样,不再是圆嘟嘟的小脸蛋。露丝·汉德勒以她丰富的经验,敏锐地发现莉莉具有巨大的市场潜力,一定会受到孩子们的青睐。

莉莉与露丝的设计理念不谋而合,她兴奋地买下了三个"莉莉",带回了美国,她告诉公司的男同事,自己想设计出一种"成熟"的玩具。而男同事们则认为"莉莉"衣着太暴露了,是满足男人幻想的产物,并不适合给孩子们玩。

露丝并没有气馁。她在想有什么办法可以将这两点结合起来,为孩子们设计一个长大的却并不暴露的娃娃。小女孩不光需要跟自己年龄相仿的玩偶,更需要一个她长大后的理想形象。在思索之中,"芭比"的样子在露丝的脑子里越来越成熟了。她将莉莉的身体线条加肥了一点,把她的胸围变小了一点,但是她始终坚持新洋娃娃不论是容貌还是外形都应像 10 来岁的花季少女。

芭比娃娃诞生

"成熟"玩具的样子在露丝的脑海当中慢慢成熟了,最后,在公司技师和工程师的帮助下,芭比娃娃诞生了。在设计、研究和开发的最初阶段露丝就已经想好了名字——芭比娃娃。她毫不犹豫选择了女儿芭芭拉的昵称"芭比"来命名。不管从哪方面来说,9 岁的芭芭拉激发了她的设计灵感。

露丝对这个"芭比"也确实像亲生的女儿一样,用了非常多的心思,在外貌和衣着方面露丝的直觉也同样十分宝贵,她雇用了一个发型设计师替芭比设计了一款金色马尾辫;请时装设计师夏洛特·约翰逊替芭比设计了一整套的服装,这套衣服做工精致,锁边、拉链、纽扣及扣眼一应俱全,如此高品质的衣服第一次出现在玩偶娃娃的身上。

"芭比"出生了,虽然只有 11.5 英寸高,但她像个大人,四肢修长、清新动人,漂亮的衣服紧紧地包裹着她完美的身材,脸上流露出如玛丽莲·梦露般的神秘笑容,这是一个完美的小美人。

然而,这与露丝的想象有一定的出入,她担心芭比太可爱迷人,反而吸引不了小女孩:"我担心如果芭比太美丽动人,小女孩可能不会认同她。"实际上,芭比娃娃的早期设计理念很多是根据当时市面上现有的材料出发的,而不是要创造一个精雕细琢、完美无缺的小美人的。后来的事实证明露丝的忧虑是多余的:小女孩们非常喜欢芭比娃娃的模样和外形。

1958 年,他们申请获得了生产芭比的专利权。

首次亮相

1959 年,在经过三年的准备之后,美泰公司向一家日本玩具公司亮出了绿灯,请他们制作第一批芭比娃娃。日本公司很快交给了美泰公司第一小批产品,这批样品完美无缺:芭比的金黄马尾辫看起来非常自然,黑白条纹的泳衣也很漂亮,只有一个地方不太协调,有着西方面孔的芭比长着东方人的眼睛。

1959 年,一年一度的玩具展在纽约举办,汉德勒夫妇正式推出了芭比娃娃。当然,芭比娃娃眼睛的问题已经纠正。玩具展都像百老汇新剧的首映之夜似的,吸引了 1600 家厂家和 15000 多位买主。如果一件展品能在展会上博得消费者的喜爱和好评,那么订单就会雪片似的飞来;反过来也一样,如果消费者不喜欢,结果就只能是失败,因为玩具制造商是根据展会上的情况来确定其大宗生产清单的。

露丝对芭比娃娃的成功信心十足,但很多的男性却并不这么乐观,很多男人都对她说:"露丝,生产这种洋娃娃你犯了一个大错。小女孩儿们喜欢的是能抱在怀里的乖巧的婴儿洋娃娃。她们都想扮做妈妈。"

"小女孩要成为妈妈,她们首先要做大姑娘,她们要经历社交,约会,婚姻——女孩子更愿意先扮演这类角色。"露丝从一个母亲和职业妇女的角度反驳了这种男性狭隘的看法。最终董事会同意芭比娃娃投产。

汉德勒夫妇怀着满腔的热情参加了纽约玩具展，尤其是露丝，对芭比寄予了厚望，因为在这上面她投入了大量心血。她还坚持不能把这款洋娃娃简单地命名为"芭比"，而是应该叫"芭比——少女时装模特儿"。她这么做有两个理由：第一，与芭比同时推出的还有许多分开出售的套装，让小女孩可以拿这款娃娃当模特玩，帮芭比换上不同的衣服；第二个理由是露丝觉得芭比应该拥有一种职业头衔。她想给孩子们的是一种能让她们对未来充满好奇与幻想的洋娃娃。

首战失利

露丝增加了给日本生产厂家的订货量，期望在展会上能拿到大量的订单，第一年就能售出 100 万个娃娃和 200 万套衣服。

然而，事情并没有那顺利，露丝费尽九牛二虎之力推出来的娃娃，非但没有被抢购一空，反而遭到了玩具经销商的冷遇。经销商们只愿意进那些已经在市场上很成熟的玩具，对于"芭比"这样一个全新的事物，进货只能是一种冒险，经销商不愿意这样做，只是抱着试试看的心理，勉为其难地进了寥寥几个。而露丝也无法说服经销商们接受这种激进的观念。

另外，芭比具有青春发育期女孩子的性别特征，这也加剧了男性零售商的担忧："哪个正派体面的美国母亲会给女儿买一个胸部已发育的洋娃娃？"

100 万个洋娃娃和 200 万套服装几乎原封不动地进了仓库，露丝失望得无以复加。她清楚地记得，在展会的第一天晚上，"我回到旅馆房间，忍不住流下了伤心的泪水。我的宝贝被人拒绝了。"

市场热捧

露丝的眼泪并没有流太长的时间，市场远比经销商有说服力。事实证明露丝的判断是正确的，摆在经销商货架角落里的"芭比"受到了孩子们热烈地欢迎，越来越多的人开始来买这种清新可喜的玩具。芭比越来越受到女孩们的追捧，尤其是小女孩，对此更是极为热衷，"少女时装模特儿——芭比"一登上商场的货架就迅速成了抢手货，商场的库存不断告罄，推出市场的当年，就卖出了 35 万个。

第二年，经销商们完全改变了想法，订单像雪片一样飞到了美泰公司。公司花了三年的时间，上市融资，不断地扩大生产规模，才渐渐满足了人们对芭比的需求。1964 年，距 1959 年玩具展 5 年之后，美泰公司的总销售额已高达 9600 万美元，汉德勒夫妇的身价已高达 4400 万美元。从 1957 年到 1963 年，美泰公司的销售额增长了 20 倍，而同期整个玩具行业的销售额只翻了一番。在那之后的 10 年里，公众购买芭比的金额达到了 5 亿美元。

反对与欢迎并存

芭比娃娃受到了公众广泛热烈欢迎的同时，也受到了来自各方面的批评。首先是美国妇女组织，她们认为芭比娃娃过于"性感""完美"，为小女孩设置了不可实现的目标，最终结果会伤害她们的自尊心，使她们对自己的容貌和身材感到自卑，因而这玩具不是妇女解放的象征，而会对女性造成"迫害"。

露丝的解释是，"芭比"是女孩子的偶像，偶像自然是完美的，小女孩并不会因自己的偶像感到自卑的。为了证明她的理论："芭比"不是一个头脑空空的花瓶，而是一个有思想，有职业，有所作为的女性。露丝设计出很多各种不同职业头衔的芭比，继时装模特儿之后，1961年露丝推出了3个芭比娃娃分别是芭蕾舞演员、护士和空中小姐。60年代后，美国妇女开始了商界和其他职业领域进军的缓慢进程，医生、警官、宇航员、女企业家、运动员、时尚编辑和教师等等，各种行业都出现在芭比的形象当中，露丝甚至还让芭比做联合国儿童基金会的志愿者。1973年，露丝设计出美国第一个具有医学博士头衔的洋娃娃—外科医师芭比。如今，芭比的职业超过了80种，小女孩可以根据自己的喜好选择不同职业的芭比娃娃来玩耍。

露丝带着芭比飞跃了美国，走向了全世界，拥有多种职业的芭比已不仅仅是美国人，她突破了国界，成为中国人、印度人、黑人，她所代言的民族有45种。

没有人能够估量得出芭比给小女孩自信心的建立带来了多大的帮助，但是，可以肯定的是，没有其他玩偶能够超过芭比，因为其他任何一种玩偶娃娃都无法像芭比一样把成人的世界展现在她们面前。露丝说："我的全部宗旨就是，通过玩偶娃娃，小女孩儿们能如愿以偿成为她们想成为的人。"她也是将这句话作为座右铭进行奋斗。

芭比家族

随着新的芭比生产线的不断推出，露丝的销售天才和创意发挥得淋漓尽致。芭比娃娃的"家庭"不断地变大，以芭比为中心，衍生了她的兄弟姐妹、表兄弟姐妹、朋友和宠物，而这些朋友也有自己的朋友和喜欢的动物，他们围绕在芭比的周边，形成一个广大的交际圈，而且所有娃娃都有自己的名字和特点。

1961年首先推出的是芭比的男朋友肯，这是以露丝儿子的名字命名的；1963年芭比有了最好的朋友米姬。1964年又有了米姬的男朋友爱伦。同时，芭比有了自己的三个姊妹，分别是1964年上市的巧比、1992推出的史黛西及1995年亮相的小凯莉，1971年推出了芭比的小马，名叫跳舞者……如今，她的宠物现在已经超过40种了。它只是一个普通的玩具，但又如此真实，一方面，她如"千面女郎"般美得不可思议；另一方面，却又离我们如此之近，因为她和任何一个小女孩一样，有自己的喜好。这种由一个玩具衍生出许许多多的相关玩具及玩具服装的情形在玩具界是史无前例的。

权力削弱

美泰公司在60年代进入了鼎盛时期，收入飞速增长。1957年的900万美元的销售额到1966年已经迅速增长到1亿美元，而1969年则上升到2亿美元。公司的市场份额占美国玩具市场20亿美元的百分之十二，而这一切主要是依赖于芭比系列产品指数的增长。

面对着高速增长的企业，汉德勒夫妇聘用了工商管理硕士、会计师和工业产品设计师来对公司进行全面运作。公司会计报表上的数字逐步增加，现金储备也越来越丰富。

1967年，美泰公司聘用了一位著名的专家任财务副总裁。无疑，美泰公司已准备好通过拓展经营范围在商界大展拳脚，华尔街迅速对这一信息做出了反应。消息一经公布，美泰公司的股票价格立即直线上升。

汉德勒夫妇或许对于这种现代化的商业运作手段并不是那么了解，公司在股票市场的发展方向完全不由他们控制，因为这已经不是一个由爸爸和妈妈联合起来的小型玩具公司了。作为一个上市公司，如何最大限度地使股东受益才是经营者们全力思考的事情。夫妇二人在美泰公司的绝对权力开始削弱，这也为后来露丝被官司缠身埋下了祸根。

公司转向

美泰公司最初的愿望是非常诚挚的，他们在很短的时间收购了三家公司：一家经营宠物用品公司、一家经营运动场设备和一家经营磁带的公司。经营者希望获得一些从事与年轻人有关的行业的公司。

然而，每购买一家新的公司，汉德勒夫妇的领导权就会被削弱一分，他们无力顾及如此多的领域，而且这些领域多半与美泰的核心领域——玩具没有关系。这些高级主管们忘了美泰的发家史。

汉德勒夫妇决定收购世界闻名的瑞林兄弟·巴纳姆·贝利马戏团。露丝对这次兼并欣喜若狂，她说："购买这个马戏团与公司拓展经营领域的决策相吻合，即给家庭和年轻人的世界提供产品和娱乐。"在汉德勒夫妇看来，为年轻人创造欢乐才是最重要的。

兼并马戏团象征着露丝·汉德勒的权力到达了顶峰，从一个穷苦的波兰移民的孩子，走到世界财富的顶端，并购全美最有名的、深受美国人喜爱的马戏团。露丝·汉德勒创造了无与伦比的奇迹，而她的财富人生也开始走下坡路。

挂名主管

1971年，美泰公司准备并购华纳兄弟影业公司的 Kinney 公司，他们就合并事宜进行磋商。露丝注意到，这样的收购看起来是一个黄金组合，实际上她很可能因此被冷落，成为一个有名无实的总裁。而那位财务专家却极有可能成为新合并的联合大企业的首席执行官，这个人，她既不喜欢也不信任。

其实问题早已出现，只不过露丝一直没有发现。以前美泰公司的每一位员工，汉德勒夫妇都认得，而且他们亲密得像一个大家庭。而现在，他们对一切都毫不知情。美泰公司的所有事情，包括日常的决策和长远的战略都由那些资深的高级管理人员做出，因为华尔街断定汉德勒夫妇没有能力管理一家在纽约股票交易所上市的大型公司。

埃利奥特拥有着超常的设计天分，因此公司的高层仍视其为宝贵财富。但是，露丝却成了挂名的主管,在公司董事会上需要做一些重大决策时,人们对露丝视而不见。她创造的杰作芭比娃娃,在人们看来,已是好几年前的事了。

商业事件

1968 年,一次长时期的罢工使美泰公司的运货受到了极大限制。而随后一年,就在圣诞节前几周玩具装运的高峰期,一场大火烧毁了美泰公司在墨西哥边境的一处仓库。露丝对这些灾难记忆犹新:"先是遇到了罢工,然后就在我们全力以赴为圣诞高峰做准备时,一场大火无情地烧掉了我们在墨西卡利的墨西哥装配厂,使我们痛失大好商机,无法在最繁忙热闹的季节装运我们的货物。我们因此损失惨重,现金周转也大受影响。"接连的两起事件给美泰公司造成了几百万美元的损失,资金周转迅速陷入了窘境。

1969 年由于资金短缺,美泰公司采用了玩具行业的通常做法,即款到开具发票时对销售额进行登记造册,然后再在装货清单上把商品登记上去。这是用于小批量货物的方法,汉德勒夫妇平时并不大在意。然而,他们却在无意中发现,1970 年公司这方面的损失总额高达 1400 万美元。

1971 财政年度的税后亏损达 3000 万美元,到 1972 年,美泰公司已经历了 3 年举步维艰的时期。1973 年初,埃利奥特·汉德勒签署了一份公开声明,称美泰公司已经走出财政困难的低谷,年内将赢利。但在两周之后,他却被迫宣布美泰公司非但不会赢利而且将面临再一次亏损。出尔反尔的结果是引起华尔街一片恐慌,股价暴跌,股东们开始起诉。

遭遇官司

1975 年,证券交易委员会开始介入调查,他们在寻找是否存在不正当的行为,想弄清楚是不是美泰公司的高级管理人员为了赚取利润而故意发布错误的消息。汉德勒夫妇对于财务上的事情并不是很懂,他们不得不依靠公司的财务经理们来应付证券交易委员会的人。

在证券交易委员会之后,1975 年美国司法部长也开始关注此事,他们指控在 1969 至 1974 年间,露丝·汉德勒及美泰公司另外 4 名财务经理伪造有误导作用的财务报告,触犯了联邦证券、邮政及银行法,指控的罪状共 10 条,每条都可能判刑 2~5 年。

公司里所有人都对汉德勒夫妇避而远之,没有人愿意同他们扯上关系,包括那些以前忠心耿耿的员工也躲着他们,尤其是露丝,仿佛她是瘟疫一般,露丝成了办公室的空气。

"我和埃利奥特被推进了一个孤立无援的境地。对所发生的一切我们感到如此惊愕沮丧,我们退在一旁,任由别人接管操纵,对一切听之任之!"露丝在她的自传中这样描述当时的情形,"那种敌意、冷落和怠慢使我一分钟都待不下去了。"露丝能够忍受各种调查以及失去控制权,然而这种被人漠视的感受却让她如坐针毡,1975 年,她离开了美泰公司,6 个月后,埃利奥特也离开了。

声明不辩护

对于证券交易委员会和司法部的调查,露丝的辩护是她对发生在她背后的操纵财务之事毫不知情。这并不是将责任推卸到埃利奥特身上,事实上他从未被起诉过,所有的问题都只针对露丝。可这样的辩护毫无说服力,谁会相信一个在位 30 年的、管理着世界最大玩具公司的总裁竟然声称对公司的财务状况不清楚。

埃利奥特·汉德勒半个月之内两次自相矛盾的声明使得很多的投资人遭受了损失,这些股东强烈要求汉德勒夫妇给他们一个合理的解释,并且对他们负责。事实上,他们更想要她的钱。

案子因为各种问题迟迟难以判决,报纸和财经杂志报道将这个案件作为焦点和重头戏,稍有风吹草动便播报不停,这给露丝带来了极大的心理压力。作为玩具界的泰斗,一个在众多领域曾被表彰和任命的第一位女性,露丝·汉德勒理所当然地成了一系列热点新闻故事的主角。

笼罩在刑事诉讼的疑云下,露丝痛苦不堪。1976 年,这件由美泰公司的股东们起诉的民事案被判以 3400 万美元了结:就所有的指控而言,汉德勒夫妇肯定是有罪的。在这场诉讼之中,汉德勒夫妇花费了他们所持有的美泰公司股份的约百分之五十,即 250 万股用在诉讼案上。

自 1970 年因为乳腺癌切除乳房以来,她承受了一系列的痛苦。现在案子宣判以后,她还得忍受来自身边朋友们责难的眼光。即使在她住的公寓楼里,她也有种被羞辱的感觉:"后来我实在无法忍受那个电梯工,我只好去乘货运电梯。由于同样原因,去城郊俱乐部也变成了一种折磨,我们后来就不再去了。"

1978 年,露丝·汉德勒及美泰公司另外 3 名财务经理因声明对刑事指控不服罪而联合受审。露丝不顾一切想打赢这场官司,但是律师说服她不要进行辩护,这样做的好处是没有审判。但是露丝声明不辩护的同时也要声明自己无罪,律师同意了,因为他发现有过这种双重声明的先例。

露丝在法庭上做了这样的双重声明,但是司法部长办公室主任对露丝的这种双重声明大为愤怒。又不进行辩护又说自己无罪,无疑是对司法制度的怀疑,他说:"如果承认这种无罪的声明就意味着要对这套制度的完善提出质疑,而这样做是非常不合适的。"

最后,司法部长对她判处了有史以来金额最高的公益服务罚款:赔偿 57000 美元以及 5 年的缓刑期,条件是露丝必须贡献 2500 个小时从事公益服务。

1975 年决定命运的那一天,当时纽约市 Clairol 公司的一名管理人员,现任国际互联网上广告和意识研究的 Ca—hoots 公司的执行副总裁,詹妮斯·李,清楚地记得当时的情形:"我随手拿起《纽约时报》,映入我眼帘的大标题是我的偶像,美泰公司的露丝·汉德勒因操纵股票被起诉。没有人愿意相信这是真的。我曾经看过她在洛杉矶的一次访谈,她深厚的零售知识以及敢闯敢拼的精神给我留下了深刻的印象。我们 Clairol 公司所有的女职员都替她感到难过。"

露丝失去了公众的恩宠,这意味着一蹶不振以及故事的完结,绝大多数人是无法承受如此巨大的个人灾难的。露丝被击败了,但她并未垮掉,她鼓励自己说:"我还有斗志,也许斗争就是我的事业。"

重建事业

"来自成功的灵感一瞬而过,但为了这一瞬间,你必须熬灯思虑很多个夜晚。"
——再努力一点点,奇迹即将出现。

黑暗人生

1970 年,乳腺癌的病变导致露丝切除了一只乳房,这个手术是她生命中磨难的开始。"乳腺癌摧毁了我的自信。我自己的形象被击碎了。我想要在男人的世界里保持我的女人特质。以前,人们只想要我做一个真正粗线条的女人,而我很多年来一直使自己保持一种温柔的形象。但是对我来说,失去一只乳房对我的自尊心是多么严重的打击啊!"

从医院里回来,虽然还拥有着美泰公司的头衔,但精神和意识上,露丝都从一个领导人的位置上下来了,她对自己失去了自信。意志的消退、信心的丧失给她酿成了难以弥补的灾难。

1974 年,登上《财富》名录 1 年后,露丝站到了洛杉矶的法庭上,被人拍照,按手印,还差点被送进满是妓女和小偷的监牢。她不得不接受法庭严格监管的缓刑期、进行繁重卑下的劳动,忍受公众的羞辱。

但是命运的嘲弄却是,正是乳房的切除拯救了她并激发她取得了后来的成功,给她带来了事业的第二个春天。

假乳难买

在切除乳房之后的一天,露丝到一家百货商店想买一只假乳。这种事情多少是有点难以启齿的,她低声告诉柜台后的售货员她需要的物品,令她难受不已的是那位女售货员轻蔑地不说一句话就走开了。

心灵的创伤很难弥补,几年后当露丝回想起那天的情形仍觉得伤痛不已:"那名售货员和另外两名女售货员围在一起商议,谁输了谁来接待我。由于我的状况,我被人当成了失败者。"

然而,这还不算什么,接下来的状况更加难堪。露丝被带到一间有门帘的试衣间,突然,从门帘上方伸进一只没有定型的假乳,里面是用液体灌注的,露丝看着这只假乳,有点不知所措。用她自己的话来说:"我注视着这只放在我的胸罩里的没有定型的球状物,不由得想到,'天哪,肯定是不用戴它们的男人在做这门生意'。"

露丝首先想到了尺码的问题。她的内衣尺码是 36C,她发现假乳的尺码和内衣的尺码并不是相互关联的,试了好几个尺码的内衣,都掩盖不了她做过乳房切除的事实。她说:"我觉得没有了女人味,所以开始穿背心、夹克衫、毛衣,只要不让人看出我的两边乳房不一样就行。"

露丝感觉很失望,但她同时又想到,自己买不到合适的产品,那么也说明成百上千的和她有着一样痛苦的女性每天也经历着相同的尴尬感觉。在那两年以后,第一个硅胶假乳上市了,那是一种鸡蛋形状的假乳,尺码依然混淆不清,而且过于沉重。

露丝听说加利福尼亚州有位能工巧匠擅长再造人体各部位的假体。于是,她量身定做了一个假乳,并支付了 350 美元。但是东西拿来不久她就失望了,这个假乳开始散发一种难闻的特殊气味,而且其边缘开始从胸罩边露了出来。还有一个问题就是她体重减轻后身材发生了变化,那个假乳就显得太大了。这样一来,即使是花费大量金钱量身定做的东西也未必合适。

人造乳房

敏锐的商业嗅觉让露丝又有了新的想法,她那不服输的奋斗意志又开始显现了:她要为那些与她境遇相同的妇女们制作更好的假乳,她一定要做出能够满足这些特殊人群需求的产品。

她以女性特有的直觉意识到问题的所在:现有的人造乳房没有根据女性不同的身材条件来定尺寸,没有区分左右乳,也没有半号的尺码。

1978 年初,被股东起诉的操纵股票案件宣判之后,露丝来到了马森的办公室,向他提议:联合起来制作人造乳房进行直销。马森的第一反应就是这个想法不切实际,和当初露丝说要制作一个成人型的玩偶娃娃时,美泰公司的男设计师们反应一模一样。

对于这样的反应,露丝早已了然于胸,她习惯于打消别人的反对,尤其是男性的反对。最终,马森同意了露丝的建议。露丝反应迅速,曾经的那个商业奇才再生了:"我感觉到以前的决断力又在我的内心跃跃欲试。"

仅仅用了几周的时间,她设立了办公室并召回了以前美泰公司的设计和生产人员,当然还有埃利奥特。她给他们详细地介绍了她即将开发的新型人造乳房的计划和打算,它必须适合普通的胸罩,佩戴起来要丝丝入扣、不露痕迹。最重要的是,她坚持按照标准的胸罩尺码给产品定型号,这样可以大大方便顾客,若胸罩的尺码是 34B,那么人造乳房的尺码也是相同的。

产品成型

露丝的搭档马森是一位化学家,同时又是一名制作工具的能手,他把露丝的创意精致完美地制作了出来。这种假乳是用注入液体硅胶的聚氨酯制成的,用一种很硬的泡沫作里衬。零售价在 140 至 200 美元之间。露丝本人是这件新发明的模特儿,原型是按她的尺码 36C 制作的。

样品制作出来之后,只剩下给公司取个名字了,"这次,把我的名字作为公司名字的一部分对我来说非常重要。我曾经是美泰公司的创始人之一,它是在我的帮助下建立和发展起来的。虽然美泰没有用我的名字,但我从来没有抱怨过。现在时代不同了,我也不是原来的我了。露丝顿是我的宣言,我将按我的想法走自己的路。"公司取名露丝顿,还是采用了将两位创始人的名字结合起来的办法。露丝认为这样的回报来之不易,上次的失败让她饱尝了艰辛。这一次,她一定要按照自己的路走。

新型假乳起名为"仿真"。露丝雇用的第一名员工是亚历山德拉·莱尔德,她曾是前美泰公司的市场营销专家,也做过乳房切除术,在露丝顿公司创建的最初几年里,公司只雇用做过乳房切除术的妇女。露丝意识到公司雇用的每一位员工都应该成为公司及产品的代言人。她说:"我培训了一批曾做过乳房切除术的女性员工,而且一直同她们一同外出。"

"仿真"面市

"仿真"上市了,试销的结果令人欢欣鼓舞。露丝认识到售前的宣传介绍非常重要,只有这样才能让广大的妇女了解这个产品。因此,露丝和她的雇员们——8位曾做过乳房切除术的中年妇女一起,给乳腺癌的受害者们寄发手写的邀请信,在百货公司举办讲座,并在电视访谈节目中亮相。

为了替产品做宣传促销,她愿意做任何事情,甚至在摄影师面前露出她的胸罩来证明真的乳房和替代品"仿真"之间没有任何的差别。她还利用芭比的名声在电视上露面。很快,她便成为有关乳腺癌的权威发言人,甚至给前美国第一夫人贝蒂·福特推销了一个"仿真"产品。

两年之后,露丝顿公司的销售额突破了100万美元。露丝恢复了一个女人和一个生意人自信乐观。她说,使她成功的诀窍是助人为乐。她回忆起有一次她正在试衣间里,看见一位情绪低落、面带怒容的妇女走进来,"当她系上外衣纽扣,看见两边乳房大小形状相称,她微笑了,然后挺起了胸脯。那一刻我获得了极大的满足,也是对我的最大鼓励。"露丝说,"帮助我自己就是帮助其他妇女。我因此重新找回了我的自尊。"

安享晚年

1991年露丝将蒸蒸日上的"仿真"卖给了金伯利·克拉克公司下属的健康与美容部,自己到美国各地演讲宣传,呼吁妇女重视乳腺检查,告诫女性及早发现乳腺癌和平时拍摄乳房X光的重要性。她希望更多的女性关爱自己,可以将自己生产的产品提供给更多的女性。金伯利公司是一家庞大的零售公司,有着广阔的分销体系,可以实现她的愿望,而且通过更有效的生产方法,"仿真"的零售价降到了115美元。

"仿真"成功之后,美国妇女对露丝·汉德勒面对乳腺癌所采取的勇敢正视、直截了当的态度非常欣赏。在冒着风险开发一个全新的产品的过程中,依靠多年来辛勤工作所积攒的内在力量,露丝恢复了自己的声望和名誉。

这时,露丝已经75岁了,那些跟随芭比一起成长起来的孩子如今也已经当了母亲,她们和自己的女儿们共同欣赏着芭比的魔力。社会上涌起一股芭比怀旧热，芭比收藏一时成为社会热点，50年代生产的原装芭比娃娃每个售价已达5000多美元，在遍及全国的各种芭比集会上，大家都想听到他们最喜爱的洋娃娃的"诞生"经过。

公众的关注带来了绝好的商机，美泰公司雇用了露丝·汉德勒参加这些芭比节来讲述早年的经历。对芭比的深厚感情让已经进入老年的露丝无法拒绝这个请求，在她的家中也保存着一尊镀金的奥斯卡金像芭比娃娃，是芭比迷们在一次芭比节上颁给她的。

芭比热过去之后，露丝退休了，她每周到附近的加利福尼亚纸牌游艺室去一次，还通过因特网炒炒股票。她对遇到挫折的人说："就算事情再糟也不要冥思苦想到底怎么一回事。找些别的事情做，找些能帮助别人的事情做。"

1996年，露丝·汉德勒回到了故乡丹佛参加由犹太人联合会妇女分会资助的一次午餐会。在会上她发言道："我喜欢把我生活想象成一场不可能发生的梦。我曾经有过很多梦魇，但是我能找回方向继续向前。"

文化内涵

"我创造芭比娃娃的理想是通过这种玩具，让所有的女孩子都意识到她们能够成为自己梦想成为的任何一种人。"

——给我一个支点，我可以撬起地球；给我一个芭比，我可以实现梦想。

文化象征

芭比最初是为小女孩设计的。但是，除了小孩子，更有数百万的成年女性购买芭比，而芭比的收藏者更是不分男女：一个在1959年标价3美元的芭比娃娃，如果保存完好，现在可能会值5000美元。"对她们而言，无论年纪，芭比不只是个娃娃，它已经成为她们的一部分。"露丝这样说。

从第一个芭比诞生之日起，芭比娃娃就在不断地创新和发展，它的外形经历了大约500次以上的修改，最终成为今日的样子。为了让"芭比"有漂亮的时装，从1995年至今约有10亿件以上的衣服生产出来，每年约有一百款芭比新装推出。

如今，"芭比娃娃"畅销世界150个国家，总销售量超过10亿个。这个介于小女孩和成年女子之间的美国少女，是世界玩具市场上畅销最久的玩具，成为全世界男女老少的心爱之物。经历了四十多年，芭比依然年轻，没有人知道芭比为什么那么"长寿"。曾经有人问露丝："芭比为什么会表现得这么好？"她只是微笑地回答："我是一个市场推广天才。"但实际上，美泰公司还生产了其他很多类型的玩具，没有一个有芭比表现得那么好，而且夭折的也不少。

芭比娃娃是露丝贴近生活创造出来的生命，它已经远远超越了玩具的定义，成为一个不朽的文化符号。20世纪90年代末的一段时期里，丹麦演唱组合天天高歌"芭比娃娃"，就连流行大师安迪·沃霍都对芭比倾心不已。芭比是 20 世纪生活的代表，是美国女性的一个象征，是现代的蒙娜丽莎。即使是研究学术的学院，也对"芭比"现象感到好奇，将其作为一项课题进行研究。

"芭比"是玩偶设计业诞生的第一个活生生的女人，而不再是一个被动的小孩子。"芭比"的成人化设计打开了小女孩们的视野，她们可以通过"芭比"感知到幼儿园以外的世界，与"芭比"一起体验成人生活的各个层面。从模特到航空飞行员，芭比变化万千的形象激发了孩子们的想象力，她们希望自己在长大后也能像芭比一样。

"芭比"母亲逝世

2002 年 4 月 28 日，芭比娃娃的创造者露丝·汉德勒女士去世了，享年 85 岁。150 多个国家的 10 亿个"芭比"失去了她们的母亲，露丝曾经在她的自传里说过："我创造芭比娃娃的理想是通过这种玩具，让所有的女孩子都意识到她们能够成为自己梦想成为的任何一种人。芭比娃娃代表女性拥有同男性一样的选择权……芭比娃娃已不仅仅是一种玩具，她已经成为女性消费者生活中的一部分，我为此感到高兴。"

半个世纪以来，露丝创造的芭比娃娃已经成为全世界小女孩的心爱之物。据美泰公司统计，一个 11 岁的美国小女孩可能拥有过 10 个"芭比娃娃"，同龄的法国小女孩则拥有 5 个。漂亮的娃娃扮演着各种角色，被赋予了无数的梦想，是千百万儿童心中的梦想和希望。随着这个大眼睛、长头发的玩具娃娃的畅销，今天的"芭比"已经不仅是一个玩具，它是美国女性的一个象征，是美国文化的一个象征，正如遍布全球的麦当劳、肯德基一样。作为创造这个品牌的露丝，她用自己一生的努力，给了全球的女性以梦想和希望。

美国报业第一夫人

——凯瑟琳·格雷厄姆

人物档案

简　历:美国传媒界的头面人物,"美国报业第一夫人",《华盛顿邮报》前发行人、董事会主席。1917年6月16日,凯瑟琳·格雷厄姆出生在富裕的犹太家庭,在家中排名老四。含着金汤匙出身的她,却在一种奇特的养育方式下长大;1963年正式接管了《华盛顿邮报》,挽救了濒临倒闭的《华盛顿邮报》,把它办成了融报纸、杂志、广播和电视于一体的庞大的媒体王国;1972年美国总统大选,为了能够刺探民主党的一手情报,5名男子因私自闯入水门饭店而被捕,《华盛顿邮报》调查发现共和党政府试图在民主党总部安装窃听器,破坏民主党的竞选活动,一直孤军奋战的《华盛顿邮报》终于唤醒了美国各大新闻媒体,舆论的洪流终于将尼克松逼下台,这一年,《华盛顿邮报》获得普利策奖,在美国确立了自己的大报地位。2001年7月17日逝世于美国爱达荷州首府博伊西医院,享年84岁。美国总统布什在发表的声明中高度评论并哀悼格雷厄姆。

生卒年月:1917年6月6日~2001年7月17日。

安葬之地:美国华盛顿。

性格特征:内向、胆怯,公正热情,温顺性格的背后,是女性特有的坚韧。

历史功过:领导的《华盛顿邮报》曾排行《财富》500家大公司中的第271位。是《财富》杂志500家公司中第一个女性"一把手",是美联社第一位女董事。

名家评点:以一份报纸扳倒了美国总统尼克松,被称作"新闻界最有权势的女人"。布什总统曾评论说:"美国首都华盛顿及整个国家现在都对丧失'美国新闻最挚爱的第一夫人'而深感哀痛。"

豪门千金

生存完全是一种战斗,生命就是坚持到底的胜利。

——生命不息,战斗不止。

出生富裕家庭

1917 年 6 月 16 日,凯瑟琳·迈耶出生在美国纽约一个富裕的家庭里,父亲尤金·梅厄在美国胡佛总统任内曾担任美国联邦储备委员会主席,在杜鲁门总统任内担任世界银行第一任行长,公务繁忙,整天不见人影。母亲爱格妮·厄恩斯特则是德裔移民之女,曾任《纽约太阳报》特约记者,后来则因在政治圈内和慈善事业上的成功而著名,是上流社会有名的交际花。凯瑟琳出生的时候,她只说了一句:"一个可怜的小东西,产钳把她的太阳穴挤压,把她搞得更丑了。"然后就继续她的应酬去了。

尽管出生在衣食无忧的家庭,但凯瑟琳却没能享受到多少来自父母亲的关爱。凯瑟琳的母亲是一个控制欲极强的女人,对于丈夫长年在外奔波,她明显的心情抑郁,这种情绪更多地发泄在凯瑟琳身上。

亲人的冷淡,相貌的一般,让凯瑟琳很自卑。尽管性格内向,胆小怕羞,但从小凯瑟琳就勤奋好学,爱好写作。从中学毕业之后,她就读于瓦萨女子学院,两年后转入芝加哥大学。上大学的时候,她的同学怎么都无法理解,这个全美最富有家庭之一的孩子,怎么只有两条裙子和两件毛衣?凯瑟琳因为自己长时间被忽视,所以从来不着意外表上的修饰。

1938 年凯瑟琳从芝加哥大学毕业,任旧金山新闻报记者,她是家中唯一对新闻业感兴趣的孩子。第二年加入华盛顿邮报,担任读者来信版主编,月薪只有 25 美元。

"完美"的婚姻

成功从来就不是偶然的,凯瑟琳·迈耶 2 岁半的时候,她母亲在日记中写道:"在昨天早餐时,尤金说:'凯瑟琳将成为一个伟大的女性'。比尔说:'她不会成为女性,而是一位太太。'凯瑟琳说:'不,我不是,我将成为一名女性。'"两岁的孩子就已经知道坚持一些事情,这与她后来的成功是不是有着某方面的关系呢?无论如何,平凡的外表遮不住高贵的本质。

年轻的凯瑟琳·迈耶身材修长,为人腼腆,虽然外表不加修饰,但那捉摸不定的内在美和深藏不露的内在力量深深打动了青年律师菲利普·格雷厄姆。这个年轻人疯狂地爱上了她,然而,他们却是两个截然不同的人,凯瑟琳的父亲是华盛顿政界、财经集团的巨头,而菲利普的父亲是一个奶牛场的场主;凯瑟琳是一个很害羞的女孩,菲利普生机勃勃,精力旺盛,无拘无束,肚子里有说不完的故事。他们在一起,菲利普总能让凯瑟琳开怀大笑,使她感到年轻漂亮,使她忘乎所以,他深深吸引住了她。当菲利普向她求婚时,凯瑟琳惊呆了,她不敢相信这个从哈佛大学毕业、风度翩翩的年轻小伙子会喜欢羞涩、胆小的自己。

凯瑟琳在回顾往事的时候说,他向她说的第一件事就是:他要同她结婚;第二件事是,他不要她父亲的钱,一分钱都不要。这话正中凯瑟琳下怀,她不愿生活在尤金·迈耶的阴影下已经很久了。如果这样的话,她正好从这个重负下解脱出来。

两个人一见钟情,不到一个月就闪电般地订婚了。他们的订婚典礼在当时引起了轰动,他们被看作是完美的一对,被认为代表着华盛顿社会的未来。

1940 年 6 月,他们结婚了。

丈夫接任大权

1945 年,凯瑟琳的父亲将《华盛顿邮报》大权交给了菲利普·格雷厄姆。《华盛顿邮报》是凯瑟琳的父亲在 1933 年一次破产拍卖会上,通过中间人以 82.5 万美元购下的。当时的《华盛顿邮报》影响并不大,日发行量只有 5 万份,一年亏损 100 万美元,是当年华盛顿 5 份报纸中,质量最差、亏本最多、读者最少的一份。

梅厄买下了这份报纸,把它作为梅厄家族的资产之一。他立志要把它办成无党无派的高素质报纸,这奠定了日后凯瑟琳的《华盛顿邮报》王国的最初基础。梅厄对于菲利普相当信任,不但让菲利普来执掌《华盛顿邮报》,而且把股权的大部分都给了菲利普。因为当时犹太人的传统是"宁传女婿,不传闺女",梅厄认为女子根本不适合做新闻,就应该在家里相夫教子。凯瑟琳没有怨言,甘愿在家做全职家庭妇女,养育 4 个孩子,很少在公共场合露面。

1946 年,31 岁的菲利普·格雷厄姆接管华盛顿邮报,成了《华盛顿邮报》的掌门人,他给《华盛顿邮报》带来了一个新时代。他野心勃勃,雄图大展,一心想要将这家地方报纸变成一份小型的《纽约时报》。1961 年,菲利普收购了声誉不错的《新闻周刊》,后来很快成为《时代》周刊的有力竞争者。在华盛顿的政界与新闻界构成的名利场中,菲利普充分施展着他的魅力,总统肯尼迪、副总统约翰逊都是他的挚友,女人们尤其喜欢他,甚至包括《时代》周刊创办人郭利·卢斯趾高气扬的太太。

在菲利普·格雷厄姆的领导下,《华盛顿邮报》超越了其竞争对手而成长为首都的第一大报,他买入了多家电视台,建立起了一个庞大的媒体帝国。

菲利普成了华盛顿引人注目的焦点,但凯瑟琳一直退居幕后。"丑小鸭"固有的胆怯害羞让她十分自卑。她对自己毫无信心,在宴会上,她总是被主人安排在不显眼的位置上,甚至连自己的家人也经常忽视她。一次带着孩子散步回家,她看到丈夫与母亲正在谈话,母亲对她说:"对不起,亲爱的,我们正在进行一场知识性的谈话。"

"天"的倒塌

进入中年后,工作的压力使得菲利普患上了严重的狂躁型精神抑郁症,事业越成功,他就越是怀疑自己是依靠了岳父的能力。凯瑟琳的自卑也渐渐地引起了他的不满,他公然与手下一名女记者打得火热,带她出入公众场合,甚至将他们之间的事情添油加醋地告诉凯瑟琳,在凯瑟琳生气的时候再来责骂她。随着丈夫病情的时好时坏,凯瑟琳在希望与绝望中沉浮。然而,凯瑟琳秉持着父母的教训,对这一切既往不咎,依然一心一意维护着家庭。

1963 年 8 月,菲利普在自家农场的小屋中开枪自杀,留下柔弱的凯瑟琳和他们的四个孩子。凯瑟琳悲恸欲绝,她几乎不敢相信这是事实。此时的凯瑟琳已经 46 岁了,当了许多年的家庭主妇,她已经习惯了家居生活,丈夫是她的"天"。此时此刻,她不知道何去何从。

20 多年,她一直是一个家庭主妇,从不参与丈夫的事业,菲利普的影子把她遮得严严实实的。所有人都预言公司必将被出售,他们认为,20 多年来她没能发挥什么作用,她可能也真的没什么作用可发挥,没有一个人看好这个缺乏光彩的 46 岁女人。

华盛顿谣言四起,有人说报纸要倒闭了,有人说要拍卖了,所有的情形就像一位评论家说的那样:"有许多原因说明《华盛顿邮报》为什么要出售——一家经营不太好的报纸,一个岁数大的业主没有继承人,只有一个寡妇……"

然而,凯瑟琳·格雷厄姆表现出了惊人的镇定,她的这种镇定感染了周围的人。她的周围,处处是男人,而且都是在压倒了其他聪明能干、有抱负的男人后飞黄腾达起来的男人。这样一个精英男士聚集的圈子使得本来就腼腆的凯瑟琳处处感到相形见绌。

临危受命

身处悬崖边闭眼一跳。令人惊讶的是,我稳稳地落在了地上。

——胆小羞涩的凯瑟琳,由一个家庭主妇突然之间被逼站在《华盛顿邮报》的掌门位置上。

赶鸭子上架

20 世纪 60 年代的美国,女记者都是很少的,更不用说女领导了。凯瑟琳担任一把手之后,《华盛顿邮报》人心惶惶,不少名编辑、名记者都想跳槽。凯瑟琳在自传中透露,当时自己是"身处悬崖边闭眼一跳。令人惊讶的是,我稳稳地落在了地上"。

20 多年了,从一个全然的家庭主妇角色转变到一个企业的管理者,这种变化是巨大的。凯瑟琳·格雷厄姆知道,她不能让《华盛顿邮报》倒闭,更不能拍卖,她必须要接手。但是,她不知道如何管理报纸,甚至多年后都不习惯在记者面前发表讲演,不过她依然坚定地宣言:"《华盛顿邮报》报纸过去是、现在是、将来也还会继续是家族经营的企业。"那时候,凯瑟琳上任邮报总裁,她心里设想的只是守住这份家产,等哈佛读书的儿子唐纳德·格雷厄姆长大一点再接手过去。

要挑起《华盛顿邮报》的大梁，凯瑟琳需要面对的事情太多。首先她必须与自己缺乏自信的内心作战。在当时报界领导层鲜有女性的情况下，本来害羞、缺乏信心的她，往往连向记者提问都感到提心吊胆，担心做错事。在她出席丈夫逝世后的报馆第一次董事会议时，心里七上八下，不知要在会上说些什么，讲稿改了又改。

在凯瑟琳登上汽车，动身前往报馆之际，身上还穿着睡袍的女儿蕾丽冲到车前，把写好的一张纸条递给她。纸条上写着蕾丽列好的提纲，她嘱咐妈妈：一、向董事们说声谢谢——这会给你赢来信心。二、你得说，尽管报馆有危机，但相信董事们不会言罢。三、告诉他们事情的发生让你想不到。四、大家应保持清醒，设想将来。五、现有的决定不改，报纸仍属于这个家族。六、发扬优良传统。七、其他建议。

凯瑟琳顿时明白了，自己不是孤立无援的，还有孩子们在支持她。"让一个不知道多么为难的我，突然增加了勇气和信心，工作去，报纸是可以办好的。"凯瑟琳后来回忆说。带着那分陡然增长起来的勇气，她勇敢地参加了董事会议。

但是信心不是片刻就能提起来的。在接任公司主席好几个月之后，公司举行圣诞聚会时，她还是担心闹笑话，花了不少时间去"彩排"如何在聚会上说好"圣诞快乐"4个字。

她不懂管理，更不懂编辑，长期以来的家庭主妇生活让她变得对社会事物一无所知，有一次她竟然问自己的母亲："今晚要来做客的贝聿铭是谁？"她第一次听说《华盛顿邮报》根本不是一份好报纸时，相当吃惊。她的好朋友沃尔特·李普曼与詹姆斯·雷斯顿当面指出，这份报纸平庸、漂浮不定。他们暗示她，报纸需要一位新的、更有活力、更有才华的主编来扭转局面。

知人善任的女伯乐

一个家庭主妇，如何支撑一家报纸？凯瑟琳接任公司主席后，努力从头学习管理、谈判、商业、财务及电脑等各种知识。她还听从朋友的建议，学着和周围的男人们做朋友，向他们学习。在他们的帮助下，凯瑟琳很快熟悉了新闻的基本业务和经营手段，她着力在人事与管理上整顿《华盛顿邮报》与《新闻周刊》，同时在强调报道的准确和公正之外给编辑主管充分的自主权。她很快表现出杰出的商业才能和对新闻业的深刻理解。她用博大的胸襟和无私来作为自己管理的核心，更重要的是，她学会了任用比自己更优秀的人才。

上任伊始，她就虚心询问，广泛征求意见。最终她发现了两个重要的人才，其一就是著名的专栏作家李普曼，李普曼是《华盛顿邮报》的王牌记者，提到《华盛顿邮报》不能少了他。他的专栏对20世纪各国元首的影响，至今无出其右。他可以让赫鲁晓夫改变行程，也能让肯尼迪对他的褒奖受宠若惊。凯瑟琳为李普曼提供了丰厚的待遇：《华盛顿邮报》与李普曼签订了一个为期10年的合同，后者可以获得100万美元。只需要每周为专栏写两篇文章，每年写8个月，另外为《新闻周刊》写16篇文章，年薪7万美元，再加上文章转载的收入。另外，邮报还为李普曼提供了一套在纽约的高级公寓、两个秘书、一名研究助手、一台美联社电讯接收机、办公费用、一辆高级轿车及所有旅行费用。另外，邮报还承诺，在李普曼去世以后，他的遗孀每年可获 2.5 万美元的生活费，支付 10 年，因为当时李普曼已经是 73 岁的古稀老人了。

李普曼为凯瑟琳提供了一个重要信息，告诉她：邮报下属的《新闻周刊》有个人才，叫布拉德利。布拉德利与早逝的菲利普·格雷厄姆、约翰·肯尼迪是同一类人，他英俊潇洒、智慧超群、气焰嚣张，具有惊人的个人魅力。作为《新闻周刊》华盛顿分部的负责人，布拉德利招募了大批才华横溢的年轻人为他工作。而他则是华盛顿最受人尊敬的记者之一。

格雷厄姆听了李普曼的话后，立刻约布拉德利吃午饭。席间，她问布拉德利对邮报的什么职务感兴趣。显然，布拉德利当时并不喜欢凯瑟琳·格雷厄姆，尽管他与凯瑟琳死去的丈夫是好朋友，但他不会注意这只华盛顿城内的丑小鸭。他半开玩笑说："如果总编的位子让出来的话，我愿意去补这个缺。"在布拉德利看来，这是不可能的，因为一来现任总编辑与凯瑟琳私交很好；二来自己对她极为不敬，并且曾经得罪过她。

如果遇上别人，也肯定把这当成一个玩笑，但是凯瑟琳凭借客观的判断和女人敏感的直觉，相信布拉德利的才能和闯劲能为自己带来好运。于是，她决定将报社总编辑的大权交给布拉德利！

当本·布拉德利得知自己有可能成为《华盛顿邮报》的总编辑时，他的态度开始发生转变。布拉德利和菲利普·格雷厄姆一样，他们总能很随意地让凯瑟琳这样缺乏自信的女人感到放松，他的交流技巧与他的才智一样显著，他爽朗的笑声让凯瑟琳想起了往日的丈夫。更重要的是，凯瑟琳清楚地意识到，这位布拉德利先生的确拥有邮报所匮乏的激情，而布拉德利也梦想着将一份地区报纸变成一份全国性的大报。

布拉德利改革

布拉德利似乎专为 60 年代的美国新闻界而生。60 年代，正是青年们与传统彻底决裂的时代，各种思潮与生活方式蜂拥而来，他们标榜自己为现代人。布拉德利显然是一位"现代人"意义上的新闻人，他不喜欢强调新闻的责任感，更讨厌纯粹的资讯，他短暂的注意力使他无法容忍沉闷。在《新闻周刊》时，他整天督促年轻的记者写出好玩的东西，如今他要把这种风尚带入《华盛顿邮报》——这张被传统势力占据的乏味报纸。

布拉德利喜欢明星记者制，坚信闪闪发光的明星们可以让报纸水准获得最快的提升。他从《纽约时报》《新闻周刊》等著名的报纸找来青年才俊，甚至包括三名普利策新闻奖得主，给他们自由的空间与令人羡慕的薪水。

当然，他还要与经营部门做斗争。布拉德利深知，一份伟大的报纸需要足够多的经费，为此他学习了一年的财务预算，最终击败了经营部门的墨守成规，使得《华盛顿邮报》的预算从 1965 年的 250 万美元迅速增长到 1967 年的 700 万美元。布拉德利改革《华盛顿邮报》的进程势不可挡，那些曾经与他做斗争的保守者在他的风头之下渐渐退去，《华盛顿邮报》的政治立场也发生了戏剧性的变化，从始终与政府站在一边开始越来越倾向于自由派立场。

布拉德利与凯瑟琳都清楚,他们不仅需要改革,更需要一次伟大的机会,将《华盛顿邮报》推向一个高峰,就像《纽约时报》在二战中和越战中所做到的。

挑战权威

应该说,我一生中最伟大的决定既不是下令刊登"越战密件",也不是揭露水门事件,而是请本杰明·布拉德利出任总编。

——凯瑟琳回忆中的一句话,对于水门事件这一极具影响力的事件,她并没有多么的引以为豪。任命布拉德利为总编,在她看来才是关键性的一道指令。

五角大楼文件

1971年春天,《纽约时报》不顾政府禁令,刊登了披露国防部秘密越战研究报告,即"五角大楼文件",由于内容极其敏感,几天后遭到法庭禁止,尼克松政府试图将之推向法庭。六月份,《华盛顿邮报》的一位资深编辑也迅速得到这份文件,但是是否予以发表却成了关键问题:邮报是否做好了准备与政府对峙?而且这个时候,《华盛顿邮报》的上市工作正在紧锣密鼓地展开。编辑一方坚持出版,而经营方则担心这个莽撞会给公司带来灾难性后果,可能导致邮报公司正在准备的上市计划流产。

跟《纽约时报》的地位相比,《华盛顿邮报》的确过于年轻与缺乏威望。前者敢于挑战政府,是因为它在报界已经具有不可撼动的地位。在那个具有决定意义的夜晚,三位资深记者在布拉德利的房间里急不可耐地试图从4000页文件中,整理出适合报纸发表的文章;而在另一间房间里,布拉德利正在与经营负责人争吵不休。报道还是不报道?这个问题尖锐地摆在凯瑟琳面前。

尽管凯瑟琳·格雷厄姆没有像亨利·卢斯那样口口声声地强调这种责任感与使命感,但是隐藏在她羞涩与不自信背后的勇气与正直开始发挥作用。她深知,新闻业肩负着比赚取利润更重要的责任,这同样也是一场赌注,失败意味着葬送报纸的前途,而成功则意味着……

凯瑟琳再一次站出来,她在电话里很简短地说:"让我们出版它。"她后来回忆说,当时她非常紧张害怕,但她吞咽了一下,一连说了几个"向前!向前,向前,向前!我们向前,我们出版它!"这一决定相当具有冒险性,这不仅因为发表这些文件可能会影响到凯瑟琳和好友基辛格的关系,而且会激怒政府,官司缠身,钱财俱损。但对公众的道德责任感和对所从事事业的神圣性促使凯瑟琳义无反顾地这样做了。这种精神力量给了她无所畏惧的勇气,也让她在政府的阻挠和威胁下顽强地站稳了脚跟。她相信这些材料更有助于美国人理解美国为什么卷入越南战争,刊登文件不仅不会破坏国家安全,相反是在为国家做贡献。

两周内,尼克松政府控告两报的官司从地方法院一直打到联邦最高法院,理由是泄露国家机密,但最高法院站在了出版自由的立场,最终以六票对三票判两报胜诉。

凯瑟琳赢了,他们对这个结果欣喜若狂,就像他们当时所说的,这次行动将《华盛顿邮报》推向与《纽约时报》相同的位置上,邮报的声音从此与时报一样被全世界听到。

这件事情让凯瑟琳感受最深的是,惟有报道客观的现实,才能得到读者的支持。她开始坚信"勇气一定会为事业带来好运"。

水门事件

1972 年 6 月,一名男子因私自闯入水门饭店民主党全国总部而被捕。绝大多数传媒只把此事当作不入流的偷窃新闻一笔带过。然而《华盛顿邮报》年轻的鲍伯·伍得沃德和卡尔·伯恩斯坦两位记者却进行了深入调查,他们努力要从里面挖掘出不一样的东西。这两位单身汉发现闯入民主党总部绝不是简单的盗窃,它牵扯到司法部长,甚至更深的内幕。他们每周工作 7 天,每天工作十六七个小时,在漫长的两年时间里,两个名不见经传的年轻人,凭借着好奇心与老板凯瑟琳的鼓励,逐渐将这个案子的深沉内幕拉出了水面。

经过锲而不舍的调查,他们终于发现共和党政府试图在民主党总部安装窃听器,破坏民主党的竞选活动。随着形势的明了,凯瑟琳所面临的压力也越来越大。当时执政的尼克松政府为了掩饰丑行,不断向《华盛顿邮报》施加压力,警告凯瑟琳不要"出风头"。恐吓电话不断,司法部长米歇尔甚至说:"她的乳头总有一天会上绞刑架。"政府开始干涉《华盛顿邮报》购买有线电视台。很明显,他们想用尽一切措施保守这个弥天大谎。尼克松再次当选了,记者的调查也越来越困难。

倘若不是尼克松先生好猜疑的习惯,因而留下录音带成为日后的证据,《华盛顿邮报》或许无法取得这场与政府之战的胜利。当时,虽然事件已经闹得沸沸扬扬,但整个美国只有《华盛顿邮报》在紧跟"水门事件"。在白色恐怖的笼罩下,面对总统集团的强大压力,不自信的凯瑟琳也常常问自己:"这是重要新闻吗? 如果是的,那其他人都哪里去了呢?"

"邮报所受到的停止调查此事的压力非常大。"凯瑟琳在她的自传中写道,"读者们来信谴责我们别有用心的动机,说我们的报道很糟糕,缺少爱国精神。"最坏的影响应该是邮报在股市的股价一落千丈,使公司资产价值减少了一半。当时,凯瑟琳本人也受到了严重的威胁,有人甚至劝她千万不要一个人在马路上行走。即使如此,在经过再三思考之后,凯瑟琳坚定地支持旗下的编辑记者:"我们已经游到河流最深处,再没有退路了。"

一直孤军奋战的《华盛顿邮报》终于唤醒了美国各大新闻媒体,舆论的洪流终于将尼克松逼下台。《华盛顿邮报》成了真正的明星报纸。这一年,《华盛顿邮报》获得普利策奖,在美国确立了自己的大报地位。自此以后,每位白宫主人早晨起来阅读的第一份报纸便是《华盛顿邮报》。

事后,她的一位朋友送她一个小小的金质绞肉机,她还常常将它挂在脖子上。好莱坞明星罗伯特·雷德福与达斯汀·霍夫曼将水门事件搬上了荧幕,将这个神话推及到全这两次事件改变了《华盛顿邮报》,也把凯瑟琳推到了事业的顶峰。这个从不喜欢宣称自己是女权分子的人赢得了"世界最有权势的女人"的称号,她成了当世的不朽传奇——一位用勇气与政治扳倒美国总统的女人。更重要的是,新闻业得以大放异彩,它对自由与正义的追求赢得了无比的尊敬。

人格魅力

在这个世界上,每个人都是一个独立的个体,有着独立的精神、自主的权力,无论男人还是女人。独立,并不在于爱情、经济、体力,独立是一种精神。女人自主的独立意识,最终决定了女人的独立与自主。

——正是坚持而独立的个性,最终成就了《华盛顿邮报》,成就了凯瑟琳。

坚强勇敢的信念

凯瑟琳一生中所表现出来的种种勇气及对下属的信任,完全来源于她本人特立独行的人格观念。在正常情况下,她能够襟怀坦白、明智、公正地处理事情,这是许多男性领导人都难以做到的。《华盛顿邮报》的职员说,他们最喜欢的,是她给予编辑记者的支持与尊重。

她从来都勇于承担责任,遇事绝不推诿,决不后退半步。对于这一点,亨利·基辛格非常钦佩,他说:"凯瑟琳的传奇是一种智慧、勇气和高质量生活的象征,她是一个不可替代的人。"

在最困难的日子里,她和公司里所有的员工一样夜以继日地拼命工作,从无怨言。在她身上,看不到一点娇小姐的影子。1975年,凯瑟琳遭遇了自己最困难的时期——《华盛顿邮报》工人大罢工。当时,她为了控制成本,采取了一连串开源节流措施。其中一部分举措招来印刷业工会的不满。10月份,印刷厂以至广告部门工人决定大罢工,他们甚至火烧《华盛顿邮报》印刷厂,导致罢工第一天的报纸无法刊印出版,部分工人还袭击报纸编采人员。

不过,在经历这许多事情之后的凯瑟琳早已不是昔日那个柔弱的、毫无主见的女子。虽然公司里一片慌乱,但是,她依然镇定。在她的领导下,报社里的记者和编辑没有动摇,继续坚守岗位。

然后,凯瑟琳派人自行接洽广告甚至操作印刷机,又用直升机从报馆天台将版样运到邻近州府的印刷厂印刷。经过长达5个月的谈判,工潮终于化解。《华盛顿邮报》安然渡过难关。

尊重别人尊重自己

凯瑟琳常说:"办报者不应对编辑记者指指点点,办报者的责任,是尽力确保报道全面、准确、公正和质量最佳。"她尊重采编自主权,尊重事件的真实情况,决不会因为任何原因妥协、隐藏事实。正是因为这样的个性,读者才能知道"五角大楼文件"和"水门事件"的内幕。

因为这种勇敢的坚持,凯瑟琳和苏联领导人戈尔巴乔夫也差点闹翻了。对戈尔巴乔夫的一次采访后,一位苏联官员向凯瑟琳表示,戈尔巴乔夫对其中部分内容感到不满,希望在见报的时候能抽掉。凯瑟琳听说这一消息后,当场一再致歉,做了很多解释,但坚定的立场从头至尾都没有动摇过。最后,苏联官员的游说以失败告终。

更重要的是,凯瑟琳改变了美国报业轻视女性的倾向,她曾多次在盛大晚宴后,拒绝与场内女士退到楼上让男士们在楼下边抽雪茄边谈论世界大事,而是参与其中。独立自强的凯瑟琳逐渐成为美国妇女的典范,媒体盛赞她"为千百万妇女打开了机会之门"。芭芭拉·沃尔特说:"凯瑟琳战胜了自身的羞怯和恐惧,成为我们时代最受欢迎和最有勇气的女发行人。她个人和职业的成就将为人们所怀念。"

一份伟大的事业和一个伟大的人一样,必定有着它独立的品格。正因为凯瑟琳独立的人格,《华盛顿邮报》从未因外在的压力而改变自己的风格。

生活简朴,热情交友

凯瑟琳出身名门,从小生活极其富裕。然而她热爱简朴的生活,最喜欢黄昏时分在厨房与朋友一起帮手弄菜肴,当有人替她代劳时,她还会不悦地说:"那是我的工作。"

有一次,凯瑟琳在玛莎葡萄园举行晚宴,招待朋友。那时候她已经80岁高龄了,一米八的身材,站得笔直,亲手为客人们递色拉,看见一个年轻的姑娘带着诧异而仰慕的神情看着她,看着姑娘落寞的脸庞,她说:"如果你没有合适对象,那就跟朋友们结婚吧——就像我这样。"

凯瑟琳承认美满的婚姻是最好的生活方式,她曾经有过一段幸福的婚姻。然而,在她们结婚22周年,有了4个孩子,一起尝尽了生活的酸甜苦辣的时候,她那英俊潇洒的丈夫认识了年轻美貌的《新闻周刊》特约女记者,当时他要求与凯瑟琳离婚,并且强迫她出让股份,以便他独自拥有《华盛顿邮报》。

一直以丈夫为天的凯瑟琳瞬间如同天塌一般,这种突如其来的打击令她手足无措,不得不求助于心理医生。她拒绝出让股份,菲利普以出走相威胁。半年之后,他回到家里,但是事隔不久,带着悔恨和悲伤,菲利普开枪自杀。

46岁的凯瑟琳从那以后再也没有结婚。不过,她非常欣赏周围朋友的婚姻,乐于看到他们互相尊重和支持,比如基辛格夫妇。玛莎葡萄园,是她为了排遣孤独买下来作为度假以及与朋友们聚会的地方,那些一个人的孤独岁月,有众多的朋友陪她度过,这里面有专栏作家阿尔索普·李普曼,指导她如何办报;沃伦·巴菲特,告诉她如何投资;国务卿舒尔茨·基辛格,指导她如何在政治的角斗场上看清方向……

当时的社会名流如黛安娜、比尔·盖茨等都是她的座上客。比尔·盖茨说:"在理解他人和与人沟通方面,她具有超人的能力,她是一个可爱的朋友。"她不仅能吸引文学和社交界的朋友,还能吸引华盛顿的权势人物,许多美国总统都到她家里做过客,小布什夫妇到华盛顿后第一个去的就是格雷厄姆家。无怪乎小布什说:"总统们来来去去,而她知道他们所有的一切。"

1986年菲律宾总统阿基诺夫人访美,在举行答谢宴会时,她不用菲律宾驻美使馆的官邸,而是在凯瑟琳的私人公寓举行,并请凯瑟琳出面代为邀请美国政界要人,可见凯瑟琳的个人魅力。

保守的凯瑟琳

凯瑟琳改变了《华盛顿邮报》的命运,《华盛顿邮报》也改变了她的一生。1963年,凯瑟琳接手邮报的时候,整个邮报总收入只有840万美元,旗下子公司只有《新闻周刊》和两家电视台。她接手《华盛顿邮报》是因为儿子年纪尚幼,所以暂时接管一下,没想到自己一干就是30年,而且企业越办越好。到1993年,她将首席执行官和董事长的位置交给儿子唐纳德时,邮报已发展成为包括报纸、杂志、电视台、有线电视和教育服务企业在内的庞大的媒体帝国,总收入达到了14亿美元。

水门事件的胜利对于《华盛顿邮报》确立它在美国报界的地位起了非常重大的作用,但是凯瑟琳似乎并不怎么喜悦。这与她一贯的保守作风有关系,她是一个保守分子,坚信自由市场、民主政治理念,坚信国家应由精英分子治理,所以她不倾向于总统是个阴谋家这种看法。她不喜欢将出版"五角大楼文件"与"水门事件"意识形态化,在她看来《华盛顿邮报》只是报道了它应予以报道的新闻。

整个80年代,华盛顿邮报公司在商业与新闻声誉上都取得了巨大成功,凯瑟琳·格雷厄姆也成为财富500强中第一位女性商业领袖。在世界各地,似乎只有欧洲的王室或者第一夫人才能获得她那样的尊敬。尽管凯瑟琳逐渐获得了自信,但依旧不喜欢被人谈论。她是个现实主义者,就像1975年她在《华盛顿邮报》大罢工中所表现出的强硬态度,她亲自动手印刷报纸。她一次又一次表明她的保守价值观念:每个人都必须用辛苦的工作以赢得财富与他人的尊敬,而非通过别的手段。

1997年她将邮报发行人的大权也下放,只保留了董事会主席的职务。从公司日常事务中抽身之后,她动手写出了脍炙人口的自传《个人历史》,在自传中,凯瑟琳将自己的一生视作与自卑斗争的历程。这本贯注真情实感的自传,1997年一出版就成为畅销书,并于1998年荣获普利策奖。

2001年7月14日,凯瑟琳·格雷厄姆前往爱达荷州太阳谷出席一个企业高层主管会议,在一栋公寓大楼外的走道上不慎摔倒致使头部受伤,她立即被直升机送往爱达荷州首府博伊西的圣·阿方瑟斯地区中心医院。由于伤势过重引致脑出血,她一直昏迷不醒,在经过紧急外科手术后,仍不见好转,于17日中午逝世,享年84岁。2001年7月18日,当凯瑟琳辞世的消息传出时,几乎所有的美国政商名流都自发来到了她的葬礼上,人们悼念她的时代,悼念这个跻身男性世界,登临传媒权柄的传奇女性。

玫琳凯创始人

——玫琳凯·艾施

人物档案

简　历：美国女商人，玫琳凯化妆品公司创始人。1918 年 5 月 12 日出生于美国，凭借着 25 年的直销经验，在 1963 年 9 月 13 日，45 岁的玫琳凯·艾施创建了玫琳凯化妆品公司。并逐步将其发展成为美国最大的护肤品直销商，同时荣获"20 世纪商业界最具影响力女性"殊荣。2001 年 2 月 22 日，玫琳凯公司创始人玫琳凯·艾施女士在与病魔作了长达 5 年的斗争之后在美国达拉斯去世，享年 83 岁。

生卒年月：1918 年 5 月 12 日~2001 年 2 月 22 日。

安葬之地：美国达拉斯。

性格特征：善于与人交往，热情、自信、独立，积极乐观。

历史功过：她奉行的黄金法则，帮助许多女性走向成功。曾三度入选美国《财富》杂志的"全美 100 家最值得信任的公司"。

名家评点：美国的各大媒体给予她极高的评价："玫琳凯·艾施是当今世界为数极少的对世界商业形态产生重要影响的企业家，也是一位伟大的商业女性。玫琳凯不仅成功地建立了一个自己的商业王国，而且开创了妇女发展自己个人和事业的新天地，其成就堪与任何一位妇女解放运动领袖相媲美。"

穷人孩子

"你要别人怎样对待你，你也要怎样对待别人。"

——人都是将心比心的，诚心去对待别人，才能获得别人坦诚相待。

六岁承担家务

1918年5月12日,玫琳凯出生于美国得克萨斯州休斯敦一个穷困的家庭。她是家里最小的孩子,哥哥姐姐大她十多岁,在她稍微记事起,他们就已经离开了家庭。在玫琳凯两岁时,父亲就患有严重的肺结核,常年住疗养院。直到玫琳凯六岁时,他才回到家里。年幼的玫琳凯并没有得到父母的特别怜爱,反倒要帮助母亲支撑起一个家的责任。

坚强乐观的母亲并没有被生活的困难压倒,为了养家糊口,她每天在外打两份工:一份在医院当护士;另一份是在餐饮店当招待,后来又自己经营餐饮。她总是乐观积极地给玫琳凯以鼓励,事无巨细。"你能行"是妈妈挂在嘴边的话。

从六岁起,玫琳凯就开始承担家里的一切事务,照顾父亲的饮食起居。放学回家,第一件事就是打扫房屋,然后通过电话,母亲手把手地教她做饭。购物也是如此,忙碌的母亲完全没有时间去添置家里需要的物品,于是,她把所有需要购买的东西,乘车的路线和需要的费用都写在纸条上,交给玫琳凯,让她去城里购买。商店的营业员不相信这么小的孩子能够出来买东西,这时候,玫琳凯就会把母亲给她的电话号码交给营业员,告诉他们说:"给她打个电话,她会告诉你不用担心的。"

就这样,幼年的玫琳凯就把家里的事情都承担了下来,每当有问题的时候,母亲就会告诉她说:"我知道,你能行。"多年以后,玫琳凯很感激母亲培养她的自信:"母亲不断强化我的自我形象,她告诉我,只要愿意,我能完成世界上的任何事情。"

早婚

17岁,玫琳凯高中毕业,因为贫穷无缘大学。随后她就和当地的罗杰斯结婚了,罗杰斯是夏威夷鼓手乐队的西部歌手。结婚之后,他们住在玫琳凯母亲的房子里,并且陆续有了三个孩子。后来,罗杰斯在达拉斯找了一份工作,他们便举家迁到了达拉斯。

二战爆发了,罗杰斯开始服兵役。20世纪30年代正是美国经济大萧条时期,为了维持一家的生计,玫琳凯开始利用她在高中时学会的打字技术,在一家公司找了一份秘书的活儿。这样一来,身为三个孩子的母亲,玫琳凯完全没有办法照顾家里。于是,她改行做直销去了,这份工作时间上的自由让她可以兼顾家里。

她开始销售儿童书籍,靠着坚韧的性格和善于与人交往的优势,玫琳凯做得非常出色。在九个月的时间里,玫琳凯卖掉了两万五千美元的书。从中,她学会了一个很重要的道理,那就是,一定要把自己的热情、兴奋和对产品价值的信任融合在一起,那样将会无往不胜。

不久以后,玫琳凯转到了斯坦利家用产品公司,这是一家主要销售家用器皿和清洁剂的直销公司,由于工作勤奋,业绩突出,玫琳凯是公司常胜的销售冠军,被提升为经理。然而,公司是男人的天下,没有人会把她的意见和建议当回事,她提出来的建议只会遭到那些男同事的嘲笑。

离婚

就在玫琳凯深感困惑,郁闷不已的时候。罗杰斯服完兵役回来了,他坚持要与玫琳凯离婚。虽然玫琳凯并没有感受到婚姻的幸福,可离婚对任何一个人来说都是严重的打击。27 岁的玫琳凯成了三个孩子的单身母亲,人生的希望一夕之间变得渺茫无望。

然而,生活的压力摆在眼前,不容许她沉浸在自己的痛苦当中,她不能不全力投入工作当中以求取得回报来养活自己和三个孩子。那时候,她渴望当一名医生,还利用业余的时间参加学习了大学的课程,希望能够考上医学院。

鉴于生活、工作的压力,以及玫琳凯善于与人沟通的性格,老师建议她在销售领域发展,因为这样更能发挥她的能力。经过认真思考之后,玫琳凯离开了校园,专心致志地投入到直销和照顾孩子上来。她不断地激励自己努力工作,为自己订了一个每周的销售目标,并将这个目标写在卫生间的镜子上,每天早上起床就能看到,不断加大自己的压力。

就这样,玫琳凯一边工作,一边抚养孩子,度过了她人生中的黄金十年。因为刻苦和努力,玫琳凯积累了丰富的销售经验。她转到了一家名为"礼物世界"的直销公司,凭借她一如既往的勤奋和熟练的销售经验,她成功地将公司的销售区域扩展到 43 个州。很快地,玫琳凯在公司委员会里占有了一席之地,她被提升为经理。1963 年,公司为她聘请了一位助手,仅仅因为助手是男性,所以公司为他支付的年薪高出她本人的一倍。玫琳凯忍受不了这种轻视女性的行为,愤然辞职了。

梦想征程

"许多人开创新事业是为了赚钱,但这绝不是我的主要动机,并不是我相当富裕而可以不在乎钱,我只是认为这个事业必须成功,否则我将没有第二次机会开创自己的事业。"

——把事业当作生命的一部分。

灵感乍现

从干了 25 年的直销岗位上下来,玫琳凯已经 45 岁了。回想 25 年工作中的酸甜苦辣,感慨良多,她准备利用休闲的时光写一本书,指导女性如何在男性统治的商界里生存。

从"礼物世界"辞职回家一个月之后,她坐在厨房的餐桌旁边,列出了两份清单:一份回忆曾经在工作当中遇到的美好的事情;另一份则列举若干年来所遭遇的种种痛苦的事情。

在记述这些文字时,过去的经历在她的脑海中一遍遍地梳理着,一条清晰的脉络在玫琳凯的心中浮现,她的灵感突然降临了:既然自己有这么多的经验和想法,为什么不自己开一家理想的新型公司呢？它将是无数女性实现自身价值的载体。

玫琳凯决心发挥自己的最佳潜力与男性们一争高下，她开始在脑中规划自己的"梦想公司"了，它将不仅满足顾客的需要，更重要的是她要用"男女一视同仁，提供妇女无限的机会"作为管理原则，她要满足女性个人成就的愿望，这是一个圆梦的公司。

玫琳凯的专长是推销以及招募成员。但具体做什么却是一个问题，在辗转反侧，经历几个不眠之夜的思考后，玫琳凯想到了一个方向——化妆品。她想起来，那是一天晚上，她参加达拉斯穷人区的一个家庭舞会时，遇到了一位女美容师、化妆专家，她的皮肤细腻得令玫琳凯惊讶，玫琳凯认为这位美容师有养颜秘方，更惊讶的是这位妇女所用的护肤品来自她的父亲。她的父亲是皮革制造者，父亲闲暇时发现自己的双手与年轻男子无二，他大胆地猜测并断定，这一定和每天处理大量皮革有关。于是，他开始了不厌其烦的试验，结果发明出一种可以用来擦脸的护肤改良产品。他给女儿试用之后，发现效果非同寻常的好。这位父亲去世后，他的女儿继承了父亲的秘方，并开发了一种乳液和面霜来为她那家庭式的小型美容院的顾客服务。

当她过世后，玫琳凯花 5000 美元从她的爱人手中买下了这种化妆品的配方。鉴于商业的敏感，玫琳凯认为如果经过某些改良，再加上高质量的包装，这种皮肤保养品一定十分畅销。

公司开张

1963 年 9 月 13 日，黑色星期五，一个西方人认为不吉利的日子，在 20 多岁的儿子理查德·罗杰斯的帮助下，玫琳凯将其上半生所有的积蓄——5000 美元倾囊而出，在达拉斯租了一个只有 500 平方英尺（约 46 平方米）的店面，正式成立了自己的"玫琳凯化妆品公司"。公司的产品就是她曾经接触到的那种化妆品，她直接从别人的手里买来了那个配方。

然而，正当玫琳凯准备放手一干的时候，灾难再一次降临。在她的公司要开张的前一个月，她的第二任丈夫因心脏病发作骤然去世。之前公司所有财务和法律上的细节，都是由他掌管，玫琳凯只负责人员招聘、培训和管理。

漫漫征途刚刚走出一步，就先遭到这一场打击，玫琳凯沉浸在悲痛之中，甚至一度打消继续做下去的念头。她的律师劝她，立即清偿资产，收回你能收到的钱。如果不这样，你会分文不名。她的会计师也提出同样的建议："你没有成功的可能。"亲朋好友都劝她别再开店了。周围的朋友都劝说玫琳凯放弃或者等待一段时间再开业。不过，玫琳凯的孩子们很支持她，两个儿子，一个毅然辞去一家月薪 480 美元的人寿保险公司代理商的工作。另一个也辞去了在休斯敦市月薪 750 美元的职位，都加入母亲创办的公司中，宁愿只拿 250 美元的月薪。在几经思量之后，玫琳凯还是决定做下去，倔强的她带着 9 个美容顾问开始了自己的创业之旅。

首创佳绩

化妆品直销，玫琳凯并不是首创，直销巨人雅芳在当时已经有了 25 年的历史。玫琳凯选择这一行，意味着一起步就要直面强劲的对手。不过，玫琳凯对传统的挨家挨户地直销方式进行了一次革命，她将自己的销售员称为"美容顾问"，以小组展示方式推销产品，每次参加活动的人数不超过五六人。玫琳凯说："这种方式方便让我们的顾问指导妇女如何保养皮肤。"玫琳凯理所当然地成了公司的首席美容顾问。

创业初期，玫琳凯和孩子们不分昼夜地工作，有许多事情都需要他们亲自过问。有时候，他们一天要工作十六到十八个小时，从公司的清洁工作，到产品的包装、写信、打字、印发给美容顾问看的通讯，事无巨细，都要亲力亲为。

直销业 25 年的经验使玫琳凯深知，直销员的坏账常导致直销公司破产。因此在付款方式上，她采用了当时一般公司都不采用的付款才能提货的政策，这使得公司不需要很多开办资金。不过，她将成本降到了最低，虽然是付款提货，但是她让直销员只付零售价的 50%购买整套产品，这个价格远远低于一般的直销公司，因此弥补了人们对付款提货的难题，并且使许多妇女从中更多的受益。这项政策不仅极大地鼓励了公司美容顾问的工作热情，也使公司免去了许多坏账。

付出总有回报。1963 年，创业开张的第一年，在十多个"美容顾问"的共同努力下，公司的销售收入达到 20 万美元。第二年迅速上升到 80 万美元，并且人数迅速增加，拥有了 3000 名女性组成的销售队伍。

此后，公司的业绩越来越好，玫琳凯化妆品公司迅速地从一个名不见经传的小公司成长为美国最大的护肤品直销商。1965 年玫琳凯公司开始涉足男性化妆品市场，成为美国最早完整介绍一系列男士皮肤保养品的公司之一。如今，玫琳凯化妆品公司的男士护肤系列在美国男性皮肤保养品市场中达到 17%的市场占有率。

1969 年玫琳凯化妆品公司在达拉斯兴建厂房，专门生产公司自己的护肤及化妆用品，几年之后公司的业务翻了好几倍，发展迅速。现今玫琳凯在达拉斯的厂房已经成为美国西南部最大的厂房，约有三个足球场大，里面有生产设备、实验室、仓库以及包装和邮寄车间。工厂有工人四五百名，公司销售的所有品种几乎都在自己的工厂里制造。

如今，玫琳凯化妆品公司拥有 160 万多名独立的美容顾问（多为女性），在世界 5 大洲的近 40 个国家设有分支机构，每年的零售额超过 40 亿美元。曾经多次位居美国面部护肤品和彩妆销售排行榜的首位。

女性奖品

25 年的直销经历让玫琳凯得到了宝贵的经验。她从中得出了一条结论，那就是："公司和人才是一个整体，一家公司的好坏取决于该公司的人，要千方百计挽留住真正的、有价值的人才。"玫琳凯化妆公司的总部设在达拉斯。走进公司总部大楼，欢迎你的便是公司全国销售主任的照片。这些照片比真人还要大，目的是留给来宾一个深刻的印象："我们是重视人才的公司。"

更为重要的是玫琳凯激励女性成为小型企业经营者。在她自创的管理风格中，她不断地以鼓励与物质报酬提升了妇女的自尊与自信。玫琳凯深知激励员工的自尊和士气的重要。平时除了尊重员工外,还严格要求管理人员不断地激励每一位部属,她认为激励人们最好的方式是表扬。尽管首次展销时出了不少差错,销售主任对销售员仍说干得不错。

除了口头上的表扬,精神上的奖励之外,更采用了多种多样的物质奖励,在物质奖励方面,玫琳凯有自己独到的心得。曾经在斯坦利公司的时候,在一次大会上,玫琳凯见到公司为年度销售冠军颁发的奖品,那是一个精美、昂贵的鳄鱼皮手袋。那时候,玫琳凯就在心里发誓,一定要成为第二年的推销女皇。

她将杂志上剪下来的一张鳄鱼皮手袋相片放在钱包里,以此来激励自己。功夫不负有心人,在第二年度的大会上,玫琳凯果然当选为推销女皇。不过这次的奖品却不是鳄鱼皮手袋了,为此她非常失望。

后来,在别的比赛当中,玫琳凯又赢得了一个鱼灯,好长一段时间里,她都不知道那到底有什么用。后来经过打听,她才明白,那是晚上钓鱼用的灯,然而,她对钓鱼一点儿兴趣都没有。

也是在那里,玫琳凯明白了,奖品必须是获奖者真正喜欢的东西。所以,玫琳凯化妆品公司制定了许多奖励标准,那些达到标准的推销员不仅有奖品,还能得到大家的夸奖。

玫琳凯公司的奖励大多是皮衣、钻石、汽车等女性喜爱的东西。其中,最具代表性的是汽车,玫琳凯给最高销售督导的是凯迪拉克轿车。而且,玫琳凯买断了粉红色轿车的版权,粉红色的凯迪拉克只有在玫琳凯工作的人才有可能得到。1969年,玫琳凯将第一批粉红色的凯迪拉克奖励给前五名的销售督导。

企业文化

玫琳凯成功了,公司迅速地发展起来。人们惊讶于她的成功,更想知道她成功背后的"秘诀"。

实际上,玫琳凯的成功"秘诀"很简单,那就是把员工当成一家人。在事业刚刚开始的时候,因为人员少,彼此相互依赖性强,像个典型的家族企业,而拥有几十万员工后,要维护这种"一家人"的气氛,就不是一件容易的事情了。

玫琳凯是尊重员工工作的典范。她把公司所有的员工都当家人来看待。每逢周末,她都会邀请一些有突出贡献的员工到她家里会餐,在员工们看来,玫琳凯本人为她们做几道好菜是最好的犒劳,也是公司的最高奖赏。

在玫琳凯公司中,"人"是最重要的因素,他们以"人员对公司的向心力"而自豪,公司的管理层深知,关心别人与追求利润并不矛盾。玫琳凯当初创业秉持的理念就是帮助女性。她强调称职的经理应该是他人的榜样:待人公平,使人心安,要关心别人的家庭。她尤其关心上班的母亲,是这方面的典范。这和她作为一个单亲妈妈的经历有着莫大的关系。她说,在她的"整个事业中最大的成就感就是看到许多女性成功"。而她的成功也正是建立在帮助他人的基础之上的。

股票上市

1968 年,玫琳凯化妆品公司开始尝试发行股票,公众反应热烈。很快地,1976 年,玫琳凯公司股票在纽约证券交易所正式上市,玫琳凯筹集了大量资金,成为百万富翁。玫琳凯担任了最高职务董事长,这是第一家由女性拥有的股票上市公司。玫琳凯成为纽约证券交易所上市公司中的第一位女董事长,理查德成为总裁。

令人惊奇的是,作为一家在纽约证券交易所上市的公司,今天玫琳凯公司的股票,却并不在证交所交易。在完成利用股市筹资扩展之后,经历了股市潮起潮落的玫琳凯做出一个惊人之举:回购所有在股市上流通的股票。

1985 年玫琳凯和她的儿子理查德决定采用日渐普及的杠杆收购财务技术回购股票。所谓杠杆收购,就是公司管理者大量借款,买回所有上市股票,再以现金收入或出卖资产所得偿付贷款。

5 月,当玫琳凯公司股价在 10 美元左右徘徊时,玫琳凯和理查德提议以 3.15 亿美元收购了流通在外的 70% 股票。她说:"我们认为,玫琳凯下市符合我们以及顾客的最大利益。"

董事会拒绝这项提议后,玫琳凯母子在当年 10 月提高价格,董事会终于在两个月后同意。最终,耗资 3.04 亿美元,玫琳凯母子收购了市面上大部分的玫琳凯股票。

这一举动使得玫琳凯和理查德能独立自主地管理公司,也使他们握有的股票价值不受市场波动的影响。

理想信念

"信念第一,家庭第二,事业第三。"

——正是这种精神引导全世界无数妇女投入到自立自强的事业中来。

信念第一

玫琳凯,这个名字所代表的,不仅是玫琳凯公司的创办人,更是一种崇高理想的表现、一种伟大的信念的落实!

玫琳凯的成功源于她不折不扣地服务于他人的商业精神。从一开始,玫琳凯创办公司的理念就不仅仅是销售化妆品,她的目标是致力于为广大妇女提供经济独立以及个人发展和成就未来的机会。玫琳凯将自己所信奉的"你要别人怎样对待你,你也要怎样对待别人"的黄金法则作为她公司的指导哲学和市场理念,大力倡导"信念第一、家庭第二、事业第三"的生活优先次序,她用"你能做到"的精神来激励其他女性加入自己的事业。

创业之初,玫琳凯就确立了服务第一的宗旨,在她的美容课上,她要求美容顾问们以"教"为目的,并非只"卖"。训练销售人员时,也要使得她们想着"如何使这位顾客更美丽,更有自信心",而不是"今天我要从她身上赚多少钱"。这与今天许多著名公司所奉行的"以客户为中心""服务至上"的准则可谓如出一辙。玫琳凯相信这样的服务信念会使人眼中充满爱。

在公司发展壮大之后,玫琳凯更希望可以为广大女性做更多的事情,她提出了公司应以"丰富女性人生"为己任。在事业发展走出美国后,她又提出创建"全球女性共享的事业"的口号。

在玫琳凯的大力提倡下,她所奉行的黄金法则、生活优先次序的指导哲学和市场理念,随着她和160万美容顾问的身影迅速传遍全世界。人们评论说,玫琳凯·艾施在直销她的化妆品的同时,也在直销她的工作哲学和生活哲学。

在玫琳凯看来,女性解放最重要的是经济解放,玫琳凯以她的企业结构激励了千千万万的女性,她们来自社会的各个阶层,不仅有下岗工人、医生、工程师、秘书、公司职员,还有大学教授、律师、社会工作者等等,不论是谁,她们都能在玫琳凯找到自己的新天地,尽享个人成就和职业成功的喜悦。

在玫琳凯自创的管理风格下,她以不断的鼓励及物质报酬来提升妇女的自尊和自信。玫琳凯说,她整个事业中最大的成就感就是看到许多女性成功,这也是她创建公司的初衷。因为她知道,女性特有的直觉与本质,如果能够加以妥善地发挥,并且得到适当支持,她的前途将是无可限量。对于玫琳凯致力于女性事业所取得的成就,有杂志惊叹:"玫琳凯所解放的妇女,比美国女权运动领袖格劳瑞娅·史戴能解放的还要多。"

玫琳凯的努力得到了公认,由于她在一向由男性主宰的管理世界的杰出成就,玫琳凯被视为当今世界最成功的女企业家。

把握时间

身为三个孩子的单身母亲,玫琳凯常常忙得不可开交。她只有时间做三件事:上教堂、照顾孩子和工作,每一件事都必须安排得非常紧凑。为了节省时间,曾经一度,她每天3点钟起床,然而,那样没坚持多久,她就坚持不住了,身体开始出现各种各样的症状。为此,她想尽办法不浪费每一分钟时间。

在她刚刚做推销的时候,她曾经看到一篇讲解如何节省时间的文章。后来,她就按照那上面做了,无论是学习、工作还是干家务,她都会把事情安排得井井有条。

首先,她学会了将一些工作指派给其他人。小时候,她总是帮助母亲干活,所以,在她忙不过来的时候,她会将一些简单的家务活分派给孩子,如果干得好,就会给她们一个奖励。她还让孩子适当地参与自己的工作。每周六,她都会拿出自己拿到的订单,让孩子们坐在一起将货物按照订单进行分装。这种方法节省了她的大量时间,同时这样也增进了她跟孩子们的感情。而且,这些活动让孩子从小就对商业往来有了基本的了解。

为了能够有更多的空闲投入到工作上,并不富裕的玫琳凯雇了一个管家。她在报纸上打广告的时候,手里并没有那么多钱。不过,玫琳凯自信如果有人帮她管理家务,她会有更多的时间投入到工作上,也会挣更多的钱来支付管家的工资。事情如玫琳凯计划的一样,她将全部的精力投入到工作上,然后将一部分薪水付给管家,这个管家一直在她家里工作了9年。

玫琳凯每天5点钟起床,只有这段时间,她是安静的,电话铃声不会打扰她,孩子们还在熟睡当中。因此,她利用这段时间处理文件,写信、读公司的报告,或者安排公司的工作。

永远24岁

1963年创建玫琳凯化妆品公司时,玫琳凯·艾施已经是45岁的祖母级的人士了。但那以后,她从来不讨论自己的年龄。对此,玫琳凯·艾施自己的解释是:"我是一个女人,女人对日期是很敏感的,即使你只记得很少几个日子,但是只要稍微懂一点算术,你就能推测出我的年龄。我从不告诉他人自己的年龄。我为什么非要告诉别人?我相信一个告诉别人年龄的女人会告诉别人一切事情。可以告诉你,我没有像一些人认为的那么老。我不愿你因此而推算我的年龄!"

有人问她:"如果有一天你真的忘了自己的年龄,别人问起,你会怎么说呢?"

"我告诉你,我觉得我才24岁呢!"玫琳凯回答。

或许在玫琳凯看来,除了她自己——"玫琳凯"这个生命个体之外,还有数百万的女性在从事着一个叫"玫琳凯"的事业,这个事业将不因为玫琳凯个人的衰老而衰老,也不会因为她个人生命的结束而结束。

2001年11月22日,在达拉斯的家中,83岁的玫琳凯安详地闭上她了的双眼。在离开这个她所热爱的世界时,玫琳凯的个人生命正在通过她的80万美容顾问及消费者在这个世界上延续。玫琳凯带着她年轻的心离去了,留给世人一份永远青春的事业。

美国销售协会总裁汤姆华特立说:"玫琳凯的离去使我们每一个人都深深地沉浸在失去精神基石的悲痛中。然而,令我们感到欣慰的是,我们看到玫琳凯服务女性的事业正在全世界不断发展,通过向女性提供从未有过的个人和事业成长的机会,玫琳凯正在丰富数百万女性的人生。"

人生追求

"美容顾问们应该想着如何使这位顾客更美丽,更有自信心!而不是今天我要从她身上赚多少钱?"

——45岁已然退休的玫琳凯,在回忆自己人生经历的时候发现了一条创业之路,这条路一开始的出发点就是能够为别人,为千万的女性做点事。

著书立说

1963年离开工作岗位,玫琳凯的第一想法就是写一本书。写书的念头促使她成就了一番非凡的事业。当一切功成名就之后，玫琳凯依然没有忘记这个念头，著书立说的思想再一次在玫琳凯的脑海浮现。

1981 年，玫琳凯个人自传出版，将自己的人生经验与管理心得与大家分享。1984年，因为经常被人们请求讲述她的公司成功的原因，所以她出版了第二本书《玫琳凯：谈人的管理》，在书中，她讲述了自己的商业哲学和招聘激励雇员的办法，这本书成为国外许多大学工商管理专业的指定参考书。

1995 年 8 月，她的《你能拥有一切》一书上市初始就名列畅销书排行榜。如今，她的自传销售已超过 100 万本。

1987 年玫琳凯退任公司名誉主席。直到今天，她的精神仍旧激励着遍布全球的美容顾问们。在新的世纪里，玫琳凯及玫琳凯公司将继续鼓励引导千千万万的妇女，帮助她们发挥潜能，实现人生梦想。虽然她已经离开了人间，但从她写的三本畅销著作《玫琳凯：谈人的管理》《我心深处》和《你能拥有一切》中，我们可以清楚地看到她的管理艺术、她的热情敏锐和她的艰难路程。

慈善事业

玫琳凯·艾施在 45 岁退休之后开始创业，在此之前，她经历过很多人生的磨难，尤其是 1980 年她亲眼目睹心爱的丈夫由于癌症而去世，癌症这一顽疾在她的心里留下了深刻的印象。从那时起，她就立志后半生要致力于和癌症做斗争。1993 年，玫琳凯就在达拉斯的圣保罗医疗中心建立了"玫琳凯·艾施癌症研究所"。

美国哲学家爱默生说："每一件成功的背后，都一定有颗热忱的心。"玫琳凯对社会公益事业也秉承着这种常人所不具备的热忱。截至 2001 年，玫琳凯慈善基金会在美国已向癌症研究机构捐款累计超过 500 万美元。这个基金会在 1996 年已经成立，是一个非营利的基金会，主要从事对威胁女性健康的癌症，如卵巢癌、乳腺癌和子宫癌进行诊断、预防和治疗方面的研究的资助工作。在那之前，玫琳凯已经连续资助美国癌症研究基金会 20 多年。

2000 年，玫琳凯基金会为保护妇女权益、反对暴力开展慈善捐助活动，业务扩展至全球包括哈萨克斯坦、斯洛伐克和菲律宾在内的 35 个国家和地区。

玫琳凯对社会公益事业的热忱还体现在对人类整体环境的关注上。1989 年玫琳凯首开拒绝动物试验的先例，并发展出其他的试验方式。她还倡导发起环保活动，保护环境美。组织"物质再利用"活动，至今已收集了超过 1500 万吨的纸张、塑料、玻璃及铝制品。

玫琳凯公司在世界各地还为女性事业捐资捐款，玫琳凯认为，随着社会对女性的要求越来越高，开发女性智力也成为必然，女性接受高等教育就成为她们取得事业成功的必要条件。循着这一信念，玫琳凯专门在美国设立了一项女子奖学金，用以奖励那些在困境中坚持学习并取得优异成绩的美国女高中生。这种热心公益事业，帮助妇女自立成才的社会活动是有目共睹的，受到了世人的赞扬。

自信美丽

"上帝从来不造无用之才,只造有用之才。"

——自信从来都是成功的第一要素,每个人都应该相信自己的能量。

自信

玫琳凯是一个具有自信的领袖型魅力的人物,没有人能想象出来她会产生消极情绪。在讲述玫琳凯公司的冒险经历的时候,她说:"我甚至从未曾想到失败这件事,这是绝对不可能发生的。"这几乎是所有创造天才所共有的典型个性,他们以超乎寻常的自信克服了任何潜在的困难。

玫琳凯更是热忱地推崇这一乐观的思想,她说:"我想如果有两件礼物让孩子选择,一个是 100 万美元现金;另一个是积极乐观的思维能力。那么我给孩子选择的必然是后者,坚定的信心才是最值钱的礼物。"

玫琳凯如同蜂皇,给那些模仿她的大蜂以力量。她常常告诫她们说:"上帝从来不造无用之材,只造有用之才。"她以鼓动人心的传说故事来激励那些跟随她的女性,让她们相信女人不比男人差,她说:"上帝在创造男人时,他只是在练习。他低头俯视,看到他所创造的人后说:'这不错,但我想我能造得更好。'因而他创造了女人"。

她经常引用书籍中的故事来激励属下,尤其喜爱斯各特·亚历山大所著《犀牛的成功》,她经常引用其中的话:"我们具有成功的所有能力,不要缩在后面做头母牛,成为 6000 磅的公牛,冲!"

玫琳凯的鼓动性富有感染力,这使她成为直销业的摩西,她带领信徒们走向富裕和幸福的希望大道。

热情洋溢

玫琳凯是个热情洋溢、充满激情的演讲者,她能使听众如痴如醉、神魂颠倒。夸张点说,如果她指引的目的地是地狱,她的美容顾问们也会紧随其后。她机智友善的举止风范,乐观的观点如磁石般吸引着她的听众。

在年纪较老时,玫琳凯仍能用其魔力般的个性使满堂妇女感动得热泪盈眶。正是这种激动人心的场面,使妇女痴迷,鼓舞着她们追随玫琳凯的梦境。由于具有玫琳凯这位鼓动性强的良师,女性都愿跟随在她的身后,努力工作。她使公司能为女性创造较好的经济收入,而她的顾问们相信她的梦想,并实现了它。

玫琳凯的热情极富感染力,她以甘地式的态度为生活准则,"去——在得到前给予",这是她成功的哲学。她具有非凡的领袖魅力和鼓动劝教能力。在 80 年代,她手下一位销售员说,只要轻轻碰一下玫琳凯,就会令人震颤。而 1983 年,她的朋友,以 37.5 万美元佣金创下纪录的海伦·麦克伏埃对她说："我碰过你，但并没有感到震颤。"

玫琳凯反问道："是吗？你哪儿出了问题？"

正是这种洋溢着乐观、积极的品格使得玫琳凯领导着众多的女性向着成功的梦想进发，她在人际关系、领袖魅力和信心基础上建立了商业帝国。

非女权主义者

"我常大踏步向前行进，上帝赐予的能量使我成为工作狂"。玫琳凯承认自己是个高能量的工作狂。她是女人但富有竞争性和精妙的进攻姿态，在当她否认男性沙文主义权威，着手建立自己的公司举动时，女权主义者将她作为推进自己事业的理想代表人物。而玫琳凯对此予以尖锐而刻薄的批判，她说："我从来不与她们同流合污，因为我看不惯她们的许多做法。她们穿着低跟鞋，剪着男人般的短发，从来不屑于化妆，把胸罩也弃之不用……我想上帝是要让我们充满女性味，成为女人，我们必须保持这种本色。"

玫琳凯一直等到孩子长大成人后，才开始踏上创业的征程。她深深地知道，一个女性要做到职业与家庭兼顾是多么不容易的事情。玫琳凯认为，同时成为出色的妻子、母亲和企业家，即使不是不可能的，也是相当困难的，她说："我不认为可能同时三者兼而有之。你怎么可能在当三个孩子母亲时，又同时为大公司经营操心、担忧，又要顾及丈夫及其他事情？我想这是绝对做不到的！"

所以，她成立公司后，尽力为那些需要工作的妈妈们着想，力求为她们提供最多的便利。作为一个化妆品公司的领导，对于女性的美，玫琳凯是非常注重的。同样，她也注重女性的家庭幸福，她倡导"信念第一、家庭第二、事业第三"的理念，认为女性首先要有自己的独立性，然后才能顾及家庭和事业，但这并不代表女性应该抛弃掉自己原有的性别特质，相反，她认为这是上帝赐予女性独特的美，应该将它发扬光大。

宝马皇太后

——约翰娜·科万特

人物档案

简　　历：约翰娜·科万特曾是宝马集团董事长秘书，1960年，她嫁给了老板赫尔伯特·科万特，上演了一出至今仍让人津津乐道的《灰姑娘》。通过从丈夫赫尔伯特·科万特那里继承的遗产，约翰娜·科万特掌控了宝马集团17%的股权，经过20年苦心经营，使公司资产翻了10倍，被称作"宝马皇太后"。约翰娜的女儿苏珊娜·克拉滕是在"富妈"榜上排名第四，母女俩身家加起来超过了240亿美元。约翰娜的儿子斯蒂芬·科万特也是一个超级富豪，可以说，整个科万特家族就是个巨富之家。1982年，约翰娜·科万特在位于巴特洪堡（黑森州）的家中去世，享年89岁。

生卒年月：1929年~1982年

性格特征：聪慧自信，冷静勤奋，为人低调，一直过着"隐居"生活。

历史功过：自接管BWM之后，运筹帷幄，带领宝马公司创下了一项又一项纪录，始终保持着增长的势头。保持着家族的"独立性"，至今未接受过任何媒体专访。

名家评点：德国著名记者雍卜鲁特评价说："这个家庭的历史贯穿一条线：历代的科万特成员从不固守于某种行业。一旦发现某种产生经营发生变化，他们就迅速重新部署。"

飞上枝头

"成为德国战后最成功的商人之一的私人助理，对每名女秘书来说都是一个巨大的奖赏。而对约翰娜·布鲁恩来说，当她的头儿攥着她的手时，她的一个梦成了现实。"

——"灰姑娘"是很多女孩的梦想，然而约翰娜将这一梦想变成了现实，这也引来了无数人的嫉妒，《星期日泰晤士报》就这样酸味十足的写道：

灰姑娘的故事

约翰娜·科万特于 1929 年出生在一个工人家庭里,原姓布鲁恩。中学毕业后,她参加了办公室商业专业的职业学习。20 世纪 50 年代,20 多岁的约翰娜进入 BMW 公司。能干、聪明的她很快上升为董事长赫尔伯特的助理,对许多重大的决定,她都产生了影响。

也许是忙于事业的赫尔伯特无暇去社交,只有选择身边最近的一个女人;也许他的临危不惧被约翰娜看在眼里,引动芳心,他们终于日久生情,1960 年,30 岁的约翰娜与赫尔伯特结为夫妻。

对于这对贫富悬殊的婚姻,人们议论纷纷,讥笑嘲讽者有之,拈酸带醋者有之,无不将其视为灰姑娘大军中的楷模。即使是媒体也不能客观地报道,当时,《星期日泰晤士报》不无嘲讽地写道:"成为德国战后最成功的商人之一的私人助理,对每名女秘书来说都是一个巨大的奖赏。而对约翰娜·布鲁恩来说,当她的头儿攥着她的手时,她的一个梦成了现实。"

约翰娜当初到底是什么样的心情,只有她自己知道,外人的话永远都不过是猜测。赫尔伯特 1910 年出生,与约翰娜结婚的时候,他已经是年届半百。虽然是个非常成功的商人,但从 10 岁开始眼睛就患有疾病,并且由于眼疾退学。由于常年忙于事业,到六七十年代的时候,几乎双目失明。而且,在此之前,他已经经历过两次婚姻。最重要的是,战乱让科万特家族百年的基业消耗殆尽,剩下的一部分资产也被苏联掌握着。赫尔伯特担当着复兴家族事业的重任。

对于外界的种种谣言,善良的约翰娜从来没有做过任何澄清和解释,她总是带着两个孩子静静地站在镁光灯暗处,默默地支持丈夫的事业。而对于从小就患眼疾、后来几乎双目失明的丈夫,她更是以一个妻子应尽的职责悉心照料。

四代人的努力

赫尔伯特是科万特家族的第三代继承人。这个荷兰移民家族的兴起,始于科万特家族的曾祖父艾米尔·科万特。艾米尔出生于 1849 年,20 多岁时,他在德国勃兰登堡州的小城普里茨威创建了一家纺织厂,由于经营有方,成为皇家海军生产制服披巾的指定生产厂家,公司迅猛发展。但到了 1895 年前后,由于德国的公司如雨后春笋般冒出,艾米尔的公司面临的竞争日趋激烈,加上他身体状况不佳,公司形势严峻。这时候,艾米尔的儿子君特尔挑起了大梁,力挽狂澜。

君特尔继承了父亲的商人天赋,担当起了扩展家族业务的重任。第一次世界大战后,君特尔买下了生产电池的阿法康采恩,向全世界军火工业供货。君特尔不仅是个精明的商人,对国内的形势也有着准确的预测能力,更擅长和政府搞好关系。在德意志"第三帝国"期间,科万特家族的工厂属于军队最重要的军火供应商之列。在二战后的经济恢复时期,君特尔又独具慧眼投资汽车工业。

在两代人的苦心经营下,科万特家族在德国牢牢地站稳了脚跟。而将家族产业国际化的任务就落在了第三代传人赫尔伯特及弟弟哈拉尔特的肩上。其中,作为长子的赫尔伯特承担了更重要的任务。

10岁时,赫尔伯特因眼睛患了严重疾病不得不告别学校,但这并没影响他在商界崭露头角。在重整家业的过程中,赫尔伯特证明了自己的确是一位精明的商人。20世纪50年代末,这位身残志坚的董事长不顾家里人和经理们的反对,把家族在戴姆勒——奔驰的股份卖掉,买下了当时处于落败当中的"巴伐利亚汽车厂"(中文译称"宝马")50%多的股票。这一行动当时遭到了家族成员和经理们的强烈反对,但是,赫尔伯特对反对意见置之不理,坚持自己的企业发展思路。在经过赫尔伯特的重新整顿后,一个濒临倒闭的汽车制造厂很快就重新走上了成功发展之路。可以毫不夸张地说,没有赫尔伯特,就不会有今天宝马公司的辉煌。

赫尔伯特赋予管理人员更大的权力,鼓励员工参与公司管理,极大地激发了他们的主动性,使整顿后的宝马很快焕发生机。那时,赫尔伯特几乎已经失明,他的业务函件需录在录音带上,然后整理出来给部下。

继承遗产

赫尔伯特有过三次婚姻,留下了六个孩子。这当中,1962年出生的苏珊娜和1966年出生的斯特凡是约翰娜亲生。

1982年,时年71岁的赫尔伯特离开了人世。在他生命最后几年里,他把很多精力放在了财产划分上。科万特家好友黑尔特披露说:"那是一个漫长、十分痛苦过程,最终原则是共同承担责任。"他将固定财产给了第一任妻子及孩子;费尔塔集团股份给了他第二次婚姻带来的3个孩子;阿尔塔纳、宝马和其他财产则留给了最后一任妻子约翰娜、女儿苏珊娜和儿子斯特凡。如今,在巴德洪堡,他们还拥有一个共同"家庭办公室",为他们管理财产。

约翰娜接管了BMW公司的全部股份,她开始在公司监事会里担任要职。她总是轻声细语的,然而同时是非常坚定地贯彻着她先夫的遗志。如果赫尔伯特先生在天有灵的话,约翰娜·科万特也不会令他失望。独立而敢于冒险,加上相对成熟健康的市场环境,她左手拿资金,右手拿技术,让手中的财富越积越多。20年苦心经营,家族的股票资产已经是她当年接手时的10倍,在《福布斯》2002年度富人榜上,74岁的约翰娜名列第12位,以184亿美元的资产成为欧洲女首富。

在把家庭拥有的宝马股票均分给在德国富豪榜排第六名的女儿苏珊娜和排第16名的儿子斯特凡后,她还拥有16.7%的宝马股份,但这已经足够让她留在了德国亿万富豪的前列。在德国女性中,她只让了一个位置,只不过屈居她的女儿之后,现为德国第二富婆。

运筹帷幄

"我觉得我们家族史上有两个重要阶段：一个是在两次世界大战之间，我公公君特尔·科万特发展和扩大企业规模的时期；另一个是我丈夫援救宝马公司的时期，这在当时需要非凡的勇气。最初几年非常困难，没有一点成功的迹象，我们遇到了很多麻烦。但他不把任何警告放在眼里，也不顾许多人给他的忠告，他豁出去干了。我认为，后来的成功证明他是正确的。"

——赫尔伯特拥有非凡的商业智慧，而作为"灰姑娘"的约翰娜在看不见前景的情况下，所选择的是陪伴在他的身边，相信他，支持他，在那段时间对他的帮助相信也是功不可没的。

发展进度

约翰娜·科万特工作非常勤奋，或许她不想辜负丈夫当年对她的厚望。在年届76岁高龄的情况下，她仍然每天工作到傍晚时分。她的办公室在德国法兰克福附近的小镇拜德霍姆伯格。在那里，她坐镇全局，运筹帷幄，指引着公司创下了一项又一项的纪录。

2001年是宝马公司发展历史上创纪录的一年，而2002年宝马公司在生产、销售和盈利三方面又超过了2001年：销售额超过400亿欧元，盈利约20亿欧元。在最大的高档豪华轿车市场的美国，宝马车的销售首次超过了同样来自德国的竞争伙伴梅赛德斯—奔驰汽车。

2003年，宝马公司在中国沈阳建立了华晨宝马合资公司，组装和生产宝马的当家产品3系列汽车，在泰国扩大了宝马装配生产线。

2005年将在德国莱比锡建成3系列汽车装配线。依据宝马公司的计划，在2008年前，宝马公司将投入100亿欧元资金来研制和开发新型汽车。

如今，宝马公司无论在汽车设计、生产组织和营销方面，还是在市场开拓和销售方面，都可以称得上是值得欧洲、亚洲和美洲的汽车制造商学习的楷模。当然，宝马公司的竞争伙伴也知道如何来生产一流的汽车，有的竞争伙伴在某些方面甚至还在宝马公司之上。如丰田汽车公司完美无缺的配送系统，保时捷跑车在车迷心目中的形象，戴姆勒—克莱斯勒公司的S系列轿车的设计要比宝马公司的7系列高档轿车的设计更为精致。但是，这些因素丝毫没有减弱宝马公司在世界轿车市场上的竞争力。宝马公司似乎成功地形成了一套保证企业有效运作的程序。

像德国人保守的思想一样，长时间以来，宝马公司所生产的汽车品种要比它的许多竞争对手少得多，但是这种情况也在一步步地改变。2004年，宝马公司推出了小巧精致的一系列汽车、高档豪华的六系列轿车和越野汽车X3。到2008年，宝马公司推向市场的汽车品种将超过20种，车型从迷你到拉力赛车，再到高档豪华轿车。多样化的车型使宝马公司的年销售额将从 2002 年度的 105 万辆提升到 2008 年的 140 万辆。

如今,德国以外的市场已经占到宝马公司汽车销售总量的四分之三,而将来这一比例还要提高,特别是在亚洲市场,在未来的 5 年内,宝马汽车在亚洲市场的年销量将从 6 万辆增加到 15 万辆。为了占领正在飞速成长的亚洲汽车市场,2003 年,宝马公司的三系列轿车在中国华晨宝马下线,而在泰国的宝马装配生产线得到了进一步扩大。美国是宝马公司未来 5 年里最大的市场。2002 年,宝马在美国的销售量是 25 万辆,接近宝马在德国本土的销售量。宝马公司计划到 2008 年将美国市场的年销售量提高到 40 万辆。对于宝马汽车在欧洲市场的成长,宝马公司并不寄予很大的期望。

2002 年,西方经济普遍不景气,不过宝马公司的销售额还是超过了 400 亿欧元。在许多企业纷纷裁员的情况下,宝马公司反而增加了 5% 的员工,所雇员工超过了 10.2 万多人,这一员工人数在未来还将继续增加。仅在莱比锡新建的、将于 2005 年投产的宝马 3 系列轿车生产线就将新增 5000 名员工。

宝马公司计划到 2008 年将销售量提升至 500 亿欧元。不过,宝马公司总裁赫尔穆特·庞克强调说,汽车销售量的增长并不是企业发展的最高目标,盈利才是宝马公司关心的主题。宝马公司的销售利润率约在 8%。这一销售利润率在世界汽车行业里,位居德国保时捷汽车公司和日本丰田汽车公司之后,排名第三。据专家分析,这一销售利润率有可能还会上升。企业的纯利润有可能从 2002 年的 20 多亿增长到 2008 年的近 30 亿欧元。

成功秘诀

赫尔伯特在 1959 年就写下了企业宗旨:"企业要依靠自己的力量谋求发展,要注重提高利润和投资多样化。"宝马公司坚决贯彻这一宗旨,公司成功靠的不是精雕细刻的管理理念,也不是时髦的领导风格,而是始终如一和长远的战略眼光。在数十年的企业发展战略中,宝马公司始终遵循着企业在长期发展过程中形成的强调信任和突出效能的企业文化。

20 世纪 90 年代初,当时的宝马公司高层管理者决定买下英国的 Rover 汽车公司。在这一失败的并购行动中,宝马公司整整损失了 50 亿欧元,当时受人尊敬的高层领导也因此事不得不离开宝马公司。

对于宝马公司来说,Rover 事件是一个惨痛的教训,同时也是一个发人深省的经验。拥有宝马公司近半数股份的科万特家族、公司监事会以及新的高层管理者一致将这一事件看成是一个例外,决定要继续坚持宝马公司成功的模式,要坚持自己既定的目标,并有条不紊地去实现自己的目标。当扩张、兼并和全球化这种价值取向被资本市场奉为圭臬的时候,宝马公司所坚持的行为被专家、投资银行家和媒体讥讽为陈旧落伍的观念。

新的公司高层对 Rover 事件进行了冷静的分析思考,把宝马公司从弯路上拉回到了正常的发展轨道上来,使宝马公司的发展策略明显区别于其他汽车公司。比如,戴姆勒—克莱斯勒汽车公司于 20 世纪 80 年代末就开始走全球化的汽车发展战略。而宝马却始终坚持走自己的路线。

当初,赫尔伯特将奔驰的股份卖掉,收购了大量宝马的股份,使得二者的竞争一直不断。自20世纪70年代以来,有一句话一直在鞭策着宝马人:"我们不想总是位居第二,我们要比奔驰做得更好。"这一简朴的口号深深植根于宝马公司的企业文化中。

企业文化

公司董事会每4~7周聚会一次,在轻松融洽的气氛中互相交流信息,讨论公司的发展战略和人事问题。现任总裁赫尔穆特·庞克在说及公司的成功业绩时,从来不用单数第一人称"我",而总是用"我们"的口吻。

在宝马公司的企业文化里,有两条很重要,一方面,公司对每个成员的要求都很高;另一方面是公司非常强调在每个工作群体中成员之间的互相信任,这两方面是支撑公司企业文化的两大支柱。

公司鼓励每一个成员要相信自己的能力,每个成员要有勇气为公司带来"创造性的思想"和勇于面对动荡不安的局面。每一个在长期工作中融合进这种企业文化的员工都会有机会进入企业的各级领导层,甚至进入公司的董事会。宝马公司所有300名最高管理层成员几乎都来自公司内部。如果管理层成员来自公司外部,则会有一个很长时间的考察期。

最为典型的例子是总裁赫尔穆特·庞克,他于1982年从McKinsey公司转入宝马公司,他从控制部到设计计划部,然后开始负责宝马公司设在美国的分公司。1996年,他回德国担任公司人事部主管,然后是财务部主管,最后才荣升为宝马公司总裁。

在宝马的发展过程当中,很难准确地说科万特家族对宝马公司的影响有多大。然而,将近半个世纪以来,整个世界和宝马公司都经历了无数变化,但科万特家族拥有宝马公司近一半的股份却没有变。而且,他们持有的宝马公司股份和他们的传统信念使宝马公司在20世纪90年代初的Rover危机中保持了独立性。在那场危机来临的时候,美国福特汽车公司曾有意兼并宝马公司,福特跟他的财务官以及当时任宝马公司总裁的戈尔茨一起来到约翰娜的家中,他们坐在阳台上。交谈进行了大约1个小时之后,约翰娜夫人看着她的客人,开始了她一贯的非难:"好了,亨利,我知道你来这里的目的了。"福特打算收购宝马,使之成为其家族产业的一部分。但是跟以前一样,约翰娜夫人仍然不同意。"亨利,"她用非常标准的英语说道,"我用那些钱来干什么呢?"这个问题福特从没想过该如何回答。就这样,约翰娜抵制了诱惑,坚持未将她手中的股份出售给美国竞争对手。

家族成员

"我们当时必须考虑,我们是把财产分成每人一份,各奔东西呢,还是牢牢地绑在一起?"

——科万特家族第三代成员，五姐妹在父母双双亡故的时候，对于家族遗传下来的财产不知该如何处理，二姐加布丽埃尔后来回忆的时候说。最终她们选择了绑在一起，并将这一传统发扬光大，也为富豪家族谱写了一曲亲情颂歌。

教子有方

约翰娜从赫尔伯特那里继承到的不仅仅是184亿美元的财产，还有抚养他们两个孩子的义务。他们想让两个孩子尽量像普通人一样成长。事实上，约翰娜的长女苏珊娜在BMW公司得到第一份工作时，她的岗位是在食堂。

外界对科万特家族的关注也有很大一部分集中在这两个孩子身上。1978年，一群歹徒光天化日之下绑架了科万特家的两个孩子，并且向科万特家族索要1200万美元的赎金。警察直到最后一刻才把他们从歹徒手中解救出来。

这也许就是科万特家族的人为什么一直极力避免与公众接触的原因。苏珊娜和斯特凡在任何时候都有保镖随行。据科万特家族晚宴上的客人们介绍，家族的孩子们在社交场合表现得极为拘谨。一位客人说，"保镖们简直是如影随形。但最令我吃惊的是，即便是作为主人，两个孩子也很少穿行客人之中。当其他人都在餐桌旁口若悬河时，他们俩只是坐在桌边窃窃私语。"

苏珊娜虽然出生于富翁家庭，但勤学上进，严格要求自己。她在英国伯明翰大学获得企业管理学士学位，然后又在瑞士洛桑大学获得工商管理硕士即MBA学位，同时也在多家银行和公司工作过，积累了很多经验。有趣的是，她当年曾化名在宝马公司实习，并且因此与现在的丈夫相识相爱。一个当年的实习生，后来当上该公司的董事，这也成了宝马公司的一段佳话。苏珊娜1990年结婚，婚后育有3个子女，家庭和睦。她喜欢打高尔夫球，或者去奥地利滑雪，像科万特家族所有成员一样，她对孩子的家教也很严厉。

斯特凡学的是经济学专业，曾在波士顿咨询集团里实习过。如今是德国的头号"钻石王老五"。谦逊低调的斯特凡被德国《图片报》评为"超级可爱"。人们很少见到他的踪影，他只是偶尔出现在德国北海边上的小岛或某个足球场的看台上。

两个人都曾在美国的商业学校学习过，他们受德国传统的熏陶比起母亲约翰娜少了许多，科万特家族发言人说他们也不会受到股东观念的束缚。

家人团结一心

2000年，有报道说科万特家族秘密商谈将BMW公司转让给美国福特公司。但家族的发言人很快出面否认了这则传言："他们怎么会卖掉BMW，他们要那么多钱有什么用？"发言人更进一步解释说："科万特家族不是冒险资本家，他们不懂得如何做网络的生意，他们在行的是汽车工业。"

汽车工业也给了他们丰厚的回报。曾经在德国一次统计的巨富榜前三十名里，科万特家出现了四次：第六名苏珊娜·克拉腾；第十四名斯特凡·科万特；第二十一名约翰娜·科万特；第二十八名为科万特家的五朵金花。如果把科万特的财富加起来的话，那么用"富可敌国"来形容一点也不过分。

不过,不能将这一切归功于汽车工业,这和科万特家族成员之间团结一心有着莫大的关系。亲情是科万特家族中一脉相承的传统,尤其以科万特家族的五姐妹在面对父母双亡之后的所作所为最让人感动。

1967年,哈拉尔特登上了他的私人飞机,飞往地中海方向。刚起飞不久,就发现飞机导航系统发生了故障,但哈拉尔特和他的飞行员做出了一个错误的决定:继续飞往地中海方向。几小时后,当他俩看见一个城市的灯光时,他们以为到了尼查。但是,飞机一头扎在阿尔卑斯山脉最后一座山上。失事当年,哈拉尔特才45岁。那时,哈拉尔特·科万特的五个女儿,最小的才两个月,最大的也才16岁。

他留给妻子和五个女儿的是德国最大的遗产之一,其中包括戴姆勒—奔驰公司的大量股票,瓦尔塔公司和许多小公司的股份。

11年后,又一个悲剧发生了,年仅50岁的哈拉尔特遗孀,五姐妹的母亲英格也去世了。在哈拉尔特去世后,她的烟越抽越猛,后来达到了每天一百支。在英格死后不久,她的第二任丈夫冯·哈勒姆无法接受爱妻去世的现实,自杀殉情。

接二连三的死亡事件,没有让五姐妹分崩离析,也没有让她们在经济上失去方向,她们抱成了一团,创造了德国富豪家庭罕见的亲情样板。二姐加布丽埃尔说:"我们当时必须考虑:我们是把财产分成每人一份,分手呢,还是在商业上捆在一起?"五姐妹决定牢牢地捆在一起。

一直到今天,五姐妹每隔二、三个月为商业上的事务聚集一次。在聚会之前,她们的经理们准备好了有关的建议:什么公司特别便宜值得买下,应该投资于哪些房地产或股票。决定由这五姐妹共同做出。

鲜少有富豪家庭能够像科万特家族这样的,手中掌握着巨额资产依然能够一家人和和睦睦,约翰娜和两个孩子,苏珊娜和斯特凡在一座楼中办公,他们常常在一起吃饭,聊天。

有评论说,科万特家族的成员,尽管拥有不同的政治观和价值观,但这个家族的成员总是能手挽手、心连心,谱写着传奇。

座右铭

科万特家族在全世界都有一个轰动的名字。他们财产加起来估计超过200亿欧元,与德国首富阿尔布莱希特兄弟几乎不相上下。但是,保守的生活作风和对媒体冷淡的态度,使宝马公司女族长约翰娜和她的家族一直保持着神秘色彩。

约翰娜跟她的丈夫一样,不喜欢抛头露面,私人氛围和不受干扰的家庭生活对她来说是神圣的。她的丈夫已经去世20多年,然而她仍然像在幕后一样,坚守着不抛头露面的原则。至今,科万特家族没有接受过任何媒体的采访,也很少有记者能拍到他们的照片。

科万特家族传记的作者、德国著名记者雍卜鲁特对这个家族佩服得五体投地,他总结道："这个家族的历史贯穿着一条线：历代的科万特成员从不固守于某种行业。一旦发现某种产业经营发生变化，他们就迅速重新部署。"几代人及时调整经营重心就说明了这一点。

不过，为了保持家族的"独立性"，科万特家族的成员有时也会表现出固执的一面。20世纪90年代初，美国福特汽车公司曾有意兼并宝马公司。但科万特家族抵制了诱惑，坚持未将手中的股份出售给竞争对手。这一做法也符合赫尔伯特在1959年确定的企业宗旨：企业要靠自己的力量谋发展。

科万特家族素来行事低调。雍卜鲁特说："多做少说是这个家族的座右铭。因为他们觉得，在不受舆论关注的情况下，才能更好地处理经济问题。"在《图片报》调侃说，那些住在德国小城巴德洪堡等地的富翁，从不张扬，一直过着"隐居"生活。

月光女神

"多做少说是这个家族的座右铭。因为他们觉得，在不受舆论关注的情况下，才能更好地处理经济问题。"

——科万特家族的传记作者，德国著名的记者雍卜鲁特对科万特家族佩服得五体投地。"多做少说"或许也是科万特家族成就事业的本质所在。

尽管已经是世界上最富有的女人之一，家族资产达到184亿美元，但约翰娜仍然是经济舱的常客，她的奢侈品只是一辆最新款的7系宝马房车。从她身上，人们看不到任何上流社会女人的奢华，也没有爱慕虚荣的装扮。他们一家人鲜少接受媒体的访问，甚至连站在镁光灯前的机会都不多，"不抛头露面"的生活准则，让外界人士纵使用尽千方百计，也只能打听到她只用自家品牌座车，喜欢滑雪和打高尔夫球而已。她总是不求风头，居住在巴德洪堡一个朴素无华但保卫措施严密的别墅里，在高高的灌木掩映下，一切都是那样的静悄悄，如果没有人提醒，谁也不会知道这里居住着德国最富有的女人。

1996年，约翰娜先退出了阿尔塔纳药业公司的监事会，一年后又退出了宝马监事会，因为她年事已高。约翰娜的女儿，苏珊娜·克拉滕在宝马汽车拥有12.5%的股权，并从她去世的父亲赫尔伯特·科万特那里继承了阿尔塔制药公司50.1%的股权拥有81亿美金的资产，作为一个工商管理硕士，苏珊娜·克拉滕使阿尔塔公司成了一个世界级的制药公司，销售额达到36亿美金，公司职员也将近11000人，她的资产净值为96亿美金。

苏珊娜是宝马公司监事会成员，据熟知宝马公司监事会的人士称，她控制着宝马公司，包括公司总裁的替换。不过，这位年轻的女性首富过的日子却不像人们想象中的一个亿万富婆的生活。她的生活依循着宝马家族历来的习惯，宁静俭约，没有大型的社交派对，没有奢侈的生活，不养名马，也不穿名贵的时装，只是在半业务半娱乐的场合，她才偶尔露一下面，比如宝马新车的试车仪式，或者阿尔塔纳药业集团举办的艺术展开幕式。

但是母女二人有一个共同的爱好，那就是捐助慈善事业。2002年，苏珊娜给一个新成立的扶持新建企业而设立的基金会捐了 280 万欧元。而约翰娜·科万特基金会是约翰娜唯一露面的场所，那是约翰娜在 1995 年建立的。2003 年，在她的基金会的颁奖仪式上，她深情地回忆了她们夫妇俩经历的那几个"宝马岁月"，然后说："我觉得，老板和经理像伙伴一般地结合起来领导一个企业是必须的。这个共鸣点是：每个企业需要一种正直交往的文化，一种相互尊敬的文化，每个员工都尊重他的同事们的工作。"约翰娜在她的讲话里还着重引用了名记者东霍夫女士的一句话："关键的不是成就，而是成就造就过程中产生的精神"。这或者让她想起了二战过后她跟随丈夫一起"抗战"的经历。

亚洲女首富

——龚如心

人物档案

简　　历：上海人，原籍浙江温州，是一名香港企业家，曾为"亚洲女首富"。毕业于上海师范大学，与其丈夫王德辉青梅竹马，后在香港结婚。20世纪60年代，夫妇创办了"华懋置业"，经过20年的努力，80年代华懋事业如日中天。资产超过30亿港元，是香港最大的房地产商，后丈夫遇绑架，开始独立支撑华懋，使公司有了更广阔的发展。2007年4月3日，龚如心在香港养和医院病逝，享年七十岁。

生卒年月：1937年9月29日~2007年4月3日。

安葬之地：香港大屿山宝莲寺海会塔。

性格特征：性格独立，行事低调，热情开朗。

历史功过：被誉为"楼宇皇后"，很关心祖国的教育事业；对"西部大开发"非常热心；热衷于慈善事业。哈佛大学设立"龚如心学者奖"。1995年设立"如心农业奖励金"。

名家评点：香港各界妇女联合协进会主席林贝聿嘉评价说："在香港的大地产商中，华懋是唯一没有上市的，这并没有束缚其手脚，反而表明她在生意场上是一个非常精明的女人。"

一 "糊涂女"

"商人总是陷入利益的漩涡中，很疲惫，我也不喜欢。我很希望成为一名艺术家，只是没有时间画画，但我很天才，难得画一张，就给联合国拿去做了首日封，还卖得不错的。"

——是金子到哪里都会发光的，少年的龚如心并不是学习的好手，但她却拥有不凡的艺术天赋。虽然她没能在艺术史上留下足印。但是在商界，她确实为后人留下了浓墨重彩的一笔。

结缘王氏家族

一个世纪前，一位老人创办了益丰染料公司，他就是王德辉的祖父。王德辉的父亲王廷歆在接班后，分别于 1941 和 1946 年，在上海成立荣华公司及华懋公司，前者从事染料生意，后者则主要进口西药及工业原料等，"华懋"二字即取自当时的上海华懋饭店。

荣华公司是英国染料公司 ICI 的代理商，ICI 上海公司有一位职员与王廷歆因工作往来逐渐熟识。后来，二人成为结拜兄弟，这位职员就是龚如心的父亲。因为这层关系，龚如心小时候经常到王家玩耍，可谓与王德辉青梅竹马，互相倾慕。在龚如心 12 岁、王德辉 15 岁时他们便开始恋爱。

1937 年，龚如心出生于上海，在震旦中学毕业后，曾到上海师专读书，在学业上龚如心并不出色，成绩一塌糊涂。并且不适应学校的环境，在生了一场病后，便退学了。

王德辉祖籍浙江温州，1935 年出生。1945 年底，随时局变化，王廷歆将生意迁往香港。两年后，王德辉也迁往香港读书。1948 年王德辉趁暑假回上海，回港后更是与龚如心每日一封情书，二人展开一段长达数年的情书遥寄恋情。

龚如心的父亲早年病逝，少年早熟的龚如心同母亲和两个妹妹、一个弟弟相依为命，清苦度日。1955 年初，龚如心独自由老家上海前往香港投靠王家。同年 9 月 29 日，正是龚如心 19 岁生辰，龚如心顺理成章嫁入王家，与当时 21 岁、青梅竹马的王德辉在当时的最高法院共证婚盟。

结婚初期，年轻的龚如心在外面从事一些简单的工作。在会计师楼从事秘书的时候，由于经常拼错英文单词，经常被老板责骂，后来便辞职回家。

成功男人背后的女人

20 世纪 60 年代初，王德辉离开家族的庇护，自立门户，与龚如心联手创办了"华懋置业"，龚如心为了协助丈夫王德辉发展华懋，在商场上助丈夫一臂之力，特地跑到家居附近的易通英专学英文。

创业过程中，夫妇俩勤奋努力，事必躬亲，不多时就由经营西药、化工原料发展至代理世界著名品牌的新兴石油工业产品、农业产品及饲料等，成为世界有名的大公司。在协助夫君经营的过程中，龚如心充分发挥了她潜在的才能，主动把握市场经济动向，和王德辉一起做出正确的决策，并逐渐形成华懋集团独有的经营风格。

华懋在两人的合力经营下，名气越来越大。但是夫妇二人却并不就此满足，虽然化工很赚钱，但是单单地以此为经营支柱，能够应付未来的经济局势吗？不约而同，两个人都把目光投向了房地产。这是一个冒险也是一个英明的决策，当时的房地产业还很不发达。虽然很多人都在跃跃欲试，但是，真正投入进来的人却不多。

家是人们的心灵港湾,是所有人在烦嚣的生活中必需的东西。他们看准了地产业的发展前景,要做就要做最好的,夫妇俩开始将业务的主要方面转向地产。其实在地产界,楼盘的定位是非常重要的,而华懋很聪明,抓住了一个没有多少人注意的空当,就是盖民用商品房。

因为独具慧眼,摸准了最底层和最广大的消费者的需求,转型非常成功,他们开发新界地区,在沙田建造了大量大众住宅。并且充分发挥善于经营的特长,由买地、建房至销售、租赁、管理、设立财务,一家独揽,而且向买方提供按揭分期付款服务。可以说,华懋在地产界的这种经营方法,在当时开了香港地产界先河。这一成功举措使华懋集团飞速发展,奠定了华懋在香港地产界的地位。

龚如心和王德辉旧照

到 20 世纪 70 年代,华懋集团已成为香港最大的私营地产商之一,集团参与香港 700 多个地产项目的开发,有华懋集团标志的楼宇几乎随处可见。80 年代华懋更是如日中天,1987 年曾安排公司上市,最终因未能与包销商达成协议而告吹。

不过,这一系列的事件当中,龚如心只是一个站在先生背后的女人。虽然很多重大决策是她和王德辉一起决定的,但龚如心很少在公开场合露面。

风云突变

"我觉得现在还有许多事情可做,需要做。但在很多事情上没时间,用不上力。用不上力的地方就该出钱,这样赚钱就很有用。要赚钱才能帮助更多的人。还有,我是做生意的,生意也就是我的事业,事业能成功,才能很开心,才有成就感。所以要奋斗! 要成功!"

——人生就是一个实现自我价值的过程,这个过程需要勤奋,需要努力,需要奋斗。也只有勤奋工作,才能实现自我价值的最大化。

丈夫遇难

华懋在夫妇二人的努力之下,取得了巨大的成就。然而,树大招风。尽管王德辉、龚如心夫妇生活作风一直都很低调,但他们的巨额财富还是引起了匪徒们的注意。在华懋集团发展如日中天的时候,夫妇俩做梦也没有想到,可怕的灾难突然袭来。

龚如心和王德辉伉俪情深，王德辉在 1990 年被绑架前 3 个月，夫妇二人去了一次欧洲旅行，他们返回香港后，王德辉还向龚如心展示他在欧洲所买的两折西装"战利品"。每天早上，夫妇二人会拖着洋狗结伴在山顶百禄径旧居跑步约 1 小时，之后才结伴返华懋上班。

1983 年年初，王德辉与龚如心在山顶百禄径独立花园洋房驾车上班途中，被几名匪徒手持刀、枪绑架。匪徒把王德辉放进一个大冰箱内带走了，将龚如心一个人释放回家，让她准备巨款赎人。在王德辉被绑架后，龚如心表示愿意用自己的性命换取丈夫的安危。龚如心东奔西跑，很快将绑匪索要的 1100 万美元汇到指定的一家台湾银行账户后，王德辉获得释放。

警方后来拘捕了三男一女四名案犯。由于绑匪计划周详，案情错综复杂，在当时轰动了整个东南亚。王德辉和龚如心一夜成名，真正成为公众焦点人物。这最初的一次绑架虽然没有对夫妇二人造成人身伤害，但在他们心里却留下了创伤。

灾难并没有因此而结束。1990 年 4 月，王德辉在跑马地马会打完壁球驾车回家途中再次被劫。两日后，龚如心接到绑匪要求 6000 万美元赎金的勒索电话，并要求龚如心在 10 天内先付半数，龚如心按绑匪指示先将 3000 万美元存入了他们指定的银行户头，随后即向警方报案了。王德辉自此杳无音讯，据警方拘捕的绑匪供认，王德辉早已被抛下大海。

尽管这样，和丈夫情深义重的龚如心始终相信，王德辉一定还活在人世，她无时无刻不在盼望丈夫回家，她曾派人四处寻访。在任何时候，她总是把丈夫的姓氏置于本姓之前，以表示对丈夫的怀念。对于一个深爱着自己丈夫的女人来说，这样的飞来横祸所造成的打击是沉重的，但是龚如心是一个坚强的女子，她不会那么轻易地倒下。"华懋"是夫妻俩共同奋斗的结果，就像自己的孩子一样，既然丈夫暂时离开了，那么更要把"孩子"建设得好好的，龚如心决定要缔造出一个更完美、更壮大的华懋集团等待他的归来。

走到台前

丈夫的失踪，让龚如心再也无法安心躲在幕后。她不得不学着走到台前，走入公众的视野，龚如心开始调整自己的心态，为自己接手华懋做准备。三年多以后，香港商圈便见识到了一个重新振作的"王太"。

开始的时候，人们不能不对龚如心持怀疑态度。首先从她的穿着来看，迷你裙和 T 恤，青春少女式的装扮，让人们怎么样都无法把她与电影、电视中的商界女强人形象相提并论。人们甚至怀疑她是不是刺激过度留下后遗症。不过，与年龄极不相称的装扮可以看出，她显然是位不屈从传统的女性。人们从她身上看不到一个传统的商界女强人形象。

《资本家》杂志曾这样形容她："在上海出生的龚如心，身高仅 5 尺，穿着银光闪闪的短裙，发上结了两条辫，活像蹦蹦跳跳地赶往商场的时髦少女。"传媒冠之以绰号"华懋小甜甜"。

这样一个看起来不起眼的女性，一副邻家小妹的样子，能够承担起一家大型公司的重任吗？没有人敢对这一问题予以肯定的答复。龚如心的压力有多大只有她自己知道。她很清楚无数人在等着看她的笑话，公司里的员工对新任主席的能力充满了怀疑。她身上背负的是丈夫王德辉留下来的寄托着他无限希望的事业，还有龚如心自己对自己的期待。

后来龚如心回忆自己当时的情景说："我做得好的时候，人家说都是因为我有先生打下的基业；事情不理想时，他们说我拖垮了我先生的公司。"但是，不管流言如何，龚如心在失夫的悲痛之中，在董事、总经理梁荣江，董事王礼泉左辅右弼下，龚如心迎头而上，承担起了华懋的全部生意。

华懋大发展

1994年，独力支撑华懋大局的龚如心开始常以"孖辫"发型亮相，在商海大展拳脚。她对工作一丝不苟，每天亲自聆听下属汇报业务发展情况的时间都要超过1个小时。经常工作到很晚才睡觉，早上在上班前又到了公司，没有一点空闲时间。平常只是在周日才会晚起一点，但下午会重新投入工作。至于消遣，她觉得工作本身已是"最好的消遣"。

事实证明，她完全有能力运作华懋，她是一位出色的女总裁。她有精明的经营头脑和极其敏锐的经济眼光。她为人比较低调，投资情况绝少主动曝光。1994年，斥资逾40亿港元，一口气鲸吞香港中区多栋商厦，成为中环女地王，当年她以6.5亿港元购入华人银行大厦，以8.8亿港元购入宏记大厦，更以10亿港元购入东方有色中心，锋头之劲，无人敢比。

龚如心纵横商海能自如地驾驭各种复杂局面。经过几年奋斗，华懋完成了从单纯的本土地产商，到以地产为主同时经营酒店、工贸和娱乐、生化科技、金融、教育文化等事业的多元化跨国集团的转变。华懋比王德辉在世时更加有影响力，发展势头也越来越大。几十年的时间，华懋集团参与了香港约700多个地产发展项目。集团发展至今日，已成为香港土地和物业储备最多的公司之一，是香港最大的私营地产发展公司。

龚如心的奋斗得到了业内人士的承认，也被普通香港人誉为"神奇女侠"。目前最保守估计，她在全香港最大私人地产公司华懋集团的财产约300多亿港元，在香港地产界排列第4位。华懋在香港拥有的大厦逾200幢，业务遍及英国、美国、中国大陆和台湾；经营方向由地产发展至财务金融、物业管理、娱乐饮食等各种领域。有的人把她称为香港的"楼宇皇后"和"香港女首富"。

海外投资

2001年2月12日，中、美、日、德、法、英六国科学家和英国塞莱拉公司联合公布了人类基因组图初步分析的结果，轰动全球，生物科技的发展再次成为市场焦点。龚如心以敏锐的嗅觉，加快了在生物科技领域的投资力度。目前，华懋在美国投资了7个生物科技项目，其中4个已经上市。如美国上市公司"基因实验室"，她就持有13.2%的股权。

这家公司是美国著名的生物制药公司,市值达 2.9 亿美元。龚如心早在 1995 就已开始投资这家公司,并逐步增持股份,现已是该公司董事之一。她参与投资这些公司,既有生产特定药物的,也有开发基因药物的。如专门开发治疗肺病药物的"因特缪恩科技公司",她持有 5.63％ 的股权。从事基因治疗研究的"生物结构信息公司",她投资了 500 万美元参与开发。另一家暂时未上市,也开发基因药物的"哥白尼治疗学公司",她投资了 1000 万美元。

在 2000 年 11 月一次股票公开发行中,龚如心投资 1000 万澳元,获得了澳大利亚全球空中网络公司 5.2％ 的股份,并加入公司董事会。该公司是向移动电脑用户提供宽带无线服务的全球领先供应商,是第一家在机场、饭店和会议中心铺设 IEEE802.IIb 标准的通用宽带无线网络的公司,这一网络使公务旅行者可以通过移动电脑收发电子邮件,与办公室局域网和因特网相连。她还决定与澳大利亚方面在香港成立一家合资公司,在华懋下属的楼盘内铺设宽带无线网络,抢滩宽频市场。2000 年 12 月,她又以 5.7 亿港元购入香港上市公司"安宁数码"34.64％ 的股权。现在,"安宁数码"已成为华懋进军资讯科技领域的旗舰。

除了高科技、生物科技方面的投资外,她还投资了大量的资源性企业,通过控股的英国公司,华懋收购了俄罗斯的大片森林、石油、金矿等。

内地投资

全球著名公司的老板,很少有像龚如心这样率性而为。由于华懋不是上市公司,她无须向股东交代,所以做生意也任意而为。她曾把自己的做事风格与丈夫王德辉做比较。她说:"他做事比较计算成本效益,我就没有,喜欢怎么做就怎么做喽!"她不高兴的话,可以把豪景花园、碧涛花园等新楼和王德辉住过的豪宅空置十年八载;高兴的话,又会在楼价高峰期,以 55 亿元港币的现金扫走浅水湾地王。

也许这只是人们看到的外表,或许作为香港楼宇皇后,龚如心有她独到的眼光或者打算也未可知。而事实也证明,将楼盘开发出来,待高潮时再卖,为龚如心带来了巨额利润,这也是她办企业的一大特色。

华懋在香港发展得如火如荼时,龚如心的脚步并没有停下来,随着内地经济的发展,她又把发展的眼光投向了大陆这个广阔的市场。除了香港的投资外,在上海,她大肆收购物业,上海和平饭店亦是她数年前购入的物业。在河南,龚如心先后投资河南华懋电力有限公司、双汇实业(集团)有限公司、沁阳华懋铝业有限公司等,投资总额逾 4 亿元人民币;在北京,华懋和农业部合作,投资了城乡华懋购物中心。在广州,它与北大明天、台湾阳明海运联合投资了在内地的第一家高科技企业——天懋数码。此外,她还投资北京小型飞机厂及高科技项目。

在国家"西部大开发"政策出台后,龚如心又在甘肃、内蒙古、新疆、云南、贵州和新疆等地斥资 20 多亿投下生物制药、种牛繁殖基地、优良林种基地、防沙治沙工程、西北地区信息网络工程等十几个项目。据了解,龚如心还专程从美国引进耐干旱、生长快、护沙功能强的"优质毛白杨"树种,免费提供给西部 11 个省区,为西部退耕还林、保持生态发挥了积极作用。随着中国西部开发的呼声越来越响,龚如心对开发中国西部表现出浓厚的兴趣,她曾随香港政务司司长曾荫权带队的香港富豪西征团到西部考察。

在祖国的改革开放政策实施之际,香港不少巨富一窝蜂拥向内地发展地产业,作为香港地产界名人的龚如心却按兵不动。除了商业上的谨慎考虑,她更想知道做什么事才是国家最需要的。经过多次考察并与内地各方面的接触,她渐渐形成了在内地投资的基本宗旨,即以投资基础工业和农业为主导。

龚如心也很关心祖国的教育事业,曾与北京大学联合举办企业家培训班,希望新涌现的企业家达到更高水准。她还参加外交学院、对外经济贸易大学的活动,希望祖国培养出来更多更高水平的外交人员、外经人员。她的行动得到各方面的肯定和赞扬,被聘为北京大学、外交学院、对外经贸大学的顾问教授,名誉董事。中央领导人也纷纷接见她,对她给予了充分的肯定。李岚清副总理曾在钓鱼台国宾馆会见了她,钱其琛副总理在会见她时,感谢她对国内教育事业做出的贡献。

财产纠纷

1990 年,王德辉第二次被绑架后杳无音信。1997 年 5 月王德辉的父亲王廷歆向香港高等法院提出诉讼状,要求法院裁定王德辉死亡,并要求法庭裁定他持有的王德辉在 1968 年写下的遗嘱是最后一份遗嘱,并根据该遗嘱继承全部遗产。王廷歆在律师林华中协助下,到银行保险箱取出一份由儿子王德辉在 1968 年所立的遗嘱,指龚如心无权承继王德辉的遗产,正式为这场争产案揭开序幕。

龚如心提出反对,指出王德辉 1990 年失踪前曾把一份中文遗嘱交给她,让她继承全部遗产。王廷歆继而揭露王德辉当年曾经雇用私家侦探跟踪龚如心,揭发她和另一男子有婚外情,其后便更改遗嘱把遗产留给他,并指龚如心所持遗嘱是伪造的,因此提出诉讼。

王德辉的胞妹王德娴由美国返港作证,指证龚如心"模仿王德辉签字",王德娴在书面证词中说:"我认得出龚如心的中文字,也认得出有关文件(王德辉 1990 年所立的 4 页遗嘱),内容字迹应该是龚如心的,因为我见过她练字,1955 年时我跟哥哥夫妻俩同住,现在仍记得龚如心能够模仿德辉的中文签名,她曾经骄傲地告诉我,她模仿德辉的字很像样。"

2001 年 8 月 1 日,王德辉的遗产管理人入禀法院,控告龚如心在丈夫失踪两个月后开始侵吞丈夫股份。起诉书指出:"参明"公司成立于 1973 年,由王德辉担任主席。王德辉于 1990 年 4 月失踪。两个月后,龚如心联同弟弟和弟妇召开特别股东大会,通过增加股本和发行 1500 万新股的提案。龚如心斥资 15 亿港元,分 3 次买入所有新股。但她没有遵从董事规则,通知王德辉发行新股,让他可按比例购买新股,王德辉所持的股权因此被大大摊薄,从原来的 56.7% 大幅减至 0.09‰在完成各项"动作"后,公司分给龚如心 1.35 亿港元的股息,王德辉却得不到分毫。原告在起诉书中指责"龚如心利用丈夫的资源令自己获益",并要求她交还有关股息。

翁媳之争在香港掀起轩然大波,一时舆论哗然,香港各大报章都有详细报道,由于事件涉及龚如心的私人生活,使案件更为瞩目。

香港法院曾经两次判决龚如心持有的1990年遗嘱为伪造。2005年1月,香港警方正式控告龚如心伪造王德辉遗嘱,并一度拘捕龚如心,后来批准她以5500万港元现金保释外出。

不过,龚如心不服判决,向终审法院上诉。2005年9月,终审法院裁定龚如心上诉胜诉,确认她持有王德辉在1990年的遗嘱是王德辉最后的遗嘱,可以继承全部超过400亿港元的遗产。2006年10月25日,龚如心在获得终审法院最终胜利之后,在诉讼费上再次取得胜诉,赢回一笔达2.8亿港元的诉讼费。

惠及众生

"钱总是要用的。"

——龚如心个人生活异常节俭,但她非常热心公益事业。在公益环保圈里,那些募捐的人士会觉得龚如心是一个异常爽快的人,但是事后她会非常留意款项的用途,超支了也不会再追加,不像其他富豪,要么不给,一旦给了便再不过问。在她看来,钱要用,但一定要用在刀刃上。

对慈善事业,龚如心一直是热心的。虽然就捐赠数额而言,她并不是最多的,但相对于别人的高调和积极,她绝对是"特别"的。早在2001年7月,龚如心就曾公开表示,在1989年就与丈夫王德辉商量过,二人无儿无女,将家产捐出来做善事最好不过,这亦是她与王德辉的心愿。

龚如心又说自己是中国人,需要捐家产帮助内地及香港的贫苦大众。为了培养内地紧缺的人才,她斥资约5500万港元,在美国哈佛大学成立"龚如心学者奖",每年资助25名解放军远赴哈佛大学接受培训。她关心"为什么中国没有自己的诺贝尔奖奖金",甚至一度筹划过在内地开办一个以她名字命名的基金。

生长于城市富庶之家的龚如心将九亿中国农民视为自己的"情人"。1995年,龚如心捐赠100万元人民币给农业科技基金,并独自设立了"如心农业奖励金",每星期挑选一位普通农民,奖励他在科技兴农方面的杰出贡献,奖金是1万元,以此为推动农业的发展尽一份力。

很多请求龚如心赞助公益事业的人发现:大多富豪需走上好几圈才能募到钱,不过他们事后一般并不过问;龚如心则会答应得非常爽快,但在事后会非常留意款项的用途,如果费用莫名浪费或超支,她一般再也不会多给。

一位华懋的员工评论:"她的捐款比较细水长流,加上很多捐往内地,大家不太知道。"对于慈善捐款,龚如心一直有着自己的眼光和做法。她说:"钱总是要用的,'逐利归于仁义',这样的人生才有意义。"

节约用钱

"节约资源意味着省钱,因为开采资源必须消耗劳动力及其他物资,若节约了粮食,等于减少对土地的使用和污染。"

——龚如心闻名的原因之一就是她的"孤寒","孤寒"的意思就是吝啬,节俭。身为亚洲女首富,月支出不过三千元,这在很多人看来几乎是不可想象的。

伉俪情深

丈夫下落不明,再强的女人也会倒下来。1990 年 4 月王德辉失踪后,龚如心心灰意冷,整整 3 年深居简出。龚如心的贴身菲佣 Mina 回忆说:"龚如心当时终日以泪洗面,整个人更加沉默,有时龚如心会跟妹妹在电话倾诉忆夫之情。"

"在我们刚结婚不久,我就想出来找份工作,打消时间,也学点东西,于是我就在一家会计楼做秘书。由于当时我的英语不好,打字老是出现错误,就常常被老板的助手责骂,心里特别不愉快。他知道后就对我说,下次如果他们再骂你,你就用文件夹砸他们的头,然后说 ByeBye。当第二天,我又被挨骂时,我就真的拿起文件夹,狠狠地砸在桌子上,冲着那位火冒三丈的助手喊道,'Bye Bye',这一摔,反而把那位助手吓得不知所措,呆呆地看着我一步步地走远。"龚如心回忆当初与王德辉结婚时的情形,不禁哈哈大笑。

1994 年龚如心宣布,要在荃湾杨屋道投资 100 亿元,兴建香港最高的大楼——如心广场。2001 年,龚如心投资准备兴建,原定高度在 468 米。后来,发现马来西亚的双塔高度超出这个数字后,她又将高度上调至 520 米,共 108 层,预计投入 40 亿元。面对媒体"资金从何处来"的疑问,她的回答让人震惊:"现金。"

然而,由于香港政府对建筑物高度的限制政策,大厦设计影响飞机航道,大厦最高只可建 324 米,"如心广场"的建造一再搁浅,其间她还与政府打起了官司,但最终败诉。

最后,龚如心做出让步,将地盘一分为二,建一幢纯酒店和一幢商业酒店两用大厦。其中大厦的高座以王德辉的英文名 Teddy 命名,低座则以自己的英文名 Nina 命名,两座大厦之间有一条透明天桥连接,寓意夫妇手牵手情不变。

龚如心曾说:"我觉得自己有一个很大的责任,就是要把公司维持下去,盖那么多房子、有那么多员工,我一定要把公司管理得非常好,等有朝一日我先生回来,才不会失望。"

工作就是"最好的消遣"

龚如心并不像很多老式企业家那样故步自封,面对现在的科技浪潮蓬勃兴起,她又一次及时地调整了路线,在专注本业的前提下,将目光投向了生物科技行业。目前在美国投资了 7 个生物科技项目,其中 4 个已经上市。比如美国上市公司"基因实验室",她就持有 13.2%的股权,是该公司最大的单一股东,而这家公司是美国著名的生物制药企业。

龚如心称自己最开心的事就是投资。她经常工作到凌晨二三点钟才睡觉,早上 9 时前又到了公司,"根本就没有空闲时间可以花钱!"她只是在周日放假时稍稍起晚一点,但是下午会重新开始工作。至于消遣,她觉得工作本身已是"最好的消遣"。

她说,"我觉得现在还有许多事情可做,需要做。但在很多事情上没时间,用不上力。用不上力的地方就该出钱,这样赚钱就很有用。要赚钱才能帮助更多的人。还有,我是做生意的,生意也就是我的事业,事业能成功,才能很开心,才有成就感。所以要奋斗!要成功!"

最为员工称道的,是她数十年来没有主动辞退过员工,即使在香港不景气的前些年,虽然一直没有加薪,但是不裁员也使绝大部分员工对龚如心心怀感谢。虽然她为人节俭近乎吝啬,但是在员工看来,每到新年就发给他们"利市"以及一袋白米的老板龚如心是个尽责的好老板。

天性开朗,兴趣广泛

龚如心招牌式的装束就是超短裙+小辫,这种青春的装束让她觉得自己很年轻。在公司里,她也不摆上级长者的架势,很喜欢也很容易与年轻人沟通。她每次出现在大家面前,总是"甜甜的笑脸"。交谈中也每每以微笑作为一句话结束时的表情。

人们对龚如心的独特发式颇有非议。"哎,你知道自己多少岁吗?"最反对她扎两个小辫的妈妈经常这样唠叨她,"像什么样子?事业做得那么大,却一点不像个大人的样子!"

"有什么像不像的?那样好麻烦,我不喜欢。"龚如心对老人的话颇不以为然,她对自己的发式也并不觉得独特。她说,请人到家里来做头发,既麻烦又浪费时间;而每天自己洗头、梳头是目前国际流行的自我保健方式,何乐而不为?遇到盛大的日子,龚如心还在脑后加编一根小辫,并在头顶上别一枚鲜红的小发卡。

龚如心的兴趣很多,但时间很紧,工作、坐车、吃饭、睡觉,生活得有些单调。偶有余暇,她喜欢跳舞、看话剧、看艺术展览。除话剧外,中国传统的折子戏也是她钟爱的。她喜欢读鲁迅的小说,认为简洁而深刻。

另外,龚如心对花有特别的偏爱,喜欢养花、赏花,在香港每天清晨只要有时间,她都会到住宅的花园里剪一些花插进客厅的花瓶中。她曾说:"花能激发自己对生活的热情,而女性是社会的花朵,能让世界更美丽。"

她曾经说,"女性一显露出自身的温柔就显得不够坚强"的说法,是一种错误。在给中华女子学院的一次讲座上,有学生问龚如心做女人好不好?她毫不犹豫地说:"做女人很好啊,可以把自己打扮得漂漂亮亮的,给人以美的享受。现在社会上压力那么大,就应该解放男人,让他们出去工作,而自己留在家里做家事管小孩。"也许潜意识里,她还是希望能待在丈夫身边,做一个小女人,而不是在商场里打拼。男女平等是政治、经济权利和人格原则上的平等,但男人、女人各有其特点,社会应保持对女性的尊重,女性也应该保持一些优良的传统,如对家庭、对孩子负责的观念等。女性应拿出自己独特的能力、美丽给世界看,以打消世人的偏见。

生活俭朴

龚如心身家估计高达 300 亿港元,但她却不像一般的富豪,住必豪宅,行必名车,穿必名牌,佩戴必是名贵首饰。相反,龚如心一切只是随兴而为,据透露,她个人每个月的支出不足 3000 港元。

她平时不上街也不买东西,有好多朋友亲手做衣服和皮包给她,甚至连头发都是自己剪,护肤品也只用非常简单和普通的产品,都不会到美容院去洗面。

她对坐骑的态度十分随便,据悉,她的 4 部车里,最好的只是一辆卡迪拉克。她有时坐着极普通的轿车就匆匆赶往卖楼宣传活动场所。有一次全国政协休会间隙,龚如心应邀去她捐资了 500 万元的中华女子学院参观,来接她的是一辆京城随处可见的面包车。

龚如心很爱美,尽管已人过六十,她还是一如从前努力保持美丽。去意大利考察时,由于被招待得特别好,她不知不觉重了五斤。回到香港,繁忙的工作又让她抽不出时间去健身房。"开始,我就亲自去送一些让秘书送去的文件,在公司的走廊里跑来跑去,希望能减去这五斤肉,可试了一些日子后并没有太大的效果。于是,我就让秘书给我买了五斤肉,放在桌子上,天天告诉自己说,就是这些肉,我一定要把它们从身上拿掉! 不到一个月,我就从身上把它们拿掉了!"龚如心说。

着装上,她偏好自行搭配,穿普通的、自己喜欢的,不理会人家流行的是什么。她认为,自己之所以名牌穿得少,是因为名牌每年每季都有不同的流行趋势,流行的东西众星捧月,但有的却并不适合自己,而且价格昂贵。趁工作云游世界的间隙,她有时还忙里偷闲地去"淘"便宜货。在她的购物心得里,常有近期纽约的衣服比伦敦便宜近几成一类的商品信息。据说有一次她去商店买衣服,选中了一件价值 199 元的马甲非常喜欢,但嫌太贵,一听说能够打折买,她才痛快地买下来。

即使在悉心打扮之后,龚如心也很少珠光宝气。她喜欢的是充满朝气、运动感强的简洁衣饰。总是行色匆匆地奔走在世界各地。上下车、船、飞机,需要赶时间,于是穿短裙成了她的爱好。旗袍是中国的民族服装,在盛大隆重的场合,尤其是在国外,她往往是一袭旗袍或一身绣花、镶边盘扣的中式衣衫。

她平时最爱吃、最常吃的食品是麦当劳的汉堡包和炸薯条。外出公干或是在港巡视楼盘,麦当劳、肯德基常是她的快餐。一次吃饭,最后只剩下一块小饼,她开玩笑似的说:"这下,我可有夜宵吃了。"海鲜宴席在她眼里"贵得要命",她常常婉拒吃山珍海鲜的邀请,一个人在房间里吃点青椒、胡萝卜小菜。餐桌上的浪费她不能允许,吃不了的时候,自己打包带回去。据说,华懋有一次新开楼盘,负责按揭的银行送几盒蛋糕到地盘售楼处慰劳员工,在场的龚毫不客气,把剩下的蛋糕全部带走。

艺术梦想

也许当今世上没有比龚如心更"糊涂"的富豪了。她说:"我也不知道一年能挣多少钱,我们也不用理它,因为我们不是上市公司,也不用报业绩。我想,只要买一块地、盖一栋房子,不借贷就可以了。我们不用担心哪里有亏空,哪里有一笔横财,所以比较轻松。我一个人吃不了多少,也用不了多少,也没有其他什么地方可以花钱。不过,投资却是我的兴趣,看着一个个项目建起来,我心里很高兴,但并不在乎能赚到多少钱。"

记不清楚数字似乎是艺术家的专利,一个商人记不清数字多少有点贻笑大方。在谈及任何一个与数字有关的问题时,龚如心就会说,"对于数字我是很白痴的,总是记不清楚也没有具体的概念,不是在故意敷衍你。"

有人问龚如心,是否中意商人的角色?她说:"商人总是陷入利益的漩涡中,很疲惫,我也不喜欢。我很希望成为一名艺术家,只是没有时间画画,但我很有这方面的天分,难得画一张,就给联合国拿去做了首日封,还卖得不错的。"话到末尾,她颇为自豪。

龚如心对自己的艺术天赋非常自负,她从小很有艺术细胞,精于舞蹈,喜欢演戏。后来还师从岭南派著名画家赵少昂、吕瑞志,学习中国花鸟画、水墨画,也学油画,也是在艺术的殿堂里,龚如心度过了儿童及少年时代。她说:"若不是命运的错误安排,我有可能是一名杰出的画家或者音乐家。"也有人开玩笑说,看看她衣着的款式及色彩搭配,龚如心更可能是一名服装设计大师。

生命晚年

历经无数风雨,龚如心已经习惯独处,她讨厌被人追踪的日子。生活中,她的所有一切都极其简单,唯一让人感到神秘的是龚如心的住所,她行踪不定,连她的妹妹也不知道她芳踪何在。

孤独的日子,除了工作,养狗便成了龚如心最大的娱乐。据说,她可以允许她的宝贝狗睡在床铺,随处便溺,这或许是富有的孤独女人无奈的精神寄托。

2007年4月3日,因卵巢癌扩散,龚如心在香港养和医院病逝,享年70岁。龚如心去世的消息传开之后,华懋集团员工们有的尖声怪叫,有的失声痛哭,这个有4000名员工的大型企业,一向把龚如心看作是他们的最高长辈。

从1997年到2005年,龚如心与公公王廷歆就王德辉的遗产归属问题打了长达八年的官司,待一切尘埃落定之后,龚如心又撒手人寰,龚如心与王德辉膝下无子,龚母年事已高,龚如心的亿万身家将归谁名下,又成为世人瞩目的焦点,有人认为遗产继承者将是龚如心的同胞弟妹,也有人认为她将悉数捐赠给慈善事业,更有与龚如心关系密切者自称为遗嘱继承人……围绕龚如心的财产继承问题,引发了无数争端,到底花落谁家,或许又将是一场旷日持久的悬案。

在她去世后,豪门内的遗产争夺战 堪比一场"甄嬛传"。但是,这次让所有人都意想不到的是,居然有一个叫作陈振聪的风水先生跳了出来,与龚家人争夺龚如心的财产。

因为龚如心和王德辉膝下无子,所以龚如心的财产自然是要按照司法程序给龚如心的弟弟妹妹进行顺位继承的。可是此时这个名叫陈振聪的是什么来头的?这个人,被誉为第一软饭王。他自己对媒体宣称他是龚如心的灵魂伴侣,并拿出了一张龚如心亲手书写的遗嘱。于是这又给这场遗产争夺战蒙上了一层神秘的面纱,似乎更加的扑朔迷离了。于是两岸三地纷纷都开始异常的关注这场遗产争夺战。陈振聪不仅有龚如心亲手写的遗嘱,还将自己与龚如心生前的各种照片、视频拿出来爆料,以证自己的"正室身份",当然了这种行为使得当时每一个港人谈到陈振聪三个字都会感到恶心。这场被称为"世纪官司"的遗产争夺案,经历两年准备,于2010年2月2日正式在高等法院开审,聆讯时间长达40天。期间,法庭传召了30多名证人,包括龚如心亲友、华懋集团员工、见证龚如心签署遗嘱的律师、医生、笔迹专家、陈振聪夫妇及其兄弟。陈振聪自曝与龚如心关系非比寻常,为案件增添了浓重的八卦意味,成为街头巷尾的趣谈。2013年7月4日,在香港,风水先生陈振聪涉嫌伪造华懋集团已故主席龚如心遗嘱案,陪审团经过2日商议后,最终法院还是认定龚如心不会将遗产传给陈振聪,并判定陈振聪的遗嘱为伪造,裁定陈振聪罪成。这场闹剧终究还是以一个还算正常的结局收场。

美国"脱口秀女王"

——奥普拉·温弗蕾

人物档案

简 历:1954年1月29日出生于美国密西西比州科修斯科,美国演员、制片人、主持人。19岁进入哥伦比亚广播电台成为一名节目主持人,开始了广播生涯;1983年负责"早晨芝加哥"节目,三个月后其节目跃居榜首;1986年凭借出演电影《紫色姐妹花》提名第58届奥斯卡金像奖"最佳女配角奖";1988年组建哈善(Hatpo)制片公司;2000年推出以个人名字《奥普拉》命名的杂志;2011年获得第83届奥斯卡金像奖"吉恩·赫肖尔特人道主义奖";2018年获得第75届美国电影电视金球奖"终身成就奖";2021年4月,福布斯全球富豪榜发布,奥普拉·温弗瑞以27亿美元财富位列榜单第1174名。

生卒年月:1954年1月29日~

性格特征:敏感随和,真诚坦率,善于辩才。

历史功过:创办了自己的媒体帝国——哈泼斯影响者网络,制作了《奥普拉脱口秀》等电视节目,并倡导了许多社会问题,包括妇女权利、种族平等、性侵害和贫困。她还成立了奥普拉基金会,致力于改善全球教育、健康和文化领域的状况。

名家评点:百度网评价说:"奥普拉·温弗蕾在荧屏前后都展现了坚强的女性形象,成为许多成熟女性和年轻女孩们的榜样。虽然脱口秀不是奥普拉·温弗蕾独创,但她用热情和亲切感,将脱口秀带到了一个新高度。她主持的访谈节目《奥普拉·温弗蕾》自1986年开播以来成为美国开播最长的日间谈话节目,每周有来自全球145个国家的4200万观众收看,并连续16年排在脱口秀类节目收视率的首位,成为美国文化的标志之一。她的成功源于她的多舛经历和个人标签的不可复制,她身上具有复杂的多重性,使她成为不同种族和群体中许多人的生活偶像和楷模。她为妇女及黑人妇女在传媒界打开了大门,而且为她们立足主流社会树立了榜样,成为美国精神与创业成功的象征。"

贫民窟里

　　我今天的一切都归功于我的祖母：我的力量、理性感，所有的一切，都是 6 岁时确立的。我现在和我 6 岁时的想法几乎没有什么不同。

　　——严厉的祖母在温弗蕾两岁时就开始教她识字读书，坚强的祖母是温弗蕾幼年时的导师。

由祖母带大的私生女

　　1954 年 1 月 29 日，温弗蕾生于美国南部的密西西比州的考斯休斯考，她的母亲妮塔在 18 岁的时候爱上了一个士兵，并且生下温弗蕾，但是他们并没有结婚，而且几年之后，他们就分手了。温弗蕾是三个私生女中的长女，她的名字原定"奥珀"，是她的父母根据圣经中鲁斯的妻妹给她取名的。然而，助产士在写出生证时将第二、第三个字母写反了。因此，她就有了"奥普拉"这个世界上绝无仅有的名字。

　　温弗蕾出生的时候，她的父亲弗农·温弗蕾跟随部队驻扎在外地，母亲靠喂猪等做一些杂活来养活自己和奥普拉。后来，妮塔离开了考斯休斯考，独自到威斯康星的密尔沃基当洗衣妇，把奥普拉留在农场里由她的祖母抚养。祖母是一个非常严厉的人，奥普拉叫她"妈妈"，因为在她看来，这位老妇才是她真正的母亲，祖母成为奥普拉生活中的第一个榜样。

　　因为贫穷，幼年时期的奥普拉一直光着脚丫子。一直到她进学校读书时，才有机会穿上第一条裙子。农场又脏又偏僻，闭塞的乡村环境使得奥普拉只能自娱自乐，她跟动物做伴，到书中寻求安慰。

　　两岁半的时候，祖母就开始教她读书写字，并给她讲述圣经中的故事。这对于奥普拉来说是童年时期最贵重的礼物。也就是那时候，她开始在乡村教堂致欢迎词中讲述"耶稣诞生于复活节"的故事，教民们惊讶不已，不少人称她是"天才"。这一经历使奥普拉终生难忘，正是在这些大人积极的肯定，她的自尊心才得以培植。那时候，她立志要成为一名教士或者传道者，这也是她孩提时代最初的人生梦想。

　　从幼儿园开始，奥普拉就显现出了她超常的智慧，当祖母把送她进幼儿园之后，她随即便写了一张便条给老师，说明她已经学会了低年级班那些大字，以无可辩驳的事实说明自己属于高一年级班，惊讶不已的老师马上让她升了一级。读完一年级，奥普拉便跳到三年级。

　　奥普拉在密西西比州与祖母生活了 6 年之后，她的母亲又将她接到密尔沃基贫民窟与两个异父弟妹一起生活。在那里，她继续在黑人社团俱乐部和教堂茶会上做演讲，朗诵诗歌，因而成为有名的"小演说家"，这些在她的心灵中留下了不可磨灭的印象，激励着她努力寻求美好的生活。

多灾多难的童年

和母亲住了两年之后，奥普拉被刚结婚的父亲接到那什维尔。然而，母亲是她的监护人，因此当她结婚后，奥普拉便离开父亲，住到密尔沃基母亲新组建的家中。密尔沃基的贫民窟鱼龙混杂，少年人抽烟、喝酒、吸毒无所不为，混乱不堪，每天都在上演着不同的悲剧。9岁那年，奥普拉被她19岁的表兄强奸，他买了根雪糕哄她，封住她的嘴。后来，她又两次遭到亲戚的调戏猥亵。奥普拉的母亲没能给她提供一个稳定的住所，她像一个流浪儿一样缺乏温暖和安全感，那些亲戚轻易她就取得了她的信任，继而占她便宜，这给她的心灵造成负罪感和混乱。

由于缺乏管教，奥普拉在密尔沃基时，和贫民窟的少年一样，成为一个品行不端的姑娘，专做坏事，甚至偷她母亲的钱。作为一个贫穷的黑人少女，奥普拉经常遭受侮辱。13岁时，由于遭受强奸和凌辱，她再一次离家出走。

当时，她看见参加社交晚会的爱莱莎·富兰克林从豪华轿车下来，她编了一个故事说自己是个弃儿，需要100美元回到俄亥俄州。凭借她的三寸不烂之舌，这位歌手相信了她，给了她100美元。拿着这笔钱，她在密尔沃基大酒店住了3天。当钱花光之后，她又找到她的校长，校长把她送回了家，母亲气得火冒三丈，将她送进少儿收容中心，因为床位占满而未能成行。

10多岁的孩子就这样自暴自弃，离家出走、偷钱，和比她大的男孩子厮混在一起，母亲对她毫无办法。14岁的时候，她跟男朋友生过一个孩子，孩子的父亲对此不闻不问，孩子刚刚生出来就死了。母亲看着女儿一步步走向堕落，无可奈何之下，只好打电话给她的父亲，让他将奥普拉接过去。

人生转折

我父亲彻底改变了我的生活，他坚持认为我实际上比现在的我要强，将来会更强。他热爱学习，为我指明了正道。

——谨严而自律的父亲改变了奥普拉的人生轨迹。从跟随父亲生活之后，奥普拉开始认真读书，并且一路展示出自己的才华，最终获得巨大的成功。

家庭谨严

奥普拉从小就爱书，书中所呈现出来的另外一个世界总能让她沉醉其中。1991年接受《好管家》采访时她说："书籍向我展示了生活中的希望，让我了解到世上像我这样的人还有许多，我不仅要发奋更要实现……书籍赋予我希望，对我而言这是一扇通往未来的大门。在密尔沃基时我躲在壁橱时用手电筒看书，以免被人讥笑我想成为大人物。"

12岁时奥普拉在一次教堂演讲中获得了500美元的酬劳。当天晚上她便告诉父亲，她要以演说来谋生，"我那时便告诉爸爸，我要变得很有名气"。奥普拉开始写日记记录自己的梦想。

奥普拉的父亲弗农·温弗蕾当时是个理发师，生活稳定而有自律性，在当地和那什维尔城区委员会都深受人们尊敬。他相信严格的家规和学习计划对小孩有好处，因此，他为奥普拉订下了最高标准激励她追求卓越，他要求奥普拉在家里和学校都要做读书报告，每天要多学习五个新词汇，否则不让她吃饭。而且，他总强调奥普拉要知道自己对未来的期望和目标。父亲告诉奥普拉："有些人让事情发生，有些人看着事情发生，有些人连发生了什么事情都不知道。"他鼓励奥普拉要做那个让事情发生的人。

父亲的管教和爱将奥普拉从深渊中救起，唤醒了她内心的希望，将她指引向新的方向。在搬去与父亲同住不久之后，奥普拉在心里发誓要成为最好、最聪明的人。奥普拉的聪明也使得她很快成为班上的全优生。

潜力初现

奥普拉的口才和辩才极其出众，她主持高中学生委员会，参加戏剧俱乐部，15岁的时候她被选送去加利福尼亚教会组织演讲；16岁时她赢得艾尔克斯俱乐部演讲竞赛，也使她得到了到田纳西州立大学深造的奖学金。

有一次，看见好莱坞影星游行队伍，她说："总有一天，我要让自己成为比他们更耀眼的明星"。从那以后，温弗蕾开始向演员生涯挺进。1971年，17岁的温弗蕾因为出色的口才被WVOL广播台戴上"护火小姐"的桂冠，这个奖项还是第一次颁发一位黑人女孩。广播电台的主持人希德尔伯格非常赏识她的才华，让她去做周末新闻的播演，她表现得很好，每周能赚100美元。因为出色的表现，温弗蕾被送到斯坦福大学作表演。那时候，她作为美国黑人小姐队伍的辩手，赢得了人们的注目，还作为那什维尔青年协会代表和东部高中美国杰出少年的代表，赴白宫受到尼克松总统接见。1971年，哥伦比亚广播公司WTVF电台为她提供了一个职位，不过被她给拒绝了。后来，她的演讲老师提醒她说，许多人进大学深造就是希望将来能进入哥伦比亚广播公司的电视台工作，她这才重视起来。

高中毕业之后，奥普拉进入了田纳西州州立大学，主修演讲和戏剧。在大学一年级时，奥普拉参加了田纳西州小姐大赛。虽然她长得并不漂亮，但是凭着出色的口才和魅力，奥普拉获得了"那什维尔黑人小姐"和"田纳西小姐"的桂冠。

进入大学之后，她接受了哥伦比亚广播公司WTVF电视台的邀请成为一名节目主持人，在此之前，她已经拒绝了两次。温弗蕾开始了她人生的第一次突破，成了田纳西州首府阿什维尔晚间新闻的主播，当时她才19岁。第一次主持电视新闻时，温弗蕾吓坏了，她对自己说："我要当作自己就是芭芭拉·沃特斯"。沃特斯是她的职业指导老师，这句话对她非常有作用，很快地，她就镇定了下来。对于温弗蕾主持的新闻，父亲是严格的评论者。在他的监督下，温弗蕾越来越熟练，到大学三年级的时候，她已经赚得年薪15000美元。

踏入职场

我的臀部绝不可能像黛安娜·罗斯一样,我最好还是保持成为奥普拉。

——正是保持了自我,才成就了后来的奥普拉"奥普拉·温弗蕾"

新闻主播

"我是全国唯一一个得半夜三更回家的新闻主持人。"温弗蕾后来回忆说。付出总会有回报,大学的经历让温弗蕾从事主播工作游刃有余,那时候她已经成为一个成功的报道者。1976年毕业前夕,美国广播公司向她抛出了橄榄枝,温弗蕾成为美国广播公司在巴尔迪摩驻地的记者和主持人。

1976年愚人节时,奥普拉开始了她驻巴尔迪摩的工作,那时她才22岁,成为巴尔迪摩电视台最年轻的节目主持人。电视台有意按自己的想法设计温弗蕾的形象,他们给她弄新发型、穿新时装,用各种各样的化学品来打理她的头发,他们解释说:"你头发太硬,鼻子太宽,颧骨太大"。

温弗蕾对这一切很反感,她从不饶人的性格使得她这时候再也忍受不住了,她说:"当你们被剃成光头时,会对自己更满意"。随即,她扔下那些人自己去吃饭了,并且一个人独自待了很长时间。冥思苦想了一段时间之后,她突然有一种自我发现,温弗蕾明白了,自己不可能成为另一个黛安娜·罗斯,虽然那是她一直以来的演播偶像。

温弗蕾极度的敏感,这是她的长处也是她的弱点,每当报道情绪波动剧烈的新闻故事时,她经常忍不住掉眼泪,电视台的经理让她坚强些。可是,她的脆弱使她无法对这些悲惨的事情无动于衷,成为一个客观而冷静的新闻报道者。

虽然她总有非凡的才能让每个人感动,但她不愿意改变自己的风格,而且观众对她的形象颇有微词,他们批评她的头发、鼻子、皮肤等等,电视台经理对她的表现也不满意,奥普拉被降职了。她被重新安置到晚间新闻演播,温弗蕾陷入了她职业生涯中最悲惨伤心的时刻。显然,她不适合新闻演播,虽然努力工作成效却不大,9个月之后她被解雇了。

巴尔迪摩之声

美国广播公司又将温弗蕾分配到"早晨好,美国"当新闻插播员。在这里,她的多愁善感以及亲和力得到了极大的自由发挥,人们发现,她的荧屏魅力超过播音技巧,电视台决定让她与理查德·西尔共同主持一档晨间谈话节目——"巴尔迪摩之声"。

在第一天演播结束时,温弗蕾说:"我驾轻就熟,我知道这是我应该胜任的,就如同呼吸,这是对我而言最自然的方式"。

随后的7年里,温弗蕾和西尔谈论了各种人们关注的话题:离婚后孩子的抚养问题、连体双胞胎现象、三K党问题……几乎所有的社会现象都在他们的节目当中谈论。"巴尔迪摩之声"获得了空前的成功，12 个城市选播"巴尔迪摩之声"节目，这引起了芝加哥美国广播公司的 WLS 电视台的注意。

早晨芝加哥

WLS 的丹尼斯·斯万森聘用奥普拉和她的制片人，共同负责"早晨芝加哥"节目，当时这是一档收视率极低的节目。丹尼斯显然希望温弗蕾能够拯救这个半死不活的节目。温弗蕾胆怯地问丹尼斯，她的黑人身份对"早晨芝加哥"是否会造成阻碍。丹尼斯说："你是绿皮肤我也不介意，我所需要的是节目成功，我负责保证成功，我需要你这么去做"。最后，温弗蕾签了 4 年合同，年薪 20 万美元。这时，她还不到 30 岁。

"我 1983 年 9 月 4 日第一次来到芝加哥，我踏上这个城市的土地，在街上漫步，它像我的根，我的家乡，我知道我已属于这个地方"。

温弗蕾在"芝加哥早晨"节目以新主持人的身份登台了。她大刀阔斧，一上台就去掉了"芝加哥早晨"节目中一些风花雪月、不关痛痒的题目，而将人们关心的社会热点和富有争议性的题目取而代之。温弗蕾不屑于跟在别人的后面，她总是要自己开辟出一个新的局面，尝试那些没有人尝试过的东西。

娱乐界的竞争日益激烈，许多"脱口秀"节目为了吸引观众不得不大卖噱头。同样是隐私话题，温弗蕾的竞争对手们往往喜欢通过别人的隐私来展示紊乱的个人和家庭，以揭露和羞辱困境中的人，以此取乐；而温弗蕾则站在人道主义的立场，想尽办法抚慰和帮助他们，让他们从心灵出发，改善自我。那些备受心灵折磨的人从温弗蕾这里找到了倾诉的闸门，他们视温弗蕾为心灵的导师，痛快地把压抑释放出来。

仅仅一个月的时间，"芝加哥早晨"就从一个下三流的脱口秀一跃而起，与当时的名嘴菲尔·达纳主持的脱口秀并驾齐驱。三个月后，"芝加哥早晨"就已经位居榜首，成为收视率第一的金牌栏目，温弗蕾俨然成为脱口秀的代言人。

1985 年 9 月，"芝加哥早晨"更名为"奥普拉·温弗蕾脱口秀"，在全国 120 个城市同步播出。年底，面对温弗蕾的巨大成功，名嘴菲尔·达纳带着失落搬到了纽约。一些空谈家责备温弗蕾，她直率地回答："不是我让他去的"。达纳是白天电视节目的"妈妈先生"，温弗蕾以理疗小姐身份迅速取代了他，芝加哥电视台的收视率在她火箭式喷发的速度下急剧上升。

好评如潮

《多样》杂志报道："由奥普拉·温弗蕾任新主持的'芝加哥早晨'节目收视率迅速上升，比一年前增加 50%，正以无可抵挡的优势压倒纽约领地里的'达纳'节目"；1987 年《人民》杂志说："奥普拉反应之敏捷令所有电视同仁相形见绌，是的，包括卡森和莱特曼"。

温弗蕾迅速成为全美主妇们最好的朋友，她的表演成为一个成功之谜。奥普拉不算美女，也早过了妙龄。让大家感动的是她的亲和力，她对观众推心置腹、愿意与观众们分享一切隐秘,这种真诚深深地打动了观众。在镜头面前,温弗蕾毫不讳言地承认少时曾有吸食可卡因的经验;在杂志访问中她透露9岁被强奸的惨痛经历;她公开承认14岁时未婚生子,婴儿出生2星期夭折,这些被奥普拉形容为"重大耻辱"的疮疤,她选择在3300万观众面前哭诉出。事实上,并没有人去嗤笑她,因为每个人都或多或少有过自己的创痛。

奥普拉把电视节目办得像一次集体心理诊疗,总是与寻常百姓谈论真实生活的经验。例如,她经常邀请心理专家作为她的联合主持,让嘉宾在节目中诉说他们个人生活中最隐秘的部分,奥普拉通过循循善诱,和嘉宾们共同袒露心迹,请专家在一边支着,所有的人共同成长,一起摆脱过去的阴影。这是全国性的发泄,大家都开始关心、重视这些特殊的问题和现象。

在小学四年级时,奥普拉曾想当教师。现在,她再也不认为非得到学校才能教育别人了,她每天都在向全国的热心观众上课,这让她感到很欣慰,"我认为我的电视工作成为我观众们的老师和帮助者"。每天面对形形色色的人和事,不同的生活方式使她认识到:"我们都应对自己负责,不管胜利。"

温弗蕾成为"女人的一切",她珍惜演播时的每一分钟,她的观众也如此。

涉足影坛

《新闻周刊》曾对她做过评论,文章描绘她是"重达200磅的出生于密西西比的黑人妈妈,庸俗,粗鄙,市井和有生气"。温弗蕾不喜欢这种粗俗的描述,但不能不否认这扩大了她的知名度。

1985年,著名导演昆西·琼斯在芝加哥酒店客房看电视时发现了温弗蕾,他正在筹拍爱丽丝·沃克斯的作品《紫色》改编的电影,寻找剧中女主角——索菲亚的人选。温弗蕾除了大学表演课外,毫无实际表演经验,但他依然选中了她。

片子讲述一个黑人女孩苦苦奋斗挣扎的故事,就像是奥普拉的个人传记。1985年12月电影上映了,观众踊跃,好评如潮。电影评论家吉因·西斯科极力吹捧,他称赞她的表演"超凡绝伦",他说:"她将这位悲观失望的妇女刻画得栩栩如生"。

奥普拉以真情感人,她的表演同时获得奥斯卡和金球奖提名,并且获得了1986年6月全国妇女协会颁发的妇女成就奖。《紫色》的大获成功也使得她的节目收视率直线上升,电影也间接帮助了"奥普拉·温弗蕾脱口秀"的成功。

1986年9月8日,"奥普拉·温弗蕾脱口秀"节目被皇帝世界列入138个城市的辛迪加联网系统,1987~1988年度就此创造利润1.25亿美元,这也使得温弗蕾一跃成为演播界最高薪酬演员,她与皇帝世界在1986年12月签订5年合同。到1993年,这档节目扩及全美198个市场,占据了美国市场99%的份额,包括日本、挪威、沙特阿拉伯、新西兰和荷兰在内的64个国外电视台都在转播。

独立门户

如果上帝给你关上一扇门，不要哭泣，他肯定为你开了一扇窗户。

——电影《爱人》的失败让温弗蕾备受打击，但是她很快振作了起来。

组建哈普

1988 年奥普拉组建哈普(HatPo)制片公司，在公司的名称上又显示了她的特立独行，哈普(HatPo)就是她的名字 Optah 的倒写。她以 2000 万美元的价格买下芝加哥 10 万平方英尺的演播室，从一个主持人转变成经商者和董事长。在继玛丽·毕克福德和露西丽·鲍尔之后，温弗蕾成为世界上第三个拥有和制作自己的节目的女性。哈普公司宣布全权拥有和制作"奥普拉·温弗蕾脱口秀"，这使奥普拉成为历史上第一个拥有和制作自己的脱口秀节目的主持人。她在这一演播室中制作自己所有的节目，还包括《布鲁斯特妇女》之类的电视专题片。

作为哈普的董事长，温弗蕾只有一位助手，便是她的私人律师和合作伙伴杰弗雷·杰考伯斯，杰考伯斯说："奥普拉拥有自己的节目，自己掌管财务，没有董事会，没有委员，每个最后决策都是她制定的"。她说："我凭本能经营公司，我是个本能型玩家，本色演员，我也用此指导我的生意经营"。温弗蕾亲自签名每张支票，基本不用日常管理人员经营公司。

1996 年哈普娱乐集团公司成立，公司致力于把黑人作家的作品搬上银幕，还定下纪实片类型的拍摄计划。如今的哈普娱乐集团已经成为电视和电影制作领域不可小看的力量。作为第一个拥有自己娱乐制片公司的美国黑人女性，温弗蕾在接受采访时说，"作为一个制片人，我要做的是把更多的有色人推向屏幕。"

公司大手笔购买了包括托尼·莫里森在内的很多著名黑人作家的作品改编权，经过精心筹备。1998 年莫里森的《爱人》被搬上银幕，温弗蕾身兼数职，集制片人、女主角于一身。然而，这一投入却并没有获得预想中的成功，2300 万的票房收入还不到总投资的一半，温弗蕾陷入了低潮。后来采访当中，她说："好像有一座山压在我的身上，我能听到人们的嘲笑声……我知道自己应该振作起来，可是我不能，因为我被沮丧包围了。"

《爱人》的失败并没有掩盖温弗蕾在电视领域的贡献。1998 年，她获得了"全国电视艺术与科学学院的终身成就奖"。而这时，距离她出生也不过 44 个年头。

读书俱乐部

1996 年 9 月，温弗蕾开始在自己的脱口秀节目中推出"读书俱乐部"。每个月向电视机前的观众介绍一本书，请来作者作为嘉宾和读者进行面对面的探讨和交流，她和大家共同研读被推荐的书籍。

这又是一次创新，奥普拉"读书俱乐部"在美国读书界树起了一面大旗，奥普拉所倡导的"让美国重新开始读书"得到了最全面的响应。经温弗蕾推荐的书籍无一例外地一夜走红，迅速地跃上畅销书排行榜的首位。"读书俱乐部"成为图书销量攀升 10 倍的标志，奥普拉选书的那一周，被称为是书市的"奥斯卡周"。出版业的巨头包括时代华纳的新任总裁迪克帕森在内的所有人无不对她的点金术点头称赞，"俱乐部"也逐渐发展成对美国出版业最有影响的一股力量。

《奥普拉》杂志

2000 年奥普拉再接再厉，推出了一本以她名字命名的杂志——《奥普拉》，每一期的封面都是奥普拉·温弗蕾本人的照片，里面的文章也紧扣她主持节目的主题。4 月份杂志第一次登场亮相，和图书俱乐部一样，杂志一出版便产生了很大的轰动，创刊便印刷了 100 万册，并且立刻销售一空。打电话要求订购杂志的声音不绝于耳，随后增印的 50 万册也被抢购一空。其中，巴诺书店单独销售该杂志就达到了破纪录的 10 万册。

《奥普拉》杂志成为温弗蕾人生旅程中的一个标识，她经常把自己的一些痛苦的经历和挫折发表在杂志上，作为范例告诫她的观众。奥普拉非常的认真，和她在电视台主持节目一样，凡事力求亲历亲为，据杂志的主编讲，每天在杂志付印之前，她都仔细阅读每一个字，检查每一张照片，不放过任何一个小细节，哪怕是一个标点符号。没有节目的时候，她甚至可以在办公室的电脑前从周二下午 3 点干到周四晚上 8 点，然后周五再继续一整天。

潇洒不羁

我生来爱书…这是一种逃到另一人生活中的方法。
——童年时期在偏僻的乡村生活的温弗蕾只能以书为友，而这也成就了她的人生。

日常时间安排

温弗蕾白天主要工作还是她的日间节目，据内尔曼收视调查，这档节目是历史上收视率最高的谈论节目。她在周一到周五早晨六点开始工作，在准备上午 9 点档的节目之前，她会先到健身房锻炼一段时间。而在第二档 11 点钟的节目开始之前，会花一个小时召开生意事务会议。一天中的其余时间则用来商议和筹划新节目。

一到周末，她会去 160 英亩大的印第安纳农场休息放松，在那儿审阅新剧本，与她的未婚夫斯坦德曼轻松度日。平时，她总是忙于儿童虐待问题的慈善事务和为哈普制作新纪录片。1993 年 11 月，哈普公司制作了一部电视剧——《这里没有孩子》，这是关于内地一个单身母亲的故事，由奥普拉出任主角。她在告诉新闻媒介有关这一角色时说："我是那些从凄惨经历中走出来的人的最佳代表，户外太太就在这儿"。

成功减肥

温弗蕾一直发胖,体重曾经达到 200 磅,这也多次成为节目中的议题。温弗蕾身体发胖的事实,她的每个观众看得一清二楚。在她认识到自己的发胖非食物所能控制的时候,她就放弃了暴食。1991 年她坦诚地对《好管家》阿兰·艾伯特说:"我现在明白,我的暴食和发胖是潜伏着的情感问题。不是节食所能治愈的,在我体重增加的底层是我埋藏的情感,以及我害怕它们会兴风作浪的恐惧……我明白,一旦我能超越过去的恐惧,了解痛楚所在,我会摆脱暴食习惯,克服肥胖症,因为我已不再需求借助它们保护自己"。

为了减肥,温弗蕾开始参加马拉松长跑,她花费了 5 个月进行剧烈训练。在这过程中,她的体重减轻了 50 磅。1993 年 8 月,在圣地亚哥她以 2 小时 16 分钟时间完成了 13 英里马拉松长跑——比第一名落后 1 个小时。在冲刺线上温弗蕾说:"人们告诉我长跑很有趣,当我第一次开始训练时,我说这有什么有趣的? 但今天已觉得其乐无穷,几英里的路程开始是艰难的,但目标是坚持到底。"

当问她为什么现在开始长跑时,温弗蕾说:"我很久以前已暗下决心,在 40 岁时要保持健康"。1994 年 1 月 26 日,温弗蕾 40 岁的生日,她的身形再次达到了标准的尺寸。高度地执着,使温弗蕾再次赢得了伟大的胜利。

奢华消费

12 岁时,温弗蕾在一次教堂的演讲中赚得了 500 美元,这成为她的第一笔收入。以后,从高中开始,出色的口才为她带来源源不断的收入。成功使她有能力挥金如土,只要愿意,在花钱上面她会随心所欲,从不控制自己。1986 年,32 岁的温弗蕾已经成为百万富翁,她买下了一幢 80 万美元的房子;1987 年她成为演艺界最高薪酬者,买下了 160 英亩的印第安纳农场;1988 年温弗蕾买下了自己的制片公司;1991 年开设芝加哥餐厅;后来,她又兴之所至,买下了科罗拉多州勒拉尔德山坡附近 85 英亩大的牧场,随后,她又花费 430 万美元买了附近的一幢别墅。还有一笔奢华的消费是一架挑战者 601-3A 式喷气飞机,温弗蕾共花费了 1400 万美元的基本投资,其中包括在新墨西哥州的圣达菲附近的一幢新宅邸。温弗蕾是历史上最成功的女商人之一,与露西丽·鲍尔和麦当娜并驾齐驱。

但是这并不代表她唯利是图,当初《紫色》获得了空前成功之后,温弗蕾的律师想和华纳制作公司交涉,要求付给她更多的片酬,他对温弗蕾说:"你并不是为他们白干的"。而坦诚大度的温弗蕾说:"吉弗,我并没干多少——请千万别给更多的钱!"

温弗蕾不喜欢谈论公司的收入和利润,或者简单地说她不喜欢谈钱。像所有极其成功人士一样,温弗蕾的奋斗并非为钱所驱使,她说:"我并不十分看重钱财……现在我已拥有当初认为能使我幸福的所有一切,它们已对我毫无意义了。经历,而不只是小小的心痛,教会我钱能买来一切方便。"对于自己挣钱的能量,她总是严加控制。除了 1988 年为 Revlon 做的一则广告外,温弗蕾从未将自己的形象或名字授权给其他任何商品。对于像她这样的公众人物,曾经有过数不清的广告机会,但是全都被她拒绝了,她自称这将会交出太多的控制权。

家庭与婚姻

奥普拉很长一段时间没有固定的男友,这也是作为公众人物经常被人们谈及的话题。温弗蕾承认早年性凌辱的内在负罪感,那些残暴行径让她一直在责怪自己,这使她难以处理好使恋爱关系进入实质性阶段。

在巴尔迪摩,温弗蕾对报界说:"人们会以为因为我上电视,会有众多社交生活。让我告诉你们,我在巴尔迪摩4年中约会的次数屈指可数,其中还包括一个我付钱的人"。她告诉人们,因为自己社交生活的减少,为了自己不受影响,她开始在巴尔迪摩培养其他爱好,她还说自己继续暴饮暴食以满足性欲能量。当时她的周围没有可以谈情说爱的人,温弗蕾很消沉沮丧,很多时间躺在床上。

温弗蕾在成长过程中经历过一系列不幸的恋情。1981年9月8日,她当时的情人威廉姆·布巴·泰勒拒绝和她结婚时,她失望到了极点,差点自杀。这些沉痛的经历使她对完美的婚姻没有把握,举棋不定。

1992年11月6日温弗蕾与未婚夫斯坦德曼·格兰汉姆正式订婚。但是她却将婚期一拖再拖,在此之前,他俩的恋情已经保持了6年。温弗蕾见过太多的婚姻破裂,因而不想以身冒险。早在他们建立关系之初,温弗蕾就说过,她不会和他结婚,因为她"不能想象把他——或其他任何人——置于事业之先"。

然而,斯坦德曼·格兰汉姆让温弗蕾清楚地明白自己的问题。她说:"他是我所知道的第一个不仅要我成为所能做到的最佳者,而且要尽其所能地要我做到这点的人。"实际上,温弗蕾更多的是担心固定婚姻是否能实现,而不是婚姻对事业的影响。但温弗蕾还说:"坦率地说,凭一纸证书让我和斯坦德曼存在的关系合法化,不会比维持现状有多少优越性。所以,除非我们决定生孩子,对我来说不结婚也无所谓"。

在孩子的问题上,温弗蕾说:"我不会不结婚就生孩子……我经历了大多数私生子的遭遇。"在记者采访问她是否想要个孩子时,她说:"有时候我想,是的,我很想有这种经历,有时候我还想生个孩子不至于那么痛苦。也许我害怕,养育孩子是件神圣严肃的事情,你必须倾注情感,赋予责任。而我说这些时,我并做不到,至少现在还做不到。但我会做到的。"

绽放光彩

"她踏入别人不敢问津之地……她是我们的开拓者"。
——安琪拉在描绘温弗蕾的性格时说,这是所有伟大天才所具备的共同性格。

勇敢的开拓者

不分性别、不分年龄、不分国别，从 15 岁的小女孩到 80 岁的老人都喜欢和崇拜她；无论是肥胖问题、婚姻问题还是家庭、单位和人际交往……所有的人都向她寻求答案。奥普拉·温弗蕾是所有人的偶像，20 多岁的女性欣赏她沉着冷静的处事风度，寻求成功的黑人少年视她为奋斗的榜样。世界上 64 个国家，99% 的美国家庭都在观看她的节目，温弗蕾的收视率超过三家电视网早间节目的总和，每年创利达 1.7 亿美元，奥普拉·温弗蕾何以有如此大的吸引力？

温弗蕾非常外向、直觉、敏感，总能直觉地了解人们最脆弱的隐秘，使她能恰如其分地提取自己的议题中最确切的信息，她能以非凡的能力挖掘观众内心深处真正想听的个人故事，提出针对性问题，这一非凡的才能使温弗蕾成为世上一流的谈话节目主持人。她踏入禁地的能力无以复加，只有奥普拉敢在自己的节目中问一位影星："你是否有痛楚经历？"并受到观众对节目的青睐。

温弗蕾有着强烈的自我敏感性，心情开朗，自强不息，从不惧怕陌生新环境，这些品格是在童年迁居和孤独的生活中形成的，由于不断适应各种新文化、学校、老师和朋友，温弗蕾磨炼了自我充实和应变能力。由于孤独，她总是从书中寻找慰藉，书籍培养了她冒险的敏锐精神和宏观的生活观念，温弗蕾的每一个新成就、每跃上一步台阶都源自她的自强不息和乐观开朗。

真诚坦率

温弗蕾是个左撇子，这实际上显示出她是右脑主导——直觉型的思维方式。在电视行业，温弗蕾的坦率和真诚很少见，因为主持人通常不欣赏也不具备这种品格，她的敏感极具感染力，能够对观众动之以情，这种才能使她能触及别人不曾想到过的话题。而且她具有非凡的才能让人们向世人坦露心声和灵魂，她总能让人畅所欲言而毫不厌倦，让人兴奋而不加冒犯，鼓动人心而不落俗套，教育人们而不含说教。

这种才能来源于她的自然性，她的心智最为健全，她总是乐意向人们坦荡无遗，她私人黑匣子犹如一本开启的书，她全方位的超度敏感使她毫不犹豫地诉说一切，她节目的老观众维克托利亚·塞昆达说："她的感情脉络让人捉摸得到，我想她巨大的吸引力便是她像我们其他人一样脆弱。这也使得参与她议题的观众能很快进入角色。"温弗蕾个性特点是扣动人心，她对别人的感情具有非凡的敏感能力，这也形成了她自己的荧屏风格，这种个性被心理学家称作"阿波罗式"或"催化剂型"气质。据心理学家戴维·凯尔塞说："这种气质'热情乐观，偏向整体，他们是最善于提取人们精华'的人。温弗蕾的气质正与这种描述相一致，她巨大的煽情能力使她成为一个非凡的鼓动者。"

演讲才能

温弗蕾的演讲才能早在她两岁的时候就已经初见端倪。那时候，大人们的反映极大地鼓励了她,他们告诉她是"非凡的""有才华的"和"早熟的",让她相信自己能成就伟业。出色的演讲才能让她同样得到了经济刺激,语言交流在很小时便印入了温弗蕾潜意识里,她一直在充实"小演说者"形象,优势在成年时期慢慢表现出来。温弗蕾明白自己比大多数朋友、亲戚聪明,并直觉到自己有特殊才能。

在小孩时,她便梦想靠演讲才能赚钱,两岁起,凭借磁性魅力和个人才能,温弗蕾开启了通往未来的门户,她说服人的本领使她赤脚从密西西比的乡村田园中走出,达到娱乐界的顶峰。奥普拉的观众中包括寻求宽慰的妓女、追求知识和无事闲聊的家庭主妇、退休在家寻求愉快生活的老人、想了解女性看法的工人、寻觅伴侣的孤独的离婚者、遭受委屈请求指点的妇女、要求了解信息的知识分子,还有一些想要理解非正统生活方式的人,温弗蕾以她特殊的才能调动一切,为人们讲述各种各样的社会现象。

精神导向

祖母和父亲都培植了温弗蕾目标导向精神,把她塑造成典型的卓越成就者。14岁进入正常的家庭生活时,父亲每两周都要带她去图书馆选书,她不仅要阅读,还要写读书报告。同时还得兼顾父亲的杂货店和理发店,而读书上的事只能空闲时安排。进入大学之后,温弗蕾依然保持着这种自律而目标明确的生活方式,她在那儿便开始制定自己的方向和目标。

那什维尔心理学家吉妮特·伯奇是田纳西大学时美国黑人小姐队伍中温弗蕾的同伴,她说:"我从没见过像奥普拉这种渴望出色的人,她总是习惯谈论,有一天她会如何非常、非常、非常的富有……她相信这点。人们说,我喜欢有钱,奥普拉则说,'我会成为富人'。"这便是积极向上的精神,以自我复加型乐观显示出来。

雅芳公司总裁和首席营运长官

——钟彬娴

人物档案

简　　历：美籍华人，雅芳公司总裁和首席营运长官。1958 年生于加拿大多伦多一个中产阶级移民家庭里，20 岁时她从普林斯顿大学毕业。1994 年加入雅芳，1999 年临危受命出任雅芳全球 CEO，2001 年 9 月当选为雅芳全球董事会主席。1999 年获"美国杰出母亲奖"；2002 年被《时代》杂志推举为"全球 20 位最有影响力商界领袖"；2003 年名列《商业周刊》"2002 年度 15 位最佳经理"榜首，且为唯一入选的华裔女性；2003 年位居《Craim 纽约商业周刊》"110 位最有影响力的少数民族商业领袖"第 5 位；2004 年成为《纽约每日新闻》"影响纽约市的 100 位女性"中仅有的两位华裔女性之一。她还在《财富》杂志 2004 年公布的"全美最有影响力的 50 位商界女性"排行榜中，连续 6 年榜上有名。

生卒年月：1958 年~

性格特征：为人低调，举止优雅，风姿绰约，温柔、自信、独立，乐观开朗。

历史功过：拓展公司的直销渠道，加入了专卖店、美容专柜和零售店等新销售模式，提高了雅芳产品的知名度。致力于慈善事业，成立了"雅芳全球妇女健康基金会"。

名家评点：美国《财富》杂志评价说："一个在孩童时代就会为了一盒画笔而放弃一年玩乐时间的人，为了公司的成功她还有什么不可以付出的呢？1999 年，钟彬娴初任雅芳全球 CEO 时，刚刚从通用电气离任的杰克·韦尔奇评价她说：'她确实是光芒四射，我想雅芳已经找到了一位杰出的执行总裁'。"

天道酬勤

从来没有一项成功来自偶然,幼年的钟彬娴就懂得了只有通过努力奋斗才能获得自己想要东西的道理。

严格的家庭教育

1958 年钟彬娴出生于加拿大多伦多市一个中产阶级移民家庭,父亲是一名建筑师,出生于香港。出生于上海的母亲是加拿大首位女化学工程师,同时也是一位出色的钢琴演奏家。母亲对钟彬娴的影响很大,"母亲是我的榜样。她是一位称职的母亲,同时也是一名出色的职业女性。"

父母都是雄心勃勃的职业人士,不仅希望她有野心,还要有强烈的敬业精神。在钟彬娴 5 岁时,父母就开始让她学习钢琴。周末的时间总被安排得满满的:周六学习普通话,周日学习钢琴,晚上练习演奏。在钟彬娴上小学四年级时,她非常渴望得到一盒 120 色的画笔。父母与她商量后决定,如果她考试全部得 A 就能如愿。孩提时期的钟彬娴并不是个爱学习的孩子,但为了得到画笔,她每天把自己关在房间里学习,对于小朋友们的游戏,只能望洋兴叹。年底,她兴奋地向父母交上了一份全是 A 的成绩单,也终于得到了梦寐以求的画笔。

虽然身在西方,但父母还是竭力在家庭教育中保留中国的文化传统。每个星期六,钟彬娴都被要求上一天的普通话课程。1999 年钟彬娴首次访问中国大陆时,她以流利的汉语向雅芳中国员工发表演讲。这在她个人的经历中,是最引以为自豪的。她说:"我庆幸自己以前一直坚持上中文课。"

"父母早早就向我灌输了这样的道理:要取得完美的成绩,就必须努力奋斗,"钟彬娴说,"我渴望成功,无论多大代价也在所不惜。"父母的进取之心在钟彬娴的心里留下了深刻的印象。

职业领路人

1979 年,钟彬娴以优异的成绩从普林斯顿大学毕业,获得英语文学优等学位。她的理想是要当一名记者或律师,准备进入法学院学习法律。不过在那之前,她觉得要想成为一名成功的律师就必须增加社会阅历,把脸皮磨炼得"厚"一点。于是她决定先在零售业打拼一两个年头,等多了解一些社会现实后再进法学院深造。在她看来,零售业的经验将有助于她在需要悟性高、脸皮厚的法律业立足。就这样,钟彬娴一脚踏进了商界,加入"美国布鲁明岱百货公司",成为一名管理培训人员。

面对钟彬娴的"不务正业"之举,父母看在眼里,急在心头,担心传统的中国教育会使女儿难以招架充满攻击性的美国商界恶性竞争。当发现她开始把零售业当作全职工作认真对待时,他们大失所望,指责她甘心与街上的小贩和销售人员为伍,把父母在她身上的投资全浪费了。父母的唠叨,反而刺激钟彬娴更加坚定了自己的选择,发誓非要干出个样子给父母看看。

在把零售业当成全职工作苦心拼搏后,原打算"锻炼才干,见好就收"的钟彬娴,竟不知不觉间爱上了推销员这个"说服别人购买自己产品"的极富挑战性职业。经过两年的潜心学习和大胆实践,以父母谆谆告诫的"凡事要做得最好"为立身之本的钟彬娴,在22岁那年得到了"美国布鲁明岱百货公司"首位女副总裁——万斯的赏识,万斯自信机智,讲话清晰有力,进取心强烈,是成功女经理人的楷模。

进取心强烈的钟彬娴认为自己虽然意志坚强,但还是自觉保留了很多亚洲人的顺从。她意识到,如果要在相互搏杀的商业社会立足,就必须摆脱这些痕迹。于是她像对待老朋友一样对待万斯,并很快取得了她的信任。万斯将公司的所有女装业务全权交给钟彬娴负责,并且一路提拔她,钟彬娴在布鲁明岱升迁很快,到80年代中期,已成为销售规划经理、内衣部副总裁。

万斯成为钟彬娴的职业领路人,对于这一点,钟彬娴说:"有些人只等着机会来临,"钟彬娴说,"我不这样,我建议人们要抓住能带你飞翔的人的翅膀。"1987年,万斯女士跳槽到爱玛格耐公司担当CEO,这是一家生产女性奢侈品的企业,公司地址在旧金山,钟彬娴应邀前往,5年后被提拔为高级副总裁。在这期间,钟彬娴在美国营销界已经小有名气。

单打独斗

1991年,钟彬娴被美国雷曼·马科斯服装公司相中,出任该公司执行副总裁和时尚代言人,由此开始了自己独当一面、单打独斗的商海人生。

在美国雷曼·科斯服装公司,钟彬娴全权负责高档服装的推销,消费者是美国3%的最高收入阶层。针对高收入人群的销售策略并不大对钟彬娴的路子,因为她在推销实践过程中深深地感觉到:对于推销员来说,真正的挑战,不是说服有钱人花钱买你的东西,而是劝说大多数的工薪层用他们辛苦挣来的钱买你所推销的东西。换句话来说,让富人掏腰包不算本事,让穷人消费才是真功夫。只有那些"让和尚买梳子""让尼姑买奶瓶"的推销员,才是响当当的金牌推销员。

钟彬娴喜欢做有挑战性的工作,这样只面对最高收入人群的推销工作对她而言,有些单调乏味。她的野心被挫伤了,对工作越来越提不起精神,自然,她的事业也隐隐约约地出现了停滞的现象。在钟彬娴念书的时候,老师教过她们市场营销的4P原则:产(Product)、价格(Price)、地点(Place)和促销(Promotion)。现在,她慢慢地体会到老师没有告诉她的第5个P——热情(Passion)的重要性。在钟彬娴看来,工作中最重要的是热情,热情才是成为一个真正的、长期成功的领导者的关键。

钟彬娴开始寻找她的激情之旅,她的目标是寻找大众消费品,而不是面对少数富有阶层。钟彬娴说:"我相信一些非常特殊的要素决定了哪些人会成为领导者,并帮助她们在今天高度竞争的环境中显露锋芒。成功与不成功的区别很简单,那就是'激情'。所以我一直在寻找一个适合大众的消费品,并且希望由于我的缘故而让大众接受这个消费品,这就是我的希望和激情所在,直到我找到了雅芳。"

在钟彬娴任职雅芳行政总裁之前,有另外一家公司曾经邀请她出任 CEO,但她婉言拒绝了。别人都不明白,为什么她当时放弃了一个那么好晋升的机会,或许这可以作为她寻找大众消费品的最好佐证。

进入雅芳

"刚成为 CEO 时,我从未想到过它会给我的生活带来如此大的变化。作为领导这家公司的第一位女性,我不知道它意味着怎样的特殊性和责任;作为当今为数不多的女性 CEO,我也没有意识到我的华裔文化背景时刻处于被审视之中。我清楚地意识到,能走多远取决于自己有多大的梦想和为了实现它们而付出的努力。"

——只要你不停地挥舞翅膀,你就能带着梦想飞到自己寻觅的天堂。

接触雅芳

1993 年钟彬娴与雅芳前任 CEO 吉姆进行了一次长谈。会面的情形钟彬娴还历历在目,当时,吉姆办公室的饰板上印有四个足印:猿猴、赤足男人、男皮鞋和女高跟鞋。上面的题词言简意赅:领导权的演变。当时,美国《财富》杂志评出的 500 强企业还没有一家是由女性领导,对钟彬娴一举一动了如指掌的吉姆,满怀期望地热情断言:"我完全相信,在未来的 10 年一定会有一位女性来领导雅芳。"

1994 年,为了报答吉姆的知遇之恩,钟彬娴又一次跳槽了。她以 35 岁女性的缜密思维和直觉判断被"美国雅芳公司"重金聘为兼职高级顾问。

在美国雅芳公司,钟彬娴在获得了提升职业素质的绝佳环境,然而好景不长。1999年,由于公司决策层领导失误,雅芳公司在美国有史以来最大的经济繁荣期,陷入了经营不景气的万丈深渊:第四季度的销售额急剧下滑,股票暴跌 50%;员工大量辞职,产品销量急剧下降;CEO 查尔斯·佩林被迫引咎辞职……

作为美国直销界的巨人,雅芳陷入了前所未有的困境。"雅芳时代已经过去了吗?"社会各界发出了这样的疑问。在雅芳急剧亏损之际,在这间百年老店步履蹒跚之时,能够力挽狂澜的只能是一位充满激情的大将级人物。任何人想要成功,不管他选择哪一条职业发展之路,都必须听从内心的召唤,钟彬娴的个人经历便证明了这一点。

因为热爱,钟彬娴留在了雅芳。面对各界的质疑,40 岁的钟彬娴以首席运营官的过人魄力和无畏胆识,受命于危难之际,成为雅芳公司有史以来的第一位女 CEO。钟彬娴始终热爱自己的工作,带着极大的兴趣和热情去工作,这就是她取得成功的重要的、决定性的因素。

改革雅芳

宣布钟彬娴出任雅芳CEO的第二天,雅芳公司的股票神奇般地上涨了23%,这简直让人不可思议。借着天时地利人和的优势,钟彬娴对雅芳进行大力改革。

虽然美国雅芳公司是"上门直销之父",但时代发展促使美国有四分之三的妇女外出就业,"上门直销"模式已经蜕变为过时的老古董。对这些变化,钟彬娴有着这样清醒的认识,在上任4个星期之后她果敢求变,在保持"上门直销"业务量不减的前提下,大胆冒险地向传统零售领域挺进。

雅芳以前的形象是:"雅芳是祖母用的,年轻女性不待见",形成这样的一个偏见,和以前的领导层的决策不无关系。钟彬娴一上任就对雅芳的消费群进行了重新定位:"我们的客户以职业女性为主,他们在经济上未必能应付得了高档的美容产品,但又渴求拥有高档品牌所带来的优雅品质。故而我们应精包装、低价格,以充分满足职业女性的'虚荣心'"。秉持这一原则,钟彬娴开始了自己的改革措施。

第一步就是辞退雅芳原来的广告合作伙伴,并下令对包装进行重新设计,改良后的包装更加高档、时尚。钟彬娴忍痛割爱,舍弃众多地区性品牌,一下子使产品品种锐减了30%~40%,推出了"雅芳色彩"这个统一的国际品牌;第二步,她大力削减成本增加效率,钟彬娴大打成本攻坚战,将供应商从300个缩减到75个,一举节省成本6000万美元,巧借电子技术实现了从推销员下订单到商品出仓各个环节的自动化,1年就削减支出近4亿美元。但她也不是一味地缩减开支,在开源方面,钟彬娴清楚地知道新品种的重要性,她把研发预算增加到总预算的46%,将新产品研发周期从三年缩短为两年;第三步,钟彬娴对中国、中东欧等新兴市场情有独钟,大力开拓了雅芳以前并不曾看好的市场。2002年雅芳在中东的销售额高达5亿美元,从1998年~2002年4年间完成了对中国市场的全方位渗透,净销售额达到6亿元人民币,2002年在亚洲地区的利润增长了50%……在钟彬娴的带领下,雅芳一脚踏入了零售领域,迅速地在全球各主要市场的商场内设立了第一批专卖柜台,一共有50家,很快便吸引了一批原先将之视为"祖母级用品"的年轻女性。然后,公司又很快将生意日渐红火的专柜授权给当地直销代表经营。2000年上半年,雅芳的销售额和赢利分别增长了9%和40%。

对于这一系列的改革,钟彬娴的总结是:"我们对雅芳进行形象改良,重新包装,特做新广告,花大量的钱引进技术和服务,关注客户的想法,并且进行'全球扩张'!"

通过出神入化的经营管理组合,雅芳公司在好几次国际性的业务危机中稳步向前。2001年,美国遭受"9·11"恐怖袭击之前,雅芳的股票市值在钟彬娴上任两年中攀升了70%,达到每股50美元的历史最高水平;"9·11"恐怖袭击之后的2002年,"美国雅芳公司"的股票仍然上涨了19%,每股利润连续3年达到两位数增长;2002年,"美国雅芳公司"的营业额超过62亿美元,利润升幅达到14%,这是雅芳公司近10年来最高水平。华尔街著名证券分析师对这一增长数字赞不绝口,他说:"这几乎是一个商业神话!"

雅芳中国

1999 年 10 月 23 日，首次访问北京的雅芳全球董事会主席兼首席行政长官钟彬娴女士走进了中国著名学府——清华大学，与这些天之骄子们交流。之后，钟彬娴曾经屡次来到中国。作为一名出生在加拿大的华裔人士，钟彬娴从小就在父母的影响下接受中文教育，因此，对于中国，她有着深厚的感情。

钟彬娴曾经说过，中国是雅芳居于首位的发展机会所在，到 2007 年的销售总额长期目标为 4 亿美元。中国市场的销售总额从 2000 年起以每年高于 30% 的速度在增长，雅芳持续不断地为本地消费者带来高质量低价格的美容产品。

谈起对华业务，钟彬娴说："雅芳有 60% 的销售额是来自美国以外。如果要我预测并明确 10 年内雅芳最佳的市场拓展方向，一定是中国。……我相信中国市场可能是世界上最复杂的市场，也是全球最大的商业机会。这需要大量的时间。我们在 140 个国家和地区经营，我不可能每个国家一年去两三次，有些国家我两到三年才去一次。但是我一年来中国三次，这显示了我们对中国的重视程度。我们在与中国各个阶层的人接触、与政府配合方面做了大量工作。中国关于直销的法律正在修改之中，我们对此很关注，也在预测这对我们的业务会造成什么影响，这其中包括了很多的配合工作、讨论和提议。中国市场的巨大也使得这个问题更为复杂。这样一个庞大的市场需要多个品牌和多种渠道。这里的机会巨大，因为这个市场正处于发展初期，它与美国这样一个高度发达的市场有很大的不同。这里的化妆品市场正处于一个初始的大爆炸时期。"

"中国很快将占到我们公司总业务量的 10%，并开始改变发展的动态。现在我们的增长主要来自中国。我们相信中国的市场将超过 10 亿美元，现在我们公司的总营业额在 70 亿美元左右，这表示中国将占到很大一个比重。同时中国也是整个亚洲地区增长的动力。我认为整个亚洲地区，尤其是在中国驱动下，将在未来十多年成为我们公司最大的市场。"

2002 年，雅芳产品在中东欧的销售额达到 5 亿美元，在中国的销售增长 30%。"如果要我预测 10 年内雅芳最佳的拓展方向，那一定是中国。"钟彬娴如是说。据了解，4 年里，雅芳完成了对中国市场的全方位渗透。2002 年一年，雅芳在亚洲地区的利润增长了 50%，而中国市场占据了重要地位：净销售额达 6 亿人民币，位居雅芳全球各大区分公司之首。

慈善事业

"任何人想要成功，不管他选择哪一条职业发展之路，都必须听从内心的召唤——选择自己喜欢的。"

——兴趣是人生第一导师，只有从事自己喜爱的事情，才有激情，才愿意不顾一切地为之拼搏,这也是成功的必备条件。

目前,全世界已有100万名乳腺癌患者,乳腺癌已成为全球女性健康的最大威胁。1992年起,雅芳开始挑起了帮助全球女性对抗乳腺癌的重任,成立了"雅芳全球妇女健康基金会",并通过开展"雅芳乳腺抗癌活动"筹集资金。如今,该项活动已推广到50个国家和地区,并筹集了2.5亿美元来帮助女性获得医疗护理,研究治疗乳腺癌的方法,其中包括医疗研究、临床护理、后援服务、教育和普及培训,以及以社区为基础的、非营利性的早期乳房健康检测项目。这笔资金已对乳腺癌的研究和治疗产生了重大影响。

"雅芳乳腺抗癌活动"还资助了几百个大型研究机构的乳腺癌研究人员,提供了临床护理,提供了社区和基层组织向全球几百万女性宣传"远离乳癌"的意识和信息(雅芳已在全球20个国家派发了近2亿份免费教育小册子)。在纽约,政府为了表彰雅芳在这方面所做出的贡献,把10月10日定为"雅芳抗癌日"。

雅芳"远离乳癌,健康一生"中国行自2002年正式启动后,先后到达北京、上海、广州、西宁、乌鲁木齐、拉萨等十多个城市,为最有需要的普通妇女提供免费乳腺义诊和健康咨询,以对抗乳腺癌这一日渐猖狂的女性健康杀手,为更多患病女性提供援助。

"远离乳癌,健康一生"行动还通过义卖"雅芳爱心礼包"筹措资金,用于普及乳腺健康知识教育和医疗防治的有力推行和延续,将乳腺健康的基础知识在广大妇女中深入传播,辅导她们作日常自我检查,提高了她们对乳腺健康的认识和对乳腺疾病的防治意识,唤起全社会女性对乳腺健康的更大关注。

2004年,中国雅芳与"中国癌症研究基金会"继续在中国大中城市开展了"远离乳癌,健康一生"为主题的公益活动,为当地女性提供了乳腺健康的科普教育、医疗扶贫和科学研究,为更多的中国女性奉献了爱心!

柔性艺术

"成功者与不成功者的区别很简单,那就是激情、关爱、尊重、公平、谦虚、获取平衡和乐观的梦想。"

——道理看起来永远很简单,却没有几个人能真正地理解并且做到。几乎所有不成功的人都认为,成功者必定有某种不同的天赋,或者他们掌握了某些特殊的技巧。

五P原则

钟彬娴总结了一套成功CEO必备的特质,这一点,钟彬娴的父亲给了她极大的鼓励。当初钟彬娴踏入商界的时候,父母是极力反对的。后来钟彬娴成为雅芳的CEO,父母的态度才有所改观。不过父亲一直担心从小受中国文化影响的钟彬娴是不是能够在美国这样的一个商业社会中站稳脚跟,他总是鼓励钟彬娴。父亲曾经在一封信中这样写道:"记住,成功的中国人具有和其他人不同的特质。所有事情都要努力做得最好;为人要慷慨、公正、宽容。除此之外，记住远离傲慢和自吹自擂；保持礼节、容忍、对别人富有同情心，还有最重要的，要化解你的怨气和悲痛，不是压抑它们，而是把它们转变成有帮助的、正面的情感。在虚伪的年代和环境中，你有一个珍贵的中国文化传统，我们为能把它传递给你而骄傲……"

"一个好 CEO 应该具备的最重要的品质，就是要坚韧、有毅力。这也是我从我的中国血统中继承下来的。努力工作也同样重要。我从我父母那里学到的坚韧，在关键时刻一次次帮助了我。决不言输，一次失败从头再来。自从我当上 CEO 以来，没有一天是过得轻轻松松的。还有一点很重要，那就是弄清楚自己对社会的责任。"这是钟彬娴从父母那里继承来的和自己总结出来的经验，她认为，成功 CEO 必须具备五大品质：

热情：曾经，钟彬娴学过市场营销的四 P 原则。不过，如今成为 CEO 的她对这些有了更深的认识，她认为市场营销光这四 P 还不够，她将其改成了五 P 原则，即：产品（Product），价格（Price），地点（Place），促销（Promotion），热情（Passion）。不管你选择那一条职业发展之路，热情是成功之基。

倾听：钟彬娴接手雅芳的时候，正值雅芳陷入前所未有的低谷之时。当时公司管理层没有一位女性，她认为这是一个致命的因素。一个以服务女性为中心的企业却不知道倾听女性的声音，这如何能成功。钟彬娴认为一个成功的 CEO 必须学会倾听。只有这样，你才能以公平性维护员工和顾客的尊严，才能去倾听员工和顾客的心声。你必须学会相互倾听，这种双向交流才能使企业更强大。一个好的 CEO，肯定是一个好的倾听者。

平衡：中国古代哲学倡导"舍得之道"。舍得，舍得，有"舍"才有"得"，什么也不愿丢掉结果会丢掉一切。把握好取舍之间的平衡关系，是领导艺术的基本技能。这一点对于女性来说尤为重要，钟彬娴对此体会更深，因为女性在家庭中往往承担更多的责任。

坚持：坚韧与勤奋的美德，是最基本的工作态度，只有在困境时也能一如既往地坚持，只有具有了"咬定青山不放松"的坚持信念，才能不轻言放弃，也只有坚持到底才能获得成功。

梦想：梦想给人希望和勇气，世界上所有的伟大成就都始于一个梦想。一个有梦想的 CEO，必会带着他的企业从胜利走向更大的胜利。钟彬娴就是这样一个有着伟大梦想的 CEO，她梦想雅芳在美容业成为世界第一；梦想在客户和销售代表满意度上成为环球第一；梦想成为深受员工爱戴的最佳雇主；梦想成为慈善事业的领导者；梦想成为世界最成功的企业……更多的她是希望所有的女性都能成为幸福的成功者。

努力奋斗

钟彬娴连续 6 次入选《财富》杂志推出的"美国最具影响力的 50 名女企业家"排行榜，人们在看到荣誉的背后并不知道她曾经付出过多少，像很多成功人士一样，钟彬娴始终认为，努力和勤奋会帮助一个人度过困境。

钟彬娴曾说："刚成为 CEO 时，我从未想到过它会给我的生活带来如此大的变化。作为领导这家公司的第一位女性，我不知道它意味着怎样的特殊性和责任；作为当今为数不多的女性 CEO，我也没有意识到我的华裔文化背景时刻处于被审视之中。但我清楚地意识到，能走多远取决于自己有多大的梦想和为了实现它们而付出的努力。"

有时候，当她看到年轻人遇到困难就想放弃时，她总是会建议他们再试一次。她告诉那些年轻人："没有达到目标决不要放弃。这就是为什么有的人能够到达顶峰，而有的人却不能的原因。"

当下属们读到一些写名人职业生涯的文章，看上去似乎一切都很容易的时候，钟彬娴总会以过来者的身份告诉他们说："相信我，这些人的日子没有一天是容易过的。我现在要比以前任何时候都努力工作。我必须接受不断的变化，每次我认为终于可以掌握局面的时候，一项没有预计到的挑战就会冒出来。所以持续的成功，必须要靠不断的努力。"

重视人才

"一个企业，没有资金可以筹集，没有技术可以引进，没有市场可以开拓，但万万不能没有能征善战的一流员工。"钟彬娴从走马上任的那一刻起，就在想尽办法增强公司员工的凝聚力，她总是希望通过尽善尽美的福利制度和激励举措，唤起全体员工对公司的忠诚度。

雅芳坚信，一个公司只有真正地珍惜员工，才能成为员工心目中最理想的公司。雅芳公司的宗旨就是竭诚帮助员工，使员工感到在雅芳工作将会丰富他们的经验并促使他们发挥其最高潜能。钟彬娴总是努力打造自己的个人魅力，以及公司的吸引力。在她看来，不是公司选择最优秀的员工，而是最优秀员工选择公司。因此，她不喜欢"权力"这个词，而更愿意用"影响力"。钟彬娴很清楚，她巨大的影响力来源于她的角色，而这种角色使得她必须承担更多的责任，成为别人的模范，只能以自己的魅力去影响别人，而不是滥用自己的权力。

优秀的人才资源，是企业发展策略的根基，钟彬娴在规划公司远景时，力求建立一个追求高绩效的人才成长环境。对于人才的清醒认识，让钟彬娴的管理哲学充满了人性化，她总是努力创造一个开放的、友好的、不断更新、充满机会的绝佳工作环境，以求最大限度地吸引和奖励有才干、有雄心、有业绩的一流员工。

雅芳是一家属于女性的公司，公司服务的对象基本都是女性。因此，雅芳的目标是："成为一家最了解女性需要，为全球女性提供一流的产品以及服务，并满足她们自我成就感的公司。简言之，成为一家比女人更了解女人的公司。"钟彬娴从这一独特的价值观出发，为女性千方百计地创造条件，为女性员工提供升职的通道。钟彬娴接手雅芳 CEO 时，雅芳上层领导中没有一位女性，如今，美国雅芳公司董事会成员中已经有一半以上是女性。

为了留住、吸引更多的人才，雅芳公司推出了在劳动力市场极具竞争力的薪酬福利。在薪酬上，每年进行薪酬调查，根据劳动力市场和外部环境并结合公司经营状况，按照员工个人的绩效调整薪酬；在社会保险上，为全球各地员工及时办理养老、医疗保险，购买工伤、生育、失业或待业等保险,另外还有全球雅芳公务出差保险,以解员工的后顾之忧;另外还可以享受不定期的假日休闲、购物折扣。还有各种员工服务奖、独生子女金、员工生日贺礼、节日贺金等等充满人性化的福利。

工作家庭之间的平衡

对于任何一个女人来说,事业的成功仅仅是人生幸福的一半。在 34 岁时,钟彬娴与比她年长 15 岁的布鲁明岱百货公司 CEO 麦克·古尔德结婚,婚后育有一双子女,后来二者离婚。

作为一个有着两个孩子的职业女性,钟彬娴也深感要想取得工作和家庭的平衡非常不容易。不过,深受中国传统文化影响的钟彬娴与美国女性有着很大的区别,她说:"无论美国商业环境和自己的位置如何变化,我都会永远记住自己是华人,记住中华文化中的谦虚美德,同时作为女人,我也会照顾到自己的家庭,做到事业家庭两不误。"

对钟彬娴而言,能够在家中陪伴家人不是一件容易的事,她承认偶尔会感到困惑和内疚。"很多人认为女人不可能事业家庭兼顾,我一开始也有些手忙脚乱,但慢慢地就找到了平衡点。"

钟彬娴是这么说的也是这么做的。作为一个商界 CEO 委员会的成员,钟彬娴经常被邀请参加各种活动。有一次,她被应邀到华盛顿去和总统见面。这个机会太难得了,钟彬娴也很兴奋。然而,问题出现了,这次会见的时间正好是女儿第一次离家去旅行。女儿希望参加旅行的前几天,母亲能够和她在一起,因为对她而言,这是绝无仅有的一次经历。

"我怎么办?其实我心里从来没有犹豫。总统并不需要我在场,但我女儿需要。所以我义无反顾地和她一起去车站。不去白宫不会影响雅芳。所以我想告诉女性朋友,有时候你的工作排在你私人的事情之后是完全正确的。有时候,工作很重要,但你的家庭更重要。"

风靡全球的侦探小说《哈利·波特》作者

——J·K·罗琳

人物档案

简　历:英国作家。出生于英国的格温特郡。毕业于埃克塞特大学,《兔子》是她在六岁时写的第一本书,1996年成为了一名教师,1990年开始构思《哈利·波特》,1997年《哈利·波特与魔法石》畅销全球,从此生活发生了巨变,成了世界知名的作家。随后,J·K·罗琳又分别于1998年与1999年创作了《哈利·波特与密室》和《哈利·波特与阿兹卡班的囚徒》;2001年美国华纳兄弟电影公司决定将小说的第一部《哈利·波特与魔法石》搬上银幕;2003年6月,她再创作出第五部作品《哈利·波特与凤凰社》;2004年J·K·罗琳荣登《福布斯》富人排行榜,她的身价达到10亿美元;2005年7月推出了第六部《哈利·波特与混血王子》,2007年7月推出终结篇《哈利·波特与死亡圣器》。截至

2008年,《哈利·波特》系列7本小说被翻译成67种文字在全球发行4亿册;2010年,哈利·波特电影系列的完结篇《哈利·波特与死亡圣器》拍摄完成;2014年12月,J·K·罗琳更新了《哈利·波特》系列相关的小故事;2017年6月12日,美国《福布斯》公布了2017年度全球百位名人榜,J·K·罗琳排名第三;2017年12月12日,J·K·罗琳被英国皇室授予"荣誉勋爵"。2020年3月16日,J·K·罗琳以75亿元财富位列《2020胡润全球白手起家女富豪榜》第87位;2020年4月6日,J·K·罗琳表示自己曾出现新型冠状病毒肺炎症状,已经完全康复。2021年12月,J·K·罗琳出版儿童文学作品《平安小猪》;2022年4月15日,担任制片人和编剧的电影《神奇动物3:邓布利多之谜》将在北美院线上映;2023年2月,J·K·罗琳在一档播客节目中透露,她的前夫、葡萄牙电视台记者豪尔赫·阿兰特斯不仅对她实施家暴,还把"哈利·波特"系列的第一部作品《哈利·波特与魔法石》的手稿藏了起来,将其扣为"人质",以防止J·K·罗琳离开。

生卒年月:1965年7月31日~

性格特征：性格内向，不爱讲话，但是特别热爱英国文学、写作和讲故事，坚韧不拔，坚持自己喜爱的事。

历史功过：她的小说《哈利·波特》（系列）被翻译成60种语言。全球销量数目惊人。她将每个人的幻想集中而典型地表现出来，震撼了世界。由此改编的电影成为各大电影公司抢购的作品。热心致力于慈善事业。

名家评点：外滩画报、新浪娱乐、今晚报评价说："罗琳小时候是个戴眼镜的相貌平平的女孩，热爱学习，有点害羞，从小喜欢写作和讲故事。作为一个单身母亲，刚开始哈利丛书的创作时。罗琳母女的生活极其艰辛。她的第一本书《哈利·波特与魔法石》前后共写了5年，罗琳因为自家的屋子又小又冷，时常到住家附近的一家咖啡馆里。故事完成后，罗琳多次寄出书稿均遭到拒绝。不过，她的努力终于得到了回报。在一所小印刷商Bloomsbury接下印刷权后，一出版便备受瞩目，好评如潮，其中包括英国国家图书奖儿童小说奖，以及斯马蒂图书金奖章奖，她的生活发生天翻地覆的变化。她被称为'哈利·波特之母'，以天才的想象力孕育了风靡全球的小魔法师哈利·波特，她也从一个贫困潦倒、默默无闻的'灰姑娘'，一跃成为尽享尊荣、财产超过英国女王的作家首富。"

美丽内心

看上去像戴着五颜六色婴儿帽的一只粉红色的大海滩气球。

——幼年的罗琳害羞、腼腆，其貌不扬，没有人会想到她会有后来的成就。

爱好读书的母亲

1965年7月31日，乔·安妮·凯瑟琳·罗琳，生于英国的格温特郡。当罗琳还在襁褓之中的时候，父亲皮特是布里斯托尔的飞机引擎工厂的一名实习工程师。他们住在耶特镇桑德奇公园19号一套简陋的平房里，离布里斯托尔市的东北部10多英里。

耶特镇是一座历史名城。它的名字来自古萨克逊语"门"，是指这个历经2000年的古城镇曾是通往皇家狩猎树林的门户。有着深厚历史的耶特镇是罗琳儿时的欢乐场，那里承载着她太多的记忆。

两年之后，罗琳迎来了她的妹妹黛安娜·罗琳，小时候，姐妹俩经常被母亲安娜打扮得看上去更像一对双胞胎。

不久之后，她们全家就从耶特镇迁到了切平索德伯利镇。切平索德伯利镇满是古老商铺的小村子，那里的房产很值钱，也是在这时候，他们的经济开始好转。皮特在布里斯托尔那里领到的薪水足以支付家庭开支，于是母亲安娜便选择了留在家里照顾年幼的孩子们。

安娜酷爱读书，她的这一爱好深深影响了两个女儿。在母亲的引领下，罗琳和妹妹在尼克勒斯巷度过的那段学龄前时光就这样被书香浸润着。家里满是一排又一排的书架,让她们从小就在书海中长大。

父亲皮特又进一步激发了孩子们对书的兴趣。在罗琳4岁的时候,有一次她得了麻疹,父亲给生病的她全篇通读了肯尼思·格雷厄姆的《柳林风声》,这是英国儿童文学史上的一部经典之作,也是这部小说促使罗琳对书有了最早的记忆。

读故事讲故事

罗琳一家不常看电视,20世纪六七十年代初,录像机和电脑还没有全面进入家庭。因此,读书还是孩子们最主要的娱乐工具,罗琳的想象力得以自由发展,再加上母亲的培养,罗琳很小便具有了很强的讲故事能力。她也喜欢听故事、读故事,玩耍的时候再给妹妹和邻居的孩子们讲故事,自然而然地她就要写故事了。

罗琳声称她在文学上的第一次尝试是从理查德·斯卡瑞的故事书里得到灵感。里面有一篇文章叫《我是一只兔子》。而罗琳在五六岁的时候写的第一个故事也叫"兔子"。说的是兔子得了麻疹,朋友们来看它,猪和狐狸也来了,还有体格庞大的蜜蜂小姐。在这部早期的作品里,罗琳从自己的经历中提取素材,如兔子得了麻疹,她自己也曾得过。

罗琳和妈妈一起读了许多英国作家伊妮德·布莱顿的书:《知名五人帮》和《诺弟》系列书。不过罗琳对理查德·斯卡瑞的书更感兴趣一些。

罗琳记得最清楚的是《小妇人》,这可能是她孩提时代读的最著名的美国小说。故事中的老大乔·马奇是一个坚强富有理想的形象,这点对于年轻的罗琳产生了重大的影响,乔·马奇想成为一名作家,而和乔·马奇一样,罗琳很快也有了同样的渴望。

《小妇人》对罗琳的影响是全方位的,包括对《哈利·波特》在创作上的影响,女孩子们做的游戏等等恶作剧都直接影响到罗琳后来的创作。

另外一本对罗琳影响比较大的书是1946年的英国儿童奇幻小说——伊丽莎白·顾姬的《小白马》。罗琳经常提到,这是她早年的读物当中最喜爱的一本书。小说的主人公玛丽·梅里维热是个普通的很有个性的红发姑娘,这和小时候的罗琳很相似。罗琳喜欢《小白马》的情节,自然流畅,描写了带有一点让人畏惧的冒险和浪漫、内心又很坚强的女主人公。

教堂小屋

1974年,乔安娜·罗琳9岁的时候,在温特本尼上学也有几年了,她和家里人的生活要发生戏剧性的变化。安娜和皮特找到一所房子,这是一所教堂小屋,是圣路克教堂在1848年的第一个学校的教学楼。地面是石板铺的,卧室下面有一口古老的盖起来的井,与圣路克教堂相邻,英格兰的塔茨希尔学校就在圣路克教堂的另一边,正好适合他们的两个女儿上学。而价格也在他们的接受范围之内。

安娜和皮特将他们在尼克勒斯巷的房子出售了,搬进了教堂小屋。塔茨希尔社区很小,坐落在塞文河与瓦伊河之间,旁边是占地203平方英里的迪恩森林,在布里斯托尔渠的北边、英格兰西南的两条河流之间。

皮特和安娜对新家非常的满意,然而,当时9岁的罗琳和7岁的黛安娜却并不那么喜欢,搬家意味着离开尼克勒斯巷和波特家的朋友们。而更重要的一点是,搬家意味着要熟悉塔茨希尔的特殊的生活方式,这个小社区仍然恪守一些古老的生活习惯,这些习惯游离在主流社会之外,但他们却以此为荣。

偏离时代主流的生活习惯,充满了历史故事性的森林和河流给少年罗琳的心灵插上了腾飞的翅膀。

读书生涯

在J·K·罗琳的生命中,教育尤为重要。在受正式教育期间,她先后上了5所不同的英式学校。学校对尚未踏进校门却一直酷爱读书的罗琳有着毋庸置疑的吸引力。在法国、葡萄牙和英格兰做老师或助教至少4年。

1970年9月,5岁的罗琳去温特本尼大街上的英格兰圣米歇尔教会学校读书,那是罗琳第一天上学。小罗琳在幼儿部待了两年之后,7岁时转入圣米歇尔小学部。罗琳是个安静的学生,她在学校一直是班里年龄最小的。

安娜和皮特·罗琳搬进塔茨希尔镇的老校舍时,并没有忽视自己的女儿。第二年他们就让罗琳和黛安娜参加了像小女童子军这样的户外活动。这是迪恩森林地区典型的儿童组织,童子军里的孩子们都有一个童话般的艺名,比如妖精、仙女、侏儒等名字。

1975年罗琳参加了童子军,他们的社区服务项目是在所在地区帮助老人做各种杂事,他们的劳动还获得了"迪恩森林圆桌奖"。与此同时,罗琳也了解了许多瓦伊河畔的故事。

罗琳一直保持着读书的热情,11岁上韦迪恩,这时候,她已经不追求学业上高人一等了,而是交了更多的朋友。十一二岁的时候她就读了简·奥斯汀的《傲慢与偏见》。到十四岁时,她就读杰西卡·密特福德的《爱人与反叛者》了,这本书给罗琳留下了深刻的印象,以致后来她用了作者的名字给自己的女儿起名。

母亲病变

罗琳12岁的时候,一天,化学系的教工发现安娜在学校晕倒了,他们意识到肯定有什么问题。随后安娜住进了医院进行诊断,然而,医院却没有检测出来安娜得了什么病。一直到安娜34岁,罗琳15岁时,才诊断出是硬化症,这个时候人们才知道安娜有很严重的家族病。

硬化症是一种使人衰弱的慢性病,时好时坏,直到病人不能正常活动,那个时候,硬化症还没有治愈的方法。一家四口受到了严重的打击,皮特虔诚地照顾着自己的妻子,罗琳看着自己的母亲身体每况愈下而无能为力,这使得她对家有一种莫名的恐惧,回家变成了一种折磨。中学的最后一年对她来说是很艰难的。

1983年罗琳从韦迪恩毕业了,由于她在韦迪恩很优秀,学校推荐她参加英国著名的牛津大学的入学考试。牛津通常是有钱人上的学校，入学标准相当高。学校推荐罗琳试试牛津，不仅是对她的赞赏，也是挑战。安娜和皮特没有上过大学，但希望自己的女儿们都能上大学，因此，她的家人对此都非常高兴。

罗琳参加了考试，考试包括她感兴趣的3种语言：英语、法语和德语。英语得了A，法语和德语都得了B，因为一些无法言说的原因，她没有被录取。最后她选择了埃克塞特大学，在她母亲立下遗嘱几个月之后，罗琳开始了她的大学生活。

她选择了法语、古典学课程、古希腊文、罗马文学等，这些是依从父母的意愿，因为务实的安娜和皮特认为有了法语的学位就可以找个双语秘书工作，而学英语将来的职位比较低。

大学第四年，罗琳开始在法国教英语，她非常留恋在巴黎的时光，这也是她头一次教书，她可以体验更多的文化，和她住在一起的还有意大利人、俄罗斯人和一个西班牙人。在巴黎，她依然如痴如醉地阅读她的小说。

1987年，罗琳大学毕业，她的父母皮特和安娜参加了她的毕业典礼，安娜是坐着轮椅去的。皮特和安娜对于女儿大学毕业感到非常高兴。随后，罗琳离开埃克塞特去寻找能实现自己写作梦想的工作机会。带着青春的激情，罗琳出发了，她决定去寻找她所期待的一切。

别样激情

"我从来没有设定我的读者的对象，我从来没想过为儿童写书，是儿童书选择了我，我觉得如果是一本好书的话，大家应该都会读它的"。

——最初的创作源于自己内心的爱好，并没有想过有朝一日它能为自己带来丰厚的物质利益。

抓住一切时间写作

1983年的春天，罗琳来到了伦敦西南部的克拉彭，与大学的几位女友一起租了套公寓。后来她在伦敦国际特赦组织里找到了一份工作，罗琳在伦敦国际特赦组织属下的调查所工作，运用她所学到的法语和英语，在讲法语的非洲地区调查虐待人权案件。

这份工作满足了罗琳当时的激进思想，但是，她总是与同事们有点格格不入。每当午餐时间，她不像别的同事那样结伴去小酒馆就餐，而是独自前往一些咖啡馆或其他安静的场所，专心致志地杜撰一两本成人小说。同事们调侃她，说她一定是遇上了午餐时间的风流韵事。

罗琳除了利用午餐时间争分夺秒地进行写作之外，还找到了其他的一些方法巧妙地避开了办公室里的闲聊和种种利害关系，对于一位艺术家来说，这些具有极大的杀伤性。她在打字的时候，往往会打一些故事或是其他富有创意的作品，而不是她应该打的资料。

这一切,她的上级和同事们毫不知情,这让她在日常工作中挤出了一点时间来进行一些富有价值的创造性工作。

在做音频秘书工作的时候,她也运用了这种方法。那时,她的工作就是将在听筒里听到的内容打成文字。有些时候,她也会把这些听写资料换成古典音乐,然后继续撰写她的故事。她对古典音乐不是很了解。于是,她就试着听各种不同的带子,直到发现自己喜欢的为止。就是用这种方法,罗琳让自己学会了欣赏古典音乐。在这些乐曲中,她最欣赏的是贝多芬的钢琴奏鸣曲《热情》;当她不想卷入那些无聊而琐碎的办公室闲聊时,她就会戴上耳机,用贝多芬的音乐来充斥自己的耳朵,假装在忙于打字。

在从事秘书工作的那段时间里,她努力地创作了两本成人小说,这不仅提高了她的注意力,同时也扩展了她的写作能力,而更重要的是,这还使她琢磨出了一种令她今后受益匪浅的工作方法。

母亲去世

1990年,罗琳最终同意了她男朋友的提议,搬到曼彻斯特和他同住。在那之前,每到周末,她得乘坐250公里的火车,往返于伦敦和曼彻斯特之间。当罗琳辗转在不同的地方寻找工作的时候,她母亲的健康状况正在迅速恶化。1990年的圣诞节,罗琳回到了她在塔兹希尔的家,她记得当时她的母亲安娜显得非常疲惫而且瘦弱,安娜的病情已经拖了很长一段时间了。然而,罗琳却并没有因此而留在家里,在圣诞节前夕,她告别了母亲,与男友和他的家人一起度过了圣诞节。

新年前夕那天的上午7点半,安娜长久地闭上了她的眼睛。在任何时候,失去母亲都是一种无比悲痛的创伤。即便已经成人,这种成为孤儿的感觉并不会随年龄而变淡,通过对阅读的热爱,罗琳的母亲将罗琳领入了知识的殿堂,不仅如此,母亲同她的创作工作之间也有一种紧密的联系,这种联系大大地超越了多数母女之间的那种亲密情结。

母亲的离去让罗琳的内心世界充满了不安。然而,祸不单行,在母亲过世后不久,罗琳所住的公寓又遭到了抢劫。在被盗的物品中,包括所有安娜留给她的纪念品。她失去了母亲以及母亲留下的几件珍贵的礼物,这种打击对年轻的罗琳来说实在是太大了。与此同时,罗琳和他的男友的感情也走到了尽头。

这个时候,罗琳准备离开曼彻斯特。碰巧,她在报纸上看到葡萄牙有一家英考特英语学校招聘英语教师的广告。罗琳看到广告后,寄了一份简历和联系资料,后来,卡西迪在利兹火车站附近的一家宾馆中面试了她。

前往葡萄牙

罗琳得到了这份工作,并带着她简单的物品以及哈利·波特开头的手稿前往葡萄牙。这时候,她父亲和妹妹同样也分住在不同的地方。罗琳非常喜欢搬迁至葡萄牙所带来的新契机,她住进了由学校安排的宿舍,在那套配备了4间卧室的公寓里她将和其他的教师一起生活。该公寓就在中央法兰克斯街道的普里拉达药店楼上。

与罗琳同住的是二个 20 岁出头的女孩子。很快的,她们便打成了一片。每逢周六早晨和周日晚的 5 点至 10 点,罗琳就在夜校里教授英语。她的学生主要是十几岁的青少年,年龄从 14 岁到 19 岁不等,他们都是为了考试而来补习的。罗琳说,他们是她最喜欢的学生,因为他们不怕说出自己的观点,对自己的未来充满信心,充满各种新奇的想法。尽管她在学校里也教一些其他年龄层的学生——小到 8 岁,大到 62 岁,其中还包括一些生意人或是家庭主妇,但她还是逐渐朝着教育十多岁孩子的方向发展。

在夜校里教书让罗琳可以在白天腾出很多的时间来写作,因为没有早课,她可以一直写到很晚,这对于弥补当时的失恋丧母之痛无疑起到了很好的作用。学校安排的课时非常适合她,所以她又迅速地拾起在咖啡馆里写作的习惯。通常,她白天在咖啡馆里写下草稿,然后在课前提前到达英考特学校,再在那里将她白天的草稿打出来。

婚姻磨难

"这些年,我获得的最好的东西或许应该是焦虑的消失。我依然不能忘记攥着手中的钱,考虑能不能付得起账单的那种感觉,不用担心这些是世界上最奢侈的事。"

——在历尽艰辛之后,罗琳深深地体会到生活的困难。

遭遇婚姻

一天晚上,3 位好朋友又一起去当地的夜总会玩乐,她们进了一家酒吧,这是一个两层的酒吧,楼上播放迪斯科,而楼下是爵士乐。当 3 位姑娘在楼下逗留时,一位名为乔治·阿朗特斯的新闻系学生看见了罗琳并对她一见钟情。他们开始用英语交谈,并很快了解到两人对书本有着共同的爱好,这也使得他们很快开始相互吸引。

两人的感情很快就升温了。后来,这对情侣搬到了一起,与乔治上了年纪的母亲玛丽亚·罗德里格斯同住在一间小住宅里。在葡萄牙,和一方的家长同住是很普通的事情,乔治的母亲声称她非常欢迎罗琳住进他们家里,虽然她和罗琳之间没有丝毫的共同之处。

1992 年 10 月 16 日乔治与罗琳举行了婚礼。婚后不久,罗琳就怀孕了。身为孕妇的她依然在英考特学校里教学,偶尔也在晚上与学校的两位好朋友待在一起,和她们分享着她怀孕的喜悦以及在授课过程中遇到的一些问题。

她和乔治之间的关系从一开始就孕育着不和谐,这时候这种不和谐愈演愈烈,尤其是当他们跟各自的朋友出去玩乐时,情况更是严重。

1993 年 6 月 27 日,罗琳 28 岁生日之前,她的女儿杰西卡出生了。这对罗琳来说是生命中最幸福的时刻。然而,不幸的是,新生命的诞生并没有改善她与乔治之间的关系,并且让原本就已经十分脆弱的夫妻感情雪上加霜,当罗琳带着杰西卡回家与乔治同住时,矛盾爆发了。

那时候,乔治在服兵役,家里的经济主要靠罗琳教书的收入,他们的手头很紧张。围绕着他们的总是不断地争吵,继而上升为家庭暴力。这种行为直接影响了刚出生的婴儿,小杰西卡总是不断地出现问题,不断地住院。1993年11月17日,在邻居的眼皮子底下,在一番争吵和打骂之后,乔治将罗琳赶出了家门。罗琳知道这段婚姻结束了,但是她更清楚地知道,一定要夺回孩子。

她向学校的两位朋友艾妮和吉尔寻求帮助,她们在多方努力之下,为她找了个安全的容身之处,并为她向警察申请了帮助。第二天,罗琳和警察一起回到了公寓,要求乔治把小杰西卡还给她。可警官也无法从法律的角度让他交出杰西卡。但不管乔治是否愿意,在众多邻居还有警察面前,伴着婴儿的啼哭声,与罗琳对峙在街头的乔治最终把杰西卡交还给了她。两周后,罗琳带着杰西卡头也不回地离开了奥波多。

栖身爱丁堡

1993年4月2日,当罗琳身在葡萄牙而妹妹黛安娜身在苏格兰的时候,48岁的皮特·罗琳和他的前任秘书——小他8岁的珍妮特·格丽芬举行了一个小小的结婚仪式,婚后,他们一同住在皮特位于查普斯坨的新家,它就在距离教堂小屋大约两英里的地方。

或许是出于骄傲抑或其他的原因,罗琳没有向父亲提出援助。从葡萄牙回来,她把杰西卡带到了苏格兰,与妹妹黛安娜及她的新任丈夫一起在爱丁堡度过了假期。然而,让一对刚刚离家的母女以及一对新婚的夫妻共同挤在一个狭小的空间里肯定不是长久之计。在妹妹和女儿的温暖鼓舞下,罗琳想出了一个让自己脱离困境的计划。她很喜欢爱丁堡这个城市,所以她要在这里找一个住所以及一份教书的工作。如果她向政府寻求援助,那么这一切问题都可以暂时地解决了。虽然想到这个办法,但这对于罗琳来说,想取得政府资助的过程是让她感到羞辱的,毕竟罗琳有着大学学历和一颗高傲的心灵。

生活毕竟是现实的,虽然从朋友那里借了点钱,但对于她们的实际需要来说不过是杯水车薪。后来她们终究得到了政府的资助,生活也因此得到了暂时的缓解。罗琳每周可以领到大约103.5美元的救济金来勉强维持生活。尽管这些钱买不到太多的东西,但很幸运的是她能用它再租一套单卧室的毛坯公寓,尽管房子有些破旧,但情况还是让人乐观的。罗琳和杰西卡在这套小小的公寓里居住了大约6个月。也正是在这间屋子里,她完成了《哈利·波特与智慧石》的手稿。

1994年的夏天,罗琳的未来开始变得明朗。8月10日,她向乔治提出了离婚。黛安娜的丈夫罗杰在镇上开设了一个名为"辛特合资"的合伙公司,他们买下了一家咖啡馆,取名为"尼克尔森"。咖啡馆距罗琳居住的公寓不远,她重新开始了在咖啡馆写作的习惯。她把杰西卡放在轻便婴儿车里,带着她一起散步。当杰西卡睡着的时候,她就推着她走进咖啡馆,叫上一杯咖啡,然后找个安静的角落开始写作。因为她的妹夫是咖啡馆的合伙人,因此她在那里待上很长时间也不会有人打扰。

罗琳通常都坐在靠窗的位置上,因为她可以在那里沉思或是俯瞰下面的街道。多数时候,她会在笔记簿上写下自己的手稿。有时候,当她的创作陷入僵局时,她也会看看书，考虑一下哈利·波特的下一个情节。

哈利·波特在罗琳的脑中已经酝酿了很久。早在她在伦敦工作，每周往返于伦敦和曼彻斯特的时候，哈利的形象就已经进入了她的心中。

情况好转

1995年夏天，情况进一步好转，罗琳得到了来自几方面的援助，这让她的生活步入了正轨，也同时让她摆脱了赤贫的生活。一位匿名人士为她提供了资金上的帮助，这让罗琳能够将杰西卡托送到专门的儿童保育机构里，而她也就能再次回到学校授课并获得她梦寐以求的教师资格了。当时，苏格兰教育和工业政府部门也给予了一定的赠予。6月26日，罗琳的离婚申请获得了核准，她得到了女儿的永久看护权，而乔治对此不能有任何干涉。这一切对罗琳来说是一剂强心剂，让她对未来的生活充满了乐观的情绪。

那时候，她已完成了《哈利·波特》的手稿，先是找了代理商克里斯托夫·雷特尔，然后是英国的一家出版社——布鲁斯百利接受了它。对罗琳来说，能看到自己的书出版就已经是很高兴的事情了，她从来就没想过要靠它来赢取自己和女儿的未来。在当时的罗琳心里，她的未来是取得教师资格，然后全职任教来养活女儿和自己。

1996年6月，罗琳实现了自己的第一个目标——成为一名教师。获得了教师资格后，罗琳在教育委员会进行了登记，并在利斯学院获得了教师岗位，那里离她居住的地方只有几步之遥。利斯学院是苏格兰历史最悠久的学府之一，它不仅给罗琳带来了地理位置上的便利，而且因为学院里有托儿所，所以她还可以把杰西卡放心地寄托在那里。

那时候，罗琳一方面觉得自己应该去寻找一份永久的教师职业；一方面她又觉得她应该专心致志地从事教学工作，以保障自己和女儿的生活。然而，除了写作，她无法全心地投入到任何其他工作中。这时候，罗琳从苏格兰艺术委员会图书奖励机构获得了一笔作家基金，总共是12000美元。（《哈利·波特与魔法石》得到布鲁斯百利出版社的认可但尚未出版）这笔钱足够让她继续进行创作并将她的第一本书投入出版了。

从教育工作中所获得的报酬使罗琳有了房子、衣服，并能够养活自己和女儿，这已经很令她感到满意了，与此同时，苏格兰这家机构对艺术工作的慷慨也让她不用再绞尽脑汁地构思精彩的课程计划了。

苦尽甘来

当你获得灵感时，似乎有一种物理反应，那种喷薄而出的感觉，我以前从未有过。我从没有如此强烈地感受到灵感的撞击，哈利是第一个。他的前额上有闪电标记，我不知为什么要把它放在那儿。我并没有刻意去创造。

——几乎所有的作家都有过灵感迸发的时刻，那灵感从来不是一蹴而就的，它来自长久的思索和积累。

小说出版

1997 年 6 月 26 日，《哈利·波特与智慧石》由布鲁斯百利出版社出版了。首印只有500 册。当罗琳看到这本书时，她把书夹在腋下，逛遍了整个爱丁堡。只有女儿出生时所带来的喜悦才能和她那时的心情相提并论。当罗琳看见自己的书在书店里售卖，她不禁高兴得有些发抖。

书刚一出版时，并未引起很大的轰动，但是在《苏格兰人》和《周末时报》上，该书获得了不错的评论，受到了一定的关注。然而，接下来的情况却有些让人意料之外，《哈利·波特与智慧石》引起了一场全球竞拍，美国方面的竞价进展顺利。和前面写到的不同，斯科拉斯蒂克出版集团的副主席兼亚瑟·A.勒文出版集团的社论编辑亚瑟·A.勒文先生本人说，他本人在1997 年3 月时拿到了布鲁姆斯伯利的版权负责人卢瑟·洛根先生送来的稿子。他是在从意大利博罗尼亚书市回到纽约的飞机上把它读完的。当竞价抬到了5 位数的时候，勒文不得不一次又一次地问自己，这本书是不是真的值得他每次提出那么高的价钱。当竞价提到了10 万美元的时候，勒文抓准时机继续抬价，最终以破天荒的10.5 万美元的高价买下了这本由一个名不见经传的作家为小孩子写的故事书的出版权。

紧接着，克里斯托弗·雷特尔打电话给罗琳，告诉她新书的销售情况，并告诉她亚瑟·勒文10 分钟之后要亲自打电话过来向她表示祝贺。这对罗琳来说，实在是想不到的荣幸，她说自己当时几乎要失去知觉了，她记得勒文先生打电话时语气非常亲切，他告诉她不要害怕，她承认自己当时确实有点不安。他们谈到斯科拉斯蒂克出版集团方面希望就书的题目做些修改，还有一些英国表达方式可能对美国读者来说有点容易让人混淆。最后，罗琳同意为美国读者做出一些修改，这在后来引起了一些争议。举例来说，罗琳同意把书的题目从英国人普遍熟悉的《哈利·波特与智慧石》改为被美国人所接受的《哈利·波特与魔法石》。

哈利·波特

《哈利·波特》凝聚了罗琳的生活，她写的哈利，就有她自己的影子。罗琳说："我的写作基于我个人的童年记忆：一个8 岁的孩子是什么样的？对此，我有许多生动的回忆。"罗琳胆子很小，在学校里经常受到其他小朋友欺负。于是，好心不让自己故事中的人物或动物做上天入地等勇敢的事情，这些故事后来就成了哈利故事中的一部分。

罗琳最出名的事情是和学校里最有名的泼辣女孩打了一架，被打得鼻青脸肿，这事后来也被写进了《哈利·波特与密室》。

书中所有孩子及所有的感觉都来自作者相同年龄段的记忆，再加上她的天才幻想，是《哈利·波特》系列小说的重要源泉。有记者问她："小说里有个非常可爱的人物赫敏·格兰杰，她是哈利的好朋友，也是一条书虫，她的刻苦钻研总是能帮助哈利随手解开各种秘密。赫敏使博学变得如此有趣如此值得付出，而且人物塑造也非常真实，你是怎样创作她的?"

罗琳回答说:"要塑造赫敏很容易,因为她差不多是我 11 岁时的翻版。"

罗琳精心构筑了一个"合理"的魔法世界,这个世界就浓缩在我们熟悉的 20 世纪末 21 世纪初的世界中,如哈利的表兄收到的生日礼物是电脑、新款游戏机、摄影机等等;哈格里德带哈利到伦敦去置办上学必需品,坐的是地铁,到达伦敦街头的小酒馆时,他们从妖精开的银行里取出了哈利父母存在那里的钱,购置了魔法杖、魔法袍、书籍和文具,还有一只送信的猫头鹰。

这里,现实与幻想相结合,二个截然不同的东西融合在一个人的身上,唤起了每个人,包括成年和儿童的所有回忆和幻想。《哈利·波特》当中的幻想每个人都经历过,而罗琳将这种幻想集中而典型的表现了出来。

小说畅销

《哈利·波特与魔法石》迅速地在世界各地刮起了一阵旋风,震撼着社会各界,吸引了成千上万的儿童和成年人。走到哪里,都有人在热烈地谈论着《哈利·波特》。有些小读者看过书后,给罗琳写信提建议,罗琳在回答记者时也谈道:"小读者非常慷慨,他们把自己的构思写信告诉我,问我能不能写进书里,我只好写信告诉他们,不,我不能把它写进书里,因为这是你的创造,你可以自己写书。"

大人给孩子买《哈利·波特》,自己也跟着看,出版商担心成人不好意思夹着儿童读物走来走去,专门为他们出版了成人版。

《哈利·波特》的畅销也使罗琳承担了不小的心理压力,这种情况常常发生在刚刚出名的小说家身上。他们总是会担心下一部作品没有第一部那么优秀。不过,罗琳有一个有利条件,那就是,她创作的故事始终沿着同一主线,人物也还是同样那一群人,而不是为读者介绍一些全新的内容。哈利对读者来说有着很特别的吸引力,读者对这个小男孩非常感兴趣,希望了解他和他的小伙伴们后来都怎样了。1998 年夏天,《哈利·波特》的第二部书一上市,迅速被读者一抢而空。

在经历了数年的辛苦奋斗之后,又过了几个月的时间,罗琳终于可以全职地进行写作,同时可以照顾已经在一所不错的学校开始上学的女儿了。除了偶尔必要的旅行宣传,罗琳都会陪伴在女儿的身边。

1999 年 10 月,罗琳为了新书《哈利·波特与阿兹卡班的囚徒》的促销活动,去了美国,行程从波士顿开始,在那里的一家书店为读者签名售书。因为对肯尼迪家族的热爱,她想去参观一下肯尼迪博物馆,一路上,看到一条长长的队伍。后来她知道,人们排那么长的队是为了来看她。这种阵势让罗琳有点招架不住,工作人员从商店的后门把她带到了店里,然后她就看见眼前一群兴高采烈的书迷朋友。她不知道如何能让自己镇定下来,不知道面对这么多等待着她签名的读者,她该做何表现。她努力使自己看起来非常友好,但是不一会儿她就觉得让这么多人站在这里,就为了看上自己一眼,实在有些过意不去。因此在整个活动中,她表现得有点忧郁。那天,她整整在 1400 本书上签了字。

很多人都试图解释哈利·波特让很多孩子着迷的原因,特别是当电影上映之后,越来越多的成年人对这本小说乐此不疲,这点让人们大为费解。这个问题大概要花几年的时间才能完全解释清楚。

哈利·波特电影

《哈利·波特》系列故事中生动形象的场景以及快速发展的情节让评论者认为很适合拍成电影。哈利·波特的电影拍摄权也很快成为各大电影公司抢购的作品。一旦将书改编成电影,它的运作方式和销售方法就会更加灵活。

在第一本书出版不到10天之内,华纳兄弟公司在英国的联系人大卫·黑曼就开始努力购买这本书的电影拍摄权。两年之后,华纳兄弟公司与克里斯托弗·雷特尔最终以100万美元的价钱成交。对罗琳来说,她已经很满意了,她对这部电影还有最终的剧本审定权和创作权。

第一部《哈利·波特》电影顺利地被买下、拍摄、出品。2001年11月《哈利·波特》公映了。罗琳对电影很满意,她觉得读者们也应该会这样认为。事实确实如罗琳预料的一样,仅仅在美国市场,《哈利·波特》就创造了首映日当天票房的最高纪录,大约有3130万,首映日的那个周末票房获利近1亿美元。这部电影获得了"电影艺术与科学学院"的三项奥斯卡提名:最佳导演、最佳服装、最佳配乐。

随后,与《哈利·波特》有关的各种宣传品都一一上市,如DVD、海报、印有哈利·波特的衬衫……等等,无一不获得了空前的成功,哈利·波特像魔法一般,走到哪里都会为人们带来丰厚的利润。

罗琳因为系列小说的出版,已经成为目前世界上最负盛名的儿童文学家。1998年,罗琳被《书商》杂志评为年度最佳作家,1999年被评为英国年度图书奖得主。2000年11月,获得了4项白金奖。英国女王伊丽莎白二世特地为她举行"英国皇家文化官员"的授职仪式。

与此同时来的是滚滚的财源。据报道,罗琳如今是日进万金,每天进账84000美金,一年赚了3100万美金。由一个贫困潦倒的单亲母亲,罗琳一跃成为世界知名的千万富婆。

惠及四方

我希望自己能够成为你们那样的父母,在女儿生病时给她支持与鼓励。我一面打字,一面失声痛哭,她在我心里留下了足迹。

——忠实的波特迷,凯蒂·霍克在患神经细胞瘤去世后,她的母亲将这个消息告诉了罗琳。在此之前,罗琳已经尽自己的能力满足了小姑娘的意愿。后来,罗琳向凯蒂·霍克基金会捐赠了7.5万英镑。用于帮助癌症儿童支付手术费。

《哈利·波特》的热销为罗琳带来了丰厚的物质收入，自身经历过困苦，又热衷于人道主义的活动，这一切让罗琳在生活富裕之后毫不犹豫地投入了慈善事业。首先是一个叫作"笑声援助"的慈善组织问罗琳是否能够帮助他们筹集资金，来帮助那些世界各地需要帮助的人们。

"笑声援助"组织是 1985 年在苏丹萨法瓦的一家难民营里发展起来，目的是为了给非洲、英国还有全球的贫苦地区和饱受虐待的人们以物资帮助，他们通过喜剧义演的方式来筹集资金。这个组织从建立开始，已经有超过 2050 名来自美国和其他地区的喜剧演员和娱乐圈的人牺牲自己的时间来参加义演活动，其中包括一些一年一度的活动，比如"红玫瑰日"，以此来筹集捐款并引起社会上广泛的关注。

从创立伊始至今，"笑声援助"组织已经筹集到了 2.2 亿英镑。在英国，这个组织还帮助那些受丈夫虐待的妇女们。由于罗琳曾经在国际特赦组织工作过，参与过非洲法语地区的平等待遇项目，并且自己也是一位单身母亲，"笑声援助"的任务显然给了罗琳很大的触动。

罗琳完成了第 4 本故事之后，特意抽出一些时间来为"笑声援助"组织写了两本短篇小说，作为对该组织的援助。这两本书在 2001 年春天上市，一上市即被抢购一空。这次活动中，从罗琳到出版商、销售商，他们将去除纸张和油墨的成本之外的所有收入悉数捐助给了"笑声援助"组织。

2001 年 4 月，罗琳为苏格兰阿贝迪恩的"多发性硬化症协会"开办了一家资源中心，这个项目约价值 37.5 万美元，作为这个协会的赞助人，罗琳提议将更多的钱投入到科研、止痛药以及患者能够承受的治疗工作的开发中。

在一篇文章里，罗琳提到了母亲住在教堂小屋里时生活有多么不便。她写道："10 年来母亲在西部郊区忍受着这个病的折磨，看医生的次数总共还不到 10 次。她们雇不起医师到家里来做治疗，而母亲也无法开车去看病、接受治疗。最后，母亲无法行走，上楼时只能爬着走。如果当时能及时地为母亲治疗，她也就不会那么早被夺去生命了。但当时，安娜没有得到任何救助，仅仅因为医生不能到家里来，就过早地去世了。在苏格兰，多发性硬化症的发病几率非常高，但是尽管这样，用于理疗和研发特效药的资金还是十分缺乏。"

2000 年 9 月，罗琳出使"单亲家庭委员会"的形象大使，为这个组织宣传造势。这个组织的主要工作是为有困难的单亲母亲及孩子提供帮助。罗琳之所以参加这样一个组织的活动，其原因也很明显——认识她的人都知道她曾经面临过同样的问题。她本人为这个组织捐款 75 万美元，这也是她除了捐献给为"笑声援助"组织写书创下的高额销售额之外，至今捐助的最大一笔款项。

另外，罗琳还慷慨捐助了爱丁堡的麦琪中心，这个中心意在为那些身患癌症的病人与他们陷入困境的亲属在医疗机构与代理之间建起一座提供咨询及帮助服务的桥梁。罗琳对这类中心开始发生兴趣是因为她听说自己的一位朋友刚刚被诊断出患了癌症。

世界名人百传

一代文豪

王书利⊙主编

导　读

　　一直以来,在世界文学史中占有重要地位,影响文学历史进程的名篇巨著,以其曲折的故事性、多彩的艺术性、深刻的思想性哺育了一代又一代读者。尽管这些著作来自不同的国家,不同的时代,不同的文化背景,但她们有着许多共同的特点,她们以非凡的洞察力、感悟力,对战争、爱情、自然、人性等人类面临的共同主题,艺术化地进行了探索、再现,从而魅力无穷,成为人人传诵的经典。

　　本卷《一代文豪》所选的二十几位世界文豪,都是各个时期的文坛领袖,代表了欧、亚、美等各大洲文学的最高水平。他们包括"戏剧之王"莎士比亚、"诗坛巨擘"歌德、"天才诗人"普希金、"文坛泰斗"列夫·托尔斯泰、"浪漫旗手"雨果、"现实主义大师"巴尔扎克、"亚洲第一人"泰戈尔、"无产阶级的代表"高尔基、"文学童话创始人"安徒生、"硬汉子"海明威等等。他们那超群的智力,惊人的才华,敏锐的观察力,倚马可待的天分,泉涌流畅的文思,以及由切身感受而形成的人文主义思想,恰恰合乎时代的节拍,注定了他们必然成为应潮流而生的巨人。

意大利文艺复兴时期诗人

——但丁

人物档案

简　　历：欧洲中世纪封建主义向近代资本主义转变的历史时期的伟大人物，意大利文艺复兴运动的先驱者，人文主义思潮最早的一位代表，中世纪末期最伟大的诗人。他的诗歌超越了时代，揭开了文艺复兴的序幕。他的代表作《神曲》博大宏伟，思想深刻，被人们誉为"中世纪的史诗"。1265 年 5 月下旬，但丁诞生于佛罗伦萨一个没落的小贵族家庭，1321 年 9 月 14 日，但丁因病在腊万纳逝世，时年五十六岁。

生卒年月：1265 年 5 月下旬~1321 年 9 月 14 日。

安葬之地：意大利佛罗伦萨的巴西利卡圣克罗齐教堂内，也称"救世主墓"。

性格特征：不畏强权，敢于追求真理。

历史功过：完成了举世闻名的代表作品《神曲》，但丁的诗歌超越了时代，揭开了文艺复兴的序幕。

名家评点：恩格斯评价说："封建的中世纪的终结和现代资本主义纪元的开端，是以一位大人物标志的，这位人物就是意大利但丁，他是中世纪最后一位诗人。"

乱世中的悲剧

13 世纪末，意大利文艺复兴的前夜，佛罗伦萨诞生了一位伟大的诗人，这就是被恩格斯誉为"中世纪的最后一位诗人，同时也是新时代的最初一位诗人"的阿利盖利·但丁。

但丁生于佛罗伦萨一个城市贵族之家，其父因家道中落，长期经商。当时该城有代表封建贵族利益、支持罗马教皇的基白林党和支持神圣罗马帝国皇帝、代表资产阶级利益的贵尔夫党。但丁的父亲自然拥戴贵尔夫党，而但丁本人后来则成为该党的领袖之一。

但丁生活的时代，已不同于中世纪前期欧洲社会发展相对缓慢、工商业极不发达、基督教完全垄断意识形态的状况。13世纪时，意大利北部的热那亚、威尼斯、佛罗伦萨、米兰等地，由于海上贸易和工商业的蓬勃发展，成为欧洲最富庶的地区。

早期资产阶级日益强大，并建立了城邦共和国，取得了自治权。尽管与整个欧洲甚至与意大利其他大部分地区比较而言，这只是资产阶级取得的小小的胜利，但它却对社会现实和欧洲的历史进程产生了深刻的影响。但丁在政治倾向上，就是与意大利的资产阶级相一致的。

当时的意大利，并不是今天意义上的统一国家，而只是一个四分五裂的地域名称，经济的发展也极不平衡。政治上主宰意大利的，主要有两大势力，一为神圣罗马帝国皇帝，一为罗马教皇。所谓的"神圣罗马帝国"，只是中世纪中期遗留下来的一个历史名称。

962年，当时的教皇约翰十二世为德国国王奥托一世（936年~973年在位）加冕，封其为"神圣罗马帝国皇帝"，领有意大利。因此，历任帝国皇帝，均为日耳曼血统。

由于德国本身内乱不息，其国王只是势力或强或弱的封建主，统治中心一直在德国，对意大利的控制时紧时松。罗马教皇则一直把意大利视作自己的势力范围，与帝国皇帝矛盾重重。意大利人民希望国家统一，而教皇与皇帝的斗争及他们各自的野心则是统一的障碍。他们采取分而治之的政策，唯恐统一的意大利对其统治构成威胁。错综复杂的矛盾，使意大利的政治生活异常活跃，政敌之间的对立、不同阶级间的利益冲突，常以极为残酷的形式表现出来。但丁就是政治迫害的见证人之一。

从文化领域看，基督教的严密控制，到12世纪时已显出力不从心。在其神学探讨过程中，常需借助柏拉图、亚里士多德等古希腊哲学家的观念与逻辑论证方法，证明和论述神的存在及属性，阐述尘世与彼岸的关系。

12世纪后，更是出现了越来越多的古希腊罗马时期著作的汇编。教会的本意是为自己的神学理论寻找方法论和依据，但研究者们却从中发现了与基督教理论完全不同的另一重文化境界。意大利出现了西欧最早的一批古典学者，但丁就是其中最博学者之一。

但丁早年曾师从著名学者布鲁内托·拉蒂尼，系统学习拉丁文、修辞学、诗学和古典文学，对罗马大诗人维吉尔推崇备至。在绘画、音乐领域，但丁也造诣不凡。此外，但丁精心研究神学和哲学，古代教父圣·奥古斯丁的思想对他影响尤深。

早在青年时期，但丁就以激昂的政治热情参加了贵尔夫党，投身反对封建贵族的斗争，并参加了粉碎基白林党的战斗。贵尔夫党在佛罗伦萨掌权后，但丁被选为该城行政官。该党后又分裂为黑白两党，但丁属于白党，反对罗马教皇对佛罗伦萨的干涉。

1302年，教皇伙同法国军队支持黑党击败白党，掌握了政权，开始清洗白党成员。但丁被没收全部家产，判处终身流放，自此再未回到故乡，直至客死于拉文那。

神圣的喜剧

　　曾有学者将但丁与我国的屈原相比,谓屈原被逐乃赋《离骚》,但丁流放才有《神曲》。如果从两位诗人在颠沛流离过程中的精神境界不断升发,忧国忧民痴心不改的角度看,这种比附是有道理的。20 年的流放使但丁对意大利社会的现实有了更深切的了解,逐渐将自己的命运融合于对民族前途的深沉思考之中。

　　流放初年,但丁曾写了《飨宴》和《论俗语》两书。前者希望以道德和知识消除各城邦之间与城邦内部各派之间的倾轧、攻伐;后者则批驳只重拉丁语、轻视意大利语的倾向。这不仅表明但丁超越了狭隘的党派偏见,以理性意识思考民族现实与未来的胸襟,而且显示出他对民族语言文化的重视,这对意大利文学的发展意义深远。

　　但丁有诗人的柔肠与激情,也有学者的锐利与智慧。他是当时最杰出的语言学家之一,又是在时代激流中冲浪的政治家,这是博大精深的《神曲》问世的基础。

　　《神曲》(1307~1321)是但丁于流放期间历时 14 年完成的长篇诗作,原名为《喜剧》。中世纪时,人们对“喜剧”的解释与今人不同,其意为结局令人喜悦的故事。1555 年后,人们在原书名前加上修饰语“神圣的”,既表示对诗人的崇敬,亦暗指此诗主题之庄严深奥,意境之巍峨崇高。在我国,则将书名译为“神曲”。

　　《神曲》在艺术上取得了极高的成就,是中世纪文学哺育出的瑰宝。诗人借助基督教救赎观念和地狱、炼狱、天堂三界的神学教义结构全诗,将纷繁复杂的素材纳入严谨的构架之中。长诗自然地分为三部,每部 33 篇,加序诗一篇,共 100 篇。每 3 行分节,各部诗行也大致相等,不仅工整、匀称,结构本身也富有象征含义。诗中的许多人物虽然是但丁笔下的鬼魂,但由于均有现实依据,因此写得血肉丰满、性格鲜明,令读者难以忘怀。诗人继承了先知文学和启示文学的传统,将澎湃的激情与匪夷所思的幻想相结合,将对现实的评判与对“天国”诚挚的信仰相结合,展示出诗人惊人的想象力,把以梦幻、寓意、象征为特点的中世纪文学艺术推向了高峰。

英国戏剧之父

——莎士比亚

人物档案

简　历：英国文艺复兴时期伟大的剧作家、诗人、欧洲文艺复兴时期人文主义文学的集大成者。1564 年 4 月 23 日，出生于英国沃里克郡斯特拉福镇。1571 年~1579 年，进入斯特拉福文法学校读书。1587 年开始演员生涯，并开始尝试写剧本；1591 年创作的戏剧《亨利六世中篇》《亨利六世下篇》首演；1592 年创作的戏剧《理查三世》首演；1595 年创作的戏剧《罗密欧与朱丽叶》《仲夏夜之梦》首演；1596 年创作的戏剧《威尼斯商人》首演；1601 年创作的戏剧《哈姆雷特》首演，引起文坛关注；1603 年创作的戏剧《奥赛罗》首演；1605 年创作的戏剧《李尔王》首演；1606 年创作的戏剧《麦克白》首演；1614 年离开伦敦返回故乡。1616 年 4 月 23 日，在故乡去世。

生卒年月：1564 年 4 月 23 日~1616 年 4 月 23 日。

安葬之地：斯特拉福镇的圣三一教堂。

性格特征：乐观开朗，充满智慧，极富正义感与政治远见，活泼好奇，好幻想。

历史功过：莎士比亚的历史剧具有史诗的宏大规模，虽然讲的是英国过去的历史，却写出了文艺复兴时期的英国社会和当时人们所关心的问题，并具有鲜明的民族特点。他写过 37 部戏剧，154 首 14 行诗，两首长诗和其他诗歌。

名家评点：法国作家维克多·雨果评价说："莎士比亚这种天才的降临，使得艺术、科学、哲学或者整个社会焕然一新。他的光辉照耀着全人类，从时代的这一个尽头到那一个尽头。"

少年时期

在英国中部、伦敦西北面的沃里克郡,有一个古老的小镇,名叫斯特拉福。它表面看来很普通,然而在漫长的三个半多世纪中,斯特拉福一直是个举世闻名的小镇。每天都有许多世界各地的游人来此造访,这不仅是因为斯特拉福风景如画、绮丽宜人,更因为有一个人曾经出生、成长、辞世并安葬在这里。这个人的文学作品三百多年来,一直激荡着生活在地球上的世代人们的心灵和智慧,他就是伟大的戏剧家威廉·莎士比亚。斯特拉福是莎士比亚的故乡,这使它成为一个名城。

1564 年,世界著名的戏剧家和诗人威廉·莎士比亚就诞生在这里,因此人们称他是"埃文河畔的天鹅"。他在历史大转折的时期到来,又以自己的作品反映了这个伟大的时代,因而又被后人称誉为"时代的灵魂"。

威廉的父亲约翰·莎士比亚本来住在离斯特拉福 3 英里以外的斯尼特菲尔德,家里原是自耕农。约翰是一个精明能干、雄心勃勃的人,他眼看着斯特拉福日益兴旺,许多青年人学手艺、经商,都变得富裕起来,便放弃农活,离开斯尼特菲尔德,来到斯特拉福学手艺。几年以后,他成了制作软皮手套的能手。后来,他攒了一笔钱,自己开了一家铺子,做皮手套生意,同时兼营谷物、木材、肉类、麦芽一类买卖。他的生意越做越兴隆,成了斯特拉福的一个富裕市民。1556 年,他在当地买了两栋带花园的房子。1557 年,他娶了当地乡绅罗伯特·阿登家的玛丽小姐为妻,又得到一笔为数不少的陪嫁(60 英亩土地和 6 英镑现款),增加了他的财产。他是一个为人正直、热心公益的人,因而受到市民的爱戴。1557 年,也就是他结婚的那年,开始参加市政委员会的工作。起初,做麦芽酒检查员,后来,被地方民事法庭陪审团指定为治安官,1561 年,又担任市里两个财务官之一。

约翰和玛丽生了 8 个孩子,4 个女孩,4 个男孩。前两个都是女孩,而且都夭折了。1564 年 4 月 23 日,正是英国守护神圣乔治的节日,他们得到了第一个男孩,这就是未来的作家威廉·莎士比亚。

威廉的童年,正是他父亲生意兴隆、飞黄腾达,在斯特拉福的地位不断提高的时期。1565 年,约翰当选为市参议。按照习俗,他平时可以戴特制的戒指,教堂里有为他专设的座位,他的住宅门口可以挂上特制的灯笼。在星期日和节庆的日子,他还可以穿着镶皮裘边的黑袍上街。人们见到他,都尊敬地称他是"莎士比亚先生"。在正式文件上,他的名字下都挂有"阁下"的称呼。这副派头,在当时的小城里,真够神气的了。

1568 年,约翰当选为斯特拉福市政委员会执行官(相当于后来的市长)。这时,他所穿的镶皮裘边的袍子,也按规定由黑色改为绛紫色,每当他去市政委员会开会的时候,一路上有卫士为他开道。他变得更加神气了。在那个社会大变动的时代,封建关系正在崩溃,新的资本主义关系正在成长。约翰·莎士比亚是这个时代的幸运儿,他乘着时代的机遇,凭着自己的才干和努力,从一个农民变成富裕市民,而且登上了政坛。

作为市长的儿子,威廉无忧无虑地度过了他的童年。他性格活泼、好奇,好听故事,好幻想。他喜欢市郊的大自然,喜欢从乡亲们那里打听各种事情。他听到许多关于花草树木的知识,还听到许多民间故事。譬如,森林里有仙王、仙后,他们俩喜欢打打闹闹;森林里还有许多小精灵,有一个最调皮的精灵叫迫克;另外,还有发生在古堡里的历史传说和骑士故事,亚登森林里侠盗泰戈尔汉劫富济贫的故事,都使他听得津津有味。

在童年时代,最使他难忘的,是发生在 1570 年夏天里的一件事。那年,他 5 岁,有一个剧团来到斯特拉福。他父亲正当市长,热情地接待了剧团,还同剧团在市里演戏。这在斯特拉福是破天荒第一次。当时英国有些城市的执政者信奉清教,主张清心寡欲,讨厌一切娱乐,不准剧团在他们管辖的地方演戏。约翰比较开明,所以接待了剧团。按照惯例,剧团每到一地,首场演出是专门招待当地市政委员会的头面人物和他们的家属的。他高兴地接受了剧团的邀请。

演出在圣十字互济会教堂举行。剧团早已为官员们准备好舒适的座位,安排在最好的位置。那天下午,约翰带着妻子和威廉,穿戴得整整齐齐,来到教堂看戏,威廉坐在父亲的身边,聚精会神地观看演出,他完全被舞台上的精彩表演吸引住了,从来没有像今天这样高兴过。散戏之后,他也不知道怎样跟着父母回家的,脑子里满是舞台上演出的情景。这次看戏,在他幼小的心灵中埋下了一颗戏剧的种子。

1571 年,威廉 7 岁,到了该上学的年龄。父亲把他送进了斯特拉福的文法学校"爱德华六世国王新学校"。在中古时期,英国只有天主教会办学,目的是培养神职人员,一般平民没有读书识字的机会。16 世纪以来,英国进行了宗教改革,从欧洲大陆兴起的人文主义思潮也传到了这里。天主教的神学统治被冲垮了,学校教育也发生了根本变化,出现了世俗性的学校,即所谓文法学校。这类学校不是由教会开办,而由城市自治机构主办,免费招收市民子弟;它不是培养神职人员,而是为市民服务。文法学校的学习课程以拉丁文为主,此外还有会话、修辞、写诗等。总之,这是不同于中世纪神学教育的一种新学。威廉上的就是这种新学。

斯特拉福文法学校是一所办得比较好的学校,历任校长都是牛津大学或剑桥大学的毕业生,学校的校规也比较严。校址设在当地市政办公处的楼上,楼下就是他父亲的办公室。入学那天的清晨,父亲把他领到学校,托付给老师,这位老师叫西蒙·亨特,是牛津大学的学生。他看到威廉长着高耸的前额,炯炯有神的双眼,一副聪明机灵的样子,高兴地抚摸了一下他的头顶,把他接受了下来。

文法学校的纪律很严。每天早上 6 点钟上课,11 点钟回家吃午饭,下午 1 点钟返校,一直到 5 点钟才放学。在学校,学生天天要背课文,学习拉丁文法。学生必须严守校规,老师手里拿着教鞭,督促那些不守规矩的孩子。小威廉入学以后,感到这种学习生活枯燥无味,实在没有兴趣。每天早上,他总是一边呜咽,一边像蜗牛爬一样拖着缓慢的步子,从家里走向学校。下午放学时,却像鸟儿一样撒开两腿往家里飞跑。

几年之后,情形就不同了。那时,他学完了拉丁文基础,已经可以自己看书了。老师也开始让他们学习一些较为复杂的课文。课本里有古代罗马作家的一些作品,像西塞罗的演说词,维吉尔的《埃涅阿斯纪》与《牧歌》的片段,奥维德的《变形记》节选等。为了让学生练习对话,老师也让他们学习古罗马戏剧家普劳图斯、泰伦斯的剧本。这些课文本来是作为语言规则的实例来学习的,但是对于威廉来讲,它们更适合他爱幻想、爱听故事的脾气。他从这些古典文学作品中,找到了极大的乐趣,尤其是奥维德的《变形记》和普劳图斯的剧本,他读得爱不释手。太阳神阿波罗与女神达英尼斯的爱情故事,爱神维纳斯与美少年阿童尼的故事,特洛伊战争的故事等,他都读得津津有味,深深地印在脑海里,一直到几十年后,仍然记得。他如饥似渴地读着古典文学作品,认真地练习写诗、写文章,于是,学校生活再也不是枯燥无味而变得十分有趣了。他当然也不会想到,多少年之后,他将从这些训练和阅读中获得丰富的营养,成为他接受人文主义新思想和进行诗歌戏剧创作的极其重要的文化基础。

学校里有一门课程是威廉十分感兴趣的,那就是雄辩术。老师教他们演讲词的写法,训练他们的思维能力和论辩才能。有时还组织讲演比赛、戏剧表演等活动。他的写作练习经常得到老师的夸奖。有一次,亨特老师组织学生排演普劳图斯的剧本《孪生兄弟》,他担任主角之一。他演得很认真,相当不错。亨特老师意外地发现他有一副好嗓子,发音响亮,吐字清楚,而且有节奏感。不久,学校举行节庆活动,邀请家长参加,亨特老师让学生给家长表演《孪生兄弟》。威廉还担任原先排练的角色,他演得比上次更加精彩,得到了家长们的称赞。演出结束,亨特老师拍拍他的肩膀,对他说:"你表演得不错,想不到你还会演戏。"他不好意思地回答说,自从5岁那年看过一场戏以后,他就喜欢戏剧,老想看戏,这几年来,差不多每年都有剧团来斯特拉福演出,他每次都看,一场不落。他还和剧团里的一个演女角的男孩子交了朋友。出于好奇,他让那个孩子教他念台词,做动作,有时真想自己能上台试一试。老师让他演戏,正好给了他这个机会。

1577年,威廉·莎士比亚13岁那年,父亲在生意场上遇到了挫折,家里的经济境况一下子跌落下来,几乎到了破产的境地。他经常看到有人登门来向父亲要债,父亲只得把一批产业抵押出去,借债度日。艰难的处境使父亲顾不上市政委员会的工作,连市政会议也不常出席。

家庭经济情况的剧变,使他无法继续上学,只得留在家里帮助父亲干些活儿,或者找一些临时的工作,挣些钱来贴补家用。他学会了宰牛,学会了做羊皮手套,还当过助理教师教小孩子认字母。

离开学校,放下书本,曾经使威廉感到沮丧。但是,当他经受了一段磨炼,熟悉了城里一切的时候,他感到自己的独立生活能力得到了锻炼,感到了生活的充实,也懂得了生活中要脚踏实地,面对现实。生活的变化在他好幻想的性格中增添了求实的精神。

威廉在18岁那天,与安妮·哈撒薇结了婚。新娘比他大8岁,婚后的生活并不美满。再说,家里不断增添人口,收入却入不敷出。心情郁闷的他很想离开斯特拉福,到外面去谋生,为父亲分担一下家庭经济重担。

一天,他在路上偶然碰到了文法学校的同学理查·菲尔德。他记得菲尔德比自己大两岁,是一个鞘皮匠的孩子,住在离他家不远的地方。几年前,菲尔德离开家乡去了伦敦,此后,他俩就一直没见过面。两人巧遇,亲热地攀谈起来。原来他到伦敦之后,在一家印刷所里当徒工,老板是法国移民,叫托马斯·服道利尔。他和老板、老板娘都处得不错,前不久,老板去世,他便和老板娘结了婚,现在成了这家印刷厂的老板。他的印刷厂出版了一些好书,在伦敦已经有了一些好名声。菲尔德还告诉他,伦敦地方大,工厂店铺多,什么活儿都有,许多青年人在那里学徒、干活儿,都过得不错,有的碰到好运,当上小老板,开一家店铺,雇几个工人,可以挣不少钱。不管怎么样,伦敦总比斯特拉福强。他一再劝威廉到伦敦去碰碰运气,还说,到了伦敦,他一定会尽力帮助威廉。

与菲尔德邂逅,使威廉看到了生机,他的耳边不断地响起菲尔德的声音:"到伦敦去吧!到伦敦去总比待在斯特拉福强。"他几次想要开口与父亲商量,但是,一看到父亲那副愁眉苦脸的样子,便知道自己不该离开困境中的父母,也就放下了去伦敦的主意。

1587 年是奇怪的一年,斯特拉福成了剧团热衷的地方。往常,这里每年有一个剧团来演戏,这一年,女王供奉剧团、莱斯特伯爵供奉剧团、艾塞克斯伯爵供奉剧团、斯塔福德勋爵供奉剧团等 5 个剧团相继而来。有的剧团因为缺少演员,一边来演戏,一边还招募演员。莱斯特伯爵供奉剧团已经是第三次来斯特拉福了。这次,来的人不全,因为有些演员渡海到大陆去演戏了,剧团感到人手不足。威廉在看戏时,认识了剧团里的一个演员。在交谈过程中,他说到自己远走他乡的想法,那演员就告诉他,剧团现在正缺人,不妨趁此机会参加剧团演戏,到各地走走,秋天,再跟着剧团到伦敦。那里的人最爱看戏,新近城外盖起了剧场,天天可以演戏,不像在外地演戏要临时搭台。伦敦还有好几个剧团,大家比赛着演好戏,哪像这小城里这样冷冷清清。那演员还对他说:"你嗓子不错,又懂戏,上台准能演好,将来成了正式演员,可以做剧团的股东,每年不少挣钱。你还读过书,会写诗,要是能写写剧本,可以额外得一笔酬金。"

威廉被他说得动了心。他原本就爱好戏剧,至今还记得亨特老师的鼓励,自信能当个好演员。但是,一想到家里的状况,实在难以下这个决心。自己是长子,父母正需要帮助,他们是不会同意自己离家出走的。几天后,莱斯特伯爵供奉剧团离开斯特拉福,去往别处演戏。威廉送走了那个演员朋友,自己仍然留在斯特拉福。

但是不久,人们看到威廉背着简单的行囊,匆匆地离开了斯特拉福。他父亲流着泪把他送到城外去伦敦的大路上。关于他这次出走的原因,他家的人守口如瓶,谁也打听不出来。后来,街上传出这样的新闻,心情郁闷的威廉为了解闷,到郊外去打猎,无意中闯进了托马斯·路西爵士的庄园。这位贵人有权有势,为人霸道,他家的庄园是禁止外人进去打猎的。威廉不但闯了进去,而且在里面射死了一头鹿。这一下闯了祸。家丁们把他抓了起来,送到路西爵士那里。爵士命人把他毒打一顿,他怒不可遏,便写了一首讽刺诗,把路西爵士平时的恶行丑事痛痛快快地揭露了一番。这一来,祸闯得更大了。路西爵士扬言要进行法律追究。他见势不妙,只得逃离斯特拉福。

剧团生涯

1587 年左右，莎士比亚离开了曾度过童年、少年和青年时代的故乡斯特拉福，踏上去首都伦敦的行程。

莎士比亚来到伦敦时正值英国历史上最激动人心的时刻之一。有人阴谋杀害伊丽莎白、救出苏格兰女王玛丽并借助西班牙把她拥上王位。伊丽莎白迫不得已同意于二月间处决她的表妹玛丽。她留在世上对女王来说实在是太危险了。战争迫在眉睫，西班牙国王腓力二世不顾德雷克对加斯的闪电般的袭击，正在建立一支舰队，如果今年不行，明年肯定会出航，因此伦敦正在紧张准备对付即将到来的侵略。

不管莎士比亚来伦敦的动机是什么，这时他明白了他的真正职业应是为剧院写作。这条道路能把他渴望写出的诗句变成他这一行所需的材料。但是剧本还没有写出来，于是他得想法糊口。明智的道路是参加一个剧团，因为那样他可以从内部学习本领并能替他的产品找到一个可能的市场。

一个剧团约由八人组成，大家投资购买剧本和服装并按投资比例分享利润，因而有"股东"之名或者更形象化地叫作"全部投机者"。他们雇有两三个童工，加以训练扮演女角，因为几乎一个世纪以后公共舞台上才有女演员，他们还得雇几个新手或不投入资本的老手来演配角。莎士比亚开始找到的工作可能就是一个"雇佣演员"，可能是在女王剧团，就是罗伯特·格林刚开始为之写作的那个剧团。

不出所料，我们没听说这个默默无闻的演员和胸有抱负的剧作家最初几年的情况的他如果没有演出或排练他必须学习的各种角色的话，我们只能设想他是在替他的剧团"润色"和改编旧剧并试写新作。因为一周内每个下午的戏目都不相同，大约每两周就得有一部新戏列入他们的保留节目。春季他们在公共剧场演出，多半是大剧院；夏天他们外出巡演，1589 年远到卡来尔。秋季回到伦敦演出，冬天躲进格雷歇斯街的某一个旅店里排练那些准备进宫演出的戏剧。

这时一个新的时代已经开始，英国的文学突然空前繁荣起来。

就在这样一股大演历史剧的热潮中，莎士比亚来到伦敦，走进剧团，尝试写剧本，当然不免卷入这股热潮之中。这就是他在创作初期集中地写了一批历史剧的原因。

1587 年，贺林西德《编年史》的增订版出版了，人们争相阅读，莎士比亚也抱着浓厚的兴趣读了这部书。听说这部书中的许多材料来自霍尔的著作，他又找来那部著名的《两望族结合记》，如饥似渴地把它读完。从这些历史著作中，他了解了自己民族走过的道路，深深地为自己国家在百年战争和玫瑰战争时期所经历的忧患而感到痛心。他恨透了那些置国家民族利益不顾而热衷于争权夺利的大贵族，更懂得了一个英明君主在当前是何等的重要，因而由衷地爱戴伊丽莎白女王。他感到玫瑰战争时期民族危机已经达到了极点，同时又是国家由乱到治的转折点，决定先从这里着手。他相信这些惨痛的史迹足以震撼国人的心灵。

1590 年到 1591 年,莎士比亚写了两部历史剧,《克与兰开斯特两望族的争斗》和《理查·约克公爵的真实悲剧》,这两个剧本由潘布罗克伯爵供奉剧团在玫瑰剧场上演。演出获得意外的成功,这一成功启发了他。

他决定把百年战争和玫瑰战争的史实全部搬上舞台,在已经完成的剧本之前和之后,再多写一部剧本,构思一套四联剧,从亨利六世继位开始,一直写到玫瑰战争结束。前三部作品都是写的亨利六世时代的事情,冠以《亨利六世》的总名,分上中下三篇,后一部剧本以玫瑰战争时期最后一个国王理查三世为中心人物,描写他从篡位一直到失败的过程,取名《理查三世》。

在莎士比亚之前,英国舞台上也曾上演过一些不成熟的历史剧,剧本结构松散,只是按照时间顺序,把历史事件搬上舞台,很少注意人物形象的刻画。他的《亨利六世》也是这样,它们插曲式地扮演历史事件,缺乏整体性和连贯性,没有中心人物。当时,英国戏剧发展得很快,特别在学习了古代希腊、罗马作家的作品后,悲剧的艺术水平大大提高,历史剧作家又吸收了悲剧的艺术经验,注意对戏剧冲突的构思,把众多的事件集中在一个中心人物身上。他的《理查三世》就是一部在艺术上更加成熟的作品。这种独创,是他对系列性历史剧的构思,这样的构思能够把历史的长卷搬上舞台,表现更为广阔的场景。这一构思的成功,又促使他在下一阶段产生了编写新的历史剧的创作动机。

在写历史剧的同时,莎士比亚还努力学习古典剧和"大学才子"们的创作,学习意大利的戏剧,试着写作喜剧和悲剧。1592 年写出的喜剧《错误的喜剧》就是在学习古代罗马作家普劳图斯的《孪生兄弟》的基础上写成的,1593 年写出的《泰特斯·安德洛尼克斯》是学习罗马悲剧的产物。他在学习的同时,不满足于单纯的模仿,力求有自己的创造。《错误的喜剧》虽然是从普劳图斯的《孪生兄弟》脱胎而来,但是它在面貌相似的一对主人公之外,又加上了一对面貌相似的仆人,于是错上加错,引出更多的笑料和奇趣。《泰特斯·安德洛尼克斯》虽然从奥维德的《变形记》和塞内加的《梯厄斯忒斯》等罗马作品中取材,但剧中以杀戮与复仇为特色,这又是他从当时英国作家那里学到的东西。伦敦的观众喜欢新奇的情节,爱看带有强烈刺激性的场面。所以,他的这些习作性剧本虽然水平并不很高,却总能在伦敦舞台上走红。

莎士比亚初露锋芒便取得了成功。他像一颗突然升起的明星,使得伦敦戏剧界的某些人感到意外。有的曾经取得一些成就的人,见到他的声誉超过了自己,很不服气。罗伯特·格林对于他的成名就很不以为然。他认为他从一个打杂工突然成功,混进剧作家的队伍,不过是接受前人的恩惠而发迹的暴发户。他在临死前不久所写的一本名为《千悔换一智》的小册子中,劝他的朋友不要相信演员。格林的小册子在当年的 10 月,即在他死后一个月由出版商亨利·切特尔出版。书中对于莎士比亚的恶语中伤引起了人们的不满,切特尔不得不在他为 12 月间出版的一本书所写的序言中,向莎士比亚道歉。

戏剧作品

当伦敦的各个剧团恢复活动,莎士比亚重返剧坛时,他发现剧作家的队伍已经发生了变化,许多剧作家离开了剧坛。这就是说,"大学才子"们的活动已经结束。早先活跃于伦敦剧坛的戏剧家中,只有他自己还在从事创作活动。当然,有一批新的剧作家已开始崭露头角,其中最杰出的要算本·琼生。后来,他也成了莎士比亚的好朋友。

莎士比亚所在的宫内大臣供奉剧团虽然刚刚回到伦敦,是新建的戏班子,但是,它拥有当时伦敦最出色的演员,像悲剧演员理查·伯比奇,喜剧演员威廉·肯普等。他加入之后,剧团又有了当代最优秀的剧作家。这样,宫内大臣供奉剧团真可谓兵强马壮,在伦敦剧坛上首屈一指了。事实也确实如此,剧团很快就在伦敦站住脚,取得了戏迷们的信任。

经过几年的舞台实践和写作练习,再加上近一两年间与骚桑普顿伯爵结识而经受的文化熏陶,莎士比亚感到自己的内心非常充实,写作也得心应手。意大利文艺复兴时期的文学、美术与音乐作品,使他感受到一种活力。他觉得那里所描写的现实世界与人是美好的,充满生气的;人与天神一般,具有优雅的体态,无穷的才智,充沛的精力;现实世界有绚丽的大自然,壮丽的事业,幸福的生活,人可以依靠自己的努力去谋求现世的幸福而不必把希望寄托于来世。

他正当而立之年,精力旺盛,才华横溢。在剧团中,他白天排戏,演戏,看戏,晚上看材料,写剧本,十分勤奋。他时时产生创作冲动,一当构思成熟,拿起笔来,恨不能一口气便把脑子中酝酿成熟的意象全都倾洒在纸上,化作文字。他写得很快,一场戏一气呵成,几乎没有什么修改,仿佛写慢了就抓不住头脑中那些活跃的形象和诗句。

1594 年,莎士比亚写成了悲剧《罗密欧与朱丽叶》全剧贯穿着爱与恨的斗争,美好的爱情与封建伦理道德之间的冲突。莎士比亚在历史剧中,一再谴责封建纷争的危害。在这部作品中,他把青年人的爱情与整个城市的和平安宁联系在一起,说明封建世仇、无谓纷争造成了城市的不幸,也摧毁了青年人之间的美好的爱情与友谊。在他看来,这个悲剧充满着新旧两种思想的斗争,而不是什么情欲过度遭到的毁灭。为此,他努力把罗密欧、朱丽叶塑造成两个新人的形象。

剧本写完,莎士比亚感到从未有过的满意。剧中浓郁的诗情画意,优美动人的诗句,幽默机智的对话,深刻动人的性格刻画,悲剧因素与喜剧因素的结合,使剧本独具风貌。他觉得自己完成了一个真正的创造。这是一部伦敦舞台上从未有过的、真正莎士比亚式的剧本。

《罗密欧与朱丽叶》由宫内大臣供奉剧团在帷幕剧院演出,受到观众的狂热的欢迎,尤其是年轻人。伦敦出现了一批《罗》剧狂,他们凑在一起,只谈《罗密欧与朱丽叶》,别的一概不感兴趣。他们还把剧中那些自己喜爱的诗句抄录在箴言本上。他们认为,伦敦舞台上从来没有上演过像《罗密欧与朱丽叶》这样形象优美而思想深刻的剧本。

继《罗密欧与朱丽叶》之后，莎士比亚又写了两出别具特色的喜剧，《仲夏夜之梦》和《威尼斯商人》。

1594年，骚桑普顿伯爵的母亲再嫁，婚礼异常隆重。宫内大臣供奉剧团应召为婚礼活动演戏。莎士比亚为自己的保护人献上了一出新戏《仲夏夜之梦》。为了写好这出戏，他从古希腊历史学家普鲁塔克的作品中，从英国文艺复兴时期第一位大诗人乔叟的作品中选取素材，又加上英国民间传说和他自己的创造，把它们巧妙地糅合在一起。

婚礼的线索贯穿始终。全剧充满了神话性的美好幻景和喜庆的欢乐气氛。莎士比亚把丰富的想象、现实生活、梦幻美景以及粗俗的平庸事物等都奇妙地结合在一起，把抒情性、幻想性和现实性自然地融合在一个剧本之中。从这部剧本中，他摸到了自己写喜剧的独特的路子——抒情浪漫喜剧。

后来，他创作了《威尼斯商人》。

《威尼斯商人》的主要情节是犹太人夏洛克设计谋害安东尼奥的故事。

剧本的主要素材来自14世纪意大利作家乔万尼·菲奥伦蒂诺的小说《蠢货》。其中穿插的三匣择婿的故事在中世纪欧洲各国已经流行，早在13世纪的一部故事集《罗马纪事》（作者已不可考）中已有记录。在莎士比亚之前，已有人把这两个故事糅在一起，写成一部叫作《犹太人》的剧本。当他决定改写这个剧本时，希望按抒情浪漫喜剧的路子，把新本子改成一部对于青年人纯真的友谊与爱情的颂歌，这是他在这一时期最感兴趣的主题。他要写出青年人的美好感情和幸福生活如何受到夏洛克一类自私、残酷的人的阻碍，他们又是如何依靠自己的才智战胜夏洛克，赢得胜利和欢乐的。为此，他把美好的品质赋予了安东尼奥、巴萨尼奥，特别是鲍西娅，他设计了法庭一场好戏，把原来作品中只是一提而过的事，写成了整整一幕（第四幕）。当在场的男子全部拿夏洛克毫无办法时，鲍西娅出场，以机智和雄辩扭转局势，战胜了夏洛克，这一形象就此大放异彩。莎士比亚并不想为夏洛克辩护，但是，要想写出一个现实生活中存在的活生生的人，就应该让人物按照自己的思想逻辑思考和行动，而不能按照某种定式把现成的东西强加在人物身上。于是，他感到夏洛克几乎要喧宾夺主，超过那些为自己的幸福而积极行动的青年人了。但是，他又感到这是一种新的尝试，把人写活，按照现实生活确实存在的样子来写人，比单纯地追求形式上的完美匀称也许更加重要。于是他便放手写去，写完之后感到这一尝试是成功的，夏洛克的形象确实是一个有血有肉的、有自己的思想和感情的活生生的人。它的复杂性正说明它的合理性。从这一次成功的尝试中，他更体会到塑造人物的重要和塑造人物的途径。他以前写过一些理想化的人物，现在他更知道如何描写现实性的人物。

《罗密欧与朱丽叶》《仲夏夜之梦》和《威尼斯商人》的成功，标志着莎士比亚已经超越了学习模仿，跨入到自己创作的成熟阶段。在舞台上树起了莎士比亚式的独特风格，在当时伦敦剧坛上，可称得上是"全国唯一的'摇撼舞台者'"。所谓"全国唯一的'摇撼舞台者'"，本是格林对他的讥讽，他本人并不曾产生过这种奢望。有趣的是，格林的讥讽却成了事实，成了一句违反他本意的预言。

阴暗喜剧

　　莎士比亚创作成熟期的几部悲剧，反映了他对人文主义的信仰危机，暴露了他的悲观厌世情绪。

　　这种悲观情绪也反映到了他在这一时期创作的三部喜剧：《特洛伊罗斯与克瑞西达》（1602年）、《终成眷属》（1603年）、《一报还一报》（1603年）。回想莎士比亚早期的喜剧，都是青春力量的释放，充满了快乐和笑声。如今的这几部喜剧的主题虽然仍是爱情，但往往与阴谋欺诈交织在一起，对社会罪恶和伪善习气作了揭露，因而内容与气氛比较严肃，解决矛盾的方式多是宽恕与调和。早期喜剧中的乐观主义和浪漫主义已不复存在，所以评论家称莎士比亚的这类喜剧为"阴暗喜剧"或"悲喜剧"。

　　《特洛伊罗斯与克瑞西达》是一部以特洛伊战争为背景的作品，剧中人物原型来自荷马史诗的《伊利亚特》，故事情节则源于英国诗人乔叟的同名爱情长诗。莎士比亚之所以选择这个古老的题材，是因为看到老对手亨斯洛老板在他的玫瑰·剧场连续上演了《特洛伊复仇记》《阿伽门农》和《俄瑞斯忒斯：复仇女神》等希腊故事，观众反映很不错，精明的莎士比亚立刻想到"他山之石，可以攻玉"的道理，便也创作了一部希腊题材的作品，果然大受欢迎。

　　戏一开头，希腊人攻打特洛伊的战争已经持续了七年，原因是特洛伊的帕里斯王子抢走了墨涅拉俄斯的王妃海伦。此时最年轻的特洛伊王子特洛伊罗斯，和已投降希腊的特洛伊祭司之女克瑞西达相爱。生性轻浮的克瑞西达与王子夜间幽会，信誓旦旦。第二天清晨，克瑞西达被送到希腊营地与父亲团聚，两位情人被迫分离。特洛伊罗斯在爱情的驱使下，决定每晚都偷入敌营与克瑞西达相会。但万没想到的是，克瑞西达竟转眼投入希腊将领狄俄墨得斯的怀抱，特洛伊罗斯因克瑞西达的背叛而痛苦绝望。这时战火又起，敌方大将阿喀琉斯杀死了特洛伊罗斯的兄长赫克托。再次受到重创的特洛伊罗斯发誓要用他的剑来复仇，把希腊夷为平地。

　　莎士比亚笔下特洛伊罗斯与克瑞西达的爱情是失败的，远没有罗密欧与朱丽叶之间的感情那样纯洁深刻，这主要是因为克瑞西达的负心与轻薄。她是一个美貌与灵魂分离的女子，同哈姆莱特的母亲克莱西德十分相似，她们经受不住诱惑，情感极易变化，难怪哈姆莱特会痛苦地大叫："脆弱啊，你的名字叫女人！"而特洛伊罗斯则是个理想主义者，他追求真正的爱情、完美的道德，可是在私欲横流的现实生活中，这些只能是徒劳枉然，结局也只能是他爱情理想的落空和道德理想的破灭。特洛伊罗斯的理想幻灭反映出了莎士比亚的矛盾心态。这时的莎士比亚对人生、对社会的认识更全面、更深入，他对生活中存在的道德危机感到忧虑，在作品中自然透露出对现实社会的不满和对理想社会的向往。

这种人物的非英雄化,到了 20 世纪现代派文学中被普遍应用。莎士比亚在该剧中对人生意义的大胆质疑和无情审视,使它成为莎剧中最"现代化"的一部,引起了人们极大的兴趣。

1602 年~1603 年,莎士比亚乘兴又创作了一部阴暗喜剧,并借用了一则英国谚语作为剧名:"all is well that ands well",意思是只要结局好一切都好,译作《终成眷属》。剧中女主人公海丽娜,是一个平民少女。她的父亲医术高明,但过早离开人世,把海丽娜托付给了罗西昂伯爵夫人。伯爵夫人的儿子勃特拉姆少年英俊,一表人才,海丽娜深深地爱上了他。虽然她天生丽质,却因出身低微,寄人篱下,迟迟不敢表露自己的爱意。正好国王患了一种疑难病症,久治不愈,海丽娜用父亲遗留的妙方治好了国王的痼疾。作为赏赐,海丽娜被许可自己选择丈夫,她当然选中了意中人勃特拉姆。没想到勃特拉姆却虑及身份地位的悬殊,拒绝娶她为妻,后来迫于国王的压力,才勉强与海丽娜举行了婚礼。仪式刚过,勃特拉姆便离家出走,捎信给海丽娜说除非她能得到他手上的戒指并且由他受孕,否则永远不能称他为丈夫。海丽娜意冷心灰地独自去朝圣,路过佛罗伦萨时,她发现丈夫正欲以卑鄙手段诱奸一家店主之女狄安娜。海丽娜立刻计上心头,她向店主母女说明了自己的身份和遭遇,在她们的帮助下,冒充狄安娜与勃特拉姆幽会,不仅得到了戒指还有了身孕。待勃特拉姆回国后,海丽娜与他对质,声明自己已做到了丈夫所提出的苛刻条件,勃特拉姆这才明白那晚与自己同床共枕的是海丽娜。他羞愧万分,悔恨不已,请求海丽娜原谅自己,并发誓永远爱她。

《终成眷属》中男女主人公之间的爱情十分波折多磨,而且海丽娜是采用了欺骗手段才达到目的的。整部作品过半的内容是展示生活中的矛盾与不顾,只是到了结尾处才"团圆喜今夕,艰苦愿终偿"。这不是一部严格意义上的喜剧,但文申·德·波维此人曾在《梅伊阿的镜子》一文中下了一个典型的定义说:"喜剧是一种诗,使一个悲哀的开端得到幸福的结尾。"他的观点一语中的,揭示了莎士比亚喜剧的实质是把烦恼变成快乐的故事。但这部作品中也提出了一些与莎士比亚当时的悲观情绪相吻合的思想,比如一个人物在对白里说:"人生就像是一匹用善恶的丝线交错织成的布;我们的善行必须受我们的过失的鞭挞,才不会过分趾高气扬;我们的罪恶又赖我们的善行把它们掩盖,才不会完全绝望。"看来,对于人生的思考、善恶的评判是莎士比亚脑海中挥之不去的念头,而这时莎士比亚作为一个成熟练达的中年作家,积极地探寻生活真谛,不懈地求索人生真理,也是他义不容辞的职责。

莎士比亚于 1604 年又创作了一部"阴暗喜剧",名曰《一报还一报》,又译为《请君入瓮》。此时莎士比亚的思想更见成熟,接触到的英国社会的残酷现实也远比过去深刻。人民备受压迫,法律难以施行,正义不能伸张,邪恶嚣张肆虐,遍布于社会的种种丑行恶德令莎士比亚无比震惊,他将看到的一切丑恶表现在《一报还一报》中。莎士比亚创作于第二时期的"阴暗喜剧"中都多多少少蕴含着悲观主义因素,暴露出莎士比亚这个锁链中的巨人与现实之间的不调和,以及他的人文主义美好理想与资本主义原始积累时期冷酷现实之间矛盾的激化。莎士比亚虽然是位敢于批判现实的作家,但他并不是个言辞尖刻、鄙视世人的恨世者,或是个"人性恶"论调的宣传者,他也热爱人类、热爱生活,但就如同形与影永远相随一样,世间的真、善、美总伴以假、丑、恶出现,不能不让人感到心寒。尤其是在资本主义原始积累时期,金钱成为操纵一切的杠杆,甚至可以让亲人变仇人。

悲剧名篇

1601 年到 1608 年,莎士比亚的生活与创作有所进展。他不仅在伦敦买了房子,而且还把钱投资到斯特拉福,买了 107 亩上好的土地,购置了些房产,添置一些家具,为将来退休做了准备。莎士比亚虽然使他的家庭兴旺了起来,但却始终没有把因穷困典当出去的他母亲的土地赎回。他的父母于 1601 年和 1608 年先后去世。1607 年他的长女苏珊娜嫁给一位剑桥毕业的知名医生约翰·霍尔博士。苏珊娜只生了一个女孩子,名叫伊丽莎白,身体很不健康。谁能料想,伊丽莎白死前,竟让人把在斯特拉福的老屋子里的所有木材和书籍统统烧毁,这真是一次历史上的文物浩劫,给后人研究莎士比亚造成了极大的困难。

在这段时期内,正是伊丽莎白统治的最后几年。詹姆斯一世接位的初期,王朝更替、社会动荡。新旧贵族和广大人民之间严重对立,政治斗争激化,封建君主专制反动势力加强,旧世界的邪恶势力和新兴的资产阶级矛盾交织在一起,使社会生活大大逆转了;正义的、进步的力量受到了压抑,广大的人民群众陷入了苦难的深渊。面对人民的贫困和社会上的不公平,作家乐观的心情没有了,特别是艾塞克斯事件给他的刺激很大。1601年,莎士比亚两位好友,艾塞克斯勋爵和骚桑顿勋爵,立志改革,发动叛乱,结果因势单力薄而宣告失败。艾塞克斯被送上绞刑架,骚桑顿被投入了塔狱,这个莎士比亚曾寄以希望的集团被粉碎,使得他的理想也跟着幻灭了,他既感到悲哀绝望,又感到无比愤怒,这就是他为什么在这一个时期写下了大量悲剧的原因。

莎士比亚的悲剧给我们描绘了一整个时代的波澜壮阔的生活图景,从国家的动荡不安到社会的风貌、个人的思想感情和精神状态,人们之间的种种关系,以及各种力量的千变万化,在悲剧里都有着深刻的形象的反映。悲剧展示了广阔的人生战场,在这个战场上,你可以听到强者的咆哮,弱者的呻吟,胜者的欢呼,败者的哀鸣。不同的人,怀着不同的目的,不同的人生观,冲进了悲剧世界,卷入了斗争的旋涡。这种斗争,也就是作者对人生的刻画,对现实的体会,对灵魂的剖析。

莎士比亚悲剧的冲突场面宏大,斗争针锋相对,参加的双方人数众多,矛盾尖锐复杂,情节错综曲折,场面惊心动魄。在戏剧史里,再没有什么比这更震撼人心,或者更悲惨的东西了。他把戏剧的紧张场面拉紧到极限,使人物显露出他们的真实性格。

莎士比亚的悲剧的一个重大特点是内在冲突大于外在冲突。主人公的最后命运,常常出现在第五幕的可怕场景,人们谓之为"死床"。所有莎士比亚的悲剧没有一个主人公在终场时活了下来,如果主人公免于一死,不管他生前遭受到多大的苦难,就莎士比亚的意义来说,那就不是悲剧了。有价值的人被毁了,卑污小人也毁了,同是毁灭,但善良却赢得了道义上的胜利,正义和美德却流芳百世,而邪恶却失掉了人心,遗臭万年。

这段时期,一般被称为莎士比亚创作的第二个时期,即悲剧时期。《哈姆莱特》创作于 1601 年,是这个时期所写的第一部悲剧。这部悲剧的诞生不仅标志着作家思想的深刻发展和艺术的高度完善,也给世界文学面貌带来了巨大变化。

主人公哈姆莱特有着最复杂的性格。他是最有社会理想和人文主义色彩的青年。他的正直的父亲被暗害,母亲被霸占,王位被篡夺,爱人被离间发疯后致死。一切打击,一切不幸,都先后落到他的身上。但哈姆莱特并没有被灾难所压倒,在个人的不幸中,他觉悟到这是整个社会的不幸,是不合理的社会造成不合理的人生。他清醒地意识到:"是一个颠倒混乱的时代",世界就是"一所很大的牢狱",从而要"负起重整乾坤的责任",和反社会、反人类的恶势力进行生死的斗争。把个人遭遇和整个人类命运紧紧联系在一起,是哈姆莱特这个不朽典型的最大思想意义。

当然,由于历史条件限制和主客观的原因,哈姆莱特只能是道义上的胜利者,而不可能在生活中取得事实上的胜利。最后他不仅与敌人同归于尽,而且,家庭、爱情、事业,也全都遭到毁灭,就连自己的祖国也名存实亡,政权落入外人之手,这当然是人类生活中最大的悲剧。

《哈姆莱特》是莎士比亚一生最重要的作品。从它开始,他写下了一系列伟大的悲剧,特别是有口皆碑的"四大悲剧"。每一悲剧都有着自己特殊优越之处,在某一方面,可能这个悲剧胜过另一悲剧,但是在性格的深刻方面,心理的刻画方面,反映生活的本质方面,以及人文主义的社会理想方面,没有一个悲剧能与《哈姆莱特》相匹敌,它是莎士比亚创作的顶峰,也是世界文学中少有的伟大作品。

灵魂永驻

1609 年,莎士比亚 45 岁,已接近知天命的年纪了,两鬓也是早生华发。他在思想认识上已经完全成熟,对社会也看得更透彻。他意识到人文主义理想在现实生活中是无法实现的,但他又不愿放弃自己的信念,于是就逃遁到幻想的境界中去。在经历了青年时代的挣扎和中年时代的抗争之后,神情疲惫的莎士比亚不再写那些反应激烈的社会冲突、具有严峻的社会批判性的悲剧,更写不出明媚灿烂、男欢女爱的喜剧,他为自己选择了一条新的道路。

经过乐观主义时期和悲观主义时期之后,莎士比亚的创作进入第三阶段(1609 年~1613 年)。他突如其来地改变了写作方向,开始转向富有浪漫色彩的传奇剧,所以这一时期称为浪漫主义时期。代表作品有《泰尔亲王佩里克利斯》(1608 年)、《辛白林》(1609年)、《冬天的故事》(1610 年)和《暴风雨》(1612 年)。莎士比亚在推出"四大悲剧"杰作之后,已攀登上了悲剧艺术的巅峰,他转而把自己的艺术发现和艺术成果提供给他人使用，自己却独辟蹊径，这不能不说莎士比亚慷慨大方，但恐怕只有天才人物才敢冒这样的风险。同时我们也应体察到，莎士比亚改变文路也有他的隐衷。

从早期剧中的欢乐情绪、对人文主义理想的坚定信念，到中期悲剧中的沉重心情、在世态炎凉面前理想的幻灭，直至晚期传奇剧中把希望寄托在乌托邦式的空想世界中，莎士比亚作为一名资产阶级知识分子，思想上经历了追求——反抗——幻灭三个阶段。

莎士亚的消极遁世不是没有原因的，相反正是他后期精神状况的反映。这一时期，詹姆士一世的统治暴露出专制王朝的本来面目，加强了对言论自由的压制，人文主义者所抱有的理想与现实之间的距离更难弥合。莎士比亚在悲剧创作时期经历了一场思想危机之后，如今只得从现实转入了幻想，把实现人文主义理想的希望寄托于梦幻。此外，这时伦敦的剧坛上流行着一种迎合宫廷趣味、供贵族们消遣玩乐的作品，只重情节的曲折和离奇，缺乏严肃的思想内容。宫廷内部这种奢侈淫乐的生活风气也蔓延到了戏剧舞台上。但出于对统治阶级道德败坏的不满，莎士比亚只好把视线从污浊的宫廷与城市转移到清新、纯朴的大自然和富有异国情调的海外。

莎士比亚的传奇剧大都情节相似，充满人世的悲欢离合。剧的开头往往矛盾重重，主人公遭逢种种不幸，后来由于某种偶然的原因，得到大团圆的结局。在这些作品中也有对黑暗现实的揭露，但作者不再是抗议、批判的态度，而是宣扬仁爱、和解与宽恕，明显地表现出一种阅尽人世沧桑后所特有的淡泊与宽容。莎士比亚始终保持人文主义者的信念，相信通过道德的改善人类会有美好的前途，并把希望寄托在青年一代的身上。但由于这种信念缺乏现实基础，所以传奇剧的故事总是发生在幻想的神奇的环境中或一个理想的世界里。幻想的境界、传奇的色彩、理想的光芒，使这类作品仍然具有强烈的艺术魅力。

伦敦的冬天格外寒冷，在这样恶劣的天气里要吸引观众到露天剧场来，几乎是不可能的，大多数剧团都生意惨淡。但这不等于说伦敦的观众冬天没法看戏、得不到这种娱乐，莎士比亚是绝对不会允许此类事情发生的，他所在的"国王的供奉"剧团刚刚买下的"黑僧"剧院就是人们隆冬赏戏的理想场所。这是一个供室内演出的剧场，设备齐全，以照明为例，它有挂在墙架上的火把、灯笼，有插在烛台上的蜡烛，还有沿着舞台周边安放的脚灯。在这样的灯光条件下，很容易营造一种神秘、浪漫、朦胧的氛围，莎士比亚的传奇剧在这里上演，真是相得益彰。"黑僧"剧院的票价偏高，所以来这儿看戏的大多是资产阶级和上层社会的人员。他们的欣赏趣味自然与"环球"剧场的平民观众不同，他们一般喜欢梦幻和传奇色彩的故事，这也是影响莎士比亚后期创作风格的原因之一。

莎士比亚的第一部传奇剧《泰尔亲王佩里克利斯》并不是灵感突发之作，而是为了修改旁人的拙作才诞生的。1608 年，"国王的供奉"剧团收到了蹩脚文人乔治·威尔金斯的一个剧本，主角名叫佩里克利斯。虽然剧本写得不敢恭维，但剧团急需补充新的剧目，所以莎士比亚就信手拈来，进行加工修改。不久，"黑僧"剧院就上演了一部新戏——《泰尔亲王佩里克利斯》。这出传奇剧算是尝试性作品，没想到竟决定了今后剧本新潮流的走向，从此以后，莎士比亚就开始用这一格调写作了。

这部作品宣扬了正义压倒邪恶的主题,但失去了悲剧中的力度。最终善战胜恶,不是依靠的现实力量,而是借助了超现实的神力。这表明莎士比亚改变现实的信心发生了严重的动摇。如果说《泰》剧是莎士比亚由悲剧向传奇剧转折的过渡性作品,那么接下来的这部《辛白林》则迈向了成熟。

在此剧中,莎士比亚从人文主义出发,既批判了社会丑恶,又体现了仁爱精神,他把时代的极端罪恶与人类的至美至善糅合在一起,体现出这一时期剧作家的特殊心态。据说《辛白林》的剧情无意中与当时一桩轰动性新闻不谋而合。

莎士比亚等人恐怕也不希望舞会上的悲剧与生活中的经历如此相似。莎士比亚学家们曾不止一次地表达过这样的观点,即莎士比亚的最后两部传奇剧——《冬天的故事》和《暴风雨》,体现了他的失望情绪,标志着他已经否定现实生活,走向了幻想的境界。

莎士比亚在《冬天的故事》一剧中寄予了深刻的寓意。当时,英国的社会矛盾更趋尖锐,王室的统治越来越专横暴虐,莎士比亚深感自己的人文主义理想与冰冷世界之间的矛盾难以解决,但他仍未放弃对人类美好未来的信念,寄希望于年轻一代的思想在这部戏剧中表现得特别明显。从题目上看,"冬天"这个地冻天寒、万物肃杀的季节很容易使人联想到当时严酷的社会现实,不过莎士比亚写的虽是冬天的悲哀的故事,但他内心是多么希望描绘人类幸福美好的春天啊,正如英国诗人雪莱吟咏道的:"冬天已经来临,春天还会远吗?"。

莎士比亚接下来创作的《暴风雨》,是他晚期传奇剧中的精品。这部充满梦幻色彩的作品自问世以来,受到不同时代、不同国度的人们的共同喜爱。就是在当时,它也带给莎士比亚不小的荣光,据英国宫廷《宴乐记事》记载,此剧在 1611 年的万圣节之夜(11 月 1 日),曾由莎士比亚所在的剧团在王宫白厅为国王詹姆士一世演出过。

在《暴风雨》中,莎士比亚饱蘸浪漫主义的墨汁,曲折地反映了社会现实矛盾,普洛斯彼罗所代表的正义力量与安东尼奥所代表的邪恶势力的斗争,正是 17 世纪初英国社会矛盾的写照。莎士比亚用"暴风雨"象征人生,认为人生是冲突混乱与精神力量的矛盾统一。这出戏也反映出了莎士比亚晚年的思想活动,他厌恶丑恶现实,向往理想世界。幻想以道德感化来化解矛盾。

虽然莎士比亚在该剧中有对腐败社会和邪恶人性的揭露与否定,但这些并没有动摇他对人类的赞美:"神奇啊!这里有多么好看的人!人类是多么美丽!啊!新奇的世界,有这么出色的人物!"莎士比亚这番赞美是送给青年人的,他认为人类美好的未来完全属于他们,米兰达和斐迪南就是莎士比亚笔下理想的下一代的楷模。

一直以来,许多批评家都认定《暴风雨》中的普洛斯彼罗就是莎士比亚本人的象征。这个人物聪明好学、仁慈和善、为人正直、胸怀坦荡,这俨然就是生活中的莎士比亚的化身。尤其是剧中的普洛斯彼罗在完成了神圣的使命之后就放下了他的魔杖,而莎士比亚本人在创作完这部戏剧之后也告别了舞台。普洛斯彼罗在收场诗中的自白就像莎士比亚告别剧坛、告别观众的谢职演说一样:"现在我已把我的魔法尽行抛弃,剩余微弱的力量都属于我自己……我再没有魔法迷人,再没有精灵为我奔走。"又因为这部作品集中反映了莎士比亚晚期的思想,因而被称为"诗的遗嘱"。

《暴风雨》作为莎士比亚精心创作的最后一部作品,以其炉火纯青的艺术造诣,为莎士比亚辉煌灿烂的戏剧生涯画上了一个完美的句号。

《暴风雨》是莎士比亚的最后一部作品,有意思的是,在收场诗里,他向观众告别,明确表示要退出舞台,要求给他"以自由",让他"重返故乡"度晚年。在这最后一部作品里,他也把自己对生活的观察做了总结,如同写下自己遗嘱似的。在他的时代里,生活被不合理的制度歪曲了,人们的灵魂受到了腐蚀,受到了创伤,好人受气,坏人得逞,但他希望这只是历史过程中一段短短的噩梦而已。"暴风雨"的轰响将惊醒这可怕的噩梦,"暴风雨"将冲刷这污浊的大地,"暴风雨"将带来一个新鲜的、干净的、美好的世界,一在这个世界中,年轻一代,像米兰达和斐迪南那样,都将会有自由的锦绣前程,将要过着一种全新的、人们从没有过的美满幸福的生活。

莎士比亚在戏院大约工作了二十五年之后,于 1612 年退休,回到自己故乡斯特拉福养老。未过上几年清静的生活,他的最后时刻就意想不到地到来了。他在一六一六年三月间写遗嘱时,"健康和记忆还很不错"。在遗嘱中把他的财产分赠给亲友,当然在斯特拉福和伦敦的大部分财产都归于苏姗娜。遗嘱中规定把家中第二个最好的床给他的媚妇哈撒薇,对这点很多人怀疑是不是莎士比亚对他妻子的嘲弄,或者关系不好,但更多的人认为这正是他对她的爱的表示,因为这第二张好床是他们结婚的床。至于第一张最好最大的床,有的说是苏姗娜夫妇留着,也有的说,像在他这样人的家里,习惯上是把最好的床留给客人用的。如果把它遗赠给自己妻子,那不就把她看作外人了?遗嘱里还想到他的剧团的伙伴们:"约翰·海明、理查·倍伯奇和亨利·康德尔,一人二十六镑八便士,给他们每人买一枚戒指。"在遗嘱中他还写上"希望和坚定地相信,我的灵魂将被派为永恒生命的一部分",也就是说,他的生命将是不朽的。1616 年 4 月 23 日,正是第 52 个生日那天,莎士比亚在斯特拉福镇与世长辞。

莎士比亚在短促而匆忙的一生中,一共写下了两首长诗,四首杂诗,一百五十四首十四行诗和三十七个剧本。如果把过去有争议而现在通过科学手段证明确是他写的《托玛斯·摩尔》也算进去,那就是三十八个剧本了,这是人类一笔最可宝贵的财富。但是在他生前,虽然受到人民欢迎,作为演员作家,却并未享受到多大荣誉。死后,他一直沉睡了一百五十多年,默默无闻。十八世纪中叶,才有人去凭吊他,那是由于著名演员加里克提倡的结果。到这时,也只有少数学者开始对他进行研究。几乎又沉默了一世纪,到十九世纪中叶,人们才对他狂热起来,成为最伟大的剧作家;大文豪、大诗人,而世界性的一门热门科学——莎学,也由此形成。可是与这幸运的同时,却又产生了一种不幸,盛名之下,引起不少人对他的怀疑、否定,甚至贬辱。但这些只不过是学者们的无聊的谬说,耸人听闻而已。每遇到有人攻击或诽谤时,马克思、恩格斯都奋起迎击,严厉驳斥,保卫莎士比亚这一人类共有的伟大遗产和骄傲。诚如莎士比亚同时代的大戏剧家本·琼生所说,莎士比亚是"时代的灵魂",他"不属于一个时代而属于所有的世纪"。

西班牙现代小说之父

——塞万提斯

人物档案

简 历:文艺复兴时期西班牙小说家、剧作家、诗人,被誉为是西班牙文学世界里最伟大的作家。1547年9月29日出生于马德里附近的埃纳雷斯堡,1616年身患严重水肿,患病期间仍然对生活充满了乐观精神。此间,他为他的小说《佩西莱斯和塞西斯蒙达》写了《向莱穆斯伯爵致辞》,五天后,即4月23日逝世于马德里。他被誉为是西班牙文学世界里最伟大的作家。其作品《堂吉诃德》达到了西班牙古典艺术的高峰,标志着欧洲近代现实主义小说的创作进入了一个新的阶段。评论家们称他的

小说《堂吉诃德》是欧洲文学史上的第一部现代小说,同时也是世界文学的瑰宝之一。

生卒年月:1547年9月29日~1616年4月23日。

安葬之地:马德里市中心的特里尼塔里亚斯教堂内。

性格特征:性格和善,善良大方,举止优雅,有强烈的爱国主义精神和豪迈的英雄气概。

历史功过:塞万提斯的代表作《堂吉诃德》是文学史上的第一部现代小说,同时也是世界文学的瑰宝之一。塞万提斯对于世界文学的影响巨大,甚至连西班牙语都因此被称为"塞万提斯的语言"。

名家评点:中国美学家、文艺理论家朱光潜评价说:"这个人物的性格具有两重性:一方面他是神智不清的,疯狂而可笑的,但又正是他代表着高度的道德原则、无畏的精神、英雄的行为、对正义的坚信以及对爱情的忠贞等等。他越疯疯癫癫,造成的灾难也越大,几乎谁碰上他都会遭到一场灾难,但他的优秀品德也越鲜明。"

卫国英雄

塞万提斯，1547年生于西班牙中部阿尔加拉·得·恩纳勒斯镇（现属马德里省）。他的祖父叫胡安·德·塞万提斯，是个破落贵族，做过律师。他的父亲叫罗得里戈，是一个乡下的游方外科医生。他们兄弟姊妹一共有7个，他是老四。由于生活困苦，罗得里戈不能把自己的诊所固定下来，只好带着7个孩子和妻子到处流浪奔波。

据说，1568年塞万提斯在马德里进了中学，并在当时有名的拉丁文学者胡安·洛彼斯·台·奥约斯的指导下学习。塞万提斯只受过中学教育，但他勤奋好学，自学能力很强。他说自己很喜欢读书，"哪怕是街上抛着的带字的烂纸也要拿来读"。

1569年下半年，塞万提斯到了文艺复兴的发源地——意大利。

在意大利期间，塞万提斯当过红衣主教胡利奥·阿括维瓦的"家臣"。他常住罗马，到过佛罗伦萨、米兰、巴勒尔摩、威尼斯等许多意大利城市。在红衣主教那里，还有机会接触了当时许多文人学士，同时也充分利用主人丰富的藏书，读到许多拉丁文的经典著作和意大利的优秀作品。

后来，西班牙和土耳其间发生战争，年轻的塞万提斯以满腔的爱国热忱，响应祖国卫国参军的号召，大约在1570年参加了西班牙驻意大利的军队，登上战舰"侯爵夫人号"，当了一名士兵。

10月7日，在历史上著名的勒班多战役中，"侯爵夫人号"深入了阵地。战争开始的时候，塞万提斯正患着热病，发着高烧，但他不顾有病，请求出战。舰长和战友们劝他休息，他却说："我宁愿为王上作战而死，也不愿躲在船舱里偷生。舰长先生，请您把我放在最危险的岗位上，我一定在那里坚守到底，流尽我最后一滴血。"

塞万提斯带病参加了战斗，奋战在甲板上。在战斗中，他负了三处严重的枪伤，两处在胸部，一处在左手。于10月30日被送往墨西纳的医院去治疗，结果被截去左手，成了残废。

不过，他很自豪地说："伤口看来也许可怕，我却认为很美，因为我是在空前绝后的最值得纪念、最伟大的时刻受的伤……"这场战争对西班牙来说，无疑是一场有关民族存亡的卫国战争。塞万提斯所说的为"王上"而战，实质上就是为祖国而战。在战斗中，他表现出强烈的爱国主义精神和豪迈的英雄气概。

奴隶生涯

塞万提斯残废以后，本来应该退伍，但当时除了当兵，便没有其他生活出路，他不得不于1572年4月又转入另一联队，又服役了3年。直到1575年6月，基督教军队统帅、奥地利的堂·胡安到了那不勒斯,这才准许塞万提斯解职回西班牙。堂·胡安给了他面呈菲利普二世的"推荐书",西西里的总督珊沙公爵也给了他同样的保荐信。塞万提斯带着这两封信,于1575年9月26日,同弟弟罗得里戈从那不勒斯乘"太阳号"兵船启程回国。

起航的第二天,当"太阳号"兵船经过马赛附近的里昂海湾时,遇到三艘土耳其海盗船。经过一场激烈的战斗,兵船被俘了,塞万提斯和其他船员们都被俘到阿尔及利亚。

在囚居阿尔及利亚期间,因为塞万提斯带着两封大人物的信,他也就被当作了重要人物,要出巨款才能赎身,并被严加看守,做了5年的奴隶。

他先被卖给一个残暴的希腊人达利·玛米当奴隶,过着痛苦的生活。但热爱自由、热爱祖国的塞万提斯,不甘心忍受这种异族的奴役、非人的生活,曾千方百计地组织逃跑。他被俘后的第二年,就想同几个被俘的基督徒逃到奥伦;不料逃到半路上,有人背叛了他,他依旧落在玛米手中。此后,玛米对塞万提斯就更加严密看守了。

1577年春,有两个教士受塞万提斯父亲的嘱托,带了300个克朗到阿尔及尔,要赎回塞万提斯。可是玛米认为,塞万提斯的身价远远不止300个克朗,因此,只放了他的弟弟罗得里戈。这一年秋天,塞万提斯第二次逃走,同样也失败了。但是,玛米却有点怕他了,赶紧以500克朗转卖给阿尔及尔的总督哈桑·把帅。

塞万提斯做了哈桑的奴隶之后,偷偷地用诗的形式,给西班牙首相写了一封信,希望攻取阿尔及尔,以解救受难的同胞,但没有被采纳。1578年,他又偷偷写了一封信给奥伦市长请求救助。这一次却被哈桑知道了,判决打他两千棍,不过并没执行。这时,塞万提斯的父母也在到处奔走,设法营救他。他们请求西班牙国王帮助,甚至珊沙公爵也替他们说了好话。于是在1579年夏,塞万提斯的父母筹借了250特卡忒,又托了两个教士去赎自己的儿子。

就在这一年的秋冬之交,塞万提斯在两位瓦棱西亚商人的资助下买了一条小船,准备和伙伴同逃。可是也是由于被参加密谋的耶稣会教士出卖,结果又失败了。瓦棱西亚商人劝他一个人逃走,他谢绝了。他说:如果其他约好同逃的同胞不和他一起离开的话,他决不一个人独自逃走。

1580年5月。那两个教士来到了阿尔及尔。那时哈桑也快要卸任了。哈桑一定要500个特卡忒,比塞万提斯父母筹借的数目多了一倍。回西班牙筹集是来不及了,于是就在阿尔及尔的基督教商人中间募集了那不足的数目。塞万提斯这才得到了自由,结束了5年的奴隶生活,回到了离开10年的祖国。

逼出的大师

塞万提斯虽然为祖国流了血,成了残废,但并没有受到菲力普二世的重视,找不到一个正式的工作。他为生活所迫,于1581年在葡萄牙当过兵,还在北美干过临时性的差使。

从 1582 年起,塞万提斯在读"万卷书"、行"万里路",具有丰富的生活经验的基础上,开始从事创作活动,打算卖文来糊口了。由于稿酬菲薄,生活仍然很困难。

他为生活所迫,于 1587 年上书请求差务。西班牙当局委派他担任"无敌舰队"的军需工作,实际上就是为兵船上收买麦、油、酒之类的差使。因为当时菲力普二世计划着要夺取比斯开湾对面的小岛,正调遣海军。这个商人性质的买办杂差,在别人也许是个赚钱的机会,但在塞万提斯不仅不能赚钱,还往往赔账。甚至以"亏欠公款""账目不清"等罪名被捕入狱。直到 1603 年,他才脱离税吏工作。

1603 年,塞万提斯迁居到瓦雅多利德。那时候,菲力普二世把他的朝廷也搬到了瓦雅多利德。塞万提斯的家族,还有几个亲戚、一个女仆都挤在拉斯托洛街的一个小小公寓的几间房里。当时,他家至少有五六个女人,他的妻子、姊妹、亲戚,还有一个是他在 1584 年爱过的一个葡萄牙女人生的私生女(后来那女人另嫁了,女孩归塞万提斯抚养)。她们成天在塞万提斯的书桌旁走来走去。这所房子下面是一个猜拳行令、打架斗殴的下等小酒店,劣等酒的辛辣气味不时地钻上楼来。而房子的上面是一家妓院,笑声、闹声、歌声,经常扰乱着塞万提斯。并且从底下的小酒店到上面的妓院只有一道扶梯,恰好又要穿过塞万提斯的"书房"。很难想象,著名的《堂吉诃德》第一部的大部分竟是在这样的环境里诞生的!

可以断言,塞万提斯当时的生活是相当穷困的。《堂吉诃德》第一部写成之后,因为找到了买主他高兴得不得了。《堂吉诃德》的成功,使出版商的腰包装满了钱,而塞万提斯由于稿酬很少,却依旧穷得很。

塞万提斯不但穷,还不断飞来横祸。1605 年 6 月 27 日,在塞万提斯所住的房子外面的那条街上,有一个放荡的贵族青年被人家打伤了。塞万提斯听到呼叫声以后,就赶到出事地点,他把受伤的青年弄到自己屋里,由他大妹妹做义务看护。不巧,这个放荡青年竟因伤重死了。塞万提斯做了好事,反而惹下了祸端,竟以杀人嫌疑入狱候审。他的私生女、他的妹妹和女儿也一齐被关进监牢。后来,因证人提不出杀人证据,塞万提斯才被无罪释放。1611 年 8 月,他又为女儿陪嫁的事被控告出庭受审。塞万提斯尽管一生穷困,道路坎坷,但他总是不间断地用他那天才的笔,为西班牙文艺复兴时期的文苑增光添彩。

1616 年,塞万提斯得了水肿病。4 月 23 日,这位著名的现实主义作家在马德里的莱昂街寓所和他所热爱的西班牙人民作了最后的诀别,终年 69 岁。

塞万提斯逝世后,西班牙当局连墓碑也没有给他立一块。一直到 1835 年,马德里才为他建造了一座纪念碑,纪念碑下雕刻了长篇小说《堂吉诃德》的主人公堂吉诃德和侍从桑乔的铜像。

1976 年,西班牙文化部特颁发了"米盖尔·德·塞万提斯"西班牙语文学奖金,来纪念这位驰名世界的现实主义作家。现在,西班牙国立图书馆里有一间大屋子放满了《堂吉诃德》的各种译本,有几百册。另一间大屋子里放满了同样多的研究《堂吉诃德》和塞万提斯的著作。

跨越两个世纪的诗人

——歌德

人物档案

简　历：18世纪中叶到19世纪初德国和欧洲最重要的歌剧家、诗人、思想家。出生于美因河畔法兰克福,魏玛的古典主义最著名的代表。而作为诗歌、戏剧和散文作品的创作者,他是最伟大的德国作家之一,也是世界文学领域的一个出类拔萃的光辉人物。他在1773年写了一部戏剧《葛兹·冯·伯利欣根》,从此蜚声德国文坛。1774年发表了《少年维特之烦恼》,更使他名声大噪。1776年开始为魏玛公国服务。1831年完成《浮士德》,翌年在魏玛去世。

生卒年月：1749年8月28日～1832年3月22日。

安葬之地：安葬在公侯墓地席勒墓旁。

性格特征：爱整洁,性格特征复杂、矛盾、有个性。

历史功过：完成大量文学作品,辅佐魏玛公国,进行科学研究;在文艺理论、哲学、历史学、造型设计等方面,都取得了卓越成就。他的创作把德国文学提高到全欧的先进水平,并对欧洲的文学发展做出了巨大的贡献。

名家评点：恩格斯评价说:"歌德有时非常伟大,有时极为渺小,在他心中经常进行着天才诗人和法兰克福市议员的谨慎的儿子、可敬的魏玛的枢密顾问之间的斗争。和黑格尔各在自己的领域中都是奥林匹斯山上的宙斯。"

伟大之初

1749年8月28日,约翰·沃尔夫冈·歌德出生在法兰克福城。他的父母共生了6

个孩子,但是活下来的只有小约翰和比他小一岁的妹妹科内莉娅。

在父母的关爱下,幼小的歌德逐渐长大。家庭的浓郁的文化气氛给小歌德留下了深刻印象。歌德的父亲不刻意追求房屋外表的雍容华贵,却花了大量精力布置他的藏书室,装备一个收藏同时代艺术家作品的画廊。老歌德的足迹遍及世界各地,因此世界各地的土产和纪念品点缀了"三把七弦琴"的各个房间和宽敞明亮的前厅。在这个小小的博物馆和艺术展览厅内,最最吸引歌德的是一套皮拉内西风格的罗马风景画。这位驰名世界的意大利铜版画家、考古学家和建筑师用强烈的黑白对比、精湛的造型技艺表现了气势博大的古代与巴洛克风格的建筑群。歌德久久流连在文化艺术的珍品之中,逐渐陶冶了他不凡的艺术气质。

歌德与父亲始终有一种距离感。童年的歌德讨厌父亲那刻板的、吹毛求疵的习性和对人对己都铁面无情的态度。但是歌德常常十分谨慎地提起父亲,因为他不可避免地越来越像他的父亲,不仅在外表上,而且在许多生活习性上,尤其是特别爱整洁这一点上。

与理智的父亲相反,歌德的母亲天性活泼快乐。她的性格使胆怯的孩子更愿意与她亲近。她有很强的调节能力和善于体察别人心情的本领,因而成功地避免了儿子与父亲多次严重的冲突。孩子们喜欢母亲的另一个原因是她有编造故事的专长,歌德成年后认为这是造成他诗人气质的重要因素。母亲那乐天性格使歌德终生难忘,他总是不知疲倦地谈到他对母亲的爱。

妹妹是少年歌德的唯一骨肉同胞,也是他的唯一知己。小时候兄妹两人一起生活、玩耍、学习、成长,所受的教育也完全一样。歌德认为他与妹妹可以看成是双胞胎,可见两人的亲密程度。随着身体的发育和道德观的形成,他们中间仍然保持着这一种生活的共识性与相互信赖感,只是青春期的趣味、性别而形成的个性差异与青年人的神秘感使原本应更亲近的兄妹反而疏远。成年后的歌德痛悼年轻的妹妹的早逝,他想只有写一部完整的诗作才能召回妹妹的亡灵。

按照当时所有的上流家庭的惯例,歌德从很小的时候起,就受到了精心的家庭教育。他有优秀的家庭教师,尤其注重学习人文科学。他对拉丁文和希腊文有惊人的理解能力。有一次,这位 8 岁的孩童不无骄傲地在作业本上注明,正式文科中学最高学年的拉丁文练习是他主动抄写下来并翻译出来的。学完古代语言之后,他开始学法文、英文和意大利文,后来又学希伯来语。10 岁的时候,他开始阅读伊索、荷马、维吉尔和奥维德的作品,《一千零一夜》,笛福的《鲁宾逊漂流记》,施纳贝尔的《石堡孤岛》。他也阅读德国民间故事,如《奥伊伦施皮格尔》《士德博士》《美丽的马洛妮》《福图纳图斯》以及《永世流浪的犹太人》之类的作品。

除了读书和学习之外,社会发生的重大事件都深深地震撼了幼小的歌德。1755 年11 月 1 日,里斯本发生了一次大地震,这作为 18 世纪最大的自然灾害之一而载入册的地震对歌德的精神发展具有巨大的意义。歌德第一次看到自然的恐怖之神如此迅速、如此猛烈地施展它的可怕淫威,因而对与天地的创造者和维护者的上帝由此而产生了怀疑。《圣经》里的上帝是那样的贤明和仁慈,在地震中却让好人和坏人一起毁灭,丝毫表现不了一点慈父的心怀。从此歌德的宗教信仰发生了动摇。

1756年，普鲁士和奥地利爆发了7年战争。里斯本地震之后，6岁的歌德开始怀疑上帝的仁慈，如今他又对公众的正义心开始怀疑。歌德生来喜欢敬重别人，如今他对某种值得尊敬的事物的信念动摇了，可见普奥战争对他的影响之大。从前他一直以为要求他们举止得体、行为端正的人一定也是正派的人，但事实恰恰相反。最伟大、最显赫的功绩常遭到了诽谤和敌视，最高尚的行为即使不被否定，至少也被歪曲和贬低，而这种卑劣的行为却是由于出自上层社会。一些政治关系上司空见惯的小事常常引起他深深的思索。

1759年1月，法兰克福遭到奥地利的盟友法国人的突然袭击。法国占领该市后，歌德家住进了法国市政管理局的一位官员。少尉弗朗索瓦·德·托朗伯爵在楼房二层住了近两年半的时间，与幼年的歌德差不多成了忘年交。伯爵十分喜欢艺术，曾大量订购了以荷兰风格进行创造的法兰克福等地的画家如约翰等人的作品。大部分作品由画家直接来家里进行创作，耳濡目染，歌德很早便熟悉了绘画艺术。

由于与伯爵的友情，当法国剧团到法兰克福演戏时，歌德便得到了优惠。他经常去看戏，11岁的歌德不仅由此熟悉了拉辛和莫里哀的作品，而且有机会与演员直接接触。歌德对戏剧的兴趣是幼年时由于木偶剧团启发起来的，此刻兴趣越发浓厚，这一切都在他的作品《威廉·迈斯特的戏剧使命》中反映出来。

在法军占领法兰克福市期间，歌德已经尝试写诗了。1759年1月起，他毫不费力地写了大量的诗，有的是献给他的亲人的。

歌德在那些早年的诗歌中构筑了宏大的场面，对罗马大帝约瑟夫二世的加冕的描写为诗歌增添了夺目的光彩。

游学岁月

歌德想上格廷根大学，甚至为自己描绘了一条人生之道，专攻语言学、文学、历史。1765年10月，在书商弗莱舍尔陪同下，他欣然前往莱比锡。

歌德的父亲预计每年给他1000塔勒作学费和生活费，这当然是相当可观的数目。歌德希望一年200~300塔勒就够用了，当时一个泥瓦工一年的收入也不过200塔勒。他在介于新、旧市场街之间的"火球公寓"里住下。安顿好以后，他便连忙拿着介绍信去见宫廷顾问博麦。

博麦作为历史学家和宪法学者，对于一切带有文学气味的东西都表示憎恶。歌德只好学法律。根据博麦给他定好的课程，歌德先听哲学、法律史和罗马法及其他两三种课程，但他仍坚持经常听格勒特讲授的文学史和参加他的文学习作课。

令人烦恼的是学习。哲学对他没有什么启发作用，逻辑学使他觉得很奇异。法律的讲授更是"糟糕"，他跟父亲学到的东西，在此不过重温一次而已，他感到极其无聊。格勒特教授虽然深受青年人欢迎,但是他重视散文。鄙弃诗歌,并且不大高兴上文学习作课。于是由克罗狄阿斯教授来填补。有一次,歌德的舅舅结婚,家里人来信要歌德写首贺诗。歌德写了一首以希腊众神议论婚事为内容的诗。他自我欣赏之余,便抄了一份,恭呈这位教授,企图博得教授的称赞。谁知教授看后,在课堂上宣读出来,并且将这首诗批评得体无完肤,指出滥用神话是种陋习,有些用语太高深,有些又太浅薄。教授大刀阔斧地删改之后,已经是满纸红墨水了。

至于神学,歌德更是反感。歌德对宗教向来持怀疑态度,视圣经为宗教教条,使人思想僵化。

对上述的不满和失望,对新知识的渴求,使歌德转向适用的学科。从第二学期起,他便去听化学课和解剖学课,学习生物学、物理学等自然科学,学习绘画艺术。

他的生活更放荡了。

他陪同乡、未来的妹夫施罗塞尔在布路尔街的一家小旅馆吃饭,认识了掌柜舍恩科普夫一家。他女儿安娜·卡塔琳娜(1746~1810)年方 20 岁,歌德一见钟情,称她为安妮特,或凯特馨。歌德在自传中回忆道:她是"一个美丽可爱的女孩,我很喜欢她,可以有机缘来互送友谊的眼波"。为了天天能见到她,歌德干脆在这家饭馆吃饱饭。

歌德受到等级观念的束缚。他是法兰克福市参议员的儿子,他家是该市的第四富豪,而她是一个小饭馆老板的女儿,年龄比他大 3 岁。他经常出入上流社会,怎么会娶她做妻子呢?

他不敢告诉父母,只是在 1767 年 8 月用法语给他妹妹写的信里顺带提了一下,而且遮遮掩掩。就在这一年秋天,他和她在一棵老菩提树下幽会。

可是到了冬天将尽的时候,他好发脾气,找岔子来呕她,使她不快。

两个月之后,歌德病倒了。一天夜里,他剧烈地咳血,脖子的左边长了一个肿瘤。一连几个星期卧床不起。他以为自己得了肺病,而医生们的诊断也相互矛盾。

狂飙突进

他卧病在床,幸好画家的女儿弗里德里卡·奥塞尔照顾他,给他不少安慰,使他慢慢康复。就在他满 19 岁的那一天,他登上邮车回家乡了。

1770 年歌德前往斯特拉斯堡去完成他中断的学业。病中休养生息使他的精神面貌焕然一新,斯特拉斯堡的大教堂在他眼里显得那么庄严壮丽、崇高,令他叹为观止,顶礼膜拜。当时哥特式建筑正声名狼藉,歌德却从中领悟到古代建筑师们在他们的作品中显示的博学宏识。愉快安谧的晚霞辉映着简朴而庞大的建筑群,由千万个和谐的群体构成的完整而巨大的印象强烈地激荡着歌德的心灵,他意识到在事业、经历和写作上他将有一个新的开端。

歌德的学习是认真而又紧张的,除了法学外,他去听医学和社会学的课,还研究了许多历史、哲学、神学和自然科学问题。他不仅仅只是读书,还尽可能充分观察事物,把它们印在脑子里,然后有的放矢,运河钻研那些能给人指明方向的学问,从中得到真正的哲学和健全的逻辑。

歌德结识了许多朋友,这使他的眼界脱开狭小的圈子,视野更加广阔。他了解到文坛上各种新的尝试,从而彻底摆脱了思想的束缚。在朋友们的影响下,歌德开始了创作的"最早的记录"。

歌德想取得一个法学博士的学位作为他在斯特拉斯堡学业的终结,但开始并不顺利,原因是他交了一篇法律系看起来十分棘手的论文。不过她们允许他换一种方式答辩。在导师的帮助下,他重新确定了答辩的论点,虽然有些观点被他的同学拿来作笑柄,但这场用拉丁文进行的答辩还是十分轻松愉快地通过了。

刚从斯特拉斯特拉堡归来,歌德被委任为法兰克福陪审法庭的律师,时年 22 岁。他父亲期望他很快闯出名声,可惜事与愿违。在法兰克福四年的时间里,年轻的律师只办了 28 件诉讼案,歌德心不在焉,他所关注的是法律以外的事务。

这时刮起了一阵狂飙,它很快席卷整个德国。这就是德国文学史上的"狂飙突进"运动。它是以莱辛为代表的启蒙运动的继续和发展。由于它主要涉及文学,仍然是文学革命运动。"狂飙突进"来源于剧作家克林格尔(1752~1831)的剧本名,这个剧本描写了两个英国家庭从结怨到和解的过程。剧本于 1776 年出版,翌年上演,效果并不佳。但是这批青年作家掀起的文学运动却有如狂飙(暴风),势不可挡,故得此名。

这个运动的纲领是崇尚自然,推崇天才。作家们也以天才自命,他们要求个性解放,要求民族的发展。因此,他们反对封建专制,反对模仿法国文学,要求创造德国自己的民族风格。

"狂飙突进"运动大致始于 1770 年,赫尔德尔就是这个运动的纲领制订者和理论家。他在斯特拉斯堡从 1770 年 9 月一直待到 1771 年 4 月,才去比比堡任牧师之职。他在这一年写出了《莎士比亚》一文,两年后才发表。

在斯特拉斯堡,歌德认识到法国文学是"老耄的,高贵的",追求自由和享乐的青年不喜欢,人们戏称名噪一时的伏尔泰为"老顽童",对他表示嫌恶。正在歌德要求摆脱法国古典主义束缚之时,赫尔德尔介绍他读莎士比亚,正是一拍即合,歌德写了《莎士比亚命名日》一文。在 1771 中 10 月 14 日,他当着妹妹及妹妹的几个朋友的面,发表了以此为题的演说:"我初次看了一页他的著作之后,就使我终身折服;当我读完他的第一个剧本时,我好像一个生来盲目的人,由于神手一指而突然获见天光。"

他接着说:"我没有片刻犹疑拒绝了有规则的舞台。我觉得地点的统一好像牢狱般的狭隘,行动和时间的统一是我们想象力的讨厌的枷锁。我跳向自由的空间,这时我才觉得有了手和脚。……因此,要是我不向他们宣战,不每日寻思着去攻破他们的牢狱,那我的心要激怒得爆裂了。"

这篇讲话就这样成为"狂飙运动"的宣言,成为向封建社会挑战的"宣战书",成为唤醒在所谓文雅趣味的乐园中熟睡的人们的号角。

赫尔德尔受到了邀请,但未赴会。歌德没有辜负赫尔德尔的期望。一个月之后,他就全力投入剧本《铁手骑士葛兹·封·伯利欣根》的创作了。

一天晚上,歌德回到家里,对母亲说,他在公共图书馆里找到了1731年出版的《葛兹自传》。他要把它编成一个剧。他极力使情节生动,并详细给他娃娃听。她鼓励他把剧本写出来。

在默尔克的帮助下。1773年6月他将剧本自费出版。剧本引起很大的反响。

歌德写的剧本基本上反映了德国农民战争前后的历史。但是他发挥了剧作家的想象,增添了情节,虚构了魏斯林根这个叛徒和阿德尔海特这个风流寡妇,并且让葛兹和农民领袖济金根攀上了姻亲关系,将结尾改成葛兹为自由而死。这些改动和不拘泥于史实的做法,显示了歌德驾驭素材,展开戏剧性冲突的技巧和才华。但是他写了59场,未免太长了,不适宜于演出,只适合作为文学阅读剧本。尽管如此,1774年它仍在柏林和汉堡上演了。

青年歌德有着充沛的精力和旺盛的创作力,还在构思、撰写、改动、印刷和发行《葛兹》的时候,在歌德的脑海里,别的创作计划和设想已经纷至沓来。计划之中就有剧本《普罗米修斯》和长篇小说《少年维特之烦恼》。这时,狂飙精神已从歌德身上几乎消失了。他谨小慎微地在《诗与真》里解释说:"巨人普罗米修斯扰乱天庭的反抗精神对于我的诗的描写并没有供给什么素材。我觉得适宜于我的描写的,是巨人一方面承认比自己更高的威力的存在,但同时又想与之比肩,以平和的、忍耐的努力同他对抗一事。"

著作《维特》

1772年5月至9月,歌德遵从父命,去法兰克福北边的韦茨拉尔,在帝国高等法院实习。这是一个有四五千人的小城。在帝国法院1689年从施派尔迁来这里后,与帝国法院有关的人就约有900人。其实,这里并非最好的进修之地。只不过因为歌德的外祖父在这里工作了10年,歌德的父亲也曾拜访过,而有点老关系罢了。他的如意算盘是想让歌德找到晋升之阶,可是他没有想到歌德对司法工作没有什么兴趣。在这里歌德参加公开举行的庭审,去听法学家专为实习生讲的课。此外,还是《法兰克学者汇报》的撰稿人。

同年6月9日歌德去离该市2里地的福尔佩特豪森参加舞会。正好克斯特纳(1741～1800)和夏绿蒂(1753～1828)也去跳舞。于是他们互相认识了。

她也很喜欢跟歌德做伴,很快歌德就为她的魅力所吸引和迷醉。然而,这一开始就注定歌德的爱恋只能是单相思,因为她已是情有所钟。她的未婚夫克斯特纳在不来梅公使馆工作,"是一个非常正直和相信人的男子"。他下班回来,总看见歌德厮守在未婚妻身旁。虽然他不存芥蒂,但是歌德还是感到不自在。

克斯特纳也未明显地表现出吃醋。他仍然保持同歌德的友谊,信任自己的未婚妻。夏绿蒂也明确表示她只能给歌德以友谊,而不能以身相许。她始终坚定地忠实于对克斯特纳的爱情。克斯特纳的这种豁达宽厚的态度既赢得了未婚妻的爱,也使歌德很不好意思。他们三人经常在一起。歌德深知他们的三角关系渐趋紧张。他思想斗争很激烈,甚至萌生自杀的念头。但是他的理智终于占了上风,他抛去一切忧郁病的妄念,决心活下去。他不辞而别。

正好默尔克约他去莱茵省看望他们共同的朋友。于是,他第三次从他的心上人身边逃走,但是这次逃走与前两次不同。前两次是他抛弃了多情的女子,而这次是他自己被人抛弃了。

一星期后,他已经坐在莱茵河畔科布伦茨附近一幢漂亮的别墅里了。别墅的主人索菲·封·拉罗歇是一位刚成名的德国第一个女作家。她曾与诗人魏兰德有过一段恋情,现在是特里尔选帝侯的枢密顾问格奥尔格·米歇尔·弗朗克·拉罗歇的妻子。她身旁站着 16 岁的大女儿玛克西米利安妮。她那开朗的脸,白皙的皮肤,乌黑的眼睛,使歌德一见之下,就想起夏绿蒂,不知不觉地爱上了她。

但是这个少女却拒绝了歌德的追求,第二年在其父亲做主的情况下,她嫁给了一个比她大 15 岁的、并且有四儿一女的老鳏夫彼得·安乐·勃伦塔诺——一个侨居法兰克福的意大利富商。

1774 年 1 月中旬,这个年轻的继母走进这个富商家的时候,一群孩子包围了她。最大的男孩安东 11 岁,最小的女孩保娜才 4 岁。

歌德回到法兰克福以后不久,他竟意外地在街头遇见了克斯特纳。两人又热烈地拥抱起来。

克斯特纳不久同夏绿蒂结了婚,歌德买了结婚戒指送给他们。他附上一封信,写道:"你们不要到法兰克福来,这会令我心情舒畅。你们来,我就走。"直到 1816 年秋夏绿蒂才与 67 岁的歌德在魏玛重逢。歌德友好而有礼貌地接待了她,但双方都感到陌生和疏远了。

正在歌德痛不欲生的时候,克斯特纳写信告诉他耶路撒冷自杀的消息。耶路撒冷是歌德在莱比锡大学时的同学,"身材中等,身体健美,英俊可亲,长脸带圆,金发碧眼,穿着蓝色的常礼服,浅黄色的背心和裤子,以及褐色头的长靴。"他在布伦瑞克公使馆当秘书。据说他热恋一个朋友的妻子,但绝没有看见他跟这女人公开在一起。他爱好英国文学,性格有些孤僻内向。

耶路撒冷的自杀,歌德自身的体验和遭遇,使歌德不用费多大劲,就构思出完整的情节。甚至维特写书信的日期都与歌德给夏绿蒂的信相差无几。但是,歌德并不等于维特。维特死了,歌德却活着。

歌德花了 4 个星期的时间,写成了这部书信体小说。在歌德离开夏绿蒂,回到法兰克福一年半以后莱比锡书店来信索稿,歌德将书稿寄去。1774 年秋,《少年维特之烦恼》这本小说出现在书展上,立即引起轰动。这位 25 岁的青年人一下成为新闻人物。

一本很平常的描写三角恋爱的小说,为什么竟然轰动一时呢?

根据歌德自己的分析,这与当时的社会有关。当时德国还是一个封建社会。人性受到压抑,个性没有解放,恋爱没有自由,青年人受到各种封建观念的束缚。他们的种种热情得不到满足,根本不可能从外部受到鼓舞去干一番事业,只能在精神空虚的市民生活中彷徨,感伤,厌世。所以,这部小说受到有时代精神苦闷的青年的热烈欢迎,甚至与维特有同样遭遇的青年读者竟然步维特的后尘,穿上蓝上衣、黄背心,仿效维特而轻生自杀。

德国文坛高度评价了这部作品。老一辈的诗人莱辛、魏兰特虽然提出了一些批评意见,但都赞扬歌德的天才。狂飙突进运动的作家们都热烈赞扬这部作品的革命精神。伦茨把维特称为"被绑在十字架上的普罗米修斯"。毕尔格尔写信告诉歌德,说他读了《维特》之后,夜里做梦,梦见自己在歌德的怀抱里大声恸哭。可见小说感人之深。

《维特》成了当时的畅销书。封建卫道士们慌了手脚,不许让这本有伤风化的小书流行。当时作家尼古尼拉为了对抗歌德,竟写了一本214页小说《少年维特之喜悦》,篡改结局,让维特用灌上鸡血的手枪自杀未遂,最后与夏绿蒂结婚。这使歌德大为恼怒。

鉴于有些青年仿效维特走上轻生之路,歌德深感自己的小说受到了误解。在1778年再版时,歌德在扉页上题了一首诗,这就是那首著名的诗《夏绿蒂与维特》。郭沫若在1922年首次翻译了这部小说,诗的译文如下:

青年男子谁个不善钟情?

妙龄女人谁个不善怀春?

这是我们人性中之至圣至神;

啊,怎样从此中有惨痛飞进!

可爱的读者哟,你哭他,你爱他,

请从非毁之前救起他的名闻;

你看呀,他出穴的精灵正在向你目语:

请做个堂堂男子吧,不要步我后尘。

这本小说已译成各国语言,中文译本已有20种以上,其印数之高,居世界第一。

《少年维特之烦恼》问世前后几年,是歌德文学创作的绚丽多彩时期。他酝酿了如此多的诗歌创作计划,以致他只要信手采撷生活中的花絮,便可塑造成诗的形象。歌德的创作欲望极盛,如果他不写剧本,他就得毁灭。白天的所见所闻,所思所想,无不在梦中凝聚成形,幻化成第二天清晨歌德笔下新的艺术形象,他的想象力空前活跃。

1775年是歌德在法兰克福的最后一年。他邂逅了当地一个富商的女儿,16岁的莉莉·舍内曼,他度过一段终生难忘的幸福时光。新的热烈的爱情使两个人的关系迅速发展到正式订婚阶段,但不同的生活方式和宗教信仰间离了他们,双方父母的不认可更给两人相爱带来了重重阻力,起决定性作用的是歌德自己的踟蹰和犹豫,因此造成了他们的最终分手。歌德既爱莉莉,却又觉得投入一种家庭幸福的生活很难得到满足。从这件情感事件的处理上,歌德发现摆在他面前有两条道路:或者身穿镶金银边的上衣和搭配得当的华服出入在社交场合,在富丽堂皇的枝吊灯和壁灯微弱的灯光辉映中与一迷人的少女相逢,怀着浅薄的兴趣,去伴随这样一个俊俏的金发少女,去听音乐会,参加舞会,去满足世俗的虚荣心和生理的欲望。或者身穿灰色的海獭皮衣服，围一条褐色的丝绸围巾穿一双高筒靴，在二月轻柔的微风里感受着大自然，面对着一个广博而充满魅力的世界，永远追求着自己心中的目标，工作不息，奋斗不止，把青年时代天真无邪的感情谱成短小的诗篇，把生活中浓郁的趣事写成新颖的剧本，不迎合任何世俗，只需深深体味反复磨砺自己的所思所想，在工伤中完善自身，同时代精英共享人生。歌德认为后者才是最大的幸福。

1775 年初夏，歌德接受了施托尔贝格兄弟的邀请，陪他们一道去瑞士。他试一试是否离得开莉莉，他试用通过环境的变换克服心头的危机。他身着"维特服"走遍了如诗如画的瑞士。当他站在歌特哈德山巅考虑是否继续到意大利去旅行时，对莉莉的思念、再次强烈地占据了他的心灵。他返回法兰克福，又一次陷入情感不能自拔。在痛苦的抉择中，他再一次清醒地认识到：必须离开莉莉！傻瓜才让别人束缚住自己！沉溺于情感会窒息他所有的力量，会夺走他灵魂的全部勇气。他必须离开，到自由的天地中去！

1774 年 12 月，歌德认识了萨克森·魏玛·埃森纳赫的王储卡尔·奥古斯特。1775年秋天，王储为了公主的婚礼路过法兰克福，邀请歌德到魏玛去住一段时期。歌德接受了这个邀请。这是歌德生活中的转变。歌德认为这转变来自一种神秘莫测的巨大力量。他像是被无形的精灵所鞭策，由日神的骏马拉着命运的轻车疾驰而过。他想不起他来自何方，也不知即将驶向哪里，只有鼓足勇气，紧握缰绳，避开岩石和悬崖一往直前。

魏玛从政

1775 年 11 月 7 日，歌德来到了魏玛公国。这是一个不到 6000 人的宁静小城。公国的统治者是女公爵安娜·阿玛利娅。在丈夫早逝后，这位能干的统治者极其精明地治理了公国达 17 年之久。尽管财力有限，尽管 7 年战争造成普遍的不稳定局面，安娜仍然在自己的周围多方位地成功地促进了科学与艺术的发展。歌德把她称为具有完美人性的完美君主。

歌德在魏玛居住了 50 多年。当他刚到魏玛的时候，他自己也没有想到他会在卡尔·奥古斯特宫廷里逗留更长的时间。固然，安娜女公爵创建了"缪斯宫廷"，给她两个儿子担任教师的是即兴诗人兼作曲家冯·艾因西德尔和冯·塞肯多夫等人，还有被称为"童话之父"的文科中学教师穆佐伊斯和出版家贝尔图赫。这种人文人才的组合会对整个德意志祖国产生意义重大而富于生气的影响。

不仅如此，歌德逗留在这里，还希望在过了一段无拘无束的自由文人生活之后，能承担社会具体任务和责任。他给友人的信中说，从政即使只有几年的时间，也总比呆在家里空有远大志向却无所事事好。他曾经到过几个公国，现在他来到这个早已使他感兴趣的魏玛公国，希望为这里贡献自己的才智。

歌德留在魏玛的另一个重要原因是由于年轻的公爵。1775 年 9 月，安娜·阿玛利娅的长子卡尔·奥古斯特到了法定年龄，接替她掌握了大权。歌德刚到魏玛时，奥古斯特才18岁，他整晚整晚地坐在歌德那里，推心置腹地畅谈艺术和自然的话题，谈论种种趣事。他与歌德很快便处得亲密无间，两人谈话常常到深夜，奥古斯特疲倦了就紧挨着歌德的沙发睡着了。他们两人都年轻，都处在精力极充沛状态中，往往干一些近似疯狂的事情。白天，他们经常骑着烈马，跳过篱笆和沟壑，涉水爬山，直到筋疲力尽。夜间常常在旷野露宿，在森林中生起一堆篝火。与爵位继承人相处，歌德也产生过忧虑和不安，然而很快看到奥古斯特那出类拔萃的天性不久就得到了净化，形成了最美的品质。与他在一起生活和工作，令歌德感到愉快。他看到年轻的公爵对国务充满了热忱，他完全理解公爵。

1776年6月，歌德正式进入魏玛宫廷当了枢密顾问官。被委此重任，理所当然遭到非议。最受宠幸的宫廷顾问弗里德里希·冯·弗里奇就是竭力反对者之一。但是具有远见卓识的奥古斯特公爵坚持他的任命。他认为对一个才干出众的人，不把他放在最能发挥他的才能的地方去使用，就是糟蹋这个人才。世人的判断是根据偏见，而他和每一个愿意尽职尽责的人的所作所为不是为了沽名钓誉，而是为了对得起公国和自己的良心。

歌德进入枢密院，很快卷进了几乎全部政务活动和国家管理工作中。他的工作范围极广，从承担制定防火条例的小事直至参与争夺王位继承权的巴伐利亚战争期间欧洲各宫廷之间的高层政治谈判。此外，他还主持过政府的某些部门的管理工作。

能够担此重任，不仅出于公爵对他的充分信任，还主要是由于歌德不懈的努力。他渴望投入工作，锻炼和考验自己的能力和才干，十分认真地对待那些被人不屑一顾的小事。起初，也许只想试一试能否出任重要职务，仅过了半年他便改变了看法，把是否称职当成了道德上的考验。他认真对待每一项工作，克服重重阻挠和困难努力完成这些任务。歌德遇事冷静而敏锐，思想坚定，确信只要坚持到底就有希望。解脱了压力，灵魂就会懈怠，就会追求生活享受。歌德认为饱食终日无所用心才是最令人痛苦的。责任心驱使歌德从事繁芜庞杂的事务，即使到最小的村庄和荒凉的小岛，他也会孜孜不倦。

歌德利用空余参加了许多活动，这使他的诗歌才能和戏剧才能得到了很好地发挥。朗诵晚会，假面舞会，假面游行，特别是宫廷戏剧爱好者的演出，都由于有他的参加而增色不少。他写的《兄弟姐妹》（1776）、《莉拉》（1777）、《感伤的凯旋》（1777）、《耶吕和贝特吕》（1779）、《渔妇》（1781）等戏剧在蒂福尔特公园演出时气氛特别热烈。

由于歌德的介绍，不少有名望的人物慕名来到魏玛，著名的文学家艺术家云集在这宁静而美丽的公国，形成了鼎盛一时的人文景观。

在宫廷，歌德又认识了许多新朋友，宫廷夫人夏绿蒂·冯·施泰因以开朗、娴静的性格成为他生活中不可缺少的重要因素。他们之间始终保持着心灵相通的友谊。

在夏绿蒂夫人的影响下，歌德内心开始发生了一个根本性的转变。在努力摆正自己对公职的态度的同时，他也力求在处理个人生活时保持清醒、节制的镇定。他要超越他青年时代的理想，从自我中心的主观主义里解脱出来。要做到这一点，他就必须追求纯真。

要改变自己是痛苦的。歌德渴求达到理想,在灵魂痛苦的磨炼中,他像医生观察病人一样真实记载了他的所得所失。他时而宁静坦率,时而烦躁不安,他感到很受拘束,却同时又觉得真正舒畅。思想情感的复杂多变使他的剧本丰富多彩,心灵的风暴宣泄后,他才获得了真正的平静。

1779年2~3月,歌德去公国各地视察新兵的招募工作,这本是他最头疼的事,他却干得十分出色。他顺便考察了为数不多的公路状况。在这期间他完成了《伊菲革涅亚在陶立斯岛》的第一稿。是神圣的使命使他精神焕发,是创作使他深深体味了纯真。他有了新的体验,通过戏剧人物庇拉得斯之口为他代言:纯真的定义是洁白无瑕。歌德在戏剧中告诫人们,小心谨慎以挫败阴谋诡计。一个纯洁的灵魂是不搞阴谋诡计的。戏剧表现了歌德的品质,他蔑视卑劣的行径,不去飞短流长,也不说东道西。他相信只要安稳和正直,一切才会顺利。戏剧最后由伊菲革涅亚呼吁:"让我们带着纯洁的手,带着纯洁的心安然地死去,洗掉我们家门的罪过吧!"

魏玛从政牵涉了歌德过多的精力,但是对无暇顾及的艺术也并不完全是空白。他恰恰是通过从政的积累使自己最重要的一部作品具有了坚实的基础。除了完成散文体的《伊菲革涅夫》以外,他考虑了《威廉·迈斯特》的开篇,构思了《塔索》,对《浮士德》作了种种设想。此外,他的抒情诗的创作也相当可观。冬夜,当伊尔姆河水漫上了他住房四周的草地时,他写下了《致月词》;在伊尔美瑙上边的墓克尔汉山上的孤独的猎人小屋的板壁上,有他的《群山之巅一片寂静……》的匆匆笔迹;1777年12月,在魏玛到戈斯拉尔途中,他在马背上草成了《哈尔茨山冬旅》;每天履行公务则构成了《人类的界限》和《神性》两首诗的背景。

歌德的天才还表现在他对自然科学的广泛研究上。无论他干什么,他都试图成为这方面的专家。担任了开发伊尔美瑙矿山的总监,他就深入研究地质学和矿物学方面的知识;在耶拿大学担任职务,他就深入探讨了比较解剖学的问题,他成为当时能专门说明一切生物的原形态和亲缘关系的专家。1784年他证明了人的颚间骨的存在,更新了人们只认为动物有颚间骨的旧说。他甚至提出了生物进化的学说设想,这个思想大约比达尔文早100年。

研究自然科学,使歌德感到了极大的快乐,他越发觉得有必要从烦琐的政务中解脱出来。1786年,他向公爵请了不定期的长假,在秋天的日子里他突然启程,悄悄地来到了心仪已久的意大利。

摆脱困境

当初歌德踌躇满志地来到魏玛,但从政以后逐渐感到,这个封建公国是绝不容许他进行真正的改革的。他实施的每项进步措施都遇到重重阻力,这使他苦恼已极。因此,他决定到意大利去钻研古代艺术并进行科学研究，以摆脱眼前的困境。于是，1786 年，他带着一张填着假名的护照独自逃到了这个以古代文化著称的国家。

在意大利他相继访问了威尼斯、佛罗伦萨、那不勒斯、米兰等文化中心，甚至还去过西西里。在罗马他停留了较长的时间。南国的美丽风光使他陶醉，人民热情开朗的性格和丰富多彩的生活开阔了他的心胸。相形之下，他愈感魏玛宫廷的枯燥无味和官场生活的单调迂腐。在近两年的南国生活中，他努力研究古代文艺典籍，临摹古代绘画的范本，进行自然科学考察，同时还从事文学创作，主要成果是剧本《哀格蒙特》(1788)、《在陶里斯的伊菲格尼》(1787) 和《塔索》(1789)。其中《哀格蒙特》描写的是十六世纪尼德兰伯爵哀格蒙特反抗西班牙的民族压迫，最后因斗志不坚而被敌人逮捕处死的故事。该剧于一七七四年就已动笔，因此从中尚可听到狂飙突进运动的余音。而后两个剧本则是严格按照古典戏剧的形式写成的。

歌德曾激烈地反对过三一律，何以此时竟给自己带上那沉重的镣铐？这同样是由他思想感情上的变化所造成的。歌德犹如身陷封建浊流中的顽石，终被渐渐磨去棱角。于是，随着《普罗米修斯》的反抗精神和《五月歌》里火热激情的消失，代之以《对月》中的自我解脱和《迷娘曲》中对世外桃源的憧憬。而到意大利后，他更倾心于宁静、和谐的古典艺术风格，沉醉于古典艺术那种"庄严的单纯和静穆的伟大"的理想境界。因此，他在《在陶里斯的伊菲格尼》里就借用远古关于伊菲格尼的神话来宣扬理性的高贵和人文主义的力量。而《塔索》则通过文艺复兴时期宫廷诗人塔索和一位大臣的争执，表明了歌德自己不得不与现实妥协的苦闷。如此的艺术内容就必然要求严格的古典艺术形式。这样，歌德青年时代的狂飙突进精神经过十年的从政，终于在意大利过渡到以人性论为最高理想的古典主义。因此，文学史上把歌德来到意大利这一年，即 1786 年作为德国文学古典时期的开始。

1788 年 6 月 18 日，歌德在意大利逗留 683 天之后，回到了魏玛。两次在罗马这个"永恒之城"逗留的日子多么难忘。

兴冲冲地回到魏玛准备大干一番事业的歌德，虽然很快抛出了他的诗剧《伊菲革涅亚》和《塔索》，《罗马狂欢节》和《意大利游记》片段，但是都没有多大反响。相反地，卡尔·菲利普·莫里茨在卢梭的《忏悔录》影响下写出的《旅行家安东》、克林格尔的小说《浮士德》、哲学家康德的三大批判书，席勒的《强盗》与《堂·卡尔洛斯》倒是很有市场。

歌德从 40 岁到 45 岁从事很多科学研究工作。他研究植物形态学、骨学、矿物学、光学、颜色学。科学研究工作占去的时间甚至超过了创作。

不朽名作

歌德最后 8 年一般都蛰居家中，足不出户，也很少去外地。上午在两个小房间里工作，下午在豪华的大厅里接见来客。晚上同两个小孙子和一个孙女玩，享受着天伦之乐，或者在家举行交谊会,接待客人。

歌德一直生活在狭窄的小圈子里,被禁锢在小城市里。他同外界的接触多半是靠客人来访。他们给他带来各种消息。

1830年10月27日歌德的独生子奥古斯特因脑溢血死在罗马。噩耗传来,老人痛不欲生。他大咯血,诊断是食管静脉出血,但是他出人意料地很快复原了。12月2日的日记写道:"夜。考虑《浮士德》,有所进展。"

歌德知道自己的时日已屈指可数了,他加紧工作,终于在1831年7月基本上完成了他最后一部巨著《浮士德》第二部。他的日记写道:"大事已完成,最后定稿本。全部誊清装订好。"(1831年7月22日)

如果说,小说《少年维特之烦恼》使歌德一鸣惊人,给他带来世界性声誉,那么,诗剧《浮士德》是使歌德能与但丁、塞万提斯、莎士比亚齐名而永垂不朽的作品。

德国16世纪出版有《浮士德博士的故事》(1587)。据汉斯·亨宁1959年发表的文章,浮士德在历史上实有其人。1480年浮士德出生在符腾堡附近的克尼特林根。约于1540年或1541年死在弗莱堡的布莱斯高。他从未上过大学学习,却妄称硕士和博士,所以称浮士德博士是无根据的。1507年他在弗兰茨·封·济金根处当过教师,1513年当过算命先生。在埃尔富特给学生们讲授荷马,据说能用法术将荷马史诗中的人物召唤至听众面前。当时他被教会视为异端,于是他从1520年开始漫游,到过德国境内许多城市,也到过布拉格,维也纳、威尼斯和巴黎,他在威尼斯当众表演过飞行。他在南德做过星相学家,1536年他向朋友预言查理五世将对法国国王弗兰茨一世进行战争,因而声名大振。但是他并不能每言必灵,渐渐有人说他是骗子。马丁·路德曾多次指责他搞骗人的魔术,是魔鬼的亲戚。他死后,人们越传越神。这本民间故事书有68章230页。《浮士德博士的故事》就说他用自己的血签字与魔鬼订立为期24年的盟约。在盟约有效期间,魔鬼为浮士德服务,满足浮士德的一切要求。其交换条件是:浮士德必须放弃基督教信仰。条约期满后,浮士德必须死去,死后灵魂属于魔鬼。这本书的目的是劝人信教,不要相信异端邪说,但客观上却起到了反作用。通过浮士德同魔鬼上天入地,探讨天堂、地狱、宇宙形成等奥秘,促使人们反对黑暗的中世纪的宗教愚昧和禁欲主义,鼓励人们去追求和探索。

英国戏剧家马洛在本书出版的第二年就写了《浮士德博士的悲剧故事》,德国的戏剧之父莱辛写过《浮士德片段》(1755),海涅向歌德谈及自己打算写浮士德,还曾引起歌德的不高兴。歌德觉得海涅太狂妄。海涅不知道,歌德正在写《浮士德》第二部。《浮士德》是一部充满矛盾辩证统一、充满幻想的伟大作品,也是一部充满浪漫主义气息、稀奇古怪的作品。里面不仅有天帝和魔鬼,还有各路神仙和精灵以及各种神话人物和怪物。

歌德写作《浮士德》的60年间,科学技术有了显著的进步和发展。电动机问世了,巴拿马运河动工开凿了。浮士德回到书斋,培育出了一个"何蒙古鲁士"(一个"人造人",即今天的试管婴儿,不过这个幻想出来的"人造人"比今天的试管婴儿还要先进)。

《浮士德》概括了上下3000年的人类历史,用许多艺术形象概括了各类人和事。

歌德并没有把浮士德创造成绝对的善良人，也没有把魔鬼靡非斯特看作绝对的恶。浮士德代表积极向上的力量，靡非斯特代表否定的精灵，"作恶造善的力之一体"。在浮士德身上有善也有恶。有两种精神居住在我的心胸，一个要想同另一个分离！他同靡非斯特形影不离，等于是他心中的恶。"善恶一念间"，"人之善恶，存乎一心"。这种哲学理论在《浮士德》中通过各具性格的形象表达出来。

歌德也深知他自己写了"一部怪书，超越了一切寻常的情感，……浮士德是个怪人……靡非斯特的性格也很难理解，""要想单知解力去了解它，那是徒劳的"，"谁要是没有四面探索过，没有一些人生经验，他对下卷就无法理解。"他在辞世前几天给威廉·封·洪堡写信说："……我确信我为这一稀有的事业而付出的正直的、长期进行的努力将会得不到什么补偿，将会像在海难中被粉碎的船舶那样被冲上海岸并首先被时间的流沙所湮没。"（1832年3月17日）事实证明，这部名著仍拥有读者。虽然它不易读懂，但在新中国成立后，已出了5个中文译本。

歌德完成《浮士德》第二部这件大事后，心情轻松愉快。为躲避人们对他82岁华诞的盛大庆祝，他带着两个孙儿瓦尔特和沃尔夫冈及仆人，到伊尔梅瑙去了。在生日前夕即8月27日，他把仆人和孙儿们安排在林区看烧炭工人、樵夫和吹玻璃工人如何干活，便由山区视察员约翰·克里斯蒂安·马尔陪同，吃力地爬上小丘，向猎人小屋走去。小屋的南窗旁，窗子左边有歌德曾用铅笔写的一首诗。

一切峰顶的上空
静寂，
一切的树梢中
你几乎觉察不到
一些声气；
鸟儿们静默在林里
且等候，你也快要
去休息。

歌德反复吟诵，泪流双颊，他缓慢地从他深褐色棉布上衣里掏出雪白的手帕，擦干眼泪，以柔和伤感的口气说，"是呀，且等候，你也快要去休息"。他沉默半分钟，又望了望窗外幽暗的松林，随后转身向身边的人说了一句："我们现在又可以走了"。

6天以后，歌德在9月4日写信给音乐家泽尔特，提到这件事，信一开始就说："这6天是整个夏天最晴朗的日子，我离开魏玛到伊尔梅瑙，我往年在那里做过许多工作，可是长期没有再去了。在周围都是枞树林。最高山顶上一座孤单的小木板房壁上我找到那首1783年9月6日的题词，你曾使这首歌驾着音乐的翅膀传遍全世界；那样亲切地抚慰着人们。……过了这么多年，真是阅尽沧桑。有持续着的，有消逝了的。成功的事物显露出来使我们高兴，失败了的都忘记了，在痛苦中忍受过去了"。

一个多愁善感的诗人在自己的生日前后三次来这个小屋，而且头两次相距30年，后两次相距20年，前后相距50年，怎不感慨万千呢？50年来，多少成败，多少是非，多少朋友已经作古,他还健在,而他已是年过八旬的老人,他曾从意大利、从耶拿、从格尔德米勒、从玛丽恩巴德,一次又一次获得新生,获得青春。他还能像浮士德那样,喝魔汤而返老还童吗?决不会有了。他俯视群峰,树梢,小鸟,从无生物到生物,都一片静寂,稍等候,他也要休息。当年来此是为了"躲避城市的喧嚣,人们的怨诉,无法改善的混乱",求得身心的安宁。这次说不定他也要永久安息了。

第二年,他感到自己不久于人世。他向老朋友米勒立下了遗嘱,全权处理他的作品和出版全集事业,也向爱克曼就出版《浮士德》第二部做了交代。歌德在家待了整个冬天,感到心情烦闷和急躁。他急于到室外活动一下,渴望春天。3月15日他乘马车去外面散步,结果着了凉,患了重感冒。这时他身体已经不行了,他已成了一个干瘦驼背的小老头。他胸部头痛,两眼深陷,面色如土,不得不卧床休息。

过了几天,病情有所好转,但是随即病情又转重。他在床上躺不下去,只好斜靠在沙发上。

3月22日早晨,他还翻阅了一本谈论法国七月革命的书。他问了日期,随即入睡,口说胡话。他还想到老友席勒,又似乎见到了漂亮女子的卷发。他睁开眼睛,看到窗帘被拉上了,便望着窗户喊道:"打开百叶窗,让更多的光进来。"

垂危之时,他用手在空中舞动着,据在场的人说,好像他写了一个大写字母"B"字,但人们百思不得其解。正如"更多的光"引起许多解释一样。

正好在他出生的时刻,这位伟大的诗人在沙发上溘然长逝了。翌日公布了他的死讯,由儿媳署名发了讣告。在举行遗体告别仪式之后,举行了隆重的葬礼。

现代法国小说之父

——巴尔扎克

人物档案

简　　历:奥诺雷·德·巴尔扎克,法国 19 世纪伟大的批判现实主义作家、小说家,欧洲批判现实主义文学的奠基人和杰出代表,被誉为"现代法国小说之父"和"文学界的拿破仑"。生于法国中部图尔城一个中产者家庭。1816 年入法律学校学习,毕业后不顾父母反对,毅然走上文学创作道路;1829 年发表长篇小说《朱安党人》,迈出了现实主义创作的第一步,1831 年出版的《驴皮记》使他声名大振。1834 年,完成对《高老头》的著作,这也是巴尔扎克最优秀的作品之一。《人间喜剧》被誉为"资本主义社会的百科全书"。但他由于早期的债务和写作的艰辛,终因劳累过度于 1850 年 8 月 18 日与世长辞。被誉为"现代法国小说之父"和"文学界的拿破仑"。

生卒年月:1799 年 5 月 20 日~1850 年 8 月 18 日。

安葬之地:巴黎拉雪兹神父公墓。

性格特征:执着、顽强,坚持不懈,毅力惊人,创作出可比拟拿破仑的成就。每天只睡几个小时,用大量咖啡提高注意力,直率、尖刻,政治立场坚定。

历史功过:巴尔扎克在他二十余年的著作生涯中,以惊人的毅力创作了大量作品,写出了九十一部小说,塑造了两千四百七十二个栩栩如生的人物形象,合称《人间喜剧》。

名家评点:法国作家维克多·雨果评价说:"他的一生是短暂的,但却非常充实,他的作品比数不清的日子还要丰富。悲哉! 这位力量惊人、从不疲倦的工作者,这位哲学家,这位思想家,这位作家,这位天才,在我们中间经历了所有伟人都不能避免的那种充满风暴和斗争的生活。今天,他在平和宁静之中安息了。现在,他超脱了一切争吵和仇视。在同一天,他进入了坟墓,但也进入了荣誉境界,他将继续在飘浮于我们头顶的云层上面,在我们祖国的众星中间闪耀光芒。"

悲剧童年

奥诺雷·德·巴尔扎克于 1799 年 5 月 20 日诞生于扎尔市一个中等资产阶级家庭里,出生的时候,巴尔扎克夫妇就把儿子托给别人喂养,奶娘是圣西尔一卢瓦尔村一个宪兵的妻子。第二年,即 1800 年 9 月 29 日,妹妹洛尔出世后也和他寄养在一起。

对母子分离生活的这种做法巴尔扎克永远不能原谅母亲,他曾写道:"我母亲的冷漠使我的身心遭受到多么不良的影响!难道我只是义务的产物,偶然的产物?……我被寄养在农村,被家里人遗忘了三年,我回到父母身边的时候,他们一点也不把我放在心上,以致引起了外人的同情……"实际上巴尔扎克夫人只是由于自己哺养的第一个男孩夭折,而照当时的习惯去做而已。不过必须承认,尽管孩子们离得很近,她却很少去看望他们。

4 岁时他回到图尔的父母身边。他母亲不善于培养和孩子间的感情。其实巴尔扎克是个"非常可爱的孩子,性格活泼愉快,美丽的小嘴带着微笑,褐色的眼睛明亮而温柔,高高的前额,乌黑的头发,使他在散步时十分引人注目"。这个漂亮、天真、惹人喜爱的小男孩遇到的却是他母亲那道咄咄逼人的严厉目光。她"不懂得抚爱、亲吻和纯朴的生活乐趣,不会为别人创造幸福的家庭气氛"。她一味追求奢侈,摆阔,讲排场,这损害了她的性情。

巴尔扎克和他的两个妹妹落到一位可怕的家庭女教师——德拉埃小姐手中。他们整天提心吊胆,既害怕母亲深蓝色眼睛的严厉目光,也害怕家庭教师的谎言。她认定奥诺雷厌恶这个家,说他并不是傻,而是心地阴险。她嘲笑他那么好奇地瞧着天上的星星。巴尔扎克很小的时候就会编一些小故事逗妹妹们开心。洛尔回忆道:"他可以整整几个小时地拨弄一只红色小提琴的琴弦,脸上得意扬扬的表情说明他认为自己弹出了美妙的曲调,我恳求他停止这种音乐的时候,他吃惊地问:'你没有听出这曲子多么好听吗?'"奥诺雷天生有生活在幻觉世界中、倾听唯有他能听到的仙乐的本领。

他童年生活中最重大的事件是去巴黎的一次短期旅行。外祖父母萨朗比耶想见见他们的小外孙,巴尔扎克夫人把孩子带去了。漂亮的小男孩把老人们迷住了,他们对他百般爱抚,送给他各种礼物。他从来没有受过这样的宠爱,回家后对妹妹们讲个没完。

不幸的是这次旅行以后几个月,老外公因患中风去世了。巴尔扎克非常伤心。不久,外婆就到女儿家里来住了。她给这家人带来五千法郎的年息,可惜的是她将一些本钱交给女婿去做一桩"可以发大财"的买卖,结果亏损了四万法郎。要不是女儿严厉,萨朗比耶老夫人准会把外孙们宠坏的。母亲一说起要管管儿子的学业,巴尔扎克便当真吓得发抖。不知怎么他倒更喜欢他父亲的严肃的谈话和别出心裁的俏皮话。巴尔扎克夫人把女儿们送进伏盖寄宿学校,将儿子送到勒居埃学校当走读生,每个月花六个法郎进修一门阅读课,教理讲授由拉贝奇神甫担任。巴尔扎克夫人在圣加蒂安教堂"订了自己的座位"，每次都带儿子去做礼拜。正因为她知道自己的行为并不是无可指责，所以表现得格外虔诚。

巴尔扎克八岁那年，巴尔扎克夫人决心将他送进旺多姆学校住读。必须指出，那时候她正怀孕，人们传得沸沸扬扬，说这个孩子是冉·德·马尔戈讷的。巴尔扎克非常不愿意离开他的好妹妹，她是他"忧患中"的伴侣。也许他过于敏感地夸大了童年时代的不幸，后来他甚至写道："我从来没有过母亲。"这太过分了，他是在盛怒之中写下这句话的。但这两个孩子确实曾经感受到极大的痛苦，即使事实上并不这么严重，毕竟他们自己是这么感觉的。有一些明明是合法婚姻所生的孩子，因不理解自己为何不受宠爱，便想象自己是私生子，得不到父母的认可。他们为了弥补内心的感伤，比一般人有更强烈的追求成功和荣誉的欲望。

求学生涯

1807 年，在母亲的安排下，8 岁的巴尔扎克进入旺多姆学校读书。旺多姆学校是天主教的奥拉托利会成员创办的一所学校。

奥诺雷·巴尔扎克刚进旺多姆学校的时候，是一个脸上红润、腮帮滚圆，神情忧郁而文静的小男孩。幼儿时期家庭生活缺乏亲情和温暖，给他的生活打上了永远的烙印。

他渴望摆脱孤独，渴望得到亲情、友情，渴望得到温暖与母爱。在旺多姆学校，巴尔扎克在同学当中缺乏威望，别人瞧不起他。因为他母亲出于审慎，连一个铜板都舍不得给他，他很少参加同学间的游戏活动。同学的父母都来参加学校的发奖仪式，只有他的父母从不光临。从 1807 年到 1813 年，整整六年时间，母亲只看望过他两次。

旺多姆学校的一位老师——勒费弗尔神甫对少年巴尔扎克的成长产生了重要的影响。他早年的学习笔记中有不少对这位老师的钦慕之辞，说勒费弗尔神甫"有头脑，有才能，记忆力好，想象力比判断力更强，他相信奇迹和神机妙算"。巴尔扎克和这位老师一样也喜欢奇迹，他曾经天真地认为，自己是被贬谪到地上来的，有朝一日上天会在他身上创造出奇迹。勒费弗尔神甫受巴尔扎克的父亲之托，辅导他学习数学。但这位老师的教学风格和气质更像诗人而不像那些刻板、守旧的教学家，他辅导数学时并不是让学生捧着厚厚的数学书不放，而是采取较为开明的态度，允许学生看一些自己喜欢的书。

这样，师生二人形成了一种默契，巴尔扎克从不向人抱怨学不到东西，而勒费弗尔则对他所借的书保持沉默，不妄加评论。奥诺雷阅读的书范围极广，涉及好多学科。他对知识的渴求是无止境的，就像一块巨大的海绵在广阔的书海里贪婪地吮吸着它丰富的养分。

广泛的阅读使巴尔扎克获取到异常丰富而杂乱的知识，正是这些杂乱的知识帮助他形成了早熟而独特的思想。他曾说："我幼年的时候经常像安德烈·谢尼耶一样拍着自己的脑门说：'这里面还有点东西！'我觉得自己有某种思想要表达，有某种体系要建立，有某种学说要阐释。"他在设想着自己的远大前程。当时,在他的老师和同学眼里,他与众不同的地方只是他对书籍的爱好和一种似乎毫无根据的自负。

受勒费弗尔神甫的影响,他写下了几首小诗。在一首歌颂印加人的诗中有这样的句子:"啊,印加! 啊,不幸的多灾多难的国王!"

他的诗写得并不成功,同学们纷纷取笑他,并给他起了个"诗人"的绰号。起初他对这个绰号还有点沾沾自喜,但他不久发现,他的作品难以得到老师和同学的认可,而且确实蹩脚,他便开始追求一种神秘的、天真的哲学。由于在肉体上和感情上都经受了深深的创伤,他"躲进了思想为他开启的天国里"。他阅读了欧洲神秘主义作家的大量著作,这使他"习惯于灵魂上的强烈反应,而凝神沉思既是这方面的手段又是其结果"。

巴尔扎克从不盲从书本里的知识,他有自己的思考和判断。说他是一个并不虔诚的学生,倒也符合实际。在做晚祷的时候,他是在"叙述或倾听白天的业绩";星期日做弥撒时,他内心算计着口袋里少得可怜的几个零用钱"可以从学校小卖部琳琅满目的货架上买些什么东西"。伏尔泰的信徒贝尔纳—弗朗索瓦的儿子也不是那种既不思考也不问个究竟就盲目信奉上帝的孩子。他因善于独立思考,经常勇敢地提出问题,使那些口口声声称颂"全能的上帝"的神甫答不上来,惹得他们伤透了脑筋。

从小他就如饥似渴地读书,不加选择地涉猎各种类型的著作,包括宗教的、历史的、哲学的、物理的大部分著作。他阅读的速度之快,他的博闻强记令人咋舌。他可以一目十行,并能敏捷地捕捉住书中的内容,往往只需抓住句子中的一个单词就能使整个句子的意思了然于胸。他可以真切地记住那些从阅读中获得的思想和与别人交谈时获得的灵感。

在巴尔扎克 12 岁的时候,他的想象力因不断地开发和运用,已达到异常发达的程度。从书本中了解到的知识清晰地印在他的脑海中,如同目睹了一样。他也许善于举一反三,也许先天赋有第二视觉的本领,能够统观大自然。

1813 年巴尔扎克从旺多姆回来的时候,就被送进图尔中学了。但是巴尔扎克夫人更重视"灵魂的教育"。他以自己的教学里的虔诚谨慎地弥补丈夫对上帝的不敬。她带大儿子去教堂。孩子逐渐熟悉了圣加蒂安教堂周围的古老房屋,街上漂亮的牌楼,甚至神甫同他们的房东老小姐之间的争吵。在圣加蒂安他嗅到一种"神圣的气息",常常独自来到教堂内院,"在阴湿静穆的气氛中"徘徊。巴尔扎克在父母家里住的是四层顶楼,穿的是"寄宿生的破旧衣衫"。洛尔写道:"我母亲认为一切教育的基础就是学习,她对作息时间规定得非常严格,从不让儿子有一刻空闲。"

大概她曾把巴尔扎克送进巴黎伯兹南—岗赛学校寄宿过几个月,1814 年 3 月又接回图尔了,因为她害怕盟军开进首都。总之从 3 月到 7 月,巴尔扎克在家单独补课,拉丁文有所进步。

1814 年 1 月,巴尔扎克进图尔中学当走读生,重新从三年级读起。在那里他获得了"授予奥误雷·德·巴尔扎克"的百合花徽章。其实这并不说明他学习成绩出色,而是因为王室复辟还不巩固,需要收买年轻的一代。在图尔中学,巴尔扎克像在旺多姆一样,吃尽了母亲无意识的吝啬的苦头,她在大开销上挥霍浪费,却在小处斤斤计较。同学们大吃大嚼家里送来的香喷喷的熟肉酱,小巴尔扎克则在一旁啃他的干面包。同学们嘲笑地问他:"你真的什么也没有吗?"很久以后还有个同学称他为"可怜的巴尔扎克"。他感到受了羞辱,伤了自尊心,发誓总有一天要以自己的光辉成就在他们面前炫耀一番。什么样的成就呢?他还不知道,但他感到自己身上有一种超人的力量。他早熟的判断力甚至令他的母亲十分吃惊,她呵责他说:"你一定不懂你自己在说些什么,巴尔扎克!"他却只是狡猾地微微一笑,嘲讽中含有善意。这无声的辩解使巴尔扎克夫人有点恼火,她不能容忍自己膝下有这么聪明的孩子,他懂得的事情太多了。听见他蛮有把握地说:"有一天巴尔扎克这个小鬼会震惊世界的。"妹妹们都直乐,在震惊世界之前,他首先得研究这个世界。

在他那非凡的头脑里,记录着一件件事物和一个个形象。都兰地区的优美风景,郁郁葱葱的河谷,山坡上星星点点的小村庄,壮丽的卢瓦尔河上滑过的悠悠白帆,圣加蒂安教堂上哥特式的钟楼,古色古香的彩色玻璃窗,神甫们的表情以及经常来访的客人们的谈话,全一一存入脑中。他不仅记得这些人和事物,而且还能有声有色地描绘出来,当时他只是积累材料,并不知道要用它们建造什么。

那时他父亲隐隐约约还有让他攻读理工科的想法,给他增加了一些自然科学方面的辅导课。于是他聪明的头脑成了各种知识的大杂烩,其中有精确的科学知识,父亲的奇谈怪论,外婆的迷信和母亲所热衷的光明异端派信仰。暑假要结束的时候,他应邀去冉·德·马尔戈讷在萨谢的城堡小住几日。这时白杨树已开始落叶,树林披上了暗淡的秋装。在乡下他又遇到了几个在图尔的舞会上曾经使他倾倒的年轻女子。他渴求一切,包括爱情和荣誉。

巴尔扎克进勒彼特学校住读,这是一所私立的保王派天主教学校,创办人雅克·弗朗索瓦·勒彼特是个跛子,拄着拐杖,很像路易十八。这个人在大革命时期参与过保王派营救玛丽·安东奈特王后的行动,因此波旁王朝返回的时候他颇有点威望,并获得了荣誉勋位绶带。其实勒彼特跟贝尔纳——弗朗索瓦一样,在困难的年代也竭尽看风使舵之能事。他的学生都到查理曼中学去听课,校址设在丢兰纳街九号的一所贵族宅邸"快乐大厦"里。学校看门人是个"地地道道的走私犯,玩牌戏的能手,夜出晚归的学生的亲信,禁书出租者"。他还向学生出售牛奶咖啡,在拿破仑时代,这是贵族才能享用的早餐,因为从殖民地来的咖啡价格昂贵。巴尔扎克有时身边没钱了,就在这个看门人那里赊账。对于王宫市场的烟花女子,他只能做一番梦想,比他更有钱更大胆的同学则可以到那"爱情的乐园"去领略女性的妩媚,"在那里解除童贞的疑团"。据米昔莱说,勒彼特的某些寄宿生对那些"相当漂亮的男孩"公开表示有特别浓厚的兴趣。

1815年"百日"期间,勒彼特难以控制那些仇视君主政体的学生们的示威行动,他举起拐杖威胁捣乱分子,但无法慑服拿破仑皇帝的狂热信徒。到第二次王政复辟,重新实施"镇压"的时候,很多学生被开除了。巴尔扎克到9月29日才带着战斗的荣誉离开学校,结业证书上还表扬他学习勤奋、品行端正。很可能他也跟其他学生一样,带着强烈的关切和希望注视着拿破仑的最后一场战役。至于波姆勒将军，因为他过分忠于拿破仑，在王室第二次复辟的时候被放逐了。贝尔纳·弗朗索瓦比较谨慎，平安地度过了这场斗争。

这时候巴尔扎克来到了冈赛神甫的寄宿学校，年轻的巴尔扎克在那里读了一年，读完了修辞班，他的拉丁文考了第 32 名，为此他母亲写信狠狠训了他一顿，还罚掉他一次外出机会。那时每个星期日他都在"可靠的监护"下到神庙街去学跳舞。巴尔扎克太太希望自己的儿子是个天才，而不是懒虫，她待儿子特别苛刻是因为她爱儿子有她自己的方式。那时巴尔扎克的文笔已经相当流利，洛尔保存的家庭档案中有一篇他的作文《布鲁图斯的妻子在儿子们被判刑以后对丈夫说的一席话》，这不过是一篇修辞课的习作，辞藻华丽，但是写得不错。

1816 年，他成绩平平地念完中学回家。

无悔抉择

直截了当的劝阻，不能阻止儿子那"有辱门楣"的抉择，巴尔扎克的母亲并不死心，她盘算着，要用精心策划的下一步计谋让儿子回头。这天，母亲告诉巴尔扎克："既然你决心已定，我也就不再强求了。"明天我要亲自到巴黎去，给你租一间房子，让你安心地去写作。第二天，母亲从巴黎市内回家，果然如期交给巴尔扎克一张租房卡，房址为：莱斯堤尼尔街九号房。

巴尔扎克拿到房租卡，就像握着自己的生命一样，既紧张又兴奋，"我的新生活就要开始了，我将一如既往，走向光明。"他心里在默默地喊着。

第二天，天刚蒙蒙亮，巴尔扎克就带着简单的行李离开了家，他几乎走遍了整个巴黎城，好不容易才找到房租卡上的地址——全城最脏乱、最窄小的一条街道，全街道里最破旧的一座五层楼房。

楼梯黑洞洞的，弥漫着霉臭味。巴尔扎克只好捂着鼻子，深一脚浅一脚地摸到五层，又从五层楼的拐角处爬上一节只能容得下一人的小窄梯，来到了自己的住所。"上帝啊！"巴尔扎克大叫一声，被眼前的情景惊呆了。展现在眼前的是仅有八九平方米的小亭子间，屋顶低得让人直不起身，正面有一方框是门框，但门已被拆走，背面有一小方洞算是窗户，也残破不堪，屋内尘土有几寸厚，墙上到处结挂着蛛网，墙皮剥落，仰头上望，屋顶上的瓦都裸露着，有几块不是缺角就是半截，斜刺里射进一缕缕光线来。

好个伟大作家的"创作室"。巴尔扎克忽然想起了欧瑞多学校的小黑屋，他也立刻悟出了母亲的良苦用心。等他对这牢房一样的屋子厌烦了，就会重新回到舒适的律师事务所去。想到这，巴尔扎克冷冷地笑了，他捋了捋头发，"走着瞧吧！"自语中充满了自信。

巴尔扎克把从图书馆翻阅来的材料作为重大题材，投入了全部精力，进行着艰苦的创作劳动。

整整八个月的时间,他每天仅睡三四个小时,平均每周下一次楼,买点食品,或者到圣米赤尔广场的喷泉处弄些水来。妹妹捎信让他参加她的婚礼,他都忘了。他疯狂地写啊写,写得太阳穴悸动,手指发烧。夏天,屋里闷热难耐,他推开小窗,看一眼灯火辉煌的奥迪翁剧院和黑黝黝的平民区,遥对着圣贤祠的雄姿出一会儿神,吸几口凉爽的夜气,回过头来又继续工作。冬天,斗室里八面来风,没有火炉的楼顶出奇地冷,他把所有的衣服被褥都裹在身上,仍然敌不住巴黎的寒夜,以前在教会学校时冻伤的双手旧病复发,疼痛难忍,但他咬紧牙关,用几块旧手绢将手缠住,依旧没有放下手中的笔,有时实在坚持不下去了,他就钻出屋,站到阁楼的小阳台上,伸伸胳膊,狂喊几声,提提精神,压压疼痛。

巴尔扎克发誓一定要用一部惊世杰作来打响第一炮,要使他的悲剧成为国家与民族的传世之作,否则宁肯将生命搁置在这试验的沙滩上。一年后,巴尔扎克的作品就要完成了。

1820年5月的一天,巴黎郊区的巴尔扎克家中,一派热烈而隆重的气氛,客厅打扫得干干净净,亲戚朋友济济一堂,像过节一样,尤其是巴尔扎克的母亲,结婚生儿子都不曾这么激动过。她高声地指挥大家,将一个个圈椅摆放成美丽的月牙形,月牙形圈椅的前方,摆放着供巴尔扎克朗诵与表演的一张小方桌。

时间差不多了,巴尔扎克的母亲开始清点来宾,也是听众。拿克卡尔——巴黎王家医药会秘书,也是巴尔扎克家的家庭医生;德·苏维尔——巴尔扎克的妹夫,一位很有势力的桥梁工程师;萨郎比耶老太太——巴尔扎克的外婆;另外,还有巴尔扎克的父亲佛兰苏;妹妹罗尔和两个未成年的弟弟妹妹。朗诵马上要开始了,门外"辘辘咕咕"地又响起了马车声,热心的铁器商人达伯兰翁也专程从巴黎赶来了。

母亲又一次满意地审视了自己的精心安排,认为无一疏漏,便郑重宣布:"剧作家巴尔扎克处女作朗诵表演,现在开始!"好像她已预感到,只等儿子表演完毕,一颗文学新星,便耀眼地镶嵌在巴尔扎克和萨郎比耶的家族史上。

一直被母亲安排在幕后的巴尔扎克终于登场了。他从不注意修饰,今天却有意地打扮了一番,贫民街亭子间的工作服脱掉了,重新换上与家庭地位相符的装束,新浆洗过得硬领白衬衣配上一条带金丝边的红格领带,显得格外精神,黑色的燕尾服显然是刚熨烫过,笔直挺括。平日蓬松而不驯服的头发,已梳理得整整齐齐,且泛着发蜡的光亮。由于是伟大的处女作表演,一出场,巴尔扎克神采奕奕,又由于是初次表演,他怀里不由得又像揣了只兔子,惴惴不安。刚刚站到桌子前,巴尔扎克拿稿的一只手便开始抖动,另一只手胆怯地也不知放在哪儿好了。本来挺明亮的一双眼睛,这时也显得有些彷徨疑惑。"第一幕,第一景……"连声音都颤悠悠的。可是,很快他就加快步伐念了下去,立刻,诗句像山泉溪水一样汨汨而鸣,声韵如流波般滑进安静的会场。

巴尔扎克的这篇作品,名为《克伦威尔》。他的朗诵表演一共持续了四个小时,尽管他在朗诵时,脸激动得绯红,可老外婆不知什么时候,已仰靠在圈椅里睡着了,两位小听众也早已溜得不知去向了,其他观众尽管听得发窘,却又不好意思离开,只得疲倦地坚持到最后听完。

巴尔扎克礼貌地向诸位鞠躬行礼,算作谢辞。母亲作为总设计师意欲听听大家的评价,可当她把征询的目光刚一放出,却又停住了。眼前的听众:一个军队的给养官、一个桥梁工程师、一个内科医生、一个铁器商人……别说他们不懂文学,即便懂得文学,靠他们来吹捧巴尔扎克,能有多大的效应呢?这时,她才发觉了自己的疏忽,一个不可饶恕的疏忽,怎么就忘了邀请一位"文学顾问"呢?她马上把招待客人用餐的任务交给丈夫,叫上女儿,拿起巴尔扎克的手稿,坐着马车直奔法兰西学院,去求助一位以前认识的文学教授。

巴尔扎克的处女作是部诗剧。上学时,巴尔扎克曾经写过诗,但对韵律却是一无所知,写剧作需要舞台知识,他又是一无所知,他之所以能闷头写了十八个月,并不是胸有成竹,他过于急切了。他急于摆脱家庭的奴役,急于自立,急于成为一位知名作家,他过低地看待了文学,过高地看待了自己。

过了几天,那位文学教授回信了。他忠告巴尔扎克夫人:"我真不愿叫令郎气馁。请转告令郎,如果他想更好地珍惜时间,请他一定不要搞文学,他在文学上是毫无出息的。"

巴尔扎克的文学梦遭到打击后,曾有一段时间,他整天漫步在广场和街头,并随意浏览了书摊上五花八门的小说。回到楼顶小屋,一种难以言状的愤慨之情油然而生,书摊上的小说算什么东西,竟然也能堂而皇之地出笼,作者还能名利双收,我巴尔扎克费尽精力撰写伟大的历史史诗,却遭到失败。为什么?为什么上帝这么不公平?难道我这文学之船当真要搁浅了!困惑之际,母亲派人捎信来,说让他务必于年底之前搬出莱斯堤尼尔街的房子,否则,就终止他的生活费用。此时的巴尔扎克面临着文学失败和经济无助的双重危机,近乎穷途末路了,怎么办?退却吗?向母亲妥协吗?不!决不!自小就养成的在困难面前绝不让步的顽强性格告诉他,要与命运抗争,向生活挑战。他考虑了下一步的计划,必须想法挣钱,自己养活自己。

事情往往就是这样。当一个人失意彷徨时,常常会有一个"魔鬼"来靠近你,它利用你的迷惘、徘徊,向你灌输一些似是而非的思想,使你稍不留神,便误入歧途。巴尔扎克迫于生活无奈,与他人合作开起了"小说制造公司"。

母亲不再承担任何生活费用,第一部小说还没有制造出来,无处可留,巴尔扎克只好暂时回到家中,"小说制造公司"也随着人走家搬。父子、母子见面,父母自然又在催促儿子尽快到律师事务所去报到。他们不能容忍儿子游手好闲,同时也看不惯,二十多岁的人了,没有工作,不能养活自己。不料,巴尔扎克一句话,惊得他父母好半天没说话:"你们放心好了,我不再需要别人养活,不信就等着瞧,不出一个月,我就能挣回一千法郎来。"

一个月后,巴尔扎克果然把一千法郎放到了母亲面前。母亲惊呆了,她知道,过去她一年供给巴尔扎克的费用也不过就是一千法郎。可今天,这个怪孩子一个月就挣回来了。

两个月后,巴尔扎克又把两千法郎放在了母亲面前。好家伙,这下,巴尔扎克在家中的地位陡然涨高了起来。一向看重金钱的父母万万没有想到,他们曾经鄙视的文学,竟

然也能挣来大把大把的钞票。于是,父亲——这个性情温和的老绅士心满意足地说:

"我真诚地希望你能够取得更大的成就。"

母亲当然比父亲要精明,乖巧得多,她主动找儿子说:"巴尔扎克,妈妈年轻时也有一些文学功底,我们一起办小说公司吧!"巴尔扎克当然不会应允。母亲满脸不悦,愤愤地说:"巴尔扎克太自负了,他把别人的感情都伤害了。"实际上,她哪里知道,巴尔扎克根本不是自负,是不敢让那些见不得人的东西被家里人知道。

有一天,巴尔扎克兄妹二人在妹妹的屋里海阔天空地神侃。聊了一会儿,巴尔扎克禁不住又向妹妹罗尔吹起牛来:"亲爱的妹妹,你知道吗?今年年底,我将要挣到两万法郎。我要坐上自己买的马车,在大街上到处兜风,那时,人们便会惊讶地大声喊道:瞧啊!那就是罗尔的令兄。"

妹妹撇了撇嘴,说:"我才不稀罕借你的亮发光呢。过去你写书的时候,我最支持你,现在书写成了,连送我一本都不肯,真小气。"巴尔扎克听了妹妹的话,脸"腾"地红了,他马上闭住吹牛的嘴,跑回自己的屋子。然后,又紧紧地插上了门。他怕妹妹万一感兴趣,突然闯进来,那就糟了,他的桌上正摆着一本书稿,书名为《比拉克的嗣女》。就在他写完书后,自己信手在一张纸上写道:这实在是一本下流的作品。既然如此,他怎么敢让妹妹看自己写的书呢?

家里的人都知道巴尔扎克在写小说,但谁都没有得到过他赠阅的小说,谁也没有在市场上见到过署名为奥诺雷·巴尔扎克的小说。

商海冒险

三年过去了,巴尔扎克一直沉溺于"小说制造公司"的事业上。昔日的抱负,艺术的良知,有时也隐隐在心中掠过,但很快又被金钱的诱惑掩盖了。后来,他竟然又招兵买马,办起了"分公司",他廉价地雇佣了一批"文学帮工",由他向他们讲述杜撰的荒唐故事,然后,一人承揽一部分写作任务,最后再由巴尔扎克串联成书。

为了得到些微的物质保证,巴尔扎克只好不断地出卖自己的笔,并且不断受着出版商的剥削。在写给妹妹的信中,他痛苦地自责:

"我希望靠这些小说发财致富,这有多么堕落!为什么我没有一千五百法郎的年金,使我能够体面地工作。可我总得独立起来,为此就只有用这样的方法。"

他哀叹道:"我看见有个东西在向我招手,只要物质条件稍稍有所保障,我一定要脚踏实地地工作。然而,现在却不得不把精力消耗在如此荒谬的勾当上,这多么令人难过……我那些辉煌灿烂的计划破裂得多么惨呀!"

巴尔扎克又穿起笔挺的西服,皮鞋也擦得锃亮。清清的塞纳河在身边淙淙流淌,巨伞状的梧桐树筛下斑斑点点的光点,仿佛一枚枚金币。巴尔扎克在这金币般的光点上,悠闲地走着。制造书摊小说,使他的钱袋子鼓了起来,不必投入任何资本,他只用一只鹅翎笔和几摞稿纸,一年就能收入几千法郎。来之容易的金钱,像个魔套,逐渐吊起了巴尔扎克的胃口,毕竟,他那未来的文学事业大厦太需要金钱做地基了。他感觉到,既然像现在这样一本一本地写书,一个字一个字地计算稿费,能挣得不少的收入,为什么不可以冒险地投入几千法郎,干桩大买卖呢?

1824 年冬末,巴尔扎克揣着刚写完的一部小说,来到书商康奈尔的店铺。交谈之中,他流露出对图书出版商的羡慕。

"怎么,想改弦易辙了?"康奈尔五十多岁,是个混迹商场多年的人物,他诡秘地眨巴着一双小眼睛,同巴尔扎克打趣。

"不完全是吧?"巴尔扎克不置可否,继续说道:"凭我巴尔扎克的精力,写作之余,总还应该再做点什么。"

"也不完全是吧?"康奈尔效仿着巴尔扎克的语气,俨然一副商场老手的姿态,"是想用兜里的钱去滚雪球吧?"

说着,康奈尔做出一副神秘的样子,凑近巴尔扎克:"老弟,咱俩今生有缘,今天,你算撞上财星了。"

巴尔扎克马上感到精神一振,也赶忙往康奈尔身边凑了凑。康奈尔告诉他,目前,有一桩很有赚头的出版生意,那就是为暴发户的资产阶级出版一批书籍。

"出版哪类书呢?"巴尔扎克问道。

"古典主义作家全集。"康奈尔坚定地说。

"能行吗? 那样的书会有人看吗?"写惯了书摊文学的巴尔扎克不大相信正统的著作会有市场。

"看不看咱们不管,只要他们买就行。"康奈尔告诉巴尔扎克,那些暴发起来的资产阶级是不看书的,但是,他们有了钱就想爬上上流社会,而要进入上流社会就必须进行包装,书是不可缺少的重要装饰。康奈尔还颇显内行地告诉巴尔扎克,怎么印这些书籍也大有文章。他打算采取缩印的形式,把一个著名作家的全集印成一本,打破过去一大套几十册的惯例。这样,放到书架上,既省地方,又新潮,如果再把封面印制得精美一些,肯定更受欢迎。

善于幻想的巴尔扎克,立刻被老出版商的鼓吹吸引了,他马上恳求康奈尔,要求加入一个股份。

从出版商那里回来,巴尔扎克一反晚上写作的习惯,早早地躺在了床上,顺着康奈尔的计划往下幻想。他带着美好的幻想进入了梦乡。

他梦见,古典主义作家全集缩印本出版了,他清清楚楚地记得,是莫里哀的著作,封面装潢美观别致,文字是用上等的白纸排印的,还装饰着许多插图。他还看见,巴黎以及外省各地的书店门前,像蚂蚁一样,密密麻麻地涌集着成千上万的人,千万双手高高地举着,一手交钱,一手递书。霎时间,有钱人家的客厅里,郊外的别墅中,以及街头巷尾,公园绿地,人人都在爱惜地抚摸着新买到的书。在康奈尔先生的店铺里,书商盈门,订货单像雪片一样,脚夫们出出进进,一包包沉重的书籍压得他们哎哟哎哟直喘气。要盘点了,成千上万的钞票从钱柜里溢到了地上。他有了丰厚的收入，坐在所相当讲究的工作间里，宽大的百叶窗遮住了耀眼的阳光，不时从窗外飘来阵阵花草的香味，新买的写字台光滑平整，散发着淡淡的好闻的油漆味，坐在桌前的真皮转椅上，他一边写作，一边喝着上等的咖啡，神气极了。

梦醒了，他发现自己仍躺在原来的家里。但是，梦中的辉煌依然在他眼前迸射。他激情难捺，早饭也顾不上吃，就跑到康奈尔的店铺，慷慨大方地说："我马上给你三千法郎，作为我的股份。另外，我还要无偿为将要出版的书作篇序，一定要让这桩生意带来划时代的成功！"

另外有一位太太，一位告老还乡的官吏，听了康奈尔的游说，也参加了进来，他们每人的股份是一千五百法郎。

合同签订了才一个多月，其他三位，包括康奈尔在内，便嗅出了苗头不对，纷纷退了出去，唯有巴尔扎克执迷不悟，在别人退却的地方，他却大举进攻。"既然是白手起家，索性干得又大又辉煌的好。"他居然把全部股份都承揽了过来。

书印成了，测算一下成本，每本必须售价二十法郎。可买书的人寥寥无几，一年到头只卖出几十本，余下的全部堆在仓库里，书价只得一降再降，一直降到了每本十法郎，可仍然卖不出去，最后不得不把所有的存货全部甩卖出去，眼看到了破产的边缘。巴尔扎克做梦发了大财，而实际的生意却赔了老本。

任何一个人，只要经过一次严重的挫折，都会低头思过，深思谨行。而巴尔扎克却不是这样，生就的倔脾气，天生的犟眼子使他做任何事情都不爱认输。在出版图书的失败面前，他不但没有急流勇退，反而把终点当成了起点，拼了血本又盘过来一家印刷厂，接着又加上一个铅字铸造厂。雄心勃勃的巴尔扎克，发挥出写作上非凡的想象力，满以为这样一来，从撰稿到排字、印刷、出版，一人独揽，不使旁人从中渔利，就能大功告成。

但不到半年，这座倒霉的工厂就名誉扫地了。工厂行将倒闭，放债人要追回贷款，纸商要归还财物，书贩们要清理账目。工人要索取工资。巴尔扎克只好于1828年4月宣告自己丧失了偿还债务的能力。结账之后，他净赔五万九千法郎，从此，债台高筑，拖累终身。

巴尔扎克已经三十岁了，还是一事无成。时髦的作品，浪费了他的精力；工商业破产，使他负债累累。在他那五尺之躯中，只剩下了不知屈服的顽强性格，奇妙的想象和蕴藏丰富而急待开发的生活矿藏了。于是，他又重整旗鼓，回到文学事业中来，再起宏图。他想用自己的不朽作品，征服巴黎、法国和欧洲，并偿还自己拖欠的巨额债务。这是一场新的十分艰苦的鏖战。他像一位既无粮草又无皮靴的共和主义的将军，只能凭借自己天才的智慧和刚毅果断的精神，凭借自己的勤奋劳动和钢铁般坚硬的性格，来压倒一切"敌人"，指挥着这场赢得欧洲文坛盛誉的战役。

1828年6月左右，巴尔扎克开始专心致志地研究有关舒昂党的叛乱文献、回忆录和军事报告。九月初，他风尘仆仆地来到他父亲的老朋友德·彼迈列尔将军家里（他买不起全程的火车票，最后一段只好徒步而行），听这位老人讲述如何镇压这次叛乱的往事，并前往布列塔尼作了实地调查。五六个月的构思明确了，成熟了。在他的眼前浮动着各式各样的军旗，稀密浓淡的硝烟，飞奔急驰的马群和耀眼闪光的军刀，耳边震动着连珠炮似的轰鸣嘶叫声和兵士们的连天杀喊声。

1829 年 3 月《舒昂党人》正式出版。这是第一部用"奥诺雷·巴尔扎克"的署名发表的历史长篇小说。它标志着作家现实主义技巧经过反复的磨炼而趋于成熟。作品以叛军的领导人孟多兰和维尔纳尔的爱情为主线，在广阔的历史背景下，真实地描写了 1800 年法国共和政府武装镇压由保皇党人煽动而爆发的叛乱。作者当时的政治倾向是鲜明的，他把以于洛将军为首的共和党人，视为"勇敢的爱国者"，在他们的正义行为中看到了祖国的未来，认为这些人是一批"提着路灯的旅行家"，在黑暗中为人类照明了"自由与独立的原则"；而那些闹哄哄的乌合之众的叛军，都是为了皇恩与特权，才走向背叛的道路上去的。最后，叛乱被平息了，叛军头子孟多兰在临死之前，给他在英国的弟弟留下的遗言是："不要拿起武器反对法兰西，但也不能抛弃对国王的忠诚。"作家拥护君主的政治倾向在这句遗言中充分地流露了出来，难怪他不久便参加了正统派的保守党。《舒昂党人》以它的历史的真实，结构的严谨，人物性格的鲜明和语言的流畅，获得了成功，博得了人们赞扬，得到了社会的承认。1829 年 7 月 10 日他出席了在雨果家里举行的朗读会，并相继认识了法国文学界的名流梅里美、大仲马、贝朗瑞、缪塞、乔治·桑和批评家圣——佩韦等。从此，巴尔扎克在现实主义艺术宽广的道路上，急驶猛进，奔向险峻而光辉的顶峰。

拼命之即

巴尔扎克回到巴黎后，立即从幸福的云端栽到债务缠身的俗世的烦恼之中。"我发现这里的一切比我预期的还要坏，欠我钱的人，保证要支付给我钱的人，都没有履行诺言。只有我母亲始终如一地帮助我，可是我知道她自己并不宽裕。"但是他捞到了一根救命稻草，再一次获得了一次喘息的机会。因为他居然找到了一个出版商，一个名叫夏尔·富歇的漂亮而富有的寡妇，她愿意支付 2.7 万~3 万法郎买下他总标题为《风俗研究》的一套选集的版权。这套选集共计 12 册，其中包括重印的《私人生活场景》《外省生活场景》《巴黎生活场景》。合同签订的当日，他高兴得快要跳了起来："这笔款子足以叫所有那些游手好闲的懒鬼、只知骂人不会干事的无能之辈和一帮文人统统气红了眼！"虽说他还无法还掉借他母亲和贝尔尼夫人的钱，但是现在至少能够偿还那些催索得最急的债权人的债了。尽管两个星期以后他还掉一笔欠款后，又变得"实实在在一文不名了"，然而他并没有因此而发愁。正如他所说的，他对"此等小小的战斗"已经习以为常，他明白经过两三个月的艰苦工作，就能够赚得更多的钱。他不久的日内瓦之行意义太重大了，或许会决定性地影响他以后的命运。因此，对他而言，当前的问题就是认认真真地写作，日日夜夜地写作。"我一定要赢得在日内瓦的两个星期的幸福——这句话老是出现在我的眼前，好像已镌刻在我脑门上了。它给了我平生从未体验过的勇气。"

在 1833 年 10 月到 12 月这两个月的时间里。巴尔扎克拼命似的致力于《欧燕妮·葛朗台》《切莫触摸刀斧》（后来改为《朗热公爵夫人》)、《塞拉菲塔》等几部小说的写作。"我投入战斗以来已经坐毁了两把椅子了，我正在出卖我好几年的寿命。"与此同时，他没有忘记趁热打铁。他无意让爱情冷却下来，所以每个早期都要给他的"夏娃"寄去至少一封热情洋溢的信，既表示问候，又倾诉衷肠。在这些信里，更显亲密的"你"已经取代了较正式的"您"字，他告诉她说，在他身上，"新的快乐生活"已经开始，她是他在这个世界上唯一钟情的女人，他崇拜她的一切，"你的口音，你那惯说好话并为我祈福的双唇"。每当他意识到自己的生命已经完全隶属于她的时候，强烈的幸福感使得他"全身颤抖起来"——"在这整个世界上除了你，没有其他的女人了。"他再三声称自己是一个"天怜的奴隶"，对她言听计从，是一个胆敢窥视崇高主妇的农奴。他捆绑着手足向她投降，任凭她发落。这真是开天辟地以来最动人的情书，有哪一个怀春女人不会为这种热情所激励和感动呢！他还向她庄严地保证："三年来我的生活一直都像少女那样的纯洁。"说出这句话的时候，不知道巴尔扎克是否脸红，或者有一丝的内疚，因为不久前他还和一个叫玛丽·路易斯·弗·达米诺瓦的年轻女子有染，并生下一个私生子。他曾得意地将此事告诉了他的妹妹洛尔·絮尔维尔夫人，并把他正开始创作的《欧燕妮·葛朗台》献给了她。既然有这样的风流韵事，他如再说什么"如少女般纯洁"之类的话，确属荒唐可笑了。这不能不说，巴尔扎克从法国上流社会沾染上的不良习气是何等的根深蒂固！虽然这并不影响他作为一个伟大作家所取得的成就，但也总是他私生活上抹不去的瑕疵。

在这期间，巴尔扎克除了写下通过博雷尔小姐转交给韩斯卡夫人的大量秘密信件外，还写了一些可以同时给她丈夫看的"公开的信"，彬彬有礼地以"您"和"夫人"相称，这分明是企图博得男爵先生的好感和信任，因为男爵不见这位在纳沙泰尔认识的友好的法国作家的来信一定会觉得奇怪，甚至会起疑心。于是，抒情的笔调在这类信中便转换成了客套和玩笑式的语气："夫人，我想韩斯基一家不至于拒绝巴尔扎克为感谢他们盛情友好的接待而赠予的一份菲薄礼品吧！"巴尔扎克所送的礼物中，一件是简朴的首饰，上面镶嵌着安娜小姐拾来的小石子；另一件是意大利作曲家罗西尼的手迹，它们分别赠送给安娜小姐和韩斯基先生。巴尔扎克写道："夫人，请向韩斯基先生转达我亲切的友谊和怀念，并以我的名义吻吻小安娜的前额，请接受我最崇高的敬意。"

到了 12 月，一切准备就绪，巴尔扎克一直寄予厚望的《欧燕妮·葛朗台》得以顺利出版，并大获成功，连最敌视他的几位文学评论家也不得不惊叹这部小说高超的艺术成就。他由此获得了一笔数目可观的收入，旅行费用的问题自然迎刃而解了。1833 年圣诞节那天。巴尔扎克抵达日内瓦，喜滋滋地住进了夏娃琳娜·韩斯卡为他在"弓箭"旅馆订的一个房间。这家旅馆离主教场街她和她丈夫下榻的米拉波公馆很近，楼顶上有一个美丽的弓箭形风标，箭头指着风的方向。这里的环境十分幽静，称得上是情人会面的一处好所在。在他的房间，他首先看见的是夏娃琳娜派人送来的一枚戒指和一张问他是否爱她的便条。这是无须怀疑的，巴尔扎克当即做了回复：

我是不是爱你？可我已经来到你身边！哪怕再困难一千倍，为你受再多的苦，我也是要来的。现在我们终于赢得了一个月或许两个月的时间。我不是要一次而是要千百万次地亲吻你，我是如此幸福，以至我不能比拟写得更多了。

回头见！我的房间很好，戒指像你一样。我的爱，它多么精致美丽！

巴尔扎克在日内瓦的逗留持续了 43 天。由于韩斯基先生完全被蒙在鼓里，只待他当作好朋友看待，因此，米拉波公馆和弓箭旅馆之间的来往畅通无阻。他们互赠礼物，如奥尔良产的木瓜酱咖啡、茶叶、孔雀石做的墨水瓶等等。尽管近在咫尺，你来我往的书信也没有间断，而且一日数封。巴尔扎克越发喜欢上他的夏娃了。她也对他的哲理小说《塞拉菲塔》表现出深厚的兴趣和深刻的理解力，这令他非常欣慰，要知道，巴黎的众多文人是不喜欢它的。两相比较，夏娃琳娜岂不是他的红粉知己！

《欧燕妮·葛朗台》销路极好，得到吉拉尔丹夫人等名媛的热烈颂扬。她写信给巴尔扎克说："欧燕妮·葛朗台非常可爱，还有大个子拿侬，葛朗台老爹。真是天才，天才。噢！伟大的巴尔扎克！我妹妹、我母亲，还有我，我们全家都着迷了。您的作品没有一部像这样成功的。"受这部作品的成功所鼓舞，同时又受到爱情力量的激励，巴尔扎克便以神奇的速度在不太长的时间里创作出许多部文学作品来。有好几部最优秀的小说都是他在这时期先后完成的。

每天他只睡上 5 个小时，然后就像"赌徒上赌场"一样地连续工作 15 到 18 个小时，"只有亡命徒才有这股狂热。"不久前他的头发还乌黑油亮，现在却一天天地变白，一绺一绺地脱落。好心的纳卡尔医生一再警告他，不要十分拼命，应注意劳逸结合，否则他就会垮下来。有时候他自己也担心："我开始发抖了。恐怕在我所忙着营造的建筑物竣工之前，我自己就会被过度的劳累和困乏所压垮。"他的肝部开始隐隐作痛，可是他又不能中断他雄心勃勃的写作计划。"站住，死神！你要是非来不可，就来给我加重负载吧！我还没有完成我的使命呢！"他不顾一切地写出一部又一部的作品，他的想象力"从来没有在这么多的领域里活跃过"。完成了《朗热公爵夫人》后，他在 1834 年 6 月到 9 月的"一百个夜里"又写出了《绝对之探求》，10 月开始写《塞拉菲塔》，11 月动手写《高老头》，而且在 40 天内就完成了它的初稿。在 12 月和其后的几个月里，他接连写出了《海滨惨剧》《豌豆花》《改邪归正的梅英特》《金跟女人》以及《三十岁的女人》的另外一些章节，他还草拟出《赛查·皮罗托盘衰记》和《幽谷百合》的提纲。说起来简直不可思议，而实际上这还不是他在十多个月的时间里所写的全部作品呢！与此同时，他还改写了《舒昂党人》等早期的几部长篇小说，拟好了《都兰趣话》第三辑的十个题目，和儒勒·桑多合写了一部叫《领班小姐》的剧本，编选《十九世纪法国作家通信集》，与出版商们在几番艰难的讨价还价后签订合同。

《人间喜剧》

人间喜剧是模仿天父上帝的作品。

1841年,巴尔扎克与一伙出版商(杜博歇、菲讷、赫哲尔和保兰)签订了一项合同:在《人间喜剧》的著名标题下出版他的全部著作。他已经不止一次给一组组作品冠以共同的标题,意在造成一种印象,也就是说,一套鸿篇巨制如果有一个总称,将有助于在人们心目中形成概念。因此产生了《私人生活场景》《巴黎生活场景》《风俗研究》《哲理研究》以及本该补充前两项《研究》的《分析研究》,但是除了《婚姻生理学》以外,这一部分始终停留在计划之中。事实上有不少作品时而编在这一组,时而又被编入另一组,说明这种分类法多少有些随心所欲。他曾设想以《社会研究》作为总标题,后来在但丁的《神曲》启发下,他想出了《人间喜剧》。1839年他给赫哲尔的一封信中,第一次提到了这个标题。

《人间喜剧》却不是出版商要的什么花招。巴尔扎克想要把他那数量众多的小说汇编成集各种人物典型之大成的全景。他来得及完成吗?他不知道。但是到了1841年,完成的部分已经构成一个井然有序的世界。和真实的世界一样,它自身还在不断地繁衍,有时以对应的形式(如《外省伟人在巴黎》激发了研究《一个巴黎大人物在外省》的兴趣,这一题材在《莫黛斯特·米尼翁》和《外省的诗神》中有所表现),有时则以类似的形式出现(如《婚约》引出了《死后财产清单》,不过该作品一直没有写成)。这种自身繁衍的方法,使创造力获得了不可思议的增长。莫里斯·巴尔台什指出:如果把巴尔扎克的锦囊中其余的写作计划也一同包括进去加以考察,《人间喜剧》的脉络将显得更为明了,在《路易·朗贝尔》中,天才因思维过旺而损寿,与此相对,《克汀病患者》则描写因头脑空空而长寿。

斯波贝奇·德·洛旺儒公布了巴尔扎克的五十三篇只有计划却尚未动笔的小说标题。其中几篇甚至留下了某些线索,如《布瓦鲁热的继承人》《伟人》《济贫院与民众》《学者之间》《戏剧真相》《一个主意的经历和遭遇》《教师队伍剖析》。在这份清单之上还应该再加进一百来个类似简短注文的草稿。整整一个大千世界在头脑里骚动,纷繁的主题推推搡搡,抢着要降生人世。请看这两个精彩的私人生活场景:穷苦的年轻姑娘为了弄到一个丈夫,装出一副非常富有的样子,结果跟一个以同样手段蒙骗了她的穷鬼结了婚……一位青年女子为一个男子的殷勤所惑,自作多情,以为被爱上了,其实不然,因而对他产生怨恨。而他却又真的爱上了她……"从这些拥挤躁动的题目中,从人物和题材的温床上,可以衍生出形形色色的想象。这里面也反映出作者的多产、对精力的肆意挥霍以及对生命的置之度外。"如果巴尔扎克能活到七十岁,我们将有幸看到描写他的主人公们的晚景的小说,想到这一点,真令人难过。

为了保证他苦心经营了十年之久的创作在这次出版时一举成功,赫哲尔要求他写一篇序。巴尔扎克由于劳累过度建议再版达文的原序。赫哲尔生气了:"出版您的全集,对您的作品来说是最重大的事了,在它与读者见面时怎么可以没有几句您自己的话呢?"巴尔扎克让步了,在这一长篇前言中,他试图阐明自己的创作动机。他说,建造这座大厦的念头,开始是在他研究圣伊莱尔的时候产生的。我们还记得,巴尔扎克有感于人世间存在着形形色色的人物类型,恰似自然界中不同类别的动物一般。工人同商贩、海员同诗人之间的区别,和狮子同驴、鲨鱼、山羊之间的区别性质是一样的。

只是《人间喜剧》远比动物界的喜剧复杂。首先,在动物界中,雌雄相配总是在同类之间进行的,雄狮同雌狮相配;而在人世间,雄狮却可以同母羊或雌虎结成配偶。再者,动物须经历千万年后才可进化为更高一级的动物;而在人类世界,一个杂货店老板几年之内就可以一跃而成为法兰西贵族院议员,一个公爵却会沦落到社会底层。最后,人类有灵巧的双手和思维能力,他创造出工具、衣服、房屋等,这些都随着文明的进化而演变。因此,研究人类的博物学家既要描绘男人、女人,也要描绘事物。

瓦尔特·司各特已经成功地把小说提到历史的高度,但他还没有想到把他的一部部作品连为一体。巴尔扎克的第二个光辉特点在于创作了一部概括当代风俗的完整历史,其中每一章就是一部小说。他塑造了两三千个不同身份的人物,足以和警察局的户籍档案媲美,他按不同的社会等级和职业将他们组合成社会。整套作品的内在联系如此紧密,要想充分体验它的魅力,就得一本不漏地读完。

唯有读完之后,人们才会发现这个帝国的疆域如此辽阔,在这片疆土之上,智慧的太阳永不落。恩格斯曾说:"我从巴尔扎克的作品里学到的东西要比从任何职业的历史学家、经济学家和统计学家那里学到的全部东西还要多。"《人间喜剧》既是一幅最真实地描绘了永无休止的人类生活的画卷,同时又是波旁王朝复辟时期最精彩的风俗史。它包罗万象,如贵族和资产阶级,政府和军队,还有银行信贷、商业交通、新闻出版、司法、政治和社交界的内部机制。这绝不是浮光掠影的勾勒,却是像拆卸一部具有明显的齿轮系统的庞大机器一样,把它的零件一个个拆下来展览。

他无所不知,城市、家庭、巴黎的每一个区,他都了如指掌。"这位夜行的荷马用魔怪的火焰照亮了一个骚动不安之城的地下室和巷道,那里正上演着一部令人毛骨悚然的话剧。"他深入到大学生食堂、剧院后台、公爵夫人的内室、交际花的卧榻。他创造的人物都由现实生活中的真人提供装束。裁缝斯笃布为昌西安·德·日邦泼雷置装,布依松(也就是巴尔扎克自己的裁缝)为夏尔·葛朗台做衣服;美丽的拉布丹夫人在黎塞留大街76号的福森珠宝店购置煤玉制成的葡萄串。至于外省,昂古莱姆、勒阿弗尔、里摩日、阿朗松等地各种不同的社会圈子,他全都知情。这些城市中因1789至1830年间政治动荡的影响而产生的无法缓解的、褊狭的敌对情绪,巴尔扎克了解得比谁都清楚。读者如果看不到法国社会植根于怎样的历史土壤就无法理解王政复辟时期的法兰西,"真实的生活都是有因可循的。"此外,巴尔扎克所使用的人物再现手法,赋予他的虚构人物以第四维的深度——时间的深度。

然而他的目标绝不仅仅是描绘一个社会。在他看来,作家非但不亚于政治家,或许还能超越政治家,因为作家能"对人间的事情做出决断"。假如说巴尔扎克意识到自己是最伟大的小说家,这可不仅仅是由于他塑造出如此众多的栩栩如生的人物形象(可以设想,一个勤奋而平庸的作家也有可能塑造出大量人物),而是由于他在塑造人类时融进了他自己的思想精髓,他认为集中于一个特定目标上的意志能够产生巨大的能量,不过这种意志是受到限制的。在他看来,每个民族如同每个人一样,都有那么一张驴皮;要想延长民众的寿命,必须减少他们的生命运动。因而巴尔扎克主张建立稳定的政体和法规。"我在两条永恒真理的照耀下写作,即宗教和君主政体。"在政权问题上,巴尔扎克总想扮演魔鬼的角色。他说:"一个正直的政治家,好比一部有情感的蒸汽机,或者一个边掌舵边做爱的驾驶员,他们是注定要翻船的。"可是深知巴尔扎克的乔治·桑说:"在令人痛心的罪证和良心的责备面前,他身上的恶魔势力便在他心灵深处那纯真善良的天性底下彻底崩溃。他会握着你的手默默无言,或者掉转话头谈起别的事情。"使用权谋、不择手段是他身上理智的一面,而宽厚大度才是他的内心所固有的。

院士之梦

巴尔扎克又一次以他杰出的文学天才,赢得人们的关注。当时,法国有个最权威的学术机构——法兰西学士院。这个学士院从来只固定保持四十个院士的名额。所有获得院士资格的人都是终身制,只有每逝世一个,才能补充一个。由于这个地位的崇高,人们称所有的院士为"不朽者"。

巴尔扎克发誓:千方百计也要闯进学士院的大门!

1848年9月4日,一个秋雨绵绵的日子。巴尔扎克去看望卧病已久的学士院院士夏多勃里昂先生。

夏多勃里昂七十多岁了,身染重病。听到仆人的声音,闭着的眼睛睁开了,昏黄的眼珠放出喜悦的光彩。他示意巴尔扎克弯下腰,伸过头来。然后,紧贴着巴尔扎克的耳朵告诉了他若空有满腹经纶,不应合时俗,照样得不到应得的社会地位。并从枕头下面摸出一张写好的推举信,交给巴尔扎克。

巴尔扎克回到家,展开夏多勃里昂的信看着。他又想起曾经有过的三桩往事。

1839年,巴尔扎克凭其卓越的文学成就被列入院士候选人。凑巧的是,雨果也同样是候选人,怎么办? 尽管自己早就立过誓言,然而,这次的竞争者,恰恰是执法国浪漫主义文学牛耳的雨果,一个文品和人品俱佳的学者,思来想去,他决定把名额让出去。于是,在竞选的那一天,他出国旅游去了。

1841年,他又用同样的方法把又一次机会让给了阿尔弗雷德·维尼谦。

1844年,院士诺及埃去世。死前也曾表示,希望巴尔扎克应该顶替自己的席位。结果,从不愿向世俗低头的巴尔扎克,选举时眼睁睁看着,一个三流作家戴上了院士的桂冠。

这次怎么办？巴尔扎克有点动摇。他知道，由于自己毫无节制地写作，以及大量饮用浓咖啡，心脏和肺部早已被侵蚀得不成样子了，说不定什么时候就可能停止呼吸，属于自己的时间不会太久了。再说，争取到院士的地位，就可以享受固定的经济收入。这对于负债累累，又要构造《人间喜剧》大厦的他来说，也太有实际意义了！

他在屋里反复地踱着步，脑子里翻来覆去地琢磨着。怎么？难道让我巴尔扎克揣着金币，挨着门去乞求。那么，我那轰动文坛的《人间喜剧》，又作何用途？

不！阿谀奉迎不属于巴尔扎克！

不久，夏多勃里昂去世了，就在选学士院院士的节骨眼上，巴尔扎克租车上俄罗斯去了。车上，他还一直在想，爱谁是谁。社会黑暗了，真正的金子别人也会以为是石头涂上了金粉，我为什么还要自己再贬低自己呢！

果然，巴尔扎克仅得了两票，他又一次落选，但是，增补的新院士更令人猜疑：他有过什么作品，法国人都不知道，人们只知道他是个有钱的绅士。

没过几天，巴尔扎克落选的原因也冠冕堂皇地传了出来：

"他太穷了，学士院哪有负债的人？"

"他太傲慢了，评选前跟我们连个招呼都不打。"

"哼！"投了赞成票的雨果愤愤地说，"这哪是在评选学者，倒不如说是在评选暴发户和势利小人。"

同年时间，法国爆发了二月革命，路易·菲利普被赶下国王的宝座。在这次革命中，诗人拉马丁当上了临时政府的外交部长。拉马丁熟悉巴尔扎克的才能，极力鼓动他投身政治，参加议员竞选。

他绞尽脑汁，写成了一篇竞选发言，又马不停蹄地赶往冈伯莱地区。在一家小报社里，他找到了报主拜托尔。拜托尔早年曾在他的印刷所里干过排字。他拜托拜托尔帮忙在报纸上宣传他的事件以便竞选。

为了说服拜托尔，巴尔扎克张开那张惯于演说的大嘴，云山雾罩地侃了一气，拜托尔总算应承下来，但一再吩咐巴尔扎克，要他一定尽快给他们的小报写部小说。

巴尔扎克似乎觉得胜券在握。

巴尔扎克走了，他还是想再冒一次险，这是他人生中的最后一次冒险。

竞选结果出来了。全国四百五十九个地区，他仅得了二十票。这一下，他是真的彻头彻尾地灰心了。

他总结说："人们总是根据本身来衡量别人。他们只能投票选举那些在精神和道路上与自己不相上下的人。因此，从来没有一个天才人物，在他生前被放到应有的位置上。因为大多数人是平庸之辈。他们只会选出一些庸才。"

当然，他并没有看透那个社会的本质。但是，他最后的哀叹却足以令人同情："伟人势必不幸！"

曲终人逝

巴尔扎克一生都过着苦行僧式的生活。然而,他绝不是禁欲主义者。他在从事艰苦卓绝的文学创作的同时,常常诱发出对金钱、名誉和爱情的憧憬。四十五岁时,他在金钱和名誉上,遭受过一连串的打击之后,又着魔似的爱上了一位名叫韩斯卡的俄罗斯贵夫人。

韩斯卡的丈夫是个伯爵,家中极端的富有。韩斯卡本人生性自私,又图慕虚荣。她所以对巴尔扎克感兴趣,完全是因为钱多得发愁,想用巴尔扎克的盛名来炫耀一下自己,以填补空虚的灵魂。况且,她的丈夫大她二十多岁,她们之间根本没有真正的感情。而巴尔扎克却动了真情,一直追了五年,直到韩斯卡的丈夫去世。

五年之后,一个寒冷的冬天,凛冽的北风把成排的梧桐树,剥得只剩下光秃秃的树杈,河面上结起了厚厚的冰层。在福禄街巴尔扎克的住所里,拿克加尔大夫正在同巴尔扎克展开激烈的争论:

"你难道不知道你的身体状况吗?"

"可爱的大夫,你难道也不理解我的心情吗?"

二人针锋相对地争执着。

"你无论如何也不能去俄罗斯!"

"不!我无论如何也要去俄罗斯!"

"你的身体非常糟糕,严重的肺病已经侵害了你的心脏,你的身体像婴儿一样的脆弱,西伯利亚的寒风会给你带来更恶劣的结果。"

"我的精神更加糟糕。这个丑恶的社会令我窒息,尔虞我诈的人们伤害了我的每一根神经,我就是要远离他们。我相信,爱情之火会帮助我战胜任何寒冷的!"

这一年,巴尔扎克已经五十岁了,身体状况非常不好。他已经八个月不能坚持写作,那件珍爱的白袍子"写作服"也早已束之高阁,宏伟的创作计划也只有在脑海里酝酿了。他整天关在屋里,病稍微轻了点,就下床走走;重了,只好卧床休息。仆人阿果多斯尽量把壁炉烧得热气腾腾,但是,他依然觉得浑身冰凉。

不能写作的痛苦,经济上、政治上的惆怅,人世间的冷酷,桩桩件件,都如同室外的阵阵寒流,冻结着他那颗多病的心。他只能又一次地生起幻想,希望爱情给他带来温暖,复苏他的心灵,健壮他的肌体。

壁炉一直热气腾腾地燃烧。拿克加尔大夫的一番苦口婆心,尽管如壁炉般的火热,但是,还是没有阻止住巴尔扎克一意孤行的念头。拿克加尔大夫只好连连地摇头。

正月里,零下二十八度的高寒,把俄罗斯的土地冻裂开二十多公分。在那呵气都能冻成冰的日子里,巴尔扎克在两位德国医生的陪伴下,凭着美好幻想的支撑,来到了俄罗斯的维埃曹尼亚,正如他自己所说,横渡了地球的四分之一的面积,来向那个自私的贵夫人求婚。

韩斯卡得到仆人的报告，慢慢悠悠地踱出客厅，来到大门口。当她一看到巴尔扎克时，突然一个愣怔，不由自主地倒吸了一口凉气。

记忆中，巴尔扎克那白白胖胖泛着红光的面容不见了，浓重的青紫色布满枯槁的脸庞，两腮塌陷，一对颧骨醒目的凸出着。身上裹着初次到这里来时她送给他的那件黑皮大衣，像只一个星期都没有找到食物的狗熊，身体在不断地抖动着，随时都有倒下来的可能……

看到韩斯卡，巴尔扎克的眼睛赫然放出了光芒，他想急走几步，握住她的手。但是，身体抖动得越发厉害，两条腿直打战，怎么也迈不开步。他想热情地说上几句话，可是，惯于调侃幽默的那张大嘴，也随着身体直哆嗦，就是说不出半句话。

看到这情景，本来对他并不经意的韩斯卡此时也生出了几分怜意，她吩咐仆人："快！赶快把巴尔扎克先生扶进屋去！"稍顿，又冲着仆人的背影嚷道："记着，再做些吃的。"

巴尔扎克在仆人和医生的照料下，吃过饭和药，倒在床上便睡下了，一下子就昏睡了两天两夜。这两天里，除了仆人和医生的照料，韩斯卡很少来过。

这天下午，从昏睡中刚刚醒过来的巴尔扎克喝了几口水之后，说想要见见韩斯卡。仆人赶快去告诉了韩斯卡，她依然是慢慢悠悠地走进房间，又吩咐仆人搬过一把椅子，在与床上的巴尔扎克保持一定距离的地方坐下来。

韩斯卡刚一进屋，巴尔扎克一阵激动，挣扎着探起身子，但看到韩斯卡已经远远地坐下。他马上又像只泄了气的皮球，无力地躺下了。

"奥诺雷，你这是何苦来嘛！大冷天拖着个病身子来回地跑。"韩斯卡没有任何问候，便直通通地指责起巴尔扎克。不过还好，她总算当面称他巴尔扎克。实际上，她在背后对别人讲起巴尔扎克来，总是称他"那玩意儿"。

"艾芙林娜，"巴尔扎克亲切地称呼她："听到你丈夫去世的消息，你不知道我有多么兴奋。噢，对不起，我不是诅咒他，我是想起来你曾经答应过我，等到你的丈夫去世以后，就嫁给我。这一天我终于盼到了！"

巴尔扎克很激动，也很虔诚，一连串的话语之后，禁不住反复地咳嗽起来。

韩斯卡敏感地用手捂住嘴和鼻子，身子微微后倾，慢条斯理地说道："是啊，我是答应过的。可你看看现在你的身体。嗯！还有，在我未嫁给你之前，你总得买套房子吧！我可是听说，你为了躲债，连个自己的窝都没有。"

"不是的"，巴尔扎克又一阵激动，竟然"腾"地坐了起来，"我早已在巴黎为你买下了最好的房了，内部装饰全是仿照凡尔赛宫来的。"

巴尔扎克说的是实话，这个忠于感情又爱慕虚荣的巴尔扎克，后来写书赚来的钱，没有用于还债，而是全部用在了买房和装修上，足足花了三十万法郎。但是这所豪华的房子，很少有人知道。

"艾芙林娜，答应我，请接受我衷心的祈求，我们结婚吧，不然我会伤心死的。"巴尔扎克真想使劲握住韩斯卡的手来苦苦相求，但可惜，他够不着。

一个月过去了。只要韩斯卡来看他，巴尔扎克总要向她求婚。

韩斯卡终于动了侧隐之心，她答应了他。但绝不是因为巴尔扎克的虔诚，她担心就巴尔扎克那副病样子，再受点什么刺激，一旦死在她的庄园里怎么办？她可以不把他当回事，可他毕竟是全欧洲有名的大作家啊！

很快，韩斯卡和巴尔扎克在附近的教堂里，悄悄地举行了婚礼，然后共同回到巴黎。

回来的路上，巴尔扎克紧紧地靠在韩斯卡身上。车轮在坎坷不平的山道上颠簸，他迷迷糊糊地睡着了，做着美好的梦。

他梦见，自己坐在那所精心布置的书房里，构思着《人间喜剧》的后五十部小说。韩斯卡，不，是他的艾芙林娜，温存地陪伴着他，为他穿好"白袍子"；为他准备好大鹅翎笔；为他在大墨水池里注满墨水，为他调制好黑咖啡……他们幸福地送走一个个长夜，迎来一个个黎明。一部部撩人之作在巴黎街头被争相购阅……

再美好的梦也终究是梦。巴尔扎克的梦想只能在他的小说中去实现。一切美好的生活，在现实中，离巴尔扎克太远了。

回到巴黎，巴尔扎克就病倒了，彻底地病倒了。心脏和肺部的病情越来越重，眼睛已完全失明，听力也明显地下降，可他的艾芙林娜却一天也不肯守护着他。这个冷酷无情的女人整天在贵人家的沙龙里转悠，甚至拿这样的话在众人面前说她的新婚丈夫："'那玩意儿'比什么时候身体都坏，他已经不能够走路，浑身都在痛苦地痉挛着。"说完，还不屑一顾地莞尔一笑，一副漫不经心的样子。

一个令人难忘的夜晚，月亮慢慢地透过云层，发出冷冷的光亮，照在巴尔扎克卧室的床上。床头，一支蜡烛已经燃到尽头，闪着微弱的光亮，一块块的蜡油，像大串大串的泪滴，散落在桌子上，巴尔扎克躺在床上，痛苦地呻吟着，他的心脏在微弱地跳动着。

1850 年 8 月 17 日夜 10 点 30 分，享誉全欧洲的大作家巴尔扎克离开了人间。

一颗伟人的心脏停止了跳动，一个崇高的心灵威武雄壮地走入另一种生涯。他本来扇着天才看得见的翅膀久久地盘旋在人们上空，却忽而展开另一种看不见的翅膀骤然投入了不可知的境界……不！不是不可知，不是黑夜，而是光明！不是结束，而是开始！不是虚无，而是永生！他永恒的生命从此开始了新生。

现代俄国文学的创始人

——普希金

人物档案

简　历:俄国著名的文学家、伟大的诗人、小说家,现代俄文学创始人,被誉为"俄国文学之父"。1799年6月6日,出生于莫斯科一个贵族地主家庭。1811年6月考入皇村学校;1814年7月诗歌《致诗友》发表在《欧洲通报》上;1817年3月出版了第一本诗集《亚历山大·普希金诗集》;7月完成诗歌《自由颂》,造成一定影响;1819年7月写出诗歌《乡村》;1820年3月完成第一部长诗《鲁斯兰和柳德米拉》,引起文坛关注;1821年完成长诗《高加索的俘虏》;1825年完成短诗《假如生活欺骗了你》;1828年完成诗体小说《叶甫盖尼·奥涅金》;

1830年参加《文学报》的编辑工作;1833年10月完成长诗《青铜骑士》;12月30日,被尼古拉一世任命为宫中低级侍从;1836年10月完成小说《上尉的女儿》。1837年2月10日因决斗负伤而死。

生卒年月:1799年6月6日~1837年2月10日。

安葬之地:圣山(今名普希金山)镇教堂墓诗人母亲的墓旁。

性格特征:正直和勇毅便是其性格的精髓。

历史功过:他诸体皆擅,创立了俄国民族文学和文学语言,在诗歌、小说、戏剧乃至童话等文学各个领域给俄罗斯文学提供了典范。

名家评点:俄国作家果戈理评价说:"一提到普希金的名字,马上就会突然想起这是一位俄罗斯民族诗人。他像一部辞书一样,包含着我们语言的全部宝藏、力量和灵活性。在他身上,俄罗斯的大自然、俄罗斯的灵魂、俄罗斯的语言、俄罗斯的性格反映得那样纯洁,那样美,就像在凸出的光学玻璃上反映出来的风景一样。"

诗人世家

　　1799 年 6 月 6 日,谢尔盖耶维奇·普希金诞生在莫斯科一个家道中落的贵族世家。他父亲当过近卫军军官,自幼爱好文学,善于写诗,有一间私人藏书室,里面收藏着大量的名著。他的叔父是当时彼得堡的知名诗人,他也想把侄儿培养成伟大的诗人。

　　普希金的家里经常有许多文学名流来往,在这种环境的熏陶下,8 岁的普希金就开始用法文写诗,他已能背诵许多法国和希腊的古典长诗了,同时他又从保姆那里学到丰富的俄罗斯人民语言。他也非常地热爱民间文学和诗歌。

　　在今天看来,普希金的幸运不仅在于他"生得逢时",也在于他在儿时遇上了一个好奶妈,这个来自生活底层的俄罗斯妇女,生性快活,感情纯朴善良,阅历丰厚,并且她还富于艺术家的气质和才华。她语言丰富、生动,满脑子都是民间传说和故事,她在用乳汁和肉汤哺育小普希金的时候,也在不知不觉地用民间文学的养料浇灌着未来诗人的心田。

　　奶妈阿琳娜·罗季昂诺芙娜是一个农奴的女儿,她刚满一岁的时候就成为那个"阿比西尼亚黑人"汉尼拔的奴隶,此后就作为这个家庭的"私有财产"遗传到普希金的母亲的手下,成为这个家族第三代人的奶妈。

　　每当小普希金被母亲训斥得无所适从时,奶妈就会悄悄地把他领走。常常,在奶妈阿琳娜·罗季昂诺芙娜光线昏暗的卧室里,小普希金进入了另一个世界。这里有留雪白胡子的魔术师,有身材如胡蜂一般的王子,有脚登软底鞋、身挎弯刀、高衣领上绣有花边的游侠骑士,有奇形怪状、行走如飞的各种妖精,有身披黑袍、口中念念有词的巫婆,有灯火通明的宫殿,有幽暗恐怖的古堡……奶妈阿琳娜·罗季昂诺芙娜用生动的语言讲述着,孩子用纯朴的心灵感受着,他的想象力随着奶妈声调的起落而飞翔,他的理解力在真善美与假丑恶的较量中悄悄增长。

　　普希金后来回忆起他的童年时代所留下的印象时,写下过这样几句话:"我记忆中最早的事件和人物是:尤索波夫家的花园、地震、奶妈……"可见奶妈在他童年生活中的印象是多么深刻。另外,他记住的唯一的地方,也是他常同奶妈一起散步的那座尤索波夫家的花园。至于地震,指的是他三岁多的时候莫斯科发生的一次大地震。

　　小普希金在慢慢地长大,也变得越来越调皮了。他的家庭教师像走马灯似的换个不停,有的是主动辞职,有的则是胜任不了这个调皮的但聪明绝顶的孩子的教育。普希金10 岁时,父母不让他留在奶妈身边,而把他交给他们的贴身男仆尼基塔·克兹洛夫照料。这个满脸胡须的庄稼汉,带着普希金到处游玩,从伊凡大帝的钟楼到市民居住的小街小巷,从宫廷仪仗队表演的教堂一直到民间艺人演出的广场,整个莫斯科几乎都留下了他们的足迹。这样的生活给普希金的成长带来不少益处,而最大的益处就是使他接触了人民的生活和语言。

　　然而这样的生活并不长久,父母打算把普希金送进学校读书。1811 年,沙皇下诏要在彼得堡建立一所皇村中学(现为"普希金城"),按照沙皇的规定,这所学校主要招收"将要担负重任的年轻人,这些人要从大户里选拔"。普希金的父亲和伯父通过各种关系,终于让12岁的普希金进了这所学校。

1811年9月22日,沙皇亚历山大批准了皇村中学首届学员名单,名单中一共有30人,普希金的名字列在其中。10月13日,普希金正式入学,一位学监把普希金领到一间宿舍门前,门上写着:"14号,亚历山大·普希金。"

1811年10月19日,皇村中学举行开学典礼,普希金正式成为了这所贵族学校的学生,而这个日子也被他铭记在心中。

开学典礼举行得十分隆重,沙皇亚历山大一世也出席了开学典礼。据当时在场的人回忆,当点到普希金的名字时,只见一个"活泼、鬈发、眼睛机灵的男孩"从一群学童中走了出来。这是亚历山大一世第一次看到普希金。

普希金进入皇村中学的第二年,俄罗斯取得了对拿破仑的卫国战争的胜利,这是普希金一生中所经历的最伟大的历史事件。普希金和皇村中学的学生们一道,欢送过开往前线的部队,也为拿破仑火烧莫斯科城惊恐不已,更为俄罗斯的胜利而热泪盈眶。

皇村中学,它却是当时最进步的学校之一。卫国战争的胜利使俄罗斯人民情绪高昂,民族自尊心和自豪感得到前所未有的弘扬。与此同时,西欧的进步思潮也大量插入。而一部分进步的贵族知识分子,特别是转战欧洲、亲眼看见和亲身感受到欧洲文明的一批青年贵族军官,便很自然地成为进步思潮的传播者。在皇村中学,普希金接受了进步教师所传播的先进思想,逐步形成了自己的社会政治观点和文学观点。

在学校的进步教师当中,对普希金影响最大的两位老师是库尼金和加里奇。

库尼金是一位年轻的哲学副教授,他同时还教授道德、自然法和政治经济学等课程。在皇村中学开学典礼上,他曾以一席热情洋溢的讲演,赢得一片掌声。当着沙皇和各级官员的面,他只字不提皇帝陛下,而是号召同学们热爱祖国,去争取荣誉。这丝毫没有官方的陈规俗套的讲话,给包括普希金在内的学生留下极为深刻的印象。加里奇也是普希金热爱的老师之一,他教授拉丁文和俄文。加里奇崇尚德国哲学家康德和谢林,对哲学和美学都颇有研究,写过两本著作:《学体系史稿》和《美学试论》。他心地善良,平易近人,和学生的关系是朋友式的。

由于他的著作被人指控宣传无神论,他后来被校方除名,最后在贫困中死去。

皇村学校也是少年普希金的诗歌摇篮。他和他的同学们一道开始写诗,而流传在学校中的手抄刊物便是他们诗作的园地。在皇村中学,普希金的诗才日益蓬勃地显露和发展着,很快地从一大批学生诗人中脱颖而出,成为公认的最有才华的诗人。1814年,在第一首正式发表的诗作《致诗友》中,15岁的普希金就认定写诗是他终生的事业:

我一旦做出决定,就不再变心,

要知道,我是命中注定,才选择了竖琴。

就让世人去说三道四好了——

生气也好,谩骂也好,反正我是诗人。

1815 年 1 月 8 日,学校举行升级公开考试,当时最负盛名的诗人杰尔查文也应邀前来。关于这次考试,普希金后来有过详尽的描述:"我一生只见过杰尔查文一面,但我终生难忘。……杰尔查文显得老态龙钟,他身穿军服,足登软底鞋。考核工作使他显得十分疲劳。他坐在那里,一只手托着头,满脸皱纹,看不出是什么表情。他目光迷离,嘴唇下垂。他那张身穿睡衣、头戴便帽的正面画像和他本人十分相像。他坐在那里瞌睡,直到俄国文学答辩开始。这时,他醒了,两眼放光,似乎完全变成了另外一个人。当然,我们是在朗读他的诗作,然后进行分析,并加以赞扬。他十分仔细地听着,后来,轮到我了,我站在离杰尔查文两步远的地方朗读我的《皇村的回忆》……"

　　沉郁的夜的帷幕,

　　悬挂在微睡的天穹……

　　刚读几句,也许是那洪亮的声音打动了杰尔查文,他抬起了头,注视着这个站在他面前的年轻人——这是一个皮肤深黑、鬈发蓬乱的小家伙。诗歌是用"杰尔查文体"写成的,这是当时流行的颂诗体。他听下去,小诗人正在描写皇村花园,就诗的格调来看,他觉得有点熟悉,那正是他自己的风格。可听着听着,他似乎又觉得这诗有点异样,这诗中有一种谐和感,舒适感,与他的诗的庄严感、高贵感不太一样,但得承认这诗中有一种动人的力量,杰尔查文的脑袋禁不住随着诗的节奏摇晃起来:

　　杰尔查文……在铿锵的竖琴上,

　　曾经歌唱过这些英雄。

　　当杰尔查文听到小诗人提到他的名字,一下子便兴奋起来,……眼睛里闪出光芒。小诗人把他带进了一场战争,一场在不久以前才结束的战争:

　　在俄罗斯的广阔的原野,

　　像急流,驰过? 敌人的铁骑。

　　幽暗的草原躺在深沉的梦里,

　　土地上缭绕着血腥的热气……

　　……

　　敌人冲撞着——毫无阻拦,

　　一切都被破坏,化为灰烬……

　　杰尔查文的心紧缩起来,他的脑海中出现小诗人描绘的那幅悲惨的情景,还没有哪个诗人的诗句这样深深地打动过他。他自己曾描绘过战争,颂扬过沙皇的战功,但他笔下的战场却没有这样扑面而来的火焰和热浪。这时,诗的调子骤然一变:

　　战栗吧,异国的铁骑!

　　俄罗斯的子孙开始行进。

　　无论老少,都奋起迎击强敌,

　　复仇的火点燃了他们的心。

　　战栗吧,暴君! 你的末日已近,

　　你将会看见,每一个士兵都是英雄。

他们不是取得胜利，就是战死沙场，

为了俄罗斯，为了庙堂的神圣。

以下杰尔查文听到小诗人在歌颂人民的战士，歌颂古老而伟大的莫斯科，甚至还听到了沙皇亚历山大的名字。此时他又开始摇头晃脑起来，他感到他面前的小诗人又回到他的风格上来了。听，小家伙又提到他了：

啊，俄罗斯灵感的歌手

你歌唱过浩荡的大军，

请在友人的围聚中，以一颗

火热的心再弹起你的金琴！

请再以你和谐的声音把英雄们弹唱，

你高贵的琴弦会在人心里拨出火焰，

年轻的战士听着你战斗的颂歌，

他们的心就会不住地沸腾、抖颤。

当普希金读完最后一行，老杰尔查文已颤巍巍地站了起来，他老泪纵横，晃动着双手，想拥抱和亲吻普希金，可又高兴又害羞的普希金早已跑到花园里去了。杰尔查文感叹："我不会死，这就是要接替我杰尔查文的人。"

《皇村的回忆》揭开了普希金公民诗的序幕。这首充满爱国主义情感的颂诗，无论从内容还是从形式上看，都是普希金抒情诗中最具"古典主义"的作品。作为俄罗斯帝国的一个公民，小诗人的眼中似乎只有俄罗斯子孙的浴血奋战，只有莫斯科的大火，只有拿破仑的"异国的铁骑"的战栗和俄罗斯人民的骄傲。国家的利益和民族的情感压倒了一切，尚未涉世的少年诗人在回忆人民的光荣历史时，甚至都没有提起过他们的被焚烧的破旧茅屋。诗作所采用的形式也是上一辈诗人常用的颂诗体，虽说其中有些写法也别开生面，但从总体上说仍没有脱尽模仿的痕迹。

15岁的普希金在皇村中学成了引人注目的人物，一些著名作家卡拉姆辛、茹科夫斯基、巴丘什科夫先后来到皇村中学欣赏这个诗坛的新秀，并鼓励他"要像雄鹰那样翱翔，切勿在飞翔中停止不前"。每当这样的时候，普希金总是一反平常桀骜不驯的神态，屏住呼吸在同学们的注视下羞涩地低着头。

1816年俄国安娜·巴甫洛夫娜公主要和法国的奥朗日王子结婚了，皇后玛丽亚·费多罗夫娜想找人写一首颂歌。著名诗人卡拉姆辛把这一任务交给了普希金，普希金很快完成了诗稿。在盛大婚宴上，这首诗被谱上曲子由宫廷乐队演唱，皇后对这首诗很满意，送给普希金一块带链的金表以示酬谢。

少年普希金渐渐地明白了，诗歌不只是考场上的荣誉，宴会上的点缀，还可以把它当作生存的保证和斗争的武器。

普希金已经是高年级学生了，这位崭露头角的少年诗人已经能够得心应手地运用诗歌这把利剑参与现实生活了。

在皇村中学的老师中最受欢迎的就是年轻的哲学教授库尼金，他在课堂上公开抨击沙皇政府的农奴制度，主张"天赋人权"，这个激进的自由派给同学们灌输了新的思想，同学们也喜欢他那狂热的言辞和通俗易懂的讲演。多少年后普希金写诗赞美他说：

红心，美酒，

献给库尼金，

他培养了我们，

他把我们心中的火种点燃！

然而沙皇的鹰犬是无处不在的，皇村中学的学监皮列茨基就是警察局的一个密探，他千方百计地迫害进步教师，最后同学们爱戴的库尼金老师被迫辞职。义愤填膺的普希金给学监皮列茨基写了一封辛辣的诗体信：

你为所欲为，指鹿为马，

说讽刺就是诬陷，

说讲理同煽动是一家，

说作诗是恶习，说库尼金就是马拉！

从以上爱憎分明的两首诗中我们可以看出普希金绝不是一个搔首弄姿，风花雪月的无聊文人，从他步入诗坛的那一天起，他就把诗歌当做斗争的武器，勇敢地指向敌人。

普希金在学生时代就疾恶如仇，决不向恶势力低头。一次上自习课，普希金的同桌蓝眼睛的杰尔维格正在专心致志地写一首诗，学监皮列茨基悄悄地走过来，从后面把那首诗拿走了，杰尔维格满脸羞愧，眼睛里涌出了泪水。普希金气愤地站起来指责皮列茨基说："您无权拿走我们的作品，这样您以后还会到抽屉里去拿我们的家信呢。"

同学们对这位学监皮列茨基既痛恨又害怕，他曾经赶走了同学们热爱的库尼金老师，现在又要限制大家的写作自由。于是反对学监的同学们团结在普希金周围，夜间他们秘密串联。第二天在饭厅里普希金就当着辅导老师的面，向全体同学列数皮列茨基的罪行，同学们明白了事实真相，就把皮列茨基拥到了阶梯教室里，大家要求他辞职，否则同学们就集体退学。皮列茨基害怕了只好辞职，后来这位学监在彼得堡警察局侦查处得到一个职位，这个秘密警察的狰狞面目终于暴露了。这是普希金一生中组织的第一次也是最后一次胜利的斗争。

皇村中学的第一批学生确实涌现了一大批出类拔萃的人物，有普希金这样的伟大诗人，有著名的国务活动家，更有一些鄙弃功名利禄献身于人民事业的十二月党人普希钦、久赫尔别凯等，这些优秀人物的出现是和培养他们的教员分不开的。

在法国资产阶级大革命时期，有一个雅客宾派的重要领袖人物，叫马拉。他的弟弟布德里就是皇村中学的教师，教普希金法国古典文学课。这个教授是与法国革命保持着现实联系的人。在课堂上他毫不忌讳地向同学们讲自己那位为法国资产阶级革命英勇献身的哥哥，讲大名鼎鼎的罗伯斯庇尔，讲法国资产阶级革命时期的风云人物。这个身材矮小却很健谈的法国教师，无形中在学生们心里播下了热爱自由的种子。他是个严肃积极的教育工作者，非常喜欢朗读艺术作品，普希金是他的得意门生。

此外，热情、正直、博学的加利奇老师，也深受同学们欢迎。他不是诗人但他喜欢读诗,精通诗律。普希金在日记中写道:"我有缘遇到善良的加利奇,感到十分高兴,他鼓励我沿着自己选择的道路走下去。"

1817年是普希金在皇村中学的最后一年,这一年他结交了一些新的朋友,他的思想也发生了巨大的变化。

22岁的骑兵少尉恰达耶夫是普希金最要好的朋友。他白皙的面庞,明亮的蓝眼睛,高高的额头上覆盖着柔软的金发,长得就像女孩子一样清秀。但是他的经历却非常丰富,他参加过鲍尔金诺的激战,他也跟随着沙皇从莱比锡打到巴黎城下。戎马倥偬的生活使他的目光显得特别冷峻,他对人民的贫困生活感到担忧,希望学习西方,重新安排祖国的命运,推翻专制统治,让全国人民生活在自由和欢乐之中。恰达耶夫的这些观点,让普希金感到眼花缭乱,他毕竟才17岁,这是多么富于理想的年龄啊,在恰达耶夫的影响下年青的诗人普希金又吹响了推翻专制统治的号角。他在《致恰达耶夫》的诗中写道:

我们的内心正燃烧着自由之火,

同志啊,相信吧:幸福的星辰就要升起,

放射出迷人的光芒,

俄罗斯要从睡梦中苏醒,

而在那专制暴政的废墟上,

将会写上我们姓名的字样。

普希金这充满激情的战斗的诗篇,鼓舞着年轻的朋友们,也震撼着沙皇的统治。

恰达耶夫比普希金大五岁,能流利地讲四国语言,他知识渊博,对英国文学和哲学很感兴趣,对诗歌也很有研究,可以说他是普希金成长道路上的良师益友。有时,他拿出一本诗集,给普希金读上一段,然后评判作者使用的字眼、表现的主题。在朋友的指导下,普希金明白了写诗并不是一种消遣而是一项严肃的工作,从此普希金对自己要求更严格了。

一天恰达耶夫给他朗读杰尔查文的《旅行家》,诗中有这样两句:

漆黑的夜晚,月光闪烁,旅行家驾一叶扁舟一闪而过。

普希金说:"这两句写得多美啊!押韵自然语言明快,创造了一种新的意境。"

恰达耶夫立即反驳说:"你不要迷信名人,你没有发现这两句诗有明显的矛盾吗?"

普希金愕然了,他的确没有想过伟大作家的诗还会有不足之处。

"你看,既然月光闪烁,那就不会是漆黑的夜晚。"恰达耶夫指着诗文说。普希金真的服了,他开始认识到写诗不仅要追求韵律的整齐,辞藻的华美,更要讲究语言的准确、真实。

1817年6月,毕业的日子临近了,皇村中学立即沸腾起来,学生们是多么急切地盼望着这一天。整整六年与世隔绝的生活,繁重的功课都要结束了,他们多么希望早日踏上人生新的征程。然而要和朝夕相处了六年的伙伴们分手了,从此他们将各自东西,想到这些同学们心里又无限惆怅,年轻人含着眼泪,互相拥抱,海誓山盟,题词留念,皇村中学的生活对他们每个人都是十分美好的回忆。

1817 年 6 月 9 日皇村中学举行毕业典礼，沙皇亚历山大一世第二次驾临，皇帝讲完话之后普希金朗诵了一首诗歌。同学们一起合唱了自己作词作曲的毕业歌《六年弹指一挥间》老师和同学们流着热泪歌唱着，皇帝也很感动。最后颁发毕业证书。根据考试成绩普希金名列第十九名，他和好朋友普希金钦、久赫尔别凯一起被分配到外交部任职。在普希金的衣箱里和那金光闪闪的毕业证放在一起的是他中学时代的自选诗集，一共有36 首，全是他中学时代的优秀作品。诗集的封面上赫然写着《亚历山大·普希金诗集——1817 年》几个大字。

年轻的普希金，带着他的诗集，带着他对生活美好的憧憬，踏上了人生的征程，然而在前面等待他的是什么呢？

自由颂歌

1817 年，普希金从皇村学校毕业，被派到外交部去任十二等的小官职，这是一个有官无职的衔位。普希金是一个本来就不适于在公家任职的人，他对此毫无兴趣。他这样一个翩翩少年，就随波逐流，被卷进了酒绿灯红的彼得堡上流社会的旋涡里去了。

不过，他很快从这上流社会的泥潭挣脱出来，反省自己的放纵行为和过失，这在他后来写的诗中可以看得很清楚。

随着他踏进社会的门槛，面对着日益黑暗的社会现实，经历了短暂的"沉沦"，他的思想和艺术都开始成熟起来，他的天才迅速地成长着，很快地脱去了古典气味。其实，早在1815 年写作的《致利金尼》一诗中，他就开始告别《皇村的回忆》中的古典情感而转向现实。

1817 年写作的著名的《自由颂》是诗人抒情诗中的重要作品之一，这是一首名副其实的"政治抒情诗"。诗一开头以非同凡响的气势，向诗人向诗歌提出了新的使命：
来吧，请摘下我的桂冠，
打碎这娇弱的七弦琴——
我要向全世界歌唱自由，
使王位上的恶人胆战心惊。
普希金这里提出了这样一种见解，那就是为了消除"人民苦难的阴影"，必须使"强大的法律"与"神圣的自由"相结合。他用历史上有名的暴君路易十六和保罗一世都先后遭到惨死作为例子，来警告当今的君王，并呼吁他们服从法律：
君王们！不是自然，是法律
把王冠和王位给了你们，
你们虽然高居于人民之上，
但永恒的法律却高于你们。
自然，普希金在这里提出的纲领还是一个比较缓和的纲领，但最引人注目的，也是最

使沙皇专制政权感到害怕的,是下面的诗句:

> 战栗吧!世间的暴君,
> 无常的命运暂时的宠幸!
> 而你们,匍匐着的奴隶,
> 听啊,振奋起来,觉醒!

这样的诗在当年是不可能公开发表的,它以手抄本在社会上广泛流传,产生巨大影响。它也是沙皇政权要流放普希金的主要"罪名"。这首诗在1856年首次正式发表于国外,而在俄罗斯则到1905年才得以发表。

1818年,普希金创作了《致恰达耶夫》,这也是他另一首最著名的"政治抒情诗"。

这一首赠诗所表达的并非个人的情感,而是一代革命青年的共同心声。普希金写过为数不少的赠诗,它们多半是表达个人的感情,或者是怀念友谊,或者是表示爱慕,或者是颂扬德行。其中,抒情主人公几乎都是以单数第一人称的"我"出现。自然,"我"所表达的情感也许是典型的带普遍意义的,能够引起读者的共鸣的,普希金有不少的赠诗(以及其他的抒情诗)都是这样的。

1919年,普希金创作了另一首有名的诗作《乡村》,在这首诗中,诗人转向了另一个重大的社会主题即农奴制问题。但作品不是一开始就直奔主题的,它的前半部分极富于牧歌情调:

> 祝福你,荒远僻野的一角,
> 闲适,工作和寄兴的所在,
> 是在这里,我的日子悄悄流去了,
> 沉湎于快乐和遗忘的襟怀。
> 我是你的:我爱这一座花园,
> 幽深,清凉,各样的野花开遍,
> 我爱这广阔的绿野,洋溢着禾堆的清香,
> 一些明澈的小溪在树丛里潺潺喧响,
> 无论放眼哪里,我都会看见生动的面面,
> 啊,到处是劳作和富裕的景象。

诗人在这里描绘的田园风光是充满诗意的,这种视角也十分符合诗人的身份,大自然美丽宁静,"成群的牛羊","旋转着的风车"和"谷场冒着的青烟",勾画出一幅乡村"劳作和富裕的景象"。一方面,诗人的描绘和感受是真实和自然的,而且,这种描绘和感受也感染着读者,唤起读者某种美妙的和美好的期望;另一方面,诗人的描绘和感受又是一种衬托,一种伏笔,甚至可以说是一种"假象",随着诗人笔触的深入,出现了与前面的景象极不协调的画面:

> 这里有野蛮的地主,
> 一不守法,二无感情,仿佛命中注定
> 他们该是人们的灾星,

对于眼泪和哀求一概不顾，
只顾用强制的鞭子掠夺
农民的财产、劳力和时间。
这里的奴隶听从无情的老爷的皮鞋，
伛偻在别人的犁上，被牵着绳索，
瘦弱不堪地苟延残喘。
这里，一切人毕生是负着重轭的马牛，
没有希望，谈不到一点心灵的追求，
就是青春少女的娇艳
也只供恶棍无情的摧残。

这幅"愚昧的令人心痛的情景"才是这块土地上的"真相"，才是诗人要着意描绘的，才是诗人要特别加以强调的。随着诗人的笔触的推进，田园风光顿时失色，牧歌情调也消失殆尽，一种沉重感、压迫感油然而生，而后又代之以疾声的呼吁、抗议和深深的思索。

这部作品以全新的，以前从没有过的风格出现，轰动了俄罗斯的文坛。普希金的作品开始产生广泛的影响，许多诗章以手抄本形式流传，其中有不少是针对沙皇当局的讽刺诗。这激怒了沙皇亚历山大一世，皇上决定把他流放西伯利亚，只是由于一些有影响的朋友的说情，才改为以调动职务为名流放到俄国南部的叶卡杰林诺斯拉夫去。

普希金初到南方的日子，就是在与拉耶夫斯基一家愉快的相处中度过的。三个月后，他返回了英佐夫新迁的驻地基希尼奥约夫。英佐夫将军像迎接亲生儿子一样迎接青年诗人，当时普希金已身无分文，将军就让他住在自己的府邸，在各个方面都尽量照顾他，并且还为普希金争取到 700 卢布的月薪。不过，这位善良的将军也暗暗为普希金担心，生怕他又闯出什么新的乱子。

南方的大自然以其雄奇、瑰丽和盎然生气吸引和感染着普希金，同时也激发了他对自由的渴望和向往。他与南方秘密团体的成员——未来的十二月党人的结识，更加强了他的反抗情绪。这些思想和感受，在他这个时期的创作特别是抒情诗中得到鲜明反映。

1823 年 6 月，普希金被调到奥德萨，在接替英佐夫的奥德萨总督沃隆佐夫的办公厅任职。

1824 年，沙皇秘密警察截获普希金的一封私人信件，其中涉及无神论的观点，这在沙皇看来是大逆不道的，再加上沃隆佐夫多次上书告发普希金，亚历山大一世便对普希金施以更严厉的惩罚。普希金被撤销公职，遣送到他父母的领地米哈依洛夫斯克村流放，受当地政府、教会以及他父母的监督。同年 7 月，普希金离开了奥德萨。

南方四年的流放生活，不但没有压垮普希金，思想越来越成熟，对自由的渴望越来越强烈。这四年也是普希金的创作迅速成长的时期，除了写作了大量的抒情诗以外，诗人还创作了多部长诗，其中《高加索的俘虏》(1821)、《强盗兄弟》(1822)、《巴赫切萨拉伊的喷泉》(1823)和《茨冈》(1824，这部长诗是到米哈依洛夫斯克村才最后完成的)等作品，是俄罗斯浪漫主义诗歌的重要成就。

长诗问世

　　把写诗视为自己"天职"的普希金，早在皇村中学时期就有过创造一部大型作品的念头，并且对这部作品还有了初步的构思。到外交部后，他一方面频繁地进行社交活动，同时也利用一些零碎时间来写作这部作品。后来，普希金为了集中精力完成这部作品，还隐居到乡下，全身心投入到创作之中。这部作品最后于1820年完成，它就是长篇叙事诗《鲁斯兰和柳德米拉》。

　　这是普希金第一部大型作品，也是他早期创作的最大成就。作品充分吸取了民间文学的养料，大量运用了人民的语言，创造出美丽动人的画面，塑造出鲜明的富于俄罗斯特点的形象。它以别开生面的奇想突破了古典主义的框范，又以明朗的生活气息摆脱了浪漫主义的虚幻，给俄罗斯诗坛送来了一股清新的空气。

　　长诗除题词、序诗和尾声外，共分六章。在著名的序诗中，脍炙人口的诗句便把读者引进了一个美妙神奇的童话世界：

　　海湾上有棵青青的橡树，

　　橡树上牢系着一条金链，

　　一只博学的猫不分昼夜

　　紧跟着金链老来回兜圈，

　　向右边走——便唱一首歌子，

　　向左边走——便讲一个故事。

　　这部长诗的序诗在俄罗斯是家喻户晓的，它是普希金到米哈依洛夫斯克村后为长诗补写的。

　　就情节而言，《鲁斯兰和柳德米拉》并无多少新鲜之处，和许多欧洲或俄罗斯的童话一样，它讲述的是一个"英雄救美女"的故事，自然其中还少不了真善美与假丑恶的斗争，少不了善恶有报，少不了"有情人终成眷属"的结局。但普希金给这样一个古老的故事注入了新的血液，赋予它以新的灵魂，从而点石成金，让它大放异彩。

　　在俄罗斯诗坛上，像《鲁斯兰和柳德米拉》这样的题材，古典主义诗人一般都会不屑一顾，即使偶尔问津，也只会注目于王权的威严和德行，并要尽量地削弱其中世俗生活的成分。浪漫主义诗人倒是对这类故事颇为倾心，但他们多半会强化或夸大其中的神秘因素，并以主观性的幻想给它蒙上一层虚饰，使它变得扑朔迷离。而普希金既把传说的因素与历史的因素相结合，又剥去故事的神秘色彩，强化其中的世俗生活的成分，使幻想与现实并存、让严肃与戏谑共在，既打破了古典主义的传统，又抛弃了浪漫主义的俗套。

　　自然，就外部情节来看，《鲁斯兰和柳德米拉》与茹科夫斯基的长诗《十二个睡美人》有相似之处，并且正是在《十二个睡美人》问世的时候，普希金开始写作《鲁斯兰和柳德米拉》的。普希金自己并不忌讳这一点，在长诗第四章一开头，他就直接说明了他这部长诗与《十二个睡美人》的关系。

在很长一段时间里，他们一直颂扬普希金是《鲁斯兰和柳德米拉》史诗的作者。而反对派的代表——那些崇尚古代文风的人对这一作品的问世非常愤慨。诗中没有提到无神论的话，但他们却十分注意这一点。对诗中所表现的优美诗句、理智、审美观和灵感等，他们却视而不见。

普希金在寻求如何跳出因循守旧的框子。他生活在贵族阶层，但却想了解农民的私生活。

诗体小说

诗体长篇小说《叶甫盖尼·奥涅金》是普希金的代表作品。从 1821 年冬天到 1830 年秋这将近 8 个年头的时间，正是诗人逐步走向人民、对现实和历史进行深刻思考的时期，也是诗人在艺术上走向成熟的时期。可以说诗人是把自己的思想、情感、才华全都倾注到了这部作品之中，它是诗人的呕心沥血之作。别林斯基认为，《叶甫盖尼·奥涅金》"是普希金最真诚的作品，是他幻想的宠儿，很少作品能这样充分、明确、清晰地反映一个诗人的个性。我们在这里看到他的全部生涯、他的心灵、他的爱情。我们也看到他的种种情感、观念和理想。"批评家进一步明确指出："衡量这样一部作品意味着衡量诗人的全部创作活动。"

从俄罗斯文学和欧洲文学发展史的角度看，《叶甫盖尼·奥涅金》也是一部具有重大意义的作品。它是俄罗斯现实主义文学的奠基之作，是公认的俄罗斯文学的典范之作。同时，也是欧洲现实主义文学最早出现的重要作品之一，他与司汤达著名的被认为是欧洲现实主义文学"开山之作"的《红与黑》在同年（1830）完成，它甚至比巴尔扎克和狄更斯的现实主义代表作品早问世好些年头。

诗体小说的主人公奥涅金是一个贵族青年，正当他对上流社会的生活感到厌倦的时候，他那年迈的伯父突然病故，于是他因继承遗产来到伯父的庄园。在乡下，奥涅金与另一位贵族青年连斯基结为朋友，并认识了邻村地主的两个女儿——大女儿达吉雅娜和小女儿奥丽嘉。达吉雅娜爱上了奥涅金，她一时感情冲动，给奥涅金写了一封充满天真、纯洁的感情的信，可遭到奥涅金冷淡地拒绝。这时，连斯基正狂热地爱上了奥丽嘉。而奥涅金在一次舞会上，故意不断地找奥丽嘉跳舞，和她表示亲近，这便激怒了连斯基，于是他提出要与奥涅金决斗。奥涅金在决斗中打死了连斯基，良心受到谴责，便离开庄园到四处漂泊。几年以后，当他回到上流社会，在莫斯科的一个晚会上重又见到达吉雅娜时，达吉雅娜已成了一位将军夫人。这时，奥涅金心中燃起了爱情，也写了一封充满感情的信给她。可达吉雅娜回答他说，她承认她还爱他，但出于道德和尊严而不能属于他。这以后奥涅金又离开上流社会四处漂泊。

作为一部现实主义作品，《叶甫盖尼·奥涅金》再现了 19 世纪 20 年代俄罗斯广阔的社会生活,别林斯基曾称它为"俄罗斯生活的百科全书"。20 年代,正是俄罗斯解放运动第一代战士——贵族革命家成长的时期,同时也是十二月党人革命的酝酿、爆发和失败的时期。当时,俄罗斯经历了 1812 年反拿破仑入侵战争的胜利,民族意识普遍觉醒,广大人民特别是农民对农奴制的不满和反抗情绪日益高涨。在这种情势下,贵族青年中开始出现政治上的分化:一部分人渴望为祖国做一番事业,要求改变现存制度,这些人就是十二月党人;另一部分人仍然过着骄奢淫逸的生活,企图永久保持贵族特权地位;而第三种人则是贵族青年中的大多数人,他们感到时代的风暴即将来临,不甘心和贵族阶级一道灭亡,但阶级的局限又使他们没有勇气与能力去参加革命斗争,也看不见社会发展的前景,因此终日彷徨苦闷、焦躁不安,即染上了当时人们所称之的"时代的忧郁病"。

普希金笔下的奥涅金正是后一类贵族青年的典型。他是一个退职官员的儿子,从小受着传统的贵族教育,在法国籍家庭教师的管教下长大。当他到了"心猿意马的青春"时期,便终日在上流社会中鬼混,成了一个纨绔少年。

他开始沉湎上流社会的花天酒地的生活,最后他终于也厌倦起来,害上了"时代的忧郁病"。他对什么都不感兴趣,对什么都漠然置之,既看不起周围的朋友,也不满意自己。他开始逃避上流社会,但这并没有使他摆脱这种"忧郁病",反而病入膏肓,几乎是无可救药了。

但他毕竟还是受到了时代精神的感染和进步思潮的影响。他读过亚当·斯密斯的《国富论》,反对抵押土地,主张重农主义,并且还在农村进行过自由主义改革;他还与连斯基争论过有关历史、政治和科学等问题;甚至卢梭的民主思想也鼓舞过他。这些都说明奥涅金比那些醉生梦死、沉湎于灯红酒绿的贵族青年要高出一头。

普希金通过奥涅金的形象提出了当时最重大的社会问题之一,即贵族知识分子脱离人民的问题。

像奥涅金这样的徒有聪明才智、在社会中找不到自己的位置、在爱情中也遭失败的贵族青年,在当年的俄罗斯是很多的,所以这一文学形象具有极大的概括性。赫尔岑曾说过"像奥涅金这样的人在俄罗斯每走一步路都会碰见他",赫尔岑还承认:"我们只要不愿意做官或当地主,就多少有点奥涅金的成分。"别林斯基称这类人为"聪明的废物"。后来人们都把这类人称作"多余人"。

在俄罗斯文学中,所谓"多余人"是一个人物系列,虽说这一称谓是在屠格涅夫 1850 年发表中篇小说《多余人日记》之后才广为流传的,但这类人物的基本特征在奥涅金身上就已确定下来了。杜勃罗留波夫曾指出,"多余人"是"我们土生的民族的典型,所以我们那些严肃的艺术家,没有一个是能够避开这种典型的"。而奥涅金在某种意义上可以说是"多余人"的鼻祖,在后来的文学作品中相继出现的"多余人"的典型,诸如莱蒙托夫笔下的皮巧林、屠格涅夫笔下的罗亭、冈察洛夫笔下的奥勃洛莫夫等,他们身上无一不或多或少地有着奥涅金的影子。"多余人"人物系列是 19 世纪俄罗斯文学独有的成就,同时也是 19 世纪俄罗斯文学的最高成就之一。

诗体长篇小说的女主人公达吉雅娜是一个拥有一个"俄罗斯灵魂"的迷人的艺术形象。别林斯基曾指出普希金的伟大功绩之一是"在达吉雅娜身上给了我们关于俄罗斯女性的诗的描绘"。作为小说的女主人公,达吉雅娜的形象在许多方面与男主人公奥涅金的形象形成鲜明的对照,同时他们又相互烘托,相互解释。

如果说普希金在奥涅金身上着重突出的是他与人民的脱离,那么在达吉雅娜身上,诗人则着意表现的是她与人民深厚的联系。诗人给女主人公取了一个平民化的名字达吉雅娜,这个在当年丫鬟们才使用的名字便暗示出她生长于远离城市的乡村和淳朴的人民之中。古老的俄罗斯民间风习,富于民族传统的家庭氛围,老奶妈在静夜所讲述的美丽的民间故事,培养了她与俄罗斯人民相通的感情。她热爱俄罗斯民歌和故事,相信民间的古老传说,相信梦,甚至还相信纸牌占卜和月亮的预兆,这些都是和俄罗斯人民淳朴的气质一脉相承的。

在达吉雅娜的生活中,大自然始终是她最亲密的朋友,它培育了女主人公真诚、善良的感情,造就了她淳朴、美好的气质。她喜欢在黎明之前在露台迎接朝霞,喜欢在幽静的花园里散步,她爱俄罗斯的夏夜的美妙,更爱俄罗斯冬天冰雪的灿烂。在她出发到莫斯科之前的时候,她是那样深情地和故乡的山丘、溪流、树林告别,就像和自己最好的朋友告别一样。在莫斯科,她已成为一位高贵的太太,但她却"憎恨上流社会的忙乱,梦想着乡下的生活,梦想着乡村和贫苦的农民,梦想着那流淌着清澈小溪的幽静的角落。"

自然,普希金多少也描写了当时席卷着欧洲和俄罗斯的社会思潮对达吉雅娜的影响,不过应该指出,从总体上看,诗人基本上是在道德的范畴中特别是在个性解放这一点上表现这种影响的,这与当时俄罗斯女性无权参与社会活动的地位是相符合的。

作为一部特殊的"诗体长篇小说",《叶甫盖尼·奥涅金》在艺术上总的特色就是诗与散文的有机结合。

在普希金以前的俄罗斯文学中,虽也出现过有一定的人物和情节的长诗,但其中基本上没有性格的创造,更不必说到典型性格的自觉的塑造。普希金第一个在俄罗斯文学中把诗的抒情性和散文的叙事性有机地结合起来,从而创造出他自己所称之的"自由的形式"的"诗体长篇小说",其中既有浓郁的抒情性,又有对性格的精细的刻画。这是一种全新的独创性的艺术形式,是普希金在艺术形式上对俄罗斯文学的重大贡献。

具体说来,《叶甫盖尼·奥涅金》的最显著的艺术特色便是它的抒情性,或者换一种说法,就是作品中始终贯穿着诗人自己的形象,贯穿着"作者的声音"。作品中出现大量的"抒情插笔",较大型的"插笔"有27处之多,只有两三句的"插笔"竟有50多处。这些"抒情插笔",有时是作者对人物的贬褒,有时是对事件和场面的评论,有时是对往事的追忆;有的严肃庄重、富于哲理,有的尖锐激烈、锋芒毕露,有的诙谐幽默、妙趣横生,有的画龙点睛、入木三分;有些"插笔",与人物和情节的发展息息相关、丝丝入扣,有些"插笔",看似与人物或事件无关,其实并未离题万里。正是这些大量的多角度多层次的"抒情插笔",扩大了作品的容量,深化了作品的内涵,加强了作品的感染力。

但《叶甫盖尼·奥涅金》毕竟又是一部长篇小说,作为大型的叙事作品,它在再现社会生活的广度和深度上、典型性格的塑造上、环境和场景的描写上都达到了当时俄罗斯文学的最高水平,也不逊色于欧洲现实主义奠基者司汤达、巴尔扎克、狄更斯等人的作品。别林斯基说它是一部"百科全书"的原因正在于此。在诗体长篇小说中。普希金围绕人物性格的塑造这一主线，巧妙地穿插着上流社会的场景和乡村的风俗画面，这些初看起来仿佛是诗人信手拈来的无意之笔，却包含着真正的艺术家的着意安排和匠心。如作品中描写地主庄园中农奴少女边采果子边唱歌的片段，就包含着真正的讽刺力量和幽默效果：

……只有一群使女

在花园，在山坡的丛林间，

一面采野果，一面合唱：

（这歌唱是遵照主人的命令，

她们唱着，主人才能放心，

因为这样，就没有狡猾的嘴

能够得空偷吃他的野果：

请看，村的智谋也推出色！）

我们看到，普希金以诗歌特有的抒情效果赋予作品以一般散文作品难以达到的感染力。

溘然而逝

1828 年 12 月，普希金在莫斯科一个舞蹈教师家的舞会上，结识了公认为"莫斯科第一美人"的娜塔莉娅·尼古拉耶芙娜·冈察罗娃。两人一见钟情，不久便正式结婚。当时普希金在沙俄外交部供职，他的夫人经常出入上流社会。1834 年，一位法国波旁王朝的亡命者乔治·丹特斯来到普希金夫妇所在的彼得堡，在沙皇禁卫军骑兵团任职，风流潇洒的丹特斯很快就结识了冈察罗娃，并且开始如痴如狂地追求她。在这种忍无可忍的情况下，普希金为了维护自己的荣誉而向丹特斯要求决斗。在决斗场上，丹特斯趁诗人还没有做好准备就首先开枪，使普希金受了致命的重伤，不久便溘然而逝。彼得堡有数万人到诗人生前的住处吊唁，报纸在刊登噩耗时说："俄罗斯诗歌的太阳陨落了！"在《诗人之死》的诗文中写道："一个法国纨绔子弟，用罪恶的手，扼杀了美、自由和诗。整个俄罗斯在哭泣，整个俄罗斯愤怒了：交出丹特斯！还我普希金！"

"新的、陌生的一代……"已经崛起。普希金尸骨未寒，俄国已经听到一位新的天才诗人——莱蒙托夫——的声音，后者在自己那些神奇的诗篇中仿佛秉承了倒下的诗人的遗志，向扼杀"自由、天才和光荣"的刽子手们大胆挑战。彼得堡大学文科学生伊凡·屠格涅夫前来向普希金遗体致敬。"对于我和我的许多同龄人说来，普希金当时不啻是个半神。"——他后来这样回忆道。对外贸易司年轻职员伊·亚·冈察洛夫在班上获悉普希金的死讯，立即痛哭失声，从办公室里跑出来："我无法相信，这位想象中我匍匐在其脚前的人竟停止了呼吸……"在遥远的慕尼黑，年轻的俄国使馆人员丘特切夫（他的诗普希金临死前曾刊登在《现代人》上）为被杀害的诗人写了那首著名的献诗："每一颗俄国人的心不会忘记你,像不会忘记自己的初恋……"另一个在普希金杂志诗歌栏上已经被介绍过的初露头角的诗人,沃龙涅什的歌手科尔卓夫用一句话表达了这场巨大的损失给俄国诗人们留下的深切感受:"太阳陨落了!……"

普希金很快就进入世界文坛。他的作品最早的译文出现于1823年(译成德文和法文),早在1827年,歌德就通过茹可夫斯基把自己的鹅毛笔作为礼物送给这位《取自〈浮士德〉的场景》的作者。还在普希金生前,国外出的文集和游记就对这位年轻的俄国诗人有所评论,说他把艺术家的卓越才能及性格上的高尚和独立不羁融汇于一身。这些忠实地反映出普希金创作风貌的特点构成了西方进步评论界以及接踵于其后的全世界进步读者对他的认识基础。密茨凯维奇、普罗斯佩尔·梅里美、马克思和恩格斯在评价普希金时,都把他看作一个热爱自由的诗人、思想家和语言艺术大师。两位科学社会主义的奠基人是根据《叶甫盖尼·奥涅金》来学习俄语的,并盛赞这部著名的诗体小说在思想上和艺术上都有所革新。1899年,艾米尔·左拉向俄国作家们祝贺这位"现代俄国文学之父、博学者、卓越的诗人及自由与进步的真正朋友"诞生百周年纪念日。1937年罗曼·罗兰用如下一句话来表示自己对普希金的"衷心的"赞美:"我希望,他的光荣进一步得到发扬。"1949年,国外一些进步的、对这位世界大诗人备极崇敬的文化活动家齐集莫斯科,异口同声地发表了许多赞颂性的演说。"普希金,为自己那个巨人般的民族所珍视,也为世界上所有的民族焕发出异彩。"——智利诗人巴勃罗·聂鲁达这样说道。中国著名作家萧三告诉人们,"普希金的纪念碑骄傲地耸立在被中国人民解放军彻底解放的上海黄浦江畔。""普希金属于全人类。"——黑人歌手保罗·罗伯逊这样赞扬他道。最老的无产阶级作家达尼·马丁·安德尔森—涅克肖把普希金比作走在队伍最前头、用歌声来鼓舞士气的古代北欧吟唱诗人。

诗人的名声已经不仅传遍"整个伟大的俄罗斯",也传遍世界上所有进步国家。作家中,普希金是第一个用自己的作品证实列宁后来关于俄国文学具有世界意义这个著名论断的人。此后一切俄罗斯文学家都从普希金那里汲取营养,他无愧于"现代俄国文学之父"的称号。

普希金短促而又悲惨的一生标志着俄国思想和语言发展史上一个前所未见的大转折。俄国语言从此焕然一新,它把清新流利与铿锵有力融会在一起,这是他的前人们所不曾知晓的事。俄国诗坛从此异彩纷呈,诗的语言从未显得如此灵活劲道,各种新的诗歌体裁和韵律以最广阔的规模在他笔下结合得如此和谐,具有极高的表现力。诗歌在俄国第一次成为威胁着"不义的当局"并用自己火热的词句捍卫着那些无权的、"没落的"人们的政治讲坛。对现实中的一切高度关心、高度敏感的诗人在自己作品中留下的是一幅完整的社会画面,这个社会在法国大革命的思想启迪下有所发展,而又在十二月风暴的冲击下分崩离析。作为一个艺术家兼思想家,他从过去中去发掘那发生在他眼前的政治悲剧的根源,并不断通过自己作品中所描绘的斗争场景和英雄人物来展示这个俄国的过去;而作为一个真正伟大的诗人,他在历史的发展进程中捍卫的则是人民群众为之奋斗的那个光辉的未来。

法兰西的"莎士比亚"

——雨果

人物档案

简　　历:法国浪漫主义作家,人道主义代表人物,19世纪前期积极浪漫主义文学运动的代表作家,被人们称为"法兰西的莎士比亚"。1802年2月26日生于法国贝桑松,13岁时与兄长进入寄读学校就学,16岁时已能创作杰出的诗句,21岁时出版诗集,声名大噪;1845年法王路易·菲利普授予雨果上议院议员职位,自此专心从政;1848年法国二月革命爆发,法王路易被逊位。雨果于此时期四处奔走宣传革命,为人民

贡献良多,赢得新共和政体的尊敬,晋封伯爵,并当选国民代表及国会议员。三年后,拿破仑三世称帝,他对此大加攻击,因此被放逐国外。此后20年间各处漂泊,此时期完成小说《悲惨世界》。1870年法国恢复共和政体(法兰西第三共和国),雨果结束流亡生涯,回到法国。1885年5月22日,雨果辞世,于巴黎举行国葬。

生卒年月:1802年2月26日~1885年5月22日。

安葬之地:巴黎的先贤祠。

性格特征:性格坚毅,有主见,不受任何人的束缚。节俭、勤奋、聪慧。

历史功过:雨果的创作历程超过60年,其作品包括26卷诗歌、20卷小说、12卷剧本、21卷哲理论著,给法国文学和人类文化宝库增添了一份十分辉煌的文化遗产。

名家评点:法国诗人保尔·瓦雷里评价说:"雨果是力量的化身,只需探讨一下在他周围出现的那些诗人,为了能在他身边站稳脚跟,不得不另辟蹊径,便足以估量出他的价值来了。"

少年诗迷

　　1802 年 2 月 26 日,莱奥波特·雨果家刚出生的婴儿瘦弱不堪,助产士预言他活不成。然而,在母亲的精心哺育下,他居然活了下来。小家伙排行老三,大哥阿贝尔 4 岁,二哥欧仁 2 岁。他受洗时的教父是维克多·拉渥列将军,教母是一位副官夫人玛丽·德勒莱太太。父母给他取名为维克多·雨果。

　　维克多的父亲莱奥波特·雨果长得高大魁梧、气宇不凡,是法国大革命中一名忠诚而又骁勇的战士,后来成为拿破仑麾下的军官,南征北战,屡建战功。叔叔路易·雨果也是一位军人。母亲原名索菲·特列宾莎,身材娇小,是位刚毅而聪慧的布列塔尼姑娘。她是波旁王朝的拥护者,伏尔泰君主主义的信仰者。由于父亲的缘故,维克多的童年是在颠沛流离的军旅生活中度过的,这种不安定的生活使雨果夫人苦不堪言,更为孩子们未来的教育而担忧。

　　1809 年,雨果夫人独自带了三个孩子在巴黎定居,开始了与丈夫长期的分居生活,从而严重影响了夫妻感情。他们借住在一座破败的斐扬丁纳女修道院里,这里有一个草木葱茏的大花园,是孩子们的乐园,放学后他们便在灌木丛中捉虫子、打仗。阿贝尔进了寄宿中学,两个小的则在还俗神父拉里维埃办的学塾学习。后来维克多对这段生活回忆道:"在头发蓬松的童年时代,我记得我有三个老师:母亲、神父和一座幽静的花园。"

　　在维克多童年时代,曾随父亲到过意大利和西班牙,而印象最深的要数后者。1811年初春,雨果夫人带着三个孩子动身去西班牙。此时拿破仑之兄约瑟夫已当了西班牙的国王。在征服西班牙的战争中,莱奥波特功勋卓著,被国王封了伯爵,提升为将军,被任命为三个省的总督。这次旅途漫长而艰险,由于西班牙游击队经常袭击法国入侵者,他们乘坐的马车必须与有军队武装护送的商队同行。一路上雨果夫人担惊受怕,孩子们却对旅途中的种种见闻兴趣盎然、惊叹不已。经过 3 个多月的长途跋涉,雨果夫人一行终于抵达了马德里。他们住进了富丽堂皇的总督府——原先的王府马斯拉诺宫。雨果将军安排长子当国王的宫廷侍卫,把两个小的送进马德里的贵族学校就学。学校的校舍像阴森的监狱,教师是两名黑衣教士,在校的当地孩子都公开反对拿破仑,使小兄弟俩备感压抑。但他俩的语言能力和知识远远超出同龄孩子,不断往高年级升。西班牙人民的反法情绪越来越强烈,物质生活又严重匮乏,冬天发生了饥荒。法国人在此的日子越来越难过,雨果夫妇不仅在政见上水火不容,就是在对孩子的教育方式上也有根本的分歧,两人的决裂在所难免。双方争执的结果是,阿贝尔留在父亲身边,两个小的随母返回巴黎。

　　回到巴黎,他们仍然住在那座宽敞幽静的宅院里。宅院里的花园成了小维克多的教师,不仅使他获得了无限的乐趣,而且也引导他走进了一个幻想世界。花园里各种各样的花草和树木,形形色色的昆虫和飞鸟,干涸的水槽,僻静的角落,都似乎包含或隐藏着无穷无尽的秘密,吸引着小维克多的注意,勾起他奇妙的情趣和神异的遐想。

　　维克多的母亲喜爱博览群书,对孩子的教育也注重其爱好和个性的培养。对于信仰,她不伤害孩子们的灵魂而代他们去选择宗教;关于读书,她也同样不去干涉他们的志趣而加以种种限制。为了读书,母亲同一家出租书店有着长期的租借关系。她常常让两个小兄弟去书店代她取书。有了这样两个勤快的书籍选择人,母亲再不会出现书荒了,同时也大饱了两个小兄弟的眼福。书店有一个专门收藏思想过于激进的书籍的亭子间,这里是从来不让孩子们涉足的。可是,母亲却认为,书籍是不会产生什么坏影响的。于是,两个小兄弟破例地掌握了亭子间的钥匙,游入了一个新奇的书的海洋。这间屋里到处都是书,他们干脆躺在地上贪婪地、毫无选择地看了这本看那本。看到兴处,一看便是几个小时。就在这里,小维克多读到了卢梭、伏尔泰、狄德罗等人的著作。

　　维克多的父亲1815年9月被贬而回到巴黎。这时,他把自己的注意和兴趣转移到了孩子们身上,他感到需要为孩子们前途打算了。于是,他把维克多和他的小哥哥送入了巴黎一所修道院学塾去学习。

　　当时的法国诗风盛行,几乎人人都喜欢诗,都作诗,维克多更是一个小诗迷。学校的主课虽然是数学和拉丁文,但是维克多的兴趣却是诗歌和戏剧。孩子的母亲又是一位素来主张应该按照孩子自己的志趣自由发展的人,因此非但不阻止他们写诗的行动,反而成为他们的诗友和良师,常常为他们寻觅诗题,帮助他们推敲诗句。可是学塾的教师出于对他主课的关心,也夹有对他诗才的妒忌,时时监视着维克多,并用拉丁文和数学课占满了他的时间。但是,一切强硬的手段都不能压制住维克多的创作激情。教师只能强迫他准时上床,准时熄灯,却不能强迫他准时入睡,折断他诗的想象的翅膀。他常常利用这漆黑的夜晚躺在床上寻诗觅韵,把白天老师指定他熟读的贺拉斯的拉丁文短歌和维吉尔的农事诗,默默地一首一首地译成法文。有一次在游戏中维克多碰伤了膝盖骨,这使他卧床几个星期。在这段时间里,课不上了,数学题不用做了,他把全部时间和精神都倾注在诗歌上,诗歌成了他养伤的伴侣。就这样,在三年时间里,他写过短歌、讽刺诗、牧歌、咏怀诗等各种样式的诗歌,积累了十多本诗稿。

　　夏多布里昂是法国当时的反动浪漫主义诗人。他以颂扬、维护反动君主制和天主教的诗歌而蜚声文坛。这时期的维克多由于经常生活在母亲身边,而他的母亲又是一个积极拥护波旁王朝的保皇主义者和天主教的忠实信徒,所以,虽然在他的血管里流着共和主义者的父亲的血液,但是,在他的灵魂里却信仰着母亲的保皇主义和天主教思想。

　　1817年,波旁王朝的法兰西学士院征文,维克多·雨果以《读书乐》一诗而获奖,得到了国王路易十八发给他的每年一千法郎的奖学金。1817年维克多·雨果与诗人维尼等人合办《文学保守者》周刊,在这个刊物上,他发表了许多颂扬波旁王朝,宣扬保皇主义和天主教思想的诗歌,因此,他再次受到了路易十八的赏识和奖励。1820年他创作了小说《布格·雅加尔》。这篇处女作,以1791年法属殖民地圣多明哥的黑奴暴动为题材,揭发了黑奴制的残忍和暴虐,表现了他同情被奴役者的人道主义思想。但是,保皇主义者的立场又使他歪曲了起义者的形象,美化了法国殖民主义者,反映了雨果早期思想的保守性和复杂性。后来雨果在回忆这一时期的思想时,曾有过深刻的自我否定,认为这是

"年轻时的成见、轻信和错误",是"永远也不会忘记的"。

维克多在诗坛上屡获成果的同时,他的爱情之花也在悄悄开放。每当傍晚休息之时,维克多和欧仁常常陪同母亲到富歇家去串门。维克多在幼年时代就因父亲辈的友谊而结识了阿黛尔·傅兰的姑娘。此时,阿黛尔已长成一个风姿绰约的少女。乌黑的大眼睛,鲜红的樱唇,像西班牙女郎一样美,使弟兄俩心荡神驰。而少女呢,显然只属意于维克多。这位青年,金褐色的长发披肩,高高的额头,纯净的目光,对自己的前途充满了信心。她暗地里一直关注着维克多的成功。晚上回到家,维克多就给恋人写信,向她倾诉自己火样的爱情。这对少男少女的恋情不久被家长发觉了,阿黛尔的父母不反对这门亲事,但索菲坚决不同意,她怕过早的婚姻会影响儿子的远大前程,勒令儿子同阿黛尔断绝交往。维克多非常沮丧,只得把恋情埋在心田里。

此后,维克多的社交活动面逐渐扩展,结交了一批文艺界的青年朋友,其中一位身为御林军少尉的诗人维尼成了他的崇拜人物,更令他兴奋的是,结识了他心中的偶像夏多布里昂。1820年2月的一天,贝利公爵——路易十八的侄子被刺,维克多写了一首长诗《悼贝利公爵》,对"鬓发斑白的君主"深表同情,对凶手进行了谴责。此诗刊登在二月号的《文学保守者》上,得到了大诗人的赞扬,说他是个非同凡响的孩子。于是,在母亲的鼓励下,维克多怀着忐忑不安的心情叩响了大诗人的大门。他终于见到了敬仰已久的诗坛大师。这是一个弯腰曲背的干巴老头儿,但其脸上那种"威严高傲的神情"使维克多感到窘迫。后来拜见的次数多了,才使他的敬畏之心逐渐减弱。夏多布里昂对年轻的诗人颇为赞赏,后来出任驻柏林大使时本想把他作为大使馆的随员带走,但维克多不忍抛下老母,也无意于仕途,未能从行。

继爱情不幸之后,维克多又经受了一个更沉重的打击。1821年6月27日,母亲病故。兄弟三人把她的遗体送到沃吉拉尔公墓之后,维克多倍感孤独和痛苦。在他的生活中母亲是他唯一的依托。母亲的去世,从真正意义上说结束了维克多的少年时代,他必须独自担起生活的重担了。失去了母爱,对阿黛尔的爱情更成了他精神上的归宿。自从家长们阻隔了他俩会面之后,他只好借助于《文学保守者》的传媒,用诗文来表达对阿黛尔的眷恋之情。索菲亡故之后,傅兰家对维克多颇多关怀,这勾起了他的一往情深。于是,他鼓起勇气写信请阿黛尔的父母允婚,富歇夫妇同意了,条件是一定要等他经济上能够自立后才准许结婚。

维克多·雨果为了争得经济上的独立,尽快地与阿黛尔结婚,他以雄狮一般的勇敢投入到创作的激情当中,开始了永不停歇的奋斗,正像一座高炉,一旦燃烧了便永远不会熄灭一样。

成功永远是奋斗者的宠儿。1822年,雨果出版了《短曲初集》,在得到八百法郎的稿费同时,他再次得到了路易十八的奖赏。于是,1822年10月14日,在巴黎的一所教堂里,这对苦恋的情人终于举行了简朴而庄严的婚礼。

在雨果和阿黛尔相恋的日子里,雨果曾在他的情书里真挚而深刻地表达了他对诗歌、对爱情可贵的看法和探索。他认为,良好的灵魂和华美的诗才几乎是分不开的,真正的爱情是两个灵魂间热烈而纯洁的相互摸索和团结。这个在政治上还保持着王权思想的青年,在爱情的追求和诗歌的探索中,已经冲决了封建主义的樊笼和古典主义的桎梏。

新婚夫妇暂住女方父母家,维克多全力以赴地投入创作活动,希望能多挣点钱,以过真正独立自主的生活。1823 年,维克多的诗集《颂歌集》修订本和中篇小说《冰岛魔王》相继问世。报刊上对诗评价较高,国王又给他增加了 1000 法郎的年俸,这样他就有足够的资金租一套房子,从岳父家搬出来了。小说由于情节怪诞恐怖,评论界贬大于褒,批评家诺地埃中肯的批评引起了作者的重视,两人由此相识交往。

从 1824 年元月起,维克多参加了以诺地埃为核心的"阿尔塞纳诗社"(即后来所谓的第一文社),每逢星期天他和一批文艺界的朋友在诺地埃家集会。诗社办了一份杂志《法兰西缪斯》,以夏多布里昂为精神领袖。诗社成员们的文艺观不尽相同,但在反对沿袭旧传统、探讨新的文艺形式等方面却是一致的。这年春天,传来了英国浪漫派诗人拜伦在希腊病逝的消息,维克多写了一篇纪念文章刊登在《法兰西缪斯》上。他赞扬拜伦是"新学派的诗人",批评矛头直指泥古不化的保守派。

1824 年秋,路易十八病逝,其弟继位是为查理十世。此人比其兄还要反动,但为了笼络保王派诗人,他赐予维克多以荣誉团勋章,诗人对此颇为自豪,而雨果将军对儿子的荣誉更为看重。自母亲去世后的两年光景,维克多同父亲的关系已逐渐改善。失势的父亲在声誉日炽的儿子身上得到了慰藉,失去了母爱的儿子也希望重新获得父爱。1825 年 4 月,维克多带着妻子和长女蒂蒂娜到布卢瓦去看望父亲,并在那里小住了几天。当他看到白发苍苍的老父在花园里浇花的身影时,特别感动。

这年 5 月,维克多应邀到兰斯去参加查理十世的加冕大典。加冕那天,他穿着华贵的礼服,身佩宝剑,气宇轩昂地来到兰斯大教堂。他看到场面豪华,气氛肃穆,但查理十世有点像在演戏一样做作,尽管诗人已失却往昔那种保王热诚,但为了应酬仍写了一首《加冕颂》面呈新国王。国王十分高兴,其答谢礼物是授予诗人之父以中将头衔。

1826 年 10 月,维克多的《颂歌集》新版问世,有三大卷之多,除原先写的那些颂歌外,又增加了许多古老的神话和民间传说。诗集充分显示了诗人娴熟的艺术技巧,已不再受古典主义规范的制约,洋溢着浓郁的浪漫主义气息。著名评论家圣伯夫在《环球》杂志上发表了一篇洋洋洒洒的评论文章,对这部诗集大加赞扬。新版《颂歌集》为维克多·雨果告别古典主义、开创浪漫主义的一代新风奠定了基础。

称雄剧坛

1827 年春,《旺多姆圆柱颂》的发表,标志着维克多·雨果的创作开始进入了一个新的境界。诗人听到法兰西帝国的元帅在奥地利使馆受辱的消息后义愤填膺,立即写下了这首诗。矗立在旺多姆广场上的这个圆柱本是为纪念拿破仑的成功而建造的,以往雨果对它不屑一顾。如今在诗中,他以歌颂的笔调,缅怀了拿破仑时代征讨欧洲封建君主国的丰功伟绩,并以自己出生于这个时代而感到骄傲。由此表明,诗人已开始同过去的信仰决裂。

雨栗不满足于在诗坛上的地位,还想征服剧坛。他认为"剧院就是讲坛,戏剧就是演讲",戏剧的社会效果要比诗歌快捷、明显。这年秋天他完成了剧作《克伦威尔》,自云这一悲剧系模仿莎士比亚,而非拉辛。剧本在沙龙朗读时完全征服了听众,可惜剧本太长,不宜搬上舞台。然而,稍晚为剧本写的序言却在文艺圈内引起了轰动效应。"序言"大力推崇莎士比亚,称其是"戏剧的顶峰"。它追述了浪漫主义的起源,提出了美丑对照的浪漫主义创作原则,认为"滑稽丑怪作为崇高优美的配角和对照,要算是大自然所给予艺术最丰富的源泉"。同时,它对古典主义的"三一律"大举挞伐,认为粉碎这些艺术创作羁绊的时机已到,要"重新缔造艺术"。这篇"序言"成了声讨古典主义的檄文,倡导浪漫主义的宣言。戈蒂埃后来回忆道:"它引起了一个类似文艺复兴的运动。"

雨果把这个剧本献给他的父亲。仰仗儿子的威望和关系,莱奥波特的将军军阶和伯爵封号均已恢复。他把家也迁到了巴黎,同小儿子的关系更亲近了。1828 年 1 月 28 日晚上,雨果夫妇同父亲在一起谈论《克伦威尔》及其序言所引起的反响,父亲为儿子的成就而骄傲,心情特别欢畅。就是这天夜间,雨果将军患脑溢血亡故,雨果十分悲伤。

1829 年初,雨果的诗集《东方集》出版。诗集描写的重点是他童年时旅居过的西班牙以及拜伦为之献身的希腊。诗歌瑰丽的想象、奔放的热情,把他的朋友们完全征服了。当然诗人对希腊民族独立斗争的同情也惹恼了某些官方的批评家。

一个月后,雨果又匿名发表了中篇小说《死囚末日记》,假托在监狱中找到一个死囚临刑前一刻写下的一本笔记,雨果早就对死刑的问题十分关注。童年时在西班牙看到过许多被处死者的尸体,给他留下了恐怖的印象。在巴黎街头他也亲眼目睹了死刑犯临刑前惊恐万状的神情。他决心用笔呼吁社会取消死刑。为了写这本书,他实地考察了死囚牢房,同死囚犯谈话,了解他们临刑前的心情。显然,作品的指导思想是人道主义。可以说,这部小说是后来写的巨著《悲惨世界》的一块基石,从《东方集》和《死囚末日记》可以看出,雨果的政治态度已完全从君主主义转向自由主义了。

1829 年夏,雨果的诗剧《玛丽蓉·德·洛尔姆》脱稿。朋友们对剧本赞不绝口,好几家剧院要求上演这个剧。但在政府部门审查时,由于剧中有嘲讽路易十三的话而宣布禁演。尽管作者亲自求见国王也无济于事,国王给了他 4000 法郎作为损失补偿,雨果当即拒收这笔赏赐,以示抗议。

雨果不愿善罢甘休,决定再写一个剧本。新剧本仅用一个月的时间便完成了,取名《欧那尼》。作者把童年时途经西班牙的一个小城的地名用作了剧本中男主人公的名字,此剧以 16 世纪西班牙为背景,讲述了一个贵族出身的绿林大盗,为报父仇谋反国王的故事。剧本从内容到形式都与古典主义相悖。在人物形象上,国王卡洛斯是个卑鄙的暴君,而强盗头子欧那尼却成了被歌颂的英雄;古典主义在悲、喜剧之间划定了不可逾越的界限,而此剧则悲、喜剧成分参合;在情节结构安排上,完全摒弃了"三一律",充分体现了对照原则。剧本提交法兰西剧院后,很顺利地通过了。

不过政府检查机关对此剧本有意刁难,长时间扣压不批。后经作者多次交涉,加上《玛》剧的禁演风波未平,检查机关最终不得不做出让步。

《欧那尼》演出的成功,宣告了浪漫派在剧坛上的胜利。由此,雨果无可争议地成了法国浪漫派文学的领袖。连不可一世的桂冠诗人夏多布里昂也甘拜下风,他在写给雨果的信中说:"我已看过《欧那尼》的初演,我平日钦佩之忱,你所素悉。我的虚名,要附骥于你的诗才,这是不言而喻的。我将去矣!而君方来,唯盼阁下诗神勿忘区区。虔敬的荣誉人当为已死者作祈祷。"

《欧那尼》之战结束后,雨果把家迁居到爱丽舍区的一座独家院,因为他的那些装束奇异的朋友把原房东太太吓坏了,同时《欧那尼》带来的可观收入也可使他的家住得更宽敞些。雨果是在贫困中度过自己青春岁月的,养成了勤俭持家的习惯。尽管他现在财路广了,但他要求家里在开支上要节俭有余,因为他深深体会到,有了金钱才能保证作家创作的独立性。

传世名著

距《欧那尼》演出只有五个月,巴黎便暴发了"七月革命"。雨果对这次革命寄以深切的同情和热烈的支持。这位曾经在戏剧界高举革新的旗帜进行了战斗的勇士,又用诗歌来赞美七月的日子,讴歌年轻的法兰西,为那些在斗争中身亡的革命者创作安魂曲。

但是,人民的欢乐并没有维持多久,革命的果实被一小撮大银行资本家和高利贷者所窃夺,路易·菲利浦建立了反动的七月王朝。这使追求人道主义的雨果深深地失望了。"七月革命"虽然流产了,但是雨果却孕育和创作了法国文坛上里程碑式的浪漫主义杰作——《巴黎圣母院》(1831)。

《巴黎圣母院》的背景是一四八二年的巴黎,这正是法国的封建王权和反动教会相勾结,残酷地统治人民群众的黑暗时期。小说通过艾斯梅拉达的悲剧故事,暴露和控诉了封建贵族和反动僧侣惨无人道、虚伪卑鄙的丑恶本质,描写和歌颂了平民百姓善良互助的可贵品格和反抗精神,宣扬了爱和善必将战胜丑和恶的人道主义思想。

小说女主人公艾斯梅拉达,是个热情善良、纯朴美丽的吉卜赛姑娘。她因失去亲人而流浪街头,尝尽了人间的艰辛困苦。她的性格善良而富有极大的同情心,为了救助误入"乞丐王国"的诗人甘果瓦,她甘愿同他结成名义夫妻;出于对被污辱与被损害的无助者的同情,她不计曾经抢劫过她的宿怨而给在烈日下口渴如焚的加西莫多送去一注清泉。她热情纯朴,用优美的舞姿和清脆的歌声给人民带来了欢乐;慰藉了下层人民被压抑的灵魂。在她饱含着爱的心灵里,也容纳着强烈的恨。她越是爱善良,便越是恨邪恶,她对无助者越是同情,对暴虐者越充满无比的愤懑。虚伪残忍的克罗德副主教,就是她所憎恨最强烈的一个。在他面前,无论是引诱还是威逼;她都无所动摇。正是这样一个天使般的少女,却为黑暗的旧势力所不容。反动的教会和专制政权的代表者——副主教、法院以至路易十一，对她必置之死地而后快。终于，这微弱的、善良的、人性的火花，被伪善的、残酷的黑暗势力所扑灭了。在尝尽了人间的辛酸而刚刚获得母爱的片刻间，她被送上了绞刑架。小说《巴黎圣母院》正是通过了艾斯梅悲剧的一生完成了反王权、反宗教的人道主义的主题。

如果说艾斯梅达是人性的天使化身的话，那么加西莫多便是在人性的感召下由愚昧而向开化、由被动的残暴面向主动的良善转化的代表。加西莫多是一个丑陋的弃儿，在副主教克罗德的收养下长大成为巴黎圣母院的敲钟人，他遭受着人们的鄙弃和讥笑，他也仇视着周围的人们。他只能从洪亮而悠扬的钟声中领略瞬间的欢乐和满足。他因受克罗德指使去抢劫艾斯梅达而被逮捕并遭受了残酷的刑罚。当他被绑在头手枷上得到了艾斯梅哈尔达的救助时，他被人性和善行所感化。后来，当艾斯梅达因遭诬陷而即将被处死时，他又把她从刑场抢走并送到巴黎圣母院里避难。在这里，他对她关怀备至、体贴入微，同时寄予着无私的爱，这爱使他忧郁的眼神变得欢跃温柔了。在爱的安抚下，加西莫多被扭曲了的人性又复归了。最后，当他认清了他所尊敬、信仰的副主教克罗德原来是谋杀艾斯梅达的元凶时，他疯狂地向克罗德扑去，用两支巨大的手把他从钟楼上推了下去。他，也陪伴着被绞死的艾斯梅达长眠在蒙特佛贡深邃的藏尸所里。小说通过加西莫多性格的变化，宣扬了作者以道德感化为救世处方的社会理想。他力图让人们相信，爱情、善良和仁慈等道德力量，能够战胜仇恨、邪恶和残暴的社会势力，社会的进步只有得力于人道主义的思想。

和艾斯梅达、加西莫多相对照，作者还着力刻画了副主教克罗德和侍卫长法比这两个反面角色。

克罗德是一个在宗教禁欲主义桎梏下培养出来的变态儿。他外表道貌岸然，骨子里却极端贪欲残忍。为了占有艾斯梅达，满足他的兽欲，明夺暗抢，软硬兼施，当这一切阴谋诡计都破产之后，又亲手把她交给了刽子手，置她于死地。他看着她被送上绞刑架时，脸上迸发出"一个魔鬼的笑，一个不复是人类所能有的笑"。克罗德的形象无疑是对伪善残暴的反动宗教的最深刻地揭露。

如果说克罗德对艾斯梅达的追逐是一种在宗教禁欲主义桎梏下变态的、狂热的兽欲的爆发的话，那么法比对艾斯梅达的倾心，则是贵族子弟玩弄女性的惯技的表演。法比身材伟岸，风度翩翩又执掌军权，这一切足可使一个幼稚无助的弱女子对之产生爱慕之情。艾斯梅达对法比的爱是真诚而炽热的，但是法比对她的占有只不过是逢场作戏，为满足一己的淫乐而已。因此，当艾斯梅达惨遭诬害、身陷囹圄时，他非但坐视不救，而且又一头栽入了佛勒赫·得·李小姐的怀抱。如同克罗德的形象暴露了教会的丑恶和残暴一样，法比的所作所为完全揭示了贵族的丑恶灵魂和反动本质。这一形象的塑造深化了《巴黎圣母院》反封建、反宗教的主题。

《巴黎圣母院》出版后曾遭到出版商的夫人和保守派报纸的激烈反对。他们当众宣言，出版这本书是上了大当，得了教训，以后不读作品决不先买书的版权。有的还在报纸上发表攻击文章，认为这样的书只配淹没在塞纳河里，然而，这些无知的偏见和愚蠢的敌视,并不能抵消小说的巨大成就和异乎寻常的反响。小说一版又一版地重印,出版商一个接一个前来约稿。雨果手里没有小说,他们就要求给一个书名,或者任何可以当作诺言的东西。《巴黎的秘密》的作者欧仁·苏在读了《巴黎圣母院》后曾写信给雨果,认为人们谴责这部小说,是因为它的内容太丰富了的缘故,是雨果卓越的才能引起了卑鄙的嫉妒所致。

《巴黎圣母院》的成功,是作家辛勤劳动的结果。雨果为了履行同出版人的合同按期完成作品,他把自己闭锁在房间里,除了吃饭和睡觉,决不离开书桌一步。创作的乐趣和在想象中形成的十五世纪的巴黎尘世风云,占据了他的全部身心,他忘却了身体的疲乏和冬寒的来临。雨果夫人在回忆他书稿完成后的情形时写道:"写完《巴黎圣母院》,雨果感到清闲无聊,快快不乐。他和书中人物厮混已熟,一旦扔下,像失去了老朋友一样的悲哀。"正因作家经历了这样身同亲受、潜心其中的创作过程,才为我们提供了这感人至深的艺术珍品。

进军政坛

雨果虽然从未参加过任何政党,但从少年时代起,他的创作就同政治密切相关。此时,他强烈地意识到文艺的社会作用是间接而缓慢的,如果文学家能直接参与政治活动,对社会的影响肯定要大得多。他觉得现在是实现少年时志向的时候了——成为夏多布里昂。此人不仅是诗人,还是法兰西贵族,当过大使和外交部长。当然,参政的最好办法是当议员,可是在七月王朝的时代,一个没有固定资产的文人,就失却了当众议员的"财产上的资格"。要当参议员又必须有贵族封号,而作家中的贵族封号只赐予法兰西学士院的院士。显而易见,雨果唯一的进身阶梯是当法兰西学士院的院士。

1836年,法兰西学士院出现了一个空缺名额,雨果乘机申请入院,但落选了。次年,二哥欧仁在疯人院去世了,其子爵封号由雨果继承,这有利于他踏进法兰西学士院。但1830年、1840年连续两次申请仍未成功。诗集《光与影》(1840年出版)中有一首叙事诗:《奥林匹斯山神的悲伤》,借喻了当时他不得志的心情。直到1841年第四次申请他才入选了。

雨果从敲响法兰西学士院的大门起,到踏进这扇具有无上权威的大门,奋斗了6个春秋。由此开始,雨果进入了他人生道路上的新里程——向政坛进军!

雨果久久企盼的时刻终于来到了。1841年1月7日,他以多数票当选为法兰西学士院院士这天,尤其使他感到荣幸的是,奥尔良公爵夫妇也光临了学士院。雨果神采奕奕、仪态威严地步入大厅,登台讲话。他既赞扬伟大的拿破仑及其建立的帝国,又赞扬君主制和国民议会;他既赞颂文学界的老前辈,又赞颂当今的执政者;最后,赞美了"精神权利的主要中心之一"的法兰西学士院。总之,雨果以折中调和的姿态对待各派政治力量之间的斗争,因为他心中有数,如发表激烈言辞,是进不了学士院的。对他的演说,舆论大哗,有的说他的发言是一篇施政纲领,"是通向议会讲坛的第一步"。不管怎么说,雨果应当成为法兰西的"不朽者"。雨果当选为院士的这一天,正是拿破仑的遗骨从圣赫勒拿岛运回巴黎的同一天,巴黎人民以空前的仪式来迎接这位作古了的英雄的归来。

雨果当了院士后,生活上发生了很大变化。他经常出席各种会议和宴会,也常在家里举行招待宴会。他依然要求两个家庭勤俭持家,但自己却比以前讲究穿戴了。雨果还是很关心自己的家庭的,他让阿黛尔当沙龙女主人,两位千金、特别是长女是他的掌上明珠。两个儿子在寄宿学校读书,他时常过问他们的功课。当小维克多在通考比赛中得到翻译奖金时,他非常高兴,特意赶到家里设宴庆贺。

1842 年,雨果的旅途随笔《莱茵河游记》问世了。雨果对莱茵河情有独钟,曾三度到此旅游(1838,1839 和 1840)。这是一部独特的游记,它把对民族问题的思考,融汇于对大自然诗情画意的描绘中,以及古老动人的历史传说的描述中。诗人看到法、德两国的民族矛盾越来越尖锐,便写道:"莱茵河应当是两国团结的河,而不应当把它变成一条使之分裂的河。"并且以开阔的历史视野提出了和平解决民族争端的方案:把两国的利益统一起来,重新划分莱茵河两岸的国土,甚至提出了把未来的欧洲统一起来的远景设想。当然,作品中这些天真的政治构想必然会成为一些人攻击的口实,但作为一部散文作品,评论界不得不叹服,承认它是法国少有的一部散文杰作。

1844 年,雨果已坐上了学士院主席的交椅。在遴选新院士方面,他非常豁达大度。尽管一些老朋友如巴尔扎克、维尼、大仲马等有段时间对他不甚友好,但他不计前怨,真诚希望他们入选,然而,雨果在同国王的关系上及私生活上也有着不少被人非议的口实。自奥尔良公爵因车祸遇难后,他失去了有力的靠山,于是转向国王献殷勤;而国王为了收服他当王室的御用文人,于 1845 年 4 月赐予雨果以法兰西贵族称号。雨果终于如愿以偿,当上了贵族院议员。共和派的报纸对此事极尽讽刺挖苦之能事:"维克多·雨果已死,向雨果子爵、法兰西抒情诗的贵族致敬!"有的预言:"作家雨果马上就会销声匿迹,他的才华已经干涸。"与此同时,雨果的风流艳遇也影响了他的声誉。

当然,雨果并非真的江郎才尽了,他把注意力集中在政坛上的同时,并没有完全放弃写作,在巴尔扎克的《人间喜剧》和欧仁·苏的《巴黎的秘密》等长篇社会小说的影响下,他萌生了写一部关于穷人的长篇小说的念头。1840 年他列出了这样的提纲:"一个圣徒的故事。一个男人的故事。一个女人的故事。一个女孩的故事。"书中的几个主要人物,几乎都有生活中的原型。圣徒的兰本是狄尼城修道院以仁慈闻名的朱欧利斯主教。一个男人的故事来源于因偷窃面包而被判苦役的彼埃尔·莫连的案件。至于女人和小孩的不幸命运,在法国是普遍的社会现象。对他印象最深的是他亲身经历过的一件事。有一天晚上,他在赴宴回家途中,见一处街角的路灯下站着一个冻得瑟瑟发抖的卖笑女郎。一个无赖汉恶作剧地把一个雪团塞进了她的领口,女郎同此人扭打了起来,结果她被警察逮住,要罚她蹲 6 个月牢房。雨果不怕累及自己的声誉,挺身而出替她作证,才解救了她。在繁忙的社会活动中,雨果挤时间开始了这部巨著的创作。

1849 年 5 月,立法议会举行了新的选举,雨果仍旧当选。在新产生的国民议会的大厅里,以梯也尔为首的王朝时期的当权派如今摇身一变又成了共和国国民议会的掌权者,而自称山岳派的共和派明显处于劣势。雨果自称无党派人士,成了"苦难的人们"的代言人。同年7月,他以充分的论据就国家的贫困问题发表了演说。8月,国际和平代表大会在巴黎召开,他被当选为大会主席,在致开幕词中,为实现国际和平而大声疾呼。而此时法国正在向罗马共和国出兵。1850年5月,在议会里,雨果为坚决反对梯也尔等制订的关于取消普选法的法律草案而斗争。从1850年到1851年两年间,雨果在多次尝到痛苦的教训之后,对路易·波拿巴能改变法国的幻想终于破灭了。他在政治上经历了一次大转折——从赞同君主立宪的自由主义立场转向左派的共和主义立场上。《时事报》也改变了对执政昔的支持态度。

1848年后,雨果由于忙于政治活动,几乎停止了写作,但他同几位共和派作家,如欧仁·苏和乔治·桑等依然保持着密切联系,对自称保皇派的巴尔扎克也保持着友谊。巴尔扎克两次申请院士均被否决,但雨果一直投赞成票。1850年5月巴尔扎克去世后,他在公墓前致悼词,高度评价了这位伟大的作家。他认为"巴尔扎克是伟人中最杰出的一个,是优秀人物中最突出的一个……他所有的作品就是一本书,一本活生生的、辉煌而又深刻的书"。

路易·波拿巴上台后仍不称心,还想把共和国变成他的帝国。他决定先从修改宪法入手,向国民议会提交了修改宪法并延长总统任期的草案。1851年7月17日,议会开会时雨果率先登上讲台反对修改宪法。他一矢中的地戳穿了国王的阴谋企图:延长任期就是终身执政,其结果便是建立帝制。由于梯也尔等实权派也反对这个草案,修改宪法的提案被否决了。雨果这回可是大大得罪了执政者,《时事报》被查封,他的两个儿子和朋友先后被司法部拘捕监禁。雨果天天到狱中去探望他们,同他们一起进餐。他心里很清楚,往前走,是"一条立着十字架的道路,有着殉难者的晕光圈"。每天夜里,他都在等候警察的到来。

12月1日,执政者见立法道路走不通,就急不可耐地发动了武装政变。头天晚上军队就占领了国民议会,抓走了一批议员、将军和部长。多数右派议员由于1852年大选在即,明哲保身。左派议员成立了一个由6人组成的抵抗委员会,雨果任主席。雨果等人一面四处张贴反对路易·波拿巴的传单,一面冒着政府军的枪林弹雨穿行在街道上,发动人民起义。4日清晨,大仲马给抵抗委员会发来了一封急信:"……当局对扣押或击毙雨果的人,奖以25000法郎。你们知道他在哪里,千万不能让他外出。"但是,雨果不能躲起来,他要跟战斗的人们在一起。在这动乱的日日夜夜里,朱丽叶时时追随在雨果的左右,准备必要时挺身而出保护他,并为他精心安排了休息藏身之处。起义又被武装到牙齿的政府军镇压了下去,几位左派议员也倒在了血泊之中,雨果的处境更加险恶了!

12月11日,朱丽叶通过朋友弄到了一张名叫雅克·菲尔曼的护照,还有一张去布鲁塞尔的火车票。这天夜间,北风呼啸,雪花飘舞,雨果头戴鸭舌帽、身穿黑色旅行服,化装成工人模样,冒名顶替离开了巴黎。

流亡生活

1851 年 8 月 12 日,雨果开始了长达 19 年的流亡生涯。

在整个流亡期间,雨果都把自己打扮成一个破产者,并且劝告自己的家人和他一样省吃俭用。比利时总理看到这位天才诗人生活是那样艰苦,就给他送来一批衬衫,雨果欣然接受了。其实,他的财产,法国当局并未触动。阿黛尔不仅可以照常代他领取作家协会的薪金,还有法兰西学院给他的每年一千法郎的津贴。就在雨果来到布鲁塞尔不久,阿黛尔很快又把他的三十万法郎的法国公债转到他的手下,雨果马上将它们换成比利时王家银行的股票。

流亡中的雨果从未停止战斗。

到布鲁塞尔的第二天,雨果就开始动笔。一种神圣的怒火在胸膛燃烧,越烧越旺。他原来想把十二月的事变公诸于世,题目就叫《一桩罪行的始末》。后来他暂时放弃这个想法,因为还缺少一些见证和资料,便决定先写一本抨击性的小册子《小拿破仑》,以泄心头之愤。

《小拿破仑》首先在伦敦出版。法国政府驻比利时代办忠于职守,设法弄到一本寄给外交部长,部长则及时将书转呈路易·波拿巴。法国官方舆论马上行动起来,对《小拿破仑》展开"批驳",并立即宣布其为禁书。

真理是查禁不了的。人们将这本小册子印在薄型书写纸上,夹在各种各样的东西里运进法国。有一次,为了逃避检查,人们特地做了一个路易·波拿巴的塑像,在塑像的空洞里,塞得满满地都是《小拿破仑》。这才是从里到外货真价实的小拿破仑的塑像。在都灵,大仲马手捧小册子,高声朗读,在场的个个欢欣鼓舞,就和当年《欧那尼》取得胜利一样。

短短几个月《小拿破仑》在世界各地陆续印了一百万份。正义向武力宣战,"墨水瓶"摧毁了"大炮"!

在写作《小拿破仑》时,雨果还写了一系列声讨这个伪君子的诗篇。从历史上来看,流亡往往使流亡者思想与行动脱节,但也可能由此造就伟大的诗人。佛罗伦萨的流放已经造就了但丁,如今,法国又在造就雨果。尽管离开了法国,雨果仍关注着法兰西的一举一动:"我觉得波拿巴已开始发出臭味来了。他逞狂的时间没多久了⋯⋯我将加快写。"

1853 年春,雨果将这些诗篇汇集一起,将一首《黑暗》置于卷首,一首《光明》放在卷末。路易·波拿巴的罪行令人发指,诗人却已从黑暗中看到了光明。在诗集中,诗人把英雄的叔叔与强盗的侄子进行对照,对血腥的镇压,美好誓言被践踏以及跪着接受当局恩典之徒的无耻宣布"惩罚",把他们统统打入苦役犯的监牢。

《惩罚集》立刻在泽西岛上传播开来。岛上的报纸,不管是法文,还是英文的,满篇都是从《惩罚集》中引来的诗句。

和《小拿破仑》出版时的情况一样。法国政府又马上宣布《惩罚集》为"非法"印刷品，予以查禁。

但是，也和《小拿破仑》一样，入境的走私活动也大显神威。妇女们把书塞进胸衣里，男人们把书夹在雨伞里，甚至有人塞在裤裆里，到1854年1月，已有四万册《惩罚集》在法国明里暗里到处流传。

最得意的是雨果："这坏蛋以前只是一面受到灼烧，现在我在炉算上将他翻了个身。"是的，一部《小拿破仑》，一部《惩罚集》，两面烘烤，将路易·波拿巴烤了个体无完肤，焦头烂额。

《悲惨世界》

1855年，雨果再迁英吉利海峡的英属盖纳西岛。他靠《默想集》预支的稿费，在这风光如画的小岛上买下了一所名叫奥特维尔府的古老别墅。在这里他一直住到1870年。雨果的新居面向波涛汹涌的大海，透过迷茫的海雾，可以看到法兰西的国土。身在异国，心向故土的雨果，怀着对祖国的眷恋，对人民的思念，奋笔疾书，创作获得了第二次大丰收。他先后出版了诗集《默想集》（1856）、《街头与森林之歌》（1865），长篇小说《悲惨世界》（1862）、《海上劳工》（1866）、《笑面人》（1869）以及文艺批评专著《莎士比亚论》（1864）等。这期间的创作在思想和艺术方面都获得了更高的成就，其中《悲惨世界》无论在法国和世界文学史中都是一部不可多得的伟大杰作。

雨果创作《悲惨世界》是以一个真实的故事为蓝本的。1801年一个名叫彼埃尔·莫的农民，迫于饥饿而偷了一块面包，因此被判处了五年徒刑。刑满出狱后，由于他身上戴着标志着"劣迹"的黄色身份证而到处找不到工作。这一真实的故事深深地打动了雨果，他决心以这个故事为素材写一部长篇小说。

雨果构思和写作《悲惨世界》前后几乎用去了二十年的时间。早在1845年他便开始构思，1847年便把作品中的某些情节读给朋友听过。按照原来的构思，小说以米里哀主教为中心展开情节，主题集中在对善良和仁慈的说教上。由于1848年革命的影响，雨果对现实严肃的观察和深邃的思考，使他不满足于原来的设想了，于是他深入开掘和进一步发展了小说的主题，把对人性的改造产大类进步的思考，同现行社会制度和法律结构联系起来，使《悲惨世界》成为一部探讨社会问题的长篇巨著。

《悲惨世界》通过对苦役犯冉·阿让漂泊街头的弱女子芳汀以及她的不知双亲的女儿珂赛特悲惨遭遇的描述，在广阔的生活背景里展示了贫与富、善与恶。劳动与资本、专制与民主的尖锐矛盾，愤怒地控诉和谴责了造成这一切不公平、不合理现象的现存法律制度。在全部描绘和叙述中，作者始终把同情和赞美给了广大的、被污辱与被损害的下层人民，使作品具有了现实主义的思想内容，充满了民主主义和人道主义的精神。

《悲惨世界》深刻的思想意义不仅在于它生动而真实地再现了巴黎下层人民的悲惨

生活,而且还表现在它满怀激情地反映和讴歌了巴黎人民的革命斗争。小说以激昂慷慨,火热悲壮的语言记述了 1832 年巴黎人民的六月暴动,颂扬了战斗在巴黎街垒中的共和主义英雄。作者细致地刻画了八十岁老人马白夫,为了升起被敌人排枪打落的革命红旗而壮烈牺牲的场面;十几岁的流浪儿伽弗洛什。为了给起义者搜集子弹而冒着枪林弹雨,在敌人死尸间穿行飞跑的情景。这一老一小的英雄形象,起到了以一当十的作用,使整个起义连成了一体,使革命的真谛熔铸在形象里,显示出更深刻的含义。雨果关于巴黎人民起义的艺术描写,使作品充满了乐观的、积极向上的革命精神,使他的积极浪漫主义达到了同时代的高峰,同时也使他笔下的现实主义具有了强烈的鼓舞力量。

诚然,深刻的思想和丰富的内容没有珠联璧合的艺术形式也是无从表现的。而《悲惨世界》在艺术上也是成功和伟大的。在这部小说里,作者继承和发展了他一贯倡导的艺术对照原则,使得主要人物在自我比较和相互对比中跃然纸上。冉·阿让原本是一个好用心思、富于情感的人,但是十九年监禁后,他成为一个老气横秋、憎恨一切的人。在米里哀主教仁慈和道德感召下,他又成为一个心地善良、乐善好施的人;他在狱中 19 年没有流过一滴眼泪,可是当主教用灿烂的光辉照亮了他的心灵后,他哭了,哭得比妇女更柔弱,比茧子更慌乱;在这自我性格的前后对比中,既丰富了冉·阿让典型形象,又深化了作品的主题。围绕冉·阿让,作者写了米里主教和沙威警长两个对立的性格。

米里哀主教是善的化身,他信奉着以善感人的道德原则,他是冉·阿让灵魂的拯救者;沙威警长是恶的典型,他默守着冷酷残忍的法律信条,时刻要把冉·阿让重新打入黑暗的深渊。米里哀主教以 82 岁高龄入圣,沙威警长因精神崩溃身亡。两相对比中,两个性格善恶弥彰,两种信仰优劣分明。作者在现实主义的人物描写中也不时地给以浪漫主义的夸张。冉·阿让不仅体质强壮而且具有神奇超凡的力量和本领。他可以代替千斤顶,用肩头撑住脱榫的半吨重石柱;他能够利用背部和腿弯的伸张力量,直登陡壁,妖魔似的升到楼顶。他曾只身扛起一辆重车,救助了横卧车下的一位老人。他曾背着珂赛特翻越一堵高墙,逃避了沙威的追捕。这些神来之笔,使冉·阿让高尚的灵魂和超凡的躯体相得益彰而成为一个感人至深、令人崇敬的形象。

小说的情节亦富有传奇色彩。全书时而有出奇制胜的艺术描绘,时而有化险为夷的情节穿插,读起来扣人心弦,怡人眼目,使作品具有引人入胜的艺术魅力。小说的语言也色彩绚烂、格调高昂。大段的抒情议论,热情洋溢、激越慷慨,使人在领悟深刻的哲理的同时不乏艺术的享受;大段的场景描写,情溢笔端、力透纸背,令人在感受艺术魅力的同时产生丰富的联想。叙述故事娓娓动听,刻画人物历历在目。对丑恶的嘲笑,辛辣苛刻,使人称奇叫绝;对善良的赞美,情真意切,催人泪下。雨果,不愧为语言的巨匠、浪漫主义的艺术大师。

《悲惨世界》第一卷于 1862 年 4 月 3 日出版,其成功远远超出了作者的预料。街头巷尾、深宅大院都在谈论芳汀和冉·阿让,人们迫不及待地等着看下一卷出版。麦利思在给雨果的信中写道:"已经 6 天了,巴黎发狂地阅读着《悲惨世界》。"报刊上一些帝国的帮凶文人对此书大加讨伐。有的指责它"比一本社会主义的论著危险得多";有的狂喊

《悲惨世界》的作者是"法兰西的头号蛊惑分子";马德里的教权派报刊把雨果视作恶魔;作者的老朋友拉马丁对文学家雨果大加赞扬,而对哲学家雨果横加指责。不过,圣伯夫还算说了些公道话,他在反驳丹纳对此书的抨击时说:"要知道雨果……是在握有生杀予夺之权的政府鼻子底下搞创作,他却取得了我们时代最大成功。"更重要的是广大读者欢迎这部书。小说很快被译成欧洲各种文字。布鲁塞尔的朋友们为此书的出版举行了隆重的酒会。《悲惨世界》是雨果早年的《死囚末日记》和《克洛德·格》作品主题思想的扩展和深化,是一部浪漫主义和现实主义高度结合的杰作,的确是雨果创作艺术上的一座高峰。

1865 年,严肃的评论家又恢复了浪漫诗人的本色,雨果出版了诗集《街头与林间之歌》。这里选的多数是诗人年轻时写就的礼赞爱情的诗。这部诗集又成了政敌们攻讦他的口实,但诗集炉火纯青的艺术技巧使文人们不得不折服。

在盖纳西岛的一张石椅上,他正在写一部小说,主人是一位与大自然斗智斗勇的传奇式英雄。岛上渔民和水手与大海搏斗的大无畏精神,给他以创作灵感,英吉利海峡各岛的民间传说、歌谣为他提供了创作素材。新小说原名《深渊》,后定名为《海上劳工》。1866 年 3 月小说问世,法国名画家丢勒为书做了精彩的插图。小说出版后很快被抢购一空,鱼也成了巴黎的时髦。饭店的菜单上新添了"名菜"鲜鱼,巴黎女郎时兴戴鳟鱼形的帽子。盖纳西岛上的水手读了这本书后,给作者写了一封感谢信。

从拿破仑三世专权后,雨果的戏剧再也没在巴黎登过台。1867 年,万国博览会在巴黎举办期间,法兰西戏剧院重新上演了《欧那尼》。出于谨慎,演出本作了适当修改。演出取得巨大成功,票房价值创最高纪录。首次公演时,阿黛尔带病亲临剧院,渴望重温当年捍卫《欧那尼》的激动场面。昔日的浪漫派旧部已所剩无几,尚健在的大仲马和戈蒂埃等都到了场,但这次演出已没有人喝倒彩了。贺信像雁群般从巴黎飞向盖纳西岛,一批青年诗人对这位诗坛泰斗特别崇拜,令雨果分外欣慰。

1869 年 9 月 14 日,世界和平大会在洛桑召开,雨果任主席,并在大会上讲话,人们向他报以热烈的掌声。他又宣扬建立一个欧洲合众国或世界共和国的乌托邦理想。会后,他前往布鲁塞尔看望两个小孙孙乔治和让娜。

此时,拿破仑三世的统治已呈现出风雨飘摇的颓势。为了稳定时局,皇帝又一次下令大赦。

雨果依然抗拒到底,实现了他在《惩罚集》中的诺言:如果只剩下一个人,"我发誓,那就是我!"

长河落日

1870 年 7 月 14 日,是法国大革命攻陷巴士底狱的纪念日。

普法战争爆发了。这是一场酝酿已久的大战,德、法双方的皇帝都想争夺西班牙空缺的王位。形势很快急转直下，法国由主动变为被动。9月1日在色当战役中，麦克马洪元帅奉拿破仑三世之命率部向普鲁士投降。

祖国的危急时时牵动着流亡者的心，这位银须老人多么想象当年那样穿着国民自卫军的制服去为祖国而战！于是，雨果毫不犹豫地携带着他的无价之宝——三箱手稿前往布鲁塞尔静候形势的变化。9月4日，法兰西宣告共和国成立。5日下午，雨果登上了布鲁塞尔直达巴黎的列车。傍晚时分，腰板笔直、目光炯炯的老诗人走下列车，只见站台上挤满了欢迎的人群。他们高呼着"维克多·雨果万岁！"的口号，迎接祖国的英雄儿子归来。雨果当即发表了演说，向巴黎人民致谢。他兴奋地说："公民们，我曾经说过，'我要在共和国回来的那一天回国。'现在我回来了……我回来是要履行我的天职……"从车站乘马车到下榻的寓所，道旁的人们不断拥上前来向他欢呼，雨果一直走了两个多钟头，他激动得热泪盈眶，不停地向两旁的市民们招手致意。他对同行的人说："这一个钟头就可以抵偿我20年流亡的痛苦。"

看到美丽的巴黎满目疮痍，听到敌人的枪炮声昼夜不停，诗人忧心如焚。他发表了《告德国人民书》，呼吁德军立即放下武器停止战争。当然，这只能是白费劲。雨果的爱国行动不仅仅停留在笔头上，若不是朋友们的坚决阻拦，他早就穿上国民自卫队战士的服装上前线去了。他把《惩罚集》新版本的稿费和剧院演出他作品的全部收入，捐献出来铸造大炮，其中两门分别取名为"雨果"和"惩罚"。

敌军重重围困中的巴黎正处于最艰难的时期。这年冬季出现了零下20摄氏度的严寒，食品严重匮乏；篱笆、桌椅都成了燃料，猫和狗也成了人们餐桌上的美食。雨果家的生活同样十分艰苦。幸亏动物园的园长时而给他送来一块熊肉，时而送来一条羚羊腿，帮了他的大忙。然而诗人很达观，仍然作诗。家里就餐时，他亲自分发少得可怜的食品；客人来了，他仍高高兴兴地接待。

1871年1月28日，卖国政府同普鲁士签订了停战协定。由于和约条款必须由国民议会批准方可生效，紧接着政府当局便宣布选举国民议会议员。雨果当选为巴黎代表，所得票数居第二位。国民议会定在波尔多举行，雨果在家人的陪同下赴会。会上右派议员控制了议会，雨果等少数左派议员企图力挽狂澜，但无济于事。梯也尔任政府首脑，国民议会通过了法国割地赔款的和约条件。雨果在大会上发言，坚决反对这个和约，强烈谴责德国侵略者。他清楚地意识到左派势单力薄，内部意见又不一致，只得愤而辞职。3月13日，正当雨果决定带领全家返回巴黎的前一天，查理因脑溢血猝亡。3月18日，雨果把长子的灵柩运回巴黎，安葬在拉雪兹公墓雨果将军的墓穴中。就在这天，巴黎发生了震惊世界的巴黎公社革命。

然而，当巴黎公社革命失败后，社员们遭到政府军的血腥屠杀之时，雨果立即站到了社员们的一边。5月26日，在《比利时独立报》上他发表了一封公开信，声明开放他在布鲁塞尔的住宅作为逃亡社员的避难所。次日深夜，雨果的住宅遭到暴徒们的袭击，幸而未伤及家人。比利时当局拒绝对此事件进行任何调查，而且对雨果下了驱逐令。此时，雨果不宜返回巴黎，只得带了家人到卢森堡去，在一个环境清幽的小镇上暂时安顿了下来。但是,巴黎不断传来的社员们遭逮捕、枪杀的消息又使他的心无法平静,诗人义愤填膺,根据自己的所见所闻写下了一系列诗篇。这些新诗篇连同巴黎保卫战时写的诗汇成了一本诗集《凶年集》,这是1871年法兰西严峻的一年的诗体实录。

1871年10月1日,雨果携家回到巴黎。此时的巴黎充满了火药味和血腥味。政界的右派和教权派分子将他视作眼中钉。波拿巴分子公然扬言:如果他们再次掌权,雨果将是他们第一批要处死的敌人之一。而那些公社社员的母亲、妻子和姐妹们纷纷写信向他求援。为此雨果在报上载文大声疾呼:"大赦! 大赦! 不要再流血,不要再牺牲!"当权派自然充耳不闻,公社社员们的鲜血依然在法国大地上流淌。

1872年,国难家灾依然跟踪着雨果。由于他对巴黎公社社员们的同情,在6月份的议会选举中他落选了。他的小女儿被人从加拿大找了回来,但已形容枯槁、精神失常,只好把她送进了医院。小维克多又得了肺结核,日益憔悴。巴黎的喧嚣、忙乱与剑拔弩张的政治斗争,使雨果无法集中精力和时间写作。在朱丽叶的鼓动下,雨果于8月初携家人又来到了盖纳西岛。

雨果在流亡时就想写一部关于1793年法国大革命的小说,那时由于忙着别的写作而搁下了,现在正是动笔的时候了。这部小说展开情节的主要场景是布列塔尼森林,他的父亲年轻时曾作为共和军的蓝衫部队战士,在这里同旺岱叛乱分子进行过殊死战斗。在卢森堡时雨果又特意到当年父亲战斗过的要塞——提翁维尔做过一次短期旅行,自豪地倾听当地的老人向他讲述雨果将军英勇抗敌的事迹。《九三年》重现了1793年那急风暴雨般的革命年代。讴歌了像他父亲那样英勇无畏的共和军官兵。当然,这部小说的主旋律仍然是人道主义,但作者把人道主义提得更高了,把它置于绝对正确的革命原则之上。

1873年夏,《九三年》刚刚完稿,从巴黎传来了小维克多病重的消息,雨果带着朱丽叶回到了巴黎。在照顾重病中的儿子的同时,他继续为"大赦"社员而奔忙。同年12月26日,小儿子病故。雨果的后代中只剩下了一对孙儿女了。

白发人送黑发人,雨果极为悲痛。长歌当哭,他怀着对儿子们的无限深情,通过对往日温馨的回忆,写了一本《我的儿子》,作为纪念。

由于长女及一双儿子先后辞别人世,小女儿又虽生犹死,雨果对晚辈的爱集中在孙辈乔治和让娜身上。他常常跟他们一起游戏,一起画画,还给他们演木偶戏。为博得孩子们的欢笑,他尽力做个好祖父。1877年他出版了诗集《做祖父的艺术》。这是一首首洋溢着温馨爱心的摇篮曲,一篇篇充满了对童心礼赞的优美诗章。有的评论家认为,在艺术和诗歌中,儿童的主题正是由雨果开始的。

1878年6月17日,巴黎举行国际文学家代表大会。雨果任主席。他在大会的发言中强调文学创作对一个国家的重要性,在其尾声部分又呼吁大赦公社社员。1880年7月3日,雨果在参议院发表演说。他提议,为纪念7月14日巴士底狱攻陷日,议会应通过一项对公社社员大赦的法令。这回由温和派共和主义者掌权的参议院总算通过了大赦法令。

1881 年 2 月 26 日,巴黎一派喜庆气氛,隆重庆祝著名诗人雨果的寿辰。这天,雨果住宅门口摆着一株金黄色的月桂。人们列队经过他的住宅,高呼"维克多·雨果万岁!"的口号向诗人致敬,队伍中有巴黎市民、外省代表,还有外国使者。银须银发的老人穿着一件朴素的黑上衣,站在敞开的窗口旁,搂着一对孙儿女,欣喜地接受人们的祝贺。他的双眼模糊了,高高举起了他的手向人们呼喊:"共和国万岁!"这个破天荒的祝寿队伍,在他的窗下一直行进了 6 个小时,人数达 60 万之多。

1883 年,雨果在友人麦利恩的协助下,仍不断从他的书箱中取出珍藏的诗作,整理出了一部又一部的新诗集:1881 年,《精神的四种风尚》出版;1883 年,《历代传说》(续集)出版。评论界高度赞扬雨果晚期诗歌臻于完美的艺术技巧和异常充沛的创作活力。

1885 年 5 月 18 日,一个令人忧虑的消息在巴黎传开了——雨果病重,肺炎,心力衰竭。与他患难与共的友人麦利恩和瓦凯里一直守护在他的病榻前。几天来,不仅巴黎,整个法国都在关注着诗人病情的发展,报纸上每天刊登有关他的病情公告。患病期间,雨果神志清楚,对死神的降临毫无惧色。在他病情危急之时,他最想见到的是他的孙儿女。当他看到这一对可爱的孩子时,脸上浮现出了最后一丝笑容。

1885 年 5 月 22 日,雨果终于走完了他那漫长而又光辉的人生道路。他去世的那个夜晚,巴黎狂风大作,暴雨倾泻,大自然又一次以其最庄严的仪式为这位伟大的诗人壮行。是日,法兰西第三共和国宣布全国致哀。雨果住宅区所在的街道和广场的路牌上换上了雨果的名字。

十九世纪英国现实主义文学代表

——狄更斯

人物档案

简　　历：英国近代十九世纪伟大的批判现实主义作家，英国近代文学史上唯一可以和莎士比亚媲美的伟大作家。1812年2月7日生于朴次茅斯市郊，出生于海军小职员家庭，少年时因家庭生活窘迫，只能断断续续入校求学。后被迫到工厂做童工；15岁以后，当过律师事务所学徒、录事和法庭记录员；20岁开始当报馆采访员，报道下议院；1837年他完成了第一部长篇小说《匹克威克外传》，后来创作才能日渐成熟，先后出版了《雾都孤儿》《双城记》等名著，1870年6月9日病逝于罗切斯特附近的盖茨山庄。

生卒年月：1812年2月7日~1870年6月9日。

安葬之地：威斯敏斯特教堂又名西敏寺。

性格特征：精力充沛，朝气勃勃，勤奋写作。具有自觉的反思和批判精神。为弱势群体代言，追求社会正义，探寻能使人类和谐相处的核心价值。

历史功过：狄更斯的小说是19世纪英国批判现实主义文学的珍宝，代表作品有《匹克威克外传》《雾都孤儿》《双城记》《远大前程》《老古玩店》《大卫·科波菲尔》《艰难时世》《董贝父子》。

名家评点：文学评论家哈罗德·布鲁姆《西方经典》中评价说："狄更斯在19世纪小说家中无人能比。他的名声早已超出了英伦三岛和大洋彼岸的新大陆，从他身上汲取营养的作家不可胜数，如陀思妥耶夫斯基、乔伊斯、卡夫卡、福克纳、纳博科夫、贝克特、拉什迪以及2001年的诺贝尔文学奖得主维·苏·奈保尔等。"

美好的童年

　　查尔斯·狄更斯1812年2月7日生于英国南部朴次茅斯市外的海港波特西。他的父亲约翰·狄更斯是海军军需办事处的职员。他工作勤奋,性格爽朗,却不善理财,薪金不多却要过绅士式的安逸、舒适的生活,结果弄得入不敷出,债台高筑。他和妻子总共生了8个孩子,查尔斯·狄更斯排行第二。小狄更斯长得非常漂亮,生着一对蔚蓝色的眼睛和卷曲的头发,又有异乎寻常的歌唱和朗诵才能。为此,他深受父亲的喜爱,经常带他出去旅行,给他讲各种故事。1817年至1822年期间,全家迁居到查塔姆一所简朴的宅子里。在这里,狄更斯度过了美好的童年。

　　1822年,狄更斯由于父亲的调任而随同全家到了首都伦敦,结束了他在查塔姆的欢乐的童年生活。到伦敦以后,家庭的经济情况更为恶化,负债越来越多。为了节省开支,全家只能在伦敦郊区坎登镇的贝赫姆街租了一套又小又简陋的房子。周围环境的肮脏,社会底层人民的穷困,使幼小的狄更斯开始对穷人的生活有了初步的了解。

　　1824年,父亲终因无力还债而被逮捕,关进马夏西负债人监狱。狄更斯十分伤心,哭得两眼通红,眼泪汪汪地奔走于家庭和监狱之间。他要照顾年幼的弟弟妹妹,到街上去采办生活必需品,还要典卖家里所剩无几的东西,又要抽空到监狱里去探望父亲。不久,家里的东西几乎变卖、典当一空,连他最喜欢的从查塔姆带来的诸如《兰登传》《汤姆·琼斯》等图书,也一本又一本地落入旧书商的手中。

　　家境的艰难,迫使狄更斯不得不离开学校,进入一所黑鞋油作坊去当童工。这家鞋油作坊坐落在亨格福特旧码头旁边的一所歪歪斜斜、快要倒塌的旧房子里。它的周围又脏又臭,里面在腐烂的地板和楼梯上,在阴暗的地下室里,到处可以看见拖着长尾巴乱窜乱跑的灰老鼠。狄更斯的工作是给黑鞋油瓶子盖上封口,用细绳缚好,贴上商标。他衣衫褴褛,穿着破围裙,整天和瓶子、纸张、细绳、剪刀和糨糊瓶子打交道,工资一星期只有6先令。同他一起在地下室工作的,都是一些缺乏教养、衣着破旧的穷孩子。过了一段时间,狄更斯结扎瓶子、包装和贴商标的工作变得那样敏捷、熟练。老板觉得他长得五官端正,技术熟练,就把他放在沿街一个玻璃橱窗里面做活动广告。街上的人们特别是孩子们都跑过来,一边吃着果酱面包,一边把他们的鼻子紧贴在玻璃上,津津有味地观看他。

　　家境仍然每况愈下,连房租也付不出,狄更斯全家不得不搬进负债人监狱。因为在当时,负债人监狱是可以出租房间给犯人家属住的。狄更斯独自一人住在外面,每逢星期日,就买一些吃的东西进监狱去和亲人团聚。

　　苦难的日子终于熬到了尽头,狄更斯的父亲依靠从一个亲戚那里继承到的一笔为数不多的遗产而还清了债,全家才结束了这段监狱生活。狄更斯也离开了这个使他终身感到屈辱的黑鞋油作坊,重新进学校读书。这时候,狄更斯还只是一个12岁的少年。可惜的是,他就读的威林顿学校的校长琼斯先生,是一个主张棍棒教育的又愚昧又野蛮的人。

他一天到晚用一根手杖敲打着学生。狄更斯在这所学校里除了得到一些棍棒教育的生活体验外，在学识上收获很少。后来他在小说《大卫·科波菲尔》中对萨伦学堂的克里古尔校长的精彩描写，就有着这段生活的影子。

担任记录员

学习了两年多以后，家里又没有钱了，狄更斯只好再次停学，为糊口而奔忙。他进入一家律师事务所当抄写员，还经常跑出去为事务所送信和传递消息。这差事使他走遍了伦敦的大街小巷，看到了人世间的世态炎凉和社会底层人民的苦难生活。之后，他很快学会了速记，充当速记员。1834 年，狄更斯应《记事晨报》之聘，充当记者，专门到法院、议会中去采访新闻。他的速记水平很高，既快又准，深受报社的赞赏；他生动的文笔和丰富的语言，使跟他共事的采访记者们感到惊叹。因此，每逢大臣或著名的政治家要做重要演说时，他们就派狄更斯去采访。

在进一步认识生活的同时，狄更斯仍旧不忘读书。他用自学的办法来充实自己，经常出入伦敦大英博物馆图书阅览室，孜孜不倦地钻研书本，以弥补学校教育的不足。当了一段时间的记者以后，狄更斯开始获得比较优厚的薪金，摆脱了少年时代的贫困和屈辱生活，满怀雄心壮志，准备登上文坛。

1832 年某一天傍晚，有一个 20 岁左右的青年，怀着恐惧的心情，战战兢兢地把一篇稿子偷偷塞进弗利特街一家邮局的邮筒里，然后一直朝着威斯敏斯特教堂走去。快活和骄傲使得他泪眼模糊。为了不在大街上让人家看见自己的眼泪，他在教堂里足足待了半个小时。这个带着腼腆神情的青年，就是后来闻名世界的大作家狄更斯。

一星期以后，青年狄更斯买了他投稿的那份杂志，高兴地看到自己的习作已经发表。这篇稿子标志着狄更斯正式开始了文学创作生涯。接着，他以"波兹"为笔名，又连续写了许多篇描写伦敦风土人情、城市风貌和各种人物的特写。分期发表在《记事晨报》上面。1836 年 2 月 7 日，当他 24 岁生日那天，狄更斯把这些特写汇编成《波兹札记》出版了，年底又出版了第二集。《波兹札记》中的特写丰富多彩，内容有讽刺中小资产阶级的庸俗和趋炎附势的，有揭露议会、法院和慈善团体的黑暗与虚伪的，也有赞美当时的城市生活的；体裁有人物速写，有关于伦敦的市容、景色和风土人情的随笔，有农村生活的素描，也有短篇故事；风格有轻松的幽默，温和的讽刺，还有感伤主义的叹息。特写的题目也很吸引人，如《国会一瞥》《公共马车》《我们的教区》《校长先生》《街市之晨》等等。由于这些特写把城市的美丑、善恶、诗意的幻想，甚至把首都的浓雾、潮湿的神秘魅力等都一一描绘了出来，因而受到伦敦广大市民的热烈欢迎。这些成绩初步显露了狄更斯的写作才能，使他树立了做一个作家的信心，决心放弃记者工作，专门从事文学创作。

成了作家以后的狄更斯，精力充沛，朝气勃勃，日夜不停地写作。但这样却还赶不上外面的需要，经常出现这样的情况：印刷工人跟在他后面等候要稿发排。

狄更斯保持着"夜游"的习惯。每到夜晚,不论刮风下雨,他总在伦敦街头漫步,观察首都街头巷尾的人群、五光十色的商店招牌和广告,细听人们的谈话。看到衣衫褴褛的人,就跟着他们穿过小巷进入下等公寓或旅馆了解他们的生活,事后把所见所闻和想到的一切记录下来作为素材。他用这样的办法保持和下层社会的联系,不断从中汲取创作的养料,并广泛采集人们的口头语汇。

五六十年代是狄更斯思想成熟、创作丰收的年代。那些思想性、艺术性高度统一的几部小说,如《大卫·科波菲尔》《荒凉山庄》《艰难时世》《小杜丽》《双城记》《伟大的期望》《我们共同的朋友》等,都发表在这一时期。这段时间里,狄更斯还先后创办了《家常话》《一年四季》等刊物。狄更斯的思想在这段时间内经历了巨大的变化,他开始认识到资本主义社会的罪恶不是某个坏人的恶劣品质造成的,而是植根于整个社会制度。他感叹政府官吏和国会议员每个人都只为自己的利益打算。狄更斯愤慨地说:"我们的政治、贵族统治和我们的趋炎附势、结交权贵之风将致英国于死命";"代议制政府在我们这里已是一个彻头彻尾的失败"。他这种思想情绪反映在创作上,就是使作品对资产阶级的政府、议会、法院、法律、监狱、伦理道德、劳资关系进行了全面而又深入的揭露批判,风格上也由乐观幽默转为严肃阴沉。

1850年发表的长篇小说《大卫·科波菲尔》,是狄更斯的重要作品之一。这部小说不仅保留了前期创作中那种乐观和幽默的风格,后期创作中那种严肃、阴沉的情调也开始出现,但还不十分明显。这是一部带有自传性质的作品,小说中的许多人物和故事,都是狄更斯根据个人的经历或者是自己生活中熟悉的人物和故事写成的。《大卫·科波菲尔》获得了前所未有的成功,很快被译成其他国家的文字。从此以后,狄更斯不仅是英国一位大作家,而且成了当时英国唯一被人们崇拜的偶像,成为名传欧、美两大洲的杰出小说家。一些原先瞧不起狄更斯的上层社会的绅士、淑女们,现在看到他有名有钱有地位了,纷纷邀请他参加他们的宴会、舞会和社交活动,以显示他们懂得诗文,尊重人才。作为社会底层人民代言人的狄更斯,仍然保持着为人洒脱、善于戏谑、不奉承权贵的作风,而且往往故意挖苦、嘲弄那些老爷太太们。

1859年,狄更斯发表了后期创作中最著名的小说《双城记》。从这部小说中可以看出作者已经改变了对"维多利亚盛世"的乐观幻想,转而对英国前途表示担心。

最后的演说

狄更斯不仅是一个杰出的小说家,而且还是闻名欧美的善于朗诵的表演艺术家。狄更斯从小就有讲故事、唱歌谣、演节目的才能,常常扮演戏中的某个角色。青年时代他曾打算在修道院的花园剧院谋一个位置,当了作家以后,狄更斯也一直爱好戏剧,喜欢参加业余演出。晚上,他经常组织猜谜游戏和演出哑剧;平时在家里,也常为孩子们作魔术表演。狄更斯常说,如果他能够表演别人的性格,即使是游戏,他也感到轻松愉快。

狄更斯的声誉远涉重洋,美国观众也热情邀请他去美国巡回朗诵。这样,狄更斯于

1867 年再度访美并演出,先后到过波士顿、纽约、费城、华盛顿等许多大城市。美国听众狂热地欢迎了他,人们甚至连夜睡在售票处窗外的凳子上,等待次日购买入场券。小的会堂不能满足观众的要求时,演出地点就改在大教堂。狄更斯在美国待了 5 个多月。举行了 370 多次朗诵会,平均一天要登台两次,搞得他筋疲力尽。为了应付这种紧张的演出活动,他只好白天谢绝一切社交,躺在沙发上强迫自己休息。晚上出去演出时,因身体过分虚弱,以至必须有人帮助他穿换衣服。由于感冒、脚肿、失眠、鼻膜炎等疾病的缠绕,他不得不结束在美国的演出。

1870 年 6 月 9 日,狄更斯在盖茨山寓所写作了一整天。同住的他的一个亲戚注意到他的脸色十分难看,知道他是中风了,连忙叫他躺下。狄更斯整夜昏迷不醒,第二天早晨就离开了人间,享年 58 岁。英国人民为失去这样一位伟大作家而全国举哀。狄更斯的形象和他的许多光辉著作,将永远活在世界人民的心中。

俄国文学泰斗

——托尔斯泰

人物档案

简　　介:俄罗斯 19 世纪中期批判现实主义作家、政治思想家、哲学家,出身于贵族家庭,1844年入喀山大学,1847 年退学回故乡在自己领地上做改革农奴制的尝试;1851~1854 年在高加索军队中服役并开始写作;1854~1855 年参加克里米亚战争;1855 年 11 月到彼得堡进入文学界;1857年托尔斯泰出国,看到资本主义社会重重矛盾,但找不到消灭社会罪恶的途径,只好呼吁人们按照"永恒的宗教真理"生活;1860~1861 年,为考察欧洲教育,托尔斯泰再度出国,结识赫尔岑,听狄更斯演讲,会见普鲁东;一生创作颇丰,特别是1889~1899 年创作的长篇小说《复活》是他长期思想、艺术探索的总结。晚年力求过简朴的平民生活,1910 年 10 月从家中出走,11 月 20 日病逝于一个小站,享年 82 岁。

生卒年月:1828 年 9 月 9 日~1910 年 11 月 20 日。

安葬之地:雅斯纳亚·波良纳庄园。

性格特征:性格活泼,热爱一切事物但又多愁善感。有着博爱精神和鲜明的贵族气息。

历史功过:19 世纪后半期俄罗斯最伟大的作家,他的《战争与和平》《安娜·卡列尼娜》《复活》等都是举世闻名的文学巨著。

名家点评:列宁称颂他具有"最清醒的现实主义"的"天才艺术家",还称他为"俄国革命的镜子"。高尔基称"不认识托尔斯泰者,不可能认识俄罗斯。"

早年经历

　　1828 年 8 月 28 日,列夫·尼古拉耶维奇·托尔斯泰出生。在莫斯科以南、离图拉城不远的一座风景优美的贵族庄园——雅斯纳亚·波良纳。这里繁花似锦、绿树成荫,一片郁郁葱葱的森林更惹人注目。在林中空地的中央,是宽敞、古老的地主宅邸。

　　托尔斯泰出身显赫,其先祖曾任彼得大帝时代的国务大臣和枢密院首脑,祖父曾任喀山省省长。托尔斯泰的父亲早年也曾从军,参加过 1812 年抵抗拿破仑的卫国战争。

　　托尔斯泰在三个哥哥中,最爱最敬的是比他大五岁的大哥尼古拉,而对二哥谢尔盖则是钦佩与赞赏。二哥有漂亮的外貌、优美的歌喉,并且有绘画天赋。他甚至赞赏二哥那种毫不掩饰地利己行为。他模仿二哥,希望成为与二哥一样的人。他后来回忆说,这是由于自己的个性,总是琢磨着别人对自己的感觉和看法,从而毁了生活的乐趣,所以,才特别赞赏二哥那种"自信的"利己主义。但说到底,钦佩不等于爱,他最爱的是大哥。

　　幼年的托尔斯泰性格活泼,热爱一切事物,但又多愁善感,喜欢沉思。他总是像一道亮光一样,带着愉快的微笑跑来跑去。他喜欢开玩笑。遇到挫折时,他虽然伤心,却从不哭泣,反之,别人抚爱他时,他却会流泪。他很爱哭,也就是说,他很容易受感动,所以外号叫"哭孩子"。他喜欢搞出些不同凡响的事情,让大家惊讶不已。

　　在他七八岁时,他渴望飞翔,并且不知为什么自以为已经掌握了飞翔的奥秘,认为只要用双手使劲地抱住膝盖从高处往下跳,就会像鸟儿一样在空中飞。有一天,在大家都去吃饭时,他爬上顶楼的窗口,朝院子里跳去。当有人发现他躺在院子里时,他已失去知觉。幸而没有摔伤骨头,只是有些脑震荡,在睡了十八个小时后又醒过来了。这真是万幸,不然的话,稍有差池,伟大的《战争与和平》《安娜·卡列尼娜》等作品,就会从那古老的窗口消失了……

　　从很小的时候,他就为自己的丑陋而难过,凡是涉及他的外貌的话题都使他非常难受。他曾失望地想,像自己这样有着扁鼻子、厚嘴唇和灰色小眼睛的人,在世界上是不会得到幸福的。他祈求上帝,为了一副漂亮的面孔他愿意付出一切。开始读书后,他的功课也不好,一位辅导过他们兄弟学习的人说:"尼古拉敢想又敢做;谢尔盖敢想,但不敢做;列夫则既不敢想也不敢做。"

　　托尔斯泰一家住进莫斯科一幢宽敞舒适的住宅。他们的生活与在雅斯纳雅·波良纳差别不大,仍然养着自家的马匹,仍是那些农奴仆人服侍他们。男孩子们跟家庭教师学习。托尔斯泰学习仍旧不好,他最大的兴趣是跟大人去逛街,去看那一幢幢古老建筑。最让他神往的是克里姆林宫。

　　来到莫斯科的第二年,父亲有事到图拉省,在街上突然觉得头晕,跌倒在地上,再也没有醒过来。人们传说,他是被身边的两个仆人毒死的。他随身携带的钱和文件都不翼而飞。葬礼在雅斯纳雅·波良纳举行,托尔斯泰没有参加。在很长一段时间里,他不相信父亲已经死了，总觉得父亲还会突然归来。祖母也不相信这个噩耗，她伤心万分，无法忍受这种痛苦，忧郁成疾，不到一年便去世了。

祖母死后，由姑母亚历山德拉担任五个孤儿的法定监护人。为了压缩开支，亚历山德拉让两个大孩子留在莫斯科，跟她住在一起，准备考大学；另外三个孩子回到雅斯纳雅·波良纳，由达吉亚娜姑母照看。

达吉亚娜姑母是托尔斯泰家的远亲，她幼年失去双亲，一直寄养在托尔斯泰家，由托尔斯泰的祖父祖母抚养成人。少女时代的达吉亚娜长得很美。她爱上了托尔斯泰的父亲，但她知道自己寄人篱下，这种爱情只是一种梦想，因而避开了。托尔斯泰的母亲去世后，父亲曾向达吉亚娜求婚，她没同意，但却答应抚养那五个年龄尚幼的孩子，她特别喜欢托尔斯泰。托尔斯泰童年时期的快乐，大部分来自这位善良温柔的女性。后来托尔斯泰曾称赞达吉亚娜姑母是一位果敢、坚定、精力充沛而又富有自我牺牲精神、具有崇高道德品质的女性。他还认为，达吉亚娜姑母对他一生影响最大。从他幼年时代，她就教给他爱的精神是一种快乐。她不是用语言教，而是用她整个人，使托尔斯泰看到和感到了她怎样喜欢去爱别人，于是懂得了爱的欢乐。

1841年夏天，亚历山德拉姑妈去世了。这时，托尔斯泰兄妹们的直系亲人只剩下小姑妈彼拉盖娅了。已经是大学生的大哥尼古拉向远在喀山的小姑妈提出了请求，请她抚养他的弟妹们。小姑母同意了，但要求他们到喀山去。这年冬天，他们告别了达吉亚娜姑妈，前去喀山。分别时，达吉亚娜和孩子们都感到痛苦。托尔斯泰后来在给达吉亚娜姑妈的信中说："在离别的时刻，我突然内心一颤，明白了你对我们的意义……"的确，到喀山后，小姑妈对孩子们的培养教育一点都不感兴趣，完全放任自流。十三岁的托尔斯泰感到孤独和苦闷。"没有人给我灌输过任何道德观念，绝对没有。""我一心一意希望成为一个好人，但是我年幼无知，情欲旺盛，而且是独自一人，完全是独自一人在寻求善。"他开始阅读和思考，想一些与他的年龄完全不相称的事情。有一阵，他迷上了怀疑主义哲学，以为宇宙间的一切其实并不存在，只是在自己注意它们时它们才存在，所以，存在的不是物体，而是人与它的关系。他甚至开始怀疑上帝的存在。

1844年6月，托尔斯泰报考喀山大学东方语言系，初试有三门不及格，后经补考被录取为阿拉伯土耳其语专业的学生，这年仅十六岁。

托尔斯泰的大学生活很不顺利。开初的新鲜感过去后，他很快就发觉自己对东方语言学并没有多少兴趣，而课程的枯燥乏味在他看来是惊人的。于是，他的热情转移到社交方面。作为一个有地位的青年，他受到各种显贵人家宴会、舞会的欢迎，但他一直无法像其他贵族青年那样如鱼得水地周游于交际场，他不善于和妇女交际，有一种奇怪的笨拙与羞怯。有意思的是，正因为此，他反而很受人注目，成为一个处处受欢迎的客人。

由于厌恶课程和社交活动太多，大学一年级结束时，他未能通过考试。他离开东方语言系，转入法律系。然而法律系的教学方式与东方语言系是一样的，很快又引起了他的反感。

托尔斯泰在法律系勉强上到第二年。他反对考试，讨厌教授们的讲义，蔑视各种学规,教授们当然不会给他好成绩。恰在这时,托尔斯泰兄妹所继承的产业已经分好,按照习惯,将全家居住的庄园雅斯纳雅·波良纳分给了最小的儿子托尔斯泰,包括五千四百英亩田地和330个农奴,还有农奴的家属。托尔斯泰没等到五月份的考试,便以"健康不佳和家事"为由而退学,回到庄园。没得到学位,使他耿耿于怀。他决心展开大规模的自学,一是提高自己,二是为了取得大学学位。

在大学的最后一年和离开大学后,他读了许多书,包括《马太福音》、卢梭的《忏悔录》与《爱弥尔》、狄更斯的《大卫·科波菲尔》。他通读卢梭的二十本一套的全集,包括《音乐词典》。他很早就崇拜卢梭,十五岁时,曾贴身戴着一个有卢梭画像的纪念章。

分家时,在他的强烈要求下,达吉亚娜姑妈同意永远留在雅斯纳雅·波良纳,和他一起生活。退学的托尔斯泰决心改善自己,除了读书学习,还要管理财产,改进农奴的生活。他购置了脱壳机、播种机等农用机械,开办农场。他把一部分树林划给农民经营,并常到村里了解农民的生活状况,还想方设法给一些贫困户以救济。然而,他的改革并没有什么效果,农民们对他怀着疑惑的态度,买来的机械因无人用很快成为废物,一年过去,农民的生活状况丝毫没有改变,而他的改革措施却引起了附近其他地主的不满。

经营农事的失败使托尔斯泰大为丧气。于是,他埋头于学习课程,沉迷于音乐,有时弹钢琴,一弹大半天。1848年10月,他将庄园交给妹夫管理,去了莫斯科,来年初又到了彼得堡,目的是考取学位。他考了民法和刑法两门课,取得良好成绩,然而不久,他又改变主意,不想考学位了。他对取得大学学位所做的努力,至此才完全放弃。

1848年秋天,咀嚼着失败苦果的托尔斯泰离开了家乡到了莫斯科。他不想在无望的努力中浪费自己的青春,他要像别的贵族青年一样去享受生活和幸福。

莫斯科是仅次于首都彼得堡的俄国第二大城市,这里名流云集、物欲横流,它的繁华热闹是喀山无法相比的。20岁的托尔斯泰没有职业,也没有学位,但他有伯爵的头衔和每年一万到两万的收入,这是他进入上流社会的通行证。

在举目无亲的莫斯科,托尔斯泰生活得无忧无虑、也乱七八糟。每天他打扮得漂漂亮亮,穿着熨得笔挺的礼服参加舞会,出入剧院。后半夜两点才回家,第二天11点起床,吃早餐,然后计划着到哪里打发晚上的时光。像所有的贵族青年一样,他过着上流社会纸醉金迷的懒散生活。

不久,他结交了一帮"朋友",他们一起赌博狂饮。在灯光幽暗乌烟瘴气的赌场里,狂热、好冲动的托尔斯泰一掷千金。不精于牌局的他,被开始的小胜冲昏了头脑,最后输得一塌糊涂。为还赌债他请求二哥谢尔盖尽快给他三千五百卢布。

二哥谢尔盖看到不争气的小弟弟如此挥金如土,十分气愤,把托尔斯泰狠狠地教训了一通。就这样年轻的托尔斯泰决心痛改前非、重新开始生活,他时时解剖自己,真心实意地忏悔自己的过错,直到他人生的终结。

1850年底已经成为炮兵军官的大哥尼古拉从高加索到莫斯科休假。见到了阔别几年的大哥,托尔斯泰心花怒放,他从小就崇拜博学的大哥,大哥很像母亲温和而又善良。高加索的海风使大哥的脸上又增加了几分阳刚之气。那黑黑的髭须恰到好处地覆盖在鲜红的嘴唇上,黄色的绶带、笔挺的军装、锃亮的马靴使大哥显得那么威武雄壮。托尔斯泰决心和大哥一起去高加索参军,开始一种崭新的生活。

军旅生涯

尼古拉大哥在高加索服兵役。托尔斯泰在大哥建议下,于1851年5月到了高加索。从此开始了他一生难忘的戎马生涯,更重要的是,在这里也正式开始了他的文学创作生涯。

高加索山脉是亚洲与欧洲的分界,许多山峰海拔在5000米以上。在高加索群山环抱的山村里,住着强悍的本地山民,他们不甘于沙皇的统治。沙皇的军队驻扎在此。就是为了对付他们,以防骚乱的发生。

1851年的6月,托尔斯泰平生第一次参加了战斗。他战胜了内心的恐惧,表现得十分勇敢。为此,总司令接见了他。

在总司令的特许下,托尔斯泰正式参军,成了四等炮兵下士。

没有战斗的时候,托尔斯泰常常躺在营帐外面,嘴里嚼着甜丝丝的草根,仰望着浩瀚无垠的天空,眺望巍峨的崇山峻岭,聆听草丛中蟋蟀的鸣叫。多么美啊!托尔斯泰一直想把自己内心的真切感受写下来,告诉别人,也让大家分享他的这份感受。一种强烈的创作欲望冲击着他。

他终于决定写小说了。

1851年11月12日,托尔斯泰在给塔季扬娜表姑的信里报告了他开始写作的情况。他说:"亲爱的姑妈,您有一次建议我写小说,还记得吗?告诉您,我接受您的劝告了。我过去信里对您提到过我所做的那件事,就是写作。我还不知道写的东西是否会问世,但我在从事的这件工作已经和我结下不解之缘,欲罢不能了。"

早在1851年1月18日他就萌生了写《童年》的念头。他在这天的日记里写道:"写我的童年故事。"

1851年夏他着手写。这时他的想法已具有小说的明确艺术轮廓,书名叫作《发展的四个时期》。1851年末,第一稿写到主人公的少年时期。这时托尔斯泰决定小说分成三部,第一部就叫作《童年》。誊写手稿的工作把他累得疲惫不堪,他亲手抄了三遍,最后让一个誊写员誊清。

1852年7月3日,托尔斯泰把《童年》寄给了《现代人》杂志。署名是他的名字和父称的缩写:列·尼。他在给杂志主编涅克拉索夫的信里说:"我怀着焦急的心情等着您的评判,这一评判也许将鼓励我继续做我心爱的工作,也许将使我把已经写好的东西付之一炬。"

同年8月29日,托尔斯泰收到了涅克拉索夫的回信。回信通知他《童年》已被采用,并说:"我不知道续篇的情况,所以不敢武断,但我觉得作者是有才气的……请将续篇寄来。您的小说和才气都使我颇感兴趣。"

同年9月30日，托尔斯泰收到了涅克拉索夫第二封来信："尊稿已经发排，将刊登在《现代人》第九期上。我仔细读了校样（而不是字迹不清的手稿），觉得这部小说要比我第一次读时好得多。我可以肯定作者是有才气的。我认为对您这样一个初学写作者来说，深信这一点，目前比什么都重要。"

不言而喻，这两封信使托尔斯泰受到了极大的鼓舞，坚定了继续从事写作的信心和决心。他接着写出了《一个地主的早晨》《袭击》和《一个台球记分员札记》。

但美中不足的是，作品发表了，却不见寄稿费来——托尔斯泰由于生活放纵、赌博常输，手头总是缺钱。他在日记里写道："只见赞扬，不见钱来。"涅克拉索夫10月30日来信解释，说照杂志规定，第一篇作品是不给稿费的，但以后所有作品若被杂志采用，则将按最高标准支付，即一印张三十银卢布。

《童年》发表后，在彼得堡文坛引起很大轰动。

托尔斯泰初试笔锋，就获巨大成功。于是，他一鼓作气完成了童年的续篇《少年》和《青年》，这是充满激情的三部曲。同时他还创作了《一个地主的早晨》《袭击》等作品。

托尔斯泰把《童年》寄给涅克拉索夫主编的《现代人》杂志，由于信心不足，所以只署上自己姓名的缩写。不料，涅克拉索夫对这位素昧平生的青年作者的作品大加赞赏，并劝他不要隐匿自己真实的名字。1852年《童年》在《现代人》杂志上发表了。

《童年》通过主人公尼古连卡·伊尔坚耶夫充满着欢乐与忧伤的情感，回忆起"无比幸福而又长逝不返的童年时光"，描写了旧贵族家庭中孩子们的生活。作品把人生最美好的童年时代写得绚丽多姿，亲切感人，充满了迷人的诗意，同时，也揭露了生活的阴暗面。许多评论家认为写童年生活，很难从俄罗斯乃至世界文学中，再找到可以同它媲美的作品。

《童年》发表时，书报检查机关进行了粗暴的删节，特别是删掉了有关娜塔丽雅·萨维什娜的爱情故事，这使作家大为不满。尽管这样，他还是十分珍重自己的处女作，兴奋得简直喘不过气来。他津津有味地读着赞扬自己作品的一些评论文章。在身旁听他朗读的哥哥和其他军官，起初还不知道报上称赞的就是他。

《童年》仅仅是长篇小说的第一部。继《童年》之后，作家还要创作《少年》《青年》等。人们从小说主人公的身上，可以清楚地看到托尔斯泰童年时代的许多特点，在其他人物身上，也可以看到托尔斯泰的亲人、朋友和教师的影子，连小说中的环境，也与雅斯纳雅·波良纳极其相似。当然，它并不是作家个人家庭的编年史，因此，他始终不赞成编辑部把小说题目改成《我的童年的故事》。作家后来曾说，《童年》的创作是"朋友们和我自己的童年生活的不相协调的糅合"。

塔吉雅娜姑妈读了《童年》，来信鼓励他"要具有真正的、完整特征的天才，以使像《童年》这样不太使人注目的情节写得饶有风趣"。此后，托尔斯泰的创作，如奔腾的江河，一泻千里，相继发表了短篇小说《袭击》（1853）、《伐木》（1855）和中篇小说《少年》（1854）。在这些早期作品里，作家继承并发展了俄国文学的优良传统，充分显露出卓越的创作才华,立即引起了俄国进步文艺界的瞩目。

1853 年 10 月,俄国向土耳其宣战。第二年土耳其联合英、法一起进攻俄国,战火蔓延克里米亚半岛。这时,敌军无论在装备上,还是在人数上,都压倒了俄国。可是,在俄罗斯危急的关头,一些贵族还在举行盛大的酒宴。由于沙皇政府的腐败、军队统帅的无能、军官的相互倾轧,致使战局急转直下,连吃败仗。这激起了国内人民和广大士兵的无比愤慨,托尔斯泰忍无可忍,和一些爱国军官一起草拟了改组连队的计划,建议成立来复枪营,出版《军人之页》杂志,这使他的上司大为恼火。1854 年秋,敌人开始向塞瓦斯托波尔推进,并逼近这个要塞。俄国被迫开始了长达 11 个月之久的城市保卫战。

被围困的塞瓦斯托波尔要塞当时成了举世瞩目之地。托尔斯泰出于强烈的爱国热情,毅然决然地要求把他调到战火纷飞的最前线。11 月 7 日,他来到了被包围的塞瓦斯托波尔,指挥第十四炮兵旅第三炮兵连。1855 年 4 月,他又奔向最危险、距敌最近的第四棱堡。在这里,他看到了普通士兵、水手和居民的英雄气概和高涨的爱国热情。他在给哥哥的信中提道:海军中将拉希莫夫巡视军队时,不是喊:"弟兄们好!"而是问:"决战时候到了,弟兄们,你们敢死吗?"士兵和水手们齐声回答:"我们敢! 乌拉!"托尔斯泰从这里看到了俄罗斯人民伟大的精神力量。八月初,战争进入空前残酷激烈的阶段。敌人几百门大炮同时向塞瓦斯托波尔要塞猛轰,整个城市笼罩在硝烟火海之中。人民为战争付出了血的代价,城市保卫者每天都有成千人牺牲。8 月 27 日,敌人一连发动了十数次冲锋,托尔斯泰指挥着炮兵连英勇反击。最后由于寡不敌众,在敌人强大的攻势面前,塞瓦斯托波尔要塞终于陷落。托尔斯泰是最后一批撤出这个城市的。这一天——8 月 28 日,恰好是他的生日,可他在精神上承受了多么大的痛苦啊! 此刻,他不得不告别这座英雄的要塞和流血的城市。他眼里噙着悲愤的泪水回过头来,就在这时,一面法国旗帜插上了烟火弥漫中的棱堡。他再也无法控制自己,不禁失声恸哭……在保卫塞瓦斯托波尔的战斗中,托尔斯泰表现出了最大的勇敢,因而获得了四级安娜勋章以及其他奖章。

就在战争紧张推进的日子里,托尔斯泰也没有停止写作。他把在战地捕捉的直接印象,写成了三篇小说,后收在《塞瓦斯托波尔故事集》中。作家没有把战争描写成旌旗招展、战鼓喧天、将军策马向前的"壮观"图画,而是实实在在地表现了战争的本来面目。应该说,对战争做这样直接、真实的现实主义描写,这在俄国文学史上还是第一次。

塞瓦斯托波尔陷落后,托尔斯泰穿着军大衣来到彼得堡,第一次踏入了文学界,先后见到了团结在进步杂志《现代人》周围的许多有重大影响的作家:涅克拉索夫、屠格涅夫、冈察洛夫、亚·尼·奥斯特洛夫斯基和车尔尼雪夫斯基等人。他们热烈地欢迎这位从战地归来的英雄,殷切地关怀这位初露锋芒的作家的成长。但这时《现代人》的作家在一些重大问题的看法上出现了分歧。《现代人》坚持艺术上的唯物主义观点,强调艺术对社会生活的巨大作用,保卫果戈理的现实主义传统;而最早退出《现代人》并另行主办《阅读丛书》的自由主义者德鲁任宁等人,则极力诋毁这种传统,把普希金等人的创作说成是"纯艺术"的。这就是当时果戈理派和普希金派的论争。托尔斯泰一度接受了后者关于"纯艺术"的错误理论。后来,他识破了这种主张势必引导作家走上远离生活与违背人民群众利益的邪路。在追求真理的过程中，他坚持走自己的路。

在这之前，托尔斯泰和屠格涅夫建立了亲密的友谊。1856 年，托尔斯泰离开了戎马生涯，这使屠格涅夫感到十分高兴。因为屠格涅夫很早就规劝比自己年轻十岁的朋友能专门从事文学创作，使他的才智能够得到更大的发挥。但他们中间也时常发生争论和吵架，托尔斯泰"往往在争吵中表现得非常尖刻和缺乏自制"，有一种水牛般的倔强性格，所以屠格涅夫时常风趣地称托尔斯泰为"暴怒的野蛮人"。

退伍办学

托尔斯泰脱离军旅生活后回到雅斯纳雅·波良纳。这时，他对农民被奴役的现状更为不满。他继续进行农业改革，同时博览群书，创作《青年》。

1857 年初，托尔斯泰第一次出国旅行。他乘一辆邮车直奔华沙，然后乘火车抵达巴黎。在巴黎，他目睹了一个人被推上断头台的恐怖场面。就在那暴虐的时刻，一架机器把一个身强力壮的人撕裂成肉块。机器斩首这件事使他无法平静，他一刻也不想再在巴黎逗留了。之后，他来到了瑞士。在瑞士的琉森镇，又有一件事情把他激怒了。那是一个阴霾的夜晚，月儿钻进了云层。托尔斯泰刚刚从外面回到旅馆的房间，忽然飘来阵阵悦耳的琴声和歌声。他走下去一看，原来一个流浪歌手正在一家饭店的阳台下，一边弹奏六弦琴一边演唱着一支动听的歌曲。一些华服盛装的贵妇人和领子白得耀眼的阔佬，围坐在那里笑眯眯地欣赏着。流浪歌手唱了许久，最后举起帽子，希望得到几个赏钱，托尔斯泰很快掏出钱来给了他。可是，那些有钱人个个收敛了面孔，竟没有一个人肯赏一个生丁。托尔斯泰心中愤愤不平。他见歌手满面愁绪，悻悻地离开了，于是激动地喊了一声，追了上去。他把歌手请到餐厅坐下，要了饭菜和香槟酒来款待他。这时，餐厅里的一些人又站在一旁讪笑。托尔斯泰怒不可遏，认为这是"当今历史学家应该用千秋史笔加以叙述的事件"。于是，他立刻写成了短篇小说《琉森》。小说愤怒地揭露了资产阶级"文明"的野蛮和道德的卑下，同时也表现出作家完全否定了现代文明的进步意义和从抽象道德观念描写生活的弱点。

从国外归来，他处处感到人世间的不合理。俄国广大农民的贫困、愚昧和落后，尤其使他焦灼不安。他找不到出路。一回到雅斯纳雅·波良纳点缀一新。大自然是如此神奇、美妙，托尔斯泰每天都能从大自然中发现瞬息万变的美。不管风雨阴晴，他都坚持到大自然中去散步。那美好的春天终于迈着姗姗的脚步来临了！他惊喜地观察着大地复苏、春风吹绿、万象更新、百鸟啼鸣的景象。走过田园，他看融化的雪水，正滋润着干旱的大地；走进森林，他看见白桦树正在吐绿，夜莺正在安静地栖息……

这时，他来到附近的庄园，那里有他的亲友，有他一度热恋过的瓦莱丽雅。虽然这支爱情插曲早已结束，但是，曾经在作家心灵上震颤过的旋律，却仍在耳畔萦绕，这促使他用艺术形式把它再现出来。1858 年，他开始了长篇小说《家庭幸福》的创作。小说写得很顺利,1859 年 4 月脱稿,并于同年发表在《俄国通报》上。这是一部试验性的作品,它表达了作家对婚姻、家庭和妇女地位的见解,为作家后来史诗性巨制中的妇女形象的创造做了准备。

1856 年 11 月 26 日,他获准能以炮兵中尉衔退伍,他改善农奴状况的方案已宣告失败。他这时闲云野鹤,了无牵挂,便决定出国游历。这次出国 1 月 29 日出发,8 月 8 日归来,历时半年,游览了法国、瑞士、德国一些地方。

1857 年 1 月 29 日,托尔斯泰乘驿马离开莫斯科去华沙,从莫斯科到华沙 1269 俄里,托尔斯泰走了五天,路上思考了《失落者》的写作问题。

旅行回来以后,托尔斯泰精力充沛,同时动手抓了以下五部作品的写作:《发疯者》《逃亡的哥萨克》《狩猎场》《青年》第二部、《旅游日记》。

轰动一时的《塞瓦斯托波尔的故事》之后,托尔斯泰 1856 年发表了短篇小说《暴风雪》、中篇小说《两个骠骑兵》、中篇小说《青年》、短篇小说《被贬为列兵的人》《一个地主的早晨》,1857 年发表了短篇小说《卢塞恩》,1858 年发表了短篇小说《三死》《阿尔别特》,1859 年发表了中篇小说《家庭幸福》。这些小说并没有像以前那样引起轰动,而且有的作品还得到了不好的评价。这种情况不可能不对托尔斯泰的创作热情产生负面影响。

1859 年 11 月,托尔斯泰决定在亚斯纳亚·波利亚纳为农奴的孩子创办一所学校。

托尔斯泰开始办学遇到的最大问题是农奴不信任他,农奴们起初都不敢送孩子来上学,学校不收学费,从来没有这种好事。托尔斯泰办学的一个基本原则是给学生和老师充分自由。学生可以根据自己的愿望,愿意来就来,不愿意上课就走。教师有权不让某个学生进教室。课外师生是平等的朋友。托尔斯泰课外常跟学生开玩笑,游戏,角力,散步,滑雪橇,晚上常送学生回家。

他还拿出一俄亩地来供愿意耕种的学生耕种,收获归耕种的学生。这样的学生有八个人,托尔斯泰就把这一俄亩地分成八份。学生在自己分得的地上种了亚麻、豌豆、荞麦、胡萝卜、芜菁,等等。

学校的课程有:读书、书法、语法、创世纪、数学、绘画、制图、唱歌,后来又加了俄国历史故事和自然科学漫谈。

上午课是必须来的,但丝毫不强迫,全靠学生自觉。下午课,大孩子家里有活儿,可以不来,小孩子家里没有活儿都来。夏天农忙时放假,让学生帮助家里干活。

开学时学生是 22 个,到 1860 年 3 月发展到近 50 个。学校的事情越来越多,于是托尔斯泰便开始物色助手。1860 年 6 月,他终于物色到一个,此人叫彼得·瓦西里耶维奇·莫罗佐夫,是图拉神学校的毕业生。托尔斯泰 1860~1861 年出国期间,学校的工作就由他负责。

在托尔斯泰从 1861 年 5 月到 1862 年 5 月担任调解人期间,学校从最初一所发展到 21 所,分布在亚斯纳亚·波利亚纳周边地区。校舍都是因陋就简,设在农舍里,教师有的也跟农民住在一起。教师大多是被开除的大学生,工资很低,教一个学生每月 50 戈比,平均一个教师有二三十个学生。除工资外,如在《亚斯纳亚·波利亚纳》杂志上发表文章,可以得稿费。尽管生活很艰苦,但在托尔斯泰的热情感召下,教师都爱上了自己的工作。

学生们学习成绩很好。有的学校,孩子们入学第一天就学会了读写字母,两星期以后就能慢慢地读童话。有的农民甚至请学过土地测量课的学生去帮助测量土地。

为了推广办学的经验,宣传办学的心得体会,听取批评,展开讨论,托尔斯泰决定创办以亚斯纳亚·波利亚纳命名的杂志。

1861 年 6 月,托尔斯泰就得到批准杂志出版的通知,8 月各报刊上就出现了新杂志出版的广告,说新杂志将于 10 月 1 日开始出版。

1862 年 1 月,这份杂志的第一期稿件通过了书报检查机关的审查。2 月正式出版。

办学取得了成功,这使托尔斯泰受到了鼓舞,他想创办一个国民教育协会,进一步在俄国推广教育事业。当然他的这个计划不会被批准。

学校存在到 1863 年秋天。从 1862 年结婚后,托尔斯泰就失去了原先那种办学热情。这可能跟他的夫人反对有关,在托尔斯泰创办的学校里工作的那些大学生失去了托尔斯泰的领导和鼓励,便不能坚持生活在艰苦的农村环境继续从事教学工作,也就纷纷离去了。

《战争与和平》

托尔斯泰不能长期沉湎于家庭生活和生产管理事务中,他已决定关闭他创办的学校和杂志了。结果,他又开始文学创作了。

1863 年 2 月中篇小说《哥萨克》发表,3 月中篇小说《波利库什卡》发表。《哥萨克》受到文学界尤其是费特和屠格涅夫的好评,使托尔斯泰颇受鼓舞。这不能不对托尔斯泰走向《战争与和平》的创作起一种推动作用。

这时,他的精神状态也对他创作《战争与和平》这样的鸿篇巨制颇为有利。1863 年秋,他给堂姑亚历山德拉·安德烈耶夫娜的信里说:"我已经是个有妻室并且做了父亲的人。我对自己的境况十分满意,而且我对这种境况已经十分习惯。……这种情况为我提供了施展才能的广阔天地。我从来也没有感觉到自己的智力,甚至整个精神力量,能这样任意驰骋,这样有利于工作。"

1860 年,他在国外游历时曾遇到过他的同外曾祖父的姑舅兄弟、从西伯利亚被赦免回来的著名十二月党人沃尔孔斯基,同沃尔孔斯基的长谈使他产生了写一部描写十二月党人的小说的想法。1861 年 3 月 26 日,他从布鲁塞尔写信给赫尔岑说:"我四个月前开始构思一部长篇小说,主人公是从西伯利亚回来的十二月党人。我本想同您谈谈此事,可是没来得及。我写的这个十二月党人应是一个狂热者、神秘主义者、基督徒,1856 年带着妻子和一儿一女回到了俄罗斯。他用严厉的多少有些理想主义的眼光来衡量新俄罗斯。这种题材是否适合时宜,请把您的看法告诉我。我给屠格涅夫读了开头,最初几章受到了赞扬。"这部小说只写了三章就放下了。

1863 年重新动手写下去,结果便演变成了我们今天看到的《战争与和平》。

《战争与和平》开头部分共有 15 种草稿。最初一份草稿的标题是《三个时期》。这时他想写一部关于十二月党人的三部曲《即 1812 年,1825 年和 1856 年》,这个开头他放弃了。开头部分第十二稿题目是《从 1805 年到 1814 年。列·托尔斯泰伯爵的长篇小说。1805 年。第一部》。从这一稿开始,托尔斯泰才形成这样一个想法:写一部俄国同拿破仑交战时期的历史小说。预计要写几部,第一部叫《1805 年》,后来又写了三稿,第十五稿才是我们现在读到的《战争与和平》的开头。

1864 年 11 月,小说还在润色修改的时候,托尔斯泰就给《俄罗斯导报》出版者卡特科夫去信,表示希望小说能在《俄罗斯导报》上发表。后来小说的第一部果然以《1805 年》为题发表在《俄罗斯导报》1865 年第一、二期上。

第一部写完之后,对小说的内容和结构仍在不停地探索着。1865 年 3 月 19 日,托尔斯泰在日记里这么记载着:"入迷地阅读拿破仑和亚历山大一世的历史。我想可以写一部关于拿破仑和亚历山大一世的心理历史长篇小说。可以写一个大东西的想法,使我现在欣喜若狂。要写他们周围的人和他们自己的全部卑鄙、全部疯狂、全部矛盾。"托尔斯泰在这篇日记里接着列出了要写的关于拿破仑和亚历山大一世的重点事件。这里罗列的内容并没有完全包括到《战争与和平》中去,可见他当时是想单写一部小说的。直到这时为止,他并没有想到在这部小说里要写拿破仑、亚历山大一世等历史人物。可是在这年暑期休息之后重新开始写作的时候,他却决定把亚历山大一世和拿破仑的"心理历史"包括到正在写的这部小说中去了,这样在创作上就引起了一些新的困难。托尔斯泰 1867 年在《〈战争与和平〉的序》(草稿)中自己说过:"有时,我觉得我初时所用的手法微不足道;有时,我想把我所认识到和感觉到的那个时代的一切全都写出来,但我又知道这是不可能的;有时我觉得这部小说的简单、平庸的文学语言和文学手法很配不上它的庄严、深邃而全面的内容。"以前他把《1805 年》称为长篇小说,现在他担心这部作品"既非长篇小说,又非中篇小说;既非叙事诗,又非历史。"经过苦苦思索之后,他决定冲破欧洲文学里长篇小说、中篇小说写作框框的束缚,需要怎么写就怎么写,不管它像什么。

写历史遇到的第二个困难就是他在写作时发现,这段历史的真相不仅没人知道,而且人们所知道的和所记载的完全与事实不符。他决心要写人民的历史,向传统的以写帝王将相为主的历史学提出挑战。为此,托尔斯泰下很大工夫阅读了大量历史著作、回忆录、档案,等等。他自己曾说过:"我的小说中历史人物的言论和行动,我在任何情况下都没有虚构过,我都有资料根据。我在写作中搜集的资料构成了一个完整的图书馆。"

托尔斯泰就这样在探索、创新和克服困难的道路上前进着。

1865 年 12 月,小说的第二部和第三部相继脱稿。第二部发表在《俄罗斯导报》1866 年第二期和第四期上,标题仍是《1805 年》,只不过多了个副题《战争》。他决定从第三部开始不再在杂志上发表,自己找印刷厂分册出版。1867 年,他同莫斯科的里斯印刷厂签订了合同，并请《莫斯科文库》主编巴尔捷涅夫代表他同印刷厂打交道。

托尔斯泰的写作态度历来是严肃认真、一丝不苟的。在写《战争与和平》的过程中表现得尤为明显。他对自己的手稿不仅在写作过程中反复修改，甚至重写，而且在脱稿后发表前仍然抓紧一切机会进行修改。

1868年9月，托尔斯泰写第四部的时候，为了生动准确地描写鲍罗金诺会战的情景，不满足于文字资料的记载，特意到鲍罗金诺去了一趟，在那里住了两天，作了调查研究。鲍罗金诺会战是在凌晨打响的。为此，他特意凌晨到那里去实地观察会战开始时的当地景物。他画了原野略图，标出了附近农村、河流的位置，并记下了"能见度为二十五俄里"，太阳升起时能看到森林、建筑物和山冈的阴影，"太阳是从俄军的左后方升起的，法军面对太阳"。他在实地观察中还发现了任何军事历史学家都未曾发现的俄军实际部署和原定部署之间有很大差别，这个发现对研究鲍罗金诺会战的全过程具有重要意义。他把实地观察得到的印象同以前研究历史得来的认识结合起来，创造了一幅鲍罗金诺会战的壮丽画卷。

托尔斯泰写《战争与和平》时表现出来的虚心求教、认真对待批评的态度，我们在他以往的写作中是未曾见过的。在创作过程中以及在作品发表之后，他都不断写信征求意见。1868年4月10日，《俄国残废军人报》刊登了拉奇诺夫的题为《谈托尔斯泰伯爵的新小说》的文章，对《战争与和平》第四部给予高度评价，同时对托尔斯泰的军事历史观点提出了异议，指出了某些历史时间和战役描写不准确的地方。拉奇诺夫的这篇文章是用姓名的缩写字母署名的。一般这种署名是不引人注意的，可是托尔斯泰第二天就给该报编者写信，向作者致谢，并请作者把真实姓名告诉他，允许给他写信讨教。托尔斯泰在这封信里坦率承认："如果我写作时能听到他的建议，我会避免许多错误的。"

1869年12月，《战争与和平》第六部出版了，第二版也几乎同时印出来了。

《战争与和平》出版后，得到了文学界和广大读者的好评。托尔斯泰难能可贵之处在于他能非常自觉地克服骄傲自满情绪。1873年，修订《战争与和平》时，他把自己修订过的稿子送去请斯特拉霍夫审订和修改。他为此多次给斯特拉霍夫写信，1873年6月22日的信写得尤其恳切："兹寄上修改完的《战争与和平》样本，不知修改得是否好，但确实涂画得又脏又破，我求您给以审订，不要光说，要用实际行动帮助我，这就是说，请您审读我修改的地方，并说出自己的意见：哪里好，哪里不好（如果您认为哪里改得不好，我给您权利勾掉我的修改，并请把您认为不好的地方加以修改）。"

托尔斯泰之所以能写出《战争与和平》来，是跟他的丰富多彩的生活经历分不开的。他的女儿亚历山德拉说得好："谁知道，如果托尔斯泰本人没有做过战，他能否描写战争？如果他本人不曾在牌桌上输掉大笔钱财，他能否描写赌徒的心理？如果说他本人不属于上流社会，他能否了解这个阶层的心理？他的主人公的骑士荣誉感、豪迈、勇敢、狂饮，如果他本人没有这些特色，他怎么能理解？如果他本人不热衷于打猎，他又怎么能了解猎人的狂热和冲动？"我们从《战争与和平》里，不难看出他的经历、他所接触的人、他所听到的故事在他的创作里留下的影子。大概可以这么说，没有托尔斯泰的出身、家庭、经历、亲友，就不会产生《战争与和平》这样的作品。

《安娜·卡列尼娜》

托尔斯泰夫人1870年2月24日在她的生活札记里写道："昨晚他对我说，他脑子里出现了一个上流社会失足的妇女形象。他说，他的任务是把这个妇女描写得可怜而无辜。还说，这个形象一出现在他眼前，以前出现的所有人物和男人典型统统各得其所，集结在这个女人周围"。第二天，托尔斯泰就写出了《安娜·卡列尼娜》的第一张草稿。可是并没有接着往下写，可能构思还不成熟，而且这时他还在考虑写另一部作品。

这另一部作品是关于彼得大帝时代的。写完《战争与和平》之后他马上就考虑写这么一部作品。他之所以要写这么一部作品，第一，是因为彼得大帝时代同他所处的时代有相似之处。他认为两个时代都是俄国历史转折时期。显然，他想通过描写彼得大帝时代来阐明废除农奴制后俄国所发生的变化。第二，他想通过这部作品反驳1860年流行的历史观点——俄国接受欧洲文明完全是靠沙皇的努力，俄国人民在这方面未起任何作用。托尔斯泰在写《战争与和平》的时候已认识到人民群众在历史事件中所起的巨大作用，因此他坚决反对这种观点。

开始时，他想把这部作品写成戏剧，不久就改变主意，决定写成小说。

他承认彼得大帝完成了"一件伟大必要的事业"，开辟了通往欧洲文明的道路。但彼得大帝丝毫没有把欧洲文明机械移植到俄国土壤的想法。用托尔斯泰的话来说，他明白"不需要拿文明来，只需要把文明的工具拿来发展本国的文明"。

托尔斯泰认为，俄国人民就是这么做的。俄国人民是历史的创造者，是一切财富的创造者。任何其他历史观都会受到他的驳斥。著名历史学家索洛维约夫在其多卷集史学著作里把一切坏事都归咎于人民，所有好事都归功于政府。托尔斯泰读了这部著作后，非常愤慨。

归根到底，关于彼得大帝的小说在托尔斯泰的意识里其实就是一部关于作为历史推动力、创造力的人民的小说。

整个1870年，托尔斯泰都在努力研究彼得大帝的时代，动笔几次，可是只写了些零散的草稿，并没有接着写下去。1871年，他忙着编《识字课本》，没有动笔写这部小说。1872年以及1873年初，他又下功夫要写这部小说。他在给各种人的信件里常常谈到它，有什么原因使他觉得这部小说写不出来。

这一年夏天，托尔斯泰带着全家到萨马拉新庄园去度暑期。他去过萨马拉几次，不仅喜欢那个地方，也喜欢住在那里的淳朴的巴什基尔人。

萨马拉那几年收成不好，一连三年干旱造成歉收。当地居民已在遭受饥饿的折磨。托尔斯泰不能熟视无睹，无法安心写作。他要设法救济饥民，考察了直径70俄里的地区，深感饥荒的严重。他立即写信给《莫斯科新闻》，呼吁开展赈灾活动。

1873 年至 1874 年,总共为萨马拉省筹得现款 1887000 卢布、粮食 21000 普特。

1873 年春,托尔斯泰的妻妹塔尼娅的大女儿达莎夭折。

同年 11 月 9 日,他们的小儿子彼得夭折。

这些不幸不可能不影响托尔斯泰的写作。

1874 年 2 月中旬,托尔斯泰通知斯特拉霍夫,小说第一部已可付印。

1874 年 6 月 20 日,托尔斯泰家里又蒙受了一次沉重打击——达吉亚娜姑母逝世了。托尔斯泰在一封信里说:"我一生都和她生活在一起。没有她,我感到可怕。"

1874 年 4 月 22 日,托尔斯泰家又生了个儿子,取名尼古拉,可是只活了 10 个月,就因水肿死了。这对托尔斯泰一家又是一次沉重打击。

两年失去了两个儿子,使托尔斯泰夫人感到心灰意冷,不愿再怀孕了。农村生活单调,她向往社交活动,想听音乐……她感到苦闷。她不知道怎么办,不知道,除了家庭之外,哪里能找得到可以充实她生活的东西。

但是这年秋天,托尔斯泰未能写作。先是他的夫人从孩子们那里传染上百日咳,百日咳好了,又得了严重的腹膜炎,接着 11 月 1 日托尔斯泰夫人有病早产生下的女儿死了。12 月 22 日,佩拉格娅姑妈又去世了。

直到这年仲冬,托尔斯泰才重新执笔写《安娜·卡列尼娜》。该把这部小说结束了。第一部已经在《俄罗斯通报》1875 年前四期发表;1876 年 1 月,该杂志才继续刊出《安娜·卡列尼娜》。

托尔斯泰写《安娜·卡列尼娜》时跟写《战争与和平》时一样,对自己要求极为严格,始终保持谦虚谨慎的态度。4 月初,他写信给斯特拉霍夫说:"我胆战心惊地感到自己正在转入夏季状态(无法写东西),而对写好的东西感到厌恶,而此刻桌上却放着四月号的校样,真担心能否改好。都写得很糟,必须重写,将排好版的全部重写,全部涂掉,全部抛弃,改弦更张。并且声明:抱歉得很,今后决不再重蹈覆辙,尽力写点像样的东西,不像现在写的东西这般松松垮垮,非驴非马。我现在正在进入这样状态,很是可喜。请拿出真诚的友谊给我看,要么对我的小说只字不提,要么只谈其中的败笔。我疑心自己的才能正在衰退,如果真是这样,也请告诉我。我们这个污浊的写作行业风气很坏,每个作家都在自己周围拉拢一帮吹捧者,所以他不知道自己的作用以及衰落情况。我不想误人歧途,不想堕落。我请您在这方面帮助我,您不必拘束,不要以为您的严厉谴责会妨碍一个有天才的人的活动。"

照例托尔斯泰夏天是不写东西的。随着夏天的到来,《安娜·卡列尼娜》又停下了。

6 月初,他带着妻子到莫斯科去看病,不过没检查出什么大病来。

整个夏天,他看书,跟来庄园做客的斯特拉霍夫讨论哲学问题,到萨马拉省和奥伦堡省去买马。直到 9 月份才在亚斯纳亚,波利亚纳坐定,等灵感到来。他从萨马拉省和奥伦堡省回来快两个月了,本想快些把这部小说写完,好开始新的工作。可就是力不从心,什么也写不出来。他说:"精神上尚处于休眠状态,苏醒不过来。身体不适,意气消沉。我对自己的能力已经绝望。命运给我安排的是什么,我不知道,但活在世上而不尊重生命(只有从事某项劳动才是尊重生命)是莫大的痛苦。甚至连思考的精力都没有。这不是才思枯竭就是大干之前的休整。"

12月中旬,托尔斯泰把《安娜·卡列尼娜》后续几章送往莫斯科,准备在《俄罗斯通报》12月号上刊出。

《安娜·卡列尼娜》最后一部准备在次年《俄罗斯导报》前四期上发表,可是这时托尔斯泰跟该杂志主编卡特科夫在塞尔维亚——土耳其战争(1876~1878)中俄国是否该出兵支援塞尔维亚人的问题上出现了分歧,《安娜·卡列尼娜》里的列文认为不该出兵,卡特科夫要求加以修改,托尔斯泰不同意。托尔斯泰根据斯特拉霍夫的建议,决定把小说的最后一部即第八部用单行本出版。

小说出版后,无论莫斯科还是彼得堡,人们纷纷议论它,像往常一样,既有赞扬,也有批评。

1877年5月7日,斯特拉霍夫写信给托尔斯泰说:"关于《安娜·卡列尼娜》每一部分的出版情况,各报报道得如此之快,议论得如此之热烈,就好像是报道和议论一场新的会战或俾斯麦的一句新格言一样。"

《复活》

1887年,雅斯纳雅曾来过一位特殊访问者——著名的司法界人士、上诉厅总检察长科尼。科尼同时还是一位作家,他与许多文学大师有交情,如涅克拉索夫、屠格涅夫、陀思妥耶夫斯基等。在工作中,科尼了解许多案子的来龙去脉,引起托尔斯泰的极大兴趣。有一次,他给托尔斯泰讲了一个十分离奇的故事:

70年代初,当科尼在彼得堡区级法院当检察官时,一位上层社会的青年人来找他,向他申诉,说监狱里的人不许他把一封信交给一个名叫罗扎莉娅的女犯人,除非由监狱的人先拆开看过。科尼向他解释,这是规定,于是青年人着急地说:"那么请您看完信,吩咐把信交给她。"原来那位女犯人是一位波兰妓女,被控告偷了一个喝醉酒的嫖客一百卢布,法庭审决她四个月的徒刑。科尼对青年人说:"这样吧,我可以不拆看你的信,请你简单告诉我信中写的是什么。""我向她求婚,希望快些举行婚礼。"科尼很奇怪,问他:"你是个贵族吧?"他回答说是的,并说出了俄罗斯一个古老贵族的姓氏。科尼问他能否问他几个问题,他同意了。科尼问:"你是在哪儿认识罗扎莉娅的?""在法庭上。""她的什么地方使你入迷,长相吗?""不是。""那你为什么要娶她呢?你了解她的过去吗?""她的案子我清楚,我是这个案子的陪审员。""你和她结婚后怎样生活?你能和她共同出入社交场合吗?你父母同意吗?假若她故态复萌怎么办?而且你们悬殊这样大,怎么会有共同语言,那不是双方都感到痛苦吗?"青年人站起来,焦躁不安地在屋里走来走去,用自己颤抖的手倒了一杯水,稍稍镇静了一下,断断续续地说:"您说的我都想过,但我还是要娶她。"科尼劝他是否再好好想一下,虽然拯救一个堕落的女人是一种高尚的行为,但用结婚这种办法也许不会有任何结果……科尼把信转给罗扎莉娅后，很快就收到了她文理不通的回信，她同意结婚。作为名检察官，科尼认为有责任避免那位神经发热的贵族青年陷入不理智的行为，所以坚持必须在四个月刑满后才准许女犯人同青年结婚，而且很快地，斋期来临，在斋期中是禁止结婚的，所以立即举行婚礼的事只好放下了。在等待的时间里，青年人时常去看望罗扎莉娅，她因为疯狂地用下流话骂同牢犯人，被关入单人牢房。青年送给她许多结婚礼物，她十分高兴。然而，斋期结束时，罗扎莉娅突然得了斑疹伤寒，死了。从此，科尼再没见过那位青年。过了几个月，一个偶然的机会，科尼从一位看管女牢房的可敬的老婆婆那里得知了罗扎莉娅的历史。罗扎莉娅是一位孤女，她父亲死时，把她托付给庄园主，一位阔太太。她长到十六岁那年，来了一位庄园主的亲戚，就是那位贵族青年，他看上了罗扎莉娅，并诱惑了她，当这事被发现时，庄园主太太不是按常理赶走贵族青年，而是赶走了姑娘。后来，青年人也抛弃了她。她生下孩子，送到育婴堂，一步一步堕落下去。终于有一天，命运使贵族青年做了陪审员，参与了对罗扎莉娅的审判，他认出了她，他知道这个女人的堕落完全是他的责任。于是，经过激烈的思想斗争和心灵煎熬后，他知道，唯一的选择就是与她结婚……

托尔斯泰认真地听了这个真实的故事后，第二天早上对科尼说，他晚上考虑了很久，建议科尼将这故事写出来，交给"中间人"出版，科尼答应了。托尔斯泰在给朋友的信中说："科尼为人很亲切，他答应给中间人出版社写一个短篇，我对此抱着很大希望。因为情节十分精彩，而他又很有才能。"然而过了不久，1888 年 4月 12 日，托尔斯泰又写信给比留科夫："请您问问科尼，他答应写的那个短篇是

托尔斯泰庄园博物馆

否已经写了，如果还没开始写，那他是否可以把这个短篇的题材让给我，因为这个题材非常好，非常需要。"在给索菲娅的信中，托尔斯泰也说："妙极了的题材，要是能让我写就好了，真想写。"后来托尔斯泰直接写信给科尼说他想采用罗扎莉娅和她的诱惑者的故事，这个创作意图使托尔斯泰一直不得安宁。1888 年 6 月 1 日科尼回信说："我热切地请求您不要放弃这个念头。经过您的手笔，这个故事一定会让铁石心肠的人看了也会受感动，最最不动脑子的人看了也会开始思考起问题来。"

托尔斯泰喜欢这个故事的原因是很清楚的。这是一个人性、良心"复活"的故事，是一个人通过非凡的努力走向"天国"的故事，也是一个揭露了社会黑暗，指出现存制度不合理的故事，这种故事是晚年的托尔斯泰唯一感兴趣的。

《复活》是 1889 年开始动笔的，直到 1899 才完成，前后写了十年。为了写这部小说，托尔斯泰做了大量的社会调查。他曾借助于一位司法界人士达维多夫的帮助，多次出席法庭的会议，翻阅法庭的记录，考察监狱的生活情况，与被告和囚犯谈话，犯罪者中有许

多妓女。他还为犯案的人奔走说情,宣传他的勿以暴力抗恶的思想。有一天,他没通过任何人准许,来到莫斯科布蒂尔基监狱,在监狱附近,他碰到一个人,就问他是否是看守,对方回答是典狱官,他问:"您能不能给我提供一些关于囚犯生活的材料?"那人回答说这是严格禁止的。但当知道问话者是谁时,那人便把托尔斯泰请到家中,尽其所能地回答了问题。谈了一个多小时,托尔斯泰告别时,请这位典狱官有空到自己家去。他的名字叫维诺格拉多夫。后来,在整个1899年冬天,他们经常见面。托尔斯泰请维诺格拉多夫看《复活》的校样,请他指出监狱生活的描写中有哪些不准确的地方。维诺格拉多夫指出了一些诸如监狱服装的错误等,最重要的是,指出政治犯和刑事犯从来不关在一起,连接触也不可能,这使托尔斯泰对小说第四稿作了根本性的改动,把女主角玛丝洛娃认识政治犯的时间改在她去西伯利亚的时候。为了真实性,托尔斯泰甚至跟着押解犯人的队伍一直从监狱走到车站。

《复活》最后完成时速度很快,"就像炮弹接近地面时一样"。

1899年底,经过书刊检查机关大量删改的《复活》终于在《原野》上连载完了。几乎与此同时,契尔特科夫和比留科夫在国外创办的《自由言论》杂志上,刊完了完整的《复活》。在12月18日的日记中,托尔斯泰写道:"写完了《复活》。不好,没改好。"

《复活》出版后,立即产生了巨大的社会影响,美国、法国、英国、德国很快就出了译本,在日本,《复活》成为托尔斯泰最畅销的作品。著名评论家斯塔索夫认为:"整个19世纪还不曾有过像这样的作品。它高于《悲惨世界》,因为这里没有一点幻想的、虚构的、编造的东西,全都是生活的本身……这是一部铁面无情的书。"

《安娜·卡列尼娜》许多章节有十二种稿本,《复活》的开头部分有二十种稿本。特别是他为《生活的道路》一书所写的序言,竟有一百零五种稿本。

托尔斯泰虽然在1901和1903年患过重病,但是他的身体一直很健壮七十岁仍能溜冰,七十五岁参加自行车运动,直到八十二岁还能骑马。

晚年岁月

19世纪末叶,雅斯纳雅·波良纳即成了独特的文化中心。许多作家、艺术塞、科学家和社会活动家从俄国和世界各个角落来到这里。二十世纪初,世界文学史上两位巨人——年迈的托尔斯泰和年轻的高尔基会见了,索菲雅为他们拍下了为后来广泛流传的照片。

托尔斯泰一生的文学创作和社会活动赢得了全世界进步人类的敬仰,引起了沙皇、教会和形形色色反动分子的咒骂和攻击,但他们却不敢公开镇压。一个将军说:"他的声望太大,俄罗斯的监狱容纳不下他。"俄国教会疯狂叫嚣要封住他的嘴,宣布对他"革除教籍"。但这一切不仅无损于伟大的艺术家托尔斯泰,反而加速了他作品的传播,赢得了各阶层人民的广泛同情和衷心爱戴。

　　而在19世纪80年代出现的托尔斯泰学说的信徒,所谓托尔斯泰主义者,这时也像苍蝇一样密密麻麻地包围着他。有些人对他妻子的关系,作家本人也深为自己的世界观与生活之间的矛盾而痛苦不堪。尽管他早已放弃了庄园财产事务的处理权,开始了平民化的生活尝试,但他毕竟还置身在贵族生活的圈子里,农民还是毕恭毕敬地称他为"老爷"。特别是当他看到妻子在管理田产、森林所采取的措施和从出版他的作品中获取收益时,更使他焦躁不安。而他的妻子不仅在复杂的生活处境中苦苦地挣扎,同时也在作家和那些形形色色的"弟子"的亲密交往中感到穷蹙、窒息。她匆匆如有所失,几乎像被遗弃了一样。

　　索菲雅在日记中痛苦地写道:"魔鬼已经抓住我所热爱的人了。但愿能保持我祷告的力量。"索菲雅指的魔鬼就是契尔特柯夫。契尔特柯夫身材修长,生有一个舌象鹰喙的弯鼻子,为人固执冷酷。他原是一名豪门望族出身的军官,年轻时生活放荡,事事成就无多,后来接受了托尔斯泰的学说,从事慈善事业,放弃了贵族生活的特权,成为托尔斯泰学说的忠实信徒。索菲稚开始对他毫无戒心,可是不久,他就在作家的生活中占据了特殊的重要地位,甚至把托尔斯泰最小的女儿莎萨也争夺过去了。索菲雅孤独得很,感到她的全部生活都被人夺走了。她的眼睛哭肿了,精神崩溃了。她变得越来越不能忍受。最后,围绕作家的遗嘱,终于酝成了一场大风暴。

　　托尔斯泰曾在一八九五年的日记中表达过有妻子和契尔特柯夫等人参加的处理他死后文稿的遗嘱性愿望,但后来作家在契尔特柯夫影响下制定正式遗嘱时,却把自己的妻子排除在外,明确指定契尔特柯夫为自己一切作品的主编和出版人。并根据当时继承权只能转让某个人的法律规定,他指定了和他观点相近的最小的女儿莎萨为法定的继承人。遗嘱规定他的作品不是某个人的私有财产,而应为全体人民大众所共有。每个人都有权无偿地出版和翻印他的一切著作。最后一份手续完备的正式遗嘱是在森林中秘密写成的。

　　索菲雅猜测到了这样的结局。这个与托尔斯泰共同生活了四十八年,生了十四个子女(活着九个)的人,这个被高尔基称为托尔斯泰"唯一的朋友"和"工作的勤劳的助手"的人。当她发现"自己占据了半个世纪的地位给外人剥夺了,非常气愤,她便不大尊重那些道德的栅栏了"。围绕遗嘱,契尔特柯夫要拼命地保护它,封锁它;索菲雅则千方百计地想发现它,废弃它。在这二人角斗的背后又各有一群人,就连作家的子女也各自站在父亲一方或母亲一方。

　　1910年10月27日,托尔斯泰整天都在读陀思妥耶夫斯基的长篇小说《卡拉玛佐夫兄弟》,他对陀思妥耶夫斯基抱有好感,特别是在这位作家去世之后,他经常以阅读作家的作品来弥补未能与之谋面的遗憾。

　　晚上12点半左右,托尔斯泰熄掉书桌上的两只蜡烛,走进卧室,躺下休息。迷迷糊糊地过了两个多小时,托尔斯泰听到书房里有蹑手蹑脚地开门声和脚步声。他醒了过来,透过门缝,看见书房里有灯光,并听到索菲雅在那里沙沙地翻检纸张的声音。这种情况已经持续了几个晚上。托尔斯泰知道,这是索菲雅在寻找他的遗嘱,并监视他的行为。

过了一会儿，索菲雅小心翼翼地走了。托尔斯泰感到"无法遏止的厌恶、愤懑"。他本想再睡一会儿，但躺在床上翻来覆去近半个小时，就是无法入睡。于是就点着了蜡烛，坐了起来。这时，索菲雅把门推开，走了进来，一面习惯性地向托尔斯泰问好，一面惊异于屋里的灯光，待了一会儿，自觉无趣，转身离开了。厌恶和愤懑的情绪越来越强烈地感染着托尔斯泰，他数了一下自己的脉搏，是97下。不能再躺了他终于下了最后的决心——离家出走，并立即握笔给索菲雅写了一封这样的信："我的出走会使你伤心，我为此感到遗憾，不过请你理解我、相信我，我没有其他办法。我的处境正变得而且已经变得令人无法忍受。除了其他原因，我无法继续生活在曾经生活过的奢侈的环境里，我所采取的是像我这样年纪的人通常都会采取的行动——离开尘世生活，在孤寂中度过余生。"

"请你理解这一点。即使你得知我在哪里也别来找我。你的到来只能恶化你和我的处境，但不会改变我的决定。

感谢你在我身边度过了48年忠诚的生活，并请原谅我所做的一切对不起你的事情，就像我真心实意原谅你可能有对不起我的地方一样。我的出走改变了你的处境，我劝你安于这种处境，劝你不要对我怀有恶感……"

托尔斯泰走出屋子，到马房去叫人套车。此时，已是28日凌晨，正是黎明前的黑暗那一段时间，外面一片漆黑，还下着蒙蒙细雨。深秋的天气，凉气袭人。托尔斯泰在通往马房的小路上迷失了方向，走进小树林里，撞在树上，摔了一跤，把帽子也弄丢了。他好不容易回到屋里，又拿了另一顶帽子，打着手电筒，与杜尚一起到了马房。莎萨和瓦丽娅把路上用的东西吃力地往马房搬。托尔斯泰激动得浑身发抖，唯恐索菲雅发觉后大吵大闹，加以阻挠。终于，一切都准备就绪。托尔斯泰和杜尚上了车，直奔谢金诺车站而去。

当托尔斯泰在车厢内坐定、火车开动以后，他才觉得自己安全了，索菲雅再也追不上他了，他高兴地对杜尚说，他觉得非常舒服。很快，托尔斯泰就睡着了，一个半小时后，杜尚叫醒了他，给他端来热气腾腾的咖啡，两人一起喝了。这时，托尔斯泰又挂念起在波良纳的索菲雅来："索菲雅·安德烈耶夫娜现在不知怎么样了？我可怜她。"

此时，索菲雅还在睡梦中。由于前一天晚上她睡得很晚，所以直到11点才起床。而托尔斯泰离家出走的消息几乎已经传遍了全家，佣人们在交头接耳，交换着对伯爵出走和与伯爵夫人关系的看法：索菲雅快步跑进餐厅，冲着莎萨喊道："爸爸在哪儿？""走了。""去哪儿？""我不知道。"说着，莎萨把父亲的信递给母亲。索菲雅迅速把信扫了一遍，她的头在颤抖、双手打着哆嗦，将信扔在了地下，一边喊着："走了，彻底走了，永别了！莎萨！我投水去。"一边向外跑去。莎萨和布尔加科夫怕出意外，在她身后紧紧追赶。索菲雅跑到花园里的池塘边，纵身跳了下去，莎萨和布尔加科夫也紧跟着跳了进去，俩人一起把索菲雅高高地举起来，交给跟着跑过来的仆人们。

托尔斯泰秘密出走，以为外界根本不会知道，其实，警察密探从他离开雅斯纳雅·波良纳之时，就暗中紧紧地跟踪着他。这时新闻记者也追了上来。可是托尔斯泰究竟到哪里去，他们谁都猜不透。因为作家本人开始也没有确定的计划，他只想到南方租幢农民的茅屋住下来，以求永远摆脱贵族的生活，在千千万万的农民中间度过自己的残年。不幸的是,秋天阴霾的天气使他在旅途中着了凉,82岁高龄的老人经受不住旅途的颠簸,终于病倒了,中途只好决定在阿斯塔波沃火车站下车,人们把他抬到车站站长的住宅里。经医生诊断,他患了肺炎。

作家病倒的消息立刻传遍了全世界,小小的车站成了世人瞩目的中心。作家的家里也收到了千百封慰问电函。索菲雅闻讯后,乘"专列"星夜赶到阿斯塔波沃。但人们唯恐她的到来对托尔斯泰产生致命的后果,被阻在车厢里。她心急如焚,眼里噙着泪水等待着丈夫身体的转机,一天、两天……直到最后她才被允许同丈夫会见。她极力控制着自己的感情,走进室内,静静地来到他的床前,跪下来吻了他的手。遗憾的是,托尔斯泰已不省人事了……医生紧张地为他做人工呼吸,但那呼吸却越来越微弱,最后终于停止了,这时正是1910年11月20日的清晨。

法国自然主义文学流派领袖

——左拉

人物档案

简　　介：法国著名的哲学家、教育家和作家,被誉为自然主义教育的奠基人。1840年4月12日诞生于法国巴黎,1902年9月28日在巴黎的寓所因煤气中毒逝世。10月5日星期天,蒙马特公墓举行了左拉葬礼。六年以后,1908年6月6日,左拉的骨灰被移放至先贤祠。

生卒年月：1840年4月12日～1902年9月28日。

安葬之地：巴黎先贤祠。

性格特征：温和少语,聪慧坚毅,朴实严谨。

历史功过：创建自然主义文学流派,代表作品有《萌芽》《娜娜》《卢贡·马卡尔家族》《小酒店》《金钱》等,作品着重挖掘人在自然本性驱使下的行为,具有独特的风格。

名家点评：中国当代作家柏杨评价说:"法国作家,才是真正的作家。他们努力的目标是真正的真善美,而不是津贴或做官。左拉先生以他的荣誉和'前途'作孤注,去为一个漠不相关的卖国贼打抱不平,在中国社会,是谓之'傻',是谓之'蠢',是谓之'不识时务'。"

无忧童年

　　1840年4月12日,爱弥尔·左拉出生在法国巴黎圣·若瑟夫街10号的一座楼房里。然而这繁华的花都巴黎并不是左拉真正的故乡,他的童年是在法国南方普罗旺斯省的爱克斯城度过的。只是因为这年春季他的父亲佛朗索瓦·左拉伴随怀孕的妻子,从爱克斯城来到巴黎,计划做一次短期的旅行。就在这对青年夫妇旅居的时刻,由于路途辛劳,促成早产,左拉便意外地在这繁花似锦的首都巴黎诞生了。

　　1847年的一天早晨,佛朗索瓦·左拉突然发病,在短短的一星期内,就被病魔夺去了生命。当时,左拉的母亲才 27 岁,左拉自己也还不满 7 周岁。

这时,左拉的家庭经受的严峻考验,不仅在精神上造成严重的创伤,生活上遭受沉重的打击,而且在经济上也陷入穷苦不堪的困境。丧事刚了,来自各方的债主蜂拥而来,以前欠左拉父亲钱款的那些人却乘机赖账,许多既复杂又永无止境的官司便从此开始打了起来。爱弥尔·左拉的童年,就是在这种诉讼和金钱的纠葛中度过的。

左拉 7 岁时,到伊索阿尔老先生开设的私塾小学念书。那是一所圣母院附设的寄宿小学。从 1852 年起,12 岁的左拉进了爱克斯市立中学。这时,他成为一个勤奋苦学的优等生。在学校的奖赏册上,曾多次记载着他获得的名次和奖赏。在这里,他与同窗学友巴第思丹·巴伊(后来成为科学家)和保罗·塞尚(后来成为画家)结为至交。在 15 岁的时候,左拉诗兴大发,他只想读诗、背诗、写诗,诗歌成了左拉整个活动的新天地。他的朋友巴伊、塞尚附和他的狂热,他们不再到咖啡馆闲逛,除了偶尔闹过一点浅薄的恋爱外,他们的志趣很快就集中到文学艺术和科学知识上来。当左拉升到三年级时,摆在他面前的课题,就是急于要对自己深造的前途做出抉择:是向理科方向进攻,还是向文科方向发展? 按照他的天赋和才华,凭借他那拉丁文和希腊文的优异成绩,左拉是完全有条件进入高中文科班的。然而,他为了继承父辈的事业,寄希望于自己将来能在自然科学方面有所作为,于是决定舍弃钻研古典文学的道路,选择物理学作为日后主攻的方向。显然,这种抉择对左拉来说并不太合适,但后来的实践表明,错误的抉择并没有妨碍左拉的成长,反而成为他后来把自然科学原理应用到文学创作中来的一种极为有利的因素。

艰难谋生

1857 年,左拉的外祖母不幸去世,这构成了左拉生活道路上的又一重大转折。当时,左拉母子俩已经失去了生活上的凭依,再也不能继续在爱克斯城立足。于是,他们把身边仅有的衣物变卖了,换取一点路费,决定到巴黎去投靠昔日的亲朋好友。

到了巴黎,母子俩先在王子街 63 号楼内暂居下来。经过母亲的多方托情,左拉以公费生的资格进入圣路易中学的高中班二年级。尽管巴黎远比爱克斯城繁华热闹,可是左拉却备感孤独与冷漠,他没有结交一个朋友,甚至连攻读理科的信心都没有了。只有当他提笔给乡村的那些学友写一封又一封长信的时候,他才恢复了先前的那种兴致勃勃的活力和心境。到了放假的时候,他的母亲就送他到爱克斯去,让他忘却惨淡寂寞的冬季,但这也不过是权宜之计罢了。

回到巴黎,左拉跳过哲学班,直接去参加理科班的毕业会考,结果笔试取得了好成绩,被列为第二名,然而在口试时却失败了。这年 11 月,左拉抱着碰运气的侥幸心理,赶到马赛,参加中学会考。然而这次的境遇比在巴黎时更惨。在马赛的考场上,他甚至连笔试也未被通过。这样,前后两次学科考试都以失败而告终。他原想直接取得文凭的一线希望落了空。

1860 年初，左拉 20 岁，他依靠拉波先生的引荐，在海关街某货栈里找到一个仓库管理员的工作，每月工资 60 法郎。那点月薪也实在少得太可怜了，不用说顾不上接济家庭，即使是自身糊口也不够。左拉咬着牙，勒紧裤带，在勉强支撑了 3 个月之后，最后只好提出辞职，另找出路。然而在很长的一段时期内，左拉甚至连每个月 60 法郎低薪的职业也找不到，他四处碰壁，到处流浪，遭尽冷眼和屈辱。

师从大师

1862 年 2 月 1 日，沉浸在可怕的饥饿之中的左拉总算是得救了。经过左拉父亲的一个朋友——布德医学博士的推荐，他跨进阿舍特图书出版公司的大门。在这儿，他找到一份杂务性的工作。

有一天，左拉把新近创作的《恋爱喜剧》的书稿，放在书店老板阿舍特的办公桌上，有意让他看看，其目的是想试探一下，能否在这儿出版。这部诗集包括三首长诗：《若多弗》《游空者》《鲍俄罗》，誊抄在稿纸上厚厚一大叠。第二天，书局老板果然派人来叫左拉，左拉信步走到老板跟前。阿舍特是一个有眼力的书商，待人和蔼，但工于心计。他之所以要找左拉面谈，并不是想出他的书，而是要用左拉这个人。阿舍特向左拉说明，诗稿已经拜读，但本店不宜出版这类诗作，劝左拉舍弃作诗，而去从事小说的创作。他引证巴尔扎克的话说："文学就像所代表的社会一样，具有不同的年龄：沸腾的歌行是童年；史诗是茁壮的青年；戏剧与小说是强大的成年。"现在的读者喜爱的是小说，而不是诗歌。接着，阿舍特老板话题一转，对左拉的才华大加赞赏，并当场宣布提升他为广告科科长，月薪也随之增加一倍。顿时，左拉受宠若惊，喜形于色。他显然已经意识到，这一试探的行动已取得预期的效果，诗稿虽未有出路，但他的艺术才华却被老板发现了。从此，他的地位高升，经济上也不再那么贫困了。

1864 年 10 月，左拉完成了中篇小说集《给妮农的故事》，此书在赫治—克拉罗瓦书店出版。这本小说集写得很优美，略带讽刺滑稽的趣味，其中含有文艺复兴时代拉伯雷、17 世纪英国小说家斯威夫特讽刺艺术的特色，间或穿插着作者对爱克斯城童年生活的回忆。历经数年奋斗，左拉在文学创作上的第一炮总算是打响了。这标志着左拉创作生活的真正开端。

1865 年，左拉的第一部长篇小说果然问世了，这就是《柯劳德的忏悔》。这部小说既为他争得了声誉，赢得广泛的读者，也引起官方的指责，给左拉带来一些危害。在阿舍特书局的五个年头，左拉是有收获的。经济上摆脱了贫困，不再为面包而忧愁；思想上扩大视野，经受了锻炼；他开始探索缪塞的浪漫风格、福楼拜的写实精神和泰纳的实证哲学；在文学创作上，他崭露头角，笔锋所向，震撼朝野，这为他日后的创作生涯练出一副刚劲犀利的笔力。

巴尔扎克是左拉心目中的伟人。在文学创作上，他要师法巴尔扎克，以《人间喜剧》

中的那种人物再现的手法,用一系列连续性的文学巨著,组成一个庞大的家族体系,谓之《卢贡·马卡尔家族》,副标题为《第二帝国时代一个家族的自然史和社会史》。其间将包括五光十色的人物与事件,每个故事各有自身的开端、发展、高潮和结局,彼此之间又有强有力的线索贯穿联结着,形成一个独立的有机整体。

离奇死亡

左拉的晚年是在紧张、繁忙中度过的。他实施着新的创作计划,辗转奔走在意大利和法国的三个名城之间。

1902 年 9 月 8 日,左拉在巴黎近郊的梅塘别墅度过夏季之后,回到巴黎布鲁塞尔街二十一号的寓所。不巧那天天气特别潮湿,他的夫人身体不适,晚间点燃卧室内的壁炉,炉火很旺。入睡后,由于壁炉的烟囱阻塞,煤气倒灌进来,致使左拉夫妇和房内的那只小狗一起中毒窒息。到次日上午 10 时许,仆人深感迷惑,呼叫后不见动静,遂破门而入,才发现左拉已失去知觉,倒在卧室的地毯上。经过多方抢救,体弱多病的夫人和那只小狗都救活了,唯有素来以身体健壮著称的左拉却始终没有苏醒过来。当时,地方警察局写了一份检查报告,认定他是煤气中毒的自然死亡,新闻报纸也照此披露。但是人们对此仍疑团重重,猜测其间必有奥秘。只有一种是事实:左拉确实死了。恐怖的惨痛,不幸的噩耗,使周围的人们震惊不已。左拉的妻子、儿子、女儿怀着沉痛的心情,在布鲁塞尔街向他的遗体告别。爱弥尔·左拉像一座美丽的大理石雕像似的躺卧着,仪表威严,神情自若。亲人们相对无言,泣不成声。

1903 年 9 月 29 日,当左拉逝世一周年之际,左拉生前的一大群朋友和崇拜者不约而同地聚集到梅塘别墅,人们倡议建立一个为纪念这位有名望的小说家的巡礼会。从那时起,这个巡礼会定于每年 9 月 29 日举行,后来又改在 10 月的第一个星期日。它成为团结文学家、造就培养青年一代的特别仪式。左拉去世之后,声誉倍增。法国众议院曾做出决议,要把左拉的遗骸从蒙马特公墓迁葬至国葬院。就在他死后的第六个年头,1908 年 6 月 5 日,左拉的遗骸终于迁葬了,雕塑家爱米尔·德锐为左拉雕成一座半身石像。1924 年 1 月 27 日,人们又在左拉的诞生地圣·若瑟夫街的旧居里,为左拉建起一块纪念碑。

文明古国里的诗歌守护神

——泰戈尔

人物档案

简　　介：印度诗人、文学家、社会活动家、哲学家和印度民族主义者。1861 年 5 月 7 日，出生于印度加尔各答一个富有的贵族家庭，13 岁即能创作长诗和颂歌体诗集。1878 年赴英国留学，1880 年回国专门从事文学活动。1884 至 1911 年担任梵社秘书，20 年代创办国际大学。1913 年，他以《吉檀迦利》成为第一位获得诺贝尔文学奖的亚洲人。1941 年写作控诉英国殖民统治和相信祖国必将获得独立解放的遗言《文明的危机》。1941 年 8 月 7 日，泰戈尔在加尔各答病逝。

生卒年月：1861 年 5 月 7 日~1941 年 8 月 7 日。

安葬之地：加尔各答。

性格特征：性格文静，富有想象力和好奇心，遇事处之泰然，善于控制喜怒哀乐，从不过悲过喜，能及时调节心理活动。

历史功过：一生共写下了 50 多部诗集、30 余种散文著作、12 部中长篇小说、近 100 篇短篇小说、20 多个剧本、2000 多幅画、2000 多首歌曲以及其他方面许多论著创作。1913 年他获得诺贝尔文学奖，是第一位获诺贝尔奖的亚洲人。

名家点评：周恩来评价说："泰戈尔不仅是对世界文学做出了卓越贡献的天才诗人，还是憎恨黑暗、争取光明的伟大印度人民的杰出代表。"蒋介石评价说："耆贤不作，声委无闻，东方文明，丧失木铎，引望南邻，无任悼念。"

逃学诗人

印度加尔各答市中心有一个名为乔拉桑戈的地方，那里有一座豪华的府第，这便是泰戈尔家族的旧宅。

主人代温德拉纳特·泰戈尔（1817~1905），人称大仙，因为他是一位宗教哲学家，热衷宗教事务,过着简朴而纯洁的生活,喜欢静坐或去山林中漫游,酷似印度古代净修林中的仙人,所以被人尊称为大仙。他就是著名诗人罗宾德拉纳特·泰戈尔的父亲。

女主人夏勒达·黛维是一位普通的印度家庭妇女,主持这个大家族的内务。她不爱显露自己,却以一颗慈爱之心凝聚着这个四代同堂、上百口人的大家庭。她本人没有什么名望,也没有留下永恒的东西,但却以她14个孩子而显得不同寻常。子孙中成为名人的能上两位数,其中最耀眼的当然是她的最小的儿子,也就是我们的主人公。

1861年5月7日,伟大诗人罗宾德拉纳特·泰戈尔诞生在这个既传统又文明的大家庭里。

由于是父母最小的儿子,罗宾德拉纳特——家人都亲切地称他为"罗宾"——便成为整个家庭中所有成员都钟爱的小孩子,可是,大家又从不溺爱他。

泰戈尔家族生活富裕,但泰戈尔的童年生活是俭朴的。他回忆说,"我在童年几乎不知奢侈为何物","膳食是没有什么美味的"。泰戈尔家的孩子在衣食住行、谈话和娱乐等方面与长辈距离很远,他们在满10岁之前无论如何也穿不上鞋袜,冬天就在布衣上加一件棉布外褂。不过他们从来没有想过这样算是寒碜,"心灵没有受到不断的娇养、奢侈和盛饰的迷惑"。也许正是这种教养,使泰戈尔日后能够对印度的贫穷和农民的苦难有清醒的认识。

泰戈尔自小聪慧。他在东方学校读书时,接受一位老师用孟加拉语的考试,得到最高分数却被控告考试有徇私,第二次再考,校长坐在考官旁边,结果还是考了个第一。当然,天才也需要诞生和成长的土壤。泰戈尔自己说:"我生于1861年。这一年在历史上没有什么可以大书特书的,但在孟加拉却属于一个伟大的时代。在那个时代里,国家生活中出现了三个运动。""我家的成员全都积极投身于当时兴起的这三大运动。""我在这三大革命运动汇合在一起的环境中诞生、成长。"(《艺术家的职责》)这三个运动就是宗教改革运动、文学革命运动和民族主义运动。它们汇合起来,构成伟大诗人泰戈尔诞生和成长的土壤。

幼年的泰戈尔大部分时间在外院东南角的下房里度过。有一个叫夏玛的仆人,为了从看管孩子的灾难中脱身,把他放在房中一个选好的地方,用粉笔划一个圆圈,警告他说,"不要走出这个圆圈,走出去会被魔鬼抓走"。泰戈尔听过《罗摩衍那》的故事,知道悉多因为走出罗什曼那所画的圆圈而被魔王抢走了,所以很害怕,从来不敢走出去,只能沿着圆圈走到窗前,观看外面的景物。

长到七八岁,那个粉笔魔圈便圈不住他了。泰戈尔自己找到一个能够躲避寮中的嘈杂和喧闹,驰骋自己的想象和幻想的所在。

爱幻想本是儿童的天性,然而小泰戈尔似乎更善此道,家中的各个角落,一草一木都曾激发他的想象和幻想。

家中小小的内花园成了小泰戈尔的乐园,初秋的黎明,他一醒来就跑到那里去。他感觉到一阵露湿的花叶香气迎面扑来,带着早晨的清凉的阳光,从花园的东墙上,椰棕颤动的穗叶之下向他窥视。房子北面的一片空地,早年曾当过谷仓,这块人迹罕至的荒芜之地对小泰戈尔却有着无穷的魅力,他在这儿可以充分发挥想象力,进行自由的游戏。

小泰戈尔默默地忍受着家庭和仆人的管束。不是由于他天性温顺,而是由于他的想象力和好奇心,使他在细小的事物中也能寻出自己的乐趣。管束的魔圈可以圈住他的身体,但圈不住他的心灵,他的遐想冲破时空的限制自由飞翔。这种好奇心,想象力和能够在平凡的生活体验中获得快乐的能力,是他成为诗人的不可缺少的心理条件。

不许走出家门,甚至没有走遍全部屋子的自由。越是这样,小泰戈尔对外面的世界越感到神秘;越觉得神秘,便越发向往。稍微长大些后。他被允许到屋顶凉台上去玩,他总是伫立凝望,目光穿过内花园的椰子树,看到外面的形式不同高低错落的屋顶,反射着中午的阳光,远处房子通向凉台的楼梯,看上去就像有人伸出一只手指头向上指点,并且使着眼色,暗示它们里面的秘密。有时从天空的深处,传来一只鸢鸟的微小尖锐的叫声;卖镯子的小贩走街串巷,在午憩的寂静中唱着:"镯子,亮晶晶的镯子!"这时候,小泰戈尔多么羡慕那个小贩啊!他一点儿也不受拘束,可以自由走动、随意吆喝。

被束缚的痛苦和对自由的渴望,使他痛恨一切的桎梏和压迫,同情失去自由的各种生命。有一段时间,加尔各答流行养鸟,泰戈尔的嫂子养了一只画眉,又要养松鼠。泰戈尔提出反对和抗议,没有见效。于是他趁嫂子不在,偷偷把两个小东西给放走了。为此他们吵了一架。

其实外面的世界也不都是好的、自由的,对此泰戈尔后来才有所体验。有一天,他看见比他大两岁的六哥和外甥坐上马车去上学。自己从来没坐过车子,没出过家门,因此非常羡慕。特别是外甥萨提亚,放学回家后眉飞色舞地讲述经过浮夸的外面的故事,泰戈尔在家里再也待不住了,哭着闹着要去上学。家庭教师打了他一个耳光,说道:"你现在哭着要上学,将来你会为摆脱学校哭得更凶!"后来的事实说明,这位教师是很有预见性的。

10岁那年,泰戈尔被送进英国人创办的孟加拉中学,希望他在那里学好英语。这里的学生令他讨厌,因为他们经常对他进行恶作剧式的骚扰。那时,泰戈尔经常旷课,惧怕考试,功课常常考不及格。这些事成了家庭中的谈笑资料。他在1935年4月13日给去英国留学的孙女南迪达的信中说,希望她大学入学考试不及格。如果她顺利通过了考试,那么她那曾考试不及格的祖父还有什么脸面再见人呢!

填鸭式的家庭教育,机械呆板的学校生活,使泰戈尔的身心备受"教育的折磨"。他对学校深恶痛绝,把它比作"病院""监狱""磨坊"和"制造读书写字工具的工厂",把学习看成是安达曼群岛上的苦役。为了摆脱这种苦役,逃学便成了泰戈尔的唯一选择。

不过,在儿童时代中,有一件事给小泰戈尔带来过极大的快乐——那就是8岁时他写了自己的第一首诗。事情是这样的:有一天比他大8岁的堂兄乔迪要他写诗玩,依乔迪的说法,世上没有比写诗更容易的事了,只要有一个个的字填入十四个音节的模式里,一首诗就成了。于是,小泰戈尔也就依法炮制,果然他的第一首诗就诞生了。诗人后来追忆道:"立刻一朵十四音诗句的莲花就开放了,而且有蜜蜂飞了上来。诗人与我之间的距离开始消失了,从那时起就一直消失下去。"

就在经历过这次偶然的"游戏"之后,泰戈尔感到生活中有一扇快乐之门向他打开了,写诗简直使泰戈尔着了迷。他找到一个蓝色的笔记本,在上面写满了自己的诗句,拿着自己的诗不断地找人请教,"就像一只小鹿以新生的嫩角到处乱磨,我也以萌芽的诗歌到处去麻烦人。"泰戈尔很快地被人们视为一个小诗人,他在家中常常朗诵自己的诗作,家人们都以年仅6岁的小诗人感到骄傲。有一回,泰戈尔写了一首诗,大意是这样的:在水面上漂浮着一朵可爱的莲花,有人为了采摘它,跳进河中游泳过去,可是莲花却被他激起的波浪越推越远,无奈的人永远不能得到那美丽的莲花。诗作表现了一种悲哀的感情。长辈们听了这首诗后,脸上都露出喜悦和笑容,一致夸奖这小孩有着与生俱来的诗才。

后来,泰戈尔会写诗这件事传到了老师的耳中。一天,老师唤来泰戈尔,要他以一句名言为题材作诗。第二天,泰戈尔拿出了诗稿并遵照老师的意见当场朗读给同学们听。不幸的是这首诗并没有成为泰戈尔确定天才的明证,反而令所有在场的学生嫉妒或猜疑,大家认定这是抄袭之作。诗人日后回忆起这件事时,幽默地说:"关于这首道德教诲诗,唯一值得赞扬的是,它很快就消失了。这首诗留下的道德影响,离开道德教诲十万八千里。"

1873年泰戈尔暂时中断学业,随父往喜马拉雅山旅行途中,在第一站桑地尼克坦歇息的时候,躺在一棵小椰树下写成了他的第一部诗剧体的英雄诗篇,描写穆斯林打败国王纳兰什·帕勒塔维的故事。可惜它的手稿已经散失了。同年,在回到加尔各答以后,他又写了他的第一首题为《心愿》的长诗,第二年刊登在泰戈尔家族创办的《哲学教育杂志》上,但没有署名。1875年2月,他在孟加拉的英文周报《甘露市场报》上,第一次署名刊登了他在"印度教徒集会"上朗读的爱国诗歌。不久,他又在另一个文学集会上,朗读了题为《自然的游戏》的诗作。3月他的母亲去世后,他的五哥乔迪楞德拉纳特·泰戈尔带他到自己在孟加拉东北部拉什依德赫的庄园去旅行。泰戈尔在那里曾经别出心裁地想用花朵的香汁写诗,并亲自设计了制造花汁的机器,但没有取得成功。他在《回忆录》中说,"在我的生活里就是这一次,我企图插手工程技术。"同年,他在《知识幼苗》文学杂志上发表了题为《野花》的第一首长篇叙事诗。

在喜马拉雅山上一住就是几个月,终于到了该回家的时候了。父亲派了一个仆人将小儿子送回到加尔各答的家乡。然而逃脱了学校枯燥无味的生活的这几个月,不仅使泰戈尔身体健康、精神愉快了,更使他在实际生活中得到了锻炼,了解了外面的世界,增长了许多知识。在泰戈尔的心目中,喜马拉雅山之行是他童年时代一段最幸福最完美的日子。这段美好的时光给了正在成长的少年泰戈尔以深刻的印象,他真正的启蒙教育,并成为他创作的丰富源泉。

从喜马拉雅山归来之后,泰戈尔从英国普通学校转到孟加拉中学读书。此时的泰戈尔,对学校教育已感到无法忍受,他想尽一切方法来逃避学校生活。后来,家人便把他送到圣维尔中学,这已是泰戈尔就读的第四所学校了。可是,这里的空气同别处一样凝滞乏味,并且还固守宗教习俗。泰戈尔后来回忆起这里的教育时称它为"机器推动的磨石

1875年,14岁的泰戈尔终于不愿意上学了。家人们对他作了一段时间的劝说后,也感到无能为力了,于是便不再责备他。

摆脱学校教育的樊笼以后,泰戈尔并没有停止学习,他天性中爱读书和写作的才华逐渐显示出来。

1877年,泰戈尔在文学月刊《婆罗蒂》(或译《婆罗多》)上发表了长篇叙事诗《诗人的故事》。到1879年(或1878年),他的朋友帕勒鲍塔钱达拉·考什偷偷地把它送去印刷成书,因而成为泰戈尔最早成书的一部作品。长诗叙述一位在大自然怀抱中长大的少年诗人,由于逐渐增长的空虚感而在森林里不安地游荡,由此邂逅一个名叫纳莉妮的姑娘;两人一起生活,诗人逐渐由快乐转生厌倦,于是抛弃情人出走,去寻找另一个爱的世界;诗人失望归来时,纳莉妮已经因思念成病而至病危,这时他才发现自己徒劳地去寻找爱,其实对纳莉妮的爱一直埋藏在自己的心底;可惜为时已晚,纳莉妮病逝,使诗人陷入对人类之爱的沉思中。

以上这些,可以看作是泰戈尔诗歌创作的前奏。其间,大约经过6个年头。

暮曲晨歌

泰戈尔一生的诗歌创作,除了上述那个必要的准备阶段之外,可以划分为三个时期。1878～1900年为早期,1901～1918年为中期,1918～1941年为后期。早期的诗歌创作又可以划分为4个阶段。1878～1883年是第一阶段,其成果包括《帕努辛赫诗抄》《晚歌》《晨歌》三部诗集。

虽然《帕努辛赫诗抄》是1884年出版的,成书比《晚歌》(1882)和《晨歌》(1883)要晚,但它的写作是三者之中最早的,所以应该把它摆在前头。前已提及,泰戈尔12岁的时候,得到刚刚出版的由阿卡夏叶·钱达拉·萨尔加尔和沙尔达·吉尔那·米特拉选编的《毗湿奴古诗集》,就爱不释手。他在《回忆录》中说,"诗选中的曼塔利混合语是令人费解的,可能正因为如此,我不屈不挠地努力进入这个领域。正如我对隐藏在树苗里的幼芽,对埋在地底下没被发现的秘密,一直抱着好奇心一样,我对毗湿奴古诗的创作,也抱着极大的兴趣。撩开幕布,在陌生的宝库里发现一颗半粒的诗歌宝石的希望,始终鼓舞着我;当企图从渗透着深水的难以通行的神秘黑暗中探寻诗歌的珍宝时,一种渴求揭示那个被神秘莫测的幕布裹着的自我奥秘的希望。曾使我着了魔。"与此同时,泰戈尔又从他的老师和挚友阿卡夏叶那里,听到过12岁开始写诗的英国神童查特顿(1752～1770)的故事。这位神童曾经模仿古诗,写了一批仿古诗,但是大部分读者都不懂得这些诗的真实含意,曲高和寡,终于使这位神童在18岁的时候抱恨自杀。这个故事使得泰戈尔下决心除开自杀,努力使自己成为第二个查特顿,与神童争辉。这就是泰戈尔从16岁到18

岁开始写作《帕努辛赫诗抄》的缘由。一天晌午，天空乌云密布，泰戈尔沉浸在瞬息万变的阴云带来的欢愉里，走进自己的卧室，躺在床上，在一块石板上挥笔写下：

春天来了，
蜜蜂飞舞的林野披上碧绿的绸袍。

这就是《帕努辛赫诗抄》第一首的第一句。大概是由于《帕努辛赫诗抄》里面的诗，都是仿古诗，不是现代诗，有些研究泰戈尔的论著根本没有提到这个诗集。其实这个诗集里面的诗，不乏佳作。如第 20 首，不仅把拉达与黑天的爱情描写得缠绵动人，而且表达了诗人对黑天的景仰和眷恋。所以诗的最后一节说：

姑娘们问你究竟是谁？
日日频擦思念的泪水。
帕努决意把犹豫抛舍，
一生在你莲足下度过。

泰戈尔在这首诗中显露出来的诗歌创作才能，曾经使他的父亲和哥哥们感到又惊又喜。泰戈尔像其他虔诚诗人一样，在诗的最后一行写上自己的名字。不过，可能是查特顿自杀的阴影犹存，泰戈尔没有用自己的本名，而写上了"帕努辛赫"这个化名。在孟加拉语中，"帕努"意为"太阳"，而泰戈尔本人的名字"泰戈尔德拉纳特"的第一个音缀同样意为"太阳"，化名和本名之间的关系原来是比较明显的。但泰戈尔开了一个极大的玩笑。有一天，他对一位朋友说："我从'梵社'图书馆里寻到了一本陈旧的古书，从中摘录了古代毗湿奴诗人帕努辛赫的一些诗章。"然后，他就念给那位朋友听。那位朋友听罢深受感动，表示要把它交给阿卡夏叶先生，让他选入《毗湿奴古诗集》里出版。从 1801 年到 1802 年，《帕努辛赫诗抄》陆续在文学月刊《婆罗蒂》上面刊载。泰戈尔在"附言"中说，他在梵杜图书馆查书时，发现了这位 15 世纪诗人的手稿。德国有一位先生，写了一本比较印度抒情诗与欧洲抒情诗的小册子，其中竟把"帕努辛赫"的诗视为印度古典诗歌的典范。这位先生就凭这本小册子获得了博士学位。玩笑开得太大了，不过由此亦可见，《帕努辛赫诗抄》确实有较高的水准。

泰戈尔 17 岁那年，父亲采纳二哥的建议，决定送他去英国留学。二哥先把他带到孟买，送到一个留英归来的物理学博士家里，目的是让他提高英语会话能力，熟悉英国的习俗，为留学做好准备。博士的女儿爱娜就成了他的辅导老师。她比泰戈尔稍大些，到过英国，受过良好的教育，而且长得十分标致。爱娜很快迷上了这位英俊潇洒的才子，在他面前不断展示自己的魅力，以博取泰戈尔的欢心。她要求泰戈尔给自己起个独特的名字，年轻的诗人便为她取名"纳莉妮"，这是他不久前出版的《诗人的故事》中女情人的名字。还为她写诗一首，将这个名字嵌入诗中，并用委婉动听的"晨调"唱给她听。爱娜听后感动地说："诗人啊，我想假如我躺在临终的病榻上，你的歌声也能使我起死回生。"她赞扬泰戈尔相貌出众，深情地叮咛他，永远不要留胡须，免得遮住了动人的脸庞。有一天，她给泰戈尔介绍英国的社交礼仪，告诉他一个秘密：在英国，谁能偷到熟睡女人的手套，谁就有权吻她。接着，现场演练开始了。由爱娜扮演英国女人，她将手套放在茶几上，靠在安乐椅上"睡着了"。过了一会儿，当她满怀希望地睁开双眼时，却发现手套原封不动地放在那里。那位天真纯洁、憨态可掬的诗人，压根儿就没有进入角色，他被这突如其来的爱情游戏惊呆了，以至于没有理解它的真正含义。片刻的沉默和犹豫，放飞了已到唇边的吻，给自己留下了终身的遗憾。

泰戈尔到达英国后，先进入白里顿公立学校学习法律。但他对法律毫无兴趣，二哥又将他送到伦敦大学，改学英国文学和西洋音乐。他寄宿在司科特教授家里。房东家的三姑娘喜欢音乐，热心地教泰戈尔唱英国歌曲，和他一起玩家庭游戏。泰戈尔也欣然答应教她孟加拉语。由于两人年纪相仿、志趣相投，很快就建立了深厚的友谊。这期间，泰戈尔写了许多书信，赞扬英国妇女健康、热情好客、关注社会。这些书信发表在他家办的《婆罗蒂》杂志上，引起了恪守传统的父亲的不安，他担心泰戈尔继续留在英国，迟早会出麻烦。于是，令他中断学业，随二哥回国。泰戈尔不敢违抗家长的命令，只得结束 17 个月的留学生活。

1880 年 2 月，泰戈尔两手空空回到了家乡。他既未取得文凭、学位，也没有获得任何荣誉称号，成了一个无业游民。当时，他家庞大的工商业陷入了困境，濒临破产的边缘。父亲决定让泰戈尔挑起重振家业的重担。但是，要让他静下心来管好家产，就得先给他成个家。当时，奥利萨邦有个王公，愿意把公主嫁给豪门之子泰戈尔，她是 70 万卢比遗产的继承人。泰戈尔由五哥领着，前去相亲。依照王宫的规矩，由两位年轻女子出面接待。一个妩媚动人，聪明伶俐，说一口漂亮的英语，还懂音乐，会弹钢琴；另一个相貌平平，在一个角落里缩成一团，沉默不语。兄弟俩不约而同地相中了那个容貌出众的女子。这时，王公进来了，他指着那位花容月貌的姣娘说："这是我老婆！"又转向那位腼腆的少女说："这是我的女儿！"哥俩听了，面面相觑，惊恐万状，连忙逃离了王宫。泰戈尔又一次受到了爱神的嘲弄。

泰戈尔的父亲在许多问题上都很开明，但在儿女婚嫁方面却显得非常保守。他认为未来的儿媳必须是门当户对的婆罗门种姓。家中的妇女们按照他的指令，而不是泰戈尔本人的意愿，开始为他物色对象。当嫂子们唠唠叨叨地议论他的终身大事时，泰戈尔却若无其事地说："你们愿意怎么干就怎么干，我对于这个问题没有概念。"一个由娘子军组成的寻亲远征队很快形成了，由两个嫂子率领，开到了吉夏兰小镇。在那里，她们选中了一个叫帕兹达列妮的小女孩。她相貌寻常，没有文化，几乎是个文盲。泰戈尔的婚姻大事，就这样草率地定了下来。而他本人居然唯命是从，不假思索地默认了这门亲事。

1883 年 9 月 11 日，22 岁的泰戈尔同这个 11 岁的小姑娘结了婚。诗人称她是"小媳妇"。新娘的原名有些陈旧，诗人给她起了个美丽动听的新名，叫默勒纳利妮。他们的结合纯属传统习俗的产物，是一种没有爱情的婚姻。但是，泰戈尔却无怨无悔。他像辛勤的园丁一样，耐心地培育着这棵爱情的幼苗，等待她的茁壮成长。令人欣慰的是，"小媳妇"没有辜负丈夫的期望，终于成为出色的家庭主妇。她用温存、高尚品质和操持家务的非凡才干，弥补了自己的不足，赢得了丈夫的爱和家人的尊重。她辛勤操劳，为丈夫养育了 5 个儿女；通过刻苦学习，不但掌握了孟加拉语，还学会了梵语和英语，甚至把梵文的简易读本《罗摩衍那》译成了孟加拉文；她还粉墨登场，成功地演出了泰戈尔的剧本《国王与王后》。她和丈夫同舟共济，度过了近20年的艰难岁月，成了他的得力助手和精神支柱。不幸的是，她在30岁时便离开了人间。在妻子卧病不起的最后两个月里，泰戈尔不肯把她交给护士去护理，而是亲自守候在病床前，昼夜不停地为她摇着扇子。妻子去世的那天晚上，他不让任何人靠近自己，通宵达旦地在阳台上踱来踱去。"小媳妇"为他献出了一切，还没有来得及回报，她便匆匆离去了。悲痛欲绝的诗人，为表达对妻子的思念之情，挥泪写下了27首诗，于1903年汇成《怀念集》出版。

佳作出世

1890年底，父亲让泰戈尔接替大哥去照管祖传的庄园产业。父亲认为，作为大家庭中的儿子，泰戈尔应当承担他应有的责任。

一种新的生活开始了，这是他一生中的一件意义深远的大事。起初，泰戈尔并不非常乐意接受这份工作，后来他才发现庄园生活不仅为他提供了观察孟加拉农村生活的机会，还使他变换了一种生活节奏，并且让他得到一种满意的生活方式。

而且尤为重要的，激发出泰戈尔创作热情的是普通农民的乡村生活，耳闻目睹他们艰辛的日常劳作，在社会习俗与外国统治压抑之下的艰难境遇与他们执着的斗争，泰戈尔才感到自己真正了解了人民的生活。泰戈尔还搜集了不少民歌民谣，并且对民间口头创作也情有独钟。

泰戈尔热爱这些勤奋朴实的人们，并且深情地关心着他们的生活。为帮助农民们，他鼓励农民自立，帮助农民掌握科学技术，树立信心。起先，泰戈尔在自己家的领地里实施一个开发计划，后来又在"和平之乡"附近的一个地方建立了专门的实验场所。他利用自己有限的财力与物力，进行各种有益于农民的改革，譬如建学校、医院等公益机构，修筑道路和水利工程以方便生产、生活，此外还设置自治组织，并严禁高利贷。

西来达的庄园生活，使泰戈尔的创作激情喷发而出，他的文思宛如水流倾泻而下。从1894年到1900年的7年中，他创作了几个剧本、为数不少的短篇小说和其他散文，此外他还出版了几部比较重要的诗集。

在短篇小说写作上，泰戈尔并无前人可资借鉴，因此可以说他的创作完全是他自己努力发掘传统、细致观察生活的结晶。不能不承认，短篇小说是泰戈尔对印度现代文学的一项巨大贡献。

泰戈尔大部分的短篇小说是他在帕德玛河上四处巡视父亲的庄园时所写就的。在乡村期间，他遇到了一些成年人和幼稚的孩童们，正是这些心地单纯善良的普通人，为他的心灵带去无限的感动，给他的创作提供了大量的素材。

泰戈尔在他的一生里始终关注着妇女的命运。他在两次旅英期间都曾撰文宣传西方女性自尊和独立的生活信念，并且鼓励印度妇女也来摆脱传统的束缚和桎梏，走向自强的新生。而且，在写于 1878 年的一篇随笔中，诗人还曾充满智慧地巧妙反驳了当时传统习俗轻视妇女的倾向。那些人认为妇女的作用等于"0"，而泰戈尔则机智地做了三个位置的移动，他说，将"0"放在代表男人的"1"字的后面，男人就有了十倍于自身的力量；而倘若把"0"置于相反的位置，"1"就被女人变作了微乎其微，势力单薄的"0.1"。

在那时的印度，妇女仍然没能得到解放，她们的生活和遭遇往往十分不幸。《河边的台阶》里的女主人公古苏姆就面临着同样的命运，而那静静地躺在河畔的石级便成为她苦难一生的忠实见证人。7 岁时，天真烂漫的古苏姆被迫出嫁，一年之中仅和丈夫见过一两次面的她，随后就做了寡妇。回到故乡 10 年之后，她渐渐出落成如花般的少女。这时村中来了一位苦行僧，有人议论他酷似古苏姆那个出走了的夫君。古苏姆每日谛听苦行僧的讲道，然而有一段时间她一直未在庙中露面。后来苦行僧派人来找她，在再三询问之下，古苏姆承认自己爱上了苦行僧。僧人茫然若失，恳求古苏姆将他忘记，然后就永远地离开了这个村落。可怜的古苏姆选择了投水，在月夜中她缓缓走下河边的石阶，静立之后就举身直赴清流，将她从童年起就深爱的河水作为收容她苦难生命的最后一处归宿。

在泰戈尔德拉纳特·泰戈尔宽广博大的胸怀里，一直藏有对孟加拉妇女的无限同情与关心。在他的短篇小说中，我们还可以发现，在那些寂然无声地忍受着社会与命运捉弄的平凡的女性身上，也潜藏着强烈的反抗的个性。

泰戈尔的小说中还有许多令人同情的身处社会最底层的妇女形象，同时他也描写了不少善良、忍辱负重的农民的形象。他满怀深沉的人道情感和对社会残忍与不义的激愤，以敏锐的艺术感受，观察和描绘他身边那些形形色色的人们，深刻地揭示了他们的性格与命运。诗人为那受挫的理想和未及开花就先凋谢的青春而悲悯，也对人间的自私、冷酷和人为的不平等加以蔑视和讽刺。泰戈尔心中充盈着对贫苦人们深刻的眷恋和无私的爱，正是在这种人道主义的情感驱使之下创作出这么多不朽的杰作。

在短篇小说中，泰戈尔那诗人的天才亦时时透露出来。深入细致的情感与心理描写，行云流水般自然流畅的情节结构，以及带有浓郁抒情意味的景物描绘，这些都使得他的作品像一首首打动人心的美妙的抒情诗章。

1901 年，泰戈尔结束了自由自在的谢利达田园生活。他渴望寻找一个宁静优美、便于接触大自然的地方，作为自己的安身之地。嘈杂混乱的城市加尔各答显然不适合于他，于是便选择了离加尔各答 100 多英里的桑地尼克坦。这里原是一片荒野，1863 年他的父亲买下这片土地，作为他静思默想的场所，后来建起一幢住宅和一座花园，并大力植树造林，使荒野变成了花木葱茏的大园林。父亲给它取名为桑地尼克坦，意为"和平之乡"。

泰戈尔将妻子和 5 个孩子接到这里定居，开始肩负起家庭生活和子女教育的重担。诗人在童年曾饱尝英国式旧教育制度的苦头，因此，当自己的子女到了上学年龄时，他便萌发了进行教育改革的念头。他认为，教育的目的不光是传授知识，还要使儿童的身心获得自由和健康的发展。他把古代印度哲人林中栖居修学的传统和现代的社会需要结合起来,于 1901 年在和平之乡创办了一所小学,起名叫婆罗门修身所。开学时,共有 5 个学生(包括诗人的大儿子)和 5 位教师。这所学校具有许多特点。学校里没有教室和桌椅,课堂就设在大树下或广场上,上课时师生席地而坐,充分接触大自然;将体力劳作、社会实践同思维训练结合起来,让学生通过五官获得感性认识,再通过头脑获得理性认识;把知识教育和文学艺术结合起来,以激发学习的兴趣。教师大都是艺术家或富于艺术气质的人,教科书同时也是文学艺术作品;学校设在农村,强调与群众打成一片,与社会生活紧密相连,树立为社会和公众服务的观念;让孩子首先学习母语,以培养爱国主义精神,反对一开始就强迫学生学英语的奴化教育。

泰戈尔改革殖民地教育制度的大胆实验,却遭到一些人的强烈反对。保守派攻击他违犯印度教教规,亵渎传统习俗。激进派斥责他因循守旧,沿袭古制。这些言论严重影响了学校的筹资和招生工作。为了维持学校的开销,诗人不得不卖掉自己的部分房产和藏书。他的妻子也变卖了自己的全部首饰。泰戈尔不仅参加了全部管理工作,而且亲自执教和编写教科书。这所小学不断发展壮大,终于在 1921 年成为了著名的国际大学。

20 世纪初,印度民族解放运动进入了新阶段。1905 年,印度总督寇松在任期的最后一年,宣布了将孟加拉省划分为两个行政区的决定,成为印度反英斗争的导火线。在这场爱国斗争中,泰戈尔挺身而出,发表了激烈的反英演说,创作了大量的爱国歌曲,并亲自领导了印度历史上第一次大规模的示威游行。

随着斗争的不断深入,泰戈尔的思想也经受了严峻的考验。作为一个真诚的爱国主义者,他渴望实现民族独立。但是,当时他还是一个改良主义者,既反对极端派的暴力斗争观点,又反对温和派的妥协退让政策。主张从文化教育入手,通过心灵和社会的改造,实现民族独立的目标。这种教育救国的方针,遭到了爱国群众的强烈反对;群众性的暴力斗争和恐怖活动使他感到害怕;他和那些只会空喊口号、不做建设性工作的国大党领袖之间,也发生了意见分歧。这一切都使他感到失望。于是便在 1907 年急流勇退,脱离了爱国斗争,回到了和平之乡,继续致力于文学创作和教育改革事业。

泰戈尔回乡之后,爱国群众指责他临阵脱逃,背叛了祖国和人民;殖民当局也将他视为危险分子,实行严密监视,并暗中下达指令,禁止政府职员送子女到他的学校读书,或给予他任何方式的援助;诗人的家庭也连遭不幸,从 1902 年至 1907 年,6 年间先后失去了患难与共的妻子、才华横溢的二女儿、88 岁的老父亲和年仅 13 岁的小儿子。空前的政治压力,对现实的失望,以及失去亲人的巨大悲痛,使泰戈尔遭到一生中最沉重的精神打击,陷入了极度苦闷和困惑之中。然而,泰戈尔并没有从此消沉下去,也没有因个人的痛苦而玷污自己的崇高事业。相反,经过斗争的洗礼,他认真反省和清理了自己的思想,提高了认识。伴随着这段充满刺激的艰难岁月,泰戈尔的文学创作也进入了成熟时期。从 1901 年至 1918 年,先后出版文学作品 51 部,其中中长篇小说和散文诗占着主要地位。

优秀的长篇小说有《小沙子》(1903)、《沉船》(1906)、《戈拉》(1910)、《家庭与世界》(1916)等。对殖民主义和封建主义的揭露和批判,对国家前途问题的深入思考和积极探索,构成了这些小说的基本思想倾向。

《沉船》是泰戈尔的代表作之一。小说以情节的传奇性和出色的自然描写而著称。它通过沉船事件的发生,暴露了封建包办婚姻所造成的爱情悲剧,表现了腐朽的封建道德规范与民主思潮的尖锐冲突。

《戈拉》是泰戈尔最优秀的长篇小说,被誉为反映印度近代社会生活的史诗。

《戈拉》以19世纪后半叶的孟加拉社会为背景,反映了当时极端派和温和派围绕国家前途问题的一场激烈的论战。小说中的主要人物,是一群民族资产阶级的爱国知识分子,他们的思想争论和爱国斗争,构成了小说的主要情节。小说对19世纪末印度民族民主革命从政治上进行了总结,严厉批判了复古主义、民族虚无主义、教派对立和脱离群众的错误倾向,给一切爱国主义者指出了一条前进的道路,那就是冲破种姓制度和教派偏见,不分宗教、教派和种姓,联合起来,为争取民族独立和民族解放而斗争。小说团结反帝、反帝必须同时反封建的主题,对当时印度民族民主革命运动的健康发展,具有重要的现实意义。

如果说这一时期的小说大都表现外部世界的矛盾冲突,那么,他的诗歌则转向了内心世界的探索。其中最有代表性的作品,是由泰戈尔编辑并译成英文的4部散文诗集。《吉檀迦利》(1912)是追求人生理想的诗集,表现的是在有限中达到无限境界的愉悦。这是泰戈尔的代表作,它为诗人赢得了世界声誉。《园丁集》(1913)是一部关于人生和爱情的诗集,写出了爱情的痛苦与欢乐,也体现了诗人对美好人生的执着追求。《新月集》(1913)是一部关于儿童的诗集。诗人把天真、纯洁、欢乐的儿童世界比作新月,表现出对儿童的厚爱和对美好生活的向往。但新月高悬空中,可望而不可即,儿童终归要变为青年,进入这黑暗、污浊的社会,因而诗人又流露出淡淡的哀愁。《飞鸟集》(1916)是一部哲理诗集。它记录了诗人的心路历程,揭示出许多朴素的人生真理。这些诗集都产生于斗争失败后的苦闷时期,具有精神和哲理探求的共同倾向,是泰戈尔进行思想反思的产物。在形式上,它抛弃了传统的格律,代之以内在的韵律和节奏感。由于内容的现实性,感情的真实性和形象的可感性,形成了清新、质朴的艺术风格。

1911年12月,泰戈尔创作了著名歌曲《人民的意志》,献给当时召开的国大党会议,表达诗人渴望民族觉醒、人民团结和祖国独立的美好愿望。由于它充满爱国激情,唱出了印度人民的共同心声,印度独立后被定为国歌。1912年,诗人出版《回忆录》,回顾了自己从童年到青年时代的成长过程。

1913年11月,泰戈尔的诗集《吉檀迦利》荣获诺贝尔文学奖,从此诗人开始驰誉世界文坛。这是泰戈尔一生中最风光的一年,但从创作成果来看,却是最贫乏的一年,只写了一些歌曲,未出一本孟加拉语作品。

1914年7月,正当诗人在喜马拉雅山区度夏时,第一次世界大战爆发了。泰戈尔认为,这是对全人类的疯狂挑衅,必须用战斗来保卫人类的尊严:"前进,斗士们!把战旗高高举起;昂起头,歌手们!让战歌在云霄响彻!"

由于诗人获得了国际荣誉,英国殖民当局也不得不向他表示敬意了。1915年3月,孟加拉省督卡迈克尔勋爵参观了和平之乡。泰戈尔怀着复杂的心情,恰如其分地接待了他。警告政府官员不要把孩子送进诗人的学校的日子，从此一去不复返了。

1916年5月，泰戈尔去日本讲学。当时正值第一次世界大战期间，日本趁机从德国手中夺取了中国的山东半岛。泰戈尔公开发表谈话，指出日本尽管可以得到一个地方，但将失去一个朋友——中国，日本将自食其果。这些话登在日本报纸上，触怒了日本统治阶层。在他刚抵达时向他表示的种种热情，一夜之间烟消云散，再也没人请他讲演了。日本报刊甚至称他是"战败国的诗人"。

同年9月，诗人第二次访问美国。他奔走于美国各地，受到各界的热烈欢迎。他的讲演和诗歌朗诵倾倒了广大听众，不少崇拜者狂热地追踪诗人，甚至在大街上紧紧尾随其后。这次访美的主要目的是为他的学校筹款，因此，他不得不忍受着疲劳和屈辱到处演讲。他在给美国人门罗的信中写道："我像一头关在笼子里供人观赏的狮子——我已经失去了自由。……但是，我还是尽量装出高兴的样子，跟着你们的美元的节奏跳舞。"

1917至1918年，印度民族解放运动重新高涨起来。诗人在革命浪潮的感召下，再度被卷入政治斗争的漩涡。但是，他和爱国群众的矛盾依然没有消除，再加上他所宠爱的长女贝拉于1918年5月不幸去世，使他情绪更加沮丧，便又一次回到了和平之乡。

充实晚年

泰戈尔在1913年获得诺贝尔文学奖之后，不仅走向社会，积极投身于爱国斗争，而且越出国界，走向了世界。在此后的20多年时间里，他先后12次远渡重洋，风尘仆仆地访问了五大洲的26个国家，所到之处，他寻求友谊，宣扬东方文明，谴责法西斯，支持各国人民的正义事业，成为名副其实的"世界公民"。

1921年泰戈尔访问德国时，出现崇拜英雄的疯狂场面。当诗人在柏林大学发表演讲时，有的姑娘为抢占座位昏厥过去。没有挤进大厅的人是如此之多，以致次日他不得不重复这一演讲。在一个星期天，主人陪他去城外一个公园散步，不一会就在他周围集聚起2000多人，他们用歌声对诗人表示敬意和祝福，使泰戈尔深受感动。

1924年四五月间，泰戈尔应梁启超的邀请来华访问。他说："中国和印度是极老而又极亲密的兄弟"，"到中国便像回故乡一样"。中国学者梁启超应泰戈尔的请求，给他起了个中国名字，叫"竺震旦"，意为中印友好。诗人先后访问了上海、杭州、南京、济南、北京、太原、武汉等城市，历时40天。在华期间，诗人先后11次发表演讲。演说的内容可归纳为五大类：（一）盛赞中华民族的勤劳智慧和中国文化的辉煌成就；（二）渴望恢复中断已久的中印友好往来与文化交流；（三）号召东方大国发扬固有的精神文明传统，以对抗西方的物质主义和侵略行径；（四）呼吁中国人民"快学科学"，"东方所缺而又急需的就是科学"；（五）希望中印两国联合起来，共同为东方新纪元的到来而奋斗。1925年，这些讲演汇集为《在中国的谈话》一书出版。

1930年9月，泰戈尔访问了苏联，并在莫斯科举办了个人画展。1931年出版了访苏见闻录《俄国书简》。他在这本书中写道:"到底到俄国来了,我所看到的一切都是奇迹,兴奋的,是教育正以惊人的速度普及着,……俄国人民大众已充分享受了免费教育的福利。这种福利改善着他们的人性,使他们成为永恒的骄傲者。"诗人也明确指出了苏联存在的弊病,认为它过分强调社会的要求,而忽视了个人的权利。

晚年的泰戈尔,积极参加了国际反法西斯斗争。1919 年 6 月,诗人的老朋友罗曼·罗兰给他寄来一份《精神独立宣言》,号召各国知识分子不要为本国政府的侵略政策服务。泰戈尔积极响应,郑重地在宣言上签上了自己的名字。1934 年,意大利法西斯军队侵入阿比西尼亚(埃塞俄比亚),泰戈尔立即表示严厉谴责。1936 年,西班牙发生了反政府叛乱,诗人坚决站在共和政府一边,痛斥法西斯分子佛朗哥的罪恶行径。1939 年,当德国悍然发动世界大战时,诗人应欧洲朋友的请求,撰文抨击德国法西斯头目的侵略暴行。

在第二次世界大战期间,诗人时刻关注着饱受法西斯蹂躏的世界各国的命运,尤其是对中国人民的抗日战争,给予了格外的关心和支持。他曾多次发表谈话、写公开信、创作诗歌,揭露日本军国主义的侵华暴行。他还组织国际大学师生义演,发起募捐运动,支援浴血奋战的中国军民。1938 年 4 月,诗人发表《致中国人民书》,坚信英勇顽强的中华民族,一定能取得抗日战争的最后胜利。而诗人在致日本军国主义作家野口米次郎的信中,却这样写道:"敬祝我所热爱的贵国人民不成功,只懊悔。""我对日本人民的友爱,并不包括对其统治者侵略政策的赞同。"

泰戈尔在反法西斯斗争中,还写下了许多政治抒情诗。大都是谴责法西斯侵略、支持各国人民正义斗争的作品,它充分体现了诗人的政治观点和人道主义、国际主义精神。著名的有《礼佛》(1937)、《非洲》(1937)、《忏悔》(1938)等。这类诗歌分别收录在《非洲集》(1937)、《边沿集》(1938)、《天灯集》(1939)、《新生集》(1940)和《生辰集》(1941)等诗集中。泰戈尔在周游列国过程中,眼界大开,胸怀更加宽广。

他逐渐萌生了一个大胆的设想,那就是"全球国家的创造"。在他看来,西方物质文明比较发达,东方精神文明博大精深,二者如能取长补短、完美结合,就会出现一个和谐统一的"大同世界"。实现这一目标的主要途径,就是加强东西方之间的文化交流。为了在东西方之间架起一座沟通的桥梁,泰戈尔于 1921 年在和平之乡创办了国际大学。他选用古老的梵文诗句,作为学校的办学宗旨:"整个世界相会在一个鸟巢里。"也就是说,要让世界成为一家。也许是偶然的巧合,诗人的名字本身,就含有东西方结缘的象征意义。在孟加拉语中,泰戈尔是太阳的意思。太阳每天出自东方,落入西方,连结着东西两个世界。它驱走黑暗与严寒,给人间带来光明和温暖。所以,诗人在晚年曾自豪地说:"在我这里,东方和西方结下了友谊。我在生命中实现了我的名字的含义。"

国际大学招收不同国家、民族和肤色的学生来校学习,并邀请东西方各国的学者和艺术家来这里讲学、研究和创作,成为名副其实的世界文化的汇合点和交流中心。泰戈尔十分热爱中国文化,1937 年在国际大学里设立了中国学院,专门研究中国的文化艺术,先后邀请了中国学者兼作家许地山、诗人徐志摩、画家徐悲鸿、教育家陶行知等人来校讲学。学校还为中国留学生设立了奖学金。中国留学生魏风江到达国际大学时,泰戈尔亲自接见，他说："你是从中国飞到国际大学的第一只小燕子，欢迎你在这里筑巢。"

国际大学为泰戈尔带来了崇高的荣誉，也给他造成了沉重的经济负担。诗人不仅把自己在和平之乡的土地、房屋和其他财产全部捐献出来，而且将孟加拉文著作的版权也赠给了学校，但仍不能维持学校的开支。为拯救这所大学，泰戈尔落到了四处乞讨的狼狈境地。但只得到少得可怜的施舍，有时甚至一无所获。为了筹措经费，只得把学生训练成演员，组成演出团体，到全国各地巡回演出他创作的各种节目。

晚年的泰戈尔，是在众多的社会活动、不间断地旅行访问和繁重的教育工作中度过的，是他一生中过得最充实的一段时间。但在百忙之中，始终笔耕不辍。在 20 多年间，他总共写出各类作品和论著 72 部。由于诗人思想认识的不断提高，他的文学创作从内容到形式都发生了明显的变化。文学视野更加宽广，思想倾向越来越鲜明，而且充满了政治激情。为了反映这个数变的时代，广泛采用了散文诗、自由体诗的形式。散文和政论文也急剧增加。

戏剧创作取得了显著成就。泰戈尔堪称印度的戏剧大师。从童年到老年，他经常粉墨登场，演出自己的剧本。他的剧作几乎涉及所有的戏剧门类，并创造了音乐、舞蹈、诗歌浑然一体的戏剧形式。在他的众多的剧作中，有一半是在后期创作的。其中最优秀的剧作是《自由的瀑布》(1922) 和《红色夹竹桃》(1926)。

自我肯定

1936 年 2 月，泰戈尔在加尔各答作了三次有关教育问题的讲演之后，就着手把自己早年的剧本《齐德拉》改编为歌剧，并亲自指导排练。此剧在加尔各答的上演赢得了赞誉。诗人接着带领剧团访问北印度，作巡回演出。当剧团抵达首都德里时，市政府提出为泰戈尔举行市民欢迎大会，可是英帝国的行政长官竟然驳回了该项建议。恰巧此时也在德里的圣雄甘地，目睹年老体弱的诗人为给自己的大学筹款如此艰辛地巡回演出，感到万分不安，于是他捐款 6 万卢比给桑地尼克坦的国际大学，对此泰戈尔非常感激。

从德里归来之后，泰戈尔担任了加尔各答群众大会主席，在 10 月 2 日，为庆祝圣雄甘地的诞生日，他组织桑地尼克坦神庙的特别祈祷。这之后，他埋头将以前的一首诗作《报答》改编为歌舞剧《夏玛》，并在当月下旬亲自参加了该剧在加尔各答的演出。

这一年泰戈尔出版了两部散文诗集——《叶状器皿》和《沙摩里》。前者的题名意即以树叶作为杯盘，后者则指对大地的赞颂。值得一提的是前者之中的《非洲》一诗，在这首诗中，诗人愤怒谴责了法西斯独裁者墨索里尼。

1937 年 9 月 10 日傍晚，年已 75 岁的诗人在椅子上休息时，突然不省人事，昏迷了两昼夜才渐渐苏醒。后来，他把这种知觉的中断和恢复的感受，写成一首诗，后把它收入第二年出版的诗集《边沿集》中。

1939 年，第二次世界大战爆发了。曾经历过一次大战的诗人，看到人类的悲剧再次上演,感到异常的悲痛。这一年圣诞节,他写了一首诗,表达了他对战争狂人的愤恨和谴责。

1940年2月,圣雄甘地夫妇来到桑地尼克坦拜访诗人,泰戈尔在和平之乡宜人的芒果林里热烈地欢迎他们。诗人在致辞时向甘地表达了崇高的敬意:"我把您作为我们自己的人,属于全人类的人来欢迎您。"这是甘地与泰戈尔的最后一次会晤,双方都感到十分愉快。

这一年的5月,在喜马拉雅山的蒙铺,泰戈尔在梅特丽娜·黛维夫人家里,最后一次参加了自己生日的庆祝会。

泰戈尔很高兴,当天下午写了三首题为《生命》的符。其中的最后一首诗说,"下午,山民来了被邀请参加诞辰宴乐。一个接一个,他们献给我花束,带着自己的祝贺。……这是我的生日的圆满实现,在这一天,星星遮蔽了辽阔的天空,在日月星辰的财富中难道这无与伦比的光荣在别处出现过?"这在泰戈尔可以说是新的思想境界。可惜第二天他又接到侄儿苏伦去世的消息,当天晚上他又写了一首题为《死亡》的诗,与三首生日诗一起送给杂志。

同年8月7日,英国牛津大学授予泰戈尔博士学位,授予仪式在桑地尼克坦举行。9月,泰戈尔在喜马拉雅山的葛林堡休养时,突然爆发前列腺炎,到加尔各答治疗近两个月才返回桑地尼克坦,但已经不能再自由走动。泰戈尔躺在病床上回忆、思考和想象,然后奋笔疾书。这一年,他出版了《新生》集、《唢呐》集和《病榻》集三部诗集。

在《新生》集里面出现了一些颇为独物质的意象,不过借此表现的还是泰戈尔自己的心绪。如1939年3月10日写成的一首诗,描写一只歇在书架上的蝴蝶,默默地注视着书架上的诗集,"诗集中蕴含的真理在它的眼里并非颠扑不破,而是一片螟色",因为"欲望之外的它不知不晓"。其实诗人描写这只蝴蝶,只为引出自己。所以诗歌接着说,"心灵在我的宅第自觉地筛选着真理。不能认识的暂且更变为它周遭的虚幻。它时时在探索世间究竟有些什么。哪知其不知的人,此刻,也许是它的里邻,也许栖于我悟性疆界之外的内心世界的形象殿宇。只是我迄今未看见照耀他华屋的光焰。"由此可见,泰戈尔毕生创作的诗歌,都是探索真理和追求真理的。而1940年3月28日写成的一首诗,则直写"生命是一列夜车,向彼岸行进,风驰电掣——车内装满酣睡"。"夜车隆隆行进天穹下片刻不停。昏睡的愚蒙期待着昏睡心灵的黎明"。泰戈尔念念不忘的,始终是人民的觉醒。

在《唢呐》集(或译《木笛》集)里,人们又看到1938年6月20日写成的《药叉》一诗,再三再四地描写药叉的爱情。诗中说,"尘世是它的史诗,'云使'的格律是注释。宏大凄凉的背景前朗诵意味深长的欢乐台词。药叉的相思中燃烧着创造之火,他为此极为荣幸"。诗歌最后说到药叉的妻子,"皓月常临,百花常开,她看来是人间莫大的悲哀。她不愿鸾颠凤倒的美梦被侵扰而苏醒。财神药叉的云使一下子敲着她的门,欲将她从沉闷的天宫送进绿荫奇妙、五彩缤纷、光辉灿烂的世界,送进柔波轻漾的生活之河。"这真是艺高人胆大了,即使再三描写,也能够写出新意。而泰戈尔1940年1月10日写成的《神话》一诗,更说出其中秘密。诗云,"我心里没有我失去的羁勒,我心里有一支支歌曲在奋翻飞渡神话的浩瀚的海洋,我在欢语沉寂的海滨迷失方向——我心里弥漫着我熟稔的占布花的芳泽。当夕阳西坠,暮云上绽开霞光的花蕊,我偕同七海的白沫向远方漂泊,在心里你敲击仙娥关闭的闺阁"。这就是说,由于诗人的艺术想象经常在神话中遨游,并不断探索神话深处的奥秘,纵然他再三再四地描写同一题材,也能常写常新。

《病榻》集主要收集了泰戈尔从 1940 年 9 月再次发病至 11 月的诗作。在他发病之后,9 月 25 日泰戈尔还写了一首诗,赞美他的休养地噶林堡(或译迦梨摩旁)。这首诗写得很美,很动人。诗云,"青青的地板,青青的山峦,用相同的韵律缔结天地的姻缘。秋日金色的阳光为森林沐浴,紫褐的蜂群在橙黄的花丛间采蜜。我置身其中,听浑圆的天穹无声的掌声。我的欢愉里交融着色彩、音调——这,迦梨摩旁,你可知道?巍巍群山的宝库里积敛了无尽的时日。我的一天曾把花环挂在它的颈脖,为把这个喜讯用绵远的音乐传遍天庭,黎明的金钟当当敲响——这,你可知道,迦梨摩旁?"诗人对大自然的美景是恋恋不舍的。而在同年 11 月 28 日晨写成的第 27 首诗里,泰戈尔又真切地表达了他的生的意志。诗云:"把门打开!吹散笼罩蓝天的阴霾;让好奇的花香飘进我的病房;让初露的曙光在我周身的血管里奔流;我还活着,让我在绿叶飒飒中听见热烈的祝贺。黎明,你以轻柔的雾纱遮覆我的梦魂,如同遮盖嫩草芊芊的绿野。空间吹拂的风中,我听见平生所得的爱在无声地絮语。我用它的圣水行灌顶大礼。仰望高远的青天,我看见绵亘的真切的生命犹如一串璀璨的珠链。"这是生命的颂歌,热爱生命者的恋歌。

1941 年,德国法西斯的军队践踏着苏联的国土。人民的不幸和世界的灾难使泰戈尔感到精神上的痛苦,这种精神痛苦使泰戈尔的病情进一步恶化。他感到剧烈的疼痛,不仅无法走动,连在床上坐起来都不可能。在无法手书的情况下,采用口授的方式,泰戈尔仍然坚持进行诗歌创作。他像童年时期坐在祖居的窗前眺望水池旁的大椿树那样,躺在床上凝视着泥茅屋前面的老椿树,依然感到诗兴勃发。1941 年 4 月 14 日,在孟加拉的新年期间,泰戈尔在桑地尼克坦请别人代他宣读了最后一份公开声明,即题为《文明危机》的遗嘱。声明说,"命运的车轮总有一天会迫使英国人放弃对印度的帝国统治。但是,他们怎能把印度抛在自己身后?怎能在它上面涂抹可怜的色彩?当他们统治二百年的潮流永远干涸时,他们将要把多少污泥、多少垃圾抛在自己的身后。一当我环顾四周时,我看到了一个高傲文明的废墟,我没有在人类中犯下丧失自己尊严的可鄙罪过。我倒一直等待着,它将依赖服务和牺牲,净化环境并在结束混乱的历史里开始新的篇章的时刻到来。"

在他生命的最后一个年头,泰戈尔再完成了三个诗集的创作任务,那就是《生辰》集、《康复》集和《最后的作品》集。

《生辰》集显示出泰戈尔新的思想境界。其中 1941 年 1 月 21 日在桑地尼克坦写成的第 10 首是非常著名的,本书的引言部分已经介绍过了。当然,诗集也显露出泰戈尔重病中的心境。如《薄暮》一诗说,"有天黄昏我骤然看见'死'的左臂揽着'生'的颈项,一条红绸连结'生'与'死'的手腕——这是我熟识的伉俪。新娘——死亡右手抱着贵重的妆奁——新郎'死'的无价聘礼,从容地走向时间的极终"。这是把"死"升提到哲理的高度,从而达到心境的宁静。

《康复》集也显示出泰戈尔新的思想境界。其中 1941 年 2 月 13 日写成的第 10 首诗也是非常著名的,它和《生辰》集第 10 首是联系在一起的。诗歌描写"历代的战胜者一队队奔向渺远的往昔",虽然"英国凶残的军卒"到处蔓延他们的暴虐,但是"我知道时间将淹没他们走过的路,冲决遍布印度的帝国统治的网罟。"而"我俯视下层社会,历代的黎庶成群结队","他们永世在船上掌舵,他们永世扶犁耕播","劳动的号子、歌声,昼夜充斥时代的进程,生活雄壮的交响乐激荡着忧喜交集的朝夕。万千帝国的废墟上他们照常劳忙"。这种英国殖民统治必败、劳动者是历史的真正主人的思想,体现出泰戈尔晚年思想发展的最高境界,是极其宝贵的。一个世界知名的诗人,在 80 高龄,在生命行将结束时,竟然能够跃登最新最高的思想境界,这是古今罕见的。

《最后的作品》集或译《最后的诗》集,汇集了泰戈尔一生最后的诗作。其中第 10 首写于 1941 年 5 月 6 日晨,即泰戈尔的最后一个生日的寿辰的前夕。这首诗说,"今天,逢到我生日的辰光,我已经没有指望。我要我的朋友靠近我——要他们的手温柔地抚摸我。我将随身带走——大地的最终的爱,人生的离别的礼物,人的最后的祝福。今天我的袋子是空空的,一切我必须给的,我统统都给掉了。我每天接受的小小礼物——一些友爱,一些宽恕——我将随身带走,那时我将坐在我的小舟里,作我最后一次横渡,迎我终点的无声节日"。这充分显示出泰戈尔心境的宁静和人格的高尚。

泰戈尔后期诗歌创作第二阶段的特点,主要是直接抒发个人的和民族的生活感受,部分升华为哲理的思考,但基本上没有使用宗教的形式。

1941 年 7 月 2 日,泰戈尔被送到加尔各答去。7 月 2 日上午,泰戈尔口授了《太阳》一诗,诗云:"出世那天的太阳问道:人世间新的降生者,你是谁? 没有回答。时间一年年飞逝。西方的海滩,沉寂的黄昏,临终一天的太阳提出最后的问题:'你究竟是谁?'仍没有回答。"这是很玄妙的一首诗。诗人的真意是说,人生下来自然只是一张白纸,到临死的时候,自己究竟成了一个怎样的人,自己不好回答,最好还是请人民和历史来回答。7 月 30 日,泰戈尔动手术了。上手术台之前,上午 9 时半,他创作了自己最后一首诗,也就是《最后的作品》集的最后一首诗。这首诗说,"呵,你这狡猾者,你用奇怪的迷惑之网覆盖你创造的道路。你一双熟练的手在朴素的生活里挖掘伪信的陷阱。你把'虚伪'的印记烙在'崇高'上,但你不曾为他留下诡秘之夜。你的明星昭示他心中的路——永远透明的路,纯真的信仰使之永远辉煌的路。他表面上隐晦,内心是耿直的。这是他的骄傲。人们说他是苦恼的。他用自己的光热,在心里濯洗他寻到的真理。没有什么能将他欺骗。他把最后的赞礼藏进自己的宝库。他宽仁地容忍权术,在你的手里赢得永不磨灭的安宁的权利。"这是泰戈尔最后一次自我回顾,也是最后一次自我肯定,为自己诚挚的信仰、内心的耿直和品性的宽容而自豪。

手术后,泰戈尔的病情继续恶化,知觉逐渐丧失。至 1941 年 8 月 7 日中午 12 时 13 分,一代伟人在加尔各答市的乔拉桑戈祖居停止了呼吸。不过他深信,死亡只是通向永生的阶梯。

在手术前,泰戈尔创作了一首歌,并嘱咐人们在他逝世时唱这首歌。8月7日,人们在桑地尼克坦唱了这首歌;以后,每逢泰戈尔的逝世纪念日,人们都唱这首歌:

前面是宁静的海洋,

喔,舵手!

放下船!

你将成为永恒的同伴

把我抱在怀里,

在无限的道上,

点燃永恒的星火。

解放者!

你的宽恕,你的慈悲,

成为我无限旅途的永恒倡伴,

让死亡的桎梏消灭,

让广大的世界伸臂把我抱在怀里,

让我内心获得对巨大未知的认识。

无产阶级革命文学导师

——高尔基

人物档案

简　　介：原名阿列克赛·马克西姆维奇·彼什科夫，是苏联无产阶级作家、诗人、评论家、政论家、学者。诞生在伏尔加河畔下诺夫哥罗德镇的一个木工家庭。4岁时父亲去世，他跟母亲一起在外祖父家度过童年。10岁时开始独立谋生，先后当过学徒、搬运工、看门人、面包工人等。1884年参加民粹党小组，阅读民粹党人著作和马克思的著作，投身于革命活动。1905年高尔基加入了俄国社会民主工党；1906年高尔基受列宁的委托，由芬兰去美国进行革命活动，在美国出版长篇小说《母亲》，后定居意大利卡普里岛；1913年高尔基从意大利回国，从事无产阶级文化组织工作，主持《真理报》的文艺专栏；1921年10月高尔基出国疗养；1928年高尔基回到苏联，在斯大林的安排下，他在俄罗斯作了两次长途旅行观光后决定回国定居；1936年6月14日，高尔基因病逝世，享年68岁。

生卒年月：1868年3月28日~1936年6月14日。

安葬之地：克里姆林宫的红墙中。

性格特征：信念坚定，意志顽强，智力超群，情感丰富，敏感冲动，执着坚强。

历史功过：苏联作家协会主席，参与俄罗斯帝国社会主义革命。代表作有《海燕之歌》，自传体三部曲《童年》《在人间》《我的大学》。

名家点评：列宁评价说："高尔基是社会主义现实主义文学奠基人，无产阶级艺术最伟大的代表者，无产阶级革命文学导师，苏联文学的创始人之一，政治活动家，诗人。"

苦难童年

1868年3月28日（俄历3月16日），在俄国伏尔加河畔的尼日尼——下诺夫戈罗德（今高尔基市），伟大的文学巨匠，被列宁称为无产阶级艺术最杰出的代表——高尔基诞生了。

高尔基的祖父曾经是沙皇时代一个残暴的军官，由于他残酷地虐待部下，被沙皇尼古拉一世降了职。他不仅在军队残暴，在家庭中也是个暴君。高尔基的祖母在高尔基父亲9岁时就死去了。据《高尔基自传》说，他的父亲马克西姆·萨瓦季耶维奇·彼什科夫时候经常遭受鞭打的惩罚，由于不堪忍受祖父的惩罚，从10岁到17岁，从他祖父身边逃跑过5次。最后一次，父亲成功地逃离了家庭。高尔基的父亲是个聪明善良、乐观开朗的人，最初在尼日尼——下诺夫戈罗德城的一家木器店里学徒，20岁已经成为一个上好的细木匠、裱糊匠和装饰匠。22岁时，他就得到了伏尔加轮船公司驻阿斯特拉罕的轮船营业所经理的职务。高尔基的母亲名叫瓦尔瓦拉·瓦西里耶夫娜·卡希琳娜。高尔基的父母是自由恋爱的，虽然卡希琳娜的父亲百般阻挠，但最终结了婚。

1871年春，也就是高尔基3岁那年，全家搬到了阿斯特拉罕城。几个月后，高尔基染上了霍乱，父亲和母亲日夜照顾他，高尔基的病虽然好了，可是照顾他的父亲却传染上了霍乱，就在高尔基4岁的时候，他的父亲去世了。后来，为了纪念他，高尔基选择了父亲的名字马克西姆作为笔名，他的原名是阿列克赛·马克西莫维奇·彼什科夫。

父亲死后，高尔基和母亲回到了故乡下诺夫戈罗德的卡希林家。在下诺夫戈罗德，高尔基开始了新的生活。这里的生活与阿斯特拉罕高尔基家温暖和睦的生活迥然不同的。

高尔基的外祖父家，是一个典型的小市民家庭，外祖父卡希林是一个贪婪残暴、不信任人的干瘦老头。他曾是伏尔加河上的一名纤夫，经过三次航行，他成了商船队里的一个领班。后来他从事染布业，发了财，就在尼日尼开办了一家大规模的染坊，两个舅舅也在外祖父的染坊里干活。当时，由于机织棉布生产的发展和机器印花布的普及，排挤了家庭手工印染业，这种情况严重地威胁着卡希林一家，它使得家庭成员中的每一个劳力都拼命想为自己多保留些一度兴隆的作坊的剩余产业，因而就引起了争吵和野蛮的打架。而卡希林家所不喜欢的马克西姆·彼什科夫的儿子高尔基，很显然在这个家也同样是不受欢迎的。

在外祖父家里，无论是大人还是小孩，高尔基都不喜欢。在这个家庭中，人与人之间好像有深深的仇恨，大人们都中了仇恨的毒，连孩子们也都受了"毒害"。高尔基觉得自己在他们中间是陌生人。特别是外祖父，他那怀有敌意的眼神，使高尔基产生了一种莫名其妙的畏惧。

在高尔基刚到外祖父家不久，两个舅舅就和外祖父吵了起来。有一天，在厨房里吃饭的时候，两个舅舅把身子探过桌子，冲着外祖父大吼大叫，要求分家。外祖母痛苦地说："全都分给他们吧！分吧！"而两个舅舅之间不知又发生了什么，忽然米哈伊尔舅舅扬起手打了他弟弟一个耳光，弟弟大吼一声，揪住了他，两个人在地板上打成一团，发出一阵喘息、呻吟、辱骂的声音。

他们刚开始吵架的时候，高尔基就吓得跳到炕炉上躲起来。后来，高尔基问外祖母，大人们为什么打架，外祖母告诉高尔基：

原来高尔基母亲来以前，她的两个弟弟正在坚决地要求分家。她突然回来，使他们分家的愿望更加强烈了。他们害怕高尔基的母亲讨回那份本来给她预备、但是因为她违背外祖父的意志自己做主结婚而被外祖父扣留了的嫁妆。舅舅们认为嫁妆应当分给他们。此外还为了谁在城里开设染坊，谁到奥卡河对岸库纳维诺村去，彼此早就无情地争论不休了。

从此以后，高尔基就经常看见两个自私自利的舅舅为了争夺家产而大打出手。

高尔基的母亲认为高尔基的病是他父亲致死的原因，在回到尼日尼不久，她就离开了卡希林家，离开了高尔基。

在染坊里，大人们使布料变色，这使刚到外祖父家不久的高尔基很惊奇。为什么黄色布浸到黑水里，就变成深蓝色了；灰布在红褐色的水里涮一涮，就变成樱桃红色了。高尔基觉得很好玩，并想亲自动手染一染。高尔基把这个想法告诉了雅科夫舅舅的儿子萨沙。萨沙告诉高尔基白色最容易上色，并劝说高尔基从柜子里把过节用的白桌布拿出来，把它染成蓝色。

每星期六晚祷之前，外祖父总是从水桶里捞起长长的树条子，把在这一星期中犯有"过失"的孩子痛打一顿。因为萨沙把高尔基染桌布的事告诉了外祖父，这一次小高尔基也要挨打了。

高尔基记得，当时"外祖母向我扑过来，两手抱起我喊道：'我不给你！不给，你这魔鬼！'外祖父向她猛扑过来，推倒她，把我抢过来，抱到凳子上，我在他手中挣扎，拉他的红胡子，咬他的手指，他狂吼着，夹紧了我，最后，向长凳上一扔，擦破了我的脸。我记得他粗野地叫喊：'绑进来！打死他！……'"

这一次，外祖父把高尔基打得失去了知觉。接着小高尔基就病了一场。在生病的那几天，是高尔基一生中印象非常深刻的日子，他感觉长得很快，并且有了一种特别不同的感觉。从那时起，小高尔基就怀着一种不安的心情观察人们，对于一切屈辱和痛苦，不论是自己的或是别人的，都有难以忍受的感觉。

在外祖父家里，高尔基还经常看见他的两个舅舅开一些无聊的、残忍的、侮辱性的玩笑。有一天晚饭前，米哈伊尔舅舅想跟那个快瞎的工人格里高里开个玩笑，叫9岁的侄儿在蜡烛上烧师傅的顶针。萨沙用烛花镊子夹着顶针烧起来，把它烧热后，偷偷地放在格里高里的手底下，这时正巧外祖父想干活，于是就把外祖父的手烫伤了。他们有时还用火烧格里高里的剪子把儿，有时在他坐的椅子上插一个尖朝上的钉子，或者把颜色不同的料子偷偷地放在这个半瞎的老人手边，他把它们缝成一匹布，这样他就会挨外祖父的骂。对于儿子们的这些把戏，外祖母总是捏着拳头，吓唬他们，骂他们是一群不要脸的东西、恶鬼！

每天晚上，外祖母和高尔基睡在一起，睡前外祖母总是给他讲童话。

她念起诗来特别好听，有一首诗是讲圣母巡视苦难的人间情景的；还有些诗是讲神人阿列克谢的，讲战士伊凡的；还有关于大智大慧的瓦西莉萨，关于公羊神甫和上帝教子的童话。外祖母记得的童话、故事和诗歌，多得数也数不清。

她一讲起上帝、天堂和天使，就变得非常和蔼，湿润的眼睛里闪烁着特别温暖的光芒。而高尔基也总是一动不动地、专心致志地听那永远讲不完听不厌的故事。

有一天，高尔基从米哈伊尔舅舅的房门前走过，看见纳塔利亚舅母浑身是素白衣裳，两手按住胸口，在屋子里乱窜乱喊，声音不高，但很可怕："上帝，把我召回去吧，把我领走吧……"

高尔基看见，纳塔利亚舅母无神的眼睛底下有几块青疙瘩，嘴唇青肿着，就问外祖母："舅舅打她吗？"外祖母叹着气回答："他偷着打她，这个该死的！外祖父不许他打她，可是他每天夜里打，他凶极了。"

由于矛盾纷争，没有好的解决办法，这一年春天，外祖父只好让两个舅舅分家了。雅科夫留在城里的染坊中继续从事染纺业，米哈伊尔搬到河对岸。外祖父在田野街买了一所挺漂亮的大宅子，整所宅子住满了房客，外祖父和外祖母住在阁楼里。

在一个炎热的夏天，外祖父开始教高尔基认字了，高尔基认得很好，外祖父很高兴地说："死去的纳塔利娅说他的记性不好，这话不对，谢天谢地，他的记性像马似的。"

很快高尔基就能拼音念诗篇了。有一天晚上，喝过茶后，高尔基和外祖父坐下念诗篇，忽然雅科夫舅舅闯了进来，说米哈伊尔舅舅在他家喝醉了，打碎了碗碟和窗户，把一块染好的毛料撕得一块一块的，现在他正往这边来，要杀死外祖父。

米哈伊尔舅舅被外祖父他们拖出门外，他慢慢地站起来，全身衣服都撕破了，他拾起一块大卵石对着大门扔去。

米哈伊尔舅舅是外祖父的长子，按理说外祖父的染坊应该由长子继承，但是外祖父不喜欢他，偏心雅科夫舅舅，把染坊给了雅科夫，米哈伊尔舅舅心里不高兴，所以经常找茬捣乱。

外祖父在田野街那所房子里住了不到一年的光景，但名声却很大了，几乎每星期都有一群小孩跑到大门口，他们满街欢呼着：

"卡希林家又打架了！"

米哈伊尔舅舅每天天一黑就来了，他整夜地埋伏起来窥视外祖父的住宅，弄得全院子都提心吊胆，有时他还找两三个助手，他们从山沟溜进花园，一棵不留地拔掉了所有的树苗和醋栗，把浴室给捣毁了，把浴室里能够弄破的东西——蒸浴架、长凳子、水锅全弄破了，把炉子拆散开来，掀掉好几块地板，把门窗也拆掉了。有一次，舅舅手持一根粗大的木椎，从院子里向过道冲来，他站在台阶上打门，在门后等着他的是拿着大棍子的外祖父、拿着尖头长棍子的两个房客、拿着擀面杖的酒馆主人的妻子——一个高个子女人。

外祖母在后面央求着说:"你们让我出去见见他,我来和他说句话。"外祖母跑到外祖父跟前时,他默默地用肘子推她,用脚踢她。4个人杀气腾腾地站在那里做好准备,舅舅拼命地毁坏着门,很奏效,门已经摇晃了,外祖母扑到墙上的一个小窗户,让她的儿子快跑,舅舅照着她的胳膊就是一木椎,把外祖母的胳膊打坏了。

后来,高尔基的母亲回来了。过了不久,母亲开始积极地教高尔基"世俗体的"文学。因为他开始学的是斯拉夫的教会文。所以不认识"世俗体的"文字,她买了几本书,从其中的一本《国语》小学教科书里教高尔基识字。高尔基费了几天工夫,学会了读世俗体文学的本领,可是,母亲马上让他学背诗。从此,高尔基就烦恼起来。她开始让高尔基背更多的诗,高尔基觉得记忆越来越坏,记不住那些均匀的诗行,常常想把那些诗行另换一个说法,使它变样,配上其他字眼,这个愿望越来越强烈。但是,不需要的字眼蜂拥而来,很快就跟需要的而书本上没有的字眼弄混了。于是,在同这种书面诗歌作品的"斗争"中,产生了高尔基最早的口头创作。

母亲越来越愁眉不展,用陌生的眼光看一切。高尔基看到而且感受到母亲在外祖父家生活是多么难。这使高尔基很难受。

外祖父想把母亲嫁给一个一只眼睛的钟表匠,母亲不同意,于是外祖父和母亲吵了起来,之后母亲到房客家里去了。外祖父看到母亲走了,就拿外祖母撒气,他冷不防地跳进厨房来,跑到外祖母的跟前,照着她的头就给了一下:"你这个老混蛋!"外祖母整整被打歪的帽子,回敬他说:"你所有的主意,凡是我知道的,我都要告诉她。"

外祖父向她扑过去,拳头像雨点似的落在外祖母的头上。后来高尔基把外祖母沉甸甸的头发分开一看,一根发针深深地扎进她的头皮里,高尔基拔出它,又找到一根。

外祖母开始用她那灵巧的手指,在又黑又厚的头发里自己摸索。高尔基鼓起勇气又从皮肉底下拔出两个戳弯了的粗发针。

高尔基第一次亲眼看见外祖父这样可恶又可怕的打外祖母,屈辱在高尔基心中火烧似的翻滚沸腾,高尔基恨自己想不出适当的方法报仇。

两天以后,高尔基找到了机会,他趁外祖父没注意,把外祖父最喜爱的十二张圣像图拿走了,从外祖母的桌子上拿起剪子,爬到吊床上,就动手剪圣人的头,但高尔基还没来得及剪掉第二张的时候,外祖父发现了,由于母亲挡着,高尔基才没有挨打。

高尔基7岁的时候,母亲送高尔基进了初级学校。在那里学了5个月,他讨厌学校的规矩,也讨厌同学们。后来,高尔基在学校里染上了天花,中止了学习。

这之后不久,高尔基的母亲嫁给了一个贵族大学生,并把高尔基接去,送他进了库纳文诺初级学校读书。这是一所城市贫民学校,高尔基上学时穿的是母亲的皮鞋。高尔基学习很好,但是神学教师因为高尔基没有《新旧约使徒传》课本,还因为高尔基学他的口头语,他要把高尔基赶出学校。但是,下诺夫戈罗德的主教赫里桑夫来库纳文诺到初级学校视察,发现高尔基聪慧过人,他非常诧异地注意到,这个学生竟能用诗体给他背诵出民间的故事来。他很欣赏高尔基,这样,高尔基才保住了学籍。

高尔基的后父是个赌棍,很快就把母亲的嫁妆输光了。他们的感情很不好,而且常常打母亲。

有一天,高尔基听见后父在打母亲,就跑进屋子,看见母亲跪着,背脊和肘弯靠着椅子,挺着胸,仰着头,口里发出呼呼噜噜的声音,眼睛闪着可怕的光;后父打扮得干干净净的,穿着新制服,用他那长长的腿踢她的胸脯。高尔基拿起桌上切面包的刀,向后父的腰刺去。

这样,高尔基就又被送回到外祖父家。外祖父把钱借给了一个犹太商人生利息,结果那个犹太商人破产了,外祖父也就破产了。外祖父破产以后,变得更加吝啬,他和外祖母完全分开过了,甚至连茶叶也要一片一片地平分。家里只有靠外祖母给人织花边来维持生活。从那时起,为了增加收入,高尔基也开始挣钱了。

每逢星期天,一大早高尔基就背着口袋走遍各家的院子,走遍大街小巷去捡牛骨、破布、碎纸和钉子。然后,把它们卖给旧货商换些钱交给外祖母。但是,在学校里,高尔基却受到同学们的嘲笑,叫他捡破烂儿的、要饭的。有一次,高尔基和他们争吵起来。吵过架后,他们告诉老师,说他身上散发着一股垃圾坑的味道,他们不能坐在高尔基身旁。这个控告深深地污辱了高尔基。因为每天早晨高尔基总是非常细心地把身上洗干净,从未穿过在捡破烂时穿的衣服到学校去。

后来,高尔基终于读完了三年级,由于他学习成绩好,得到了学校发给他的奖品——一本福音书,带封面的克雷洛夫寓言诗,还有一本不带封面的书《法达——莫尔加那》,还发给他一张奖状。当小高尔基把这些奖品拿到家里的时候,外祖父非常高兴,非常感动,他说这些东西必须保存起来,他要把书锁进自己的箱子里。

那时,外祖母已经卧病好几天了,她没有钱。高尔基虽然喜欢书,但还是把书拿到小铺子里卖了55戈比,把钱交给了外祖母。奖状被他题了一些字,弄脏了以后才交给外祖父。外祖父把奖状珍惜地收藏了起来,后来这张奖状被保存下来了,这是流传到我们这个时代的高尔基亲手写的第一件东西。在这一年,高尔基由于贫穷的缘故,没有读完学校中的课程,就离开了学校。

母亲在这时因急性肺结核死去了。高尔基在埋葬了母亲之后,外祖父就对他说:"你又不是一枚勋章,挂在我的脖子上,这儿没有你的位置,你去闯闯人间吧!"11岁的高尔基只得离开外祖父的家,走进了"人间"。从此开始了独立地直面人生风雨的吹打和考验。

高尔基坚强、善良的性格,是在同生活中"铅样沉重的丑事"的斗争中,是在汲取他周围环境的一切好的东西的过程中形成的。在《童年》中,高尔基写道:"我把自己想象成为一个蜂窝,一些普通、平凡的人们像蜜蜂一样,把自己的知识和关于生活的想法的蜜送到那里,每个人尽自己的力量,慷慨大方地充实着我的心灵。这种蜜往往是肮脏而苦涩的,但一切知识仍然是蜜。"在他的周围,有很多好人,善良的人,有意思的人,这些人都给了高尔基很大的影响。

对高尔基影响最大的是聪明、善良、慈爱、快乐的外祖母。在卡希林家中,真正关心与爱护他的只有外祖母,她是高尔基童年唯一的保护人。在卡希林家中,她显得与众不同,她像残酷生活昏暗背景上的一缕明亮的光,她那丰富、生动、优美的童话故事和民间歌谣使高尔基神往,她把自己对俄罗斯大自然的热爱,对童话、民歌的热爱传给了高尔基,成为高尔基文学天赋的启蒙人。

高尔基后来在《童年》中刻画了令人难忘的外祖母形象:外祖母说话好似在用心地唱歌,字字句句都像鲜花那样温柔、鲜艳和丰润,一下子就牢牢地打进我的记忆里,她微笑的时候,那黑得像黑樱桃的眼珠儿睁得圆圆的,闪出一种难以形容的愉快光芒,在笑容里,快活地露出坚固、雪白的牙齿,虽然黑黑的两颊有许多皱纹,但整个面孔仍然显得年轻、明朗。她的衣履全是黑的,但通过她的眼睛,从她内心却射出一种永不熄灭的、快乐的、温暖的光芒。……在她没来以前,我仿佛是躲在黑暗中睡觉,但她一出现,就把我叫醒了,把我领到光明的地方,用一根不断的线把我周围的一切连接起来,织成五光十色的花边,她马上成为我终生的朋友,成为最知心的人,成为我最了解、最珍贵的人,是她那对世界无私的爱丰富了我,使我充满了坚强的力量以应付困苦的生活。

外祖母不仅激发了年幼的高尔基对民间文学的爱好,并且使他产生了对正义事业和美好生活的憧憬。

高尔基的外祖母年轻时曾经是巴拉赫纳的一个织花边的女工,那个地方的织花边女工们的手艺和她们的民歌同享盛名。在她们的记忆中,保存了大量的民歌。她给高尔基讲的每一个童话、每一个故事,都使高尔基神往。在这些美好的故事里都蕴藏着对光明的真正的生活的幻想。

在夏天和初秋,高尔基和外祖母经常到森林里去采集青草、野果、蘑菇和核桃,用卖这些东西的钱糊口和施舍穷人。她还懂得坏事是由生活的困苦而产生的,她对这种困苦的生活了解得十分清楚。高尔基深深地热爱他的外祖母,因为她有那么多光明的、人性的东西。她以自己做人的道德力量,对人生真挚的热爱为高尔基扎下了不惧邪恶、追求真理的精神的"根"。

这一年秋天,他再也读不起书了,只好开始谋生。他当过鞋店的学徒,制图师家的佣人,做过伏尔加河轮船上的洗碗工、圣像铺的小伙计,干过工地的领工人,戏院的跑龙套。几十年后,高尔基曾这样反视这五六年的生活:"在我周围,一锅不干净的粥沸腾着,我觉得我要给慢慢地煮烂了。"

支撑着他,使他免于被煮烂的,是书籍。高尔基当"善良号"船上洗碗小伙计时幸运地遇到了厨师米、阿·司穆雷,后者有满满一箱子书,一有空就叫高尔基读给他听。这些良莠混杂的书,引发了高尔基对读书的强烈兴趣。

痛苦初恋

1884 年,高尔基到喀山。工业危机、失业工人、破产农民、满街的流浪汉,可怕的现实很快打破了他上大学的幻想,甚至谋生也成了问题。在喀山的四年,他一方面为生计拼命干活,另一方面也接触了许多先进思想。因为喀山当时是流放政治犯的必经之地,许多政治犯、主要是民粹派党人,在这里同喀山的大学生们一起从事革命宣传。高尔基一次看到了一种超出个人温饱、要改变所有劳动人民的生存条件的生活信念,他感到自己的命运可以和这些人联系在一起,兴奋极了。他还在这里读到了车尔尼雪夫斯基和马克思的著作。这个来自社会底层的小伙子尝试着反抗了,在他受雇的面包坊里组织了一次罢工,但以失败而告终。他慢慢临近了一次严重的精神危机。当时的俄国,民粹主义、资产阶级自由主义和早期马克思主义不分轩轾,社会上还泛滥着其他形形色色的思想。年轻的高尔基努力探索着,却怎么也看不到出路,他在他曾想将命运与之连在一起的大学生们当中也找不到朋友。就这样,他陷入了封闭性的孤独的苦闷之中,无法解脱,决定自杀。1887年12月12日,他朝心脏开了一枪,所幸未打中,又被救活。

自杀事件之后,在革命者罗马的帮助下高尔基重新振作起来。

不久,他忘记了精神痛苦,怀着同样的激情,爱上了一位比他年长10岁的有夫之妇奥莉加·卡明斯卡雅。她回俄国定居前在巴黎生活,有一个4岁的可爱的女儿。

特别是当他的"心上人"对他说,她对他的爱情并非无动于衷时,他一下子就振奋起来,要她和自己一起生活。奥莉加委婉地说他疯了,她提起了他们之间的年龄差异,还说如果她离开丈夫,他会多么绝望,最后,她劝这位年轻的求爱者不要再来看她了。

身体病弱、几乎发疯的高尔基离开这座城市,离开追求无望的女人,离开令他失望的纸上谈兵的革命知识分子,以及忘记爱情、文学和政治上的失意。他想,只有做一次穿越俄罗斯的漫无目的的长途旅行,才能洗净那些从童年起就不断堆积在他心头的污垢。像过去一样,23岁的他感到需要到处看看、放松一下,需要理解俄国人民,不是书本上的俄国人民,而是在先辈的土地上整天忙碌受苦的俄国人民。1891年4月,他在漆布褡裢里放进几件衣服,从下诺夫戈罗德步行出发,踏上了发现祖国、同胞和使命的漫漫旅途。

创作生涯

回来后,高尔基在律师拉宁处谋职,公务繁忙,只有在夜深人静时写作。这一时期,他得到了柯罗连科的指导和鼓励。1893年,描写流浪汉的现实主义短篇《叶美良·皮里雅依》在《俄罗斯新闻》上发表了。此后一年多的时间里,他在《伏尔加纪事》报上发表了一些寓言和小说。后来,柯罗连科在《萨马拉日报》替他谋到一个专栏作家职业,使他能从事专业创作。在这里,高尔基结识了他一生中的伴侣叶卡捷琳娜,并于1897年结婚。

在《萨马日报》上,高尔基以叶古杰·赫拉米达的笔名用小品文无情地讽刺、抨击社会黑暗面,磨炼了他犀利的政论文笔。同时,他还在该报发表小说,其中《伊则吉尔老婆子》(1895)是他早期浪漫主义小说的代表作。他在这篇小说中刻画了将自己燃烧的心掏出来照亮大众道路的英雄丹柯,这也正是高尔基此时心境的写照。这一年,他还通过柯罗连科的力荐,在《俄罗斯财富》上登出了中篇小说《切尔卡什》,小说塑造了不乏反抗精神的小偷切尔卡什和卑鄙贪婪的农民加夫里拉。前者与官方所宣扬的俄罗斯民族的驯顺性格相反,后者与民粹派对农民的拔高相左,因而这篇小说的发表被一再拖延。事实证明,正是高尔基的"慧眼"看到了事物的本质。这篇优秀的作品成为高尔基早期现实主义作品和流浪汉小说的代表作。

流浪汉小说在高尔基早期的创作中占有很大比重。这一则是由于当时俄国资本主义的发展将大量城乡劳动者抛上街头,流浪为生;再则与高尔基的生活经历有关,在喀山时他也曾一度成为流浪汉。二十多年后,这些小说对拉美文学产生了明显的影响,拉美人用"高尔基式的广度和深度"评价他们自己的优秀的流浪汉文学。

1898 年,高尔基出版了两本题为《散记与短篇小说》的集子,这是他早期创作的总结,还存在着拖沓和语言造作的毛病,但却揭开了资本主义发展正处旺期的俄国社会中底层人民生活困苦而又顽强反抗、争取光明的一面,改变了以往小说中底层人被歧视或只作为受怜悯者而存在的境况,受到了人民的普遍欢迎,从而初步奠定了高尔基作为俄国和世界无产阶级文学开创者的地位。

1899 年,高尔基来到彼得堡,在《生活》杂志上连载了《福马·福马杰耶夫》后,他将它的单行本题献给他已经结识并从少年时代起就挚爱的著名作家安东·契诃夫。1900 年,他终于见到了 11 年前拜谒未遇的托尔斯泰。高尔基在给契诃夫的信中动人地描绘了这位个子矮小的巨人身上的力量和优美,并写道:"一看到他,就非常愉快地想到自己是一个人,并且意识到,一个人也可以成为列夫·托尔斯泰的。"的确,在不久的将来,在对俄国文学的影响上,高尔基成了几乎可以与这位巨人并肩的人物。

在加斯卜拉时,高尔基又和这位巨人朝来夕往过一段时间,然而,高尔基与这位托尔斯泰主义者毕竟是背道而驰的。1901 年,高尔基发表了《海燕》,对暴风雨的呼唤同道德的自我完善实在无法相提并论。

高尔基,这个来自尼日尼的底层人,是在对自己、对广大底层人的生活出路的探索中走上文坛的。从到喀山起,他就和革命者保持联系,还几次因此入狱。唯其如此,高尔基才敏感地看到了革命即将来临的征兆,塑造了海燕——暴风雨的报信者这样一个新时代的预言家,得到了列宁的高度评价。不久,高尔基因为替工人购买革命宣传用的油印机一事,被判流放。流放之前,1901 年,他在病中写出了剧本《小市民》,通过剧中的火车司机尼尔之口,鼓励劳动者做自己生活的主人。剧本在莫斯科艺术剧院上演,由著名戏剧家斯坦尼斯拉夫斯基扮演尼尔。虽然沙皇政府对剧本大肆砍伐,但演出仍取得了巨大成功。1902 年,《小市民》获得了格利鲍耶陀夫剧作奖。

1902 年,高尔基又在流放地阿尔扎马斯,根据自己对底层生活 20 年的观察,创作了剧本《底层》。作品艺术地表现了被资本主义发展抛出生活常轨的小偷、戏子、妓女和手艺人等,抨击了当时仍在蒙蔽人们的资产阶级的虚伪人道主义的安慰哲学,启发人们"真理才是自由人的上帝"。契诃夫写信给高尔基说:"您的戏读过了,这无疑是新型而优美的作品。"这个剧本是高尔基戏剧中的代表之作,后来在欧美各国上演,为他赢得了世界性的声誉。

接着,高尔基创作了一系列剧本,主要有《避暑客》(1904)、《太阳的孩子们》(1905)、

《野蛮人》(1905)、《敌人》(1906)。高尔基站在时代的前沿,用他那鹰一样的眼睛,锐利地扫视俄国社会生活中的各阶层人,剖析各种矛盾,探索人生的道路。写《避暑客》时,高尔基说:"我想赏同行们几个耳光。"这个剧本批判了俄国自由派知识分子在社会革命中的各种丑陋心态,认为知识分子只有同人民大众建立血肉联系,才不会孤独,才能有所作为。剧本演出时,顺彩与倒彩齐鸣,高尔基走上前台,一言不发,横眉怒目,捍卫自己的作品,结果镇得全场哑然。《太阳的孩子们》和《野蛮人》顺着这个主题更进了一步。写于旅美时期的《敌人》,第一次将布尔什维克领导下的工人阶级同资产阶级的斗争搬上了舞台,通过有力的形象,在剧终工人失败之时,仍然预示无产阶级的光明未来。这部作品情节集中,冲突尖锐,对话简洁,是又一部优秀之作。

高尔基的远见,不仅是由于他本身的因素,也与革命导师列宁的影响有关。早在1900年,高尔基便帮助列宁创办了《火星报》,1905年,又协助他办《新生活》,两人都在《新生活》上发表政论文章,法国《人道报》便将这份报纸称作"列宁和高尔基的报纸"。就在这一年,他们在彼得堡第一次见了面,开始了风风雨雨的友谊。高尔基回忆这一段生活时,说:"真正的革命性,我正是在布尔什维克那里,在列宁的文章里,在跟着列宁的那些知识分子的演说和工作里感觉到的。"革命的真理,赋予了高尔基解剖社会的手术刀,预见未来的千里眼。正如茨威格所评价的:"这双慧眼看得既准确又清楚,而且准确无比,清楚得惊人……高尔基这种慧眼的由来就是真理。"正是凭着这种慧眼,高尔基才能够高瞻远瞩地反映社会生活。

伟大友谊

1905年,高尔基参加了莫斯科十二月起义。起义失败后,他遵照党和列宁的决定,出国筹集经费,争取国际支持。由于当时国际形势不利,他没能完成这些任务,但他在文学创作上取得了丰硕的成果。在美国期间,他不仅写出了一组痛快淋漓揭露资本主义所谓文明的政论文和剧本《敌人》,还创作了一部划时代的作品。世界无产阶级文学的奠基之作——长篇小说《母亲》。

这部小说高度艺术地概括了19、20世纪之交的俄罗斯大地上波澜壮阔的革命斗争,既表现了工人阶级在布尔什维克领导下的迅速觉醒,也描写了农民流动和农村分化的情景。小说塑造的巴威尔是世界文学史上的第一个成功的布尔什维克典型,而母亲——尼洛夫娜·符拉索娃,一个从逆来顺受到终于随儿子巴威尔走上反抗道路的普通俄罗斯妇女,这一感人至深的形象。高尔基通过这个普通母亲的形象,写出了俄国无产阶级革命的深度和广度。

这部小说是以1901~1902索尔莫渥被镇压的"五一游行"为基础写的,又写于革命低潮期,但高尔基在书中还是满怀信心地预见了未来。小说首先在美国发表,随后在欧洲以各种文字出版,极大地鼓舞了俄国工人阶级和世界无产阶级。德国戏剧家布莱希特

世界传世藏书

世界名人百传

一代文豪

说:"《母亲》即使不写得这样动人,仍然不失其巨大的意义与影响。"列宁赞许这是一本"非常及时的书"。

高尔基是一个与人民息息相通的作家,他的大部分作品都取材于人民中发生的真实事情,写出了人民的真情实感。30 年后,当他再也不能写时,母亲的原型、87 岁的安娜·克里洛芙娜·扎洛莫娃在电台发表了演讲,她是这样结束对这位文学巨人的悼念演讲的:"别了,阿辽沙! 别了,儿子!"

由于高尔基在国外的革命宣传,他无法回国。1906 年,高尔基到意大利的喀普里岛侨居。

高尔基在意大利受到了隆重的欢迎。1907 年,在布尔什维克伦敦代表大会上,高尔基又见到了列宁,相见甚欢。17 年后,这一幕在高尔基的回忆录《列宁》中,得到了生动地再现。但是从伦敦回来后不久,高尔基就因为办党校的事被列宁误解,双方停止通信,这一时期高尔基的作品《忏悔》,也确实流露出"造神论"的一些倾向,受到列宁的严肃批评。后来高尔基又因党校分裂,情绪十分低落。列宁得知真实情况后,主动写信来解释和鼓励,两人言和了。

但是与另一位巨人列夫·托尔斯泰,高尔基似乎离得越来越远了。1908 年,高尔基拒绝参加托尔斯泰的庆祝委员会。他在给友人的信中说托尔斯泰"他的谦逊是虚伪的,他想受苦的愿望是可憎的"。"我理解了列夫·托尔斯泰的'出走',是为了实现他的夙愿,把'列夫·托尔斯泰伯爵的生活'变为'俄国贵族列夫圣者的生活'"。也许,高尔基的"慧眼"是太不容情了。但是,一旦这位巨人的逝讯传来,一切都改变了:"我绝望地大哭,整天一直在哭,——我有生以来第一次哭得这样伤心,这样难受,这样厉害。"高尔基说,"溘然长逝的是一个囊括整个俄国和一切俄国东西的伟大灵魂——除了列夫·托尔斯泰,对谁还能这样讲呢?"

死亡,在高尔基的生涯中,往往是引发友谊与爱的契机。八年之后,当列宁遇刺时,高尔基深受震动,立即抛弃了与列宁的分歧,回到了列宁身边。

而现在,在失去了契诃夫后(高尔基在 1904 年 7 月失去了这位严师益友),又失去了托尔斯泰的俄国文坛,高尔基感到"孤苦伶仃",但他却写出了他最有特色的作品《意大利童话》和自传体三部曲之一《童年》。

在此之前,高尔基主要写作了《夏天》(1909)、《奥古洛夫镇》(1909)、《玛威特·柯日麦金》(1910~1911)等。前者塑造了俄国文学史上第一个农民布尔什维克的形象,后两部小说都以奥古洛夫镇为背景,继续他一贯的对小市民心理的探索,对市侩习性的批判。小说发表后,"奥古洛夫精神"成了顽固守旧势力的代名词。剧本则有《最后一代》(1908)和《瓦萨·日兹诺娃》(1910)等。

《意大利童话》(1911~1913)是一曲人性美的赞歌,它由 27 个彼此独立的故事片断组成,在艺术上显出综合的倾向,兼容并包了现实主义、浪漫主义和象征主义,将散文与诗融为一体,在结构上既有传统特色,又运用了现代技巧。这部作品是高尔基在美学上的新探索。

1913年写成的《童年》中,既有一个童年的苦难的阿辽沙,也有一个现在的对过去的时光做高屋建瓴的俯视的高尔基,同一个人的两个不同时期在书中的同步存在,给了这部自传体小说以特殊的艺术魅力。正是因为有了现在的高尔基,童年的阿辽沙所生活的"铅一样沉重"的环境才显出亮色。高尔基写出了当时俄罗斯这层"充满了种种畜牲般的坏事的土壤上"所依然生长着的"鲜明、健康、奋发有为的事物""富有人性的事物",塑造了一批颇具审美价值的人物形象,其中外祖母卡什林娜是俄罗斯文学最有诗意的妇女形象之一。

写完《童年》后,高尔基回到了阔别已久的祖国,住在彼得格勒(彼得堡已改名)附近。沙皇不敢逮捕他。

在喀普里岛时,高尔基亲自处理来自俄国的向他请教的大量稿件,回国后他更是带病进行这项繁重的工作,编辑出版了《无产阶级作家文集》,培养新人;创办了大型杂志《纪事》,给逆境中的马雅可夫斯基以有力的支持;他还以高度的责任感,筹备在他领导的《帆》出版社出版一批青少年读物,为此,他写信请罗曼·罗兰写贝多芬的传记,从此开始了长达二十余年的深厚友谊。罗曼·罗兰的巨著《约翰·克利斯朵夫》和《欣悦的灵魂》都从高尔基那里获益匪浅。后来,罗曼·罗兰曾这样动情地回忆他们的友谊:"……我的根碰到了高尔基的根,两个人的根在地下亲热地交错在一起。这会儿,我们这两个处在欧洲两端的同志的血都混在一起了。"

高尔基这一时期发表了很多短篇小说。1916年,他又创作了自传体三部曲之二《人间》,载于《纪事》。小说描写了少年的阿辽沙到"人间"谋生的不幸遭遇和艰难的成长过程,像《童年》一样,在对丑恶和不幸的描写中仍然放射着乐观和理想的光芒。《人间》比《童年》更广阔更严正地展现了俄罗斯底层人的生活,是高尔基的又一部优秀之作。

但是,就在这一时期,像29年前在喀山一样,高尔基再次陷入了一场精神危机。第一次世界大战中,国际上有一股主张民主力量同资产阶级政府合作的思想潮流,高尔基也同意这个看法,并撰文宣传。这遭到了列宁在《远方来信》中的严厉批评和责问:"毫无疑问,高尔基是一个伟大的艺术天才,他给全世界无产阶级运动做出了而且还将做出很多贡献。但是,高尔基为什么要搞政治呢?"批评是对的,但责问却未免有失宽厚与公正。

1916年7月,高尔基给妻子彼什柯娃的信中说:"我生活在内心矛盾之中,除了文化工作外,看不到别的出路。"他创办了一系列文化事业单位,对工人农民进行文化教育,以为这是解决社会危机的途径。1917年11月至1918年5月,他在《新生活报》(并非以前的《新生活》)上发表了一组题为《不合时宜的思想》的文章,表达他的忧虑和困惑,其中不幸而言中了后来苏联社会生活中的一些悲剧,但主要的观点是错误的。列宁便下令封闭了《新生活报》。

1918年8月,列宁被社会革命党人刺伤。高尔基在震惊中认识到自己所持的资产阶级人道主义的软弱和错误,他当即去电慰问列宁,随后亲往看望,承认自己是一个"迷过路的人"。高尔基主动恢复了与列宁的友谊,也走出了精神危机,积极担任了许多社会工作,进入了新的时期。

1918～1921，高尔基以卓越的宣传才能和组织才能，全力从事恢复高等学术机关、团结知识分子、保护文物、出版普及读物、组织科研等工作，为刚刚创建的苏维埃的文化事业付出了辛勤的汗水。

在工作的间隙，他在《共产国际》上发表了很多政论，并写出了《回忆列夫·托尔斯泰》，以娴熟高超的技巧，再现了矛盾的巨人的风采。他还写出了这位一语千钧的泰斗对自己的否定："再讲您的语言，它很巧妙，但过于做作，这是不行的。……您在戏里把自己的话说得太多了，所以您的戏里并没有人物，所有的人物全是一样的。您大概不了解女人，您没有写成功一个女人，连一个也没有！"高尔基就是这样一个纯洁而坦率的人。

事业丰碑

1921年，因肺病严重恶化，高尔基在列宁的力劝下，到德国、捷克斯洛伐克和意大利治病，后来住在意大利的索伦托。治疗期间，也是他一生总结性的创作时期，高尔基写出了《我的大学》(1923)、大部头《阿尔达莫诺夫家的事业》(1925)和史诗性的巨著《克里姆·萨姆金的一生》(前两部1926～1928)以及大量回忆录、短篇小说。

《我的大学》是自传体三部曲之三，写阿辽沙喀山时期的生活，结构似乎不如前两部精致，但风格还是与前两部一致的。总的说来，高尔基的自传体三部曲不愧是俄罗斯文学史上自传体小说的里程碑。

列宁在他一生的最后几天，听人读了这部小说。36年前，列宁也在喀山，他正是年轻的阿辽沙所要寻找的那个人。但是，在他逝世后，高尔基才真正找到他。

早在1894年，柯罗连科就预言高尔基："您是一个现实主义者，可同时也是一个浪漫主义者！"现实主义者和浪漫主义者高尔基一生都在寻找一个理想的英雄人物，一个"大写的人"。在列宁逝世之后，在回忆这位同自己的关系几经风雨而友情弥笃的逝者时，高尔基终于找到了这个"长着苏格拉底式的前额和一双洞察万物的眼睛"的英雄。他数次修改写列宁的回忆录，终于塑造了一个极富艺术魅力的"大写的人"。

《阿尔达莫诺夫家的事业》是26年前开始的以《福马·福马杰耶夫》为起点的对俄国资本主义的探索的总结，它通过阿尔达莫诺夫一家三代的历史，形象地说明了俄国资本主义产生、发展和衰亡的全过程，描绘了农奴制改革后、十月革命前的半个多世纪的俄国社会生活的独特的历史风貌。小说中最成功的人物是第一代伊利亚这个"建设者"兼"贪财者"，罗曼·罗兰称伊利亚是一个"刻画得不朽的形象"。这部小说是高尔基晚年的一部力作。

《克里姆·萨姆金的一生》(分四卷，第三卷完成于1933年，第4卷没有最后完成)是一部史诗性的巨著，是高尔基探索知识分子心灵和生活道路的总结。作品在俄国十月革命前四十年间的动荡广阔的社会背景上，塑造了一个高度概括的个人主义的资产阶级市侩型知识分子萨姆金这个"孤独人群中的一个孤独人"的形象。正像"阿Q精神"是中国民族劣根性的代名词一样,在苏联,"萨姆金精神"也成为知识分子特别是资产阶级知识分子劣根性的象征。资产阶级知识分子因而骂高尔基:"知识界差不多用自己的乳汁喂壮了高尔基这条毒蛇,而他现在却用布尔什维克的牙齿来咬破这只乳房了。"然而,克里姆·萨姆金可以毫无愧色地走进世界著名文学典型画廊。这部作品是高尔基一生的压轴之作。

高尔基的一生是探索型的,他的小说也主要是沿着对人物的精神的探索来谋篇布局。对人物的心理的细致描写是高尔基小说的特征之一。在心理描写手法上,他受到了列夫·托尔斯泰和陀思妥耶夫斯基的影响,注意描写人物的心灵律动和梦幻。同时,早期的漫游培养了他对自然景观的敏感,在小说中,他往往用自然景观来表现人物的内心生活。这一点,与屠格涅夫相似。

另一方面,高尔基极大地拓展了小说的题材和主题,他第一个将无产阶级作为主人公带进了文学,生动而富含洞见地表现了无产阶级和资产阶级的斗争,替世界文学开辟了新的道路。在这个意义上,他堪称世界无产阶级文学的但丁。

笔耕不辍

1928 年,高尔基回到苏联,受到了英雄凯旋般的欢迎。他回来后立即拜谒了列宁墓,默默站了很久才离去。

1928 年 3 月,高尔基六十岁了。高尔基本人虽然这时不在国内,但庆祝他的六十周年诞辰的演讲和文学,其热烈的程度,并没有因此而减退。他在意大利的索伦多接到了各方面的祝词和各报以及各种著名周刊为他寿辰所发的专号……他出于诚意虽对此铺张的庆祝行为并不赞赏,但在他三十五年的文学工作努力之后,大众对他的如此认识感到欣慰。大众对他的祝贺,不仅仅把他看作作家,并且把他看作是朋友。他和世界上的许多名人一样,受到了国家、公共机关,以及各种民众团体和个人的崇敬和祝贺。

1928 年春天,在一个阳光明媚的日子里,高尔基回到了久别的祖国。祖国的人民非常隆重地欢迎他,在莫斯科、列宁格勒及其每个城市的车站上都有成千上万的群众迎接他。

高尔基投入了苏维埃的新生活。他经过那些四十年前步行经过的土地,在他所经过的每处都更加清楚地看到,苏维埃国家正在迅速地成长和壮大着,在这里,聪明代替了愚昧,勤劳代替了懒惰,新建工程代替了满目疮痍,新辟的良田代替了贫瘠的土地……

高尔基回到祖国以后,他掌握了苏联文学生活的舵轮。高尔基进行着广泛的通讯工作,莫斯科邮局的第六十九分局派出一个特别的邮递员为高尔基服务。他创办并且编辑了几种杂志、发起编印《工厂史》和《内战史》。

1931 年,他完成了《耶戈尔·布列乔》这一剧作。

1932 年 9 月 25 日,为了纪念这位六十四岁还在继续创作的伟大作家的功绩,苏联举行了世界上从来没有过的盛大的庆典。9 月 26 日苏联塔斯社从莫斯科发出这样的一个电讯：

1934 年，高尔基主持第一次苏联作家代表大会，做了题为《苏联的文学》的报告，并当选为苏联作家协会主席。他对访问他的年轻人说：

"生活的意义在于为革命服务"——高尔基用这话来教育苏维埃人民，鼓励年轻的文学工作者。在他的论文中，在他所组织的苏维埃作家代表大会上，他说道："在弗拉基米尔·伊里奇·列宁的天才所照亮的国家里，在约瑟夫·斯大林的铁的意志不倦不怠与神奇地工作着的国家里，生活和斗争是欢乐的。"

1925 年到 1936 年花了整整十年的时间写成了一部具有史诗性质的长篇巨著——《克里姆·萨姆金的一生》。小说反映了从十九世纪七十年代末到 1917 年间，俄国发生的重大历史事件，如民粹派的破产、马克思主义的传播以及它对形形色色敌对思潮的斗争、1905 年革命风暴、第一次世界大战、二月革命等。高尔基在他的最后十年里，写了大量的随笔和论文。

高尔基在《英雄的故事》里，描写了最普通的人物：红军战士和男女集体农庄的农民，表现出他们为建设新生活辛勤劳动的高度热情。

高尔基以自己的真挚情感，在作品中号召苏维埃的全体人民热爱祖国，以创造性的劳动建设自己的新国家。他写道：

"在这样一个国家里生活和斗争是十分愉快的，在这里，党的伟大智慧和党的领袖约瑟夫·斯大林的钢铁意志，永远使人类摆脱了旧日万恶的习惯和偏见。

同志们，大家和谐地生活在一起吧，热爱你们第二个母亲，我们的强大社会主义祖国吧……"

高尔基晚年所写的一系列的政论文是刺向形形色色的敌人的匕首和投枪。

他在自己的论文里，谈到纸醉金迷的欧美富翁和饿得要死的失业贫民，他揭穿了各资本主义国家奴役人民的真相以及资本家如何妄图阻碍殖民地各经济和文化的发展。高尔基愤怒地抨击兽性的、血腥的法西斯主义匪徒在美国政府的支持下杀害罢工工人、压迫黑人的罪行。

高尔基也因此引起了苏联一切敌人的憎恨。托洛茨基、布哈林一伙决定迫使高尔基沉默。他们认为只有死才能使高尔基沉默，所以决定杀死他。

1936 年 5 月高尔基病发，他顽强地与病魔抗争，全国人民关注着高尔基病情的发展。然而敌人派遣的凶手医生，却在慢慢地杀害着这位伟大的作家。

6 月 8 日，斯大林、伏罗希洛夫、莫洛托夫等布尔什维克领导人到医院去看望病中的高尔基，不料，这竟是他们的最后一次会见。

6 月 12 日，高尔基倾听着这天播出的斯大林签发的《宪法草案》。他说："现在在国内……连石块都唱歌了"，眼中闪烁着欢欣的眼泪。

1936 年 6 月 18 日，高尔基逝世了。莫斯科苏维埃大厦上插上了丧旗，噩耗传遍了世界的每一个角落。

美国戏剧的良心

——阿瑟·米勒

人物档案

简　　介：美国当代最杰出的戏剧家之一，与尤金·奥尼尔、田纳西·威廉斯并称为美国戏剧三大家，被誉为"美国戏剧的良心"。1915年10月17日，米勒出生在纽约一个犹太富商家庭。米勒读书期间开始尝试戏剧创作。米勒的重要作品多写于五十年代，之后他写得很少，但总是适时地发出自己的声音。2005年2月10日凌晨，米勒因心力衰竭去世。

生卒年月：1915年10月17日~2005年2月10日。

安葬之地：不详。

性格特征：严厉，尖刻。

历史功过：著有《推销员之死》《萨勒姆的女巫》《都是我的儿子》《桥头眺望》《堕落之后》《代价》《美国时钟》等多部戏剧作品。《推销员之死》是其最有影响力的代表作。一生获奖无数，包括1949年普利策奖、两次纽约戏剧评论奖、奥利弗最佳戏剧奖等。

名家点评：戏剧评论家比格斯比在《阿瑟·米勒及其伙伴们》一书中评价说："米勒一生都在上演跟社会的争论，他的人物接受社会的价值观念并把它们跟自己个人的需要联系在一起，他的戏剧里充满了因生活不能满足他们实现个人价值而对生活感到困惑的人。但在他的剧院里，投降是不可能的。"

走上剧坛

1915年10月17日，纽约城哈莱姆区一对循规蹈矩的富裕的犹太夫妇伊莎朵拉和奥古斯塔·米勒生下了阿瑟·米勒（1915~2005）。米勒的父亲是从澳大利亚移民到美国的，依靠自己的努力而成了一名成功的女成衣制造商；他的母亲是在美国出生的第一代犹太人,既热情又善良,爱好音乐,会讲故事,但时常忧郁,而父亲在家时却又表现得很诙谐。少年的米勒是个狂热的运动健将,他的童年是在踢足球、玩垒球、滑冰、游泳、约会、看惊险小说和无事闲逛中度过的,唯独对学习不感兴趣,特别是数学考试经常不及格。正如米勒自己所说的:"我是一个健壮的少年","坦白地讲,直到 17 岁,我没读过一本比《汤姆·斯威夫特》和《童子军男孩们》更厚的书,我只是接触了一点狄更斯的作品……我没下过功夫就通过了公立学校的课程。"1929 年,美国经济危机爆发,在读中学的米勒亲眼目睹了父亲生意的衰败,家庭财产顷刻间丧失殆尽,全家被迫搬到布鲁克林的一所小木房子里,全靠母亲典当求告来挽救家庭的困境。这使米勒对生活的看法开始成熟起来,"'现实'不再是在哈莱姆区的快乐地驾驶小型巴士,而是在纽约城中那挣扎在死亡线上和那些饿昏在布鲁克林区的走廊上的人们"。这段经历对他后来的创作产生了巨大的持久的影响,他曾经说过:"在那样一个时期长大是件好事。""大萧条时期,我亲眼所见那种扭曲、毁灭、剥蚀一切事物及人类的经济危机和强权政治的力量,给我打下了深刻的烙印……以致由于环境使我早熟起来,并不知不觉地被纯粹是事物本身的发展进程给迷住了。事物是如何联系起来的,环境怎样改变了一个人的自然天性,而且更为费解的是,人又怎样反过来改变了自己的环境……除非你了解了这事物,否则你什么也理解不了。"大萧条时期的一切,使米勒深刻认识到生活在现代化社会中的人们是多么脆弱和缺乏安全感,也使他看到社会上的道德危机。中学毕业时,他不得不四处打工,干了许多体力活,后在曼哈顿的一家汽车零件仓库找了一份工作。在那里,他更是看到工人不仅缺乏食物,而且缺少尊严,这些经历使米勒对艰苦的劳动产生了一种极大的尊重,也正是在那里,他发现了严肃文学。一天,他偶然捡到一本小说《卡拉马卓夫兄弟》,本以为是侦探故事,如获至宝,每天上下班时在地铁里拼命地读,从那时起,这本书"改变了我的生活,我不知道怎么或为什么突然相信我生来就是当作家的"。从此以后,在纽约地铁昏暗的车厢里,他开始了对世界名著的孜孜不倦地学习,其中包括像《战争与和平》这样大部头的作品,也包括莎士比亚、布莱希特、易卜生、萧伯纳等剧作家的作品,他开始对戏剧着了迷。他下决心要读书、要学习和创作。米勒省吃俭用,把每周挣的 15 美元工资省下 13 美元积攒起来,准备进大学学习。

1934 年,米勒说服了密执安大学的录取人员,使他相信,在中学的劣等成绩并不能代表自己的能力,从而把他录取为该校新闻系的学生。大学期间,他利用晚上做夜班编辑挣钱来维持学校的各种费用,大学生活对米勒以后的创作影响同样很大。来自美国各地和其他国家的学生们,使米勒熟悉了不同地区的生活,另外,他的政治视野也开始慢慢扩大起来。他对西班牙内战之类的社会问题越来越关心,米勒回忆说:"校园里到处可以见到演说、会议和传单。这一切都随着报刊而不断变化内容。总之,学校检验了我的全部偏见、信念和无知,同时也帮助我扩大了生活的范围"。进校不久,米勒即开始创作,他用6 天的时间写出了他的第一个剧本《没有坏人》,并且获得了艾弗里霍普伍德奖。获奖使他充满信心,他"感到我可以在这条路上直走下去"。接着他写的剧本《黎明的荣誉》,又获艾弗里霍普伍德奖;《他们也起来了》(1936 年)获剧评委员会新剧奖。

1938 年,米勒大学毕业,获文学硕士学位。他回到纽约,为联邦戏剧规划院工作,由于国会终止了对该项目的拨款,演出计划被取消。失业后,米勒在布鲁克林地区一家海军造船厂和木箱厂打工,还做过卡车司机和侍者。1940 年,米勒同大学时代结识的女友玛丽斯莱特里结婚,他的妻子是 20 世纪 30 年代典型的妇女,精明,有教养,且奋发图强。

创作戏剧

　　"在 20 世纪美国戏剧史上,唯有阿瑟·米勒一人是以优雅的姿态步入他的黄金时代的。"他与妻子玛丽结婚后,两人在布鲁克林安顿下来。这一时期,米勒开始为哥伦比亚广播公司和全美广播公司等电台的广播节目写剧本,广播联合公司和广告公司强加的限制引起了他对商业化控制艺术的反感,他曾提出抗议说:"如果预先规定形式和内容,宣传工具就不能充分发挥作用……这在严肃的作家看来,无疑是囚禁他们的高墙。""我相信感到苦恼的宣传工具不仅是电视,现在的事实是,所有的宣传工具都已经商业化了。"为此,米勒远离了放荡不羁的文人和上层文化界,过着一种散淡的生活。战争期间,米勒因膝盖的旧伤而免于服兵役,他开始拓宽自己作为作家的题材和视野。1944 年发表的《正常形势》就是他在军营中采访美国士兵而写的报告文学,米勒以犀利的目光、适当的言辞开始专注于现实生活中的严肃问题。同年,他在百老汇上演了他的第一个剧本《鸿运高照的人》。《鸿运高照的人》没有完美地写出米勒认为严肃的戏剧可以提出来的最有意义的问题:在社会运行中,个人存在的理由、意义以及道德观念,也即人怎样才能适应外部世界。这部只上演了四场的剧本仅仅是米勒"未来剧作的一个准备,而不是戏剧的最终目的"。它使米勒发现了"人在自己的命运中究竟起了什么作用"。"上天既不会赐给你些什么,也不会取走些什么! 你就是你。"随后,他又发表了小说《焦点》(1945 年),这是米勒根据自己生活在犹太环境中的经历而发表的第一部有关犹太问题的小说。在小说中,米勒更加有理、有力地讨论了这个问题,主人公纽曼在工作中一直循规蹈矩,尽职尽责,特别是认真地推行了公司的种族歧视政策。不想,由于他新配的眼镜使他整个形象显得像个犹太人,为此他遭受了一系列的侮辱。先是被公司降了职,面对这不公正的待遇,他愤然辞职。这事不仅鼓舞了纽曼的勇气,还无意识地引发了他对自己种族意识的第一次怀疑。最后,他的目光落到每一个具体的人身上,特别是在他成长的最后阶段——巷战中,表现出了自身真正的价值。他的愤怒使他要正直,他表现得非常勇敢,在那段时间里,他得到了独立和自主,同时也赢得了尊严。"他站着准备回答他们……他发誓在他生命中曾至关重要的等级观念,今后将失去任何意义。"主人公纽曼的立场证实了米勒在《悲剧与普通人》(1949 年)论文中所写的关于英雄的断言:"我认为,面对一个在必要的时候准备牺牲自己的生命来维护其尊严的人,我们内心的悲剧情感将被唤起。从俄瑞斯特斯到哈姆雷特,从美狄亚到麦克白,潜在的斗争都是维护其自身在社会中的'公正'地位……悲剧的主导力量是尊严。因此,悲剧是一个人全力以赴地要求公正地评价自己的全部冲动的产物。"不过在《焦点》里，米勒没有通过人物的动作和语言使人物的内心世界具体化，他还没有熟练地创造出一种对"人"正确评价自己的全部冲动的主观的而且是推理性的分析方法。但作品主题鲜明，引人入胜，主人公思想转变的过程虽有令人不信服之处，仍不失为一部好的作品。

米勒第一部真正获得成功的戏剧是《全是我的儿子》，该剧 1949 年 1 月 23 日在百老汇上演，共演出 328 场，并荣获纽约戏剧评论界最佳剧本奖。这是一出三幕剧，米勒再次用父与子之间冲突的情节提出了严肃的社会问题，即在社会运行中，个人存在的理由、意义及道德问题。制造商乔·凯勒在战争期间，为攫取利润，把一些不合格的发动机部件交付给空军使用，导致在反法西斯斗争前线的 21 名飞行员机毁人亡（乔不知这其中也包括了他的长子拉里）。出庭受审时，他为了保全自身，卑鄙地把罪责推给了同伙——拉里的未婚妻安的父亲。后在确凿的证据面前，意识到自己罪责难逃，受良心谴责而饮弹自杀。该剧的成功得益于米勒对结构的巧妙处理以及对语言的熟练驾驭。第一幕，米勒用精心安排的平常语句描绘出一幅家庭生活和邻里往来的安宁景象，愉快的闲谈与即将到来的威胁和恐惧形成了一种鲜明的对比。第二幕，严肃的询问与继续进行的闲谈相交织，但粗俗的语言替代了纯朴的家常话，恐惧取缔了确实的自信心，人物激烈的对话出现了急切的对立。第二幕结束时，意料之外的冲突将剧情推向了高潮。儿子克里斯对父亲苛刻地频频发问揭示出全剧的主题："上帝呀，你是一种什么样的人哪……你究竟是什么东西……你到底是什么呢？我该怎么办呢……我该怎么办呢……我的上帝啊，我该怎么办呢？"米勒将剧中冲突推向其辉煌的顶点。令人感到遗憾的是，在第三幕，米勒给了它一个戛然的结尾，乔突然决定自杀，这是作者的草率与不成功之处，作者在处理乔的精神崩溃时，缺乏一定的说服力。乔突然的道德转变只有他自杀前一段含义隐晦的话（"他是我的儿子……他们全是我的儿子，我想他们是的，我想他们是的。"），暗示了他的道德观向儿子克里斯屈服了。而在这之前，乔一直顽固地坚持己见，将自己的生存建立在作为父亲的骄傲的位置上，最后，当他突然意识到自己亲手将一个儿子推向死亡，将另一个儿子推向自己的对立面时，他几乎是不能忍受。作者采用了一些明显的戏剧手段（如巧合、预言性象征等），同精巧的说明性手法相结合，阐述了米勒认为的严肃的戏剧的主题思想："我试图从生活中取得舞台背景及戏剧性的场面，它们涉及生活中正确与错误的问题。然后以所能发现的最现实的境地与百折不挠的精神，描绘出道德上进退两难的处境并试图指出一条现实的且又艰难的出路。"那就是：人在社会中存在的理由不应是"自私自利"，乔·凯勒随着自己尊严的毁灭而无法在社会上立足。作为一位严肃的社会戏剧家，米勒想要系统地阐述"社会"真实的愿望在一定程度上制约了他用语言来捕捉人物内心冲突的才能。但剧本《推销员之死》的上演，使米勒的愿望完美地实现了。

《推销员之死》1949 年在美国首演之后，每个人都感觉到了它的巨大威力，这不仅因为主人公威利·洛曼的故事跟他们的生活非常相似，而且这是多年来美国戏剧舞台上少有的一部最感人的、最有意义的戏剧。米勒从此声名大振，一举成为战后美国最著名的剧作家。

这确是一部伟大的悲剧，1975 年杰克·克罗尔在《推销员之死》再次搬上舞台时在《新闻周刊》上评论道："《推销员之死》把我们（民族）的某些最有深远影响的、最致命的矛盾冲突以隆重的方式公布在大众眼前。它是一出关于在美国社会中被扭曲了的人们的遭遇的戏剧……米勒这部作品以强大的威力把观众的诚实的心态升华到了一个新的高度……观众承认这个剧，他们了解那个以虚幻的梦想欺骗自己而且至死不肯醒悟的威利·洛曼"。这出戏剧的成功，不仅得益于米勒精湛的艺术创作技巧，而且还在于它的重大的社会意义。

《推销员之死》在台上表现的主要是一天两夜的时间，剧情发生的地点以洛曼家的厨房为主，另外还涉及威利夫妇的卧室，比夫兄弟就寝的阁楼，纽约的一家饭店，威利的少东家霍华德和邻居查利的两间不同办公室，以及波士顿一家旅馆的房间。如此广阔的时间和空间，都集中在两幕一景的一出戏中，剧情的发展和整个结构安排严谨得像海尔曼的精湛佳构剧一样紧凑，米勒的匠心独具，不能不让人叹服。主人公威利·洛曼在剧中是一名推销员，34 年来，他拼命奔波，为老板兜售产品。当年老体衰、力不从心之时，被老板一脚踢开，如扔一只挤干了的橘子。威利操劳一生，曾梦想两个儿子比夫和哈比能出人头地，取得成功，不想两个儿子都不争气。事业不成功，家庭也不融洽。儿子不信任父亲，父亲猜疑儿子，互相争吵指责，"成功梦"即将化为泡影。在走投无路下，威利决定用自己的死亡来挽回一切，挽回自己的尊严、重建自己的自信心和家庭的威望，挽回他的"成功梦"。但结局却是凄凉的、悲惨的。

这是一出关于一个普通小人物的悲剧，这出戏之所以能够如此打动人心正因为它讲的是一个最普通人的悲剧，特别是塑造了威利·洛曼这个生动感人、具有相当的生活厚度与广度的小人物形象，作者把小人物的心灵深处的一切揭示得淋漓尽致。剧中对展示人物的心理状态、人物的气质和事实的技巧的运用，得益于米勒对语言的使用和对戏剧情节与结构的创造性处理。首先，是感人的口语化和形象性的语言的运用，通过对人物独具特色的日常口语和用词的描写刻画出人物的特点和心理状态。其次，暗示性的描写与戏剧性的回忆更深入、更细致地揭示了人物的精神状态和内心情感的挣扎。特别是，对戏剧情节与结构的创造性处理。米勒进一步完善了在剧本《全是我的儿子》中运用的创作原则，剧中闲谈的轻松、平静与情绪的紧张、愤怒，气氛的低沉、压抑与情绪的昂扬、激奋相互调节，形成鲜明的对比，使戏剧情节此起彼伏（以免剧情直接向高潮发展）。熟练巧妙地调度了变化的情绪，再加上时空的自由转换，自然而然地将剧情推向了高潮，同时也使剧情发展到了揭示事实真相的阶段，全剧在一种适合推销员之死的精疲力竭的气氛中终场。再就是米勒创造性地采用了立体、交叉的双层戏剧结构，形成了外部情节线与内部情绪线交织融合的戏剧结构。外部情节线的发展严格按照生活逻辑，结构整齐严谨，一气呵成；内部情绪线则由主人公的回忆、幻觉场面组成，按照心理的逻辑以人物情绪变化为依据而串成。具象的心理片段，呈跳跃式地、适时地、恰当地融入现实中（类似电影中的蒙太奇，小说中的意识流），不仅极大地丰富了戏剧反映生活的容量，而且对揭示主人公的思想意识活动、心理的真实提供了广大的空间，使人物形象更充实、更丰满、更逼真。

主人公威利·洛曼的悲剧命运在美国社会中具有相当的典型性和普遍性,他是一个人生道路上的失败者,一个"美国梦"的受害者,一个失去威信、不称职的父亲,一个不理智、被纵容的牺牲品。

米勒在他为《戏剧集》(1957 年)所写的引言中说道:"《推销员之死》是一部难以归类、不易把握的剧本,因为其中没有一个人停下来进行演讲,以便客观地声明我认为这部剧本所体现的巨大问题。"显而易见,《推销员之死》在呼唤人们思考一个严肃的问题:人怎样才能适应外部世界? 我们应当如何生活? 正如米勒在他的《自传》(1987 年)中谈到《推销员之死》所说:"我是要探索如何通过一出戏来反映社会、家庭和个人的现实,以及人的梦想。写这出戏时,我抛开了一切顾虑,只追求写出反映真实的内容……这出戏一直保持着它的影响,因为它反映了这个混乱的现代社会中各种自相矛盾的现象,包括精神生活方面的自相矛盾。"

《推销员之死》在美国上演后,在社会上引起了极大的恐慌。它虽不是美国极右势力所声称的"共产党宣言",也不是"巧妙地安置在美国大厦底下的一枚定时炸弹"。但在当时,它确实明显地影射了美国的社会制度和行为方式,以及带有美国特征的一些理想与现实之间的诸多矛盾与症疾。正如米勒在《悲剧的特性》(1949 年)中所言:"悲剧——它表现我们是什么样的人,我们必须做什么样的人或我们应当力争做到那样的人。"米勒以洛曼的形象揭示出人的价值所在,人要认清现实、勇于面对现实,人要面对自己,更要对自我做出正确的评价。既不能为了自己的道德观点不顾一切、自以为是,更不能以死来逃避责任。人应当真实地存在,戳穿谎言,改变社会上的不合理现象,以维护人的尊严。《推》这部戏剧之所以引起如此强烈的共鸣,因为我们每个人都或多或少有过威利的心态和经历,都有过一些亲身体会。1983 年,北京人民剧院上演了由米勒亲自执导的《推销员之死》,演出后,中国观众的反映更证实了这出戏几十年来在世界各地数百场演出中所反映的一个更加明显的事实:威利到处存在,他代表当代世界各地各种制度下的我们自己。我们在他身上看到了自己。这不但因为他是一种典型,而且还因为他所追求的事物,尤其重要的是要受人尊重。连作者自己本人都没料到,他写的这出戏竟会在几十年后仍具有如此的魅力和反响。可见,真正的艺术是永恒的。

《推销员之死》发表的年代正值美国社会只许说好不许说坏的时代,美国的戏剧创作也正在走下坡路。20 世纪 30 年代的许多进步剧作家失去了信念,对社会问题的热情遽然消失。或隐身退却,或按兵不动、等待观望,或悲观失望以致妥协。特别是 50 年代初期,以美国国会议员约瑟夫·麦卡锡为首的右派势力,在美国公然推行猖獗的白色恐怖政策——麦卡锡主义,把迫害和镇压活动推向了顶点(进步人士被列入黑名单,遭到审讯,被指控为颠覆、叛国;共产党人被投入监狱;持不同政见者横遭迫害)。致使出现在 20 世纪 50 年代美国戏剧舞台上的尽是一些逃避现实、麻醉人心的东西,造成了所谓的"沉默的 50 年代",只有米勒在这艰难的时刻站立着、战斗着。1950 年,米勒改编了易卜生的《人民公敌》,他在序言中大声疾呼:"必须让公众明白,舞台是思想的战场,是哲学的战

一代文豪

场，是深入探讨人生命运的地方。"

1953年正是麦卡锡主义肆虐一天比一天疯狂的时期，他的剧本《严峻的考验》在一种怀有疑虑的及政治迫害的气氛中公演了。该剧获得了观众的注意，但上演了几个月便停演了，因为那些评论家在反映观众的情感时简直就害怕这部剧本的主题：政治迫害。但米勒在他的《〈阿瑟·米勒戏剧集〉引言》（1957年）中非常明确地谈到他创作此剧的原因以及它的真正的内在主题，"不仅是'麦卡锡主义'的崛起使我受到冲击，而且还有某种似乎更为怪诞和神秘的东西。这就是来自极右翼的一个政治的、客观的、可知的运动居然会制造出不仅仅是恐怖而且还有一种新的主观的真实性——一种确确实实的神秘气氛，它甚至呈现出一种神圣的反响。这奇特的一切打动了我：由如此荒谬的人们推行的如此实际而又卑鄙的'事业'居然能使思想本身瘫痪；更糟的是，居然使人们在内心翻腾起那样有说服力的阵阵'神秘的'云团似的感情来……某些基本的正直原则都被遗忘了，而在一两年前没有人会想到这些正直原则能被改变，更不必说忘却了。我震惊地瞧着……如此内向而主观的感情居然能如此明显地由外界制造出来，我觉得这种情况真是奇事。这种想法构成了《萨勒姆女巫》（又译《严峻的考验》）中的一字一句的基础"。米勒在剧中表达了他对时代较重大的问题与他的生活和作品的关系的看法。该剧虽然取材于1692年马萨诸塞州萨勒姆镇发生的一起宗教迫害的"逐巫"案这一历史事件，却代表着一个政治与社会的事实，随着时间的推移，它的人性浮现了，并得以作为戏剧而受到欣赏，剧作的真正主题及精炼的戏剧性在不断地吸引着新的观众。《严峻的考验》具有的生命力和日益增长的流行性使之成为米勒的又一不朽之作。米勒通过此剧所要表达的是比政治迫害更广阔的个人问题与社会道德问题。人是邪恶、愚蠢的，还是善良、正直的；人是自私自利的，还是富有牺牲精神的；人是狭隘的还是宽容的，主人公约翰·波洛克以自己的行动表明了作者富有积极意义的意图：一个人面对疯狂的社会挑战，他应坚持自己美好的意愿——揭露邪恶，考验自己的正直和良心，维护人的尊严，不可推卸责任地去反对社会的不公正。米勒的剧作流露出对社会不公正现象的愤慨，同时也表达了一种人与人之间应互相负责的人道主义观点。

1955年，米勒发表了两部独幕剧《桥头眺望》和《两个星期一的回忆》。在纽约首演时，《桥头眺望》与其他剧本相对而言是失败的和"冷酷的"，但不久之后，修改本两幕剧在伦敦、巴黎等地上演，情况相反，获得了极大的成功。独幕剧《桥头眺望》是作者怀着实验的心绪创作的，米勒以事件本身的性质和它们的结构来说明剧中主人公的心理状态，作者对剧中主人公保持了一定的距离而不介入，剧情简单、明了、直率、毫不曲折。修改后的剧本除去形式和风格的改变外，作者卷入了剧本，修改了原来笨手笨脚的主人公埃迪的形象，剧本更加趋向现实主义而且唤起了观众的有力反应，人们以怜悯和惊异的情感去哀悼主人公埃迪，观众的情感与主人公的情感融合一致了。因为一部成功的剧本的主旨就是要"唤起观众的激情，这样才能开拓个人和大家的关系以及大家和人类的关系"。埃迪被直接置于他的社会环境，这使他显得更加富于人性而不是一个人物，不是一种力量。这样，主人公痛苦的"主观真实"作为戏剧的冲突在舞台上再现出来，一个固执的、被情感支配的人为了维护他的"名誉",铤而走险,结果自我毁灭,以死结束了自己的耻辱,埃迪同样用自己的行动做出了回答,他喊道:"我要我的名誉。"他重复了米勒塑造的众多主人公经常的几乎以同样的语言提出的要求。

独幕剧《两个星期一的回忆》是米勒最珍爱的一个剧本,这个剧本是他"以更强烈的爱写成的",因为剧中描绘的情形跟作者中学毕业后在一家汽车零件公司工作的经历颇为相似。米勒称它是一部"感伤的喜剧",剧本既没有强烈的戏剧情节,也没有戏剧高潮,作者描绘了一群汽车零件库房里的工人们的生活困境,"描写了房租、饥饿和生活对诗意的需要",表现了作者对现实的理解:人的进退两难的境地。这部没有情节的、松散的剧本探求了30年代的情绪以及永远被困锁在工作之中的人们的悲怆和希望的价值。

1957年,《阿瑟·米勒戏剧集》出版,这标志着阿瑟·米勒的事业的第一阶段的终结。此后,他便进入舞台上的沉默时期,因为他从来不轻易为上演或为剧本本身而写作剧本,并且一向坚持在无话可说时保持沉默的艺术特权。

暂别戏剧

米勒离开了纽约舞台达8年之久,他的戏剧创作进入了冬眠状态,这期间几乎没有任何剧本问世,这可能部分由于政治上的原因,部分由于个人生活上的原因。20世纪50年代给米勒带来了极大的声誉,也给他带来了不少磨难。战后,米勒曾积极地投身于旨在改革经济、政治和文化状况的自由改革活动之中,特别是戏剧界的情况令他担忧,自由创作的局面不仅被"商业化"所替代,更被一种恐怖的氛围所纠缠,致使一些作家从关注社会问题转向探索自我去了;欧洲存在主义思潮被普遍接纳,成了一些"荒诞派"作家作品的思想基础,这些不利因素严重影响了美国现实主义戏剧的发展。1953年,他的剧本《严峻的考验》公演后,政府当局认为他是在影射以麦卡锡为代表的极右反动势力对进步人士的政治迫害,一些极右组织也大肆抨击他的剧本是"共产党宣言"等等。1954年,他申请出席在布鲁塞尔上演《严峻的考验》的开幕式,国务院拒绝为他签发护照,退回的理由是"坚信支持共产主义运动的人,无论是否是共产党员,一律不予签发护照"。这还只是米勒陷入困境的开端,随后,米勒又被指控与左派分子有关,继而取消了他同纽约青年委员会签订的写作电影脚本的合同。1956年,米勒遭到了非美活动调查委员会的传讯,听证会上,审讯员把一摞六英寸厚的请愿书、抗议书和声明表一张一张地拿起询问米勒是否签过名,其中一份是有关罗斯福夫人签名的与苏联友好的呼吁书。米勒连自己都不大记得自己以往支持过那么多组织和事业了。他不等审讯员看清下一份是什么请愿书,便抢先理直气壮地说:"签过,签过,我都签过。"当非美活动调查委员会要米勒交出与会的美国左派共产党的名字时,米勒则认为那次会议完全是一个合法团体在合法情况下召开的,因此拒不作答,他认为,人不该利用别人的名字来给别人带来麻烦,或者沆瀣一气地歪曲和平交往那种神圣不可侵犯的民主原则。米勒确实支持和参与了众多的组织和事业,如:1948年在巴黎召开的世界和平大会;为格哈特·艾斯勒(该人后来成为东德共产党的高级官员)辩护的声明上签过字;批评过州参议院关于非美活动的会议;支持过在共产党中国的救济工作;反对过史密斯法令,该法令禁止武力推翻美国政府的说教和宣传;米勒还申请参加马克思主义理论课的学习,多次出席共产党召集的作家会议;1949年,他参加了一次在纽约召开的反对冷战和争取世界和平的文化科学会议,不少知名人士,包括肖斯塔科维奇和法捷耶夫(俄罗斯作家,苏共党员)出席了会议。为此,米勒被判"藐视国会"罪,处以500美元罚金和一个月的徒刑。米勒后来回忆说:"在往昔的岁月里,我想必多么充满希望! 我要是什么都没有签过,也不那么关心周围事物,今天想必也就不会在这里出现。然而,问题不在这里。我体会到那摞六英寸多厚的抗议书,既是对现实的否定,也是对未来的信赖。说真的,我当时支持过那么多事业,其实是想表达我对法西斯主义阴森森地逼近胜利所产生的一种恐惧,是想表达我跟美国浪费潜力的一种疏远。"米勒的这一遭遇恰好与《严峻的考验》中的主人公相似,而米勒也同样以自己的行动证实了他的信念。由于作家的声望,1958年,美国最高法院撤销了对他的指控。20世纪60年代,密执安大学出现了教员和学生以宣讲会的形式反对美国参加越战并反对政府的政策进行辩论的活动。米勒当时也返回母校,在宣讲台上发了言,回顾越战,他痛心地说,"非等到五万八千多名美国人在越南丧生,美国社会被迫屈服,一代青年由于这场战争而同政府保持了一种难以想象的广泛而彻底的疏离,到了这般地步,参谋长联席会议、国会、总统和大多数美国人才真正认清密执安大学那次宣讲会早已摆明了的事实"。由此可见,米勒献身于各种社会活动的热情和正义感。

20世纪50年代末60年代初,米勒的个人生活出现了重大转折。由于同妻子的关系不断恶化,1956年,他同第一个妻子玛丽离异(他们生有一子一女),与好莱坞红极一时的电影明星——漂亮、迷人的玛丽莲·梦露结为伉俪。米勒是在1955年去好莱坞洽谈拍摄他的一部反映纽约码头工人处境的电影时结识梦露的,他特别欣赏梦露少有的天真无邪、单纯可爱,对她产生了恋情。梦露也把他看成可以信赖的保护人,亲昵地管他叫作"爸爸"。婚后,米勒放弃了自己的戏剧创作,尽力协助梦露树立起自信心,以使她转变成为一名优秀的艺术表演家。为此,米勒创作了电影剧本《不合时宜的人》(1961年),由梦露主演,但没获得多大成功。事业不成功,再加上梦露多次小产,以致不能生育,导致她精神颓丧。长期失眠使她不得不依靠酗酒、吸食麻醉药来获得暂时安宁。相聚四载,两人终因性情不合而离异。梦露后因心情压抑,服过量安眠药而致命。米勒在《自传》中,以深切同情的笔调再次描绘了孤女出身的梦露,身心忧郁而艰苦奋斗的一生,驳斥了外界对梦露的种种歪曲的宣传报道。米勒感慨道:"现在看来,玛丽莲的看法还是对的,我却对人过分信任,时常既不机警,又会闹得很不愉快;我不习惯在这种翻腾着鲨鱼的名利海洋里泛游,可我也厌恶观望他们一再进行攻击,使这种争夺名利的游戏到了精神病院治疗的那种妄想狂的程度,这种病症伤损灵魂而能置人于死地。但是,看来日复一日地生活在这种无法排除的猜疑迷雾中实在没有意思,结果便是使她简直无法再忍受下去而结束了生命。"后来,米勒结识了奥籍摄影师英吉·莫拉斯,她曾入过柏林郊外的纳粹集中营,侥幸未死,战后长途跋涉返回了萨拉兹堡,她还曾只身救过溺水的影星埃迪·墨菲的性命。米勒仰慕她的胆识和勇气,于1962年同她结婚,生有一女瑞贝卡。他们互敬互爱,现幸福地生活在康涅狄格州罗克瑞斯郊区的一所别墅里。对于婚姻,米勒深有感触,他以芦苇为例,"一根芦苇可供观赏,却承受不住漫不经心的依靠",指明夫妇双方不可恣意依赖对方,而应有独立的进取心。他的妻子也持同样的看法,认为一切婚姻要想保持长久,对终身伴侣必要多加宽容和多加体谅。米勒经常携作为职业摄影师的妻子到世界各地旅游,并发表了游记《在俄国》(1969年)和报道《中国见闻录》(1979年)。他妻子也出版了两本反映他们夫妻国外旅游的同名摄影集《在俄国》和《中国见闻录》。另外,米勒还出版了一本描述他们在康涅狄格州乡间生活的报道《在乡村》(1977年),他的妻子同时也出版了一部同名摄影集。米勒终于获得了幸福美满的婚姻。

戏剧良心

　　1964年,米勒重返戏剧界,他为林肯中央剧院提供了两部剧本,独幕剧《堕落之后》和《维希事件》。《堕落之后》是米勒所写的最有反思意义的戏剧,它以主人公昆廷内心独白的方式进行自我揭示,通过自由联想和意识流动来表现主人公对生活的思考。此剧公演后,评论界的争论异常激烈,有人把此剧比作歌德的《浮士德》,有人说它的意义重大,是一部可与奥尼尔的《长夜漫漫路迢迢》(1956年)并列的自传文献。也有人称这是一部卑劣的剧作,非驴非马、单调乏味、又臭又长、杂乱无章。莱斯利·汉斯科姆在《新闻周刊》上评论米勒是个"标准的放荡的浪子",他写出了无疑是最赤裸裸的自传体戏剧。米勒对此很是烦恼,他反驳说:"剧中的那个人不是我,剧作家不会把自己推上舞台,只不过把自己的某些感受放到剧中人身上,使之戏剧化而已。"米勒在序言中写道:"这出戏是一种考验,是一个人受自己的良心、价值和行为的考验"。从文学的角度讲,米勒的观点是完全中肯的、也是成立的。不可否认,剧中主人公昆廷与作者米勒的生活确有许多共同之处。除此之外,米勒的创作还受到《圣经旧约》和法国作家加缪的影响(加缪著有小说《堕落》)。米勒用圣经中有关人类堕落的古老传说来隐喻人类自觉地丧失了清白,同时,作者又以人被逐出伊甸园在漂泊的过程中滋生出的希望、爱情、勇气、宽容等来帮助自我,迎击邪恶,使灵魂得以拯救。正如昆廷所说:"非正义的现象严重地威胁着这个世界,我的使命就是改变这种状态……要使世界变得像一座天堂——那就是伊甸园!"由此可以看出米勒创作此剧的目的。正如米勒创作《堕落之后》时说的,"我在努力探求人生的意义。在今天的社会里,人怎样才能生存,而又无须掩饰本来的自我"。我们再一次看到,重返戏剧界的米勒仍在探索的戏剧主题:"个人在为社会上(和我们自己家里)找到适当的位置而奋斗。"我们应当如何生活,这是作为严肃的戏剧家米勒在其文论中一再强调和想要回答的问题。他在《论社会戏剧》中指出,个人与其价值观的风俗习惯根源之间的交流是必要的。严肃戏剧的责任就在于说明这种交流的可行性和缺少这种交流的严重性。只要剧中主人公向传统准则挑战,就必须介入有意义的社会关系。他应"具备自身的价值、固有的尊严,能为人们提出基本问题并寻求答复"。

《维希事件》这部剧本反映出作者对犹太问题的思考。剧本描写了1942年德军占领下的法国一个小镇维希,纳粹分子严刑拷打战俘和疯狂追捕犹太人的情景。米勒采用一些性格单纯的人聚在一起讨论的方式阐述了他关于罪恶与责任道德的普遍意义。那就是,对于纳粹的暴行,我们每一个人都有责任。束手就擒,不做反抗的受害者实际上是导致自己毁灭的帮凶,要消除法西斯暴行,我们每一个人都应像冯·贝格亲王一样,从道德自我完善做起。他在一篇题为《我们为人间的邪恶感到内疚》(1965年1月3日《纽约时报杂志》)的文章中做了同样的说明。米勒创造的人物以自我醒悟、自我完善来进行自我拯救,以此来回答"人应当如何生活"这一主题。这种退回到内心自审、道德自我完善的"托尔斯泰式"的立场与当时西方知识界陷入思想混乱有很大关系。

1965年,米勒当选为国际笔会主席,还加入了民主党。任职期间,他曾使苏联作协重新返回国际笔会,并多次投入拯救被关押的国内外同行的活动,1986年的诺贝尔文学奖得主尼日利亚剧作家兼诗人渥雷索因卡就是由米勒出面营救才得以获释的。1967年,米勒发表了短篇小说集《我不再需要你》。

1968年米勒发表了剧本《代价》,剧本主要描写了两兄弟之间的矛盾,以及他们对人生的两种截然不同的道德价值观念。哥哥沃尔特追求自己的理想,努力争取事业的成功,以免重蹈父亲的覆辙;而弟弟维克托为照顾破产了的父亲,过着自我牺牲、尽义务的生活,放弃了自己的个人追求。当兄弟俩面对父亲死后的一堆破烂家什、回顾逝去的岁月时,都产生了不约而同的感慨。沃尔特为了安全(尊严、事业和金钱),他付出了"代价"。维克托为他尽的责任更有光彩也同样付出了"代价"。他们都为自己的选择付出了代价。沃尔特为自己的追求感到恐慌,发现自己堕落了,被抛弃了,精神上感到不安、内疚,可同时又坚持自己比维克托有见识、有信念。维克托对自己当初的决定也有过疑虑,为这种义务感到烦恼,但又感情上坚持自己的选择,以为这是有力量的。因为对父亲的孝心使他显得形象高大,得到了人们的尊敬。米勒在一篇《演出手记》中写道:"根据目前世界现状,两兄弟的性格都是需要的;当然,他们各自的心理和道德价值观念在社会矛盾中进行争论"。沃尔特以感情的超然为代价来摆脱有愧之心,维克托以真诚和信任来解除精神上的负担。作者米勒力图摆脱传统的主从关系(一个人要充分发挥自己的才能而不以埋没他人的才能为代价),探索适度的、无私的、合理的承担义务的可能。人们都希望体面地活着,然而,作者为明确表达一种相互影响的合理方式所做的努力——这是执着的、善良的剧作家毕生的目标——似乎仍未实现。不过米勒的观点是非常明确的,他在接受伦纳德·莫斯在家中的一次采访中,当提及《代价》中兄弟俩和父亲之间的关系时,米勒答道:"那不是单纯的心理问题,主要是社会或道德问题。这出戏是对人们所谓的牺牲精神的检验。当然,社会有赖于这种牺牲精神,人人都应尽社会义务。"

1968年至1972年,米勒作为民主党选出的众议院代表和评论家从事政治活动。这期间他还利用自己国际笔会主席的身份,为许多东西方国家在政治上受压制的作家辩护。从 1973 年开始，米勒以副教授的身份在密执安大学教授戏剧文学。

20 世纪 70 年代，米勒一直努力从事戏剧创作，先后发表了《创世纪及其他》(1972年)，《天堂之上》(1974 年)和《大主教的天花板》(1977 年)。1978 年，罗伯特·阿·马丁编选的《阿瑟·米勒戏剧评论》出版了，《戏剧评论》收集了米勒在自己创作实践基础上对戏剧理论的探讨，以及一些有关艺术的重大问题的论述，阐发了自己独到的见解。在《戏剧集》的引言中，米勒阐述了戏剧的功能，他说："我认为观众是这样一些人：每一观众都怀有其单独认定的焦虑、希望或当务之急，这使他与人们疏离；从这一点考虑，剧本的功能至少是要向他揭示他自身，这样，他或许能通过揭示出来的他与大家的关系而和其他人沟通。仅仅出自这一原因，我就认为戏剧是一项严肃的事业，它使人类或应当使人类更加富有人性，也就是说，使人类不那么孤独。"在《悲剧与普通人》(1949 年)一文中，米勒论述了现代戏剧的特点。他一反古希腊哲学家亚里士多德的悲剧定义，指出，"我认为普通人与帝王同样适合作为最崇高的悲剧题材"，"悲剧是一个人竭力要求公正地评价自己而产生的后果，那么他因此而遭到的毁灭就揭示出他生活环境的缺陷或邪恶。这正是悲剧的寓意和教诲之所在"，米勒主张"悲剧的最终结局应当加强观众对于人类所持的最光明的见地"。这些散文代表了米勒对当代评论和戏剧文学的贡献，同时也表达了作者本人的坚定信念，正是这一信念鼓舞激励着米勒不断努力耕耘。

早已年逾古稀的米勒先生仍精神矍铄，在 80 年代仍不断有新作问世。电视剧《赢得时间》(1980 年)探索了一个集中营里的妇女乐队的道义问题。以 30 年代经济大萧条为背景的剧本《美国时钟》(1980 年)，描写了两个美国家庭的不同命运，展示了美国经济大萧条造成的灾难的全貌。对戏剧技巧进行新的试验的剧本有《一个爱情的故事》(1982年)和《献给一位女士的哀歌》(1982 年)。1986 年他又发表了《危险：回忆！》，其中的两个剧本《我什么也记不清》和《克拉拉》引起了戏剧界的青睐。

1987 年，米勒长篇自传《时移世变》问世，更是引起了美国戏剧界的极大关注，自传洋洋洒洒 50 万言，文笔犀利，隽永流畅，对自己所走过的漫长曲折而又丰富多彩的生活和艺术道路作了深沉的回顾和反思，特别是对人生、社会和历史做出了严肃的思考。自传的写作手法新颖，结构独出心裁，不失为美国文坛上的又一篇散文佳作。

他的最新剧本《摩根山之游》于 1991 年秋在伦敦首演。米勒虽年事已高，却一直关注着美国戏剧的发展，他在 1990 年的一篇文章中还再次指出，美国戏剧中的"道德寓意"和社会寓意有日渐减弱的趋势。由此可以看出米勒作为当代最著名的戏剧家对戏剧的热爱与关心。

米勒的一生可以说是辉煌的一生，成功的一生。作为一名戏剧家，人们给了他最高的赞誉——"美国戏剧良心"，也给了他美国历史上最多的荣誉和奖项。米勒作为戏剧家的力量就在于他有能力对有关美国的经验、它的价值观以及膨胀了的自我重要性的基本设想赋予戏剧性的生命，通过想象把美国对于个人的生活和意义的巨大潜力表现得淋漓尽致，使我们人类不再那么孤独，使人类更加富有人性。

清教徒文学的代表

——约翰·弥尔顿

人物档案

简　　介:英国诗人、政论家,民主斗士。英国历史上伟大的艺术家,被称为英国文学史上伟大的六位诗人之一。剑桥大学读书时就开始写诗。大学毕业后又攻读了文学 6 年;1638 年弥尔顿到欧洲游历;1640 年英国革命爆发,弥尔顿毅然投身于革命运动之中,并发表了 5 本有关宗教自由的小册子;1644年弥尔顿又为争取言论自由而写了《论出版自由》;1649 年革命胜利后的英国成立共和国,弥尔顿发表了《论国王与官吏的职权》等文,以巩固革命政权;

1660 年,英国封建王朝复辟,弥尔顿被捕入狱,不久被释放,此后他专心写诗。1674 年 11月 8 日逝世。

生卒年月:1608 年 12 月 9 日~1674 年 11 月 8 日。

安葬之地:不详。

性格特征:举止温文尔雅,聪明勤奋,忧郁。

历史功过:英国文学史上伟大六位诗人之一,代表作品《失乐园》《复乐园》,诗体悲剧《力士参孙》。

名家评点:19 世纪英国诗人和批评家阿诺德评价说:"在风格和文体上,弥尔顿是英国伟大的艺术家。在风格的崇高上,他是英国第一流的大师。"

人物生平

约翰·弥尔顿(1608~1674),17 世纪中叶英国最杰出的诗人。出身清教徒家庭,从小受到良好教育,爱好文学、音乐。1620 年入剑桥大学学习,研究古代文学和人文主义文学,并开始写诗。后前往意大利旅行,与当地的人文主义者交游甚广,并拜访了被天主教囚禁的伽利略。英国资产阶级革命爆发后,积极投身革命。后因积劳成疾,双目失明,但以顽强的毅力写作,并取得了卓著成就。代表作品为长诗《失乐园》(1667 年)、《复乐园》(1671 年)以及诗体悲剧《力士参孙》(1671 年)。

长篇史诗

《失乐园》是一部长篇史诗,取材于《圣经旧约·创世纪》,共 12 卷,共一万多行,用无韵体写成。《失乐园》生动反映了英国资产阶级革命失败后革命者的生活、情绪和斗争精神,也体现了诗人愤世嫉俗、向往自由的反抗精神。通过亚当和夏娃的堕落,指出人类不幸的根源在于缺乏理性、放纵情欲、易受外界的影响。同时作者也借古讽今,暗示英国资产阶级革命所以失败,是由于革命者道德堕落,骄奢淫逸。

天使卢西佛无法忍受上帝至高无上的权威,率众天使反叛,失败后被堕入地狱。卢西佛被更名为撒旦,失败的天使们也被称作魔鬼。撒旦拒不认输,集合众多堕落天使召开魔头会议,发誓报仇。

大家因报仇方式发生争执,群魔副首领皮尔塞尔说,曾有预言,上帝将创造一个新的世界,其中将有一种叫人的生物,他建议由此寻找可乘之机报仇雪恨。撒旦挺身而出,担负起这艰难危险的任务。

魔王的女儿"罪恶"和儿子"死亡"为他打开地狱的大门,撒旦飞进了没有时空之分的一片混沌之中,发现了刚刚创造出来的新世界。撒旦来到人类的祖先亚当和夏娃居住的伊甸园,惊叹于人类完美的形体和幸福的情景,他偷听亚当和夏娃的谈话,决心引诱他们堕落以实现向上帝的报复。上帝命亚当和夏娃不准偷食乐园中智慧之树的果子,而撒旦化成一只蟾蜍在睡着的夏娃耳旁操纵她的梦境,告诉她智慧之果的好处。早晨醒来,夏娃告诉亚当她在梦中非常想吃智慧树的果子,因此十分苦恼,亚当安慰了她。

上帝看到人类灾难已近,就派拉非尔去训诲二人不得违反天条。拉非尔走后,撒旦化作一条蛇,向夏娃恭维并告诉她它之所以会说话是由于吃了一棵树上的果子。夏娃让它带她去看,发现就是那棵智慧树之果,夏娃摘下果子吃了,觉得味道鲜美,于是带了一个去给亚当。亚当见了,大惊失色,但想到夏娃如此爱他,两人应共命运,所以也吃了。果然他们立刻变得聪明起来,也知道了羞耻,于是找东西遮住身体。

上帝闻之大怒,判夏娃受分娩之苦且永远服从于亚当,且亚当必须终身劳作,汗流浃背,他们源于尘土,最终归于尘土。撒旦获得了成功。他回到地狱,派他的儿女"死亡"和"罪恶"为使节长驻人世。为了惩罚人类,上帝还造四季以代春天,造了狂风暴雨、冰雹严寒、洪水地震,还让世间万物互相侵吞。上帝派迈克尔把亚当和夏娃逐出乐园。

亚当和夏娃为自己的不幸而哭泣,迈克尔向他们展示未来的情景:一代代的生死过后将会洪水泛滥,生物全亡,只有诺亚方舟保留了人类的生命,以后罪恶又返回人世,直到上帝之子基督出世、受刑、复活,作为人类的赎罪者而升天。

亚当、夏娃平静下来，他们看到未来虽充满罪恶和流血，但人类终得解救。他们回顾已失去的乐园，擦干眼泪，携手走向那贫瘠的平原。

17世纪英国的资产阶级与封建势力进行了长达半个世纪的权力争夺，而弥尔顿就生活在这个时代。弥尔顿是个坚定的代表资产阶级利益的共和派，并参加了克伦威尔的政府，担任秘书。1660年，共和国政府陷于瘫痪，国王复辟成功，就是在这个艰难黑暗的岁月中，弥尔顿写成《失乐园》。

整个诗篇规模宏伟，气势雄大，环境气氛广阔无垠，描绘了地狱、混沌、人间等壮阔的背景，大量引用典故，想象极为丰富；在结构上有意模仿古希腊罗马史诗，再加上铿锵的语音语调，使人眼花缭乱的比喻手法，充满了革命的激情。尤其是上帝与撒旦交战的描绘，再现了17世纪英国内战的情景，写得气势磅礴。

《失乐园》凝结了诗人饱满的革命激情和独特的艺术才华，无愧于世界文学中的不朽名著。它不仅为英国诗坛争得了极高的声誉，而且在整个欧洲产生过深远的影响，既是当年英国资产阶级革命的回声，又是百年之后法国大革命惊雷的前奏，被认为是世界文学史上"文人史诗的典范"。雪莱把他与荷马和但丁同称为伟大的史诗诗人。

英国和欧洲的小说之父

——丹尼尔·笛福

人物档案

简　　介：英国著名作家,尽管没有受过大学古典文学的熏陶,却靠自学成为英国小说之父。1660年5月6日,出生于伦敦圣盖尔斯街;1671年开始在詹姆斯·费希尔牧师在萨里郡的道尔金开办的学校读书;1674年开始在主教查尔斯·莫顿在纽温顿格林村主办的学校读书;1681年完成第一部作品论著《冥想》;1683年开始从事商业活动。1688年,参加光荣革命;1695年,被任命为皇家彩票事务负责人;1697年出版论著《计划论》;1701年出版长诗《地道的英国人》;1702年出版论著《对付新教徒最直截了当的办法》;1703年创作诗歌《立枷颂》。1704年开始独立主办

《评论》杂志。1705年创作行旅小说《团结》;1709年完成历史记录《大不列颠联合王国史》;1719年出版长篇小说《鲁滨逊漂流记》;1720年完成历史小说《骑士回忆录》《辛格顿船长》《鲁滨逊漂流记的回想》。1722年出版小说《摩尔·弗兰德斯》《杰克上校》《大疫年日记》;1724年出版小说《罗克萨娜》;1725年出版小说《英国商人手册》;1731年4月24日,逝世于伦敦居所。

生卒年月：1660年5月6日~1731年4月24日。

安葬之地：安葬在邦山菲尔德非国教教徒的墓地里。19世纪70年代他的墓碑曾失窃,但是1940年又被找了回来,如今放在哈克尼博物馆里。

性格特征：天资聪明,坚忍不拔。一个具有物质欲望和道德完善的人,一个昂扬的斗士,有着坚强的不弃不馁的精神,也是一位曾经辉煌过的人。

历史功过：代表作《鲁滨孙漂流记》。

名家点评：伍尔芙评价说："笛福是抓住事实的天才,这使他的作品产生了伟大散文作品的叙事效果。"

人物生平

丹尼尔·笛福(约1660~1731年),英国著名作家。尽管没有受过大学古典文学的熏陶,却靠自学成为英国小说之父。他的作品,除《鲁滨孙漂流记》外,还有《辛格顿船长》《摩尔·弗兰德斯》《杰克上校》和《罗克萨娜》。以一个名叫塞尔柯克的水手的海上经历为原型而写成的《鲁滨孙漂流记》,因为表现了大无畏的进取精神和挑战大自然的信心和勇气,而广为流传,并奠定了他"英国小说之父"的地位。

传世名作

《鲁滨孙漂流记》讲的是贫民出生的鲁滨孙,发现与非洲进行贸易获利颇丰,于是想去非洲淘金。不料最后一次却碰上海盗,被抓住做了奴隶。趁机逃跑后,鲁滨孙在巴西过了一段舒服的生活。冒险的天性使鲁滨孙再次前往非洲,不幸航船触礁,他侥幸保住性命,在一个小孤岛上生活了28年。

在岛上,孤身一人的鲁滨孙开始自己新的生活。他在孤岛上造了一个"家",在果林里建起一间"别墅"——茅草屋。

解决了温饱问题后,鲁滨孙开始种植农作物,养殖"家禽"。第二年。鲁滨孙开始制作面包,开始养育野羊,使自己有了羊肉吃、有了羊奶喝和羊皮作的衣服。到了第六年,他做了一只小船,挖了条通往外面的小河。

日子在不知不觉中过去,一群野人的到来,打乱了他平静的"生活"。载歌载舞的野人吃的原来是人肉!鲁滨孙惊呆了,再次为自己的"家"增设机关。但是23年过去了,日子平安无事。后来他救起了一个野人的俘虏,为他起名"星期五"。从此,星期五和他相依为命,学会了说话,成了他忠实的朋友和仆人。他们还一起,救起了流落到岛上的白人和星期五的父亲。

家庭人员增多了,他们开垦出了更多的田地种植农作物。同时,鲁滨孙派星期五的父亲和那个得救的白人去救助岛上的白人。他们则在岛上开始造船。

不久,他们又帮助一艘英国商船的船长和大副夺回被暴徒抢去的船。鲁滨孙把岛上的一切机关都告诉了他们,组织他们把小岛打理好。他们没等星期五的父亲回来,就回国了。

回到阔别35年的故乡,鲁滨孙发现一切已经物是人非。父母已经辞别人世,留下两个妹妹和两个侄子。同时,鲁滨孙在巴西的种植园给他带来了大笔财富。他娶妻生子,过着平静的生活。妻子去世后,鲁滨孙再次出海,回到小岛,发现小岛上已经居住了许多的欧洲人,人丁兴旺了。

回巴西的途中,他们的船遭到野人的袭击,星期五死去了。鲁滨孙脱险后,经巴西、好望角来到中国,处理掉叛徒,回到英国。没过多久,他再次开始自己新的探险征程。

《鲁滨孙漂流记》最鲜明的特色是以第一人称的笔法来行文,似乎是故事的主人公在给我们讲他的实际经历。记者出身的笛福很善于用简洁明了、生动形象的笔触来刻画人物、描述故事。

但是,最吸引我们的是鲁滨孙神奇、惊险、新奇却真实的航海经历。这种敢于冒险、勇于探索的精神,正是那个时代的人所缺乏的。

所以,小说刚出版就引起很大的反响。这种探险的精神正是自由竞争时期的资本主义社会中那些新兴资本家形象的象征。所以,战胜孤独、战胜大自然、征服大自然的大无畏精神很容易在当时的人们心里引起共鸣。

历代评价

小说的反响很大,开创了一个新的时代。马克思和恩格斯就曾经多次用鲁滨孙的故事来剖析资产阶级的本质。而卢梭在《爱弥儿》中,将《鲁滨孙漂流记》作为爱弥儿15岁时的必读书。

历代对笛福及《鲁滨孙漂流记》有很高的评价,如杰克逊:如果人们要重新抓住资产阶级在它年轻的、革命的、上升时期的旺盛而自信的精神,那么最好的导引莫过于笛福的《鲁滨孙漂流记》了。

伍尔芙:笛福是抓住事实的天才,这使他的作品产生了伟大散文作品的叙事效果。

德拉·梅尔:他的杰作的魅力不仅仅是传奇的故事,而是这传奇故事被披上了纪实的外衣,使故事看起来真实可信。

詹姆士·萨瑟兰是笛福最优秀的传记作家。在众多的笛福传记中,萨瑟兰的《笛福传》不仅为我们提供了比较翔实的资料;而且在理解笛福作品和体会其思想性方面给我们提供了很大的帮助。

欧美文学家的典范

——乔治·戈登·拜伦

人物档案

简　　介:英国19世纪初期伟大的浪漫主义诗人,是个是多产诗人,并在他的诗歌里塑造了一批"拜伦式英雄"。他不仅是一位伟大的诗人,还是一个为理想战斗一生的勇士,积极而勇敢地投身革命——参加了希腊民族解放运动,并成为领导人之一。1824年,拜伦不幸遇雨受寒,一病不起,4月19日逝世。他的死使希腊人民深感悲痛,希腊的独立政府宣布拜伦之死为国葬,全国哀悼三天。

生卒年月:1788年1月22日~1824年4月19日。

安葬之地:纽斯台德附近的赫克诺尔。

性格特征:渴求自由,厌恶丑恶,孤傲不逊,愤世嫉俗,刻苦勤奋。

历史功过:是一个为了理想战斗一生的勇士。最负盛名的煌煌巨著是长篇抒情叙事诗《恰尔德·哈洛尔德游记》和《唐璜》。

名家点评:拜伦传的作者鹤见祐辅评价说:"拜伦挥动着他那热烈如火的诗笔,震撼了十九世纪初期的欧洲。他的声音像天的声音一样,穿透了地上万民的心胸。他的真实,以宇宙大真实的威力,降落在一般大众的头上……只要人类还没有失去对自由、爱国、民族独立和个性发扬的思慕与渴仰,诗人拜伦的气魄便会永久地阔步在大地之上。"

博学懒散

1788年1月22日,乔治·拜伦出生在苏格兰。

4岁时,拜伦被送进了小学。1801年,读完小学的拜伦进入了伦敦市郊久负盛名的哈罗中学。

哈罗中学时期的拜伦已经开始显示出了诗人的气质和才华。他并不拘泥于自己的课本,相反却博览群书,表现出了很高的才智。他能迅速写出三四十句出色的拉丁文六韵诗行,他在同学们中间赢得了"博学而懒散的拜伦"的称号。

1805 年夏天,拜伦从哈罗中学毕业。10 月,他进入了剑桥大学三一学院。

当时为法国启蒙主义思想激发出追求自由、真理热望的拜伦,抑制不住自己心头的激情,他开始尝试把复杂而彷徨的思想感情写成诗句。当他把最初的几则诗篇读给女友伊丽莎白听时,这位少女简直被大学生的诗句给迷住了。伊丽莎白的赞美无疑使拜伦受到了鼓舞,他干脆远离人群,埋头写作,从此踏上了文学创作之路。

文学作品

1807 年 6 月,还是大学生的拜伦的第一部诗集《闲散的时光》终于问世了。这部诗集集中了拜伦从 1806 年到 1807 年间创作的一些作品。这部作品轰动一时。

1809 年出版的《英格兰诗人和苏格兰评论家》诗集又获得很大成功。1812 年,他的《恰尔德·哈罗尔德游记》正式出版。

《恰尔德·哈罗尔德游记》是一部浪漫主义的叙事诗,内容丰富而深刻。诗人在诗中描绘了主人公哈罗尔德的形象,他身处上流社会,却厌倦了狂热的享乐;他忧郁彷徨,终于离开祖国漂泊异域。他对现实失望不满但又不积极追求未来,成为对生活消极绝望的旁观者。哈罗尔德的形象正是英国人当时精神忧郁的真实写照,因而引起了全社会的强烈共鸣。

1915 年,拜伦结婚,在令人烦恼的家庭纠纷和经受爱情破裂打击的两年里,拜伦先后创作了《柯林斯的围攻》和《巴西里纳》两部诗集。这两部诗集连同诗人 1813 年和 1814 年创作的《海盗》等四部作品,后来被人们统称为"东方叙事诗"。在这些作品中,诗人创造了许多不同性格的"拜伦式的英雄",1916 年 5 月 25 日,拜伦抵达日内瓦。在不到半年的时间里写出了不朽的诗剧《曼芙雷德》。1918 年,长篇讽刺诗《唐璜》问世。到 1920 年,先后写了历史剧《马里诺·法利哀洛》、历史剧《萨达纳巴勒斯》《福斯卡利父子》和诗剧《该隐》等一系列杰出的文艺作品。

1821 年 10 月,诗人来到比萨,在这里他创作了长诗《审判的幻景》和《青铜世纪》。

拜伦是文学天空中一颗灿烂夺目的金星。他给后世带来了巨大的影响,不仅成为欧美文学家的典范,而且他也成为当时在欧洲燃烧着的自由民主之火的当之无愧的号手。

《恰尔德·哈罗尔德游记》共四章,描绘了西班牙、希腊、比利时各国人民争取自由的斗争,表达了一个民主革命战士积极斗争的精神。第一章是关于葡萄牙、西班牙等国的旅途见闻。青年贵族哈罗尔德(也译哈洛尔德·哈罗德)苦闷地离开英国,到欧洲去旅行。他首先到葡萄牙,看到的是美丽的自然风光和受奴役的人民的苦难处境。哈罗尔德流浪到西班牙,看到人民遭受外来侵略,激情号召人民起来争取自己的解放,第二章是关于希腊等地的旅途见闻。这一章愤怒地批判了封建暴君的野蛮掠夺行为,诗人对被异族统治的希腊人民寄予无限的同情,他劝告人民放弃外国援助的幻想,自己挣脱束缚。第三章是关于比利时和瑞士的旅途见闻。诗中赞颂启蒙思想家卢梭、伏尔泰和狄德罗的思想鼓舞了人民的反专制热情。哈罗尔德来到拿破仑战败的滑铁卢战场,回顾这重大历史事件。拿破仑失败,"神圣同盟"得胜,对人民来说都是受苦。诗人严厉批判了"神圣同盟"的倒行逆施,明确地反对在它的保护下复活反动专制,要人们用利剑刺杀所有的暴君。第四章是关于意大利的见闻。诗人用很多篇幅歌颂意大利过去的强盛和光荣,启迪和激发意大利人民为独立而战,摆脱奥地利统治,解放自己的国土。

1809 年,拜伦出国旅行,先后经过葡萄牙、西班牙、阿尔巴尼亚、希腊、土耳其等地,看到了西班牙人民抗击拿破仑侵略军的壮烈景象以及希腊人民在土耳其奴役下的痛苦生活。他在旅途中就写了这首长诗。

强烈、浓郁地抒发诗人的情感和对大自然的深情描绘,是长诗的浪漫主义特色。《恰尔德·哈罗尔德游记》是长篇叙事诗,但诗人的主观抒情却浓郁地笼罩着全诗,经常打断情节的进展。诗人直接评论历史事件,说古论今、感情奔放,自由联想、毫无拘束地表明自己的态度。长诗的感情强度产生巨大的感染力,使读者和诗人一起喜怒哀乐。诗人对西班牙女郎激情的赞颂,使人肃然起敬;诗人对英国侵略者的掠夺行为的强烈抗议,使人无比愤怒。

《恰尔德·哈罗尔德游记》作为具有浪漫主义特色的杰作,在欧洲文学史上有着重要的意义。长诗是十九世纪浪漫主义文学最杰出的成就,在当时产生了全欧性的影响。长诗在英国曾风靡一时,成为当时的畅销书。原来擅长写这类叙事诗的司各特自叹不如,改写历史小说。在意大利、西班牙、德国、法国、俄国,许多人都受到长诗的巨大影响。长诗对后世欧洲文学的创作也产生了深远的影响。

法国批判现实主义文学的奠基人

——司汤达

人物档案

简　　介:法国批判现实主义文学的奠基人之一。1783 年 1 月 23 日,司汤达生于法国格勒诺布尔,少年时代在法国资产阶级革命的氛围中长大,崇敬拿破仑,并多次随拿破仑的大军征战欧洲。1814 年波旁王朝复辟后侨居米兰,同意大利爱国主义者有来往,后被驱逐出境,回到巴黎。他的主要作品大部分是在 1831 年后写成的。1842 年 3 月 23 日逝世于巴黎。

生卒年月:1783 年 1 月 23 日~1842 年 3 月 23 日。

安葬之地:蒙马特尔公墓。

性格特征:敏感、情绪化,缺乏自信,才华横溢,勤奋肯干,冷静勇敢,性情多疑,心胸狭隘,冷漠无情,虚荣自负。

历史功过:在文学史上拥有很高的地位,不仅在于他创作上的成就,更在于他的创作思想具有继往开来的重要作用。代表著作为《阿尔芒斯》《红与黑》和《帕尔马修道院》。

名家点评:高尔基评价说:"司汤达是在资产阶级胜利之后,立即就开始敏锐而明确地表现它的特征的第一个文学家,他揭示出资产阶级社会内部腐化的不可避免和它的愚蠢的短见。"

人物生平

司汤达,原名亨利·贝尔,是法国批判现实主义文学的奠基人之一。高尔基把他与巴尔扎克相提并论,称他为真正的天才艺术家,他曾这样评述:"司汤达是在资产阶级胜利之后,立即就开始敏锐而明确地表现它的特征的第一个文学家,他揭示出资产阶级社会内部腐化的不可避免和它的愚蠢的短见"。但是,司汤达一生却默默无闻,他的价值与才学并没有被他那个时代的人们所认可。巴尔扎克对于司汤达平淡的一生也不可理解,他曾写道:"贝尔先生是当代高人之一,这位第一流的观察家,这位卓越的外交家,无论是文字,无论是谈话,曾经多方证明他的见解高超,他的学识广博,结局只是奇微塔味歧阿的领事,的确令人难以解释"。其实,这是可以理解的。因为他的作品不是为他的时代所写的,而是超前的。他曾说过:"我一定要为二十世纪而写作","到 1880 年的时候,将会有人了解我"。司汤达的预见是正确的,随着社会的发展,司汤达的作品愈来愈被人们重视,他的名字在沉寂的历史中,愈来愈发出耀眼的金色光芒,司汤达是个超越时代的文学巨匠。

司汤达于 1784 年生于法国一个小城格朗诺布市,他父亲是一个思想保守的律师。在司汤达 7 岁的时候,母亲因病去世,此后,司汤达便由外祖父与姨祖照看。外祖父思想开明,从小就介绍一些启蒙作家的作品与优秀的古典文学作品给司汤达。姨祖性格正直刚强。这两个长辈的优秀品质从小就给司汤达很大的影响。1799 年,司汤达在中学毕业后到巴黎谋职。

1800 年,司汤达在拿破仑的军队中任职,后来随军到意大利,在军队中当龙骑兵中尉。到了 1802 年,司汤达辞去军职,闲居巴黎。在这段时间中,他研究了许多思想家的论著,阅读了大量古代著名文学家的作品。1806 年,司汤达重回军队,这时他的眼界开阔了许多,更加崇拜拿破仑。1812 年,他随军远征俄罗斯,目睹了莫斯科在大火中化为灰烬,但法军却遭到惨败。战争结束后,司汤达也结束了自己的军旅生涯。

波旁王朝复辟后,司汤达侨居米兰。从 1814 年开始,他学习写作,用各种笔名发表了一系列作品。主要有《海顿、莫扎特和梅达斯泰斯的生平》《意大利绘画史》等。1817 年,司汤达发表了《罗马、那不勒斯和佛罗伦萨》,正式开始使用"斯汤达"这一笔名。他态度激进,经常谈论一些关于政治、社会的问题。他批判复辟的波旁王朝,并且与意大利烧炭党人有来往。他被奥地利当局视作"危险分子",被驱逐出境。

文学创作

1821 年,司汤达回到巴黎。他依然激烈反对波旁王朝,在英国的报刊上常发表一些巴黎时评,后来结集为《英国通讯集》出版。他还发表了《论爱情》《罗西尼的生平》《罗马漫步》等,而最为重要的是他的美学论著《拉辛与莎士比亚》。在书中,他明确地反对为封建王权服务的古典主义文学,指出它已过时了,新时代需要的是浪漫主义的狂风。

1827 年,司汤达发表了第一部小说《阿尔芒斯》,又被称为《爱的悲剧》。小说以一对贵族青年的爱情悲剧故事为线索,嘲笑了复辟贵族的苍白与绝望的嘴脸。1829 年,司汤达又发表了短篇小说《法尼娜·法尼尼》,主要是揭露贵族阶层的自私自利的本性。

1830 年,司汤达的《红与黑》发表。这部伟大的作品奠定了司汤达在文坛上的地位。《红与黑》,原名《于连》,直到在印排时,才被作家改为具象征意义的《红与黑》,小说的情节取材于一桩真实的刑事案件。1827 年,司汤达在格勒诺布勒《法院公报》上看到一桩杀人案的报道：一个名叫贝尔特的青年家庭教师，与主妇私通，后来事情败露，贝尔特在绝望之际枪杀了这个主妇，被交付民事法庭审判。司汤达以此为线索，进行了大量改造，终于使其成为广阔深入地展示历史的巨著。小说副题为《一八三〇年纪事》，其用意在于描绘出19世纪30年代法国的真实本质。

主人公于连生活在复辟王朝时期。他是外省小城维立叶尔市一个小锯木厂主的儿子，由于小于连生来体弱，不能从事体力劳动，被父亲所嫌弃；但于连才智超群，喜欢读书，一心想出人头地。有一位拿破仑的军医非常喜爱他，教他学习了拉丁文与拿破仑的辉煌历史。于连对于拿破仑非常崇拜，但是拿破仑的伟大时代已经过去了，为了寻求出路，于连到了德·瑞纳市长家里当家庭教师。市长是个粗鲁鄙俗、麻木不仁的贵族官僚，因为反革命有功，复辟后出任市长，他对下属与仆人蛮横粗暴，他看不起于连这样的下等平民，他明白地告诉妻子，"要保持我们的地位与权威，所有在你家生活的人，只要他不是贵族，他接受了工钱的，都是你的奴仆"。于连出于对市长的报复心理，与市长夫人发生了暧昧关系。后来，他们在相互了解、相互同情的基础上，产生了真正的爱情。但是好事不常在，他们的关系败露，于连被迫离开了市长家。一直想出人头地的于连在两条路都已堵死之后，不得不进入阴森可怖的贝尚松神学院学习，想通过这条路，求得以后有个好结果。但是学院内竟然特务多如牛毛，教派斗争也非常激烈。虽然于连事事小心，依然被卷入教派的斗争。他无法再在神学院立足，于是随着被迫离职的彼拉院长去了巴黎，经人推荐当了德·拉·木尔侯爵的私人秘书。由于他才干出众，聪明机灵，很受侯爵赏识。同时，侯爵的女儿也被于连独特的气质所吸引，两人产生了爱情。但是，木尔侯爵对女儿要嫁给一个没有身份的穷小子大为光火，但禁不住女儿的逼迫，而且女儿已经怀孕，侯爵被迫答应了于连的婚事，替他弄了一个德·拉·伟业骑士的称号，法兰西陆军中尉的军衔以及一个年收入20600法郎的庄园。正在于连踌躇满志时，贵族阶级与教会勾结，设下圈套，逼迫市长夫人写了揭发信，侯爵因此取消了他与自己女儿的婚约。于连一怒之下赶到维立叶尔市，将正在教堂祈祷的市长夫人用枪打伤，于连因此被处以死刑。市长夫人始终真爱着于连，最后公开到监狱探望于连，但已挽救不了于连。于连死后，她也悲伤而死，而侯爵女儿则亲手持着情人的头颅，亲吻他，并亲自把他埋葬。小说通过于连个人奋斗而失败的故事，控诉了社会阶层的不公。统治阶级不允许那些高傲的平民敢于反抗权贵，敢于在上流社会中如贵族般生活。司汤达以象征性的笔法揭露了法国社会的本质，富含哲理性。《红与黑》是司汤达最优秀的作品，也是同时代法国文学中屈指可数的佳作。

1830年七月革命之后，司汤达被任命为意大利一海滨小城奇微塔味歧阿的领事，一直到他逝世。这段时间，是司汤达的收获季节。他创作了大量出色的作品，如《回忆拿破仑》《一个旅游者的见闻录》《意大利遗事》以及与《红与黑》一样杰出的作品《巴马修道院》，还有一部未完成的长篇《吕西安·娄凡》，也被称为《红与白》。

1842年，斯汤达因病回到巴黎，3月23日因中风不治而逝，一生寂寞的司汤达死时仅有妹妹、堂兄与作家梅里美三人送殡，遗体葬在蒙马特尔公墓。墓碑上用拉丁文刻着作家生前自己拟定的碑文："亨利·贝尔，米兰人，写作过，恋爱过，生活过"。

世界的文学大师

——罗曼·罗兰

人物档案

简　　介：法国思想家、文学家，批判现实主义作家、音乐家和社会活动家。20世纪上半叶法国著名的人道主义作家。1866年1月29日生于法国克拉姆西，1940年德军占领巴黎，罗曼·罗兰本人被法西斯严密监视起来，1944年8月，纳粹败退，巴黎解放。他才又见到了光明。1944年12月30日，罗曼·罗兰去世，享年78岁。1945年1月2日在他的故乡克拉姆西镇举行了宗教葬礼。他的小说特点被人们归纳为"用音乐写小说"。另外，罗曼·罗兰还一生为争取人类自由、民主与光明进行不屈的斗争，他积极投身进步的政治活动，声援西班牙人民的反法西斯斗争，并出席巴黎保卫和平大会，对人类进步事业做出了一定的贡献。

生卒年月：1866年1月29日~1944年12月30日。

安葬之地：法国克拉姆西。

性格特征：幽默、尖刻。十分强调个人自由和个人意识。

历史功过：1913年获法兰西学院文学奖，1915年荣获诺贝尔文学奖。代表作《约翰·克利斯朵夫》。

名家点评：他获得了1915年的诺贝尔文学奖，瑞典文学院的评价为："文学创作中高度的理想主义以及在描写各种不同典型时所表现出来的同情心和真实性。"

反叛天才

精通欧洲古典音乐的罗曼·罗兰，以他天才的灵感与手笔创作出一部描写音乐家的长篇小说——《约翰·克利斯朵夫》。这部作品的各个方面几乎都渗透了音乐性，仿佛一部气势雄壮的交响乐。

作者始终以音乐家的精神状态来揭示主人公的情感领域和内心世界,人物的性格中渗透着音乐的节奏。小说的主人公约翰·克利斯朵夫从小就对音乐特别敏感,他是一个极有天赋的孩子,自然界的万事万物只要与他一接触,就会"全部化为音乐"。这种无所不在的音乐,在克利斯朵夫的心中都有回响。对他而言,家乡奔流的莱茵河化为一支悦耳动听的音乐:"波涛汹涌,急促的节奏又轻快又热烈地向前冲刺,而多少音乐又跟着那些节奏冒上来,像葡萄藤绕着树干扶摇直上:其中有钢琴清脆的琴音,有凄凉哀怨的提琴,也有缠绵婉转的长笛……"这是一段典型的描写,除此之外,小说中渗透的音乐感俯拾皆是,就连自然景物的描绘都带有"音乐性"。

更令人赞叹不已的是在作品中,罗曼·罗兰凭借自己对欧洲音乐的深厚素养,插入了许多对音乐作品和音乐家的富于真知灼见的评点文字。通过他的评点,人们可以领略到博大精深的欧洲古典音乐真正魅力之所在,从而开启人们心中那扇走向音乐殿堂的高雅之门。

因此,罗曼·罗兰的《约翰·克利斯朵夫》是一部富于独创性的作品。它被许多评论家称为"音乐小说"。

罗曼·罗兰这种别具一格的创造,把音乐与小说这两种不同形式的文艺结合在一起,产生无穷的魅力,因为他本人就是一位优秀的钢琴家,一位有名的音乐艺术史家、音乐评论家和音乐传记作家。这位世界闻名的反战主义者和进步作家 1866 年生于法国克拉美西城一个中产者的家庭。罗兰五六岁时,就从爱好音乐的母亲那里得到对贝多芬的认识,接受了音乐的启蒙教育。在大学里,他主要攻读的是文学和历史。由于对社会前途的怀疑,青年时代的罗曼·曼兰是彷徨和痛苦的。22 岁时,他写信给早已蜚声世界的文坛泰斗托尔斯泰,诉说自己内心的痛苦,他开始根本没有期望托尔斯泰会给他这个初出茅庐的无名小辈以任何回音。但出乎意料的是,他不久后竟收到了长达几十页的托尔斯泰的亲笔回信。他鼓励罗曼·罗兰为人类崇高的理想而奋斗,他说:"一切使人们团结的,是善与美;一切使人们分裂的,是恶与丑。"大师的精神令年轻的罗兰深受鼓舞,在人品上、学识上,罗兰都看到了人类的典范。

文学创作

出于对社会的责任感,罗兰从戏剧入手踏上了文学创作的道路。1894 年,一名叫作德雷福斯的犹太籍大尉被诬叛国,判处终身监禁,这引起法国社会的轩然大波。1898 年,罗兰以"圣正义"的笔名发表了第一部剧本《群狼》,旨在为德雷福斯辩护。因为他认识到了戏剧是直接影响群众的最好手段,既可以针砭时弊,又可以鼓励行动。于是他写出了一组以法国大革命为题材的戏剧,合称为"信仰悲剧"和"革命戏剧"。

20 世纪初,罗兰写了一组名人传记,如:《贝多芬传》《米开朗基罗传》《托尔斯泰传》

《甘地传》,这是他有感于世风日趋颓靡,把变革现实的希望寄托在英雄伟人身上的表现,暴露了罗兰思想的局限性。

与此同时,罗兰投入了长篇小说《约翰·克利斯朵夫》的创作。这部十卷本的现实主义著作,花费了他20多年的时间,是20世纪文学创作中最伟大的收获之一。也因为这部小说,罗曼·罗兰获得了1913年度法兰西学士院文学奖金和1915年度的诺贝尔文学奖,从此跻身于世界级文学大师的行列。

《约翰·克利斯朵夫》写的是一个个人主义反抗者的悲剧。出身低微但富于音乐天才的克利斯朵夫在童年时代,就显示出刚正的品质。他敢于反抗故意侮辱他的贵族少爷小姐,不向统治势力低头。成为宫廷里的少年琴师之后,崛起的人格精神使他越来越难以被驾驭,他鄙视豪门,反抗贵族,毫不示弱地顶撞向他要威风、摆架子的公爵。他秉着正直无畏的品德行走江湖,终于在路见不平,拔刀相助中惹下命案,开始亡命天涯。在巴黎,文化界的庸俗、腐化和堕落又和真正的艺术家克利斯朵夫尖锐地对立起来,使他的反叛性格进一步发展。他不顾一切、横冲直撞,勇敢地揭露法国上流社会的丑恶,但他却落得四处碰壁,备受打击的结局。可这一切丝毫不能消灭他的斗志,他在斗争中变得更加坚强,精神也更加充沛。然而,尽管他的反抗是坚强而勇敢的,却并没有动摇资产阶级的社会,更为可悲的是也没有得到人民大众的支持,只是引起少数同他一样的知识分子的共鸣。孤独与沮丧伴随而来,好友奥里维的死又给他以沉重的精神打击。最终,万念俱灰的克利斯朵夫沉醉于自己创作的清明恬静的音乐之中,他同现实妥协之后,也成名成家了。他的晚景是在恬淡的心怀中度过的。

前面已经谈到了这部小说的音乐性,有趣的是,从整体上来看,这部小说有着交响乐般宏伟的结构。主人公一生的悲欢离合、是非曲直、成败得失,犹如交响乐中高低轻重的各种音调,错综交织,形成一股旋律的洪流。整部作品的四部分相当于"交响乐的四个乐章",分序曲、发展、高潮、结尾,气势雄浑,浑然一体,堪称音乐史诗。

法国通俗小说之王

——亚历山大·大仲马

人物档案

简　　介：法国19世纪浪漫主义作家，被誉为19世纪法国最重要的文学人物之一。1802年7月24日出生于法国阿基坦地区的维拉科特城，1870年12月5日，大仲马逝世，终年68岁。2002年，大仲马去世132年后遗骸移入了法国先贤祠。他的作品广泛涉及历史、冒险和爱情等多个领域，尤以其长篇小说闻名于世。

生卒年月：1802年7月24日~1870年12月5日。

安葬之地：法国先贤祠。

性格特征：勤奋专注，待人温和，为人宽厚，反对不平，追求正义。

历史功过：各种著作达300卷之多，以小说和剧作为主。代表作有剧本《亨利第三及其宫廷》、长篇小说《基督山伯爵》和《三个火枪手》等。他信守共和政见，反对君主专政。先后参加了1830年"七月革命"、1848年推翻七月王朝革命、加里波第对那不勒斯王国的征战等活动。

名家点评：英国作家萧伯纳评价说："大仲马之于小说，犹如莫扎特之于音乐，已达艺术的顶峰。过去、现在和将来，都无人能超越大仲马的小说和剧本。"

人物生平

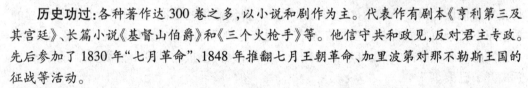

亚历山大·大仲马(1802~1870)，法国作家，小时候跟随寡母在乡村度过，21岁到巴黎。1829年，所作剧本《亨利三世和他的朝臣》得到公众认可。此后，其本色和文学才华逐渐得到显示，成为"巴黎之狮"，被认为是法国文学界的半人半神，作品影响遍及文明世界的每一个角落，本人也被称为"和蔼可亲的大力士"。一生写了200多部小说和一些剧本，比较著名的有《三个火枪手》《基度山伯爵》《二十年后》《布拉日罗纳子爵》《王后的项链》等。尤以前两部小说最为著名。

传世作品

《基度山伯爵》讲的是 1812 年初,"埃及号"的代理船长爱德蒙·邓蒂斯受病死途中的老船长之托去见囚禁在一座岛上的拿破仑,拿破仑托他带一封信给其在巴黎的亲信。在和女友的婚礼上,邓蒂斯被逮捕了。原来货轮上的邓格拉斯为了取代邓蒂斯船长的位置和邓蒂斯的情敌弗南勾结,弗南把邓格拉斯写的告密条交给了当局。代理检察官维尔福发现密信的收信人是自己的父亲,为着自己的前途着想,把邓蒂斯送进了孤岛的死牢中。邓蒂斯在监狱里度过了 14 年的光阴,他跟着一位神甫学会了好几种语言,并从神甫那里获知了一个秘密:一座叫作基度山的小岛上埋藏着一笔巨大的财富。邓蒂斯设法逃出监狱后,找到宝藏成为亿万富翁。后来,邓蒂斯设法打探出自己被陷害的真相。他首先报答了有恩于他的船主,而此时的未婚妻已成了弗南太太,老父也郁郁病死。怒火中烧的邓蒂斯经过八年的精心准备,决定赴巴黎复仇。

此时的维尔福已是巴黎法院检察官,邓格拉斯成了银行家,弗南成了伯爵。邓蒂斯化名基度山伯爵,借他人之手揭露了弗南 20 年代在希腊出卖和杀害阿里总督的丑闻,弗南找基度山伯爵决斗却遭到一番嘲讽。得知基度山伯爵的真实身份,加之妻儿离家出走,在害怕和绝望之余,弗南自杀了。于是,基度山伯爵又接着在投机事业中连续打击他的第二个仇人邓格拉斯,使他趋于破产。接下来,基度山伯爵又采用一系列手段,使邓格拉斯一家容颜扫地,完全破产。最后,基度山伯爵用更加残忍的手段对大仇人维尔福进行报复。他设计揭穿了维尔福和邓格拉斯夫人曾经偷情的丑闻,然后又设计使维尔福的后妻犯下几条命案而自杀。当维尔福在审理安德列亚的案件时,却发现儿子竟是罪犯。在过度的刺激和打击之下,维尔福发疯了。于是,大仇已报的基度山伯爵安排好后事,永远离开了巴黎。

《基度山伯爵》写的是一个报恩复仇的故事,以波旁复辟王朝和七月王朝为背景,在社会意义和思想价值方面不是太高。小说的主人公只是一个仅仅局限于个人恩怨的纯粹的报恩和复仇者,他除了复仇还是复仇,对社会完全"保持一种中立的态度",而对社会历史的变化和人民群众的喜恶显得漠不关心,在完成自己的复仇"事业"之后就匆匆消失了。因而,作者所宣扬和崇尚的价值观和英雄观并不值得称颂。

这部作品的突出之处在于它的情节非常曲折有趣,在故事情节的安排上独具匠心,把整个复仇过程写得波澜起伏、高潮迭现,70 多个人物的纷繁活动被安排得井然有序而又环环相扣,情节的发展一步步在整个大迷宫里推向前进,而且场景富于变化,绝少雷同。总之,整部小说充满了浪漫的传奇色彩,精巧周密的构思、富有个性的对话语言、奇异丰富的想象和生动曲折的情节,使得它拥有广大的读者,也为作者赢得了更高的声誉,成为世界文学史上广为流传的名著。

西方现代小说的奠基者

——居斯塔夫·福楼拜

人物档案

简　　介：19世纪中叶法国重要的批判现实主义作家,莫泊桑就拜他为师。1821年12月12日,福楼拜出生于卢昂的一个医生家庭,学过法律。他一直住在家乡卢昂从事创作,36岁才因《包法利夫人》一炮而红,其作品反映了1848~1871年间法国的时代风貌,揭露了丑恶鄙俗的资产阶级社会。1880年5月8日,死亡突然袭击福楼拜,他因病去世,终年59岁,后与父母还有妹妹卡洛琳娜葬在一起。莫泊桑写道:"终于,这一次他倒下了,死在书桌的脚边。文学杀了他,正如强烈的爱杀死一个情人那样。"

生卒年月:1821年12月12日~1880年5月8日。

安葬之地:鲁昂城东北的一个山丘上。

性格特征:博闻强识,思想活跃,平易近人,热情友好,待人真诚,做事认真。

历史功过:"客观而无动于衷"的创作理论和精雕细刻的艺术风格,在法国文学史上独树一帜。著名作品有《包法利夫人》《感情教育》。

名家点评:法国文学评论家圣伯夫评价说:"福楼拜写作时就像在操作解剖刀。从他的手上,看得出来,就像个解剖师和生理学家。"

继往开来的大师

在世界文学史上,19世纪的文坛可谓辉煌灿烂,蔚然壮观,享誉四海的作家、作品灿若星辰,不可尽数。然而,无论以怎样的尺度来严格地衡量,法国大师福楼拜和他的代表作《包法利夫人》总不会被人们遗忘和冷落。

　　福楼拜是一位继往开来的大师。他的《包法利夫人》对于传统文学既是一种很好的继承，又是一种大胆的突破和革新，对后世文学影响重大而深远。

　　这部作品给予社会无情的揭露，从而引起轩然大波，直至诉诸法庭。当局要求法庭对"主犯福楼拜，必须从严惩办！"结果靠着律师塞纳的声望和辩护，福楼拜才免祸处分。然而，马克思的女儿爱琳娜在她的《包法利夫人》英译本导言中却说这部"完美无缺的小说"出版后，"在文坛上产生了类似革命的效果。"

《包法利夫人》

　　那么，福楼拜的《包法利夫人》到底是怎样的一部小说呢？

　　一个普通的农家少女，在13岁时就被送到修道院，接受上流社会所认同的贵族式生活教育，终日憧憬着玫瑰色的浪漫爱情，然而命运却把她推给一位平庸的乡镇医生。她憎恨不幸的婚配，厌恶平庸无奇的生活，逐步走上了移情别恋的道路。她原本把自己对爱情、对生活的美妙理想寄托在情人身上，但她所遇到的全是虚伪卑鄙的小人，没有期待中的幸福，只有一次次被无情地抛弃，并逐渐沦为投机商人争相啃啮的猎物。她的结局是，希望破灭，服毒自尽。

　　她就是爱玛·包法利夫人。

　　毫无疑问，爱玛是个堕落的女人。她的纵欲放荡，挥霍淫逸都为人所不齿。然而，读了她的悲惨的故事后，善良公正的读者似乎不忍过多地责备她。相反，人们更多是要为她而哀叹惋惜，洒一掬同情之泪。爱玛原本是天真纯洁的农家少女，并不是天生的罪恶之花，她的沦落要归罪于她生存的那个令人窒息的空间。

　　爱玛在修道院生活在肃穆的雕绘、典雅的圣乐、超妙的氛围之中，她驰骋着无尽的幻想，加上那些浪漫文学的熏陶，爱玛的心中播下了不切实际、追求享乐和虚荣的种子。爱玛期待的爱情更是带有病态色彩。她期待着一个十全十美的人中俊杰："既壮实又漂亮，生性勇敢，又细腻多情，有诗人的情怀，又有天使的外貌……"不能说这没有合理性，爱玛的追求是积极向上的，对美和崇高的人性的向往应该得到肯定。但这样的爱情观在世俗的现实面前显得多么虚幻缥缈和荒唐可笑啊！

　　她的丈夫夏尔之所以娶到爱玛，是因为在乡下人眼里，一个医生就是出众的。爱玛以为他就是那个能给自己带来美妙难言的爱情的意中人，但事实上的夏尔平庸、呆板、愚笨迂腐、麻木不仁。这使爱玛深深地失望，在痛苦中煎熬着。正当此时，鲁道尔夫出现了，这个风月老手对待爱玛的态度完全是色情的，而爱玛，单纯地以为自己回到了年少时期的梦想中，轻而易举地被鲁道尔夫掌握在手中，卑鄙的鲁道尔夫从一开始就盘算着如何抛弃爱玛。在被他厌弃了之后，爱玛陷入了伦理道德和被抛弃的痛苦之中，大病了一场。

　　爱玛又与莱昂有过一段无聊的偷情生活，她的婚后生活一直是痛苦和扭曲的。她在

疲惫中对爱情绝望了。此时,落井下石的人出现了,一个精明阴险的投机商设下圈套鲸吞掉包法利家的全部产业,在他的威逼之下,爱玛绝望地服毒自杀了。

爱玛的一生就是这样,她是一个堕落的女人,然而她比周围的"正人君子"们更富于追求美好、向往崇高的品性。《包法利夫人》无疑是一部现实主义的文学作品,它取材于现实,反映着社会,透视着生活,思考着人生。

福楼拜在给朋友的一封信中曾这样意味深长地说:"就在此刻,我可怜的包法利夫人,正同时在法兰西二十个村落里受苦、哭泣。"

在《包法利夫人》这部成功的艺术作品中,福楼拜展现了其精湛的文学造诣,他对人物内心世界的细腻刻画,对语言的精雕细刻,字斟句酌,给后世文学起到了典范的作用。人们视他为"法国散文中的贝多芬",左拉也曾在这部作品出版之后,激动地宣称"新的艺术法典写出来了"。

法国著名小说家、剧作家

——亚历山大·小仲马

人物档案

简　　介：法国著名的小说家、剧作家。是法国著名小说家大仲马当公务员时与一女裁缝所生的私生子。童年时期的小仲马与母亲单独生活，作为私生子饱尝周围异样的眼光和小伙伴的嘲笑。1831年，大仲马承认了小仲马的身份，而后小仲马被送入寄宿学校。1839至1841年间，小仲马进入高中寄读，由于没有通过高中会考，辍学后的小仲马成为一名无所事事的花花公子。直到1842年，小仲马才搬到巴黎近郊与父亲一起生活。正是在这一年，小仲马在剧院第一次遇见了玛丽，两人立刻一见钟情，随即与玛丽陷入热恋之中。由于玛丽的挥霍无度，年轻且无收入的小仲马很快就债台高筑，不堪重负。加上她同时还有不少的追求者和情人，这令小仲马嫉妒难忍，一年之后，两人于1845年初秋分手，便跟着大仲马去西班牙旅行去了。从此，他与玛丽两人再也没有见面。1847年体弱多病的玛丽病逝于巴黎。小仲马悲痛万分，开始闭门写作，将这段故事写成了小说《茶花女》。1864年小仲马远走莫斯科结婚，婚后育有两女。1875年小仲马当选为法兰西科学院院士。1895年11月27日，小仲马去世，享年70岁。他安葬于巴黎蒙马特公墓，距离茶花女之墓仅有100米。两年后，1897年，翻译家林纾翻译了《茶花女》，也打动了无数中国读者。

生卒年月：1824年7月27日~1895年11月27日。

安葬之地：巴黎蒙马特公墓。

性格特征：性格内敛而阴郁，自闭阴暗，敏感多疑，甚至有些虚伪。

历史功过：小仲马的剧作是法国戏剧由浪漫主义向现实主义过渡时期的产物，话剧《茶花女》也被视为法国现实主义戏剧开端的标志。他的剧作不以情节的曲折离奇取胜，而以真切自然的情理感人，结构谨严，语言流畅，富有抒情意味。小仲马的代表作是《茶花女》。

名家点评:北京大学法语硕士张文英说:"人们对小仲马的评价毁誉参半,直到玛丽亚娜·肖普、克洛德·肖普著的《小仲马传》出版之前,还没有人冒险写过他的传记。他创作的《茶花女》描写了一个幡然悔悟的交际花,这是一个被升华了的形象,是伟大的文学神话之一。对于他的同代人来说,小仲马是一位重要的剧作家,以至于流传着'仲马风格'这样一个搞笑的形容词。"

大仲马的私生子

亚历山大·小仲马(1824~1895年),法国著名的小说家、戏剧家,是著名作家大仲马的私生子,直到7岁时才得到父亲的承认。1848年发表小说《茶花女》,在文学界崭露头角,一举成名。之后,他又写了20多部作品,比较有影响的有《半上流社会》《金钱问题》《私生子》《放荡的父亲》《阿尔丰斯先生》《福朗西雍》等剧作。

《茶花女》

《茶花女》讲的是1847年3月12日,巴黎一条大街上张贴了一张拍卖广告,拍品为家具和古董。豪华住宅的主人玛格丽特在三周前去世,除了遗物,她还留下了一笔巨额债务。

玛格丽特本来是一个贫穷善良的乡村姑娘,来到巴黎后不幸沦落风尘。因为长相漂亮,成为巴黎红极一时的交际花;又由于她喜欢在头上插戴茶花,因此人们习惯称她"茶花女"。在她的墓碑前,青年阿尔芒为她摆满了茶花。阿尔芒是个一文不名的穷小子,也是玛格丽特唯一真正爱过的人。因为在她得了肺病时,只有阿尔芒真心实意地关心和照顾她,她把阿尔芒当成了理想的情人。此后,玛格丽特就想法摆脱把她当成"爱女"的老公爵和纠缠不休的N伯爵;但是,开销过大的她又不能完全断绝和这些人来往。而阿尔芒为了应付和情人在一起的开支,不得不去赌博和借债。他们的行为激怒了老公爵,停止了供给玛格丽特的一切费用;而此时债主们纷纷上门逼债。为了还债,玛格丽特卖掉了自己的马车、首饰等物品,并不找阿尔芒要一分钱。

然而两人的新生活好景不长,阿尔芒的父亲责备儿子败坏了家庭的名声,要他抛弃玛格丽特,但阿尔芒拒绝了。可是玛格丽特却又莫名其妙地离开了他,与伯爵重归于好。伤心的阿尔芒于是在舞会上当面羞辱玛格丽特,又写信去辱骂她;但玛格丽特并不嫉恨阿尔芒,反而与他重修旧好。然而第二天阿尔芒却送来500法郎的钞票作为"度夜价钱";备受打击的玛格丽特终于在爱情和疾病的双重折磨下含恨而死。阿尔芒从玛格丽特的遗言中终于明白了玛格丽特不辞而别的真相和内情,原来他的父亲为了女儿的婚约,恳求"茶花女"与阿尔芒断绝交往。追悔莫及的阿尔芒痛哭流涕,但一切为时已晚。

　　《茶花女》是小仲马的成名作,也是他小说中最优秀的作品。1852 年作者把它改编为戏剧上演时在巴黎引起巨大的轰动,演出场场爆满。小说通过一个沦落风尘而又不能自拔的女子的爱情悲剧,深刻地揭露了资本主义社会所宣扬的伦理道德观念虚伪腐朽的本质。作为只能被人玩弄的风尘妓女,"茶花女"对真挚幸福爱情的追求违背了资产阶级的道德规范,她是不可能像其他幸福健康的女子一样有权利去追求自己的幸福的,她的这种追求也必然遭到资产阶级势力的联合绞杀。而作为一个"清白"家庭的后代,阿尔芒爱上风尘女子也同样不为所谓的"清白"人所接受,违背了这些人士普遍遵守的"道德规则",同样必然会遭到被扼杀的命运。他们身上所体现的叛逆性格和悲剧结局,恰恰又更深刻地讽刺了资本主义社会伦理道德的虚伪和扼杀人性。在谴责社会给他们造成悲剧的同时,两人身上的缺点也是造成他们悲剧结局的原因之一:茶花女对物质生活的沉溺和难以自拔,阿尔芒的自私狭隘。作者笔触细腻,深刻而生动地刻画了人物丰富的内心世界及其心理活动,把人物复杂的性格通过生动的语言和人物的行动栩栩如生地展现在读者眼前,情节曲折、结构紧凑,读来令人有荡气回肠之感。

匈牙利文学的始祖

——山陀尔·裴多菲

人物档案

简　介:原来译名为彼得斐,是匈牙利的爱国诗人和英雄,匈牙利伟大的革命诗人,也是匈牙利民族文学的奠基人,资产阶级革命民主主义者,在瑟克什堡大血战中同沙俄军队作战时牺牲,年仅26岁。

生卒年月:1823年1月1日~1849年7月31日。

安葬之地:多数学者认为他牺牲在瑟什堡大血战中,尸体埋葬在1050名英烈的大坟冢中。

性格特征:热爱生命,追求理想,控制全局,喜爱孤独,性情孤僻,不爱交际。

历史功过:在诗歌创作方面,尤其是在抒情诗方面,一生除创作大量革命诗歌外,还写有政论、戏剧、小说和散文等多种,写了约1000首抒情诗和8部叙事长诗,其中最著名的有《雅诺什勇士》(一译《勇敢的约翰》)和《使徒》,对匈牙利文学的发展具有重大影响,他的政论文章揭露了敌人,鼓舞了人民,起过积极的作用。代表作有《酒徒》《自由与爱情》《民族之歌》。

名家点评:鲁迅精辟地指出,裴多菲诗歌的最大特色是"纵言自由.诞放激烈",是一个"为爱而歌,为国而死"的民族诗人。鲁迅还说,裴多菲"善体物色,菩之诗歌,妙绝人世"。

人物生平

　　山陀尔·裴多菲(1823~1849),匈牙利诗人,匈牙利民族文学的奠基人。1839年入伍,1841年因病退役,成为流浪演员。1842年发表第一首诗《酒徒》。1844年出版《诗集》。1847年与林德莱·尤丽亚结婚,同年写成著名的《自由与爱情》。1847年领导"青年匈牙利",并领导了1848年在佩斯与布达的起义,在这个时期写下了要求充分实现人民权利的《民族之歌》《把国王吊上绞架》《致民族》等诗篇。其中《民族之歌》(1848)曾印成传单广为散发,对起义起了巨大的鼓动作用。1849年7月,在与沙俄哥萨克骑兵部队战斗中壮烈牺牲。

长篇诗作

《使徒》是诗人的长篇诗作,由20章组成,共2921行。

第一章到第四章,叙述了长诗主人公锡尔维斯特一家四口的苦难生活。长诗的故事是从首都的外城之夜开始的,锡尔维斯特一家生活在一所顶楼里,充满了黯淡、冷清、贫困的气氛。而家的主人——锡尔维斯特沉思地注视着未来的世界,他的目光像山鹰般在空中飞翔。长诗从第五章开始,叙述锡尔维斯特的身世。他原来是一个被悄悄投进车厢的私生子。车夫把他带走,并把他放在城郊一所简陋酒店的门槛上。一个酗酒的老头子走出酒店后发现了他,把他带回交给女邻居喂养。小锡尔维斯特养大后,老头子把他培养成了一个小偷。后来老头子因教唆罪被判处死刑。

第七章至第十四章,长诗叙述锡尔维斯特流落街头的悲惨情景。一天夜里,一个老巫婆把锡尔维斯特领回家,让他和狗住在一起。老巫婆让他去讨饭,教他如何取得贵族老爷们的同情。他聪明伶俐,很快学会了各种讨饭的动作,引起老巫婆的喜欢。锡尔维斯特长到6岁时,越来越感到自己是一个不幸的孤儿。讨饭两年多的一个夜晚,他又被一个贵族老爷领到他的庄园里,做了仆人,负责伺候少爷。在庄园里,锡尔维斯特遇到一个教师,学到了许多知识,特别是关于人类解放的道理。知识赋予了锡尔维斯特无穷的力量,终于有一天他鼓起勇气逃出了庄园,来到农村组织革命力量和宣传革命道理。他在农村遇到了和自己一样有进步思想的少女,并与她结了婚。

长诗第十五章又回到第二章的情形,描写锡尔维斯特一家四口的苦难生活。由于生活困苦,他的小儿子被饿死了。他妻子在尸体边唱着哀歌,希望他幼小的灵魂复活。

长诗从第十六章起,叙述了锡尔维斯特由于出版进步书籍而被捕入狱的悲惨遭遇。在街头,他被士兵抓去,推上囚车,押送到监狱里。他虽然试图逃跑,但无济于事。十年的囚禁生活使他苍老也使他更加成熟。

从第十八章开始,锡尔维斯特听到监狱的墙头上有一只鸟儿在歌唱。它给他带来了希望,把他从沉默中唤醒。出狱后,他的家庭全部毁灭,他走投无路,只好用枪射杀国王。失败后被捕并被押上了断头台,结束了他战斗的一生。

《使徒》是裴多菲后期的代表作品,当时正是佩斯起义之后,匈牙利爱国战争进入最激烈的时期,也是奥地利侵略者向刚刚取得胜利的匈牙利做全面进攻的时期。

从长诗的艺术手法上看,《使徒》写得很庄重,抒情与叙事达到了巧妙的结合。长诗的故事情节富有戏剧性,就像主人公辗转凄惨的成长经历一样,告诉人们,只有自己才能够解放自己,而不能依靠他人的同情与怜悯。

在《使徒》中,诗人塑造了锡尔维斯特这个"孤独的革命者"形象。虽然他依然是个唯心主义者,并总是站在人民之上,以"教导者"的身份自居,但他衷心希望祖国获得自由,悲壮地结束了自己战斗的一生。像锡尔维斯特这样的人物,正是当时匈牙利人民、特别是激进主义者们为追求"全世界自由"而斗争的光辉榜样。

《使徒》具有明显的匈牙利民歌风格,这也是裴多菲最显著的特色。他努力学习民歌,结合自己的经历与革命实践,赋予民歌以崭新的内容,用自己的诗歌为广大人民服务。他的诗歌题材就来自于匈牙利民间传说或人民的生活与斗争。比如本诗的主人公就是千千万万个革命斗士的一个代表。

辛辣的讽刺,也是裴多菲诗歌的特色,他的诗爱憎分明,对形形色色的人进行了深刻的揭露与尖刻的讽刺,三言两语就使那些人原形毕露。比如诗中对酗酒老人贪婪性格的描述,还有对老巫婆奴颜婢膝生活态度的刻画,表现了他们丑恶的行径。

裴多菲不仅是匈牙利人民的骄傲,匈牙利文学的始祖,也是世界优秀诗人之一。他的那些充满战斗精神的诗歌,在长篇叙事诗上所取得的成就,影响了全世界进步作家的创作。鲁迅受他的影响很大,并写过他的评传,翻译过他的诗。

现代戏剧之父

——亨利生·易卜生

人物档案

简　　介：挪威著名的戏剧家。被认为是现代现实主义戏剧的创始人，现代散文剧的创始人。出生于挪威希恩，之后侨居在罗马、慕尼黑等地。其作品强调个人在生活中的快乐，无视传统社会的陈腐礼仪。代表作有《玩偶之家》《人民公敌》《海达·加布勒》等。1900年易卜生中风，六年后就去世了，挪威为他举行了国葬，可见对他的重视程度。

生卒年月：1828年3月20日~1906年5月23日。

安葬之地：葬入奥斯陆的圣救世主公墓。

性格特征：孤僻、狂妄、自恋，说话刻薄，谨小慎微，愤世嫉俗。

历史功过：他留下的《玩偶之家》《人民公敌》等剧本成为世界各国戏剧舞台上的经典作品，他的创作对十九世纪末到二十世纪初的欧美戏剧产生深远影响，因而被称为"现代戏剧之父"。

名家点评：挪威作曲家格里格运用挪威民间音乐，根据亨利生·易卜生同名诗剧，创作了具有鲜明民族色彩的配乐诗剧《培尔.金特第一组曲》和《培尔.金特第二组曲》。正如易卜生对一位看不懂他的戏剧的德国读者说："你若要充分了解我，必须先了解挪威。"他晚年作品，更是他人生的写照。

艰苦童年

亨利生·易卜生于1828年3月20日出生在挪威一个小城希恩。他父亲是一个富裕的木材商，父母特别喜爱这个宝贝儿子。在幸福的童年，易卜生有许多梦想，他喜欢美术，幼时学习绘画，立志要做一名艺术家。不幸的是，在他童年的梦还没有醒时，父亲突然破产了。生活一下子从小康水平跌落到温饱线上。易卜生为了减轻家庭负担开始独立谋生。16 岁时,他在一个药店当学徒工。工资勉强度日,但易卜生终于有了一处落脚的地方。他童年的梦想又在召唤着他。他在艰苦的生活环境中开始勤奋学习,并学习写一些诗歌。

戏剧创作

1848 年欧洲革命的浪潮波及挪威。少年的易卜生非常兴奋,他创作诗篇歌颂起来反抗压迫、要求独立的民族。在创作热情的鼓舞下,完成了他第一个剧本《卡提利那》。1850 年,易卜生来到挪威首都奥斯陆参加了工人学生的革命运动,易卜生发挥自己的特长,帮助工人运动领袖做宣传工作,并担任学生刊物的编辑工作。不久,运动失败,易卜生离开了政治斗争,专门从事创作活动。以文学为阵地,与社会上的不合理现象做斗争。开始,易卜生从历史传说中取材,创作了一系列富于浪漫色彩的历史剧,有《厄斯特罗的英格夫人》《觊觎王位的人》《爱的喜剧》等,主要是以古代英雄的英勇行为激发人民的爱国激情。易卜生的戏剧一经上演就深受人们欢迎。早期创作就为易卜生赢得了很大声誉,先后被卑尔根剧院与挪威剧院聘为经理与艺术指导。1864 年,普奥联军侵略丹麦。易卜生对挪威的中立态度十分失望。他一怒之下离开祖国,侨居国外达 27 年之久。在国外,易卜生清醒地看到了各国官僚政客在民主、自由、解放的幌子下的钩心斗角。易卜生把视线转移到现实社会中的法律、道德、妇女与教育问题上,他要揭穿资产阶级虚伪的面纱,把他们那种种丑恶的灵魂暴露于大庭广众之下,使人们警醒,以此来提高人民的素质水平。

哲理诗剧

1866 年至 1867 年,易卜生创作了两个哲理诗剧《布朗德》与《彼尔·金特》。后者描写了一个普通无赖汉的冒险故事。彼尔·金特是个整日无所事事的无赖汉。他东游西逛,做一些偷鸡摸狗的勾当。在一次乡村婚礼上,彼尔·金特诱拐了朋友的新娘。后来,他又厌倦了这个漂亮的女人,抛弃了她。他无意间闯入山妖的王国,经历了一次次险境、奇遇,得到了很多财宝。后来,他因想念自己的母亲,于是衣锦还乡。但母亲已经逝去,他痛哭流涕,倒在母亲的灵前。不久,由于他的财产没有登记全部被充公,他又身无分文地离家而去。他在各地流浪,经历了不少事情,当过富翁,也冒充过先知,他随波逐流,只知酒色享乐。到了晚年,他落魄回乡,最终回到一直深爱他等他归来的索尔薇身边。在索尔薇的爱情的感染下,彼尔·金特终于悔悟,重新做人。易卜生以彼尔·金特作为代表,揭露出人性的弱点。

传世名作

1868 年，易卜生迁往德国。在德国，他写出了一系列以社会家庭问题为内容的现实主义戏剧。有《青年同盟》《社会支柱》《玩偶之家》《群鬼》《人民公敌》《野鸭》《罗斯默庄》《海上夫人》《海达·加布勒》等 9 部，其中《社会支柱》《玩偶之家》《群鬼》《人民公敌》称为四大问题剧。这些剧本为易卜生带来世界声誉。《社会支柱》以一个"城市第一公民"卡斯腾·博尼克为主角，博尼克是个造船场的老板，他用自己的钱财干了许多光明正大的善事，被人们尊为慈善家。他自己也吹嘘为当地的繁荣兴盛做出了巨大贡献，自命为"社会支柱"。但随着剧情的发展，他的丑恶面目被一层一层揭露出来，他自己所谓的模范家庭只不过是他出卖爱情的结果，他为了得到一笔遗产，抛弃了深爱他的未婚妻，而去追逐她的姐姐，最后使尽手段终于跟她姐姐结了婚，如愿以偿地得到了遗产。幸福的家庭生活只不过是他的伪装的幌子，在他看来，有了钱就是幸福的事。后来他诱奸了一位妇女，为了维护自己的声誉，他迫使妻子的弟弟去为自己顶罪，后来暗暗地送妻子的弟弟去外地避难，把他送上一艘破船，希望妻弟遇上风暴永葬海底，以免毁坏自己的名声。而市民却仍旧被博尼克的虚伪形象所迷惑，在博尼克门前高呼："博尼克万岁！社会支柱万岁！"易卜生尖刻地讽刺了资产阶级的伪善。

《人民公敌》以斯多克芒为主人公，他是一个普通医生，在治疗病人的时候，他了解到本城浴场中含有一种致命的传染病菌，他告知了他的哥哥——本城市长、浴场委员会主席，要求封闭浴场，进行消毒改建，但这样一来必然影响浴场的收入，遭到了他哥哥的反对。斯多克芒气愤之极，他要举办一次集会，向市民揭露事情的真相，这同样能达到关闭浴场、维护公众利益的目的。但市长、报界、房产主几乎所有有关的人都得知消息，策划了一场阴谋，在斯多克芒的领导下，集会居然顺利地召开了。但当他正要宣布真相，斯多克芒的哥哥——市长大人到了。他们利用自己素有的威望，操纵会场，煽动听众，最后以所谓"民主表决"的方式，宣布斯多克芒为"人民公敌"，斯多克芒再辩解也没有作用，只有带着妻子、儿女孤单地离开了家乡。易卜生以鲜明的对比，揭露了资产阶级在"一切为人民"的幌子下，愚弄、欺骗群众，为自己谋私利。

《玩偶之家》是易卜生关注妇女解放问题的杰作，也是易卜生剧作中最优秀、影响最大的一部。

主人公娜拉是个活泼热情、天真可爱的少妇。她有一个幸福的家庭，有三个天真纯洁的孩子。丈夫原来是个律师，现在升为银行经理。他对娜拉十分喜爱、体贴，常常向娜拉说："常常盼望着有桩危险事情威胁你，好让我拼着命，牺牲一切去救你。"娜拉感到非常幸福，想想自己曾经的壮举，真是值得，她对丈夫温柔、顺从。

圣诞节这天，娜拉的老朋友林丹太太来访。两人分别讲述了离别后的际遇，娜拉自豪地讲出她曾救过丈夫的性命，现在有一个幸福的家庭。原来，海尔茂曾得过一场重病，但没有钱治疗。娜拉背着丈夫向银行职员柯洛克斯泰借了一笔钱。娜拉不想打扰病中的父亲,也不想让丈夫海尔茂着急,于是她伪造了父亲的名字作担保人,丈夫的重病治好了。

娜拉一直俭省家用,克扣自己,甚至熬夜替人抄写东西挣钱还债。如今只剩下最后一点没有还清了。

林丹太太非常羡慕娜拉一家,请娜拉帮忙在海尔茂的银行里为她找个职位。娜拉答应了。海尔茂也爽快地让林丹太太去顶替柯洛克斯泰的职位。柯洛克斯泰找到娜拉求情,又以娜拉制造假签字的事为要挟,只求保住职位不失业。娜拉怕事情传出去既有损家庭荣誉道德,又触犯法律,转而替柯洛克斯泰求情。

海尔茂编了一大通损害柯洛克斯泰名声的冠冕堂皇的理由,在娜拉再三地求情下,海尔茂终于说出了辞退柯洛克斯泰的真正理由:因为柯洛克斯泰不尊重上司,曾经当众与海尔茂开玩笑。海尔茂为报私愤终究把辞退柯洛克斯泰的信发出去了。柯洛克斯泰失望之极,向海尔茂揭发了娜拉伪造父亲签名,做假担保的事,海尔茂知道后,勃然大怒,指责娜拉是个下贱女人,他不考虑娜拉的名誉,以及事情该怎么处理。他首先想到自己的名誉和地位,责骂娜拉这个下贱女人为自己惹了大祸,他撕下温柔的面纱,说什么以后夫妻表面上照样过日子,但别谈什么幸福不幸福的事,并且孩子也不让娜拉教养了。娜拉想不到自己一片好心,竟换来这样的结局。她终于认清了海尔茂虚伪、自私的面目。

后来,柯洛克斯泰在林丹太太的劝说下,为了娜拉的名誉,把当初签字的借据还给了娜拉。海尔茂一下子转怒为喜,高呼:"我没事了,我没事了!"转身又来哄娜拉,说什么"别害怕,一切事情都有我,我的翅膀宽,可以保护你"等等诸如此类的甜言蜜语。但娜拉早已认清了他本来面目,要求回家去。海尔茂一下子又拿出冠冕堂皇的理由,说什么母亲、妻子的神圣责任,又以法律相威胁,最后才低三下四地以情感来打动娜拉,但娜拉心已死,她拉开门,义无反顾地冲出了家门。

易卜生以生活上的细节深刻揭露了资产阶级自私自利的虚伪面目,提出了一个妇女解放的问题。剧本一上演,遭到资产阶级评论界的非难,易卜生又写了《群鬼》,依然以妇女问题为主题。对那些反对者给予驳斥,指出妇女如果不求解放,终将成为悲剧。

1891年,易卜生载誉而归,定居在挪威首都奥斯陆。这时,他已成为世界著名的戏剧大师了,社会名流纷纷前来拜访。

此后,他又写了《建筑师》《小艾友夫》《约翰·盖勃吕尔·博克曼》《我们死人醒来的时候》等4个剧本。其中《建筑师》是他对自己一生的回顾。

1900年,易卜生中风瘫痪,1906年5月23日病逝。

世界短篇小说之王

——居伊·莫泊桑

人物档案

简　　介:19世纪后半期法国优秀的批判现实主义作家,曾拜法国著名作家福楼拜为师。1850年8月5日出生于法国上诺曼府滨海塞纳省的一个没落贵族家庭。曾参加普法战争,此经历成为他日后创作小说的一个重要主题。莫泊桑患有神经痛和强烈的偏头痛,巨大的劳动强度,使他逐渐病入膏肓。直到1891年,他已不能再进行写作。在遭受疾病残酷的折磨之后,莫泊桑于1893年7月6日逝世,年仅43岁。

生卒年月:1850年8月5日~1893年7月6日

安葬之地:法国巴黎蒙巴那斯墓地第26区。

性格特征:是一个睿智风趣而又性情温和的理性者。

历史功过:一生写了近300篇短篇小说和六部长篇小说,被誉为"世界短篇小说之王"。代表作品有《漂亮朋友》《我的叔叔于勒》《羊脂球》。

名家点评:法国作家左拉评价说:"莫泊桑创作的短篇小说,中篇小说,源源而出,无限地丰富多彩,无不精妙,令人叹为观止;每一篇都是一出小小的喜剧,一出小小的完整的戏剧,打开一扇令人顿觉醒豁的生活的窗口。读他的作品的时候,可以是笑或是哭,但永远是发人深思的。"

人物生平

莫泊桑出生于塞纳河下游托尔维伊尔市。他的祖上是很有名望的贵族,到他祖父时,家道渐渐中落。莫泊桑的父母因性情、爱好和学识等方面差距太大,感情不睦,特别是因为莫泊桑父亲一再移情别恋,因而在莫泊桑11岁时,终于友好地分手了。之后,莫泊桑随母亲悄悄退居到埃特尔塔。

莫泊桑和母亲居住在外祖父留下的房产里。母亲一心希望莫泊桑成为一个文学家，便时常给他读莎士比亚的作品。这给莫泊桑很大的影响，使他觉得文学是如此美妙的事物。读书之余，莫泊桑常到海边和渔人的孩子一起玩耍。美丽的景色启迪了他的才思，他常常写些小诗，显示出了不平凡的才华。

莫泊桑 13 岁时，进入伊夫托神学院当寄宿生。在呆板的学校里莫泊桑感到受到很大的拘束，他对神学院规章烦琐的生活感到厌烦，于是开始写诗。后来他因为偷取神学院食物贮藏室的东西，想和朋友开宴会而被学校开除，莫泊桑反而十分高兴。

莫泊桑在家待了四年才转入卢昂中学读书。上课的时候，他偷偷地阅读小说，这期间他最喜欢 18 世纪法国作家的作品。母亲托付莫泊桑舅舅的朋友、卢昂市图书馆的馆长路易·布耶照顾莫泊桑。路易·布耶是著名的诗人，也是著名作家福楼拜的朋友，这样，莫泊桑同福楼拜也能时常见面。

1869 年，莫泊桑从卢昂中学毕业赴巴黎攻读法律。但是，第二年爆发的普法战争打破了莫泊桑无忧无虑的大学生活。年仅 20 岁的他应征入伍，开赴前线。莫泊桑亲身感受了战争的风云变幻，这些为他以后的文学创作提供了取之不尽的素材。

普法战争结束后，莫泊桑经父亲推荐在海军部谋到一个职务。莫泊桑和周围的人不同，他不甘心终日过着谨小慎微、庸俗烦琐的公务员生活，他常常写作，并因此遭到同事们的嘲笑。

每到星期天，莫泊桑总是到塞纳河泛舟游玩，把工作忘得一干二净，到了上班的时候就写写诗。非常关心和喜爱莫泊桑的福楼拜看到他如此虚掷时光，感到非常痛心，于是写信批评他。1873 年，莫泊桑正式拜师福楼拜门下，学习小说创作。莫泊桑虚心接受老师的教导，从不懈怠。福楼拜家的沙龙里聚集了当时一流的作家，在这里，莫泊桑认识了左拉、都德、屠格涅夫、龚与尔等人。莫泊桑从这些名作家身上学到不少东西，在文学创作道路上进步很快。

文学创作

莫泊桑起初以莫弗利纽斯的笔名投稿，但是才华不被赏识。1878 年，莫泊桑转入教育部当秘书，这里工作轻闲了许多，莫泊桑更加积极地投入到创作中去。

1880 年，莫泊桑写出《羊脂球》，得到读者的一致好评，莫泊桑也因此一举成名。从此莫泊桑辞去公职，专门从事文学创作。也就在这一年，福楼拜逝世。莫泊桑失去恩师，悲痛欲绝。

此后十年，是莫泊桑创作力旺盛的辉煌时期。他连连发表新作，终于成为名闻遐迩的大作家。其中计有 6 部长篇小说，300 篇短篇小说，3 部游记以及一部戏剧集。在小说中，他描写法国人民在普法战争中的爱国热情，揭露资产阶级的怯懦无耻，对劳动人民的遭遇寄以同情。取得了文学上巨大的成就,但这十年也是他身体和心理不断恶化的十年。1880 年,莫泊桑得了一种伴随眼疾和头痛的神经症,被诊断为遗传性精神病。此后他深受病痛折磨,精神恍惚。1889 年,莫泊桑唯一的弟弟死于精神病,莫泊桑在难过的同时陷入了极度的绝望,产生了厌世的情绪。1892 年,莫泊桑以裁纸刀自戳咽喉,被送入巴黎近郊一家精神病院,翌年 7 月 6 日离开人世,终年 43 岁。他像一颗流星一样划过文坛,虽短暂却放出耀眼的光芒。

世界短篇小说巨匠

——安东·契诃夫

人物档案

简　　介：俄国小说家、戏剧家。十九世纪末期俄国批判现实主义作家。与法国的莫泊桑，美国的欧·亨利齐名为三大短篇小说巨匠。1879年进入莫斯科大学医学系。1884年毕业后在兹威尼哥罗德等地行医，并开始文学创作。1880年至1884年，发表了300多篇文章，其中包括《变色龙》《外科手术》等；1890年4月至12月，体弱的契诃夫不辞长途跋涉，去沙皇政府安置苦役犯和流刑犯的库页岛游历，对那里的所有居民"将近10000个囚徒和移民"逐一进行调查。库页岛之行提高了他的思想觉悟和创作意境，使他创作出表现重大社会课题的作品；

1890年至1900年，契诃夫曾去米兰、威尼斯、维也纳和巴黎等地疗养和游览；从1892年起，他定居在新购置的莫斯科省谢尔普霍夫县的梅里霍沃庄园并转向戏剧创作；1898年身患严重肺结核病的契诃夫迁居雅尔塔。1904年7月2日契诃夫因肺病恶化而辞世。

生卒年月：1860年1月29日~1904年7月15日。

安葬之地：俄罗斯联邦莫斯科市。

性格特征：朴素、自然、含蓄、冷峻，简洁、凝练。

历史功过：短篇小说艺术大师，世界三大短篇小说家。代表作品有《变色龙》《普里希别叶夫中士》《哀伤》和《苦恼》。

名家点评：中国现代作家茅盾评价说："在世界古典文学中，契诃夫是中国人民和中国作家最喜爱的作家之一。他的伟大的名字很早就已经为中国人民所知道。"

悬壶济世

安东·契诃夫，俄国杰出的批判现实主义作家，以创作中短篇小说闻名于世。

契诃夫 1860 年出生于俄罗斯沿海城市塔干罗格一个农奴出身的小商人家庭。父亲多才多艺,酷爱音乐和绘画,曾在教堂乐队里担任过指挥。母亲是一个性格温和的才女,曾写过小说,并把这些小说念给子女们听。契诃夫就是在这种温馨的母爱中接受最初的教育的。

等契诃夫稍稍长大一点后,开着杂货铺的父亲就经常驱使他和哥哥们去站柜台。父亲性格粗暴、专横,孩子们稍有差错,就会遭到他的严厉惩罚。他还异想天开地让儿子们去练唱歌,常常三更半夜把他们叫醒。因此,少年时代的契诃夫饱尝了生活的艰辛和苦痛。在受到生活折磨的同时,契诃夫也从父母那里接受了良好的艺术熏陶,使他自幼就酷爱戏剧和文学。13 岁时,他经常到城里剧院看戏,到县图书馆借阅书籍。这对他后来走上创作道路产生了很大的影响。

16 岁时,因为父亲破产,全家迁居莫斯科。契诃夫为了继续中学的学业,只好远离亲人,靠给别人补课来缴学费和维持生活。艰难的生活使他直面社会现实,思想也越来越深刻。

契诃夫中学毕业后,遵照家人的意愿进入莫斯科大学医学院学医。由于家计艰难,契诃夫不得不过早地担负起维持一家老幼温饱的重担。他白天刻苦学习,晚上拼命写作。他以各种笔名给几家幽默刊物撰稿,发表了许多幽默小品。这就是他文学生涯的开端。

大学毕业后,契诃夫开始悬壶济世。但是,文学却越来越吸引着他,于是,他在行医的同时从事文学创作活动。1884 年契诃夫的第一本小说集《梅尔波美娜的故事》出版了。在随后的生活里,契诃夫广泛接触社会各个阶层的人,广泛地搜集创作素材,并把它们应用到自己的笔下,写出了一篇篇题材多样、寓意深刻的小说。

与此同时,契诃夫作为医生也很尽职。他不仅医术高超,而且高度重视医生的职业道德。他在门前挂上"契诃夫医师"的招牌,从早到晚给患者看病。

文学杰作

契诃夫前期的作品中,《普里希别叶夫中士》《变色龙》等写出了封建统治阶级忠实奴才的愚蠢与专横;《哀伤》和《苦恼》描绘了劳动人民的悲惨遭遇。在这些作品里,作家已由最初的幽默转为讽刺,写作态度变得更加严肃。他相继出了第二、三、四部小说集。其中第三部小说集《在昏暗中》荣获了科学院授予的普希金文学奖金。在荣誉面前,契诃夫的创作更加严谨,"平中见奇""笑中见泪"是他创作上的新特征。1888 年他完成中篇小说《草原》,作品塑造了农民的质朴形象。

《变色龙》讲的是巡逻中的督警奥楚蔑洛夫和随从穿过集市广场时,忽然听到有人在尖声大喊,于是他们朝喧闹的人群走去。原来,金银匠赫留金想用烟带去烫一只无家的小狗的鼻子,却被小狗咬了手指。见来了督警,于是便向他告状。一开始,督警奥楚藏洛夫很是公正和严厉，"好的……是谁家的狗？我不会袖手不管。"大声斥骂养狗的人，并要把小狗处死；当听到有人说这好像是日加洛夫将军家的狗时，他立即改变态度，"莫非它够得着你的手指头？它一点点大，你却是个彪形大汉！"并警告赫留金不要玩花样，说法律面前人人是平等；这时，他的随从说，好像这不是将军家的狗，他又开始"复色"，说"这样的小贱种，怎么会是将军养的"，并说是该对它进行惩罚的时候了；但又有人说好像在将军家看到这条狗时，他又说："赫留金你这个笨蛋，都是你自己惹的祸！"他一变再变，当最后从将军家厨师口中得知这是将军的狗时，他马上大声赞扬小狗"怪灵巧的"，"一张嘴就咬了这家伙的小指头"。处理完"事件"，他对赫留金说："我还会来收拾你的！"又继续巡逻了。

　　1884年发表的《变色龙》是契诃夫早期的幽默滑稽小说，也是最能体现他"寓入骨的讽刺于诙谐的幽默"这种文学风格的作品。小说把沙皇时代官场的丑态和黑暗刻画得惟妙睢肖；尤其是对在有权势者（哪怕只是权势者家的一条狗）面前唯唯诺诺、百般奉迎，而对平民百姓却倨傲专横、张牙舞爪的诸如奥楚蔑洛夫之类的奴才的尖刻讽刺。作者旨在嘲讽社会的奴才心理和维护人格尊严的宏意，不仅在当时，在现今也是具有普遍社会意义的。

　　契诃夫的讽刺小说受到过果戈理的影响，但又有着不同的风格。这是因为他出身贫寒，从小生活在困苦之中，得为生活而奔波；同时，他又有着强烈的抗争精神，自我尊重，并通过自我奋斗而成为著名作家，从而形成了他对当时俄国社会中小市民环境和小市民意识的批判。

　　契诃夫认为，"短篇小说的首要魅力就是朴素和诚恳"，这种朴素是建立在对生活和人物的仔细观察和在真实基础上抽象的结果。很明显，在《变色龙》这篇作品中，作者正是通过细致入微却又忠实于现实的人物心理和表情的刻画（当然其中有近似荒诞的夸张），从而完成深刻的揭露和批判，形成独特的艺术效果和风格。

　　《套中人》讲的是晚归的猎人伊万·伊凡内奇和希尔金谈兴颇高，就着月光聊起了"各种各样的往事"，谈起了他的同事别里科夫：别里科夫是小城镇里一所中学的希腊文教师，他的与众不同之处在于他随时都把自己装在一个"套子"里面：每天都是戴黑眼镜、竖起衣领、把脸藏在一个"套子"里；随时都拿雨鞋、带着雨伞、穿暖和棉大衣，雨伞放在套子里，手表装在套子里，小刀也放在小套子里，坐马车必须放下车篷把自己罩起来；每天的公事，就是去同事家里，坐着一言不发，枯等一两个小时，实施所谓的"和同事们保持良好关系"；每天一副生怕世界大战的模样，"千万别出什么乱子"是他的口头禅。

　　他一生独处。好心的校长太太给他做媒，把新来的教师、柯瓦连科的姐姐华连科介绍给他。他也一度投入在"爱情"之中，但是不久，他又开始"脸上露出淡淡的苦笑"，说得去权衡权衡。因为他那著名的形象，有人替他画了一幅漫画，并几乎散发给全城的每一个人。他给柯瓦连科提建议说：年轻女人和教师骑自行车影响不好，并警告柯瓦连科千万要注意影响。愤怒的柯瓦连科立即报以冷言，并把他一把从楼梯推了下去，谁知"藏在套子"中的他，竟然毫无损伤！

但是,他那尴尬的模样正被刚回家的华连科和她的同伴碰个正着。于是在她"哈哈"大笑中,他们的婚姻结束了,回去后的别里科夫"病倒"了,一个月后死去。全城人去为他送葬,所有人都庆幸这是"一件赏心乐事"。

1898年发表的《套中人》,是契诃夫的代表作之一,在其创作中占有极其重要的位置。小说塑造的主人公别里科夫正是沙皇专制统治下,禁锢个人自由,惧怕和敌视新事物,忠实维护"现存秩序"卫道士的典型代表。而他的死亡则更预示着沙皇残暴统治和专制主义的必然灭亡。而"不能再这样生活下去"的呼声,正是当时时代的觉醒。

为了寻求社会出路的答案,契诃夫在1890年奔赴遥远的库页岛进行实地考察。三个月的库页岛生活,对契诃夫的思想和创作产生了深远的影响。此后,他对社会活动产生兴趣,对政治事件更加关注,成了一位出色的社会活动家。

契诃夫的文学创作也在他与社会更加密切后进入了全盛时朗。陆续发表的《第六病室》揭露了俄国社会生活的落后;《套中人》刻画了仇视新事物的保守分子的典型;《乏味的故事》《决斗》等,描写知识分子的痛苦探索。

契诃夫创作后期大力从事戏剧创作,对戏剧的内容和形式都做了革新。他早期的戏剧创作以通俗喜剧为主。1895年,完成了经典剧本《海鸥》。1897年,契诃夫写了另一个多幕喜剧《万尼亚舅舅》。此后,契诃夫身患疾病,在与病魔斗争的过程中,他还创作了《三姊妹》和《樱桃园》。1904年7月15日,契诃夫离开了人世。

这位俄罗斯富有革新精神的伟大天才,在其短暂而光辉的一生中,忘我劳动,不懈探索,为人们留下了一系列文学史上的杰作。

美国文学史上的林肯

——马克·吐温

人物档案

简　　介：美国的幽默大师、小说家、作家，也是著名演说家，19世纪后期美国现实主义文学的杰出代表。2岁时，父亲去世，他只好停学，到工厂当小工。后来又换了不少职业，曾做过密西西比河的领航员、矿工及新闻记者工作。渐渐地着手写一些有趣的小品，开始了自己的写作生涯。一生写了大量作品，体裁涉及小说、剧本、散文、诗歌等各方面。从内容上说，他的作品批判了不合理现象或人性的丑恶之处，表达了这位当过排字工人和水手的作家强烈的正义感和对普通人民的关心；从风格上说，专家们和一般读者都认为，幽默和讽刺是他的写作特点。他经历了美国从初期资本主义到帝国主义的发展过程，其思想和创作也表现为从轻快调笑到辛辣讽刺再到悲观厌世的发展阶段，前期以辛辣的讽刺见长，到了后期语言更为暴露激烈。于1910年4月21日去世。

生卒年月：1835年11月30日~1910年4月21日。

安葬之地：美国纽约州的艾玛拉。

性格特征：其性格融幽默与讽刺一体，既富于独特的个人机智与妙语，又不乏深刻的社会洞察与剖析，既是幽默辛辣的小说杰作，又是悲天悯人的严肃！

历史功过：代表作品《百万英镑》《哈克利费恩历险记》《汤姆·索亚历险记》。

名家点评：美国评论家威廉·豪威尔斯评价说："马克·吐温是独一无二的，无法相比的，他是美国文学中的林肯。"

人物生平

马克·吐温,原名塞缪尔·朗荷恩·克莱门斯,19世纪后期美国杰出的批判现实主义文学大师、著名的幽默讽刺作家。

马克·吐温原籍密苏里州的佛罗里达,在他4岁时,举家迁到密苏里州南部的汉尼拔。12岁时,父亲去世,一家人顿时陷入困境。从此马克·吐温开始走上独自谋生的道路。他当过学徒、排字工人、印刷工人,饱尝人世间的艰辛,度过了辛酸的少年时代。

1856年,马克·吐温在一次海上旅行中对航海产生浓厚的兴趣,渴望成为一名水手。经过努力,几年后他终于成了密西西比河上的一名领航员。不仅生活宽裕了,而且水上生活使他进一步认识了美国社会,接触了各式各样的人物,熟悉了密西西比河的方言口语和民间传说。为了纪念这段经历,他的笔名"马克·吐温"就源于此。由于南北战争,马克·吐温结束了领航员工作。此后他干过矿工,但时间都不长久。

创作生涯

1864年,马克·吐温来到旧金山当了一名采访记者,期间他受当时美国"幽默文学"的影响,结合自己丰富的生活经验,开始发表一些丰富多彩的幽默小品。他的文章很受读者欢迎,马克·吐温的名字也为越来越多的人知道。

19世纪60年代下半期,马克·吐温先后出版了《加利维拉县有名的跳蛙及其他》和《傻子国外历险记》这两本书,引起了很大反响,马克·吐温也一跃成为美国文坛著名人物,被誉为"我们文学上的林肯"。

也就是这一时期,马克·吐温与奥丽薇亚结为伴侣,婚后生活十分幸福。奥丽薇亚始终支持马克·吐温的文学创作。马克·吐温在创作上更加成熟,相继写出了《竞选州长》《高尔斯密士的朋友再度出洋》和《镀金时代》这样思想性很强的批判现实主义作品。

1876年发表的《汤姆·索亚历险记》,标志着马克·吐温创作进入了成熟时期,此后一发不可收,许多一流的作品相继问世。1884年,其姊妹篇《哈克贝利·费恩历险记》诞生,这是他一生中创作的最优秀的作品,在美国文学史上占有极其重要的地位。80年代马克·吐温还写了《王子与贫儿》《在亚瑟王朝廷里的康涅狄格州美国人》这样借古喻今的作品。

马克·吐温不满出版商对作者的剥削,自己投资从事印刷出版事业,开始大获成功。富了的马克·吐温仗义疏财,慷慨地资助生活上有困难的演员、艺术家、青年学生。人们只要求助于他,他总是无私地给予援助。

受美国经济危机的冲击,马克·吐温的公司垮了。他决心埋头文学以偿还债务。这样,90 年代马克·吐温又创作出《百万英镑》《傻瓜威尔逊》这样现实性很强的作品。

马克·吐温热爱人民,坚持正义,他曾自称是一个反帝国主义者。他强烈谴责帝国主义国家的侵略扩张政策,满怀热情地支持殖民地人民的反帝斗争。1898 年,他任"美国反帝国主义联盟"的领导人。他还给予中国的义和团运动积极的声援,愤怒地谴责列强对中国的侵略和掠夺。

在作品中,马克·吐温也表现了他这种进步的思想。比如赞扬民族英雄的《贞德传》、抨击殖民主义的《环游赤道》,以及大量的政论和杂文,如《给坐在黑暗中的人》《沙皇的自白》等等。

晚年马克·吐温非常不幸,亲人相继去世,他生活在凄苦、孤独中,但他仍顽强坚持工作。1910 年 4 月 21 日,马克·吐温病逝于康涅狄格州。他以自己独特的艺术风格、数量众多的文学作品、积极进步的创作思想为后人留下宝贵的文学遗产,同时也使自己在世界文学史上占有重要地位。

《汤姆·索亚历险记》讲的是波莉姨妈收养了父母双亡却又活泼顽皮的汤姆·索亚。一天,汤姆在花园里对一个叫贝奇的小姑娘一见钟情,为了领到奖品《圣经》引起贝奇的注意,汤姆在主日学校里跟同学做交易,却因回答不出问题而出了洋相。

一个晚上,汤姆与哈克·费恩见面,却不料看见三个恶人为分赃而打斗:波特被打昏,医生被印江杀死,但印江却把杀人的罪名栽赃给波特。两个孩子为了避祸,发誓对这一晚所见的事情守口如瓶,他们决定偷渡到荒无人烟的小岛。几天后,正当家里为他们准备葬礼时,几个孩子突然出现了,大家又惊又喜。

汤姆在审理谋杀案时指证了印江,为免遭报复就和哈克一起去寻宝,不料又遇到了发现黄金的印江,并在无意中救了一位寡妇道格拉斯。汤姆和贝奇跟同伴参加野餐做游戏时在山洞里迷路了,当他们寻找出口时却发现了印江,幸好印江没有辨别出汤姆;三天后汤姆终于回到村里。贝奇的父亲为了防备有人再在山洞里迷路,就封死了洞口。后来人们发现印江就死在里面。

后来汤姆和哈克找到了印江所藏的钱,两人都成了有钱人。但哈克过不惯这种生活,又出去历险了。

《汤姆·索亚历险记》自出版以来,一直是世界上最受儿童喜爱的读物之一。这部儿童小说富于惊险性,故事妙趣横生,语言风趣幽默,富有个性色彩;景物描写细致入微,情节悬念迭起,扣人心弦,具有强大的艺术吸引力。作者善于从儿童的眼光来看待周围的世界,没有一点成人说教的口吻,以儿童特有的思维模式为读者描绘了一个天真烂漫的儿童世界;他笔下的儿童个个活泼可爱,聪明健康,充分体现了儿童特有的天性。小说的结构是嵌入式的,其中的每一个事件都是独立存在的,并不是一件事情的连续发展。这既符合儿童的心理特点,又增加了故事的传奇色彩与趣味性,也就更加符合儿童的阅读心理与习惯。

《哈克贝利·费恩历险记》讲的是哈克从小就是一个无家可归、缺乏教养、自由自在的流浪儿。他被道格拉斯寡妇收养后,却过不惯那种"体面""规矩"的生活,对学校的教育也非常不满,一心向往自由自在的生活。这时,他的酒鬼父亲突然从外面回来,把他强行带到一个僻远的树林里过着捕鱼打猎的生活。但是父亲常常发酒疯,醉酒之后就毒打哈克。哈克忍无可忍,终于设法逃了出来,在一个小岛上遇到了逃亡的黑奴吉姆,两人于是结伴乘着木筏准备逃到不买卖黑奴的自由州去。他们在逃亡的途中历尽艰难险阻,并结下了深厚的友谊。他们在路上遇到了互相"打冤家"的南方家族,也遇到了伪装贵族的骗子和杀人越货的强盗等各种各样的人。而且两个江湖骗子登上他们的木筏后,沿途大搞诈骗活动,后来竟然偷偷卖掉了吉姆。哈克和汤姆又想方设法去营救吉姆,当他们找到吉姆时,吉姆已经是自由人了——因为他的女主人在临终前给了他自由。汤姆的姑妈又想收养哈克,但哈克仍然逃走了,去过他的无拘无束的自由生活。

《哈克贝利·费恩历险记》是马克·吐温最重要的作品,它既与《汤姆·索亚历险记》是姊妹篇,同时又是一部独立的作品。小说的中心主题是反对种族压迫。尽管在南北战争以后蓄奴制已经被取消,但是对黑人的种族压迫依然存在。虽然小说写于战争结束以后,但其内容仍然是反映战争以前的社会现实,这也表现了作者对社会问题的关心,对压迫黑人制度的否定。哈克这一形象寄托了作者反对种族压迫的民主主义思想,他不愿意过那种"体面"的生活,不能忍受父亲的虐待,他的逃跑表明了他对自由的追求和对资本主义环境的反抗;他不怕冒犯法律和社会道德传统去帮助吉姆,又体现了他敢于斗争的精神。小说的另一个人物吉姆也有着丰富的思想情感与优秀品质,他渴望自由幸福的生活,自己主宰自己的命运,不愿忍受奴役和压迫;但他身上又存在着迷信和无知的缺点,这又恰恰说明了黑人所受的残酷的阶级压迫和因此导致的教育的缺乏。

这部小说触及了美国社会所存在的多方面的问题,特别是提出了种族压迫的问题,因而具有强烈的现实意义。小说最主要的艺术特点是现实主义的具体性和浪漫主义的抒情性的有机结合与完美交融,同时大量使用民间口语,具有鲜明的民族语言风格。

现代派文学的鼻祖

——弗兰茨·卡夫卡

人物档案

简　　介：奥地利小说家，1883年7月3日出生于犹太商人家庭，18岁入布拉格大学学习文学和法律，1904年开始写作，主要作品为四部短篇小说集和三部长篇小说。可惜生前大多未发表，三部长篇也均未写完。1924年，卡夫卡病情恶化，3月14日返回布拉格。完成《女歌手约瑟菲妮》。同年6月3日去世。他生活在奥匈帝国即将崩溃的时代，又深受尼采、柏格森哲学影响，对政治事件也一直抱旁观态度，故其作品大都用变形荒诞的形象和象征直觉的手法，表现被充满敌意的社会环境所包围的孤立、绝望的个人。

生卒年月：1883年7月3日~1924年6月3日。

安葬之地：安葬在布拉格犹太区的墓园内，他的父母也安葬于此。

性格特征：敏感、怯懦的性格和孤僻、忧郁的气质使卡夫卡其人其书成为那个时代资本主义社会的精神写照。

历史功过：卡夫卡生前默默无闻，身后获得巨大殊荣，被尊为西方现代主义文学的先驱和大师。他的创作对他以后的现代主义名派都产生了重大影响。他文笔明净而想像奇诡，别开生面的手法，令二十世纪各个写作流派纷纷追认其为先驱。代表作《变形记》。

名家点评：阿根廷作家博尔赫斯评价说："最初我认为卡夫卡是文坛前所未有、独一无二的；多看了他的作品之后我觉得在不同的国家、不同的时代的文学作品中辨出了他的声音，或者说他的习惯。"

人物生平

我特别想要芍药，因为它们是那么脆弱。

把丁香花放到阳光下去。

永恒的春天在哪里？

黄金雨得不到吗？……

临终前的卡夫卡还是那么凄凉、悲哀、忧郁和伤感，夜夜都有一只猫头鹰在他窗前停驻，看着已不能说话的他，用笔来谈论那永恒的黑暗、难觅的光明和脆弱的人生。

1924 年 6 月 3 日，这位开现代主义创作先河的"饥饿的艺术家"终于投入那永恒的黑暗中去了。弥留之际的卡夫卡仍然没有放弃他习惯的充满悖论的表述方式，他告诉要给他注射吗啡的好友克洛普施托克："杀死我，否则你就是凶手。"在他的一生中，阳光和鲜花对于他来说是奢侈品，他有的只是孤独和黑暗，在对烈日曝晒下的黑暗的逼视中，他看到每个人都是凶手。

1883 年 7 月 3 日，弗兰茨·卡夫卡生于奥匈帝国统治下的波希米亚（今捷克西部地区）首府布拉格。他的父亲赫尔曼·卡夫卡凭借着对金钱和地位的执着追求，终于进入了中产阶层。这个犹太百货批发商有着粗野的生命力，非理性的内驱力，强烈而又不自觉的自我中心主义，他性情粗暴专制，信仰"物竞天择、适者生存"和"弱肉强食"的资本主义竞争规则。1882 年 9 月 3 日，赫尔曼和尤莉·洛维在布拉格结为夫妻。两个人的结合不是因为爱情，而是为了生存。他们都有一个辛酸的、受伤的童年，为了摆脱那种无所依赖的生活，两个人走到了一起，他们相信，金钱能为他们带来幸福和欢乐。卡夫卡就是这样一对夫妇的长子。

他们最初的家是在一个贫民区里，周围是一片下层社会的酒馆和妓院。他们的寓所庞大而杂乱，居住着形形色色的各种人物，并且由于建筑的缘故，这儿的氛围阴森而怪诞，有黑暗过道、阴湿的墙壁，一到晚上，暗淡的烛光摇来晃去更为这个建筑平添了几丝阴森恐怖的气氛。这对于一个善于挖掘人物潜意识思维的敏感的作家来说，其影响恐怕是十分深刻的。从这时起，黑暗就已经深深地烙在这一脆弱的人的心灵之上。

1885 年 9 月，卡夫卡有了一弟弟，但大约一年半后，因患麻疹去世。1887 年 9 月，又一个弟弟亨利希来到人世，但他的命运更为不幸，仅仅半年之后，小亨利希就因患耳炎死去。两个弟弟的出生和死亡对卡夫卡的影响是十分深刻的，那是一种对生命消逝的恐惧，这种恐惧也是卡夫卡性格中一个重要的组成部分。

卡夫卡，一个天生羸弱和敏感的人，这不单单是指他的心理，在生理上也是如此，卡夫卡一生都受到疾病的折磨，他患有严重的结核病，这种病使他骨瘦如柴，一米八二的身躯居然不足 55 公斤。生理上的病痛使他本来就脆弱的神经更加敏感。在一篇日记当中，他就自己的身体做了一次自我解剖：我写过些东西，根本是出于对我身体及其未来的绝望。在后来的一封信中，他说得更为简单，也更为凄惨：……我是我所知道的最瘦的人……

在很大程度上，卡夫卡的一生也是被羸弱、疾病和死亡所苦恼，并与之斗争的一生。由于性格的内向、孤僻和生理、心理的疾病，卡夫卡一生未婚，他虽然曾经三次订婚，但又都主动地解除婚约。强烈的孤独感缠绕了他一生。

1889 年 9 月 15 日，卡夫卡在厨娘的护送下，前往布拉格旧城肉市附近的德语国立一公立小学报到。在这里，他度过了 4 年的小学生涯。那所学校外观阴冷森严，学校本身对卡夫卡来说已构成一种威吓，在那段经历中隐藏着噩梦的不安，给他后来的人生阶段投下沉重的阴影。

1893 年，卡夫卡以优异的成绩进入布拉格旧城区德语文科中学就读。这是一所公认的教学最严格、质量最过硬的学校。在这里，优美的德语把他引入了德语文学的海洋，格林和安徒生的童话以及中国的民间故事对于卡夫卡的影响是非同小可的，他日后的文学创作就显示出童话般丰富而怪诞的想象力，他的大量寓言，以及包括《变形记》在内的若干重要作品，无论其思想如何复杂，都具有童话般的表现形式和结构。另外，歌德、席勒、莱辛、施莱格尔等著名的德国作家的创作对他的影响也是十分深远的。在临近毕业时，卡夫卡还对尼采等人产生了深厚的兴趣。

1901 年 11 月，卡夫卡进入布拉格大学，开始了 6 年的大学生活。起初他学习文学，不久迫于父命而改学法律，1906 年他取得法学博士学位。因为学习法律非他本愿，所以对于必修的法律课程，卡夫卡基本上是应付了事。而在必修课程之外，在布拉格大学校园内的各项活动，则充分激发了他内在的兴趣。

在大学的第二个学期，卡夫卡加入了"布伦塔诺沙龙"的活动。布伦塔诺学说的内容主要是对人真实存在本性的思考。这些学说引导着卡夫卡开始思考和探索人之为人的深层哲理，进入了一种形而上的哲理沉思。

文学创作

卡夫卡开始文学创作是在大学时期。1902 年，在一次学术辩论之后他结识了马克斯·布洛德，从此两人成为知己。布洛德后来成为著名作家，他对卡夫卡的创作有一定影响。他们曾经一起出国游历。卡夫卡生前只发表过一个短篇集，其他短篇小说和长篇小说都是他死后由布洛德整理出版的。

在大学时代，卡夫卡阅读和研究了大量的作品，主要作家有黑贝尔、海涅、格奥尔格、克莱斯特、凯勒、托马斯·曼、爱默生、陀思妥耶夫斯基、托尔斯泰、高尔基、狄更斯、拜伦、福楼拜、左拉、司汤达等，其范围遍布整个欧洲。同时，他还阅读了这些作家的大量传记，这些人痛苦的经历，痛苦的思索赋予他一种直觉，一种关注，使他想要透过文化现象，进一步了解人性深处那些隐晦朦胧的东西，以及与之相应的存在本相。

有趣的是，在大学期间，他还被中国文化的独特魅力所吸引。德国作家汉斯·海尔曼编译了一部《中国的抒情诗选——从公元前十二世纪至今》，其中李白、杜甫、苏东坡、杨万里等人的诗歌给他留下了深刻的印象。在他生命的最后日子里，中国绘画和中国木刻艺术成为他赞叹不已的对象。而《论语》《中庸》《道德经》和《南华经》等书籍成为他最钟爱的书。

他的一生主要是在一家保险机构工作,任秘书之职。从 1917 年开始,他就经常咳血,1922 年因病情加重不得不离职疗养。在离职二年后,溘然与世长辞。

在卡夫卡病入膏肓之际,留言给他的挚友布洛德,要他将自己遗物中的"一切稿件,……日记也好,手稿也好,信件也好,等等,毫无保留地,读也不必读,统统予以焚毁。"幸运的是布洛德违背了卡夫卡的遗嘱,他充分地认识到了这些稿件的价值,并把它们加以整理和出版。

那么,卡夫卡为什么要焚毁这些稿件?这些稿件又都写了些什么内容呢?

卡夫卡的小说与传统的小说在思想内容和表现形式上有着明显的不同。在他的小说中,他充分地揭示了现实世界的荒诞与非理性。在《判决》一文中,儿子因为父亲的一句话,"我现在判你去投河淹死。"他竟然真的冲下楼去投河自尽了。临死前,他低声说道:"亲爱的爹娘,我可是一直爱你们的呀!"这一对父子的非理性行为其实正是整个人类的非理性的一个缩影。卡夫卡小说的第二个内容是揭示了现代人的异化现象,所谓异化是指在外在的和内在的双重压迫下,人丧失了人之为人的本质,异化为动物和机器。他的代表作《变形记》就突出表现了这种异化。主人公在精神和肉体的重压之下,一夜醒来已变成了一只大甲虫,虽然他还一心想着帮助家里人,但家人却逐渐地开始厌弃他,最终他悲惨地死去了。另外,卡夫卡在他的小说中,还揭示了人在现实世界中的困境和困惑,描写了现代国家机器的残酷和统治阶级的专横腐朽。在短篇小说《万里长城建造时》中,作者以更鲜明的态度揭露了封建统治者的罪行,以此来影射资本主义统治的血腥和残暴。

卡夫卡为了更好地显示小说的哲理内涵,更深刻地表现世界的不可理喻,他习惯于采用以下几种艺术表现手段:一是象征,二是荒诞,三是独特的讽刺,四是叙述简洁、平淡。

卡夫卡的创作对现代文学的发展具有重要意义。他的经验被许多作家所汲取。表现主义、超现实主义、象征主义、存在主义、荒诞派、新小说、黑色幽默等流派都把他视为本派的鼻祖。

卡夫卡对现代社会弊病的批判是相当深刻和尖锐的,同时他对整个人类存在状况的思索和挖掘也是引人深思的。

二十世纪英国最具争议的作家

——戴维·赫伯特·劳伦斯

人物档案

简　　介：20世纪英国作家，是20世纪英语文学中最重要的人物之一，也是最具争议性的作家之一。出生于矿工家庭，当过屠户会计、厂商雇员和小学教师，曾在国内外漂泊十多年，对现实抱批判否定态度。主要成就包括小说、诗歌、戏剧、散文、游记和书信。劳伦斯的作品过多地描写了色情，受到过猛烈的抨击和批评。但他在作品中力求探索人的灵魂深处，并成功地运用了感人的艺术描写，因此，从他生前直到迄今为止，他的作品一直被世界文坛所重视。1930年3月2日，劳伦斯在法国南部的旺斯死于肺病，享年44岁。

生卒年月：1885年9月11日~1930年3月2日。

安葬之地：法国芒斯。

性格特征：是最富想象力的作家。他如不过早地逝世，肯定会有更惊世的作品问世，也许更会被列为禁书。

历史功过：劳伦斯及其作品是英国人也是世界人民的珍品。一生创作了10部长篇小说、11部短篇小说集、4部戏剧、10部诗集、4部散文集、5部理论论著、3部游记和大量的书信。他笔下有许多脍炙人口的名篇，诸如《查泰莱夫人的情人》《儿子与情人》《恋爱中的女人》等。

名家点评：著名学者毛信德评价说："劳伦斯正是为了在作品中显示自己真切的理想，不写则已，要写就要写出惊世之作，无论是主题之鲜明，还是人物之傲世，无论是形象之出格，还是语言之犀利，总之，在自己的小说中必须是一个有血有肉有思想有个性有真理的实体。这就是劳伦斯的价值所在。"

人物生平

戴维·劳伦斯于 1885 年 9 月 11 日出生在诺丁汉郡贝斯吾德一个矿工家庭。他的母亲是个文学爱好者,在他小的时候,他母亲给他讲了大量生动有趣的故事,并让他读书。他 6 岁进入当地的一所小学读书并显示出文学的天赋。1906 年至 1908 年,劳伦斯就读于诺丁汉大学。1908 年,《英文评论》杂志社的主编把劳伦斯带进了伦敦的文学圈子,同年,劳伦斯开始写作他的第一部小说《白孔雀》,并从此走上文学创作的道路。

劳伦斯几乎一生都患有肺病,死亡的阴影一直浓重地笼罩着他的生命。20 世纪 20 年代后期,他的健康状况不断恶化。1930 年 2 月他住进法国尼斯的疗养院,3 月 2 日这位 20 世纪英国文学大师就在异同他乡告别了人世。

传世名作

1908 至 1910 年,劳伦斯同时在写两部新小说:《侵入者》和《儿子与情人》。《儿子与情人》是一部自传体小说。他以由不幸的家庭生活而造成变态的母爱为素材,创作的这部描写英国乡间生活的自传性小说带给作者极大的声誉。

憧憬幸福的少女葛楚德和矿工瓦尔特·毛莱尔结婚后,发现毛莱尔只是一个性情暴躁的酒徒。伤心之余,她把自己的爱全部投入到四个孩子——威廉、安妮、保罗和亚瑟身上。

她的最爱变成了她的大儿子威廉,不久,威廉去了伦敦,于是她的感情又寄托在喜欢画画而又敏感的保罗身上。不幸的是威廉因病死去,丧子的她把全部的感情倾注在保罗身上。

16 岁的保罗认识并喜欢上了莱夫斯家鄙视世俗情欲的女孩密里安,密里安也很赏识保罗的作品。但是保罗的父亲不喜欢她。几年后,保罗发现密里安也深爱着自己,但是她的爱是圣洁的精神之爱。这样,保罗在既爱她又不敢在肉体上接近她的矛盾中活着。

密里安介绍克拉拉·道斯给保罗认识。不久,这个与丈夫分居的漂亮女子成了保罗的情妇。但是,他们只是保持着肉体上的关系。保罗始终认为,只有母亲才是他的最爱。

道斯的丈夫知道自己的妻子和保罗的关系后,怒火中烧。在酒店里恐吓保罗,但是保罗继续和克拉拉来往。保罗的画得了四等奖,他母亲欣喜若狂。这时,保罗想去国外,但又舍不得母亲。他去找密里安,密里安为了爱而满足他时,保罗却对她粗暴无情。保罗又回到克拉拉的怀抱。密里安知道他们的关系,但是还是等待他。然而,保罗却为了情欲继续和克拉拉来往,同时在家里已经不是父亲的儿子了,也不是母亲的儿子了。

母亲被诊断得了癌症,但是她拒绝死亡。痛苦的保罗去克拉拉那里寻求慰藉,却无法解脱。在医院里看望母亲的保罗碰上了克拉拉的丈夫。出于同情的他,劝说克拉拉和她丈夫重归于好。为了解救极端痛苦的母亲,保罗和安妮给她服用过量的吗啡,终于,母亲走了,而保罗处于一片茫然之中。他去找克拉拉,她不在。没有目标的他再去找密里安,却还是离开了她。因为他只想和母亲一起死去。

经过长期的思想争斗,他终于悟出母亲的精神和他是永远在一起的。母亲需要的是,他很好地活下去。

《儿子和情人》是作者以恋母情结为主题的第一部小说,它的故事情节很简单,但是,透过这简单的男女之间的关系(青年主人公保罗的情感经历),我们却似乎经历了一次情感和心灵上令人喘不过气来的旅行。

葛楚德对儿子保罗的爱,很明显已经超出了一般的母子情。母亲是保罗心目中"首要的"和"唯一崇高的"女人。他的生活完全被母亲控制,火热的母爱使他窒息。随着成长,他发现母亲的过分庇护使他失去了与人相处的自由与能力。但母亲死后,他却并没有因此而感到解脱,为此他悲痛欲绝。经过一场心灵的矛盾与挣扎,他又怀着新生的勇气,踏上新生活的征途。

弗洛伊德在分析人性的变异时,是从先天的性本能来分析的;但劳伦斯不是(当然,他写《儿子和情人》时还没有接触弗洛伊德的学说),他要表现的是压抑的社会背景对人性的扭曲。这正是他的作品中深刻的社会批判所在。

在阅读时,要仔细品味作者似乎没有注重故事情节的发展,但是却能够把人物的心理刻画得栩栩如生的笔法。这种描写,同时也是靠作者看似随意的自然景物的描绘来实现的。

1912 至 1913 年冬,劳伦斯又开始创作他的下一部小说。小说的第一稿取名为《两姊妹》,后来在定稿时被分为两本书,《渴望男人的女人》(即《虹》)和《恋爱中的女人》。《虹》是劳伦斯的小说中篇幅最长的一部作品。小说通过对农夫布朗文一家三代人的描写,真实地反映了自 19 世纪中叶以来英国古老的农村经济迅速解体的过程中下层人民群众的矛盾心理。

《恋爱中的女人》是《虹》的姊妹篇。它完成于第一次世界大战期间,但在《虹》遭到英国当局查禁之后,不少出版商拒绝出版劳伦斯的小说,直到 1920 年《恋爱中的女人》才告问世。

1920 年 9 月,劳伦斯的《误入歧途的女人》首次在英格兰问世。两年后又出版了《亚伦之杖》。劳伦斯最有争议的小说《查太莱夫人的情人》写于 1926~1928 年间,曾三易其稿。小说中的克利弗·查太莱是一个拥有矿井和大片森林的英国爵士。战争中他因受伤下肢瘫痪失去了性功能,为了传宗接代,他竟要求妻子康妮去和别人为他生一个孩子。康妮实在无法忍受死气沉沉的家庭生活,她爱上了查太莱雇佣的猎场看守员梅勒斯,相约一起出走。小说完稿后,在佛罗伦萨出版了一个私人版本。小说传进英国后马上遭到查禁,直到 30 多年后,《查太莱夫人的情人》才正式在英国出版。查太莱夫妇的关系并不代表健康或宝贵的男女之间的感情,而是死亡。坐在摩托轮椅中的查太莱是那些依靠机器和剥削工人为生的寄生阶级的代表,正是这样一个背景给予康妮的抉择以一定的社会意义。

1917 年,克利福特·查泰莱从前线请假回乡,奉老查泰莱男爵的命令和康丝坦斯结婚。康丝坦斯是个健康活泼、精力旺盛、自由开明的女子,父母是贵族成员,从小接受自由教育,在德国留学时,曾经有过一段恋情。

度完短暂的蜜月后,克利福特立即返回前线,却不幸受伤而回到祖国。经过尽力医治,虽然保住了性命,却下身终身瘫痪。老查泰莱去世了,他继承了父亲的遗产和爵位。携妻子回到老家的他过着乏味的贵族生活。更为不幸的是,终日坐在轮椅上的查泰莱,只是表面上的贵族,已经因为丧失了性能力而日益枯萎。

这样,康丝坦斯就不得不从一个妻子变成他的护士。无味而孤单的生活使康丝坦斯对查泰莱的不满情绪日益增多。终于,她和一个年轻的爱尔兰剧作家私通了。但是,她并没有从他身上获得尽情地享受,于是她开始疏远情人。枯燥乏味的生活使得她在忧郁中患病。

这时,他们的庄园来了一个猎场看守人奥利弗·麦勒斯。这位军人出身、强壮精悍的男子,马上燃起了查泰莱夫人那快要枯熄的爱火,还有对生活新的向往。他们一见钟情,坠入爱河。庄园里重新雇佣了一个护士。康丝坦斯得到解脱,经常偷偷地来到看林人的小屋和他幽会,享受充满激情而又彻底的性生活。不久,她怀孕了。

正好,查泰莱让她和别人生个孩子,以振兴家族。于是她趁机到威尼斯度假。但是那里美好的风光并不能引起她的兴趣。在这段日子里,麦勒斯没有正式离婚的妻子突然来到庄园,揭发了他们的私情。于是,麦勒斯不得不辞职来到伦敦。两人约好在伦敦见面。再一次的肉体结合,使得她下定决心给丈夫写信,要求离婚。同时,麦勒斯在一个农场干活,等待前妻的离婚证明。为了将来的结合,他们都在等待着。

《查泰莱夫人的情人》集中地体现了劳伦斯的创作尝试:通过身心一致的性关系的获得,来达到人类社会新的理想。作者塑造了几个各有象征意义的主人公:象征着现代工业社会对人性无情摧残的查泰莱;象征着充满活力、生机无限的原始大自然的麦勒斯;还有就是追求幸福生活的康丝坦斯。

不得不提到书中有关性的描写。劳伦斯认为:"性本身并不肮脏,只有当对待性的人自己堕落时,性才变得肮脏了。因此性不等于色情,更有异于淫秽,一定的性的吸引是人类生活中的无价之宝。"可见,他对性的态度是严肃的。因此,在书中,作者用抒情之笔,以朦朦胧胧的写法对性的描写,并不可鄙。

阅读《查泰莱夫人的情人》,要学会从作者表面的"性"上,看到其揭露社会的深刻寓意,还有就是对劳伦斯奇特的描写手法的领悟。《查泰莱夫人的情人》曾一度引起争议,但是最终还是历史证实了它的价值。

劳伦斯是 20 世纪英国最有成就的作家之一。劳伦斯及其作品是英国人也是世界人民的珍品。